헤겔의 신화와 전설

헤겔의 신화와 전설

존 스튜어트 엮음 | 신재성 옮김

도서출판 b

| 차 례 |

7

감사의 말

수많은 개인들과 기관들의 도움과 협조가 없었다면, 이 모음집은 현실화될 수 없었을 것이다. 여기 포함된 논문들을 다시 수록할 권리를 승인해준 관대함에 대해, 아래 저널들과 출판사들에 감사의 말을 전하고 싶다.『벨기에 왕립아카데미 회보』,『영국 헤겔학회 회보』, 케임브리지대학출판사,『정치사상사』, 휴머니티스 프레스 인터내셔널,『국제철학연구』,『연구』,『사상사 저널』,『철학사 저널』, 칼 알버 출판사,『정신』,『미네르바의 부엉이』,『철학리뷰』,『철학연보』,『철학』,『형이상학평론』,『정치학평론』,『루뱅 철학평론』, 왕립철학연구소, 비토리오 클로스터만 출판사,『정치학 저널』이 그곳이다.

마찬가지로, 몇몇 분들의 아낌없는 지원이 아니었다면, 지금의 선집은 불가능했을 것이다. 먼저 이 선집에 필요한 자료들 일부를 찾아내는 데 도움을 준 것에 대해 그레그 부처에게 감사의 말을 전한다. 또한 서문과 번역들의 초안에 대해 유용한 지적과 제안을 해준 루이 메츠와 로이 스튜어트에게 큰 신세를 졌다. 이 밖에도, 초기 단계부터 이 프로젝트에 격려와 지원을 해준 위르겐-게하르트 블뤼도른 박사와 로버트 B. 피핀 교수에게 진정 어린 고마움을 표하고 싶다. 마지막으로, 다방면으로 이 논문집에 기꺼이 참여하고 도움을 준 기고자분들께도 감사의 뜻을 전한다.

프란츠 그레구아의 논문들(「헤겔의 국가는 전체주의적인가?」와 「절반의 전설: 국가에 대한 헤겔의 "신성"화」)과 라인하르트 클레멘스 마우러의 기고(「헤겔과 역사의 종말」) 및 헤닝 오트만의 기고(「헤겔과 정치적 추세: 정치적 헤겔의 전설들에 대한 비판」)는 본 선집의 편집자가 각각 프랑스어 텍스트들과 독일어 텍스트들을 번역한 것이다. 그 번역들은 원저자와의 상의 하에서 진행되었다. 주석에 있는 부분들을 제외하고, 원래 독일어나 프랑스어 번역본으로 이 텍스트들에 나와 있는 헤겔에 대한 인용구들은 헤겔 저서들의 표준 영어번역본에 의존하지 않고 내가 직접 번역하는 길을 선택했다. 영어가 아닌 언어들로 작성된 2차 문헌들의 인용 또한 마찬가지다.

여기에 포함된 논문들의 원래 출처는 다음과 같다.

M. W. Jackson, "Hegel, the Real and the Rational", *International Studies in Philosophy* 19(1987), 11-19.

Yirmiahu Yovel, "Hegel's Dictum that the Rational is Actual and the Actual is Rational", in *Konzepte der Dialektik*, ed. Werner Becker and Wilhelm K. Essler(Frankfurt: Vittorio Klostermann, 1981), 111-27. 원문 그대로의 판본은, "Hegel on Reason, Actuality, and Philosophical Discourse", *Iyyun* 26(1975), 59-115.

Emil L. Fackenheim, "On the Actuality of the Rational and the Rationality of the Actual", *Review of Metaphysics* 89(1969), 690-98. ⓒ 1985 by Emil L. Fackenheim.

Henning Ottmann, "Hegel und did Politik: Zur Kritik der politischen Hegellegenden", *Zeitschrift für Politik* 26(1979), 235-53.

T. M. Knox, "Hegel and Prussianism", *Philosophy* 15(1940), 51-63. The

Royal Institute of Philosophy와 Cambridge University Press의 허가를 받아 재판함.

Walter A. Kaufmann, "The Hegel Myth and its Method", *Philosophical Review* 60(1951), 459-86.

Franz Grégoire, "L'État hégélien est-t-il totalitaire?" *Revue Philosophique de Louvain* 60(1962), 244-53.

Shlomo Avineri, "Hegel and Nationalism", *Review of Politics* 24(1962), 461-84. 또한 *Hegel's Political Philosophy*, ed. Walter Kaufmann(New York: Atherton Press, 1970), 109-36에 수록.

Shlomo Avineri, "The Problem of War in Hegel's Thought", *Journal of the History of Ideas* 2(1961), 463-74.

D. P. Verene, "Hegel's Account of War", in *Hegel's Political Philosophy: Problems and Perspectives*, ed. Z. A. Pelcynski(Cambridge: Cambridge University Press, 1971), 168-80. Cambridge University Press의 허가를 받아 재판함.

Errol E. Harris, "Hegel's Theory of Sovereignty, International Relations, and War", in *Hegel's Social and Political Thought*, ed. Donald Phillip Verene(Atlantic Highlands: Humanities Press, 1980), 137-150.

Steven Walt, "Hegel on War: Another Look", *History of Political Thought* 10(1989), 113-24.

Philip T. Grier, "The End of History and the Return of History", *The Owl of Minerva* 21(1990), 131-44.

Reinhart Klemens Maurer, "Teleologische Aspekte der Hegelschen Philosophie", in his *Hegel und das Ende der Geschichte*, 2d.(Freiburg: Karl Alber, 1980), 173-207. 초기 판본은 "Endgeschichtliche Aspekte der Hegelschen Philosophie", *Philosophisches Jahrbuch* 76(1968), 88-122. 축약된 프랑스어 판본은, "Hegel et la fin de l'histoire", *Archives de Philosophie*

30(1967), 483-518.

H. S. Harris, "The End of History in Hegel", *Bulletin of the Hegel Society of Great Britain* 23-24(1991), 1-14.

Robert Pippin, "Hegel's Metaphysics and the Problem of Contradiction", *Journal of the History of Philosophy* 16(1978), 301-12.

Robert Hanna, "From an Ontological Point of View: Hegel's Critique of the Common Logic", *Review of Metaphysics* 40(1986), 305-38.

Bertrand Beaumont, "Hegel and the Seven Planets", *Mind* 63(1954), 246-48. Oxford University Press의 허가를 받아 재판함.

Franz Grégoire, "Une semi-légende. La divinité de l'État chez Hegel", *Bulletin de L'Academie Royale de Belgique* 41(1955), 315-29.

Gustav Mueller, "The Hegel Legend of 'Thesis-Antithesis-Synthesis'", *Journal of the History of Ideas* 19(1958), 411-14.

Jon Stewart, "Hegel and the Myth of Reason", *The Owl of Minerva* 26(1995), 187-200.

서론

존 스튜어트 Jon Stewart

　표준적인 참고문헌에서 "헤겔"이란 항목을 찾는다면 다음과 같은 묘사를 쉽사리 발견할 수 있을 것이다. "테제부터 출발해 안티테제를 거쳐 진테제에 이르는 삼 단계는…… 헤겔 철학의 본질에 해당한다."[1] 이와 마찬가지로 그러한 참고문헌이나 입문서들에서 우리는 헤겔에 따르면 "역사에서 모든 것은 이성에 따라 발생한다"는 이야기를 드물지 않게 듣는다.[2] 이런 공식은 입문 수업에서 종종 강화된다. 그러한 수업에서는 통상적 시간 제약과 헤겔 텍스트의 난이도로 인해 그의 사상을 신중하게 또는 책임감 있게 다루는 것은 거의 불가능하다. 그 결과, 가령 "나는 생각한다. 그러므로 나는 존재한다"라는 유명한 구절이 데카르트 사상 전체의 정신을 대변하는 것으로 간주되기에 이르렀던 방식으로, 한 줌의 핵심 개념이나 슬로건이

1. Walter Eckstein, "Hegel, Georg Wilhelm Friedrich", *Collier's Encyclopedia*, vol. 12(Crowell-Collier Publishing Company, 1964), 14.
2. 같은 책, 15.

헤겔과 그의 철학에 연결되기에 이르렀다.

이런 종류의 슬로건화가 그 자체로 반드시 치명적인 것은 아니다. 그런 구절이나 문구는 사실상 모든 유명한 철학자의 경우 발견될 수 있다. 더 나아가 그것들이 일종의 기초적인 교육적 기능을 제공한다고 주장할 수도 있을 것이다. 그렇지만 헤겔의 경우 슬로건이나 일화는 다른 철학자들의 경우보다 훨씬 더 풍부하며 으레 훨씬 더 악의적이다. 실제로 어떤 다른 주요한 철학자의 명성도 헤겔처럼 그토록 광범위한 쟁점들에 있어서 그토록 보편적인 비난에 처하지는 않았다. 예를 들어 헤겔의 성지철학과 관련하여, 아래의 견해는 교양적인 참고문헌의 경우 결코 이례적이지 않다. "자신이 살았던 왕정복고 시기 프로이센 국가를 이성적 분석의 모델로 삼으면서, 헤겔은 프로이센 군주제를 점점 더 이상화하는 쪽으로 기울어지는 것처럼 보였다. 그가 국가 일반에 대해 —— 신성한 의지의 현시라고 —— 했던 말은 이 특수한 국가에 적용되는 것처럼 보였다."[3] 이와 같은 부정적인 오해들은 학생들이 헤겔의 철학에 대한 진지한 공부에 착수하기도 전에 그것에 대한 편견을 갖도록 하는 데 이바지할 뿐이다. 테제–안티테제–진테제 삼원성과 같이 확실히 중립적이거나 온건한 슬로건조차 헤겔의 사상을 적절하게 이해하는 데 역효과를 야기한다. 이런 슬로건들은 전문가들이 "헤겔 신화"나 "전설"이라고 일컬어 왔던 것으로 발전했다. 이 표제들 하에는 헤겔의 철학과 관련한 —— 통속적이든 그렇지 않든 —— 다양한 오해들과 오표상들이 있다.

이런 오해들이 대변하고 있는 문제는 헤겔 자신의 텍스트가 갖는 극히 난해한 성격으로 인해 더 격심해진다. 과장되고 추상적이며 특유한 언어로 쓰인 그의 복잡한 철학체계는 분명 견해차의 주된 원인들 중 하나였다. 어떤 이들이 모호함 속에서 심오함과 독창성을 보는 곳에서 다른 이들은 단지 횡설수설과 무의미를 본다. 헤겔의 불투명한 글쓰기 스타일과 신종

••
3. 같은 책.

어휘로 인해 그의 저작은 비전문가들에게는 대부분 접근할 수 없는 것으로 남아 있다. 그 결과, 어떤 주어진 신화의 정당성을 확증하거나 논박하기 위해 일차문헌을 참고하는 일은 드물다. 일차문헌을 참고할 때도 모든 경우 명확한 대답을 내놓지 못하는 것처럼 보인다. 따라서 접근 가능한 판결 기준이 없는 상태에서 신화는 계속되며 스스로를 재생산한다.

종종 다양한 신화와 전설에 의해 편견에 사로잡히는 헤겔 철학의 통속적 이해와 직업 철학자들의 전문적인 이해 사이의 틈새는 교실에서 곤란한 상황을 만들어낸다. 학생들은 소수의 다른 철학자에 대해서 그렇듯이 헤겔에 대해 수많은 오해와 편견을 갖고 접근한다. 다른 한편 헤겔 강사는 항상 당면한 수업 목표에 따라 실행해야 하는 자신만의 교육적 의제를 갖고 있다. 문제는 이렇다. 즉 다양한 신화로부터 생겨나는 그런 종류의 학생 질문들은 대다수 강좌의 목표와 주제로부터 벗어나는 경향이 있다. 이 논문 모음집은 예컨대 이런 종류의 곤란함을 개선하려는 목적을 갖고 있다. 그것은 일차적으로 학생들과 일반 독자들에게서 이러한 다양한 헤겔 신화들을 바로잡는 소극적(negative) 기능에 복무하고자 한다. 헤겔 철학의 진지한 연구를 위한 기초를 닦는 방식으로 말이다. 또한 이 책은 부주의한 이들로 하여금 지금도 헤겔 전문가들 사이에서 논쟁을 야기하는 헤겔 텍스트 내의 곤란 지점을 주목하게 만들고자 한다. 그리하여 이 선집의 목적은 역사적인 기록을 정확히 전달하고 헤겔의 이름에서 부당한 혐의를 벗겨주는 것뿐만 아니라 헤겔을 가르치는 이미 어려운 과제에 조력자가 되는 것이다.

헤겔 교수법에 대한 극히 유용한 한 논문에서 로버트 솔로몬은 헤겔 강좌가 헤겔과 그의 철학에 대해 학생들이 들었을 법한 여하한 오해들을 말끔히 씻어내는 것으로부터 시작되어야 한다고 제안한다.[4] 이것은 또한 서론이나 제1장을 이런 작업에 바치는 다수의 헤겔 책들이 취하는 전략이기

• •
4. Robert C. Solomon, "Teaching Hegel", *Teaching Philosophy* 2 (1977-78), 213-24. 또한 그의 "Approaching Hegel's *Phenomenology*", *Philosophy Today* 13 (1969), 115-25를 보라.

도 하다.[5] 학생들에게서 헤겔에 대한 일반적인 편견을 바로잡는 일은 이 모음집을 통해 효과적으로 성취될 수 있다. 단지 학생들에게 다양한 헤겔 신화들을 나열하고 그것들이 단순히 신화에 불과하다고 말해주는 것은 당면한 뿌리 깊은 오해들을 거의 변화시키지 못할 것이다. 그렇지만 여기 모아놓은 논문들에서 학생들은, 헤겔 자신의 사상에 대한 정확한 해명과 더불어서, 이런 오해들의 기원과 발전에 관한 상세한 설명을 발견하게 될 것이다. 일단 다양한 신화들의 출발지점이 드러나게 되면, 그 신화들은 곧바로 그 신빙성을 잃는다. 이 논문들은 헤겔 칠학의 수용에 대한, 그리고 다양하고 부적절한 명칭들의 확산에 대한 역사적 설명을 제공한다. 희망컨대, 그 논문들은 유용한 교수법적 수단을 제공할 것이고, 강사들로 하여금 수업에서의 수많은 불행한 우회를 면제해줄 것이다.

이 모음집의 목차에서 피력했다시피, 독일 관념론을 연구한 근대 학자들은 통속적인 이해와 대조적으로 헤겔 저작의 이러한 친숙한 곡해들과 관련하여 흔치 않은 정도의 합의를 이루었다. 헤겔 연구를 자신의 전공분야로 삼은 이들은 다양한 헤겔 신화들을 만장일치로 거부했으며, 그래서 그것들은 대개의 경우 더 이상 진정한 학술 논쟁의 논점이 아니었다. 크로체가 "절반은 코믹하고 절반은 역겨운"[6] 것이라고 불렀던 이러한 기이한 믿음들 대부분은 헤겔 텍스트 자체에서 그 어떤 합리적 토대를 갖고 있지 않다. 훌륭한 학자라면 결코 신뢰하지 않을 지독한 헤겔 신화가 다수 존재하지만, 정당한 논쟁의 영역에 점차 그림자를 드리우는 다른 오해들도 존재한다. 예를 들어 헤겔의 정치철학 분야와 전쟁에 대한 그의 견해의 경우, 중대한 헤겔

5. 예컨대, John N. Findlay, "Hegel and Modern Preconceptions", in his *The Philosophy of Hegel: An Introducction and Re-Examination* (New York: Collier Books, 1966), 13-24; 원본은 *Hegel: A Re-Examination* (New York: Macmillan, 1958); Wilhelm Seeberger, "Vorurteile gegen Hegel", in his *Hegel oder die Entwicklung des Geistes zur Freiheit* (Stuttgart: Ernst-Klett Verlag, 1961), 42-70.

6. Benedetto Croce, *What Is Living and What Is Dead in the Philosophy of Hegel*, trans. Douglas Ainslie (New York: Russell and Russell, 1969), 217.

전설을 둘러싸고 여전히 살아 있는 해석상의 쟁점들이 있다. 이 모음집의 목표는 이중적이다. 첫째는 헤겔 신화 중 가장 노골적인 것들을 최종적으로 확실히 폭로하고 정정하는 것이다. 그리고 둘째는, 쟁점이 덜 분명할 때, 신화적 판본을 적법한 헤겔 해석 범위 내에 있는 정당화 가능한 불일치 영역으로부터 분리하는 것이다.

헤겔 철학의 문제적인 수용

헤겔 철학은 그것이 개시된 이래로 통렬한 논쟁의 원천이었다. 생전에 이미 헤겔은 논란이 많은 인물이 되었으며 따라서 그의 명성은 스펙트럼의 양극단에 이르렀다. 한편으로 그는 학생들의 깊은 숭배의 대상이었고 다수에 의해 그 시대의 천재로 간주되었다. 예를 들어 영국의 찬미자 스털링은 그가 '현대의 아리스토텔레스'라며 칭송해 마지않았다.[7] 다른 한편으로 그는 쇼펜하우어나 후기 셸링 같은 몇몇 그의 라이벌과 동료로부터 소피스트와 사기꾼이라는 조롱을 공공연하게 받았다. 그 이후로 헤겔은 스스로를 유럽 학문사의 가장 중요한 인물 중 하나로 확고하게 자리매김했다. 근대의 지적 전통에서 교차점들을 표지하는 그의 철학은 사실상 현대 사상의 모든 주요 학파들을 낳았다: 현상학, 실존주의, 맑스주의, 비판이론, 구조주의, 실용주의, 해석학 등등. 그렇지만 아주 최근까지도 그의 영향력은 거의 배타적으로 대륙철학의 진영에 제한되어 왔다. 이에 대한 이유를 한 가지 꼽자면, 그의 철학을 둘러싼 갖가지 신화와 전설이 여전히 무엇보다도 영어권에서 광범위하게 통용되고 있다는 점이다. 이런 오해의 발전과 확산을 이해하기 위해 우리는 헤겔 철학의 역사적 수용에 대해 개괄해 보아야만

⋅ ⋅

7. James Hutchison Stirling, *The Secret of Hegel: Being the Hegelian System in Origin, Principle, Form and Matter* (London: Longman, Green and Longman, Roberts and Green, 1865).

한다.

미국에는 놀랍도록 오래된 헤겔주의 전통이 있다. 그것은 세인트루이스[8]
와 신시내티[9]에 있는 두 개의 주요 중심에서 시작되었다.[10] 세인트루이스
학파의 가장 중요한 구성원에는 헨리 콘래드 브로크마이어(1826-1906)와
윌리엄 토리 해리스(1835-1909)가 속해 있었다. 해리스는 저 유명한 『사변철
학 저널』의 편집자였고, 이것은 당시 미국에서 고전 그리스와 독일 철학의
보급을 위한 주요한 기관지로 기능했다. 어거스트 빌리히(1832-1907), 존
버나드 스탈로(1823-1900) 그리고 몬큐어 콘웨이(1832-1907)가 속해 있었던
신시내티 학파는 미 대륙에서 헤겔주의 좌파를 대표했다. 이러한 정치적
동조는 예를 들어 빌리히의 사회주의적인 정치적 견해나 콘웨이의 비정통적
인 종교적 확신에서 볼 수 있다. 미국의 이와 같은 헤겔주의 전통은, 헤겔
연구와 미국의 문화적 삶의 여러 측면에 있어 중요했지만, 영어권에서
헤겔 신화와 전설의 발전에 있어서는 영국에서의 헤겔 연구 역사보다 덜
중요했다.

영국 철학에서의 헤겔 수용은 특히 복잡하고 문제적인데, 왜냐하면 바로
그곳에 헤겔의 가장 적대적인 비판가들 못지않게 가장 열렬한 지지자들
또한 있었기 때문이다. 영국에서 헤겔 철학의 가장 중요한 해석가는 T.
H. 그린(1836-1882)과 에드워드 케어드(1835-1908)였다. 그린은 로크와 흄
의 경험론 같은 영국 철학의 고전 중 몇몇에 맞서 관념론적 논변을 이용했다.

• •

8. John E. Smith, "Hegel in St. Louis", in *Hegel's Social and Political Thought*, ed.
Donald Phillip Verene (New Jersey: Humanities Press, 1980), 215-25를 보라.

9. Loyd D. Easton, "Hegelianism in Nineteenth-Century Ohio", *Journal of the History
of Ideas* 23 (1962), 335-78.

10. William H. Goetzmann, ed., *The American Hegelians: An Intellectual Episode in
the History of Western America* (New York: Knopf, 1973). David Watson, "Hegelianism
in the United States", *Bulletin of the Hegel Society of Great Britain* 6 (1982), 18-28.
David Watson, "The Neo-Hegelian Tradition in America", *Journal of American Studies*
14 (1980), 219-34.

주저인 『윤리학 서설』[11]은 그가 사망했을 때 미완인 채로 남겨졌다. 반대로 오랜 친구인 그린보다 더 체계적인 사상가이자 정력적인 해석가인 에드워드 케어드는 생전에 방대한 철학적 저술들을 생산했다. 그의 초기 저서에는 『칸트의 철학에 대한 비판적 설명』[12]과 『헤겔』[13]이 포함된다. 그의 다른 두 편의 중요한 저서 『종교의 진화』[14]와 『그리스 철학자들에게서의 신화의 진화』[15]는 신학적 관념들의 개념운동을 그것들의 다양한 역사적 형태를 통해 추적하려는 시도 속에서 헤겔적 방법론을 강하게 반영한다. 그는 헤겔처럼 자유와 필연, 주체와 객체, 이성과 정념 같은 철학적 전통의 오래된 대립쌍을 통일하고자 했다.

영국의 헤겔학자 2세대는 특히 F. H. 브래들리(1846-1924)와 버나드 보즌켓(1848-1923)에 의해 구성되었다. 브래들리의 영향력 있는 탐구서 『윤리학 연구』[16]는 헤겔의 도덕이론의 뚜렷한 영향을 보여준다. 이 책에서 그는 헤겔의 인륜성[Sittlichkeit] 또는 윤리적 삶이란 개념의 상이한 측면들을 검토한다. 그런 다음 그는 공리주의와 고전 자유주의의 추상적 개인주의를 비판하기 위해 도덕 원리들이 역사적 공동체 안에 위치해 있다는 식으로 설명한다. 다른 한편 보즌켓의 영향력 있는 논문 「지식의 학으로서의 논리학」(1883)은 헤겔의 논리학과 형이상학 이론의 영향력을 보여준다. 여기서 보즌켓은 연역과 귀납뿐 아니라 판단과 추론의 엄격한 구분을 비판한다. 게다가 그는 헤겔적인 정신에서 다양한 논리적 명제들의 체계적 통일을 보여주려고 시도한다. 이 헤겔 학자 세대로부터 러셀과 무어 같은 분석철학의 궁극적 창시자들의 교사들이 나왔다.

• •

11. Oxford: Clarendon Press, 1883.
12. Glasgow: Maclehose, 1877.
13. Edinburgh: W. Blackwoods and Sons; Philadelphia: J. B. Lippincott, 1883.
14. New York: Macmillan and Co.; Glasgow: Maclehose, 1893.
15. Glasgow: Maclehose, 1904.
16. London: H. S. King and Co., 1876.

J. M. F. 맥타가트(1866-1925)는 헤겔적 노선을 따라 그 자신만의 관념주의 이론을 발전시켰는데, 그것은 당시 막 시작된 분석철학에게는 준비된 표적이 되어주었다. 『헤겔 변증법 연구』(1896), 『헤겔 우주론 연구』(1901), 『헤겔 논리학 해설』(1911) 같은 초기의 훈고학적 작업 이후, 맥타가트는 그의 대작 『실존의 본성』(1권, 1921; 2권, 1927)에서 헤겔 방법론을 그 자신의 철학체계에 적용했다.[17] 여기서 그는 궁극적인 정신적 실재성에 대한 이론을 발전시켰고 이를 개별 정신의 물화된 총합으로 인식했다. 맥타가트의 과도한 헤겔주의 형이상학 형태는 그를 초기 분석철학자들이 선호하는 비판의 대상으로 만들었다. 많은 이들에게 헤겔 자신의 견해와 동의어가 된 것은 바로 그의 견해였다.

지성사가들은 브래들리와 맥타가트를 포함한 영국의 헤겔학자 세대를 거부한 결과로 세기 전환기에 논리실증주의와 영국 분석철학이 탄생했다고 분석했는데, 여기에는 분석에 우호적이고 수학이나 언어학과 더 합치하는 보다 '엄격한' 철학방법에 대한 우호적인 배경이 있었다.[18] 러셀과 무어 모두 처음에는 확신에 찬 관념론자였다. 이러한 청년시절의 확신은 흔히 그렇듯 성숙해진 이후에 가장 열정적인 비판의 표적이 되었다. 이러한 지적인 이행은 1903년 무어의 논문 「관념론 논박」의 출간에 의해 표지된다. 분석철학이 성장하고 명성을 얻게 되면서, 한편으로 헤겔로 그 기원을 거슬러 올라가는 대륙철학의 다양한 학파와 다른 한편으로 헤겔과 그 추종자를 단정적으로 거부하는 새로운 분석철학 사이의 구분이 굳어졌다.

이와 같은 철학적 의의를 갖는 이유들과 더불어, 나중에 가면 영미권에서 헤겔 철학의 거부와 관련된 역사적이고 아마도 덜 이성적인 이유들이 다수 있었다. 양차 세계대전 동안 헤겔의 유명세는 많은 독일 사상가들의 경우와

---

17. 이 텍스트들 모두는 캠브리지 대학 출판부에서 출간되었다.
18. 예컨대 Peter Hylton, *Russell, Idealism and the Emergence of Analytic Philosophy* (Oxford: Clarendon Press, 1992)를 보라.

마찬가지로 영어권에서 쇠퇴했다. 우선 L. T. 홉하우스의 반감어린 저작 『국가의 형이상학적 이론』[19]에서 헤겔의 '사악한 교설'은 제1차 세계대전의 불행에 책임이 있는 것으로 규정되었다. 이후 칼 포퍼는 홉하우스가 중단했던 지점을 포착하고 헤겔에게 제2차 세계대전의 만행에 대한 책임을 씌우는 동일한 역할을 수행했다. 『열린사회와 그 적들』이라는 유명한 책에서 그는 이미 부정적인 헤겔에 대한 감정을 부채질하여 그것을 이전의 모든 차원 너머로 퍼뜨렸다.[20] 그 책의 2권에서 포퍼는 다소 조절되지 않은 어조로 헤겔의 정치철학은 나치 독일과 일정한 친연성을 갖는 전체주의에 다름 아니라고 주장한다. 따라서 니체처럼 헤겔은 독일국가사회주의의 선구자로 낙인찍히는 운명을 겪었다. 그리고 이런 불운한 연합은 특정한 역사적 순간에 심대한 영향을 미쳤다. 비판받아 마땅한 이러한 독해는, 그 학문적 결점에도 불구하고, 대서양 양측의 다수 학자들에 의해 무비판적으로 취해졌다.

분석철학과 대륙철학의 냉담은 크게는—— 하지만 의도치 않게도—— P. F. 스트로슨의 작업 덕분에 완화되기 시작했다. 『의미의 한계』[21]에서 그는 유럽철학의 작은 부분을 영어권에서 평판이 좋게 만드는 데 이바지했다. 이 책에서 스트로슨은 칸트의 고전 『순수이성비판』을 분석하면서 어떻게 칸트가 당시 분석철학의 연구 프로그램과 유관한 여러 인식론적 쟁점들에 사실상 관여했는지를 보여주었다. 스트로슨 자신이 이미 분석 진영 내에서 견고한 평판을 확립했기 때문에, 그의 이름은 칸트의 작업을 분석적 전통의 주류 담론 안으로 몰아넣는 데 도움이 되었다. 칸트는 미국과 영국에서 철학적으로 적법한 주제가 되었다. 그리고 기존의 독일어 문헌들과 더불어서, 영어로 된 제2의 독자적 칸트 연구 문헌들이 생겨났다. 칸트가 분석철학계

19. London: George Allen and Unwin, Ltd., 1918.
20. The Open Society and Its Enemies, vol. 2: The High Tide of Prophecy: Hegel, Marx and the Aftermath (London: Routledge and Kegan Paul, 1944-45).
21. London: Methuen, 1966.

아에서 이처럼 모종의 귀환을 누렸던 반면 헤겔은 그늘 속에 남아 있었다. 그 어떤 저명한 분석철학자도 그의 철학에 대해 쓰거나 분석 진영 안으로 그를 데리고 오려 하지 않았다. 이 시기 동안 헤겔에 대한 편견은 점차 커졌으며, 강의실에서나 학술저널에서 그를 대변하는 경우는 거의 없었다.

비록 헤겔의 평판이 영어권에서 가장 현저하게 악화되었지만, 몇몇 쟁점과 관련하여 그의 저작은 대륙에서조차 공정한 대접을 거의 받지 못했다. 독일에서 1857년 루돌프 하임의 『헤겔과 그의 시대』의 출간은 아마도 그 이후 몇 년 동안 헤겔 철학의 수용에 있어 가장 중요한 사건이었을 것이다. 헤겔의 맹렬한 비판가였던 하임은 우선적으로 헤겔의 정치이론과 역사철학을 맹비난하면서 헤겔이 당시 압제적인 프로이센 정치질서를 정당화하고 적법화하기 위해 국가이론을 집필했다고 주장했다.[22] 하임에 따르면, 현실적인 것이 이성적이라는 헤겔의 주장은 반동적인 프로이센의 현상유지를 위한 노골적인 변명에 다름 아니었다.[23] 이런 관점에서 본다면, 초라한 출발에서 시작해 힘겨운 이력을 거친 이후에 성공적이고 안락한 베를린 교수직을 누린 헤겔은 빈 회의를 뒤따른 정치적 혼란의 불안정한 시기 동안 단순히 자신의 철학적 진실성을 희생시키고 자신의 지성적 능력을 프로이센 당국을 위해 바친 것이다. 비록 하임의 테제가 더 엄격한 철학적·역사적 분석에 의해 종종 그리고 결정적으로 반박되긴 했지만, 헤겔이 프로이센 국가의 공식 철학자라는 견해는 영어권에서 유명해지기 전부터 독일에서 광범위한 추종자를 거느렸다. 헤겔이 정치적 반동이라는 견해는 오늘날까지 계속해서 독일 학계에서 지지자를 얻고 있다.[24]

..
22. Rudolf Haym, *Hegel und seine Zeit: Vorlesungen über Entstehung und Entwicklung Wesen und Werth der hegelischen Philosophie* (Berlin: Rudof Gaertner, 1857: modern edition, Hildesheim: Georg Olms Verlagsbuchhandlung, 1962), 357ff.

23. 같은 책, 365.

24. Hubert Kiesewetter, *Von Hegel zu Hitler: eine Analyse der Hegelschen Machtstaats-ideologie und der politischen Wirkungsgeschichte des Rechts-Hegelianismus* (Hamburg: Hoffmann and Campe, 1974)를 참조하라.

하임의 작업 이후, 1840년대 셸링의 베를린 강의는 독일에서 헤겔 철학의 수용에 대한 가장 결정적인 부정적 영향 중 하나로 보아야만 한다. 헤겔과 셸링은 튀빙겐 신학부 시절 함께 기숙사 생활을 했고 그 후 예나에서 『철학비판지』를 함께 발간할 정도로 젊은 시절의 친구였지만, 시간이 지남에 따라 점차 소원해졌으며 서로 간의 비판은 점점 더 노골적이 되었다. 헤겔 사후 10년이 지난 1841년, 한때 신동으로 불렸으나 헤겔의 영향력이 부상하면서 자신의 영향력이 결정적으로 쇠퇴하는 것을 목격한 바 있었던 셸링은 베를린에서 저명한 교수직을 받게 된다. 베를린 강의에서——수강생 중에는 맑스와 키르케고르가 있었는데——셸링은 헤겔 사유의 다양한 측면들을 가차 없이 비판하고 희화화(caricature)했다. 셸링의 신랄함에 기원을 둔 다수의 헤겔 신화가 그의 유명한 제자들의 영향력을 통해 급속히 퍼져나갔다. 누군가가 썼듯이, "키르케고르 때문에 셸링의 이름을 거의 알지 못하는 수많은 20세기 독자들도 헤겔에 대한 그의 악의적인 희화화를 역사적으로 정확한 것으로 당연시하게 되었다."[25]

프랑스에서는 러시아 망명자 알렉산더 코제브가 소르본에서 행한 1930년대의 강연이 명실상부하게 프랑스 헤겔 연구의 핵심 사건을 대표한다.[26] 도발적이지만 때로 완전히 잘못된 코제브의 해석은 전후 세대 프랑스 지성인들 전체에게 헤겔 철학의 정보를 얻을 수 있는 주된 원천이었다. 레이몽 아롱, 모리스 메를로-퐁티, 조르주 바타유, 자크 라캉 같은 프랑스 현상학, 실존주의, 맑스주의의 핵심 인물들 모두가 코제브의 강의에 출석했고,[27] 그 후 거기서 수용한 헤겔 해석을 각자의 연구계획에 따라서 다양한 방향으로

..
25. Walter Kaufmann, *Hegel: A Reinterpretation* (Garden City: Anchor Books, 1965), 290.
26. Marcel Régnier, "Hegel in France", *Bulletin of the Hegel Society of Great Britain* 8 (1983), 10-20을 보라.
27. Mark Poster, *Existential Marxism in Postwar France: From Sartre to Althusser* (Princeton: Princeton University Press, 1975), 8.

발전시켰다. 이 강의는, 나중에 레이몽 크노에 의해 1947년에 수집되고 출판되었던바, 코제브 사후에도 오랫동안 후속 세대의 프랑스 학자들에게 여전히 영향력이 있었다.[28] 코제브의 해석은 하임, 쇼펜하우어, 후기 셸링이 그랬던 것처럼 헤겔에게 적대적인 것은 아니었다. 하지만 그것은 다소 특유한 것이었으며 헤겔 자신의 것에 낯선 철학적 의제를 담고 있었다. 코제브의 독해는 거의 전적으로 『정신현상학』과 거기서 발견되는 '주인-노예' 변증법에 초점을 두었으며, 따라서 이 텍스트와 이 장을 유명하게 만드는 데 많은 기여를 했다. 코제브는 상당부분 동료 망명자 알렉산더 코이레의 작업으로부터 차용한 것처럼 보인다. 주로 코이레가 역사의 종말이라는 헤겔의 것으로 알려진 주장을 강조한 것과 관련해서 말이다.[29] 이런 주장은 맑스주의 이론의 목적론과 분명한 친연성을 보이는데, 이 후자에서 코제브는 가장 편안함을 느꼈다. 헤겔이 자신의 시대에서 혹은 자신의 철학체계와 더불어서 역사의 종말을 보았다는 견해는 이 두 인물의 영향력으로 인해 프랑스에서 가장 광범위한 수용을 낳았다. 비록 문헌들 속에서 이와 같은 문제적인 견해는 이폴리트[30]와 라바리에르[31] 같은 더욱 철저한

• •

28. Alexandre Kojève, *Introduction à la lecture de Hegel: Leçons sur la Phénoménologie de l'esprit professées de 1933 à 1939 à l'École des Hautes Études*, ed. Raymond Queneau (Paris: Gallimard, 1947, 1971). 영어판으로는 *An Introduction to the Reading of Hegel*, ed. Alan Bloom, trans. James H. Nichols, Jr. (New York: Basic Books, 1969).

29. Alexandre Koyré, "Hegel à IéNA (à propos de publications récentes)", *Revue philosophique de France* 59 (1934), 274-83; *Revue d'histoire et de philosophie religieuse* 15 (1935), 420-58에 다시 게재됨.

30. Jean Hyppolite, Genése et structure de la "Phénoménologie de l'esprit" de Hegel (Paris: Aubier, 1946). 영어판으로는 Genesis and Structure of Hegel's "Phenomenology of Spirit", trans. Samuel Cherniak and John Heckman (Evanston: Northwestern University Press, 1974). 이폴리트 역시 헤겔과 역사의 종말에 대한 코제브의 설명에 많은 것을 빚지고 있다.

31. Pierre-Jean Labarriére, *Structures et mouvement dialectique dans la Phénoménologie de l'esprit de Hegel* (Paris: Aubier, 1968).

프랑스 헤겔학자들에 의해 수정되고 개정되었지만, 그럼에도 대중의 마음속에 그러한 견해는 여전히 꽤나 만연해 있다.

헤겔 신화와 전설

지금까지 논의해온 일부 역사적 요인들, 영향력 있는 희화화들 그리고 오해석들의 결과로, 이른바 헤겔 철학에 대한 신화 내지는 전설의 상당수가 생겨났고 뿌리를 내려 번성할 수 있는 비옥한 토양을 발견했다. 시간이 지남에 따라 이것들은 학생들과 비전문가들 사이에서 일종의 공통 지식으로 발전하게 되었다. 나는 여기서 헤겔 철학의 수용을 괴롭혀온 유감스러운 오해들 전부를 남김없이 해명할 수 있다고 자신할 수는 없다. 그렇지만 이어질 글에서 나는 이 모음집에 포함된 논문들을 소개함으로써 가장 광범위하게 퍼져 있는 헤겔과 그의 철학에 대한 희화화들을 분류한다.

이성적인 것과 현실적인 것에 대한 신화

헤겔이 라이프니츠의 정신을 이어받아 존재하는 모든 것이 좋은 것이라고 여겼다는 점에서 궁극적인 낙관주의자 혹은 일종의 독일의 캉디드였다고 종종 주장된다. 흔히 이 신화는 『법철학』 서문과 『엔치클로페디』 서문에 있는 헤겔의 주장, 즉 이성적인 것은 현실적이고 현실적인 것은 이성적이라는 주장으로 소급된다. 이 논쟁적인 구절은, 심지어 헤겔 자신의 시대에도 논란이 되었던바, 여타의 여러 헤겔 전설들과 중첩되는데, 특히 그의 정치철학 영역에서 그러하다. 현실적인 것과 이성적인 것에 관한 그 문제적 구절은 본 모음집의 상이한 세 주석가들에 의해 직접적으로 다뤄지고 해석된다.

우선, M. J. 잭슨의 글은, 이 쟁점과 관련된 문헌들과 다양한 입장들에 대한 극히 유용한 개요를 제공하는 가운데, 헤겔의 진술을 정치적 맥락 속에서 해석하고 옹호한다. 무엇보다도 잭슨은 영미권 철학 전통에서 포퍼와 그 밖의 학자들이 제시하는 모든 그릇된 해석들에 대한 논박을 목표로 삼고 있다. 따라서 그의 논문은 이 쟁점에 대한 유용하고 접근 가능한 도입부를 제공하며, 또한 이 모음집의 제2부를 예고한다. 제2부는 헤겔의 정치철학과 관련한 주요 신화 및 전설에 바쳐졌다.

칸트와 헤겔에 관한 다수의 책[32]을 쓴 이르미야후 요벨은 헤겔의 저 관용구를 존재론적 방식으로 해석한다. 종교적 앎보다 철학적 앎을 우위에 놓는 헤겔 자신의 위계를 고집하면서 요벨은 존재[Sein], 현존재[Dasein], 실존[Existenz], 현실성[Wirklichkeit] 등 헤겔『논리학』의 범주들이 갖는 의미를 해석함으로써 논쟁적인 금언을 이해하고자 한다. 이 글은 에밀 파켄하임이 제공한 제1부의 마지막 기고문을 잘 보충해준다. 그것이 파켄하임의 결론 중 일부에 대한 세속적 판본이라고 부를 수 있는 것에서 나오는 작업을 제시한다는 점에서 말이다.

영향력 있는 연구서『헤겔 사유에서 종교적 차원』[33]의 저자인 에밀 파켄하임은 그 유명한 금언을 종교적 맥락에서 해석한다. 그의 견해에 따르면, 헤겔에게 있어 이성적인 것은 기독교의 성장 및 확산과 더불어 역사의 과정 속에서 현실적인 것이 된다. 그러나 여전히 요청되는 것은 이러한 세계사적 사건의 세속적인 철학적 이해다. 따라서 파켄하임이 볼 때 헤겔의 진술에 대한 정확한 해석은 그것의 종교적인 의미와 철학적인 의미 양자 모두를 포착하는 해석이다.

전체주의 이론가 혹은 프로이센 옹호자로서의 헤겔이라는 신화

● ●
32. 예컨대, *Kant and the Philosophy of History* (Princeton: Princeton University Press, 1980).
33. Bloomington: Indiana University Press, 1967.

헤겔의 다면적 사유의 모든 측면들 중에서 가장 악의적인 비판을 이끌어낸 것은 아마도 그의 정치이론일 것이다. 앞서 언급했다시피 그의 정치철학은 프로이센 당국과의 추정상의 협조 때문에, 거기 내포된 독일 내지는 프로이센 민족주의 때문에, 그리고 근대 전체주의나 파시즘의 선구자로서의 역할 때문에 비난받아왔다. 여기에 수록된 몇 편의 논문은 각각 헤겔 정치철학과 관련된 하나 혹은 그 이상의 신화를 반박하기 위해 작성되었다.

헤겔에 대한 야심찬 해석적 연구[34]로 알려진 독일학자 헤닝 오트만은 시대를 거치면서 헤겔의 정치철학이 수용되어 온 역사를 추적한다. 그는 어떻게 모든 세대와 모든 새로운 정치운동이 헤겔을 자신들의 특수한 신조의 동맹군으로 그리고자 했는지를 유익하게 보여준다. 그 결과 헤겔의 이름은 불미스런 수많은 정치적 대의와 부당하게 엮이게 되었는데, 그중 다수는 헤겔 자신이 결코 들어본 적이 없었던 것들이었다. 오트만의 설명은 헤겔 정치사상에 관한 갖가지 전설들에 대한 매우 유익한 개괄을 형성한다.

앞서 본 것처럼 주로 하임의 해석이 끼친 영향으로 인해, 헤겔은 프로이센의 반동적이고 억압적인 체제를 지지했을 뿐만 아니라 그것의 철학적 이데올로그로 봉사했던 프로이센 국가의 공식 궁정철학자로 간주되어 왔다. 『법철학』의 탁월한 영어판[35] 번역자로 유명한 T. M. 녹스는 헤겔이 프로이센 당국과 협조했다고 하는 문제를 한편으로 헤겔의 정치철학의 발전을 고유한 역사적 맥락 안에 놓음으로써, 그리고 다른 한편으로 헤겔 텍스트의 논쟁적인 여러 구절들을 세심하게 분석함으로써 다루고 있다. 주로 그의 논문은 『도덕과 정치』에서 헤겔을 가혹하게 비난한 E. F. 캐릿에 대한 대응을 의도하고 있다.[36] 녹스는 헤겔이 『법철학』에서 스케치한 이성적 국가는

..
34. *Das Scheitern einer Einleitung in Hegels Philosophie: Eine Analyse der Phänomenologie des Geistes* (Munich and Salzburg: Verlag Anton Pustet, 1973); *Individuum und Gemeinschaft bei Hegel*, vol. 1: *Hegel im Siegel der Interpretationen* (Berlin: Walter de Gruyter, 1977).
35. *Hegel's Philosophy of Right* (Oxford: Clarendon Press, 1952).

당시의 프로이센 정치질서와 거의 관계가 없다는 것을 설득력 있게 보여준다.

이미 논했던 바대로 헤겔에 대한 칼 포퍼의 신랄한 취급은 영미권에서 그 철학자의 평판을 손상시키는 데 큰 역할을 했다. 포퍼의 헤겔 해석에 대한 가장 강력하고 지속적인 대응은 월터 카우프만에게서 나온다. 카우프만은, 니체에 대한 유명한 저작과는 별도로, 헤겔에 대한 영향력 있고 아주 읽기 쉬운 책의 저자이기도 했다.[37] 그 연구는 학자적 엄격함이라는 점에서 보다 최근의 저작들과는 비교할 수가 없겠지만, 그림에도 그것은 분석철학이 전성기를 이뤘던 시기에 영미권에서 헤겔을 꽤 괜찮은 인물로 만드는 데 큰 역할을 했다. 여기 수록된 글에서 카우프만은 헤겔의 견해들에 대한 포퍼의 왜곡들을 웅변적으로 폭로함으로써, 정치적 전설들에 대한 포퍼의 폭력적인 기여를 직접적으로 다루고 결정적으로 반박한다.

한 출처 불명의 견해에 따르면, 헤겔의 국가이론은 개인들이 억눌리고 개인 그 자신으로는 아무 의미도 갖지 못하는 단순한 전체주의에 해당한다. 『헤겔주의 연구』[38]의 저자 프란츠 그레구아는 중요하지만 거의 알려지지 않은 프랑스어권의 헤겔 철학 해설자였다. 여기에 실린 논문에서 그는 헤겔의 국가는 개인에게 그 어떤 고유한 권리나 가치도 인정하지 않고 절대적이고 무제한적 권력을 갖는 전체주의에 해당한다고 하는 프랑스 가톨릭 철학자 자크 마리탱의 주장에 대응한다. 첫째 혐의에 대해 그레구아는 헤겔의 국가 개념을 개인과 국가가 호혜적 관계에 놓여 있고 각각은 전체를 위해 근본적이고 필수적인 것으로 있는 유기체로 묘사함으로써 응수한다. 헤겔적 국가의 권위는 시민의 주관적 자유를 인정해야만 한다는 사실로 인해 많은 측면에서 제약된다는 것을 그레구아가 우리에게 상기시킬

• •

36. Oxford: Clarendon Press, 1935.

37. Walter Kaufmann, *Hegel: A Reinterpretation* (Garden City: Anchor Books, 1965).

38. *Études hégéliennes: Les points capitaux du système* (Louvain: Publications Universitaires de Louvain, 1958).

때, 둘째 혐의 또한 마찬가지로 거부된다.

엄청난 분량의 전기적인 반대증거에도 불구하고 헤겔이 독일 국가주의의 선구자였다는 주장이 종종 제기되곤 한다. 물론 이런 견해는 헤겔을 프로이센 변호론자나 나치독일의 선구자로 보는 해석에서 단지 한 발짝 떨어져 있을 뿐이다. 이 전설은 쉴로모 아비네리가 다루고 있다. 이제는 표준이 된 연구서『헤겔의 근대국가이론』[39]의 출간 이후 그는 영어권에서 헤겔 정치철학 분야의 주도적인 권위자로 인정받고 있다. 그의 논문은 헤겔이 국가주의자였다는 신화에 대해, 이 신화의 발전을 그 기원에서부터 세심하게 추적하고 드러냄으로써, 효과적으로 대응한다. 이 모든 논문들은 헤겔 철학을 둘러싸고 있었던 핵심적인 정치적 신화들에 대한 최선의 대응을 대표한다.

헤겔이 전쟁을 찬양했다는 신화

헤겔의 정치사상과 관련하여 보다 미묘한 쟁점 중 하나는 그 철학자의 참으로 애매한 전쟁관에 관한 것이다. 헤겔을 전체주의 이론가나 파시즘 이데올로그로 보려는 사람들은 그의 견해가 근본적으로 군국주의적이고 그가 전쟁을 인간의 성취로서 찬양했다고 주장한다. 비록 이런 희화화가 일반적으로는 거부되어왔다고 하더라도, 전쟁 및 국제관계 쟁점에서 헤겔의 정확한 입장에 대한 해석적 쟁점과 관련하여 적법한 논쟁을 위한 여지는 여전히 많다. 쟁점의 민감함과 혐의의 심각성 때문에 이 모음집에 있는 별도의 부는 이 문제에 대응하는 데 할애되었다. 이 쟁점에 대한 광범위한 문헌들이 존재한다. 이 모음집에는 가장 훌륭한 논문 중 네 편이 선택되었는데, 이것들 모두 헤겔이 전쟁의 현상에 대한 철학적 분석을 제시하는『법철

---

39. Shlomo Avineri, *Hegel's Theory of the Modern State* (Cambridge: Cambridge University Press, 1972).

학』의 핵심 구절들을 다루고 있다. 저자들은 신화와 신뢰할 만한 해석의 영역을 세심하게 경계지으며, 후자의 영역 안에서 몇몇 상이한 견해들이 제출되고 변론된다.

이 쟁점에 관한 아비네리의 명료한 글은 이 모음집에 실린 그의 첫 논문을 멋지게 보충한다. 여기서 그는 헤겔적 국가에 대한 그의 해석을 더욱 발전시키며, 그것이 기본 원리들에 있어 자유민주주의와 일치한다고 주장한다. 문제의 쟁점과 관련하여 그의 결론은 전쟁에 대한 헤겔의 견해가 군국주의적인 것으로는 또는 팽창주의적이거나 세국주의적인 외교정책을 위한 이데올로기적 지원을 제공하는 것으로는 정당하게 해석될 수 없다는 것이다. 사실, 헤겔은 어떤 특수한 전쟁이 아니라 전쟁 자체의 개념에 관심을 두고 있기 때문에, 그의 견해는 당연히 국가주의와 같은 특수한 정치적 대의에 복무하도록 소환될 수 없다. 아비네리는 어떻게 헤겔이 다수의 동시대인들과는 다르게 정당한 전쟁과 부당한 전쟁의 구분을 거부하고, 그에 따라 정당한 전쟁이라는 바로 그 개념을 제거했는지를 보여준다.

『정신현상학』에 대한 연구[40]와 헤겔 정치이론 모음집[41]으로 알려진 D. P. 베렌은 이렇게 주장한다. 즉 그 자체만을 취했을 때는 불확정적인 헤겔의 전쟁에 대한 진술을 이해하기 위해서는 헤겔의 정치철학에 대한 설명을 넘어 헤겔의 전체 체계와 일반적 방법론으로 나아가야만 한다. 베렌은 전통적인 해석 노선과 그에 따른 논쟁들을 피하고자 한다. 헤겔의 방법론을, 전쟁에 대한 한낱 규범적 설명과 한낱 기술적 설명 양자 모두를 피하면서, 제3의 길을 취하는 것으로 이해함으로써 말이다.

매우 간결하고 단도직입적인 글에서, 에롤 E. 해리스는 전쟁에 대한 헤겔의 견해를 그가 『법철학』에서 제시하는 국가의 주권에 대한 설명으로

---

40. *Hegel's Recollection: A Study of Images in the "Phenomenology of Spirit"* (Albany: State University of New York Press, 1985).

41. *Hegel's Social and Political Thought* (Atlantic Highlands: Humanities Press, 1980).

거슬러 올라가 추적한다. 해리스의 분석은 헤겔이 국민주권을 군주 개인과 동일시하고 따라서 단순한 전제정을 지지했다고 보는 포퍼의 혹독한 해석을 설득력 있게 논박하는 것에서 시작한다. 계속해서 그는 국가주권에 대한 헤겔의 견해가 어떻게 국제관계와 전쟁에 대한 냉철한 견해로 이어지는지를 보여준다. 해리스의 견해에 따르면, 헤겔은 전쟁을 찬양하기는커녕 오히려 전쟁에 대한 교정된 철학적 설명을 제공했는데, 이것은 낡아빠진 것이기는커녕 여전히 상당할 정도로 정확하게 우리 시대의 불운한 정치적 현실 다수를 반영하는 것이다.

헤겔의 전쟁 취급 방식에 대한 스티븐 월트의 설명이 지닌 특징은 한편으로 명확히 부정적인 견해(가령 포퍼의 견해가 그러한데, 그에 따르면 헤겔에게 전쟁은 그 자체로 좋은 것이다)와 다른 한편으로 그가 무조건적인 긍정적 견해로 보고 있는 것(가령 아비네리의 견해가 그러한데, 그는 헤겔이 사실상 전쟁을 비난했다고 주장한다) 사이에서 중간 입장을 개척하고자 한다는 것이다. 월트가 주장하기를, 헤겔은 결코 포퍼가 단언하듯 전쟁을 찬양하거나 칭송하지 않지만, 그럼에도 실로 전쟁을 필연적인 어떤 것으로 보며, 개인과 국가의 관계에 대한 그의 설명으로부터 그리고 개별국가의 주권에 관한 그의 견해로부터 직접 도출되는 어떤 것으로 본다.

역사의 종말이라는 신화

코제브와 코이레의 영향으로 인해, 특히 프랑스 헤겔연구에서 널리 퍼진 어떤 믿음이 있다. 헤겔이 시간이 멈추고 역사가 종말에 이를 것이라고 믿었다거나 그가 자신의 철학체계와 더불어 역사의 종말을 보았다고 믿었다고 하는 믿음. 이런 헤겔 전설에 대한 추가적인 기여 요인은 헤겔이 허영심에 부풀어 오랫동안 갈망해온 베를린의 교수직을 얻는 순간 역사가 종착점에 이르렀다고 생각했다는 취지로 니체가 설파한 재담이었다.[42] 최근 후쿠야마의 놀라우리만치 대중적인 새 책이 이러한 헤겔 신화를 다시 한 번 불러들이면서 세인의 이목을 끌었다. 그는 1989년 유럽의 정치혁명들과 그가 자유민주주의 국가의 완성으로 간주하는 것에 비추어 역사의 종말에 관한 헤겔의 주장을 옹호하고자 했다.[43] 본 모음집에서 역사의 종말이라는 신화는 저명한 헤겔학자들의 세 논문에서 다루어진다.

필립 T. 그리어의 글은 최근 후쿠야마의 책에 의해 전파된 역사의 종말에 대한 통속적 오해를 다룬다. 그는 어떻게 후쿠야마가 무비판적으로 코제브의 특유한 해석을 역사에 대한 헤겔의 견해에 대한 정확한 설명으로서 취하는지를 보여준다. 후쿠야마에 대한 논박에서 그리어는 코제브와 코이레에서 시작되는 이러한 헤겔 오해석의 전통에 대한 탁월한 개괄을 우리에게 제공한다.

저명한 독일의 헤겔학자 라인하르트 클레멘스 마우러는 자신의 철학적 경력 대부분을 바로 이 쟁점에 바쳐왔다. 여기에 실린 철저한 논문은 아마도 마우러의 결론들에 대한 가장 간결한 진술일 텐데, 그것들은 그의 책 『헤겔과 역사의 종말』[44]에서 완전한 대접을 받는다. 마우러는 그의 논문에서 유통되고 있는 '역사의 종말'이란 개념의 다양한 의미들을 꼼꼼하게 구분한 뒤 이 의미들 중에서 어떤 것이 정확하게 헤겔에게 귀속될 수 있는지를 결정하고자 한다.

마지막으로, 『정신현상학』으로 귀결되는 헤겔의 철학에 대한 엄밀하고 세부적인 연구[45]로 명성이 있는 잘 알려진 헤겔학자 H. S. 해리스는 이 쟁점에 대해 또 다른 전망을 제시한다. 해리스는 우선 헤겔의 역사철학의

42. Nietzsche, *Untimely Mediations*, vol. 2: "The Use and Abuse of History", §8.
43. Francis Fukuyama, *The End of History and the Last Man* (New York: Free Press, 1992). 또한 Fukuyama, "The End of History", *The National Interest* 16 (Summer 1989), 3-18을 보라.
44. Second edition (Freiburg: Karl Alber Verlag, 1980).
45. H. S. Harris, *Hegel's Development: Toward the Sunlight, 1770-1801* (Oxford: Clarendon Press, 1972); Harris, *Hegel's Development: Night Thoughts, 1801-1806* (Oxford: Clarendon Press, 1983).

많은 부분이 칸트의 보편사 개념의 발전으로 간주될 수 있다는 것을 보여준다. 헤겔의 역사의 종말이란 개념을 칸트적 맥락에 놓음으로써, 해리스의 글은 앞선 두 연구에 대한 유용한 보충으로 기능한다. 그리어와 마찬가지로 해리스는 후쿠야마의 편향된 헤겔 해석에 이의를 제기한다. 그는 후쿠야마의 설명이 갖는 빈곤함을 효과적으로 입증하고 '역사의 종말'로 헤겔이 의미하고자 한 것이 서구 자유민주주의에 대한 후쿠야마의 절대적인 찬사와 하등 관계가 없음을 보여준다. 해리스의 글은 헤겔의 이론에 대한 그의 분석에 현재의 정치적 사건과 쟁점을 통합하고 있기에 특히 읽기 쉽고 도발적이다.

헤겔이 모순율을 부정했다는 신화

방법론적 엄밀함과 형식 논리학에 대한 존중을 자랑하는 영미권 전통에서는 종종 헤겔이 어리석게도 모순율을 부정했다는 주장이 제기된다. 버트란트 러셀 같은 일부 분석철학자들은 헤겔의 변증법적 방법에 대한 잘못된 해석에 의해 이러한 결론에 이르게 되었다. 그들은 이 방법이 "P 그리고 ～P" 같은 단순한 진술에 포함된 모순을 단순히 인정하지 않음으로써 모든 이원론과 대립들을 해소한다고 주장한다. 그 함축은 헤겔이 논리학 입문 과정에서 형편없이 낙제했을 것이라는 것이다. 이 헤겔 전설은 이 모음집에서 두 편의 논문으로 다루어진다.

중대한 연구서인 『헤겔의 관념론: 자기의식의 만족』[46]으로 호평을 받았던 로버트 피핀은 이 신화를 상술하면서 헤겔 『논리학』에 나오는 논리적 범주로서의 모순 개념에 초점을 맞춘다. 논란이 많은 헤겔의 교설이 출현하는 본질논리에 대한 분석에서, 피핀은 "규정적 부정"과 "지양" 같은 헤겔의 가장 불투명한 몇몇 철학적 용어를 해명하고자 한다. 이런 기초 위에서 그는 헤겔의 변증법적 견해에 따라 모순 개념에 대한 교정적 해석을 제시한

----

46. Cambridge: Cambridge University Press, 1989.

다.

로베르트 한나는 헤겔의 모순 교설에 대한 피핀의 분석을 보충한다. 한나는 헤겔에 따른 논리학의 상이한 개념적 수준들을 보여주는데, 그것은 전임자들의 논리학에 대한 헤겔의 비판을 이해하게 해주는 것이다. 헤겔의 비판은 여하한 논리적 원리들 자체를 부정하기는커녕 보다 상위의 관점에서 그것들을 재해석하는 것에 해당한다. 한나는 판단, 삼단논법, 모순에 대한 헤겔의 설명을 신중하게 분석하고, 헤겔이 모순율을 거부했다는 견해를 잠재운다.

잡다한 신화들

이제껏 논했던 어느 정도 범주화를 허용했던 헤겔 신화와 전설과는 별도로, 제 발로 서고 따라서 개별적으로 다뤄질 필요가 있는 헤겔 철학의 오해들이 다수 존재한다. 이 모음집의 마지막 부는 이렇듯 잡다한 헤겔 신화들을 다룬다.

교수취임 논문인 『행성들의 궤도에 관하여』[47]와 『철학적 학문의 백과사전』(이하 『엔치클로페디』) 2권에 나오는 헤겔의 자연철학에 대한 일반적인 무시는 몇몇 영향력 있는 오해석을 야기했다. 특히 그의 자연과학 이론은 악명 높은데, 7개의 행성만이 있다는 것을 선험적으로 입증하려는 그의 시도라고 하는 것 때문이었다. 이는 1781년 천왕성의 발견으로 당혹스럽게 되었는데, 헤겔은 이를 분명 알지 못했다. 따라서 광신적인 합리주의의 전형적 사례로서 헤겔은, 순전히 비경험적 방법으로 작업하면서, 태양계 행성의 수의 필연성을 그릇되게 연역했다고 여겨진다. 버트란트 버몬트는 간략하게 이 신화를 다루면서 그것이 헤겔 텍스트의 어느 곳에서도 토대를

47. 영문 번역판으로는 "G. W. F. Hegel: *Philosophical Dissertation on the Orbits of the Planets* (1801), Preceded by the 12 Theses Defended on August 27, 1801", trans. Pierre Adler, *Graduate Faculty Philosophy Journal* 12 (1987), 269-309.

갖지 않는다는 것을 보여준다.

헤겔의 정치이론, 형이상학 그리고 그의 종교철학을 동시에 건드리는 한 가지 전설은 헤겔이 국가를 신성시하고 국가에서 지상에 내린 신을 보았다는 견해이다. 이 신화는 앞서 논의했던 것들과 마찬가지로 어떤 형태의 정치적 전체주의를 헤겔에게 귀속시키는 것처럼 보인다. 프란츠 그레구아의 두 번째 논문은 국가의 신성이라는 이 신화를 두 갈래로 공격한다. 우선 그레구아는, 그가 "문헌학적 방법론"이라 부르는 것을 사용하면서, 헤겔의 난해한 언어를 분석하고 난 뒤 문제의 맥락에서 헤겔이 사용한 "신성한"의 의미는 표준적인 용법과는 무관하다고 결론을 내린다. 대신 "신성한"은 헤겔에게서 가령 인간존재, 역사, 자연 같은 합리성의 어떤 형태를 보여주는 그 어떤 것에건 적용되는 용어이다. 둘째, 그레구아는 전체로서의 헤겔 체계를 논하고 거기서 헤겔의 국가이론과 종교에 대한 그의 설명을 고립적으로 고찰한다. 체계의 다양한 구성원들이 하는 역할을 규정함으로써 그레구아는 여기서, 그의 첫 논문과 유사하게, 개인과 국가가 서로에 대해 상호 유기적 관계로 있고 따라서 개인은 국가의 가치와 동등한 조건에 있는 필연적이고 근본적인 가치를 지닌다고 결론을 내린다.

더 나아가 맥타가트[48]나 스테이스[49] 같은 몇몇 헤겔의 열정적인 옹호자들 조차도 헤겔의 변증법적 논증방법이 테제-안티테제-진테제라는 삼원성 형식을 취한다고 주장한다. 이것은 모든 헤겔 신화들 중에서도 가장 유명한 것에 속하며, 앞서 본 바대로 지금도 철학 백과사전이나 안내서에서 손쉽게 발견될 수 있다. 학생들이 헤겔에 대해 한 가지를 "안다"고 한다면, 그건

----

48. J. M. F., McTaggart, *A Commentary on Hegel's Logic* (Cambridge: Cambridge University Press, 1910), §4: "변증법의 전 과정은 테제로서 존재, 안티테제로서 본질, 진테제로서 개념과 함께 변증법적 리듬의 한 사례를 형성한다. 이것들 각각은 다시 그 내부에 테제, 안티테제, 진테제라는 동일한 계기들을 갖는다."

49. Walter T. Stace, *The Philosophy of Hegel: A Systematic Exposition* (London: Macmillan and Co., 1924; reprint, New York: Dover, 1955), §126, §166을 참조하라.

으레 이것이다. 헤겔에 대한 다수의 저서[50]를 쓴 구스타프 뮐러는 그의 논문에서 이 견해의 유감스러운 확산을 맑스로 거슬러 추적함으로써 이 신화의 실체를 반박의 여지 없이 폭로한다. 맑스는 하인리히 모리츠 샬리베우스라는 사람에게서 이것을 전수받았는데, 그는 오래전에 잊힌 칸트와 헤겔 철학 해석가다.

마지막으로 헤겔이 대합리주의자(archrationalist)였다는 광범위한 믿음이 존재한다. 이런 오해석에 따르면, 그는 쇼펜하우어나 프로이트 같은 소위 비합리주의자들과 키르케고르나 니체 같은 실존주의자들의 개시 이전 합리주의의 마지막 순간으로 간주된다. 이 견해에 따르면, 헤겔은 이성이 모든 것을 정복할 수 있으며 역사의 모든 것은 궁극적으로 이성적이라고 믿는 계몽주의의 순진한 산물로 간주된다. 다시금 이것은 한 저자가 언급하듯이 "헤겔은 실존주의의 대립물이다"라는 부적절한 언명을 낳게 된다.[51] 「헤겔과 이성의 신화」는 헤겔과 비합리주의 내지는 실존주의 전통 사이에 어떤 연속성을 보여줌으로써 이와 같은 헤겔 전설을 근절하고자 하는데, 이러한 연속성은 이성의 부정적이고 파괴적인 측면에 대한 헤겔의 바로잡힌 인식을 입증한다.

최근 몇 십 년 동안 영미철학권에서 헤겔 관련 문헌들이 쏟아져 나오고 있다. 이른바 헤겔 르네상스가 실제로 만개하고 있는데, 특히 미국에서 그러하다.[52] 하지만 헤겔에 대한 관심의 부활에도 불구하고 다수의 고집스러

50. *Hegel Denkgeschichte eines Lebendigen* (Munich: Francke Verlag, 1959). 영문판으로 는 *Hegel: The Man, His Vision and Work* (New York: Pageant Press, 1968); *Hegel über Offenbarung, Kirche und Philosophie* (Munich: E. Reinhardt, 1939); *Hegel über Sittlichkeit und Geschichte* (Munich: E. Reinhardt, 1940).

51. Kaufmann, *Hegel: A Reinterpretation*, 290.

52. Henry Harris, "The Hegel Renaissance in the Anglo-Saxon World Since 1945", *The Owl of Minerva* 15 (1983), 77-107; Frederick G. Weiss, "A Critical Survey of Hegel Scholarship in English: 1962-1969", in *The Legacy of Hegel: Proceedings of the Marquette Hegel Symposium 1970*, ed. J. J. O'Malley, et al. (The Hague: Martinus

운 동일한 편견들이 여전히 존속하고 있다. 새로운 헤겔 주석가들은 헤겔을 거의 알지 못하며 다양한 신화와 전설에서 기인한 수많은 오해에 감염된 독자들에 직면해 있다. 이렇듯 오래된 편견들을 완전히 바로잡을 때가 무르익었다. 그리고 지금 그 수단이 다행히도 우리 수중에 있다.

• •

Nijhoff, 1973), 24-48.

1부
이성적인 것과 현실적인 것에 대한 신화

1. 헤겔: 현실적인 것과 이성적인 것

M. W. 잭슨 M. W. Jackson

교실 밖에서는 정치이론에 대한 식자층의 지식조차 소수의 간결한 문장들인데, 그 각각은 한 위대한 정신이 소유한 사상의 본질을 요약한 것으로 간주된다. 정치이론의 역사는 공적으로 다음과 같은 문장들의 역사다. 아리스토텔레스의 "모든 행위는 어떤 좋음을 목표로 한다." 홉스의 "삶은 비참하고 잔인하고 짧다." 맑스의 "철학자들은 세계를 단지 다양하게 해석해왔을 뿐이다. 그러나 중요한 것은 세계를 변화시키는 것이다."

심지어 정확히 인용된 경우라 할지라도, 이 문장들은 최선의 경우 각각의 저자들의 사상을 드러내는 것만큼 은폐하며, 최악의 경우 그 사상의 복잡성을 왜곡한다. 그럼에도 불구하고 이러한 문장들은 정치이론의 공적 지식을 구성한다.

어떤 정치이론가도 헤겔만큼이나 단 하나의 문장 때문에 더 큰 왜곡에 시달렸던 경우는 없었다. 헤겔의 독자라면 누구든지 항상 부정적으로 헤겔에 대한 확정된 견해를 지닌 수많은 사람들을 직접적으로든 지면을 통해서든 조우한 적이 있을 것이다. 그들은 분명 헤겔이 쓴 그 무엇도 읽지 않았으며 이해하지 못했다. 그들의 견해는 전적으로 두 명의 칼, 즉 맑스와 포퍼 같은 이차 출처에 근거한다. 이것은 독자에게 조금도 양보하지 않는, 헤겔 스스로 "가혹한 스타일"[der strenge Stil]이라 불렀던 것을 위해 지불한 대가다(1975a, 616).

헤겔에 대한 그 어떤 논의라도 불가피하게 그가 이성성과 현실성의 관계를 주장했던 문장에 이르게 된다. 이 문장은 1821년 『법철학』 서문에 등장한다. 그의 사후 한 세대 안에 비판가들은 공표된 수천 개의 말들 중에서 이 문장에 매달렸다. 루돌프 하임은 이 문장이 존재하는 현실은 이성적이며 따라서 비판에서 면제된다는 것을 의미한다고 해석했다(1857, 357). 하임이 보기에 그 문장은 헤겔의 배신에 대한 증거였다. 비록 하임의 책은 영어나 프랑스어로 번역되지 않았고 독일에서도 절판된 지 오래지만, 그의 해석은 잘 알려져 있다. 그것은 1888년 엥겔스가 기억을 더듬어——"현 실적인 모든 것은 이성적이다"로 적힌 것으로—— 헤겔을 인용했을 때 의도 치 않게 널리 퍼졌다.[1] 그 이후로, 몇 사람을 거명하자면, 매킨토시(1903, 211), 스튜어트(1906, 207), 홉하우스(1918, 17), 구치(1920, 300-301), 매키버 (1926, 451), 호킹(1926, 86), 라스키(1935, 29, 94), 새바인(1937, 632), 러셀 (1945, 731), 웰던(1946, 95), 엘리엇과 맥도날드(1950, 273), 캐틀린(1962, 360), 사토리(1962, 45), 포퍼(1966, 27), 픠겔린(1968, 40-44), 홀번(1969, 512), 후크(1970, 87), 넬슨(1982, 306), 굿윈과 테일러(1982, 178) 등이 엥겔스 의 인용과 하임의 해석의 변종들을 수용했다. 물론 그렇게 한 가장 가혹한 비판가는 칼 포퍼 경이다. 월터 카우프만의 강력한 응수에도 불구하고, 포퍼와 그의 추종자들은 여전히 부끄러움을 모르고 있으며(Popper 1976, 113-20, Quinton 1976, 155, Magee 1979, 74-86, Champion 1985, 11), 구제받지 못하고 있다.

물론 이와 같은 이질적인 작가군은 그 해석에 있어 동질적이지는 않지만,

• •
1. 아비네리(1970, 124)는 이런 잘못된 인용에 주목한 몇 안 되는 학자들 중 한 사람이다.

모두가 하임의 해석에 상당할 정도로 연관되어 있다. 새바인은 다른 이들 대부분과는 달리 과장하지 않으며, 엥겔스에 이어 단순히 헤겔을 오인용한다. 러셀은 분명 그의 단순한 결론이 포함하는 것 이상을 알고 있었다.

하임의 해석이 불가피한 것이었다고 생각되지 않도록 하기 위해서, 그 해석을 피했던 학자들이 언제나 있어왔다는 사실을 명심하도록 하자. 그들 중에는 뮤어헤드(1915, 37-39), 본(1925, 142-83), 미드(1936, 144-45), 판네슈틸(1936, 88), 노이만(1942, 78), 루지에로(1959, 234), 코플스턴(1963, 255-58) 등이 있다.

헤겔의 다수 비판가들에게 있어 하임 해석의 함의들은 기념비적인 것이어서, 침묵의 권위주의적 정치나 그보다 더 나쁜 것으로까지도 이어진다. 불행한 시민들은 국가의 여하한 명령에 따라야 할 뿐만 아니라, 그 명령과 국가를 현실적이라는 이유로 인해 이성적인 것으로 인정해야만 하는 것으로 언도받는다. 이런 노선을 주장한 이들로는 러셀(1947, 16-17), 졸(1960, 495), 덴트레브(1967, 167), 콘(1967, 147), 페터만(1979, 113), 고든(1980, 127), 코와코프스키(1981, 75) 등이 있다. 이런 주장에서 한 발자국만 더 나가면 헤겔이 절대주의자였다는 결론에 이른다──예를 들어, 코커(1932, 89), 키르케고르(1941, 450n), 바커(1951, 20, 34), 피스크(1980, 83), 미발트(1984, 24). 또 다른 이들은 헤겔이 최악의 의미에서 프로이센주의의 공식 철학자였다고 결론 내렸다──예를 들어, 바커(1914, 4), 아르츠(1934, 78), 아리스(1936, 17), 사이먼(1953/54, 313), 카민스키(1962, vii), 핀들레이(1962, 323-24), 리히트하임(1967, 166), 왓킨스(1967, 199-203), 고트프리트(1978, 177). 헤겔의 표면상의 절대주의와 히틀러의 파시즘 사이에 직접적인 관계가 있다는 주장이 콜(1934, 29), 조드(1938, 504), 하이든(1944, 216-17), 라일(1947, 170, 172), 이번슈타인(1956, 595), 마르탱(1960, 159), 샤이어(1961, 98-99), 블록(1962, 384), 비렉(1965, 38, 286), 피터스(1966, 140)에 의해 제기되었다.

하임의 해석은 그로부터 끄집어낸 불쾌한 정치적 함의들이 더해져서 헤겔을 영어권 작가들의 혐오대상[bête noir]으로 만들었다. 비록 이러한 생각은 다른 언어권에서도 찾아볼 수 있지만, 어떤 이유에서인지 프랑스 (Fleischmann 1964), 스페인(Pavon 1971), 이탈리아(Bruno 1969) 그리고 독일(Riedel 1984)에서는 결코 지배적이지는 않았다. 최근 들어 헤겔에 대한 증대된 지식이 그에게 중상(中傷)을 가하는 경향을 줄여왔다지만, 이미 가해진 중상들은 상당한 분량의 서적들을 구성하고 있어서 일반 독자나 입문하는 학생들이 아주 쉽사리 접할 수 있다.

그렇다면 그 악명 높은 문장은 무엇을 말하고 있는가?『법철학』서문에서 그것은 "Was vernünftig ist, das ist wirklich; und was wirklich ist, das dist vernüftig"다(Hegel 1955, 14). 기이하게도, 이 논란이 분분한 문장은 가장 초기의 헤겔 영어 번역들에는 등장하지 않았다. 모리스(1887)는 자신의 해명에서 그것을 지웠고, 샌더스(1855, 213)는 그것을 독일어로 남겨두었다.

이 문장에서 강조점은, 순서상 앞에 놓여 있기에, 이성적인 것인 "Die Vernunft"에 있다. 최초의 영어 번역자인 스테릿(Hegel 1893)과 다이드 (Hegel 1896b)는 "die Wirklichkeit"를 reality[실재성]로 번역했다. 현재 널리 사용되는 번역판에서 녹스는 그것을 "actuality[현실성]"로 옮겼다. 녹스는 세계의 빤한 무질서 속에 실존하는 모든 것들을 망라하는 현실을 (이성적이기 때문에) 참으로 있는 현실의 부분으로부터 구분하기 위해 이러한 변경을 가했다. 헤겔의 체계에서 현실의 이성적 부분은 현실적인 것이다. 현실적인 것은 플라톤의 경우처럼 형상들의 변치 않는 진리가 아니라, 헤겔이『정신현상학』(1977)에서 설명했듯이 역사 속에서 전개되는 어떤 것이다. 헤겔 본인 같은 철학자는 합리성도 현실도 창조하지 않는다. 철학자는 고고학자나 동물학자가 그러하듯 현실성을 발견하고 설명한다. 일상 언어는 덧없지만 현실적인 것과 이성적인 현실적인 것 사이의 동일한 구분을 인지한다. 예를 들어, 내가 "마가렛 대처는 참된 총리가 아니다"라고 말하는 것은 전적으로 이해 가능하다. 어쩌다 이 말을 듣는 어느 누구도 내가 거명된 인물의 실존에 의문을 제기하거나 그녀의 총리직 보유를 부인한다고 여기지는 않을 것이다. 오히려 저 말은 특수한 표지(그 개인)가 그 유형(총리)의 좋거나 나쁜 사례인지를 판단할 일정한 기준을 함의하는 것으로 손쉽게 이해될 것이다. 우리는 총리직 같은 개념의 합리성을, 어떤 특수한 표본의 합리성을 부정하면서도, 실로 종종 긍정한다. 그렇게 하면서 바로 그러한 방식으로 그것에 대해 생각하지는 않더라도 말이다. 우리의 정치체제에서 총리직이 이성적인 가치를 갖는다고 주장하는 것은 여하한 모든 총리들이 그러므로 이성적인 것으로 간주되어야 한다는 것을 함의하지 않는다. 오히려 정반대다. 총리직이 이성적 가치를 지닌다는 것을 판단할 기준을 정교화함으로써 우리는 그 직책의 재임자를 평가할 장비를 갖추게 되는 것이다.

총리들에 대한 것이 헤겔 정치이론에서 국가들에 해당한다. 국가(의 개념)가 이성적이라는 그의 공언은 현존하는 국가(들)가 이성적이라는 것을 의미하지 않는다. 『엔치클로페디』(1975, secs. 6, 198)에서 적은 것처럼, 헤겔 정치이론의 주된 목적은 현존하는 국가를 평가할 기준을 세우는 것이다.

합리성이 점진적으로 발생할 뿐만 아니라 현실 속에 존재하는 (어떤) 합리성이 있다고 결론을 내리게 되었던 것은 헤겔의 낙관론이 갖는 특징이다. 종종 그러한 합리성은, 그가 다른 곳(1955, 105)에서 말하듯이, 의도되지 않았던 것 ── "이성의 간지" ── 이다. 그 예가 나폴레옹의 정복과 독일 점령일 것이리라. 그것은 폭력적이고 억압적이었지만 또한 자치체의 수를 300개 이상에서 약 30개로 줄였다. 헤겔은 이런 축소가 경제적으로 비효율적이고 사회적으로 봉건적이며 정치적으로 지역주의적인 중세 독일의 잔재들을 종식시키면서 독일인들에게 보다 이성적인 경제적, 사회적, 정치적 삶을 약속한다고 여겼다. 우리가 낙관적이라면, 정부와 야당의 근시안적이고 이기적인 다툼에 대해 우리는 오늘날 동일한 것을 말할 수 있을 것이다. 그것은 참여자들의 동기와 무관하게 공동선을 위한 이성적 가치를 지닌다. 『법철학』 내에서 헤겔은 "나쁜 국가는 존재한다. 병든 신체 또한 존재한다. 하지만 진정한 현실을 갖는 것은 아니다."[2]라고 인상 깊은 결론을 내렸다

(270A). 진정한 현실은 현실성이다.

"이성적인 것은 현실적이다"는 헤겔 체계의 관점에서 **사변적 명제**다. 서문의 또 다른 곳에서 그는 사변적 지식에 관해 썼다.(1952, 2; 1977, 38-40) 명제를 사변적으로 읽는다는 것은 이중적 독해, 긍정적인 동시에 부정적인 독해를 하는 것이다. 보통의 명제는 술어의 동일성을 단언한다. 반면 사변적 명제는 그것이 단언하는 동일성을 긍정하는 동시에 부정한다 (Rose 1981, 49).

왜 헤겔은 사변적 명제 같은 특이한 장치를 사용하는가? 그렇게 하는 까닭은 그가 칸트의 윤리적 가르침에서 발견한 추상을 피하고자 하기 때문이다(1896a, 460). 칸트 이론에서 규범적 진술은 필연적으로 경험적 현실과 분리되었다. 칸트 체계에서 규범적 진술은 경험적으로 텅 비어 있어야만 이성적일 수 있었다. 그런데 『법철학』은 헤겔의 윤리학이며, 필경 그런 제목이 붙을 수도 있었을 것이다(Reyburn 1921; Hegel 1893). 비록 내가 방금 그렇게 했듯이 헤겔과 칸트의 윤리학의 차이를 강조하는 것이 일반적이긴 하지만, 양자가 얼마나 유사한지도 기억하는 게 좋다(Knox 1957/1958; Kelly 1978). 헤겔에 따르면, 칸트적 방식에서 규범적 원리의 추상적 진술은 단순히 우리가 그러한 원리에 따라 살지 않는다는 사실을 분명히 보여줄 뿐이다. 도덕철학 강좌에서 학생들이 재빨리 내놓는 소견, 즉 추상적인 것일 때 윤리는 하나의 이상이라는 생각처럼 말이다. 이상들은 지상에 존재하지 않으며 따라서 현실적이지 않다. 헤겔에게서 이상은 바로 현실 속에 함축되어 있지 않기 때문에 정당화되지 않는다. 칸트의 추상을 피하기 위해, 헤겔은 실제로 존재하는 윤리적 삶에 집중한다. 칸트적 윤리는 규범적 원리에 집중함으로써 존재하지 않은 윤리적 삶에 집중되어 있다. 고고학자, 동물학자 그리고 헤겔 같은 철학자는 누구나 볼 수 있는 현실의 무질서와

* *
2. 『법철학』에 대한 참조는 페이지가 아니라 절이다. 헤겔의 언급들은 R로 명기되어 있고, 학생들의 노트들에 기초한 추가들은 A로 되어 있다. 그의 주석들은 N으로 표시되어 있다.

부패에 집중할 필요가 없으며, 현실 속의 숨겨진 질서, 즉 가장 인내심 있고 통찰력 있는 관찰자를 제외한 모든 이들을 피해가는 현실 속의 현실성을 해명하는 데 집중해야만 한다. 사변적 명제들과 그것들을 탐구하는 저서들은 이론과 실천을 통일하고자 하는 헤겔의 시도이며, 그토록 많은 비판가들이 거기서 보고자 했던 정치적 현상(現狀)을 정당화하려는 어설픈 시도가 아니다. 이성적인 것이 현실적이라는 사변적 명제는, 너무나도 자주, 마치 그것이 이성의 자연법을 국가의 현존하는 실정법과 등치시키고 있는 것인 양 읽힌다. 사실 그 명제는 칸트의 추상적 자연법에 대한 헤겔의 비판을 요약한다. 헤겔에게 "Vernünftig(이성적인)"는 "가지적인(intelligible)"과 "당위적인 (as it ought to be)" 둘 모두를 의미한다(Inwood 1983, 497).

가혹한 스타일과는 별도로, 헤겔의 문장에 대한 지속적인 오해석에 대한 여하한 구실이 있다면, 그것은 『법철학』의 역사다. 당시 대학 교수들이 쓴 거의 모든 책들과 마찬가지로 그것은 저자의 강의를 위한 교과서였다 (Hegel 1952, 7). 헤겔은 『법철학』을 독일 학년으로 1818-19년, 1822-23년, 1824-25년 그리고 그가 사망한 1831년에 강의했다. 그 시기 전체에 걸쳐 학생들의 강의노트가 현존하며, 그중 일부는 또 한 명의 칼[Karl]인 헤겔의 아들이 그 책을 편집할 때 이용되었다. 그 노트들에서 발췌한 내용들이 칼 헤겔 판을 따르는 녹스 번역판에 첨부되어 있다. 영어권 독자들은 오직 이 방식으로만 그것들을 접할 수 있다.

교과서 원고는 1819년 10월 이전에 마감되었다. 그 달에 학생들의 거대한 민족주의적 소요가 있었고, 이는 러시아 첩자로 의심받던 시인 아우구스트 코체부의 살해와 더불어 끝이 났다. 나폴레옹 이후 시기의 프로이센 개혁을 끝장내기 위해 메테르니히의 요청으로 카를스바트 결의가 선포되었다. 무엇보다도 이 결의는 상당히 자유주의적이었던 언론과 학문의 자유를 축소시켰다. 이렇듯 혼란스런 시기에 헤겔은 『법철학』의 출판을 일 년 이상 보류했다(d'Hondt 1968, 56). 칼-하인츠 일팅은, 헤겔의 『법철학』 강의에 대한 학생들의 노트들 일체에 대한 대가다운 연구에서, 당시 헤겔이 검열관과 대학 감독관의 주목을 피할 수 있기를 희망하면서 서문을 고쳤다고 결론지었다(Hegel 1974, vol. 1, 43-69). 출판된 서문을 강의 노트에 적힌 구두 서문과 비교해보면 수정되었음이 명백하다. 출간된 텍스트에서 단지 점증적으로 나타나는 자연법과 실정법 사이의 구분이 노트에서는 처음부터 명확히 드러난다(Brudner 1978, 41-48).

『법철학』이 출판되기 전인 1818-19년, 코체부 살해 전에 행해졌을 헤겔의 서문격의 언급에는 헌법제도의 역사적 정당화와 이성적 정당화가 구분되어야 한다는 주장이 담겨있다(Hegel 1974, vol. 1, 230). 그는 특수한 경우에는 비판이, 그리고 보편적인 경우에는 철학이 본질적이라고 덧붙였다(1974, vol. 1, 231).

교과서가 출간되고 카를스바트 결의가 약화된 이후인 1822-23년에 헤겔은, 강의노트에 따르면, 실정법에 결함이 있을 경우 시민들이 그것을 반대할 수도 있다는 점을 인정했다. 그의 말에 의하면, "존재와 당위 사이의 갈등은 가능하다." 이것은 매우 칸트적인 정식화다. 1824-25년에 그는 법이 "비이성적이고 불공정하며 완전히 자의적"일 수 있다고 언급했다. 그리고 그는 그런 법이 존재한다는 단순한 사실이 법의 가치를 지시하는 것은 아니라고 결론짓는다(Hegel 1975, vol. 4, 82). 이 모든 것은『법철학』의 가르침과 일치한다.『법철학』을 읽고자 하는 사람들에게는 말이다. 거기서 존재와 당위의 긴장은 분명하게 감지되며, 따라서 유일한 의문은 왜 그것이 서문에서는 분명치 않은가 하는 점이다.『법철학』에서 헤겔은 "국가의 이념을 고려할 때, 우리는 우리의 시선을 특정한 국가들에 두어서는 안 된다"(258A)고 적었다.

헤겔이 당시 프로이센 절대주의의 변호론자였다는 혐의는, 통상 이성성과 현실의 사변적 명제를 오해석한 데서 기인하는 것인바, 완전히 잘못된 것이다. 우선 그것은 역사적으로 잘못되었다. 헤겔의 베를린 재임기간에 프로이센 정부는 폼 슈타인, 폰 알텐슈타인, 폰 하르덴부르크 같은 이들이 주도했던 자유주의적이고 개혁주의적인 정부였다(Seeley 1878; d'Hondt

1968). 이 시기가 끝나고 프로이센의 반동기가 도래한 것은 헤겔이 이미 죽은 뒤였다. 그의 가르침은 앞서 언급한 정치지도자들 및 개혁주의 운동과 그토록 광범위하게 연결되어 있었기 때문에, 그의 베를린 대학 철학교수 후임자는 개인적으로 왕에게서 헤겔의 자유주의적 가르침의 영향력을 차단하라는 책무를 받을 정도였다. 헤겔은 프로이센 국가의 공식 철학자이기는커녕, 단 한 명의 장관의 후원을 제외하고 모든 개혁에 반대했던 다수의 적들에 둘러싸여 있었다(Treitschke 1916, vol. 2, 509). 헤겔 자신은 결코 궁정사회에 초대받은 적이 없었으며 이러한 인정을 받지 않았던 베를린의 몇 안 되는 교수 중 하나였다. 헤겔은 트라이쉬케 같은 외국인 혐오적인 민족주의자들에 의해 적으로 간주되었고(1916, vol. 1, 225, 292), 나치 저자들에 의해 대부분 무시되었다(Grégoire 1955, 1962). 그는 전문적인 선동가였던 빅토르 쿠쟁과 개인적인 친분이 있었다(1866, 612).

헤겔의 혐의는 정치적으로도 잘못되었다. 왜냐하면 『법철학』에서 헤겔은 일정한 정치제도가 자유의 필연적인 수단이라고 주장했기 때문이다. 그중에는 공적 소송에서의 배심 재판(219), 법 앞에서 시민들의 평등(219), 몽테스키외식의 정부 기능의 균형 분할(275),[3] 출판의 자유(316-19), 대중의 의회 참여(275), 조세의 승인(275)이 있다. 게다가 그는 양심적 병역거부(270N)를 인정했다. 또한 그는 "침해될 경우 신성모독이 될 피난처"로서 양심(137R)에 대해 적었다. 나폴레옹의 패배에 이은 거대한 개혁에도 불구하고, 헤겔이 본 프로이센에는 이것들 중 어느 하나도 아직 존재하지 않았다. 또한 오늘날 그것들이 여전히 부재한 세계의 많은 지역들이 존재한다. 그럼에도 G. A. 웰스 같은 이는 헤겔이 당시의 개혁운동에 그 어떤 제안도 하지 않았다고 주장했다(1959, 151). 다른 이들은 선한 보수주의자로서 헤겔은 프로이센의 현존 정치 현실에 무비판적이었다고 단언한다(Catt 1962, 370).

모든 것 중에서 가장 중요한 것으로, 헤겔의 프로이센주의에 대한 혐의는

••
3. 샌더스(1855, 215)는 헤겔의 정부 제도들이 영국의 사례를 베꼈다고 생각했다.

철학적으로 잘못되었다. 왜냐하면 이성적인 것과 현실적인 것에 대한 그의 동일시는, 어디에서 그리고 어떻게 합리성이 존재하고 확립될 수 있는지를 보임으로써 이성적 행동을 독려하고, 또한 어디에서 그리고 어떻게 합리성이 이미 존재하지 않는지를 보임으로써 추가적인 이성적 행동의 강령을 함축하기 때문이다. 이 사변적 명제는 행동의 강령이지 묵인의 변호가 아니다. 그리고 그것은 그의 후원자 알텐슈타인에 의해 그런 방식으로 취해졌는데(Hoffmeister 1963, 251), 그는 농노제 반대자, 경제적 자유 지지자, 성직자 특권의 적, 아동노동 금지자였다(d'Hondt 1968, 71). "역사의 추동력"은 일부 사람들이 헤겔의 것으로 여기는 식의 "형이상학적인 어떤 것"이 아니며(Tucker 1980, 42), 단순한 역사적인 결정론도 아니다(Miliband 1977, 9). 그것은 인간의 자유다(Berki 1968). 오직 이성적인 것이 현실적인 한에서, 그것은 사실상 이성적이다. 오직 현실적인 것이 이성적인 한에서, 그것은 사실상 현실적이다.

2. 이성적인 것은 현실적이고 현실적인 것은 이성적이라는 헤겔의 격언: 그 존재론적 내용과 담론에서의 기능

이르미야후 요벨 Yirmiahu Yovel

이 다소 과도하게 나아간 격언으로 돌아가는 이유는 무엇인가?[1] 우선 나는 이른바 헤겔 사유의 단서이자 지름길로 간주되는 그것의 권위를 약화시키는 것이 가치 있다고 생각한다. 둘째로 그렇게 하는 것은 더욱 긍정적인 결과를 낳을 수도 있는데, 이를테면 이성적인 담론에 대한 헤겔 이론의 요소들을 끌어내거나(또한 그 속에서 이런 언명은 그 고유한 기능을 발견할 수 있다), 이 언명에 우선적인 의미를 제공하는── 정치적이라기보다는── 존재론적인 배경을 재조사할 수 있을 것이다.

아마도 자연스럽게 우리는, 유감스럽게도, 간결한 경구들과 완곡한 정식들에 지나치게 이끌리는 것일 터이다. 그러면서 그것들을 기능적 맥락[2]으로

..
1. 이 논문은 부분적으로 *Hebrew Philosophical Quarterly, Iyyun* (Jerusalem 1976)에 실렸던 방대한 논문의 초고를 요약한 것이다. 온전한 영어판 버전은 진행 중이다.
2. 나는 이 용어를 통해 주어진 메시지와 연관되고 그 해석의 일부가 되는 담론의 목적과 전략의 집합을 의미하고자 한다. 그것은 한 구절(구, 장 등)의 텍스트적 환경이란 의미에서의 "맥락"과는 다르다. 오히려 그것은 발화의 "실용주의적 맥락"에

부터 떼어내고, 또한 그것들을 자기충족적 담론 단위로서 취하거나 아니면 몇 조각의 계시된 지혜로서 취한다. 그러한 지혜에는 그 저자의 최우선적 권위가 주입되어 있으며, 무수한 층들로 쌓인 함축적 의미들이 적재되어 있는데, 이는 독실한 경전 주해를 통해 드러나거나 편향적 독해를 통해 활용될 것이다. 이러한 접근은 그 자체로 부당하지만 특히 헤겔의 철학에 대해서는 부적합하다. 헤겔 철학의 깊이는 신탁적인 통찰의 애매한 불꽃에 놓여 있는 것이 아니라, 그것의 풍부하고 다양한 요소들 간의 —— 매우 복잡하기는 하지만 —— 이성적으로 분절된 상호연관에 놓여 있기 때문이다. 헤겔의 체계는 그 어떤 손쉬운 지름길도 허락하지 않는다. 헤겔이 주장하듯이, 그것은 '개념의 고된 노동'을 요구한다. 이는 이성적이고 체계적인 해명 과정을 함축하며, 또한 철학에서의 견실한 준비와 그 기본 쟁점들과의 대면을, 즉 그 쟁점들이 부분적 해법을 낳았을 때, 붕괴와 새로운 지양으로 이어지는 대면을 함축한다. 어떻게 하나의 정식이, 아무리 눈부신 정식이라 하더라도, 이 과정을 멀리서라도 포착하거나 그것에 대한 대체물로 복무할 수 있단 말인가?

헤겔 자신이 자연적인 유혹에서든 아니면 우리의 경우처럼 숙고에 의해서든, 이따금 슬로건을 외치거나 헤라클레이토스적으로 들리는 격언을 표명하기로 했다면, 그는 비체계적인 의도를 가지고서 그리고 대부분은 서문이나 추가들[Zusätze] 같은 비체계적 텍스트에서 그렇게 했다. 그러한 경구들의 역할은 수사적이었으며 교훈적이었다. 그것들은 진정한 철학이 아니라 철학에 관한 "단순한 잡담"으로 의도되었으며, 그렇지만 이는 고유한 기능을 가지고 있었다. 즉 그것은 예비나 입문의 목적 혹은 —— 덜 빈번하게는 —— 기억을 위한 약호로서, 개별 철학자에 의해 이미 이해되고 숙달된 어떤 전체 체계적 쟁점의 요약이라는 목적에 복무하는 것이었다.

•• 더 가깝다. 단지 그것은 일회적 사건의 발화와 관계하는 게 아니라 문장들, 구호화된 구절들 등과 같은 담론의 반복 가능한 항목들과 연관을 맺는다.

보다 긍정적인 분석을 행하기에 앞서, 헤겔의 경구를 독해하는 현재의 경향이 야기하는 것으로 보이는 비판을 요약해 보도록 하자.

1. 무엇보다도 우리는 간접적인 격언으로부터 헤겔의 체계적 견해에 대해 배우려고 해서는 안 된다. 차라리 그 순서는 역전되어야 한다. 헤겔의 체계적 교설에 대한 지식의 토대에서만 우리는 이따금씩 등장하는 격언의 의미와 역할에 접근할 수 있다.

2. 나는 이 격언을 직접적으로 그리고 우선적으로 정치적 맥락에서 읽는 것은 옳지 않다고 생각한다. 반대로 헤겔은 그것의 우선적 맥락은 존재론적이며, 존재[Sein], 현존재[Dasein], 실존[Existenz] 같은 범주들 내지는 존재 양태들과 관련된다고 주장한다. 그리고 명백히 이 격언의 핵심 개념인 "현실성"과 "이성성"은 그것들의 본래적 맥락, 즉 헤겔의 『논리학』의 맥락 없이는, 혹은 더 넓게는 존재의 역동적 등급과 이성적인 담론에 대한 그의 이론의 맥락 없이는 파악될 수 없다.

이 격언을 독서함에 있어 정치적 편견은 학자들과 사회사상가들 사이에는 흔한 일이다. 그들은 맑스주의적 선조들 때문이건, (헤겔은 공유하고 있지 않은) 정치의 우선성에 대한 그들 자신의 강조 때문이건, 아니면 단지 철학적 훈련이 부족하기 때문이건, 정치에 대한 협소한 관점에서 헤겔 일반에 접근하는 경향이 있다. 이것은 실로 철학자로서의 헤겔을 공정하게 다루지 않는 것이다. 그것은 또한 그 자체로 『법철학』의 어떤 핵심적 차원을 놓치며, 또한 헤겔의 합리성 실현 도식에서 사변에 대해 정치가 지니는 (필수적이긴 하지만) 이차적이고 부차적인 위치를 흐려놓는다.

이 격언에 대한 순수하게 정치적인 독해 내부에서조차도, 기본적인 존재 론적 구분들을 이끌어내는 데 있어서의 실패는 다음과 같은 고전적인 오류들을 야기해왔다.

3. 좌파 헤겔주의자들은 저 유명한 등치의 첫 부분[was vernünftig ist, das ist wirklich]을 강조하면서 "rational"을 일종의 선험적 당위, 즉 현실적인 세계를 개혁되어야 하는 것으로 보이게 하는 어떤 바람직한 상태로 만드는

경향이 있었다. 그로써 그들은 헤겔적 Vernunft를 Verstand와 혼동했으며, 이는 부지불식간이긴 하지만 헤겔을 칸트의 방향으로 되돌려 놓았다.

4. 우파 헤겔주의자들은—그리고 그들의 적수인 헤겔의 자유주의적 비판가들 또한—등치의 두 번째 부분[was wirklich ist, das ist vernünftig]을 강조하는 경향이 있다. 그러나 단순히 어쩌다 실존하는 여하한 상태를 이성적인 것으로 정당화하는 대보수주의자(archconservative)로 헤겔을 만들고자 하는 열망 속에서, 그들은 때로는 고의적으로 Wirklichkeit와 Existenz 의 핵심적인 존재론적 구분을 혼동한다.

5. 좌우 헤겔주의자 모두 "신탁적 편견"을 공유한다. 즉 헤겔의 격언이 그 자체로, 경전 주해를 통해 드러내야 할, 심오하고 권위 있는 진리를 담고 있다고 가정하거나 그렇게 가정하는 양 행동한다.

6. 헤겔을 보수주의자라는 혐의로부터 방면시키고자 시도하면서, 어떤 새로운 학술 동향은—나는 그것을 "역사적 변증론[historical apologetics]" 이라고 부를 수 있겠는데—헤겔 작업의 체계적 함의로부터 그의 삶, 성격, 환경, 현실적인 결단 등으로 관심을 돌린다. 이 학파는 헤겔주의 철학이 형성되었던 실제 상황에 대한 우리의 이해를 대단히 풍요롭게 했다. 그러나 그것을 **철학**으로 이해하기 위해서는 외부적인 역사적 자료가 아니라 그것의 체계적이고 논리적인 함축들에 초점을 두어야만 한다. 그런 자료가 아무리 흥미롭다고 해도, 그것의 해석학적 의의는 제한적이다.

7. 역사적 변증론의 무효성은 최근의 한 사례에서 입증된다. 헤겔의 『법철학』에 대한 자료를 담은 K.-H. 일팅의 새로운 출간물들은 헤겔의 그 유명한 격언에 대한 헤겔의 알려지지 않은 언급을 포함하고 있었는데, 이는 느지막이 그가 죽기 직전인 1831년에 했던 언급이다. 이 발견은 죽기 전에 헤겔이 그의 격언을 보수적 색채에서 벗어나도록 "수정했다"는 주장들을 낳았다. 하지만 그는 고칠 것이 아무것도 없었다. 적합하게—즉 그 존재론적 맥락에 따라—읽는다면, 원래의 격언은 추정상의 그 수정을 이미 포함한다.[3]

8. 에밀 파켄하임은 정치적 편견과 신탁적 편견 모두를 피했으며, 내게 지금까지 가장 유익한 노선으로 보이는 것을 제공했다. 그 격언이 우선적으로 형이상학적 맥락에서 읽혀야 한다는 것을 강조하면서 말이다. 하지만 현실성과 이성성을 직접적인 철학적 용어로 해석하는 대신, 파켄하임은 신학적인 어법(신, 섭리 등등)을 선호한다. 그렇지만 헤겔 체계에서 신학의 담론세계는 철학의 그것보다 열등하며, 이미지가 개념에 관계하듯, 혹은 은유적으로, 그것에 관계한다. 왜 Begriff보다 Vorstellung을, 직접적인 존재론적인 언어보다 신학적 은유의 세계를 선호하는가? 이것은 또다시 헤겔의 체계를 그 자체의 제한되고 열등한 한 측면으로 압축하는 것일 수밖에 없다. 파켄하임은 그토록 많은 독자들에게서 주목을 받진 못했던 "헤겔 사유의 신학적 차원"을 강조한다는 점에선 옳았다. 그러나 거기에서 딱 멈춘다는 점에서는 옳지 않았다. 그 격언을 그것의 일차적 맥락, 즉 헤겔의 『논리학』과 일반 철학의 맥락에서 읽으려 노력하면서 나는 우선 그 격언의 담론 형식을 검토할 것이고(1절), 그런 다음 그것의 존재론적 메시지를 논할 것이다(2절). 이런 기초 위에서 나는 더 나아가 3절에서 그 격언이 헤겔의 담론 내에서 그리고 그것의 의도된 청중과 의도되지 않은 청중과 관련해서 수행한다고 가정된 정확한 기능에 대해 어떤 제안을 할 것이다.[4]

1. 격언의 담론 형식

물론 헤겔의 논리는 그 자신의 담론에 적용되어야 한다. 헤겔이 철학에

3. 물론 이것은 원문의 발견에 대한 관심을 없애는 것은 아니지만, 그것을 올바른 관점에서 바라보게 한다. 즉 그것은 내내 존재해왔던 바의 것을 끌어내고 확인시켜주는 것이다. 그렇지만 원래의 정식이든 수정된 것이든 그 자체는 체계를 이해하는 데 타당한 원천이 아니다.

4. 3절은 여기서 전체가 제시될 것이며, 1절과 2절은 요약된 부분만을 보게 될 것이다.

부여하는 변증법적 형식이 주어졌을 때, 우리의 격언은, 고립된 명제 상태로는, 그것이 전달하고자 하는 내용을 표현할 수 없다. 헤겔의 이론에서 모든 단일한 명제들이나 일반화들은 그것들의 대상을 놓치고 그것들이 포함하는 것처럼 보이는 메시지를 왜곡할 운명에 처한다. 철학적 주장은 오로지 그것의 완전한 역동적 맥락에서만 유의미해지며——그리고 입증될 수 있으며——, 이 맥락은 전체로서의 체계를 내포한다. 체계 속에서의 해명으로부터 벗어날 경우, 우리의 것과 같은 그 어떤 일반화도, (1) 진리, (2) 의미, (3) 주관적 가지성을 결여하는바, "추상적 보편"으로서 간주되어야만 한다.

심지어 이런 견해를 요약한 문장——진리는 전체다[das Wahre ist das Ganze]——조차 비슷하게 공허한 보편자이며, 그것의 형식은 내용과 모순에 처하게 된다. 메타철학적 진술들은 실체적 진술들과 똑같은 조건에 구속된다. 즉 참이기 위해서, 의미를 얻기 위해서, 주관적 정신에 가지적이기 위해서 그것들은 유기적 정합성이라는 이상을 실제로 완수한 체계 내에서 이미 체화되고 해명되어야만 한다.

체계적 전체는 여하한 철학적 관념의 검증-맥락이자 의미-맥락이라는 점을 주목해야 한다. 철학적 원리나 관념이 처음으로 의미를 획득하는 것은 변증법적 변형들을 포함하는 그것의 해명(explication)에 의한 것이다. 체계의 다양한 구성 요소들의 상호-함축은 또한 그것의 개별 구성원들에게 그것들의 특별한 변별성을 제공한다.

헤겔의 경우 이것은 단순히 진리(와 의미)의 정합이론일 뿐만 아니라 동시에 존재론이라는 점을 주목할 수도 있을 것이다. 만약 철학이 유기적 특징을 가져야만 한다면, 그것은 실재 자체가 이러한 특징을 띠기 때문이다. 실재는 그것의 관념에 따라서, 즉 그것의 본질적 측면을 이루는 이성적인 범주들과의 변증법적 관계 속에서 자신을 현실화한다. 현실성과 이성적인 담론 사이에 이런 고유한 연결이 존재하지 않는다면, "정합성" 조건은 그 자체로 체계의 진리를 보장해줄 수 없을 것이고, 오히려 반대로 자의적인 담론 세계, 즉 아름답게 건축되었지만 추상적이고 모든 현실과 단절된 자기 폐쇄적인 "천공의 성"을 세울지도 모른다. 그렇지만 헤겔은 독립적이고 자기충족적인 방법론적 이론, 철학을 위한 모델을 선험적으로 정해 놓는 방법론적 이론을 인정하지 않는다. 철학의 형식과 그것의 ("정합성" 조건을 포함한) 방법론적 제약들은 그것의 주제인 현실성의 본성으로부터 도출되는 것으로 말해지는바, 그것들은 그 현실성의 역동적인 구조를 반영하는 것으로 가정된다(이것은 주요한 사변적인 요점인데, 그것 없이는 헤겔에 대한 그 어떤 충실한 해석도 가능하지 않다).

주관적 가지성과 학습

진리와 의미에 더해서, 단절된 진술들은 또한 주관적 가지성을 결여한다. 주관적 가지성은 객관적 유의미성과 같은 것이 아니다. 두 사람이 있다 치자. 한 사람은 신참자이며 다른 사람은 헤겔 체계의 모든 변형들과 지양들을 이미 거친——그리고 그것들과 더불어 전개된——정신을 가진 사람이다. 이제 그들에게 "이성적인 것은 현실적이다"(혹은 "진리는 전체다" 등등) 같은 일반화된 진술을 제시해보자. 헤겔 이론에서 그 진술은 객관적으로는 무의미함에도 불구하고 상이한 주관적 결과를 낳을 것이다. 신참자에게 그 진술은 공허하고 비가지적이며 오해를 불러일으킬 가능성이 클 것이다. 그러나 다른 이에게 그것은 주관적으로 가지적일 것인데, 이는 그것이 그 자체로 유의미한 여하한 내용을 그에게 전달하기 때문이 아니라, 그가 이미 내면화하고 습득한 전 과정을 불러오는 약식 암호로서 복무하기 때문이다.

분명, 객관적 유의미성과 주관적 가지성의 구분은 헤겔만의 독특한 것은 아니다. 그것은 일상적이고 비변증법적인 담론에서도 통용된다. 어떤 진술이 그 자체로 유의미한 것으로 간주될 것이면서도, 주관적 마음이 그것을 이해하게 만들기 위해서는 긴 교육 과정이 요구되는 그 어디에서건 말이다. 헤겔은 두 가지 주된 측면에서 이러한 통상적인 견해와 결별한다. 첫째, 우리가 본 것처럼 그는 철학에서(즉 Verstand와 그것에 기초한 수학이나 경험지식 같은 학문들과 구분되는, 고유의 이성적인 담론, Vernunft의 담론에서) 단일한 일반화된 문장이 그 자체로 유의미할 수 있다는 것을 부정한다. 그리고 둘째로, 그는 철학적 관념이 체계적으로 전개되는 질서와 그것이 포착될 수 있는 바로 그 유일한 과정 사이에 있을 수 있는 분리를 인정하지 않는다. 철학에서 주관적 가지성은 관념에 의미와 진리를 부여하는 바로 그 동일한 체계적 전개에 의존한다.

이것의 한 가지 주된 근거는 마음이 철학하기 과정에서 결코 수동적인 수신사가 아니고, 체계의 연속적 계기에 의해 지시되는 변화와 변형을 똑같이 겪는다는 것이다. 따라서 마음은 그 자신의 철학하기에 의해 발전하고 형성된다. 하지만 보다 사변적인 또 다른 이유가 있다. 즉 헤겔이 이성적인 주체에게 그의 대상의 형성에서 귀속시키는 구성적 역할이 그것이다. 헤겔은 주관적 사유의 계기가 기성의 진리를 반영하는 것이 아니라 그것의 바로 그 구성에 참여하는 것으로 간주한다. 나는 이 쟁점 자체를 논하진 않을 것이며 단지 그것의 방법론적이고 교육적인 함의만을 시사하고자 한다. 즉 마음은 그 내용과 더불어 변증법적으로 발전한다는 것, 그리고 학습과 철학 파악을 위한 교육적 절차는 체계가 전개되는 논리적 절차와 똑같아야만 하며, 그 어떤 지름길이나 대안적 접근법도 가능하지 않다는 것을.

명제들의 서술적 편견

단일 격언들이 철학적 진리를 표현하는 데 실패하는 것은 또한 그것들의 서술적 형식에 기인한다. 일상 언어의 구조는 불충분한 술어 이론을 반영한다(그리고 이 이론 자체는 불충분한 존재론의 파생물이다). 그것은 논리적 주어를 고정되고 미리 주어진 것이며 처음부터 자기 동일적인 것으로 취한다. 반면에 술어는 이러한 주어에 일방적으로 "매달려" 있거나 의존한다. 이것은 "오성"의 논리적 견해다. 그렇지만 변증법적 이성은 주어와 술어를 상호 의존적인 것으로 파악한다. 주어는 오로지 술어의 변증법적 체계에서 해명과 변형의 과정에 의해서만 주어로서 구성되는 것이다. 따라서 현실적인 주어는 결과이지 출발점이 아니다. 그것은 전통적인 견해에서처럼 단일한 특권적 항목이 아니라, 모든 술어들의 전체적 상호연결, 즉 그것들의 변증법적 총체성이다. 그러므로 현실적인 주어에는 그것이 해명되는 술어들의 체계를 넘어서는 어떠한 잔여 내용도 없다. 그리고 변화와 현실화를 겪는 것은 고정된 존재자의 속성들이 아니라 주어임의 바로 그 지위다.

다시 한 번 말하건대, 이 모든 논리적 견해들은 헤겔의 존재론에 기초하고 있다. 철학적 담론 형식이 그 어떤 제약들로부터 도출되건, 존재의 구조는 그것의 자기현실화 과정이다. 따라서 고정된 논리적 주어에 대한 헤겔의 거부는 현실을 고정된 실체의 관점에서 바라보는 것에 대한 그의 거부와 등가적이다. 그리고 진리는 오직 체계적 전체에 깃든다는 헤겔의 주장은 단순한 "진리의 정합이론" 이상의 것이다. 왜냐하면 정합성 요구 자체는 현실을 자기현실화하는 총체성으로 보는, 그리고 진리를 다만 진술과 이론의 인식적 속성으로 보는 게 아니라 존재의 양태로 보는 존재론적 견해로부터 도출되니까 말이다.

언어의 이율배반

서술적 언어에 있어 헤겔의 문제는 그가 그것에 대한 그 어떤 대안도 가질 수 없다는 점이다("사변적 명제"라는 완곡한 언급도 거의 도움이 되진 못한다). 그는 철학을 위해 특별히 형성된 "인공" 언어를 제안할 수 없다. 왜냐하면 문화와 정신에 대한 그의 변증법에 따르면, 철학적 지식은 현실적인 지식과 문화 형태들의 발전 속에서 출현해야 하며, 그것들에 가해지는 인위적 부과로서 출현할 수는 없기 때문이다. 이것은 헤겔 이론 안에서 "언어의 이율배반"을 야기한다. 그리고 그의 해법은 다소 실용적이다. 일상 언어를 대체하는 대신에 헤겔은 그의 담론의 기본단위로서 문장이 아니라 문단을, 그리고 때때로 장 전체를 사용함으로써 일상 언어를 (알다시피 때로는 다소 폭력적으로) 조작하는 편을 선택한다. 이런 단위는 그가 초기 진술들로 되돌아가서 그것들이 연루된 모순과 변형을 지적하고, 주어진 담론 회로들을 항상적으로 닫으면서 새로운 것들을 여는 전진-후진의 방식으로 나아간다. 이것은 부분적으로 헤겔의 체계적 작업들의 불가능한 스타일을 설명해주고 또한 아주 빈번하게도 한 문장이나 문장군 그 자체에는 아무런 분명한 의미도 없다는 사실을 해명해준다. 그것들은 담론 전체의 "맥락적 운동"으로부터 이해되어야만 한다.

요컨대 격언의 형식은 격언이 철학적 진리를 표현할 수 없게 만든다. 그것은 헤겔이 순전한 대화[Konversation]라고 부르는 담론 범주에 속해야만 하는데, 이는 철학에 관한 모든 서문들, 일반화들, 그리고 기타 등등을 포함한다. 그렇지만 우리는 헤겔이 철학에 대한 선철학적 입문으로서 복무하는 대화의 하위범주를 구별했다는 점에 주목해야 한다. 다시 말해 그것의 기능은 예비학적인 것이다. 즉 훈련되지 않은 정신을 변증법에 내재된 사유양식으로 나아갈 수 있도록 비변증법적 방식으로 준비시킨다.

헤겔이 그의 언어의 이율배반을 통사론적 수단으로 해결할 수 없는 것이라면, 그는 실로—그리고 아마도 모순 없이—의미론적 장치를 사용한다. 그러면서 그는 일상 언어에 존재하는 애매성과 함의를 활용함으로써 새로운 철학용어집을 창조한다. 이런 계획을 선언하면서(예를 들어 『논리학』 II, 375; cf. I, 10), 특별히 헤겔은 통상 동의어로 간주되는 용어들, 특히 실존[Existenz], 현존재[Dasein], 현실성[Wirklichkeit] 같은 일군의 용어들 간에 체계적인 구분을 할 것을 제안한다. 이것은 직접적으로 우리를 헤겔의 격언 뒤에 놓인 발전적 존재론으로 향하게 한다.

2. 격언의 존재론적 내용

그러나 현실성에 대해 언급할 때면 자연스럽게 내가 어떤 의미로 이 표현을 사용하는지에 대해 생각하게 되는데, 왜냐하면 나는 또한 『논리학』에서 현실성을 상세하게 다룬 바 있으며 그것은…… 현존재, 실존 그리고 그 밖의 규정들과 구별되었던 것이다(『엔치클로페디』, 6절).

　헤겔의 현실성 개념을 이해하기 위해서, 우리는 그것을 헤겔의 그 밖의 존재론적 범주들과 관련해서 살펴보아야 한다. 그것들은 일상 언어에서는 동의어까진 아닐지라도 유사하지만 존재의 역학적 정도에 대한 헤겔의 이론에서는 상이한 존재론적 계기를 나타내는 용어들에 의해 지칭된다. 이러한 "존재론적 용어집"은 존재[Sein], 현존재[Dasein], 실재성[Realität], 실존[Existenz], 현실성[Wirklichkeit], 객관성[Objektivität] 같은 용어들을 포함한다. 이 요약의 공간에서 나는 그것들 전부를 논할 수는 없을 것이고, 특히 실존과 현실성의 구분에 초점을 맞출 것이다. 현실성은 "객관논리"의 최종 범주이지만 체계 전체에서는 그렇지 않다는 사실, 그리고 우리가 "주관논리"에서 객관성을 분명 현실성보다 우위에 있는 것으로서 발견한다는 사실에 의해 어떤 특별한 문제가 제기된다. 그렇지만 암묵적으로 실존-현실성 구분은 "주관논리"에서 보다 높은 수준에서 개념[Begriff]과 이념[Idee]의 구분으로서 반복된다는 것을 보여줄 수 있다. 따라서 헤겔은 현실성을 좁은 의미에서 『논리학』에서 명시적으로 논의되는 범주를 지칭하는 것으로 사용하기도 하고, 또한 넓은 의미에서 이념의 최고 현실화를 지칭하는 것으로 사용하기도 한다.

　존재와 현존재는 현실의 심층 차원을 나타내지 않는다. 경험적 존재는 자족적인 특수자들의 정량화된 집합체로 간주된다. 그렇지만 실존은 초감성적 본질 내지는 근거의 외화로서 취해진 경험적 존재다. 따라서 그것은 "내부"와 "외부"의 이중성을 수반한다. 내적 근거와 그것의 외화 사이의 관계는 상호적이지 않고 일방적이다. 본질적 요소는 자족적인 것으로 간주되는 반면 경험적 실존은 그것을 전제하고 의존한다. 이 관계는 실존이 숨겨진 본질에 의존한다 할지라도 그것을 참되고 적합한 방식으로 표현하지 않는다는 점에서도 일방적이다. 오히려 실존은 근원적인 것이 지위와 내용을 상실하게 하면서 근원적인 것을 왜곡하는 외화이며, 따라서 그것은 현실화하는 요소라기보다는 소외시키는 요소로서 복무한다. 이러한 이유 때문에 실존은, 존재론적으로 말해서, "현실성"이 아니라 "현상"으로 간주된다. 반대로 현실성은 본질적 계기와 경험적 계기가 서로를 매개함으로써 경험적 외화가 본질적 근거의 진정한 현시가 되는 체계다. 이것은 근거의 내용과 가치를 감소시키기보다는 오히려 근거에 현실성을 제공하며 근거를 이성성의 지위로 고양시킨다. 여기서 경험적 현시는 본질적 원리의 내용을 빠짐없이 망라하며 그것에 대해 실현과 풍부화의 관계에 있다. 따라서 현실성 단계에서는 숨겨지고 형언할 수 없는 내면성을 위한 어떤 여지도 없다. 경험적 실존 너머에 그 어떤 독립된 가지적 존재자도 없다. 현실의 심층 차원은 그것의 표면 차원에서 완전히 표현되며, 오직 그로써만 그것은 스스로를 참으로 심원한 차원으로 재구성한다. 다시 말해 우리는 세계의 이성성에 대해서, 오로지 그것의 경험적 자기현시를 통해서만, 말할 자격을 갖게 되는 것이다.

따라서 헤겔의 현실성 개념은 합리주의 형이상학을 거부한다. 합리주의 형이상학은 세계 너머에 위치하고 있으며 경험적으로 현시되지 않는 순수한 "내면성"을 소유하는 오성의 독립된 존재자들의 현실성을 주장한다. 하지만 헤겔의 현실성 개념은 또한 실증주의의 형이상학도 거부한다. 실증주의 형이상학은 존재의 총체성을 그것의 표면(사건, 사실, 감각자료 등등)과 동일시하고 이러한 추상들을 현실적이고 자족적인 개별자로 간주한다. 분명 헤겔로부터 현실적인 것은 무엇이든 경험적 실존을 갖는다는 것이 따라 나온다. 그렇지만 현실성의 경험적 측면이 현실성을 다 망라하지는 않는다. 경험적 측면은 변증법적 종합에서의 한 계기로서, 즉 논리적 원리를 현시하고 실현하는 것으로서 파악되어야 한다. 세계의 논리적 근거는 바로 이런 방식으로—그것의 경험적 실현에 의해—단순한 오성의 지위에서 이성의 지위로 고양되며 참으로 이성적으로 된다. 이성적인 것은 오로지 경험적 세계에서 현실화되고 그로써 현실화하는 자기-현시를 획득한 저 보편적 근거다. 그러나 그처럼 현실화되지 못하는 한——경험적 특수자와 관련하여 숨겨진 내면성을 간직한 채, 단지 개념, 이상, 실현되지 않은 본질로 있는 한——, 그것은 이성적이지도 않다.

이 현실성 개념의 신학적 등가물(혹은 은유)은 범신론이다. 범신론적 신학에서 세계는 초월적 창조자에 못 미치는 어떤 것을 표상하는 것이 아니라 신의 완전한 자기실현을 표상한다. 그렇지만 헤겔에게서 우리는 범신론의 어떤 역사적 형태를 발견하는데, 여기서 신의 자기-실현 그 자체가 인간 역사에 의해 매개된다. 그리고 마찬가지로 현실성 범주는 자연적 존재자들의 영역이 아니라 역사에서 자신의 참된 표현을 확보한다. 그렇기에, 이성성(과 현실성)의 역사적 차원이 있는 것이며, 또한 역사가 그 본질(자유)을 완전히 실현하지 못하는 한 그 누구도 참으로 이성적으로 될 수 없고 어떤 특수자도——키르케고르에도 불구하고——현실적인 개별자가 될 수 없다는 사실이 있는 것이다. 이제 저 격언이 전달한다고 (부분적으로는 헛되이) 가정되는 존재론적 내용을 설명하면서, 우리는 "이성적인"과 "현실적인"이 헤겔에게서 "단지 오성적인"과 "단지 실존하는"에 대립된다는 사실에서 출발해야만 한다. 그러므로 이 용어들이 격언에서 사용되는 방식은 일반 사용자로 하여금 도전과 도발에 직면하게 한다. 헤겔은 "이성적인"과 "현실적인"이 일상적인 이해와 전통적 철학언어가 그것으로 여기는 것이 아님을 말하고자 한다. 그렇기 때문에 그는 그의 격언에 일차적으로 부정적인 과제를 할당한다. 격언의 첫 부분("이성적인 것은 현실적이다")은 통상적인 견해를 거부하는 일에 착수한다. 그 견해에 따르면 그것이 무엇이든 이성적인 것은, 현실 위를 배회하면서 기껏해야 외부로부터 그것을 반영하거나 그것이 전개되어야 하는 바람직한 방향만을 지시할 뿐, 그 자체로 공허하고 추상적이다.

이 점에서 헤겔의 존재론은 칸트의 철학적 지양을 나타낸다. 헤겔의 제안에 따르면, 이성은 현실을 내부로부터 규정하는 원리다. 헤겔은 주관적

이성이 현실에 대해 구성적이라는 칸트의 입장에 동의한다. 그러나 이는 이성이 그것에 직면한 낯선 존재에 대해 외재적으로 형식들을 부여하기 때문이 아니라, 존재 자체에 내재하는 한에서 —— 그것의 전개와 현실화의 원리로서 —— 인 것이다. 따라서 —— 또한 이것은 다시금 칸트에 그리고 플라톤 이래 대부분의 이원론자들에 반하는 것이다 —— 이성은 세계의 경험적 다양성에서 고립된 채 그것과 다르고 낯선 요소가 아니며 상상·감각·정념·공리주의적 이해와 같은 요소들에 이질적인 것도 아니다. 이와 반대로 이성은 그것들 모두에 거주하고 오로지 그것들의 매개에 의해 스스로를 전개하고 해명하는 것이다. 따라서 누구든 이성적인 것이 현실적이라고 말하는 사람은 무엇보다도 이성이 다른 모든 문화와 정신의 형식들의 변증법적 원리라고 말하는 것이며, 칸트와 이원론적 전통에서 오직 이성에 대립하는 열등하고 낯선 요소들로 수용된 것은 무엇이든 여기서는 자기 자신 내부의 변증법적 이원성으로 이해된다.

똑같은 것이 그 격언의 후반부 —— "현실적인 것은 이성적이다" —— 에도 적용된다. 평범한 철학은 현실적인 것이 그 자체로 실존하는 불활성적이고 불투명한 존재인 반면에 이성은 다만 이 외부로부터의 존재에 대한 주관적 표상, 즉 기껏해야 표상된 존재에 "적합한" 것일 수 있는 표상이라고 믿는 경향이 있다. 그게 아니라면 오성의 철학은 현실적인 것이 그 어떤 이성적인 원리나 내용도 표현하지 않는(비록 뒤에 가서 그와 같은 원리에 종속될 수는 있겠지만) 한낱 경험적인 실존이라고 주장한다. 통상적인 견해에 반해서 헤겔은 단순한 실존이나 **현존**과 구별되는 바로서의 현실성이 자기 자신 내에서 이성적인 것으로 파악되어야 한다고 제안하는데, 왜냐하면 그것은 경험적 대상의 구조와 이성적인 주체의 구조의 변증법적 동일성으로서 실현되고 있기 때문이다. 따라서 이성적인 것으로서 이성의 자기-현실화는 이성이 (인간의 지식을 통해) 그 자신에 대한 이성적인 의식에 도달함을 내포한다.

확실히 헤겔의 경우에는 이성성의 이른바 "실체적" 형식 또한 존재하는데,

그것은 여전히 불완전한 "실존"의 형식으로 자연과 역사 속에 삽입되어 있으며 체계적인 해명과 자기의식을 결여하고 있다. 그러나 바로 이러한 결여로 인해, 오직 실질적으로 이성적인 삶, 실천, 문화의 형식들은 완전한 존재론적 의미에서 현실적인 것도 아니고 진정으로 이성적인 것도 아니다 (기껏해야 그것들은 자기 소외된 이성성의 형식으로 간주될 수 있다).

여기서 헤겔이 사변적 이론적 이해의 원리를 삶과 행위보다 더 고차적인 수준에 놓는 것이 분명하다. 이성성의 실현에서 정점은 실체적 삶의 영역에 놓여 있지 않으며, 심지어 실천과 국가의 영역에도 놓여 있지 않으며, 순수한 사변적 지식에 놓여 있다. 실천에 우선성을 부여한 그에 앞선 칸트와 이후의 맑스와 대조적으로, 헤겔은 사변의 우선성이라는 아리스토텔레스적 관념을 고집한다. 비록 그가 역사적 실천을 사변적 목표의 획득을 위한 필요조건으로 삼기는 하지만 말이다. 완전한 의미에서 현실성은 총체성의 현실화 가운데 이루어지는 총체성에 대한 체계적 자기 이해 속에서—— 자연이나 사회나 국가의 어떤 특정한 형태 속에서가 아니라——구해져야 한다. 최고의 사변적 목표는 자유의 원리가 또한 실천적이고 역사적인 영역에서 실현되는 한에서만 가능해진다는 것은 참이다. 하지만 절대적인 이성성 또는 현실성이 발견될 곳은 여기가 아니다. 현실성은 실현되어진 최고의 목표다. 그러나 목표를 실현하는 것은 사변의 영역에 놓여 있지 행위의 영역에 놓여 있는 것은 아니다. 비록 후자가 전자의 매개 조건이라 할지라도 말이다.

3. 모호한 경구로서의 격언

마지막 절에서 나는 헤겔의 격언이 갖는 역할을 이해하기 위해 이전 두 절의 결과를 통합하고자 한다. 그러면서 나는 그것의 담론 형식(1절)과 그것의 존재론적 메시지로 가정되는 것(2절) 양자 모두를 고려할 것이다.

우리는 이 격언이 철학적 진리를 표현할 수 없다는 것을 보았다. 그 이유는 그것이 서술적 형식을 띠고 있고 또 그것이 그 안에서만 진리와 의미와 주관적 가지성을 얻을 수 있는 완전한 체계적 맥락과 분리되어 있기 때문이다. 그러므로 이 격언은 헤겔의 담론 내에서 또 다른 기능을 갖고 있는 것임에 틀림없다. 나는 그것이 비인지적 금언 혹은 경구로 기능하며 그것을 위해 고안된 맥락은 철학적이 아니라 선철학적이라고 제안하고 싶다. 이 금언의 역할을 평가하기 위해서, '현실성'과 '이성'의 일상 용법과 헤겔에게서의 체계-내적 용법 중 어느 하나도 놓쳐서는 안 된다. 오히려 그 경구가 양쪽 모두를 암시한다는──그리고 동시에 그 둘 사이에서 애매한 의미 놀이를 만들어내는 가운데, 양쪽 모두를 놓친다는──사실이 여기서는 내가 생각하기에 핵심적인 사실이며, 금언의 효과는 이 사실 위에 기초하고 있는 것이다.

그렇지만 이러한 의미 놀이는 헤겔의 존재론을 아직 알지 못하는 초보자에 대해서만 유효하다. 반면 헤겔의 존재론에 익숙한 변증법적 사유자에게 그것은 단순한 체계적 동어반복이며, 자극도 새로움도 주지 못한다.

체계적 동어반복으로서의 격언

이와 관련해서, 헤겔의 격언 배후에 놓인 존재론적 이론을 요약해보자. 우리는 헤겔에게 이성적인 것이 경험세계에서 완전히 현실화되고 또 체계적인 자기의식을 획득한 저 개념적 내용이라는 것을 본 바 있다. 그것의 현실화됨은 변증법적 순환을 폐쇄한다. 그리고 그것의 경험적인 외화는──그것의 본질을 숨기거나 소외시키는 현상적 덮개로서가 아니라──철저하고 현실화하는 자기 현시로서 복무한다. 이처럼 개념을 현실화하는 것은 총체성을 수립한다. 즉 그것은 주체와 객체, 보편성과 특수성, 통일과 다원성, 동일성과 타자성, 일시성과 영원성, 필연성과 우연성, 개념적 내용과 그것의 경험적(현상적) 현시의 변증법적인 통일이다. 이러한 총체성은 이전에는 주어지지 않았으며, 자기-실현의 과정으로부터 결과하는 것이다. 그리고 그것의 출현은 자기-동일성이 구성되었음을, 그리고 참된 개인화가 획득되었음을 나타낸다. 게다가 이러한 총체성의 현상은 또한 자유 또는 자율의 원리가 그 개념에 따른 철저한 현시를 얻었음을 의미한다. 이제 체계는 "즉자대자"의 형태로 실존한다. 다시 말해 그것의 동일성은 그것 자체의 수단에 의해 구성되고 그것의 각 측면들은 스스로를 회복하며 자기를 근거짓는 "타자" 안에서 자신을 확인할 수 있게 된다.

이와 같은 헤겔 이론의 기초 위에서, 우리는 이성적인 것과 현실적인 것에 대한 저 격언을 확장하고 더 풍부한 도식을 제시하고자 할 수도 있을 것이다. 그리고 그로부터 수많은 다른 격언들이 제멋대로 생성될 수도 있을 것이고, 그리하여 헤겔 철학에 이르는 지름길을 찾는 게으른 독자에게는 유익함을, 일반 대중에게는 여흥거리를 줄 수도 있을 것이다. 아래 도식을 검토해 보자.[5]

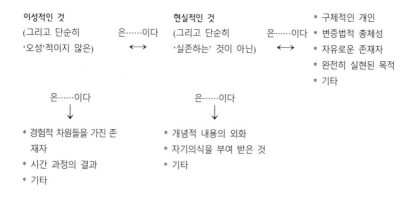

이것은 헤겔의 입장에 대한 게으른 자의 도시적인 재현이다. 그것은 본질적인 요소들을——그러나 고정적이고 비변증법적인 형식으로——포함하고 있다. 그렇지만 그러한 것으로 다음의 도식은 이성성과 현실성에

5. 쌍방향 화살표는 등가성을 지시하고, 일방향 화살표는 그 역이 성립되지 않는 함의를 지시한다.

관한 격언을── 격언 자체의 담론형식 속에서 ── 적합하게 해명해준다. 왜냐하면 격언 또한, 이 형식적인 도식처럼, 그것에 함축된 철학적 내용을 틀림없이 놓치고 있기 때문이다.

이러한 비변증법적 담론형식을 잠시 동안 유지하면서, 우리는 계속해서 이 도식으로부터 새로운── 일부는 다소 놀라운 ── 격언들을 생성할 수도 있을 것이다. 예를 들어,

* 이성적인 것은 경험적 차원들을 가진 존재자다.
* 구체적 개인은 자기의식을 부여받는다.
* 자유로운 존재자는 시간 과정의 결과다.
* 완전히 실현된 목적은 변증법적 총체성이다.

그리고 또한

* 경험적 차원들을 가진 모든 존재자가 현실적인 것은 아니다.
* 자기의식을 부여받은 모든 것이 이성적인 것은 아니다.

기타 등등. 이러한 심심풀이는, 비록 근본적인 의미에서 매우 무익한 것임에도 불구하고, 대화[Konversation]로서 어떤 유익한 가치를 지닐 수도 있다. 때때로 그것은 헤겔 체계 안의 몇몇 은폐된 구석들을 조명해줄 수도 있다. 하지만 이러한 방식으로 산출된 모든 격언들이 체계적 동어반복이라는 것은 분명하다. 그것들은 헤겔 존재론 안에서의 내적인 용어 사용에 대한 친숙함에 기초해 있는 기본 도식으로부터 생성된다.

이는 우리의 원래 격언에도 적용된다. 이성적인 것은 현실적이고 그 역도 마찬가지라는 격언 또한 체계의 관점에서 보았을 때 동어반복적이다. 헤겔에게 (단순한 "실존"과 구별되는 것으로서) "현실성"이 갖는 의미를 이해하는 사람이면 누구나 그 속에서 "이성성" 또한 듣게 될 것이며 그

역도 마찬가지다. 그리고 똑같은 정도로 그는, 사용된 용어의 바로 그 의미로부터, 모든 실존하는 상황이 이성적이지는 않고 오성에 속한 모든 것이 현실적이지는 않다는 것을 이해할 것이다. 게다가 이 사람은 이미 쟁점을 그것의 참된 형식에 따라——즉 그것의 완전한 이론적인 맥락을 통해——인식한다. 그러므로 그에게 격언의 사용은 불필요할 뿐만 아니라 곡해의 가능한 원천이기도 하다. 기껏해야 그는 이 격언이 오도하도록 되어 있는 프로이센의 검열관을 희생시키며 미소 지을 수 있을 것이다. 그는 또한 이 말에 어떤 실용적인 가치를 부여할 수도 있을 것이다. 두 철학적 석학들 사이에서 혹은 한 석학과 자기 자신 사이에서 "순전한 대화"를 수행할 수 있게 해주는 약호로서 말이다. 그러나 그는 이 격언으로부터 어떠한 새로운 것도 끄집어내지 않을 것이고, 그것에 놀라지도 않을 것이며, 그것으로 인해 자신의 이전 생각이나 입장 중 여하한 것을 재검토하도록 추동되지도 않을 것이다. 실질적으로 그에게 그 격언은 단순한 군더더기다.

하지만 그렇다면, 이 사람은 헤겔의 격언의 수신자가 아니다. 그 격언은 이미 준비를 마치고 오성의 철학에서 어떤 능력을 획득한 독자, 그렇지만 사변적 이성에 의해 산출되는 변증법적 역전을 아직 겪지 않은 독자를 염두에 둔 것이다. 그 격언은 이러한 역전을 암시하고 그것을 외적으로 제시하기로 되어 있다. 그러므로 이러한 독자에게 그 격언은 새로움의 요소를, 실로 자극의 요소를 포함한다. 왜냐하면 그것은 이성성의 전통적인 개념과 더불어 일상적인 사고양식의 완전한 역전을 제시하니까 말이다. 올바른 정신을 가진 철학자가 현실적인 것과 이성적인 것의 동일성을 동어반복으로 간주하는 입장을 유지할 수 있다는 사실은 저 격언이 목표로 삼는 독자들에게 결코 동어반복이 아니다. 반대로 그것은 놀라운 새로움으로 다가올 것인바, 호기심을 자극하며 기대를 부풀게 만들 것이고, 그리하여 도래할 것에 대한 외적인 준비로서 복무할 것이다. 독자가 너무나도 충격을 받아서 이 모든 생각을 무의미한 부조리로 치부하는 일이 일어날 수도 있을 것이다. 하지만 만약 그가 그것을 약간이라도 이해하려고 노력한다면

── 이는 게임의 기본 규칙이다── 그는 자신이 새로운 사유 세계의 문턱으로 이끌려가고 있음을 발견할 것이다. 헤겔의 격언은 실로 바로 그것을 비변증법적 방식으로 환기하기 위해 고안된 것이다.

그렇지만 그 격언이 목표로 삼는 독자들과 관련하여 그 격언이 갖고 있는 새로운 요소는 그것이 그들에게 그 어떤 새로운 정보를 제공한다는 점에 있지 않다는 점이 강조되어야 한다. 오히려 그것은 그 독자들을 자극하고 그들이 인지적 성향의 가능한 변화를 준비하도록 한다. 따라서 격언에서의 혁신은 독자들의 지식 상태가 아니라 정신 상태와 관련이 있다. 아직까지 독자들은 세계에 관한 것이든 헤겔의 철학에 관한 것이든 새로운 그 어떤 것도 알고 있지 않다. 사실상 그들은 그 격언을 온전히 이해할 수 없는데, 왜냐하면 그 격언은 그 자체로 그것의 참된 철학적 의미를 담아내거나 전달할 수 없기 때문이며, 또한 독자들은 체계적인 변증법적 해명을 통해 이 의미의 발견에 이르지 못했기 때문이다.

모호한 금언으로서의 격언: 의미 놀이

이제 우리는 헤겔의 담론 내에서 우리의 격언이 갖는 지위와 기능을 해명했다. 그 격언은 우리가 "순전한 대화"라고 부른 담론의 ── 하지만 앞서 언급한 제2의 예비학적 유형의 ── 형식에 속한다. 그리고 그것은 입문의 필요에 복무하도록 고안된 모호한 경구나 금언으로 기능한다. 그러한 것으로서 그 격언은 두 가지 상이한 과제를 갖는다. 이미 헤겔의 체계를 내부로부터 알고 있는 독자에게 그것은, 앞서 말했듯이, 체계적인 동어반복이다. 검열관은 헤겔 교수가 실존하는 모든 것을 이성의 후광으로 신성화한다는 것을 기쁜 마음으로 발견하게 되겠지만, 철학적 석학은 실존하는 모든 것이 단지 실존한다는 이유로 이성적이지는 않다는 것을── 왜냐하면 그것은 아직 현실적이지 않으니까── 쉽게 파악할 것이다. 검열관을 속이려는 소망은, 도대체 그런 게 있었다고 한다면, 이차적인 것이다. 반면 변증법에서 준비가 되지 않은 철학 독자에게 그 금언은 자극과 놀라움으로 복무해야만 한다. 그것은 진술을 하거나 정보를 전달하는 데 사용되지 않으며, 정신 상태를 변화시키는 데 사용된다. 그것도 기본적으로 부정적인 방식으로 그렇다. 즉 여하한 것을 가르치지도 입증하지도 않으며, 오히려 의심을 심고 호기심을 불러일으키거나 도래할 어떤 것에 대한 약속이나 초대로서 복무한다.

이런 목적을 위해 헤겔은 그 금언 속에 등장하는 두 가지 핵심 개념의 이중적인 의미 ── 일상적 의미와 체계적 의미 ── 를 이용한다. 다시 말해 그는 "이성적인"과 "현실적인" 각각의 체계적 의미와 비체계적 의미 사이의 유사-변증법적인 긴장을 활용하여 입문적인 암시 게임(game of hints)을 창안하고자 한다. 이 놀이의 특징은 이렇다. 독자는 "현실적인"을 상식적인 의미로 사용하는 경향이 있으며, 그리하여 그의 "이성성" 개념을 수정하도록 추동된다. 그리고 그 역도 마찬가지다.

예를 들어 문장의 첫 부분인 "이성적인 것은 현실적이다"에서, 독자는 "이성적인"이 헤겔의 체계적인 의미로 등장하는 것으로 간주하지만 "현실적인"은 일상적인 의미로 이해한다. 그렇다면 그 문장은 참으로 이성적인 것은 경험적 실존을 갖으며, 실재적 존재이지 단지 추상적인 원리나 주관적인 개념이나 부재하는 이상이 아니라는 점을 그에게 암시한다. 그에 따라 독자는 (비록 외적이고 희미한 방식으로긴 하지만) 변증법에 의해 규정된 담론 세계로 안내될 것이고 그의 일상적인 이성 개념을 수정하도록── 그것을 "오성"이라는 다른 개념 하에 고려되어야 할 한낱 형식적 사유 형태들과 구분하도록── 요청받을 것이다. 그 문장은 처음에 독자에게 놀라운 것으로 느껴질 것으로 예상되는데, 왜냐하면 그는 이성과 오성을 동일시하고 양자 모두를 단순히 이상적이고 주관적인 것으로 간주하는 데 익숙하기 때문이다. 그렇지만 그가 미친 자가 그에게 말하고 있는 것으로 가정하는 게 아니라면, 헤겔이 이성적인 것은 현실적이라고 선언하는 것을 들을 때 ── 그리고 독자 본인에게 익숙한 현실성의 일상적 의미로 그것을 들을 때 ── 그는 자신이 처음에 사용했던 것과는 다르게 "이성적인"의 새로운 의미를 찾도록 추동되는 것을 느낄 것이다. 따라서 그 격언은 그에게 통상 이성으로 간주했던 것을 수정하고, 특히 참으로 "이성적인"으로 불릴 자격이 있는 그것의 경험적이고 현실적으로 실현된 특징을 포착하려는 욕구를 불러일으킬 것이다. 물론 이것은 증명을 구성하지 않으며, 심지어 그 문제에 대한 변증법적인 설명조차도 아니다. 하지만 그것은 확실히 동어반복은 아니며, 자극 및 준비를 내포한다.

문장의 두 번째 부분인 "현실적인 것은 이성적이다"에서, 우리는 첫 번째 용어를 일상적인 의미로 그리고 두 번째 용어를 체계적인 의미로 읽을 것이다. 이제 독자는 '현실적인'을 경험적, 사실적, 외적 존재자로 이해한다── 그리고 놀랍게도 헤겔이 이러한 존재자에 대해서 그것은 이성적이라고 말하는 것을 발견하게 된다. 이것은 오성의 철학과는 곧바로 모순되는데, 이 철학은 경험적 사실의 세계와 이성적인 진리들의 세계 사이에, 종합적인 것과 분석적인 것 사이에, 그리고 기타 등등 사이에 근본적이고 메울 수 없는 간극을 설정한다. 따라서 독자는 헤겔이 "이성적인"을 새롭고 상이한 의미로 사용하고 있다는 것을 깨닫도록 추동되는데, 그것은 ── 심지어 오성의 철학자가 경험적 현실에 대해 사고하는 데 익숙한 방식에서조차 ── 경험적 현실의 영역과 양립 가능하다. 이로써 독자는 형식적 사유의 배타적인 지배를 거부하고 이성 자체를 "내부로부터" 현실을 규정하는 존재적인[ontic] 요소로 간주하는 개념에 이미 노출된 것이다. 이런 방식으로 그는 자신의 이성(혹은 사유) 개념을 수정하고, 현실적인 이성성과 (헤겔이 "오성"이라 부르는) 단지 형식적이고 외적인 사유 형식들을 구분하도록 권유받을 것이다. 그뿐만 아니라 이러한 방식으로 독자는 다시금 이성성 개념만이 아니라 현실성 개념조차 철학적인 수정을 거쳐야 한다는 제안에 노출될 것이다── 이는 저 금언의 첫 번째 부분으로 그를 되돌려 놓는다.

요컨대, 격언의 경구적인 효과와 그것의 의미 놀이는 새로운 철학적 지평을 비철학적인 방식으로 환기시키고 입문시키고 제시하도록 의도된 것이다. 하지만 그러한 것들은 목표로 하는 관념을 표현하거나 담지할 수 없다. 이미 헤겔의 체계를 그것의 펼침에 의해 알고 있는 철학자는 이 격언에서 거의 쓸모를 발견하지 못할 것이다. 그는 체계 자체의 내적 기준에 의거해 판단할 때 그 격언이 형식에서는 부적합하고 내용에서는 동어반복이라는 것을 볼 것이다. 그것의 유일한 쓸모는 수사적이다. 그리고 그것은 분명 헤겔의 체계에 이르는 지름길 혹은 그의 체계를 이해하는 단서로는 기능할 수 없다.[6]

6. 이 논문 작업은 파리 국립과학연구센터(C.N.R.S.)의 도움으로 이루어졌다. 감사의 말을 전한다.

3. 이성적인 것의 현실성과 현실적인 것의 이성성에 대하여

에밀 L. 파켄하임 Emil L. Fackenheim

I

『법철학』 서문에서 헤겔은 다음과 같이 적는다. "Was vernünftig ist, das ist wirklich; und was wirklich ist, das ist vernünftig." 『철학적 학문의 백과사전』(이하『엔치클로페디』) 3판 6절에서 그는 이 진술을 글자 그대로 반복하면서 그것을 "단순한" 것이라고 부른다. 그렇지만 그것을 그렇게 알아차린 해석가는 거의 없었다. 심지어 우호적인 비평가들조차 당황스러움을 느낀다. 적대적인 이들은 그것을 추문적이거나 무의미한 것으로 치부하며 배척한다. 따라서 헤겔이 태어난 지 두 세기가 지난 오늘에도 이 유명한(혹은 악명 높은) 헤겔의 진술이 갖는 의미에 대한 적당한 해명을 위한 여지가 여전히 있으며, 그것의 "단순성"에 대한 해명의 경우 더욱더 그러하다. 그렇지만 두 과제 모두는——그리고 특히, 가망 없어 보이는 두 번째 과제는 ——『엔치클로페디』의 구절이 명백한 것으로 간주하지만 이제 더 이상 그러한 것으로서 취해질 수 없는 두 조건들을 완전히 인식한 상태에서 착수되어야 한다. 하나는 "종교"의 소유(혹은 적어도 존중)다. 다른 하나는

"신"의 "지식"을 포함하는 유형의 철학적 "문화"다.

Ⅱ

"추문적이거나 무의미한"이라는 혐의는 루돌프 하임의 영향력 있는 저서 『헤겔과 그의 시대』에 의해 유래된 것은 아니더라도 그것에 의해 대중화되었다.[1] 하임은 (그가 정확하게도 논리적 중요성만이 아니라 도덕적 중요성도 부여하는) 헤겔의 "이성성"의 의미와 관련해 있을 법한 그 어떤 난점에 대해서도 거의 곤란함을 느끼지 않은 채, 헤겔의 "현실성"에 비판적인 관심을 집중한다. 이 후자의 용어는 여하한 모든 실존하는 사실들을 의미하는가? 하지만 그렇다면 헤겔의 진술은 추문적이며 "왕의 신성한 권리와 절대적 복종의 이론은 실존하는 것 그 자체를 신성시하는 끔찍한 교설에 비한다면 무고하고 무해하다"(367-68). 그게 아니라면 그것은 단지 헤겔의 논리와 도덕 개념에 일치하는 그러한 실존하는 사실들을 의미하는가? 하지만 그렇다면 그 진술은 실로 무해하기는 하지만, 또한 "공허한 동어반복"이다(368). 하임은 "실존"과 "현실성"을 구분하려는 헤겔의 노력을 모르지 않는다. 하지만 그는 전체 헤겔 "체계가, 현재 상태 그대로, 현실성의 그 두 개념에 대한 지속적이고 참으로 불경스러운 **혼동에서 배타적으로 결과한다**"고 주장한다(368; 강조는 필자). 그리하여 우리는 헤겔의 진술이── 사실상 그의 전체 체계가──기본적인 딜레마에 빠지면서 난파를 겪는다는 이야기를 듣는다. 그리고 하임이 표명한 이 견해를 오늘날까지 무수한 비평가들이 공유해왔다. 그들 모두가 적대적이거나 피상적인 것은 아니었다. 그리하여 최근에 시드니 훅은 다음과 같이 적은 바 있다. "현실적인 것과 실존하는 것 사이의 구별에 관한 한 가지 해석은 우리에게 순전한

1. Hildesheim (Olms, 1962). Photomechanical reproduction of the original 1857 edition.

동어반복을 제공한다. 다른 하나는 추문적인 부조리를 제공한다."[2]

Ⅲ

하지만 (헤겔의 전체 체계는 말할 것도 없고) 헤겔의 진술이 명백히 신중하게 정식화되어 중요한 자리에 배치되고 또한 또 다른 못지않게 중요한 자리에서 반복되고 방어되고 있을 때, 그 진술이 결국은 극도로 명백하고 기초적인 딜레마에 의해 파괴된다는 주장이 타당한 것인가? 아니면 우리 쪽의 선입관이 이해를 가로막고 있는 것일까? 자그마치 세 가지 그런 선입관이 프란츠 로젠츠바이크의 『헤겔과 국가』[3]—— 결코 온전히 평가된 적이 없는 비범한 저작——의 탁월한 구절에서 드러나고 있다. 그 구절은 그것들을 단지 지나가면서 언급한다. 우리는 우선 그것들을 완전히 드러내어 명확히 물리쳐야 한다. 로젠츠바이크는 이렇게 말한다.

> "이성적인 것은 현실적이다"—— 플라톤적 국가의 세계사적 의의에 대한…… 논의로부터 즉각적으로, 마치 권총에서 발사된 듯이 이 유명한 (혹은 악명 높은) 격언이 튀어 나온다. 그것은 결코…… 영원히 타당했던 것이 아니라, 단지 기독교를 통해서 지상에서의 신성한 왕국이라는 이념이 도덕적 요청이 되고 따라서 모든 인간 제도들을 판단하는 기준이 된 이래로 타당했다. 그러나 그때부터 그것은 **현실적으로** 타당하게 되었다. 그리고 행위자에게 있어 이성을 현실적으로 만드는 임무가 정해지기 때문에, (그때부터!) 인식은 (그때부터 **현실적으로 된!**) 현실성을,

2. Sidney Hook, "Hegel and the Perspective of Liberalism", in *A Hegel Symposium*, ed. C. D. Travis (Austin: University of Texas, n. d.), 51.
3. Munich and Berlin: Oldenbourg, 1920.

어떻게 이성이 그 안에서 현실적인지를 발견할 요량으로, 조사하는 임무를 갖는다. 오직 이성적인 것이 현실적으로 되었기 때문에(행위 원리!) 현실적인 것은 이성적이다(인식 원리!). 따라서 **헤겔 자신의 어법과 모순되게도 언제나 사상의 핵심으로 제시된 격언의 두 번째 부분("현실적인 것의 이성성에 대한 헤겔의 단언")은 실은 이성적인 것의 현실성이라는 그 핵심에서 혁명적인 사상(첫 부분에서 표현된 사상)**의 결과에 지나지 않는다(2권, 79).

일부 비평가들은 헤겔의 두 부분으로 구성된 진술의 순서가 중요하지 않다고 주장해왔다. 다른 이들은, 로젠츠바이크가 진술하듯이, 그것의 본질을 두 번째 부분에서 찾았다. 또 다른 이들은 실제로 그 순서를 뒤집었고, 그로써 헤겔을 잘못 인용했다.[4] 각각의 경우는 아무리 겉보기에 자연스러워도, 이해를 불가능하게 만들 정도로 심각한, 잘못된 선입견을 반영한다. 헤겔 자신의 순서를 역전시키는 것은 헤겔을 보충하는 것처럼 보일 수도 있다. 역사에 대한 "존재론적" 주장이 그보다 앞서 인간지식에 대한 "인식론적" 주장에 의해 정당화되어야 한다는 "근대의" 비판적 견해를 그에게 귀속시킨다는 점에서 말이다. 하지만 헤겔의 "이성성"은 근본적으로 우리 안의 (논리적, 도덕적 혹은 양자 모두의) 기준이 아니며, 또한 그의 "현실성"도 전적으로 "우리 바깥의 세계"가 아니다. 헤겔의 "이성주의"는 근대의— 칸트의, 인식론적인 것은 말할 것도 없고, 도덕적인— 주관주의보다는 플라톤적 관념론과 훨씬 더 밀접하다(로젠츠바이크가 암시한 밀접성). 그리고 하임을 비롯한 몇몇 이들처럼 헤겔의 "이성성"은 소홀히 한 채 그의 "현실성"만을 조사한다면, 헤겔에게 비-헤겔적인 개념들을 투사할 위험이 있으며, 결국은 그에게 무의미하거나 추문적이라는 혐의를 씌우게 된다.

4. 예컨대 Hook, "Hegel and the Perspective of Liberalism", 45를 참고하라. 후크의 사례는 교훈적인데, 왜냐하면 그는 명백히 기억에 의존하면서, 그것을 통해 독일어 텍스트를 정확하게 인용하도록 제공해주기 때문이다. 하지만 그 순서는 아니다.

헤겔의 진술은 "보편적으로" 타당하거나 아니면 전혀 타당하지 않다고 가정하는 것이 적절해보일 수 있다. 로젠츠바이크에 따르면 그렇지 않다. 혹은 샤먼과 치료주술사가 헤겔적인 철학자라면 자신들의 카니발적 사회에 대해 무엇을 확언할 것인지 묻는다(53). 헤겔 본인의 견해(와 로젠츠바이크의 올바른 해석)에 따르면 그런 사회는 헤겔적인 철학자를 배출할 수 없을 것이다. 실로 그리스 사회조차 플라톤적이고 아리스토텔레스적인 관념론을 산출할 수 있었을 뿐 헤겔적인 관념론을 산출할 수는 없었다. 헤겔에게 이성적인 것의 현실성은 **특수한 역사적 조건**이다. 그리고 오직 그 조건이 존재할 경우 그리고 그때에 현실적인 것 속에서의 이성적인 것에 대한 인식이 철학적 가능성이 된다. 확실히 이러한 단언은 헤겔에게 결코 쉽게 답할 수 없는 두 가지 질문을 남긴다. 하나는 문제의 그 특수한 역사적 조건의 기원, 그리고 그 기원에 대한 철학적 파악의 가능성과 관련된다. 다른 하나는 그런 전적으로 핵심적인 역사적 조건이 사라질 수 있는 것인지 —— 그리고 만일 그렇다면 어떠한 철학적 결과를 낳는지 —— 에 대한 것이다.[5]

일단 이성적인 것의 현실성을 특수한 역사적 성취와 동일시하고 나면, 우리는 전적으로 인간적인 성취들 —— 도덕적, 문화적, 정치적, 기술적 성취들 —— 을 찾고자 하는 성향이 있다. 또다시 로젠츠바이크는 우리에게 경고한다. 결정적인 기독교적 사건은, 적어도 그 자체의 자기-이해에서 보면, 신적-인간적 사건이지 단지 인간적 사건인 것이 아니다. 그리고 "행위 원리"가 "인식 원리"에 선행하기 때문에, 전자는 그것이 철학적인 용어로 취해질 수 있기 전에 우선적으로 자신의 용어로 취해져야 한다. 확실히 헤겔의 진술의 두 부분 모두 철학적이다. 하지만 그 어느 쪽도 역사적 실존의 선철학적 형식 없이는 가능하지 않을 것인데, 그 실존은 전적으로 종교적이지는 않더라도 어쨌거나 필수적인 종교적 차원을 갖는다. 헤겔의

••
5. 아래 각주 7을 보라.

진술은 (부분적으로) 종교적인 단언을 철학적 단언으로 번역하고 변형한 것이다. 후자의 의미를 헤아려보려고 시도할 때, 우선적으로 그것을 철학적인 용어에서 적절한 종교적 용어로—어떤 의미가 종교적 용어에 의해 산출되는지를 발견할 목적으로—재번역하는 것이 현명할 것이다.

IV

헤겔 자신의 견해에 따르면, 그의 진술을 **변호**하기 위해 "종교를 인용하는 것은 불필요한" 일이다. 그러면서 그는 지나가는 말로 신의 섭리를 언급하는 것으로 그친다.[6] 오늘날 그와 같은 인용은, 더는 불필요하지 않지만, 그 유일한 목적이 하임의 딜레마를 처리하는 데 있다면 전적으로 짧다고 할 수 있을 것이다. 다음과 같은 기독교적인(헤겔의 "종교"가 언급하고 있는 것은 기독교다) 단언을 살펴보자. "신의 섭리가 세계를 다스리며, 세계는 그의 섭리가 인식될 수 있는 장소다." 일부 기독교 신학자들은 신의 "섭리"를 의심하며 그 대신 "은총"이나 "계시" 혹은 "구원"을 더 선호할 수도 있을 것이다. 모든 이들은 신의 섭리(혹은 은총이나 계시 또는 구원)가 현시되는 세속의 사건과 그렇지 않은 것을 구분하는 데 막대하고도 복잡한 어려움을 겪을 것이다. 이것 가운데 그 무엇도 다음과 같은 한 가지 근본적인 논점을 확립함에 있어 문제가 되지 않는다: 여기서 무관한 여타의 근거들로 모든 신학적 진술들이 무의미한 것으로 처리되지 않는 한, 문제의 그 진술은 동어반복적이지도 추문적이지도 않다. 동어반복적이지 않은 것은, 누군가 세상에 무관심한 채로 있는 신, 또는 실로 숨은 신[deus absconditus]을 긍정할 수 있기 때문이다. 추문적이지 않은 것은, 어떤 "이단자들"의 예외가

• •

6. G. W. F. Hegel, *Encyclopedia of Philosophical Sciences* par. 6. *Hegel's Logic, Being Part One of the Encyclopedia of the Philosophical Sciences*, trans. William Wallace (Oxford: Clarendon, 1975) §6.

가능하다고 해도, 그 어떤 기독교적 신학자도 세속에 **무분별하게** 현전하는 신의 섭리(혹은 은총이나 계시 또는 구원)를 긍정하지 않기 때문이다. 신의 현전을 현시하는 세속의 사건과 그렇지 않은 것을 구분하는 데 따르는 막대하고 복잡한 어려움은 그 구분의 정확한 개념과 관련되어 있으며, 더 나아가 그 사례들의 정확한 식별과 관련되어 있다. 그 어려움은 구분 자체의 사실과 필연성과는 무관하다. 이것은 (앞서 말한 어떤 "이단자들"의 경우를 제외하면) 신이 세계의 창조주이자 구원자라 할지라도 세계가 신과 동일시되거나 신 안으로 소멸되지 않는다는 이유만으로도 확실하다.

따라서 헤겔의 진술은 적어도 그것의 선철학적 형식(혹은 차라리 그것의 종교적 측면)으로 재번역된다면, 비록 어려움을 야기할 수도 있겠지만 그렇다고 하임의 어려움 중 그 무엇도 야기하지 않는다. 그 어떤 동어반복도 없다. 그 어떤 명백히 추문적인 부조리도 없다. "현실적인 것"("신을 현시하는 세속의 사건")과 "단순히 실존하는" 것("신을 현시하지 않는 세속의 사건") 사이의 그 어떤 "혼동"도 없다. 정말이지 "종교를 소유한" 이들에게 그 진술은 "단순한" 것이다.

V

하지만 그렇다면, 헤겔의 진술은 기독교 신학적인 것이 아니라 오히려 기독교적인 "참된 내용"에 "참된[즉 철학적인] 형식"을 제공**하는 것이다**. 이런 위업은 철학이 종교에서 믿음에 의해 수용되는 주장을 증명하고자 하는──그리고 주장 자체는 변경되지 않은 채 남아 있는──경우에 그런 것처럼 내용에 외재적이지 않다. 철학적 형식은 그것의 항들 사이에 남아있는 외재성을 변형한다는 점에서 종교적 내용을 변경한다. 가장 단순한(즉 역사적인) 방식으로 헤겔의 목적을 표현하자면 이렇다. 헤겔이 여하한 종류의 칸트주의자라면 이성적인 것이, **전적으로**, 인간과 세계에 외재적인

신일 수는 없으며, 헤겔이 여하한 유형의 스피노자주의자라면 현실적인
것이, 전적으로, 자연적이고/이거나 인간적인 세계(또는 그 세계 속에서의
신성한 현시)일 수는 없다. 종교적 표상은, 모든 것들이 내적으로 연관된
영적인 삶의 형식을 표현하고는 있지만, 신과 인간과 세계가 단지 나란히
있음의 형식을 갖는 상징주의에 의존하지 않을 수 없다. 헤겔의 철학적
사유의 형식은 이 나란히 있음을(따라서 종교적 삶 자체를) 단일하고 자기-
해명적인 정신적 자기-활동으로 변형시킨다. 그리고 이 과정에서 신과
세계 사이에 남아 있는 유의미한 차이들이, 이 종교적 용어들이 각각 이성적
인 것과 현실적인 것으로 될 때—— 하임의 시대에서 우리 자신의 시대에
이르기까지 단언된 심각한 결과와 더불어 —— 사라지는지에 관한 질문이
제기된다.

　이 논문의 가장 겸손한 목적을 위해 이 질문에 답하는 데는 헤겔의
한 구절에 대한 간략한 논평으로 충분할 것이다. 헤겔은 다음과 같이 쓴다.

　　나는 나 자신을 정신의 내재함에 적합하게 만들고자 한다. …… 이것은
　　나의 노동이며 인간의 노동이다. 하지만 같은 것이 또한 신의 편에서
　　간주된 신의 노동이기도 하다. 신은 인간을 끌어올리려는 행위를 통해
　　인간을 향해 움직이며 인간 속에 있다. 따라서 나의 행위처럼 보이는
　　것이 신의 행위이며 역으로 신의 행위처럼 보이는 것이 나의 것이다.
　　확실히 이것은 칸트와 피히테의 한낱 도덕적인 관점을 거스른다. 거기서
　　선은 아직 산출되어야 할 어떤 것으로 남아 있다……. 그때까지는 본래
　　거기 있지 않은 것인 양, 마땅히 있어야 하는 어떤 것으로 말이다. 내
　　바깥의 세계는, 신에게 버림받은 채로, 내가 거기에 목적과 선함을 가져오
　　기를 기다리고 있다. 그러나 도덕적 행위의 영역은 제한되어 있다. 종교에
　　서 선과 화해는 절대적으로 완벽하며 독자적으로 존재한다.[7]

7.　G. W. F. Hegel, *Werke*, vol. 11 (Berlin: Duncker and Humblot, 1840-47), 222f.

우리는 이렇게 논평한다.

1. 칸트와 피히테의 "도덕적 관점"은 그 자신의 "영역"에서는 타당하다. 그리고 그 관점에서 보면, "최고의 것은 무한한 과정이다."[8] 이 영역에서 이성적인 것은 무한하지만, 오직 우리 안에서의 이상이라는 대가를 치르며, 또한 우리가 마땅히 해야 하고 할 수 있는 것을 이미 우리가 행했던 한에서를 제외하면 세계는 "신에게 버림받은" 것이라는 대가를 치른다.

2. 이러한 관점은 그 자신의 "영역"에서 타당함과 동시에 종교적 영역**으로** 제한된다── 즉 대체된다. 무한한 과정은 절대적으로 최고의 것이 아닌데, 왜냐하면 "종교"에서 최고의 것은 이미 완수되어 있기 때문이다. 하지만 이것은 인간 행위의 지속적인 타당성을 위한 여지를── 비록 제한된 것이기는 하지만── 남겨야만 하는데, "최고의 것"은 그 타당성을 위해 영원히 아직 완수되어야 할 것이다. 철학적 사유에 대해 말하자면, 그것은 이미 종교 자체에 내포되어 있는 "화해"를 해명해야만 한다.

3. 일부 종교들(과 그것들의 철학적 변형들)은 그와 같은 화해를 가능하게 만들지 않는다. 그리하여 스피노자주의의 "신적 실체"(헤겔에 따르면 유대교의 철학적 변형)는, 그 자체 "비우주적"인바, 세계(와 따라서 인간의 자유)를 해체한다. 기독교(와 그것의 변형인 헤겔의 철학적 "주체")는 "나의 행위처럼 보이는 것이 신의 행위이며…… 신의 행위처럼 보이는 것이 나의 것"이 되게 해주는 활동을 하는 "정신의 내재함"을 소유한다. 신이 주고 인간이 받는 변증법인바, 그것은 인간의 자유를 해체하는 대신 "끌어올린다."

4. 그렇지만 이렇게 획득된 자유는, 만일 그것이 "종교적"(즉 숭배적)으로 자족적이기보다 자신의 완성을 위해 "세속적인"(즉 도덕적이고 정치적인) 대응물을 보존하고 실로 요구하지 않는다면, 여전히 도덕적 자유를 해체할

8. 같은 책, vol. 12, 336.

것이다(그리하여 스피노자적이지는 않을지라도 헤겔적 의미에서 비우주적일 것이다). 그 대응물 속에서, "종교적으로" 이미 신성하게 성취된 것이 "세속적으로"는 인간적인 행위에 의해 영원히 아직 성취되어야 할 것이다. "종교적인" 것과 "세속적인" 것의 이런 관계에 대한 헤겔의 철학적 이해에서 보자면, 그것은 차이를 소멸시키기보다 보존하기 위해 그것을 내면화해야만 한다.

VI

따라서 이 글의 주제인 헤겔의 유명한(혹은 악명 높은) 진술은 다음과 같이 해명될 수 있을 것이다. 기독교의 등장 이후로 이성적인 것은 현실적이 되었다. 하지만 기독교적 신앙이 처음부터 이 사건의 종교적 측면(정신의 내재함을 통해 모든 것이 완수된다는 것)을 파악했던 반면, 그것의 세속적인 측면(인간의 행위를 통해 모든 것은 아니더라도 많은 것이 영원히 아직 완수되어야 할 것이라는 것)을 파악하는 일은 종종 기독교적 신앙에게 무관심하거나 적대적이기까지 한 채 세속적 현실에게 맡겨졌다. 오직 이러한 두 측면의 실존만이 (단순히 신학적인 것 대신에) 철학적인 교설을 참되게 만든다. 그리고 오직 이러한 진리의 실존만이 헤겔적 철학 —— 현실적인 것 안에서의 이성성의 인식 —— 을 가능하게 만든다.

『법철학』 서문에서 최초로 행해진 논쟁적인 진술을 다시금 반복하는 『엔치클로페디』의 저 구절에서, 헤겔은 그것을 이해하기 위해서는 철학적인 "교양(culture)"이 필수적이라고 말한다. 이러한 교양과 관련해서 그는 우리에게 "신이 현실적이라는 것, 실로 가장 현실적이며 홀로 진정으로 현실적이라는 것뿐만 아니라…… 실존 일반이 부분적으로 현상이며 오직 부분적으로만 현실적이라는 것"을 알고 있어야만 한다고 말한다. 그는 철학적으로 도야된(cultured) 자들이 현상은 비-실재나 환영이 아니고 외면할 수 없는,

실존하는 사실임을 인식한다는 것을── 즉 철학적 "사유"에 있어 실존과 현실성의 구분은 "종교적인 재현"에서의 상응하는 구분만큼이나 필수적이고 불가결한 것으로 남아 있다는 것을── 우리에게 말하지 않으며, 오히려 주어진 것으로 간주한다.

VII

위의 설명에서 네 가지 주요한 생략을 눈치챘을 것이다. **그 모든 것은 처음의** 문단에서 주장된 과제의 겸손함에서 기인한다. 우선, 『논리학』에 대한 일체의 참조를 피했다. 우리는 헤겔이 실존과 현실성을 구별하고자 한다는 것을 보여주고자 했던 것이지, 그렇게 하는 데 성공하는지 혹은 어떻게 성공하는지를 보여주고자 한 것이 아니다. 둘째, 『법철학』에 대한 일체의 참조를 피했다. 논의되어온 그 논쟁적인 진술이 그 책의 서문에 나온다는 사실에도 불구하고 말이다. 우리는 헤겔이 "현실적인" 국가와 "단순히 실존하는" 국가를 구분할 수 있고 구분한다는 것을 보여주고자 했던 것이지, 그의 구분 기준이 타당하다거나 심지어 옹호될 수 있다는 것을 보여주고자 한 것은 아니다── 그러한 타당성이나 옹호가능성이 그의 정치적 판단들에 결부되어 있다는 것을 보여주고자 한 것은 더더욱 아니다. 셋째, 우리는 로젠츠바이크가 헤겔의 "행위 원리"라고 지칭한 것의 기원을 조사하는 것을 삼갔다(앞의 III절을 볼 것). 이것은 하찮은 질문이 아니다. 기독교적 믿음에서는 역사 속으로의 신성의 등장은 하늘에서 떨어지는 것일 수도 있다. 그러나 헤겔에게서 이성적인 것의 현실성은 그럴 수 없다. 더욱이 그 질문은 헤겔주의가 무신론적이고 좌익적인 전환을 취할 때도 그 중요성을 잃지 않는다. 맑스는 이성적인 것의 현실성을 혁명 이후의 미래에 투사한다. 이 미래의 현재 기원들이 없다면, 그와 같은 투사란 근거 없는 희망과 공허한 자만으로 전락하고 만다.

네 번째 생략이 가장 중대하다. 그것은 무엇보다도 오늘날 검토할 필요가 있는 질문과 관련된다. 이성적인 것의 현실성을(그러므로, 현실적인 것의 이성성을) 산출하는 역사적 조건은 사라질 수 있는가?(앞의 III절을 볼 것) 그리스도 안에서 신이 세계 안으로 종교적으로 등장한 것은 차후에 세계 안에서 악마적인 악의 분출을 위한 여지를 남길 수도 있고 그렇지 않을 수도 있을 것인데, 그러한 악은 집단학살 산업을 산출하며 그 부산물로는 인간의 피부로 만들어진 전등갓, 베개에 사용되는 인간 머리카락, 비료용 인간 뼈 등이 있다. 헤겔의 이성적인 것의 현실성은 단지 부족주의나 야만주의로의 타락으로서 처리될 수 있는 세계사적으로 대수롭지 않은 악에 대해서만 여지를 남기고 있다. 일부를 제외한 모든 근대철학자들은, 계몽주의 이후의 낙관주의 속에서, 악마적인 것을 무시하거나 부인해왔다. 헤겔의 철학은——기독교의 종교적 낙관주의를 근대의 세속적 낙관주의와 통합하고 있는바——이러한 근대적 경향의 가장 근본적이고 따라서 가장 진지한 표현이다. 이 겸손한 논문은 헤겔 철학의 의미만을 조사했을 뿐이다. 그것의 진리에 대한 여하한 조사를 위해서는 그 주장들을 아우슈비츠의 가스실과 대면시켜야만 한다.

2부
헤겔이 전체주의 이론가 혹은 프로이센 옹호가라는 신화

4. 헤겔과 정치적 추세: 정치적 헤겔 전설들에 대한 비판

헤닝 오트만 Henning Ottmann

(존 스튜어트 번역)

칸트의 정치철학과 윤리이론이 19세기 전반기 동프로이센 및 서남부 독일의 자유주의와 그 세기 후반기 사회주의에 끼친 영향은, 상이한 정치적 지향들이 주어진다고 해도 실제로 그렇게 큰 실망을 겪지 않았던 관찰자의 어떤 기대에 조응한다.[1] 나중의 시기와 나중의 정치 프로그램이 이 대가에게 입히고자 했던 의복 속에서 어떤 이는 입헌국가 지지자를 알아볼 수 있으며, 어쩌면 심지어 어떤 윤리적 사회주의자들의 아버지를 알아볼 수도 있다. 피히테의 얼굴 위에 씌워진 가면들 뒤에서 자신의 피히테를 식별하려고 하는 피히테 연구자에게는 문제가 더 어려워진다. 그것은 사회주의자의, 민족주의자의, 국가사회주의자의, 전체주의자의, 그리고 민주주의자의 가면을 쓰고 나왔다.[2] 그리고 끝으로, 자신들의 철학자를 거짓 친구들과 불필요

1. 이 논문은 티센재단이 후원하고 W. 예쉬케와 K. R. 마이스트가 기획한 "정치와 독일 관념론"이란 주제의 콘퍼런스(1978년 10월 11-14일)의 기고문이었다.

2. B. 빌름스는 피히테의 이 이미지들을 *Die totale Freiheit: Fichtes politische Philosophie* (Cologne, 1967), 1ff에서 제시한다. 또한 H. Verweyen, *Recht und Sittlichkeit in*

한 적들로부터 보호하려고 하는 헤겔의 팬들에게서 상황은 거의 절망적으로 보인다. 자유주의건 사회주의건 공산주의건 보수주의건 민족주의건 아니면 국가사회주의건 모든 정치적 동향들은 헤겔을 자기편으로 끌어들이고자 했으며, 그가 여하한 그러한 결연을 거절하는 것처럼 보일 때 모든 동향들은 그를 공격하고 내쫓으려고 했다. 여하간 그를 전적으로 피해가는 것은 불가능했다.

이런 상황에서 보건대, 헤겔의 철학과 그의 정치의 관계에 대한 질문은 쉽게 제기될 수도, 답해질 수도 없다. 첫 눈에 그렇게 보이듯, 편재하는 헤겔은 언제나 거기에 있는 것처럼 보인다. 하지만 처음에 이러한 편재는 헤겔이 "모두에게 제공할만한 것"을 가진 게 아니라 오히려 모두에게는 너무 적은 것을 가지고 있다는 의혹을 불러들이는데, 왜냐하면 그는 많은 것을 제공하는 대신 단지 다양한 방식으로 사용될 수 있을 어떤 것을 제공했기 때문이다. 일견 이것은 우리가 헤겔의 변증법을 "공허한 공식"으로 공격할 수 있음을 암시한다. 그것은 그 어떤 임의의 이데올로기에도 적용할 수 있으며, 또한—논변에 따르면—그것의 언명들이 완벽한 자유를 갖고 있고(따라서 경험적으로 공허하고) 모든 것에 어울리며 그 어떤 것에 의해서도 논박될 수 없기 때문에 모든 곳에 힘을 빌려줄 수 있다.[3] 이런 견해에 따르면, 어떤 정치적 운동도 헤겔의 철학과 그것의 변증법을 일종의 다목적 무기로서 자신의 병기창에 자유롭게 보관할 수 있다. 그리고 때때로 헤겔주의의 영향사는 헤겔의 철학 속에서 다만 여하한 종류의 정치적 책략과 논박을 위해 무기가 필요할 때 찾게 되는 무기고를 보았다는 인상을 준다는

• •
    J. G. Fichtes Gesellschaftslehre (Freiburg, 1975), 9ff의 개요를 보라.

3.   E. Topitsch, *Die Sozialphilosophie Hegels als Heilslehre und Herrschaftsideologie* (Neuwied, 1967), 5ff. 또한 그의 "Über Leerformeln", in *Probleme der Wissenschafts-theorie*, Festschrift für Viktor Kraft, ed. E. Topitsch (Vienna, 1960), 251ff를 보라. 포퍼는 변증법 비판의 근거로 공허한 정식 비판을 두고 있는데, 그에 따르면, 변증법은 "어떠한 결론"도 허락하는 모순들에 의존한다. K. R. Popper, "Was ist Dialektik?" in *Logik der Sozialwissenschaften*, ed. E. Topitsch (Cologne, 1968), 262ff.

사실을 누가 부인하겠는가?

하지만 "병기창"이나 "공허한 공식"이란 이미지는 헤겔주의의 경우 관련된 정치적 운동 및 개념에 대한 그 어떤 세심한 설명에도 연루되는 미로 같은 쟁점들을 이해하는 데 도움이 되지 않는다. 이념들은 이전에 존재하는 정치적 동향들에 독립해서 벼려지는 게 아니다. 그런 다음 멀리 떨어진 병기창에 저장하여 미래의 배치를 위해 준비해 놓으려고 말이다. 그것들은 모든 문장(紋章)들로 장식될 수 있고 모든 정치운동에 의해 이용될 수 있는 텅 빈 현수막이 아니다. 그것들은 배타적으로 어느 한 시기나 정치동향에 속하지 않는다. 그리고 만약 그것들이 어떤 시기나 정치운동에 무엇을 주어야만 하는지 물어야 한다면, 동시에 또 다른 질문, 즉 그 시기나 그 주어진 정치운동이 그것들로부터 무엇을 취했는지 물어야만 한다. 이런 방식으로 헤겔 철학은 그것의 역사 과정 속에서 모든 정치운동의 깃발로 높이 들어 올려졌던 것이다. 하지만 이 철학은(이것이 적절한 이미지인데) 또한 사람들이 그것을 적색 깃발을 위해 동원하느냐 흑백적색, 갈색 깃발을 위해 동원하느냐, 아니면 흑적금색 깃발을 위해 동원하느냐에 따라 색깔을 바꾸어왔다.

수많은 오해들과 헤겔 전설들은 헤겔 철학의 영향에 따른 결과라기보다는 그 영향에 대한 잘못된 해석들의 결과다. 그것들은 헤겔 사상에 대한 동시대의 "채색들(colorings)"이 역사적 수용의 다양한 시기들로 귀속되는 게 아니라 오히려 헤겔 자신의 철학이 갖는 참된 색깔로 제시되어왔다는 사실에 주로 의존한다. 따라서 프로이센 국가의 공식 철학자, 비스마르크의 전체주의 국가의 주창자, 국가사회주의자, 좌파 헤겔주의의 아버지, 혹은 입헌국가의 자유주의 지지자처럼 특정 시기에 명확하게 귀속된 헤겔의 그림이 제시된다. 이로부터 헤겔에 대한 이상한 관념론적 비난이 결과하는데, 그것은 그의 사상만을 유일하게(그리고 경쟁하는 사상이나 구체적 상황의 힘은 배제한 채) 거의 모든 독일이나 유럽 역사의 배후에 있는 원동력으로 본다. 고전 자유주의자든 좌파 자유주의자든 헤겔이 왕정복고의 프로이센 정책을 회복시켰다는 혐의를 제시한다. 그리고 헤겔이 비스마르크 시대의 힘의 정치[4]와 제3제국의 수립[5]에 책임이 있는지와 무관하게, 그가 국가사회주의[6]에 대해 비난을 받아야 하는지와 무관하게, 혹은 그가 그의 자본주의적 아들이나 맑스주의적 아들의 인척으로 간주되는지와 무관하게, 여하간 헤겔 없이는 그 어떤 것도 가능하지 않았던 것처럼 보인다. 언제나 헤겔은 다른 이들이 유발한 채무를 변제하라는 요구를 받는다. 확실히 그의 정치철학은 사실상 그 어떤 다른 것들과도 같지 않은 영향을 미쳤다. 그러나 헤겔의 해석가들과 헤겔주의의 역사가들은, 칸트나 피히테 연구자들보다 더욱더, 오해의 영향을 영향의 오해로부터 구분하도록 강제하는 출발점으로 계속해서 되던져진다.

오해와 동시대적 편견의 정치적 효과의 역사는 프로이센 왕정복고와 순응의 정책의 철학자라고 하는 헤겔에 대한 테제의 탄생과 함께 시작한다. 이 테제는 『법철학』의 최초 논평가들에 의해 유포되었고,[7] 그것의 출생연도

• •
4. 특히 H. Heller, *Hegel und der nationale Machtstaatsgedanke in Deutschland* (Leipzig, 1921)가 대표적이다.

5. 이것은 Martin, *Macht als Problem: Hegel und seine politische Wirkung* (Mainz, 1976), 5에서 부흐하임을 매료시킬 정도로 매우 진지하게 단언되고 있다. 마르틴은 여기서 자신이 1948년에 헤겔에게서 독일의 재난을 준비케 한 인물로 보게끔 하는 주장을 지속적으로 펼친다. A. v. Martin, *Geistige Wegbereiter des deutschen Zusammenbruchs: Hegel, Nietzsche, Spengler* (Recklinghausen, 1948).

6. 포퍼가 국가사회주의의 바-헤겔적 이데올로그들은 깡그리 무시한 채 프리스, 쇼펜하우어, 바그너같이 적절치 않은 주요 증인을 참고하여 이런 테제를 강력한 형태로 기초하고 있는 반면, "헤겔에서 히틀러로"라는 이 같은 문학 장르의 최종 버전은 보다 신중하게 정식화되고 있다. 키제베터에게 우파 헤겔주의는 국가사회주의라는 강이 발원하는 지류들 중 하나일 뿐이다(H. Kiesewetter, *Von Hegel zu Hitler* [Hamburg, 1974], 19). 그렇지만, 권위주의 국가에게 헤겔의 이데올로기는 마찬가지로 제3제국을 위한 "구성요소"로 여겨지고 있다(같은 책, 21).

7. 파울루스는 이성과 현실의 동일성에 관한 서문의 모토에 대한 자신의 공격에서 순응에 대한 비판을 이미 예고하고 있다. 익명의 평론가 "Z.C."는 일찍이 1822년에 "적응시키다(accomodieren)"라는 단어를 사용한다. "그런 철학은 분명 자신을 모든

(1821)에도 불구하고, 오늘날에도 여전히 원기 왕성한 평판을 누리고 있다 (상이한 이유들로 그것을 살아 있게 유지시켰던 친구들의 모임은 종종 변해왔지만 말이다). 1820년대와 1830년대에, 사람들은 모든 곳에서 프로이센의 왕정복고 정책에 순응한 비굴한 헤겔에 대해 말했다.[8] 이와 더불어 1829년에 슈바르트의 공격이라는 형태로 최초의 역-캐리커처가 격발된 것처럼 보였다. 여기서 그는 헤겔의 "입헌" 군주제 교설이 "프로이센 국가의 삶과 발전의 최고 원리"(슈바르트의 경우에는 "호엔촐레른의 '가족 정신'이라는 형태에서의 절대군주제")와 통약 불가능함을 지적하려고 했다.[9] 처음에 사람들은 여전히 간스, 쾨펜, 피르스터, 엘스너, 파른하겐 폰 엔제 같은 대다수 헤겔주의자들이 이중의 모호한(게다가 철학적으로 무능한 누군가에 의한) 비판에 맞서서 헤겔의 정치적 교설과 프로이센 국가의 "근대적" 정신을 분주하게 방어하고 있는 것을 보았다.[10] 하지만 슈바르트의 비난은 근거가 불충분하고 피상적이었기 때문에, 이미 대중에게 친숙한 그 왕정복고의 철학자에 대한 진부한 말들을 미심쩍게 만드는 데 필요했을 경악스러움을 야기하기에는 적합하지 않았다. 대신에 1830년대에서 1840년대로의 이행기에, 순응 체제가 궁극적으로 엄청난 성공을 거둘 수 있게 해준 그 영향력

..
　　것에 적응시킬 수 있는데, 바로 이것이 요즘의 풍조다. 이 철학은 자유주의 원리가 세계를 지배한다고 가르칠 것이다." K.-H. Ilting, ed., G. W. F. Hegel, *Vorlesungen über Rechts-philosophie*, vol. 1 (Stuttgart, 1973), 403에서 인용. 파울루스의 비판에 대해서는, 같은 책, 565ff를 보라. 타텐은 일찍이 1821년에 헤겔에게 다음과 같이 보고했다. "당신은 왕당파 철학자이자 철학적 왕당파로 비난받고 있다"(같은 책, 394-95). 리델을 따라서 우리는 『법철학』의 첫 서평들을 "성공적이지 않은 수용"으로 지칭할 수 있다. M. Riedel, ed., *Materialien zu Hegels Rechtsphilosophie*, vol. 1 (Frankfurt, 1975), 17ff.

8. J. E. Erdmann, *Die deutsche Philosophie seit Hegels Tode* (Berlin, 1896). 뤼베의 서문과 함께 재출간되었다. H. Lübbe (Stuttgart, 1964), 710.
9. 이런 논쟁은 Riedel collection, 209ff에서 선별적으로 찾아볼 수 있다.
10. 같은 책, 267ff를 보라. 헤겔 본인은 아이러니하게도 분명치 않은 공격들에만 대응했다 (같은 책, 219).

있는 과정이 발생했다.

이 시기에, 자신들의 다소간 자유주의적인 이상을 프로테스탄트적인 개혁 가능한 프로이센 국가에서 실현하고자 했던 (종종 형제회(fratinities)에서 교육받기도 했던) 헤겔의 제자들은[11] 친숙하고 잘 알려진 반대파와 좌파 헤겔주의자들의 집단이 되었다. 그들은 입헌군주정을 공화국과 민주정으로, 개혁을 혁명으로, 그리고 프로테스탄트식 개혁정책을 무신론적 해방정책으로 대체하길 원했다. 이 그룹의 구성원들 사이에서 헤겔의 순응에 관한 테제가 1840년 이후 빠르게 퍼졌는데, 왜냐하면 그것이 좌파에 쏠려있던 이들 헤겔주의자들의 정치적이고 사적인 실망을 해소할 수 있는 형식을 제공했기 때문이다. 그들은 그토록 높은 희망을 품었던 프리드리히 빌헬름 4세의 낭만적이고 보수적인 정책에 실망했다.[12] 그들은 대학교와 편집실에서의 축출에 실망했고, 당시 셸링, 정통주의자, 경건주의자, 낭만주의자, 역사법학 추종자들이 누렸던 문화부장관 아이히호른의 호의에 실망했다.[13]

• •

11. 루게가 1838년에 여전히 프로이센에 보냈던 찬사들이 전형적인데, 프로이센은 진보적인 프로테스탄트 국가로서 'reformation'과 'reform'이라는 단어들이 갖는 이중적 의미[즉, '개혁'과 '개선']를 동시에 정당화했다. A. Ruge, *Preußen und die Reaktion* (Leipzig, 1838), 92ff. 1867년에 그는 나중에 좌파 헤겔주의자가 된 이들이 그 당시에는 여전히 '프로이센의 교조주의자'이자 '헤겔적 기독교도'였음을 스스로 인정했다. *Aus früher Zeit*, vol. 4 (Berlin, 1867), 484 참조.

12. 우리는 K. F. Koeppen, *Friedrich der Große und seine Widersacher* (Leipzig, 1840)에서 왕위 계승과 관련하여 고취된 엄청난 기대들을 볼 수 있다. 그 책은 자신의 친구 칼 하인리히 맑스에게 헌정되어 있다.

13. G. Mayer, "Die Anfänge des politischen Radikalismus im vormärzlichen Preußen", in *Radikalismus, Sozialismus und bürgerliche Demokratie* (Frankfurt, 1969), 20ff.의 탁월한 설명을 상기할 필요가 있다. 그리고 또한 그의 "Die Junghegelianer und der preußliche Staat", *Historische Zeitschrift* 121 (1920), 413ff도 보라. 또한 H. Rosenberg, "Arnold Ruge und die Hallischen Jahrbücher", *Archiv für Kulturgeschichte* 20 (1930), 281ff도 보라. 또한 좌파 헤겔주의자들을 이해하기 위해서는 S. Hook, *From Hegel to Marx* (New York, 1958, 3d ed.); D. McLellan, *Die Junghegelianer und Karl Marx* (Munich, 1974); 그리고 또한 K. Löwith, *Von Hegel zu Nietzsche*

이제 기이한 광경이 펼쳐졌다. 처음에 근대 프로이센 국가와 헤겔의 교설을 찬양했던 이들이 이제는 단숨에 1840년 이후의 프로이센 정책 변화를 1820년대 초 왕정복고 정책과 같은 선상에 놓으면서, 자신들의 불운의 기원을 거꾸로 헤겔에게 투사하고자 시도했다. 실로 많은 이들에게 있어 황혼녘에 미네르바의 부엉이의 비행을 기다리고자 했던 철학의 저녁 기분 [abendliche Stimmung]은 세계사의 새로운 날의 수탉 울음소리로 대체되었는데, "행위"의 철학[Philosophie der Tat]은 이를 초래하는 데 조력했다.[14] 처음에 프로이센에 대한 헤겔의 협조를 통해 성취하려고 생각했던 것이 이제 프로이센에 대한 헤겔의 반대를 통해 이행되어야 할 것이 되었다. 이제부터 헤겔 철학은 오직 왕정복고로부터의 그것의 독립 속에서만 이해되어야 했는데, 헤겔은 프로이센 국가의 우연적인 "역사적 실존들"을 "형이상학적" 규정들로서 논할 때 그러한 독립을 보여준 것으로 여겨졌다.[15] 헤겔 철학은 프로이센 국가와 "통약 가능"했지만, 절대적 국가와만 그러했는데, 그러한 국가는 이 체계의 이론 결여와 "위엄 있는 차분함(Olympian calm)"에 경의를 표하는 방법을 알고 있었다. 억압과 입장 전환의 이러한 걸작에서

..

(Stuttgart, 1969, 3d ed.)를 보라. 1842년에 취해진 검열 포고령의 상대적으로 온건한 적용은 좌파들의 망명을 지연시켰던 것 같다. 그러나 루게의 교수직 거부, 브루노 바우어의 해직, 그리고 할레연보, 라인신문, 쾨니히스베르크신문이 경험한 혹독한 검열은 문화부장관과 왕의 정책에 대한 완전한 정도의 실망을 안기게 했다. 이에 대한 유익한 자료를 보려면, 또한 B. Bauer, *Vollständige Geschichte der Parteikämpfe in Deutschland während der Jahre 1842-1846* (Berlin, 1847; reprint Aalen, 1964)을 보라.

14. 치에스코프스키에 의해 처음으로 체계화되고 그 후 모든 좌파 헤겔주의자들의 특징으로 가정되었던 행위의 철학의 광범위한 유포는 이미 여러 번 탁월하게 다루어져 왔다. 예컨대, H. Stuke, *Philosophie der Tat* (Stuttgart, 1963); J. Gebhardt, *Politik und Eschatologie* (Munich, 1963), 130ff; N. Lobkowicz, *Theory and Practice* (Notre Dame, 1967), 167ff; McLellan, Die Jungheglianer, 18ff.

15. 루게의 결정적인 기사인 "Die Hegelsche Rechtsphilosophie und die Politik unserer Zeit", *Deutsche Jahrbücher* (1842), 763에 따를 경우 그렇다.

성공을 거둔 루게는 순응에 대한 자신의 비판의 영향을 스트라우스의 『예수의 생애』가 신학적 헤겔론에 미친 영향과 비교할 수 있었다.[16] 이제부터는 좌파 헤겔주의자들에게 헤겔에 맞선 정치적 전선은 확고하게 그려졌다. 비록 비난의 의미가 점진적으로 확대되어 헤겔을 "부르주아 사회"에 순응한 자로 비판하기에 이르렀지만 말이다. 게다가 종교와 헤겔의 신학적 체계에 대한 포이어바흐의 비판은 종교에 비판적인 해방철학과 "반동적인" 근원철학[Ursprungsphilosophie] 사이에서 대립을 원리의 토대 위에 정초시키는 데 조력했다. 엥겔스가 한 번 말했듯이 "헤겔 같은 친구를 '프로이센'이라는 말 한마디로 내칠 수는 없다'라고 하는 불안한 느낌이 아마 남아있었을 것이다.[17] 그러나 이 목적을 위해서, 순응에 대한 광범위한 비판과 근원철학 일반에 대한 반대가 이어지는 시기에 수중에 쥐어졌다. 맑스에게 순응은 관념론적 "체계"와 "원리"의 "거짓말"을 의미했는데, 그것은 현실의 모순들을 관념 속에서 이어주고자 했으며, 또한 포이어바흐의 방식과 유사한 방식으로 정치라는 천상에서 사회라는 지상으로 다시 끌어내려야만 하는 것이었다. 결국 이 주장에 따르면, 헤겔은 시민을 통한 부르주아의 매개에 실패했으며, 대신 그는 국가를 사회에 부합하게 만들었고, 사적 시민에게 "인류[homme]"란 타이틀을 부여했으며, 국가의 시민을 국가의 종복으로 바꾸어놓았다.[18] 엥겔스는 보수적인 "체계"와 혁명적인 "방법"을 구분하려고 했으며, 이로부터 현재까지 맑스주의가 이용하는 것으로 여겨지는 헤겔

---

16. *Aus früher Zeit*, 497. 엥겔스는 그가 여전히 청년 헤겔주의를 헤겔과 뵈르네의 종합으로 되기를 바랐을 때 일찍이 1841년에 다음과 같이 판단했다. "신학 분야에서 스트라우스, 정치 분야에서 간스와 루게는 획기적인 인물들로 남을 것이다. 지금이야말로 사변의 한 조각 희미한 안개가 상상의 빛나는 별들 속으로 확산되고 있는데, 그것은 세기의 운동이 나아갈 길을 밝히는 것으로 예정되어 있는 것이다." (F. Engels, "Ernst Moritz Arndt", in *MEW-Ergänzungsband*, part 2 [Berlin, 1967], 124).

17. F. Engels to Marx, 8 May 1870, in *MEW*, vol. 32 (Berlin, 1973), 501.

18. K. Marx, "Zur Kritik des Hegelschen Staatsrechts", in *MEW*, vol. 1 (Berlin, 1969), 283ff., 355, 363, 369ff.

해석의 공식들이 나온다.[19] 그러는 동안 체계와 방법의 구분이라는 교설은 더 이상 자명하지 않게 되었고 헤겔 철학은 정통 맑스주의의 무기력 경향에 맞서 자신의 살아있는 힘을 입증해야 하지만, 원칙적으로 좌파 헤겔주의에서 관례적인 표상으로 남아있는 헤겔의 이미지는 체계의 철학자이자 근원의 철학자, 부분적으로는 혁명적이고 부분적으로는 프로이센이나 부르주아 사회에 순응한 반동적인 철학자라는 야누스적 이미지다.[20]

좌파 헤겔주의의 "행위의 철학"은 사유의 다른 작업장들에서 도움을 얻기 시작했다. 치에스코프스키가 전에 그랬던 것처럼, 쾨펜, 루게, 브루노 바우어, 모제스 헤스는 피히테의 자유를 위한 파토스를 상기시켰다.[21] 다른 한편 자유주의의 진로는 순응 비판의 성공과 더불어 좌파 헤겔주의의 이후 역사의 진로만큼이나 이미 정해졌다. 확실히 자유주의자들에게 칸트는 어쨌거나 선호되는 동맹이었는데, 그의 정신은 동프로이센의 입헌적 열망, 테오도르 폰 쇤의 정책, 야코비의 요구들 그리고 <쾨니히스베르크신문>의 편집자들에게 날개를 달아 주었다.[22] 그러나 헤겔주의의 좌파로의 경도는,

..
19. F. Engels, "Ludwig Feuerbach und der Ausgang der klassischen deutschen Philosophie", in *MEW*, vol. 21 (Berlin, 1973), 265ff.
20. 화해에 대한 비판과 신학적인 근원철학(과 그 정치적 결과들)의 거부는 또한 오늘날 좌파 헤겔주의자들의 야심찬 헤겔 해석들을 특징짓는다. 루카치에게 헤겔은 거의 맑스주의적인 정치경제학자이자 자본주의 사회의 이데올로그다. 마르쿠제에게 그는 거의 비판이론의 아버지이자 체계의 권위주의적인 철학자다. 그런가 하면 아도르노에게 그는 부정 변증법을 제거하고 동일성의 반동적 체계를 설파하는 인물이다. 아마도 가장 단호하게 체계와 방법의 구분을 극복하고자 했던 블로흐의 경우에는, 궁극적으로 해방적이고 유토피아적인 헤겔과 고리타분한 체계의 구분이 남아 있다. 또한 하버마스는 예나 시기 헤겔과 『정신현상학』을 상기하는 현실적으로 적용된 프로그램을 수용함에도 불구하고 근원철학에 대한 적대감을 드러내는데, 거기서 그는 해방적 자유가 완전히 인간에게 위임되지 않은 세계정신과 역사 속에서 용해되어버리는 것을 본다. 체계와 방법의 분리는 종종 단순한 형태로 전수되고 있는데, 예컨대, G. Lukács, *Zur Ontologie des gesellschaftlichen Seins* (Neuwied, 1967), 혹은 R. Garaudy, *Gott ist Tot* (Frankfurt, 1965)를 보라.
21. 슈투케는 이것을 명확하게 이해하고 있다. *Philosophie der Tat*, 82ff를 보라.

그렇지 않았다면 유지되었을 헤겔주의와 자유주의의 연결을 파괴하기 시작했다.[23] 기실 동프로이센에서 로젠크란츠는 헤겔주의와 자유주의의 가능한 동맹의 탁월한 사례를 제시했는데, 왜냐하면 그는 칸트에 의해 고무된 자유주의자들과 많은 점에서 일치를 보였기 때문이다. 하지만 (엥겔스, 불, 슈티르너, 나우베르크, 쾨펜, 바우어 형제 모두가 소속되었던) "자유인들 [Freien]"이라 불렸던 그룹의 역사는 어떻게 정치적 분위기의 전반적인 악화가 헤겔주의와 자유주의의 동맹을 해체하기 시작했는지를 에드가 바우어와 브루노 바우어의 태도를 가지고서 본보기적 방식으로 보여준다. 1841년에 브루노 바우어는 서남부 독일의 자유주의자 벨커를 기리는 행사에서 건배를 제의하면서, 헤겔의 교설이 "과감성과 관대함과 결단성에 있어 국가에 대한" 서남부 독일의 견해를 훨씬 더 능가한다고 말하는 것을 잊지 않았다.[24] 사실 그는 이미 이런 "입헌주의의 지지자들"에 대한 "가혹하고 강력한 폭격"을 개시하려는 자신의 의도를 분명히 밝힌 바 있다.[25] 그런

• •

22. Mayer, "Die Anfänge des politischen Radikalismus", 27ff. 참조.

23. 순응에 대한 비판과 헤겔 좌파의 이후 급진주의의 관점에서, 역사가들조차도 헤겔주의와 자유주의 간의 확실히 있을 법하고 또 부분적으로 존재하는 동맹에 대해 과소평가해왔다. 마이어는 자유주의를 칸트와, 급진주의를 루소 및 청년 헤겔주의자들과 연결 지으면서 헤겔주의와 자유주의의 연합을 제거시켰다. 네어는 루게의 초기 자유주의를 쇤과 야코비의 자유주의와 구별하려고 시도했다. 그러나 1840년에 루게는 그가 언론, 여론 그리고 국민의회의 자유를 요청할 때 여전히 자신의 전우 대부분을 대변하는 것처럼 보인다. "Zur Kritik des gegenwärtigen Staats-und Völkerrechts", *Hallische Jahrücher* (1840), 1210ff. 심지어 1841년에도 그는 여전히 헤겔의 국가 개념을 "가장 확고한 자유주의의 토대"로 간주했다(같은 책, 137). 같은 해 그는 할레에서 야코비의 "네 가지 문제"를 확산시켰고 1846년에 네 권으로 된 자신의 작품을 야코비에게 헌정했다(Neher, "Zur Kritik", 71).

24. *Briefwechsel zwischen Bruno Bauer und Edgar Bauer während der Jahre 1839-1842 aus Bonn und Berlin* (Charlottenburg, 1844), 163.

25. "나는 『국가사전』을 힘겹게 읽으면서 점점 더 이 책의 천박함, 비철학적인 연막(여러분은 단지 헤겔에 대한 욕설만을 읽게 된다) 그리고 입헌주의 지지자들의 오만방자함을 인식하게 되었다. 신랄하고 강력한 공격이 이들을 향해 가해져야만 한다. ⋯⋯

뒤 에드가 바우어 역시 1843년 동프로이센과 서남부 독일에서의 자유주의 운동에 대한 비판서를 출간했을 때 중포 사격을 했다.[26] <독일연보>의 마지막 판 중 한 권에서 루게는 자유주의가 민주주의로 해소되어야 한다고 주장했다.[27] 그 뒤로 그 운동은 중도의 왼쪽에서 훨씬 더 급진적인 입장——가령, 사회주의(모제스 헤스), 공산주의(엥겔스, 맑스), 무정부주의(슈티르너)——으로 자리매김되었다.[28] 로텍과 벨커를 중심으로 한 서남부 독일의 자유주의자들에게, 그 편견은 헤겔의 "왕정복고 철학"이 오른쪽에 놓여 있는 바로 그만큼 이 헤겔주의가 왼쪽에 놓여 있어야 한다는 생각을 한층 강화시켜줄 뿐이었다. 샤이들러가 "3월 혁명 이전[Vormärz]" 자유주의에 대한 표준적 저술인 『국가사전』에서 썼듯이, 헤겔의 철학은 "한결같이 노예상태와 부자연스러운 정치적 정적주의(quietism)로 이어지는데, 이는 『국가사전』이 밝히고 있는 개혁 내지는 정치적 진보의 원리에 정면으로 반대되는 것이다."[29] 그것이 자유주의에 정면으로 배치되어 온 지는 꽤 오래되었다. 1848년 이후의 체념적 분위기에서, 자유주의자 루돌프 하임은 1857년에 오랫동안 대중 곁에 머물렀던 한 정식화에서 대립을 결정적인 국면으로 끌고 갔다. 그 정식화에 따르면, 헤겔의 철학은 "왕정복고 체계"로서, 모든 부분에 왕정복고의 정신을 위한 "자리"를 마련했으며, 이성과 현실의 동일성이라는 모토 속에서 "정치적 보수주의라는…… 왕정복고

• •
    그 모든 것이 이런 교활하고 편협한 남부인들에 대한 승리가 될 것이다."(같은 책, 173-74)

26. E. Bauer, *Die liberalen Bestrebungen in Deutschland*, vol 1: *Die ostpreußische Opposition*; vol. 2: *Die badische Opposition* (Zurich, 1843).
27. A. Ruge, "Eine Selbstkritik des Liberalismus", *Deutsche Jahr bücher* (1843), 1ff.
28. "자유"라는 제목 하에서 슈티르너는 개인의 이름으로 모든 형태의 정치적, 사회적, 인간적 자유주의에 복수를 가한다. M. Stirner, *Der Einzige und sein Eigentum und andere Schriften*, ed. H. G. Helms (Munich, 1968), 72ff.
29. K. H. Scheidler, "Hegelsche Philosophie und Schule", in *Das Staatslexikon*, vol. 6, ed. C.v. Rotteck and C. Welcker (Altona, 1847, 2d ed.), 608.

정신의 고전적 언어, 정적주의, 낙관주의"를 선언했다.[30] 하임이 보기에 시대는 이미 이런 체계를 넘어섰는데, 1857년에 그 체계는 독일에서 고전기 시와 예술만큼이나 멀고 먼 곳에 놓여 있었다. 역사의 장은 고전주의와 체계 철학의 유산 속으로 진입하는 것으로 가정되었으며, 자연과학과 기술의 여명기에 바이마르와 베를린의 정신을 비판적으로 보존하는 것으로 가정되었다.[31]

분명 헤겔은 좌파와 자유주의자들이 유포한 순응에 대한 비판을 고려할 때 기대되듯 보수파의 인물은 아니었다. 대학교수로서 그가 누린 높은 평가에 비해 영향력 있는 보수주의 이론가들 및 집단들 사이에서 헤겔의 국가 교설에 대한 공명은 놀랍도록 적었다. 헤겔 철학이 왕정복고의 바로 "그" 이론이었던 것으로 가정된다고 할 때, 놀랍도록 적었다. 게다가 그의 다수 제자들(카로베, 울리히, 폰 헤닝, 푀르스터, 아스베루스, 쿠쟁)은 "데마고그들"의 박해로 인한 희생자가 되었고,[32] 실로 하르덴베르크, 알텐슈타인, 슐츠, 니트함머 같은 그의 지지자와 친구들은 간단히 보수주의 진영에 위치시킬 수 없는 인물들이다.[33] 황태자로서 후에 왕에 오른 프리드리히 빌헬름 4세, 궁정의 비밀결사, 게를라흐 형제, 라도비츠는 헤겔과 헤겔주의의 정치적 적들이었다. 헹스텐베르크와 레오가 바로 그랬고, 또한 할러와 슈탈 같은 절대군주의 정통성의 진정한 이데올로그들이 바로 그랬듯이 말이다.[34] "기독교 국가"의 정치적 지향은 가령 경건주의, 정통파, 셸링주의

‥
30. R. Haym, *Hegel und seine Zeit* (Berlin, 1857), 365.

31. 같은 책, 466, 5ff. 아이러니하게도 하임은 1848년의 "관념론"이 실패하게 된 이후로 헤겔적 관념론에 대한 역사의 심판을 믿은 것처럼 보인다(6).

32. *Briefe von und an Hegel*, vol. 2, ed. J. Hoffmeister (Hamburg, 1969, 3d ed.), 432ff., 455ff. 호프마이스터 판에서, J. 동트는 헤겔의 제자들에 대한 박해뿐만 아니라 그들에 대한 헤겔의 탄원 시도들에 대해서도 다루었다. J. D'Hondt, *Hegel in seiner Zeit: Berlin 1818 bis 1831* (Berlin, 1873), 96ff.

33. D'Hondt, *Hegel in seiner Zeit*, 36ff.

34. 같은 책, 56ff. 또한 Gebhardt, *Politik und Eschatologie*, 153ff. 아비네리는 다시

와 여타 원천들에서 제공되었지 헤겔의 "왕정복고 철학"에 의해 제공되지 않았다. 진정으로 보수적인 헤겔 수용이 프로이센의 왕정복고와 반동기가 이미 지나갔을 때 발생했다는 것은 헤겔 철학의 수용사에서 기이한 점 중 하나다. 처음에 수많은 헤겔주의자들이 좌파로 기울어진 사실이 그토록 많은 전설을 산출했듯이, 여기서 다시금 변화된 정치적 조건은 이전의 왕정복고 철학자의 그림이 새로운 전설 위에, 비스마르크를 예견한 헤겔의 그림 위에 겹쳐 놓일 수 있는 분위기를 산출했는데, 이 또한 기이한 점이다.

사실 1850년대에 와서야 보수적 헤겔 추세가 정착됐는데, 그것은 보수주의적 헤겔, 비스마르크의 전체주의 국가[Machtstaat] 철학자 그리고 독일 민족주의자라는 그림으로 귀결되었다. 처음에, 프랑크푸르트 국민의회의 "교수 정치(professors' politics)"를 신랄하게 비판한 이는 에르트만뿐이었다 (그는 아마도 헤겔보다 더 적절하게 "프로이센의 국가철학자"로 불릴 수 있는 인물일 것이다). 그는 자유주의적 요구들에 "유기적", "윤리적" 코먼웰스(commonwealth)의 교설을 대립시켰는데, 이 교설은 국가와 사회를 분명히 대비시켰다. 그는 또한 당대의 자유주의자들에게서 그가 보았던 것보다 더 많은 애국주의, 보수주의, 기독교를 지지하고자 했다.[35] 시간이 지나면서 변덕스러운 자유주의는 스스로를 이런 유형의 "진부한 프로이센주의(stock Prussianism)", 즉 1848년에 무능력을 입증했으며 이제는 보수적인 민족적

••
한 번 동트의 주제들을 다뤘다. S. Avineri, *Hegel's Theory of the Modern State* (Cambridge, 1972), 130ff. 슈탈은─ 널리 통용되는 견해와는 달리 ─헤겔의 제자들 중 한 명이 아니라 그의 반대자들 중 한 사람으로 간주되어야 한다. 할러와 그의 지지자들을 보자면, 의심의 여지 없이 적대감이 존재한다. "할러의 추종자들과 야르케의 <베를린 정치주보>에 모여든 이들은 헤겔의 사상을 국가, 교회 그리고 윤리적 삶에 관심을 갖는 비밀스런 정치적 자유주의로 비난한다." (H. Rosenberg, "Zur Geschichte der Hegelauslegung", in his *Hegel und seine Zeit* [Leipzig, 1927], 526-27).

35. J. E. Erdmann, *Philosophische Vorlesungen über den Staat* (Halle, 1851), 37, 40, 57.

자유주의로 전향해버린 자유주의와 연합하기 시작했다. 이들 자유주의자들에게 프로이센 국가 철학자와 비스마르크 시대에 대한 그의 유관성에 대한 질문이 곧 새롭게 등장했다. 에르트만 혼자만이 헤겔의 "프로이센 국가 및 궁정철학"을 처음으로 극찬하고 프로이센과 철학 사이의 천국에서 승인된 동맹을 상기시켰다면,[36] 루게나 하임처럼 순응 비판의 엄청난 결과에 책임이 있는 것으로 여겨져야 했던 이들로부터 곧 또 다른 어조를 들을 수 있었다. 1866년의 사건에 대한 영향으로 루게는 프로이센 및 비스마르크와 화해했는데, 비스마르크는 1877년에 그에게 특별 공로금을 수여했다.[37] 1870년에 하임은 헤겔이 "시민적 삶의 최우선적이고 필수불가결한 조건으로서 권력의 본능"을 소유했었다고 말할 수 있었다.[38] 생각이 비슷한 민족적 자유주의자 뤼멜린처럼,[39] 하임은 헤겔이 (이제는 분명 장점의 표시로서 그에게 귀속되는 것으로 보이는) "남부 독일인"으로서 "북부 독일 국가를

• •

36. J. E. Erdmann, *Preußen und die Philosophie: Akademische Rede gehalten zum Geburtstage Sr. Majestät des Königs* (Halle, 1854), 11, 20.

37. Neher, "Zur Kritik", 222ff. 한때 민중 선동가로 박해를 받았던 V. 헤닝은 이미 1840년대에 좌파에서 우파로 갈아탔다. 그는 공동 군주제(corporate monarchy)의 추종자가 되었다. H. Lübbe, *Politische Philosophie in Deutschland* (Munich, 1974, 2d ed.), 66. 에드가 바우어는 자유주의적 국면을 거치고 나서 이후 공산주의자, 민주주의자, 무정부주의자, 보수주의자 그리고 교황당원(Guelf)이 되었다. 그의 형은 말년에 <십자신문>에서 일하면서 비스마르크의 추종자 바게너와 함께 『국가 및 사회사전』을 펴냈고 새로운 시대를 위한 방향을 제시했다. *Zur Orientierung über die Bismarcksche Ära* (Chemnitz, 1880; reprint Aalen, 1969); 또한 그의 *Disraelis romantischer und Bismarcks sozialistischer Imperialismus* (Chemnitz, 1882; reprint Aalen, 1969)를 보라. 바우어의 입장 변화에 대해서는, E. Barnikol, *Bruno Bauer: Studien und Materialien, aus dem Nachlaß ausgew. und zusammengest. von P. Reimer und H.-M. Saß* (Assen, 1972).

38. R. Haym, "An Hegels hundertstem Geburtstag", in *Hegel und seine Zeit*, 478.

39. G. Rümelin, "Über Hegel", in *Reden und Aufsätze* (Freiburg, 1875), 60-61: "슈바벤의 사상가는 처음으로 프로이센 국가에서 보다 높은 세계사적 소명을 위한 구조를 인식하고 그 위에다 말하자면 게르만적 사유의 축성과 축복을 선언했다."

인정할 수 있는 길을 발견"했는데, "이는 독일의 자유와 통일의 초석이 될 운명이었다"라고 단언하기도 한다.[40] 1870년에 사람들은 "그 누구보다 더 무모하고 무조건적으로 반세기나 앞서 프로이센 국가를 채택했던 영예로운" 철학자를 생각할 수 있다.[41]

이런 식으로 해석자들의 판단은 그 시대의 정치적 추세와 함께 변화했고, 하나의 전설이 또 다른 전설과 뒤엉키게 되면서 하나의 약한 고리가 다음의 고리와 연결되는 하나의 사슬을 형성했다. 비스마르크 헤겔주의자인 콘스탄틴 뢰슬러와 아돌프 라손의 시대가 도래했는데, 그들은 루게나 하임이 그랬듯이 자유주의적 과거의 부담을 덜어내고 헤겔 철학과 철혈정치 시대의 종합에 착수했다. 비스마르크 헤겔주의자의 전형인 뢰슬러[42]는 국가에 대한 거창한 교설을 통해 헤겔을 전체주의 국가철학의 위대한 대부로 여기게끔 만들었다. 그에 따르면 이미 헤겔은 반혁명의 이론들(버크에서 낭만주의를 거쳐 드 메스트르와 드 보날드, 할러 이후 역사법학에 이르는)과 마찬가지로 혁명적인 이론들(자유주의뿐만 아니라 칸트 및 피히테 철학에 영향을 미친 몽테스키외와 루소의 이론들)을 능가해버린 인물이었다.[43] 뢰슬러가 보기에

· ·

40. R. Haym, "An Hegels hundertstem Geburtstag".

41. 같은 책, 478-79.

42. 뢰슬러의 경력과 그의 비스마르크와의 친화성은 H. Delbrück, "Constantin Rößler", in *Erinnerungen, Aufsätze und Reden* (Berlin, 1902), 439-63에서 다루고 있다. 일찍이 1858년에 뢰슬러는 『프로이센과 이탈리아 문제』라는 팸플릿을 썼는데, 그것은 일반적으로 비스마르크의 작품 중 하나로 여겨졌다. 1860년에 태동한 프로이센을 오랫동안 기다려 온 새로운 시대로 간주했을 무렵, 그는 대학에 남아있었고 완전히 저널리즘에 전념하고 있었다. 1862년에 그는 비스마르크에 기운 견해를 바탕으로 해서 익명으로 "한 사람의 독재"를 주장했다. 1865년에는 언론 업무로 함부르크에 있는 프로이센 대사관 직에 임명되었다. 1877년에 그는 왕과 부처들에게 신문의 발췌본을 공급하는 문학 관련 기관의 수장이었다. 72세가 되었을 때 다시 외무부로 옮겨 공사관 고문관 자격으로 2년 더 근무했다. 1890년대에 쓴 『사회민주주의』에서, 그는 여전히 독재를 주장하고 있었다!

43. C. Rößler, *System der Staatslehre* (Halle, 1857), 320ff. 이처럼 중요한 작품의 한 발췌본── 전체가 재간행될 예정이다 ──은 *Die Hegelsche Rechte*, ed. H. Lübbe

헤겔 사후 역사의 과정은 어떻게 헤겔이 혁명과 왕정복고 사이에서 올바르게 길을 찾았는지를 확증하는 것이었다. 물질적 유용성이라는 숨겨진 목표를 간직한 입헌국가로서 자유주의자들의 국가는 시민사회의 현기증 나는 발전과 사회주의의 부분적으로 정당화된 요구에 의해 이미 낡은 것이 되었다. 필수적으로 여겨온 권력의 집중화를 약화시키고, 단일한 인격성에 기초해서 정책을 세우거나 (이 점에 관한 한 뢰슬러는 자유주의와 반동의 공통성을 인정한다) 국가의 상이한 부분들의 자생적인 조화를 여전히 신뢰하는 보수적인 시도들은 완전히 반동으로 전환된 징치적 지향의 위험한 착각들이 되었다. 반면에 헤겔의 국가론은 당대의 해법을 제시했는데——이 점에서 뢰슬러와 아돌프 라손은 견해를 같이 한다[44]——, 왜냐하면 그것은 자유주의와는 대조적으로 시민사회에 맞서 전통적인 좋은 삶의 동기들을 지키겠다고 약속했고, 반동의 환상을 넘어서는 국가에 납득할 수 있는 힘, 즉 시민사회를 극복할 수 있는 권력을 제공했기 때문이다. 결국 헤겔의 교설은 영구평화, 국제법 그리고 인간성에 관한 칸트의 "공허한" 이상이, 보다 시대에 적합한 방식으로 갈등 속에서 발휘되는 전쟁과 민족들에 대한 관념으로 대체될 가능성이 있는 시기와 관련되었다. 우선 전쟁과 적지 않은 조약들이 재판관으로서의 세계사에 기입될 예정이었고 세계사는 한 민족에게 통치자의 자격을 부여하게 될 것이었다.[45] 이제 프로이센 국가의 철학자는 전체주의국가의 철학자와 민족의 선구자가 되었는데, 이는 헤겔 사후 40년 만에야 일어난 일이다. 다시 한 번 헤겔에 대한 편견들이 그 반대 입장으로 돌변했다. 한때 그가 나폴레옹을 숭배하고 동포애에 (부분적으로) 반대했다는 이유로 자유진영으로부터 비난받고 "조국 없는 우애"를 설파했다고 비판받았던 것과 마찬가지로,[46] 이제는 제국의 철학자가 되었고 심지어 로젠크란츠

•   •
 (Stuttgart, 1962), 270-320에서 찾아볼 수 있다.

44. A. Lasson, *System der Rechtsphilosophie* (Berlin, 1882), 104ff.

45. Rößler, *System der Staatslehre*, 547ff.; A. Lasson, *Das Kulturideal und der Krieg* (Berlin, 1868); A. Lasson, *Prinzip und Zukunft des Völkerrechts* (Berlin, 1871).

같은 자유주의자조차 적어도 구두상으로는 "국가 철학자"란 별칭을 붙이고 자 했으며[47] 미슐레 같은 좌파 자유주의자 역시 1870년에 불미스러운 대의의 동맹자로 간주할 정도였다.[48] 헤겔은 제국에 소개되었고, 세계대전의 초반 경에는 "1914년의 사상들"을 제공하도록 요청되었다.[49]

따라서 헤겔은 권력정치와 민족주의에 봉사하도록 강요되었다. 조만간 그는 훨씬 더 사악한 주인들을 섬기게 될 예정이었다. 그는 전체주의의 국가 철학자와 민족주의자로 출발해서 결국 **국가사회주의자 헤겔**이 되었는 데, 그것은 대다수 신헤겔주의 법학자들(이를테면 빈더, 부세, 둘카이트, 라렌츠, 슈미트, 쉰펠트, 슈판, 뷜로우, 헤링)에게 새로운 시대를 건설하는 데 필수적인 것으로 예견되었다. 그의 개인주의적 자연권과 근대 계약론 비판, 계급들에 대한 교설, (사회의 국가로의 복속으로 이해되는) 추상법과

• •

46. Haym, *Hegel und seine Zeit*, 273ff.

47. K. Rosenkranz, *Hegel als deutscher Nationalphilosoph* (Leipzig, 1870; reprint Darmstadt, 1965); 또한 K. Köstlin, *Hegel in philosophischer, politischer und nationaler Beziehung* (Tübingen, 1870)을 참조하라. 이 책은 많은 것을 약속하지만 기대에는 못 미친다.

48. C. L. Michelet, "Festrede an Hegels hundertjährigem Geburtstag", *Der Gedanke* 8, no. 3 (1871), 127, 156.

49. 이런 "사상들"의 설명에 대해서는, 쉘렌, 플렌게와 기타 다른 이들의 글, 예컨대 Lübbe, *Politische Philosophie in Deutschland*, 171ff를 보라. 라손은 플렌게의 한 책에 대한 서평에서 다음과 같이 말한다. "헤겔은 1914년의 국가에 관한 사유의 지성적 아버지다. 의심의 여지 없이 플렌게는 이런 증거를 제공했다." (G. Lasson, "Hegel und die Ideen von 1914", *Hegel-Archiv* 3, no. 2 [1916], 57). 또한 T. Ziegler, "Hegels Anschauung vom Kriege", *Archiv für Rechts- und Wirtschaftsphilosophie* 6 (1912-13), 88ff를 보라. 아돌프 라손의 아들 게오르크 라손은 바이마르 공화국의 초반에 카우프만과 함께 헤겔의 전체주의 국가 교설을 물려주었다. G. Lasson, *Einleitung des Herausgebers zu Hegels "Grundlinien der Philosophie des Rechts"* (Leipzig, 1911); G. Lasson, *Hegel als Geschichtsphilosoph* (Leipzig, 1920); E. Kaufmann, *Das Wesen des Völkerrechts und die clausula rebus sic stantibus* (Tübingen, 1911). 그런 뒤에 헤겔에 대한 재개된 관심은 신칸트주의와 "생철학"에 의해 전수되었다. H. Levy, *Die Hegelrenaissance* (Berlin, 1927)를 보라.

도덕의 인륜성으로의 복속, "유기적" 국가 구상, 민족정신 개념, 모든 것이 필연적으로 제시되는 것처럼 보이는 그의 역사철학, 즉 법적 개인의 사회계급이나 민족의 동료로의 지양, 입헌국가 개념의 민족 공동체 혹은 전 민족국가로의 해소 그리고 국제법과 평화라는 이상의 민족주의 철학과 전쟁으로의 대체—이것은 게르만 민족의 정신과 지도자의 세계사적 인격에 특별한 임무를 부여한다—이 모든 것이 그 단초를 제공한다.[50] 이제 단순한 대체의 시기가 도래하면서, 사람들은 헤겔의 군주를 지도자[Führer]로, 그의 민족정신 개념을(이는 자연직이고 징신적인 측면 양자를 다룬다) 인종으로, 그의 아리스토텔레스적인 근대적 인륜성을 무반성적인 전통으로 그리고 그의 역사철학을 섭리론으로 대체하고자 했다.[51] 확실히 그것은 보다 야심찬 철학적 해석의 시대이기도 했는데, 종종 명민한 소피스트 철학의 흔적을 지닌 채 법의 근거에 대한 다른 이론들 및 방법들에 대해서뿐만 아니라[52]

* *
50. 어떻게 신헤겔주의 법학자들이 형식적 법을 견고화하고 통합을 향한 정치적 압력의 수단으로 만들기 위해 헤겔의 『법철학』을 사용했는지에 대해서는 로트로이트너가 다루고 있다. 그는 관련 작업들의 방대한 참고문헌도 제공한다. H. R. Rottleuthner, "Die Substantialisierung des Formalrechts: Zur Rolle des Neuhegelianismus in der Jurisprudenz", in *Aktualität und Folgen der Philosophie Hegels*, ed. O. Negt (Frankfurt, 1970), 211ff. 키제베터는 다당제와 의회민주주의 국가에 맞선 이들 헤겔주의자들의 투쟁을 기술하고 있다(Kiesewetter, *Von Hegel zu Hitler*, 203ff.). 주도적인 인물은 아마도 빈더와 라렌츠일 것이다. 헤링의 대저 *Hegel: Sein Wollen und sein Werk*, 2 vols. (Leipzig, 1929, 1938)는 여전히 국가사회주의로부터 자유롭지만, 전쟁 기간 동안 명백한 소품으로 사용되었다.
51. 국가사회주의자들은 헤겔이 "유대인 문제"를 인종의 문제로 인식하지 않고 "인만"의 "자연적 측면"을 더 강조하지 않았다는 점을 "유감스럽게" 여겼다. W. Schönfeld, *Die Geschichte der Rechtswissenschaft im Spiegel der Metaphysik* (Stuttgart, 1943), 510; K. Larenz, "Die Bedeutung der völkischen Sitte in Hegels Staatsphilosophie", *Zeitschrift für gesamte Staatswissenschaft* 98, no. 1 (1938), 135.
52. K. Larenz, *Hegelianismus und preußische Staatsidee* (Hamburg, 1940). 라렌츠가 헤겔 사유의 연속성 및 그의 국가와 프로이센의 차이를 피력하면서 강조하고 있듯이, 헤겔은 현존하는 권력들을 배반하지 않았다. 그의 교설은 "어떤 특정 시기와는 관계가 없는 프로이센의 정신"에 상응한다(같은 책, 8).

헤겔의 상충된 견해들에 대해서도 반론을 펼쳤다. 따라서 헤겔을 프로이센 국가 철학자라고 비난할 수는 없는데, 루게의 "고향을 상실한 자유주의"든 에르트만의 프로이센 보수주의든 이것들을 시대에 앞선 민족에 주목했던 헤겔에게 적용할 수는 없기 때문이다.[53] 그러므로 자유주의적 헤겔 해석의 모든 문제와 헤겔 비판은 국가사회주의적 우파 헤겔주의자들에게는 그릇된 것이었다. 왜냐하면 헤겔의 질문은 어떻게 국가의 객관적 인륜성이 개인으로 부터 출발함으로써 근거지을 수 있는가를 묻는 게 결코 아니기 때문이다. 오히려 헤겔의 보편주의는, 자유주의와 맑스주의 그리고 무정부주의와 기타 정치적 흐름들의 잡다함을 경계짓는 정식에 의해 제시되는 것으로써, 공동체의 우선성에 의해서 시작되며 공동체에 따라서 법과 도덕이 논리적으로 배치되는 것이다.[54]

헤겔 철학의 수용에서 가장 유감스러운 전개들 중 하나는 그의 반대자들이 지금까지도 헤겔 본인과 이 전설들을 혼동해왔다는 점인데, 이것들은 오직 헤겔 이후의 독일 역사에 기초해서 자신들의 힘을 수용해왔다. 헤겔의 묘사들이 프로이센 국가 이데올로기의 비판가들에 의해 책임이 물어지게 된 이래로, 자유주의적 헤겔 비판과 해외의 헤겔 연구는 거의 백 년 동안이나 헤겔에게 정중하게 항변의 기회를 제공하지 않았다. 왜냐하면 비스마르크

· ·

53. 특히 K. Larenz, *Rechts- und Staatsphilosophie der Gegenwart* (Berlin, 1931); 또한 그의 *Deutsche Rechtserneuerung und Rechtsphilosophie* (Tübingen, 1934)와 "Volksgeist und Recht: Zur Revision der Rechtsanschauung der historischen Schule", *Zeitschrift für deutsche Kulturphilosophie* 1, no. 1 (1935), 40ff를 보라. 또한 J. Binder, *Grundlegung zur Rechtsphilosophie* (Tübingen, 1935)와 그의 *System der Rechtsphilosophie* (Berlin, 1937, 2d ed.)를 보라.

54. G. Dulckeit, "Hegel und der preußische Staat: Zur Herkunft und Kritik des liberalen Hegelbildes", in *Zeitschrift für deutsche Kulturphilosophie* 2, no. 1 (1935), 63ff. 법 개념[Rechtsbegriff]과 법 형태[Rechtsgestalt]의 용어적 구분은 간접적으로는 경험적 현실을 형이상학적으로 변형시킨 순응의 체계에 대한 좌파 헤겔주의자들의 비판에 맞서 겨냥된 것이었다. G. Dulckeit, *Rechtsbegriff und Rechtsgestalt* (Berlin, 1936)을 보라.

헤겔주의자들과 국가사회주의자들은 상당할 정도로 독일 역사의 관념들과 통합되어 있어서 이 도식들에 어울리지 않는 헤겔에 대한 여하한 여지를 남겨놓지 않았기 때문이다. 이미 광범위하게 퍼져있는 논제 위에 다시 한 번 과도한 비판이 놓이게 되면서, 그 오해들은 이제 이른바 또 다른 국면으로 넘어가게 된다. 헤겔이 전체주의 독일의 국가정책에 책임이 있는 것으로 선언된 이래로, 프랑스에서는 비스마르크의 독일에 반응을 보였다 (카로, 보씨르, 앤들러, 델보스).[55] 앵글로색슨 나라에서 헤겔은 권력정치의 당혹스러운 반자유주의적 파생물로 간주되는데, 그는 한숨과 함께 고개를 절레절레 흔들게 하는 인물로 인식될 뿐이었다(듀이, 홉하우스, 본, 세이빈, 혹, 캐릿, 플라메나츠).[56] 독일 자체에서는 주요 역사가들과 법학자들 사이에서 헤겔이 문화의 민족에서 전체주의 국가의 민족으로의 전락과 변형에 책임이 있다는 인상이 강화되었다. 언젠가 마이네케가 지적했던 것처럼, 헤겔은 "국가 이성의 어두운 측면"에 "변명조의 빛"을 무심코 비추었다는 것이다.[57] 이 테제를 해명하는 데 있어 마이네케에게 자극받았던 헬러는

55. B. Knoop, *Hegel und die Franzosen* (Stuttgart, 1941) 참조. 크누프는 국가사회주의의 지지 하에서의 이런 반응을 명확하게 분석하고 있다.

56. J. Dewey, *German Philosophy and Politics* (New York, 1915); L. T. Hobhouse, *Die metaphysische Staatstheorie* (Leipzig, 1924); C. E. Vaughan, *Studies in the History of Political Philosophy before and after Rousseau*, vol. 2 (New York, 1920, 2d ed.), 143ff; G. H. Sabine, *A History of Political Philosophy* (New York, 1962, 3d ed.). 시드니 혹은 아마도 헤겔에게서 프로이센의 국가 철학자와 비스마르크의 전체주의 국가의 지지자와는 다른 것을 보려는 가능성을 가장 단호하게 반박한 인물일 것이다. "Hegel and the Perspective of Liberalism", in *A Hegel Symposium*, ed. D. C. Travis (Austin, 1962), 39ff. 그리고 *Hegel's Political Theory*, ed. W. Kaufmann (New York, 1970), 55ff., 87ff에 실린 그의 논문을 보라. 캐릿의 비판은 같은 권(30ff., 48ff)에 실려 있다. G. P. Plamenatz, *Man and Society*, vol. 2 (Oxford, 1968).

57. F. Meinecke, *Die Idee der Staatsraison in der neueren Geschichte* (Munich, 1924), 459. 헤겔의 역사철학에서 시대와 개인을 매개하는 것에 대한 랑케의 비판을 수용하고 (*Weltbürgertum und Nationalstaat* [Munich, 1915, 3d ed.], 173), 심지어 2차 대전 이후 헤겔에게 독일의 재앙을 초래한 책임을 전가한(*Die deutsche Katastrophe*

국가의 전체주의적 사고의 역사에 헤겔이 미친 영향을 추적했고, 그 후로 영원히 헤겔과 비스마르크 시대를 분리하는 게 불가능한 것처럼 보였던 19세기의 역사가들 및 법학자들과 마찬가지로, 헤겔과 비스마르크 헤겔주의자들을 혼동했다.[58] 국가사회주의의 헤겔주의는 (이제껏 세 번이나 뒤섞인) 오해와 전설의 연쇄를 마감했다. 이제 더 이상 프로이센의 국가 철학자, 비스마르크의 헤겔, 국가사회주의자 사이에 형성된 구분은 사라졌고, 차라리 헤겔은 그것들 전부를 하나로 합쳐 놓은 인물이 되었다. 다시 말해 재난으로 이끈 독일 붕괴의 모든 단계들이 이제 지정될 수 있게 되면서, 그는 프로이센주의자, 독일 민족주의자, 국가사회주의자가 되었다(맥거번, 포퍼, 토피치, 카시러, 아펠트, 폰 마르틴, 키제베터).[59] 프로이센 왕정복고의 이론가들도, 비스마르크 자신도, 제3제국의 주도적인 이데올로그들도 헤겔에게서 어떠한 유용성을 발견하지 못했다는 사실은 상황을 변화시키지 못했다.[60] 퇴적된 신화들은 힘을 획득했기 때문에 더 이상 멈출 수 없었던

• •

　　[Wiesbaden, 1946]) 마이네케는 어쨌든지 간에 헤겔이 "민족 문화"를 찬양했지만 민족적 힘 자체는 찬양하지 않았다고 주장했다.

58. 헬러가 보기에, (마이네케가 논의했던) 헤겔의 "민족 문화"는 이미 "민족적 힘"이 되어버렸다. 아마도 우리가 로젠츠바이크처럼 헬러에게서 "헤겔은, 만약 그가 헤겔이 아니라 차라리 비스마르크 시대의 민족적 자유주의자 헤겔이었다고 한다면, 어떻게 사고했을까"(F. Rosenzweig, *Kleinere Schriften* [Berlin, 1937], 509)에 대해 관측할 수 있다고 단언할 때, 우리는 헬러를 가장 공평하게 다루는 것이 될 것이다.

59. 훅과 플라메나츠가 헤겔을 프로이센의 국가 철학자인 동시에 비스마르크의 권위주의 국가의 이데올로그로 비판하는데 그쳤던 반면, 국가사회주의자로서 헤겔에 대한 대부분의 비판들에서는, 예컨대 포퍼, 토피치, 키제베터, 마르틴이 그러했듯이, 온갖 전설들의 총본산으로 그를 공격하는 것이 관례였다. 또한 W. M. McGovern, *From Luther to Hitler* (Boston, 1941; New York, 1973, 2d ed.), 259ff를 보라. 권력 이데올로기와 전체주의의 다른 원천들이 최소한 언급되고 있기에 다소 균형 잡힌 것으로 보이는 시각들은 다음과 같다. W. Apelt, *Hegelscher Machtstaat und Kantisches Weltbürgertum* (Munich, 1948); 그리고 E. Cassirer, *The Myth of the State* (New York, 1955, 2d ed.).

60. 마르쿠제는 로젠베르크, 슈미트, 크리크, 뵘 그리고 히틀러 자신과 같은 제3제국의

것이다. 19세기 독일의 역사가들처럼 전체주의 국가의 사상을 지녔던 사람이든, 헤겔을 인용함으로써 1차 세계대전을 정당화했거나 국가사회주의를 적법화하고자 했던 사람이든 죄다 헤겔주의자로 간주되었다.[61] 다른 이론들이나 심지어 실제 요인들이 이 문제와 관련하여 어떤 역할도 못했기 때문에, 오로지 헤겔만이 독일의 운명에 대한 이론적인 비난을 감내해야 했다. 프로이센이 비스마르크 제국이 아니라는 것과 후자가 국가사회주의자들의 국가가 아니라는 사실을 지적하는 것은 역사적으로 사소한 것을 따지는 죄악으로 이미 간주되었다. 에르트만 같은 프로이센의 보수주의자가 비스마르크의 헤겔주의자들과 혼동될 수 없다는 것과 후자가 헤겔의 국가사회주의적 전유자들과 혼동될 수 없다는 사실은, 독일의 역사와 우파 헤겔주의의 유혹적인 연합 앞에서 지속될 수 없었다.[62] 좌파 헤겔주의자들은, 그럼에도 불구하고 체계의 반동적 철학자가 독일정신과 인문주의의 고전시대에 살았고 당시는 국가사회주의의 야만주의와 거리가 멀었다는 점을 지적해야만 했다.[63] 하지만 헤겔과 헤겔주의는 1840년부터 오늘에 이르기까지 헤겔의 등에 과거를 부과함으로써 그것을 극복하고자 했던 독일사의 평론가들의

주요한 이데올로그들과 관련하여 이 점을 보여주었다. H. Marcuse, *Reason and Revolution* (Boston, 1969, 7th ed.) 409ff.

61. 헬러, 포퍼, 키제베터 그리고 마르틴이 사용하는 비판 절차는 앞서는 것이 곧 원인이다 post hoc, ergo propter hoc라는 논리인데, 이는 카우프만이 헤겔에 대한 포퍼의 공격이 갖는 파괴적인 비판에서 이미 강조했던 것이다. W. Kaufmann, "Hegel: Legende und Wirklichkeit", *Zeitschrift für philosophische Forschung* 10, no. 1 (1956), 191ff.

62. 에르트만에게 '인간성humanity'은 여전히 민족의 고상한 이상이었다. J. E. Erdmann, "Das Nationalitätsprinzip", *Ernste Spiele* (Berlin, 1890, 4th ed.), 206ff. A. v. 마르틴은 에르트만의 프로이센 보수주의를 비스마르크의 헤겔주의로 해소시키는 데 커다란 어려움을 겪었다. v. Martin, *Macht als Problem*, 100ff. 뢰슬러와 라손의 경우, 정신 및 윤리적 삶과 권력의 연관은 적어도 부분적으로는 손대지 않은 채로 남아 있었다. 그러므로 도덕적 행위자로서 인간은 국가의 권력 요구에 예술가들, 과학자들, 그리고 신앙인들을 복속시켜서는 안 된다. Rößler, *System der Staatslehre*, 235ff., 354; Lasson, *Das Kulturideal und der Krieg*, 14.

63. 예컨대 G. Lukács, *Schicksalswende* (Berlin, 1948), 37ff.

수중에 포획되었다.

우파 및 좌파 헤겔주의의 수많은 역사 기록학들이 존재함에도 오늘날
이와 유사하게 광범위하고 세부적인 중도 헤겔주의 및 중도 헤겔의 역사,
입헌군주제와 근대 입헌국가의 지지자들의 역사는 여전히 부재하다. 적어도
당시에는 자유주의적인 (슈바르트로부터 헤겔을 방어한) 1세대 제자들이
있었을 뿐만 아니라 로젠크란츠나 힌리히스, 미슈레 같은 주요 헤겔주의자들
이 19세기에 자유주의적 헤겔주의를 입증하면서 독일 역사의 추세와 지속되
는 헤겔 전설들에 저항하고자 했었다. 무엇보다도 "자유주의의 학문적
선구자"[64]로서 로젠크란츠는 헤겔의 입헌군주제와 입헌국가 교설을 당대의
맥락에서 이해시키려고 노력했지만 헤겔 전설들에 의해 지속적으로 가려지
곤 했다. 초기 헤겔학파가 슈바르트에 맞섰던 것처럼, 로젠크란츠 역시
하임에 대항해서 헤겔의 철학적 국가와 왕정복고기의 프로이센 사이의
차이를 지적했다. 그는 예나와 베를린 시기에 헤겔의 사유가 지닌 연속성을
명시하는 것으로 시작했는데, 이것은 프로이센에만 국한된 관점의 시야에서
는 들어올 수 없는 것이었다.[65] 그는 "절대"정신과 "객관"정신의 구분과
마찬가지로 헤겔의 "현실성"과 "현존"의 구분을 상기시킴으로써,[66] 국가의
철학적 혹은 종교적 숭상에 대한 단순화된 비난과 대별되게 헤겔의 정신
교설의 상이한 부분들 간의 복잡한 연관들을 보여 주었다.[67] 로젠크란츠는
헤겔주의의 후기 역사에서 지속적으로 보충되었던 것으로서, 프로이센
국가의 제도들을 앞섰던 헤겔 국가의 특징적인 제도들의 목록을 제시했다.
"당시 프로이센은 입헌국가가 아니었다. 여론을 위한 여지도 없었을 뿐
아니라 사법부의 문제에서도 동의가 부재했다. 언론의 자유도, 법 앞에

• •

64. P. Herre, ed., *Karl Rosenkranz: Politische Briefe und Aufsätze 1848-1856* (Leipzig, 1919), vi.

65. K. Rosenkranz, *Apologie Hegels gegen Dr. Rudolf Haym* (Berlin, 1858), 33ff., 51ff.

66. Rosenkranz, *Hegel als deutscher Nationalphilosoph*, 301ff.

67. 같은 책, 161.

시민의 평등도, 법의 제정이나 세금의 할당에서 인민의 참여도 존재하지 않았다. 그런데 헤겔은 이 모든 것이 철학적으로 필연적이라고 가르쳤다."[68] 로젠크란츠가 미래 연구의 방향을 제시하면서 강조했듯이, 헤겔의 국가론은 "그 전선들 사이에서 나타났던 정당들에 만족할 수 없을 것이다."[69] 헤겔은 근대국가의 "관념"을 묘사했는데, 그것은 역사적으로 이제 막 출현하기 시작했던 것이다.[70]

19세기에는 헤겔주의적 자유주의가 존재했고, 로젠크란츠와 힌리히스 그리고 미슐레는 뤼베가 보여주었듯이 변화하는 시대에 헤겔주의적 자유주의를 보존하고자 노력했던 대표자들 중의 일부다.[71] 1848년과 그 이후에 이들 헤겔주의자들은 부분적으로는 로젠크란츠의 경우에서처럼 정치적으로 능동적이기도 했지만 어쨌든 포괄적인 정치 저술 캠페인을 통해서, 헤겔 철학의 자유주의적 요소들을 당대의 정치 속으로 가져가고자 했다. 1848년 이후 이 자유주의가 "속물적으로 되었고", 기술의 진보가 정치적 세계이성의 지체에 대한 미봉책으로서 조롱받았으며, 어떤 이는 낡은 희망을 품은 채 미국이나 심지어 체코의 부상에 투자했고, 미슐레 같은 이는 "유럽에서 전쟁의 종말"과 "미래 국가로서의 입헌국가" 그리고 인류의 통일된 힘으로서의 기독교에 예언적인 낙관론을 피력하는 등,[72] 요컨대 19세기 하반기에 이 자유주의가 시기적으로 부적절해짐에 따라 망상의 세계로 침잠했다는 사실은 "오류"라기보다는 그 풍토가 다른 사상들을 번성하도록 해주었던 독일 역사의 결과다. 그럼에도 불구하고 이 헤겔주의자들은—— 그리고 이것은 베를린의 "철학 클럽"에서의 논의들과 잡지 『사유』의 역사에서

• •
68. 같은 책, 152.
69. 같은 책, 162.
70. K. Rosenkranz, *Meine Reform der Hegelschen Philosophie* (Königsberg, 1852), 69.
71. Lübbe, *Politische Philosophie in Deutschland*, 62ff.
72. C. L. Michelet, *Die Geschichte der Menschheit in ihrem Entwicklungsgange seit dem Jahre 1775 bis auf die neuesten Zeiten*, part 2 (Berlin, 1860), 586ff.

여전히 추적될 수 있다 — 철혈정책의 시대에서조차 헤겔이 프로이센의 국가철학자나 국가사회주의자로 간주되는 것을 허락지 않았다.[73]

오늘날 중도 헤겔주의는 헤겔 전설들 중 일부 과장된 판본들을 수정했다. 심지어 전쟁의 와중에도 헤겔의 복권은 앵글로색슨 국가들에서 녹스의 작업을 통해 개시되었다. 이 작업은 핀들레이, 카우프만, 펠친스키, 아비네리, 테일러에 의해 수행되어왔다.[74] 전후 프랑스에서는 에릭 바일의 유산에 힘입어 플라이쉬만, 그레고아르, 자크 동트가 그동안 불균형적으로 성장해왔던 것을 바로잡았다. 이런 연구자들을 무시할 때만이 프로이센 왕정복고와 비스마르크 시대 그리고 국가사회주의의 책임을 간단히 헤겔에게 물을 수 있을 것이다. 일찍이 20세기 전반기에 독일에서 로젠츠바이크는 프로이센 왕정복고로부터 헤겔의 국가론을 구분하기 위한 추가 논증들을 제시했던 해석의 기준을 설정했고, 증거들을 확대함으로써 예나와 베를린 시대 헤겔의 사유가 갖는 지속성을 주장했다. 전설들을 타파하는 역사적 발전의 이와 같은 설명은 헤겔 연구의 일차적 공준이 되었다.[75] 전후에 그 토대는 이미

• •
73. "철학 클럽"의 논의들에 대한 보고에서 유익한 글로는 "Über den Begriff der Nationalität in der Rechtsphilosophie", *Der Gedanke* 2, no. 3 (1861), 242ff.; 헤겔의 의미와 관련하여 변화를 다룬 글로는, *Der Gedanke* 2, no. 1 (1861), 76ff.; F. Förster, *Hegel als Hofphilosoph* 4, no. 1 (1863), 76ff를 보라.
74. 나는 최근의 헤겔 연구와 관련한 잘 알려진 전개에 대해 여기서 상세하게 입증하는 것이 불가능하기에, 독자들이 나의 책 *Individuum und Gemeinschaft*, vol. 1: *Hegel im Spiegel der Interpretationen* (Berlin, 1977), 261ff를 참고하기를 바란다.
75. 로젠크란츠로부터 로젠츠바이크를 거쳐 이 주제들과 관련한 근대 앵글로-색슨 및 프랑스의 연구에 이르는 중도 헤겔주의의 결과를 요약하자면, 종교와 교회, 부분적으로 계급의 개념, 공무원에 대한 판단, 프리스와의 불화, 세습군주제 교설과 관련하여 예나와 베를린 사이의 헤겔 사유의 연속성이 형성될 수 있다고 말할 수 있다. 체계적 철학 이외의 모든 관점들과 더불어, 이것으로부터 강력한 비판들이 원칙적으로 1819년의 자유주의적 헤겔에게 순응의 원죄가 있다고 본 일팅의 순응에 대한 비판의 최근 형태에 맞서서 제기된다(나의 논문은 이런 견해의 확장된 비판을 시도한다. "Hegels Rechtsphilosophie und das Problem der Akkomodation", *Zeit- schrift für philosophische Forschung* 35, no. 2 [1979], 227-43). 게다가 헤겔의 정치학과 프로이센

요하임 리터의 헤겔 해석에 의해 마련되었다. 리터는 좌익 및 우익 제자들에 반해 자기만의 방식으로 헤겔을 부활시켰고, 그를 왕정복고와 혁명 사이를 (정치적으로) 매개할 뿐만 아니라 고전 이론과 시대의 지식을 (형이상학적이고 이론적으로) 화해시킨 인물로 간주했다. 헤겔은 그가 낭만주의와 왕정복고에 대해 했던 그만큼 자신의 이론에 프랑스 혁명과 시민사회를 포함시켰다. 그는 그것들을 분열[Entzweiung]의 극단들로 이해했는데, 그것은 감수되어야 했던 것이며 반동적일 뿐만 아니라 유토피아가 되는 것으로서 기존에 성취한 자유와 이성을 희생한 대가로 해서만 폐지될 수 있는 것이었다.[76] 또다시 아리스토텔레스적 자연권이라는 고전적 전통에서의 정치학으로 인식됐을 때, 헤겔의 국가론은 지나치게 단순한 정치적 논쟁으로부터 벗어났다. 그의 자연권 이론에서, 아리스토텔레스적 실천철학과 윤리적 정치학의 전통 그리고 또한 혁명 전통의 존재(예컨대 "가족"에서와 "국민경제"에서의 오이코스[oikos]의 분리, "도덕"과 "인륜성"의 구분)는 개념적으로도 역사적으로도 증명될 수 있다.[77] 그리고 헤겔의 철학이 사상 속에서 자기 시대의 포착이며 따라서 고전적 이론이 될 수 있었던 것처럼, 그리고 마찬가지로 그것이 시민사회와 근대국가의 교설이 될 수 있음에도 불구하고 전통적인

••

　　의 정치 사이의 구별에 대한 증거가 존재하는데, 이것은 당시 정당들 사이에서 헤겔이 별로 인기를 못 끌었다는 점과 진보적인 제자들을 구하기 위해 그가 개입했다는 점뿐만 아니라, 당시 프로이센 국가와 관련된 수많은 문제들(예산 규제, 징병제, 통일 국가 혹은 프로이센 국가 문제)에 그가 관심이 적었다는 것으로 입증될 수 있다. 미슐레와 로젠츠바이크의 언급 이래로, 영국 상황(자율행정, 투표, 사회적 문제, 양원제, 대의제의 입장)이 헤겔에 미친 영향(그가 다수의 프로이센 개혁가들과 공유한 영향)을 이해하는 것이 시급한 과제가 되었다.

76. 리터와 관련해서는, Ottmann, *Individuum und Gemeinschaft*, vol. 1: *Hegel im Spiegel der Interpretationen* (Berlin, 1977), 229ff를 보라. 리터에 이어, 뤼베, 자스, 크릴레, 마르크바르트는 어떻게 헤겔의 정치적 견해가 우익 및 좌익 전체주의의 걸림돌이자 역사적 반동에 맞선 방어 그리고 사회와 국가의 간접적 매개로서, 자유주의-실용주의적 의미로 해석될 수 있는지를 보였다(같은 책, 369ff.).

77. M. Riedel, *Studien zu Hegels Rechtsphilosophie* (Frankfurt, 1969).

자연권 교설이 될 수 있었던 것처럼, 또한 그것은 이제 종교와 정치의 연관성을 이해할 수 있게 해주는 것처럼 보였다. 이것은 반동적인 근원철학에 대한 좌파 헤겔주의자들의 비판에 의해 가려져 왔던 것일 뿐이다. 게다가 헤겔의 교설은 전통과 근대, 종교로부터의 국가의 해방과 세속화 그리고 기독교도의 자유(이것 없이 근대국가는 태동할 수가 없었다)와 종교의 간접적인 정치적 효과를 통일시킴으로써, (그것의 윤리적 요소에 의해) 이데올로기적으로 중립적인 국가의 사적 시민들이 (그것의 초정치적 지평에 의해) 정치 일반의 전체주의화만큼이나 극단주의를 저지하는 정치적 보편성을 준비하게 해준다.[78] 오늘날 우리는 중도 헤겔주의가 제시한 헤겔의 초상을 다음과 같이 요약해 볼 수 있다. 즉, 헤겔의 철학은 서구의 근대정치이론 전통에 완전히 속하는 것으로서, 우리가 현재 살고 있는 입헌국가를 정초하는 데 도움을 준다.

그럼에도 불구하고, 로크와 밀의 계보에 속하고 명백히 "서구 정치이론의 주류"[79]에 편입될 수 있는──따라서 근대 입헌국가의 선조들 중 한 명으로 간주되는──헤겔의 묘사는, 그것이 명백히 프로이센의 국가 철학자, 권위주의 국가의 이데올로그 그리고 국가사회주의자라는 전설들의 규모를 줄인다 할지라도, 오늘날 하나의 전설 자체가 될 조짐을 보인다.[80] 헤겔을 (다른 정치운동들과 마찬가지로) 서구 자유민주주의 정신에 완전히 통합시키는 것에 반대하는 것은 그것들이 더 이상 헤겔 본인의 시대가 아닌 시대에

• •
78. 리터의 해석을 확장한 로모저, 마우러, 토이니센의 신학적이고 정치적인 헤겔 해석의 결과들도 존재한다(Ottmann, *Individuum und Gemeinschaft*, vol. 1, 239ff를 보라).
79. Z. A. Pelczynski, ed., *Hegel's Political Writings*, introduction (Oxford, 1964), 134.
80. (리터 본인과 마찬가지로) 사람들이 통상 헤겔의 국가론에 등장하는 비자유주의적 제도들을 무시한다는 사실과는 별도로, 이런 경향의 외적 징후들은 변증론에서 식별될 수 있는데, 그것에 따르면 협회들과 프리스는 우익 자유주의자, 반유대주의자, 친게르만주의자로 인식되고(예컨대 아비네리, 테일러), 1820년경의 프로이센을 유럽에서 가장 진보적인 국가로 선언하거나(바일), 헤겔의 "국제법" 해석을 재치 있는 농담들로 무력화하려고 시도한다.

속한다는 사실 때문이다. 오늘날 좌와 우를 매개한다는 로젠크란츠부터 리터에 이르는 해석들이 매개에 대한 헤겔의 보편적 시도들과 매우 밀접하다 할지라도, 헤겔의 교설은 그와 같은 해석으로 온전히 설명되지 않는다. 입헌국가와 삼권분립에 대한 그의 철학이 혁명 진영으로도 왕정복고 진영으로도 되지 않고 또 그것이 프로이센 왕정복고, 전체주의 국가 혹은 인민 국가 정치의 공통분모로 환원될 수 없는 것처럼, 또한 그것은 자유주의에게 구성요소들로서 일부 까다롭고 문제적인 교설들을 제공했고 여전히 제공하고 있다.

헤겔의 설명에서, 계약이론은 거부되며 그 계약은 이른바 사법에 해당하는 추상법에 떠넘겨진다. 거기서 자연 상태는 정당화 모델로는 기각되며 단지 "국가들의 명백한 시초"에 할당되는데, 그것들의 "실질적 원리"는 오로지 인륜성 속에서만 확보될 수 있다[81](이것은 또다시 외적 자연의 현사실성을 넘어서 자연과 자유의 교묘한 중첩에서 "법/권리(right)"에 다다르며, "현세"가 되었던 "이차적" 자연으로서 내적 자연의 윤리적 형성 속에서 "도덕(morality)"에 이른다). 계약론과는 근본적으로 다른 자연과 정신의 이 변증법은 시민이나 인간의 여하한 선정치적 권리들을 거부하며, 그때 그것은 이것들을 초정치적으로 그리고 프랑스혁명과 시민사회의 역사적 맥락 하에서 인간의 권리들로 인식한다. 확실히 헤겔의 교설은 입헌군주제의 한 유형이지만, 군주의 정당화는 (그것이 사실상 개념의 수준에서조차 자연적 특수성과 정신적 보편성의 종합——헤겔이 그리스도의 육화를 이해하기 위해 다른 식으로 마련한 것——을 반영하지 않는 것으로 여겨진다면) 계승의 "본성"으로부터 사변적으로 입증되는 것으로 여겨진다.[82] 헌법의 필연성은 헤겔에게는 의문의 여지가 없는 것인데, 그럼에도 그는 헌법이

• •
81. G. W. F. Hegel, *Enzyklopädie*, Jubiläumsausgabe, vol. 10, ed. H. Glockner (Stuttgart, 1958), §433.
82. M. Theunissen, *Hegels Lehre vom absoluten Geist als theologisch-politischer Traktat* (Berlin, 1970), 444.

단지 "만들어지는" 것이 아니라는 점을 지속적으로 강조한다(오히려 그것은 개인들과 민족들을 활용하는 교활한 세계정신의 산물이다).[83] 권력들의 분립은 그것들의 통치 기능을 위해 형성된 것이 아니라(그리고 일반적으로 헤겔의 모든 사유 방식은 견제와 균형이라는 자유주의적 해석에 비견될 수 없다), 오히려 유기체 개념으로 정향된 통합적 사유방식에 비견될 수 있다. 확실히 사회의 해방은 그의 설명의 토대에 포함되어 있지만 거기에는 장자상속제의 수용과 개인의 계급들과 단체들로의 구속이 잔존해 있으며, 헤겔은 사적 시민이 단지 제멋대로 이 계층들 혹은 단체들에 투표하거나 그것들과 결부하는 것을 반대한다.[84] 형식적인 법적 국가는 자신의 적법성과 공사간의 대립과 더불어 계층들로 구성된 유기적 국가와 윤리적 코먼웰스에 의해 지양된다. 국가 교설이 법, 도덕, 인륜성을 통해 정신화해야 했던 자연 상태는 최종적으로 "국제법"에서의 국가 간 대립으로 다시 출현한다. 헤겔주의 국가는 내면적으로는 근대 계약이론의 전통과 어울리지 않는 계층들의 유기체와 정당화의 형식에도 불구하고, 외면적으로는 칸트의 국제법과 평화의 이상을 "윤리적인" 전쟁과 새로운 자연 상태로서의 세계사 개념에 우호적인 방식으로 해체함으로써 이후의 전체주의 국가의 흔적들을 남긴다.

그렇다면 헤겔의 정치이론은 단순히 공허한 정식에 불과한가? 혹은 청년 맑스가 헤겔에 대한 견해로서 밝혔듯이 "모든 것을 말하지만 기실 아무것도 말하지 않는 것"에 다름 아닌가?[85] 그 반대가 사실인 것처럼 보인다. 헤겔이 근대 입헌국가의 철학자 집단에 통합될 수 없다는 사실은 이 사상가의 내용이 너무나 방대해서 개별적인 정치운동들이나 그 자신의 정치적 차원으

· ·
83. Ilting, *Vorlesungen über Rechtsphilosophie*, vol. 1, 330.
84. 후자에 대해서는, G. Heimann, "The Sources and Significance of Hegel's Corporate Doctrine", in Pelczynski, *Hegel's Political Writings*, 11ff를 보라.
85. *MEW-Ergänzungsband*, part 1 (Berlin, 1973), 608. 나는 이 절을 알게 해준 것에 대해 M. 루벨에게 고마움을 전한다.

로 환원될 수 없다는 점을 보여줄 뿐이다. 여기서 우리는 그의 이론의 무익함이나 자의적 적용이 아니라 그것의 위대함과 역사적 힘을 발견한다. 헤겔 철학의 정치적 효과에 대한 역사로부터, 헤겔이 특정 시점대에 대해 말할 수 있는 무언가를 갖고 있다는 결론이 도출될 수 있다. 왜냐하면 그는 기성 정당의 시각에서 정치 문제를 바라보지도, 순전히 정치적 관점에서 정치 자체를 조망하지도 않았기 때문이다. 좌파 헤겔주의는, 그것의 행위 철학에 대한 요구가 헤겔 체계의 목적론적 역사성과 거기서 발견되는 궁극성의 논조를 고려했을 때 이해될 수 있고 또 근원철학에 대한 비판 못지않게 구체적인 프로이센 국가 또는 부르주아 사회로의 순응을 비판한다는 점에서 납득할 순 있지만, 오늘날에는 더 이상 설득력을 지니기 어렵다. 왜냐하면 그것은 이 체계가 탄생하게 된 시대를 순수하게 정치적인 것으로 간주할 뿐 아니라 그것을 직접적으로 정치화하고 탈정치적 메시지들에 당혹해 하면서 헤겔 철학과 더불어 헤겔 본인을 미학과 종교 및 국가이론으로 환원시키기 때문이다. 따라서 자연법 전통의 고전이론의 형태에서든 기독교적 자유의 형태에서든 헤겔에게서 시대를 거치며 견디는 이성의 관념을 보존하는 기회를 놓치고 만다. 우파 헤겔주의는, 그것이 헤겔에게서 "좋은 삶"과 초기 보수주의(국가사회주의의 민족화나 전체화가 아닌)의 일부 모티브를 근거한다는 점에서 정당하지만, 완전히 역전된 전제들로 인해 기회를 놓쳤는데, 헤겔의 정치적 측면을 전적으로 그 시대에 통합시키려 했고 따라서 정치 그 이상을 제시했던 헤겔의 입장을 상실했기 때문이다. 우파 헤겔주의자들은 정작 헤겔이 자신의 시대에서 규정하지 않았던 방식으로 스스로를 프로이센과 제2·제3제국에 순응해 버렸다. 중도 헤겔주의는, 좌파와 우파에 대한 헤겔의 조정과 근대 입헌국가라는 그의 교설을 가장 잘 보존하고 회복시켰지만, 자유민주주의의 풍토 속에서 직접적으로 헤겔을 정치화하는 오류를 반복할 위험에 처한 것으로 보인다. 그러나 확실히 그것은 정치적인 헤겔 신화들의 시대를 끝내도록 돕는 데 있어 다른 헤겔학파들보다 더 유익한 것으로 요청될 수 있다. 헤겔에 대한 직접적인 정치적 낙인들이 "터무니없는 오해석들"[86]로 인식됨에 따라, 오늘날 중도 헤겔주의는 헤겔에 대한 자신들의 자유주의적 해석을 상대화할 수 있고, 그렇기 때문에 (헤겔에게 있는) 자유와 법/권리라는 그 자체의 토대에서 (헤겔에게 있는) 근대적 자율성과 입헌국가의 실존 조건을 망각하지 않는다. 자유와 법은 모두 필요하지만 그 자체만으로는 보장될 수 없다. 예컨대, 가족의 에토스, 단순한 늑대들 속의 늑대 이상이 될 수 있는 시민의 윤리적 삶, 특수 이익과의 타협을 위한 가장 저열한 공통분모로 환원될 수 없는—— 또한 그리고 명백히 정당들, 연합들, 자율화된 기술을 통해 사회와 국가의 현재적인 중첩으로 있는—— 국가 자체의 구체적 보편이 그렇다. 게다가, 헤겔이 정치 전선들 간의 중개자로서뿐만 아니라 정치를 인간 행동의 궁극적 기준으로 삼고자 하지 않았던 철학자로서 인정된다면, 곧장 헤겔을 일시적이고 편파적으로 전유하려는 시도들과 성공적으로 거리두기를 할 수 있을 것이다.

헤겔주의의 역사는 우리가 그것으로부터 배우게끔 해준다. 그리고 그것은 우리로 하여금 고대와 근대, 그리스의 자연법과 근대의 자율성, 부르주아 해방과 제도의 인륜성, 세속화되는 종교와 기독교적 개인의 자유가 최종적으로 철학의 이름 아래 화해되는 중대한 종합에서 정치를 이해하고자 하는 철학자의 초상만큼이나, 정치적 파벌의 인물로서의 헤겔에 대한 왜곡된 초상을 공정하게 다루도록 강제한다. 이 철학은 헤겔 이후 역사의 정치적 일면성만큼이나 자기 시대의 정치적 전선들을 능가했다. 그리고 그게 전부는 아니지만, 전적으로 정치를 순수하고 단순한 것으로 상정하는 것을 저지하고 이미 역사적으로 획득된 이성과 자유 이전으로 퇴보하는 것으로부터 그것을 지켜내는 것은 종교와 정치의 간접적인 결합이었다. 간접적으로만 실천적인 이론인 한에서, 헤겔 철학은 정치적 목적을 위해서는 직접적으로 유용하진 않았다. 그것은 당시의 이해들 및 파벌들과 거리를 두었는데, 이는 시대에 체현된 이성을 이해하기 위한 필수적인 전제조건이다. 그리고 헤겔 철학이

86. Charles Taylor, *Hegel* (Cambridge, 1975), 375.

또한 다양한 측면들에서 자기 시대의 철학인 것으로 오늘날 우리에게 나타난다면, 헤겔주의는 초정치적인 유산을 물려주게 될 것이다. 앞으로 우리가 그것을 직접적으로 정치화하는 실수를 피할 수만 있다면 말이다.

5. 헤겔과 프로이센주의

T. M. 녹스 T. M. Knox

보즌켓,[1] 뮤어헤드,[2] 바슈[3]를 비롯해 수많은 사람들의 노력에도 불구하고, 헤겔이 (1) 당시 프로이센의 반동적이고 보수적인 통치자들을 기쁘게 해줄 요량으로 자신의 국가철학을 구성했고[4] (2) "프로이센주의"와 심지어 오늘날 국가사회주의의 몇몇 가장 비판받는 특징들을 용인하고 지지했으며 자신의 가르침을 통해서 부분적으로 그것들에 책임이 있게 되었다는 주장[5]이 대중적 문헌과 전문적 문헌 양쪽 모두에서 여전히 빈번하게 진술되거나 암시되고 있다. 이 글에서 나는 인간 헤겔이 프로이센 정부에 굽실거렸다는

..
1. *Philosophical Theory of the State* (London, 1930), 230ff.
2. *German Philosophy and the War* (London, 1915).
3. *Les doctrines politiques des philosophes classiques de l'Allemagne* (Paris, 1927), 110ff.
4. 예컨대, S. Hook, *From Hegel to Marx* (London, 1915).
5. 예컨대, Aldous Huxley, *Ends and Means* (London, 1938), 58, 171; E. A. Mowrer, *Germany Puts the Clock Back* (London: Penguin Books, 1938), 38-39.

이유로 정당하게 비난될 수 있다는 것과, 철학자 헤겔이 "프로이센주의"와 "폭압책"의 주창자였다는 비난의 근거가 『법철학』에 있다는 것을 부인하기 위한 이유를 제공하고자 한다.

I

2년 동안 하이델베르크에서 철학과 학과장을 역임한 이후, 헤겔은 1818년 베를린에서 철학과 교수로 임명되었고 10월 22일에 취임 강연을 했다. 겨울학기 동안 그는 『엔치클로페디』와 함께 "자연법과 국가학"을 강의했다. 그리고 이 시기 혹은 그보다 약간 이후에 이 주제에 대한 미래의 강의 교재로 『자연법과 국가학 개요——법철학 요강』[6]을 쓰기 시작했던 게 틀림 없다. 실제로 그것은 법학, 윤리학, 정치철학으로 구성되어 있었다. 그 책은 1821년까지는 출판되지 않았다. 헤겔이 그것을 베를린에 도착한 직후 쓰기 시작했다는 증거는 이전에 하이델베르크 동료 교수였던 프리드리히 크로이 처에게 보낸 편지에 담겨있다. 크로이처는 고대 신화에 관한 그의 책 개정판 한 부를 헤겔에게 보냈고 헤겔은 답례로 "법철학을 다룬 절들"을——비록 너무나도 보잘것없는 답례이지만——보내려는 바람에 감사의 말이 지연되 었다고 답신을 한다(1819년 10월 30일). 그는 카를스바트 법령이 선포됐을 때 자신의 책을 출간할 준비가 되어있었다. "우리가 검열 면제와 관련해 어떤 처지에 있는지를 알고 있는 지금, 나는 즉시 출간할 작정이네."[7] 『법철

6. 이것은 이 글에서 『법철학』으로 지칭되고 있는 작품이다. 유일한 영어판——*Hegel's Philosophy of Right*, trans. S. W. Dyde (London, 1896)——은 절판된 지 오래다. 이 글의 저자에 의해 해설을 담은 새로운 번역이 준비 중에 있다[*Hegel's Philosophy of Right*, trans. T. M. Knox (Oxford University Press, 1967). - Ed.].

7. 편지는 E. 크라우스의 서문과 주석이(나는 카를스바트 법령과 그에 따른 검열에 관한 사실을 여기서 얻었다) 달려 출간되었다. Lasson's *Hegel-Archiv* 1, no. 2 (Leipzig, 1912), 18ff. 나는 뉴욕의 시드니 훅 교수 덕분에 이 편지에 처음 주목하게 되었는데,

학』이 절들로 나뉘어져 있기 때문에, 헤겔이 언급하고 있는 것이 바로 이 책이라는 것은 분명하다. 그의 나머지 진술을 이해하기 위해서는 역사 속으로 잠시 여행을 하는 것이 필요하다.

1814년 유럽의 지도를 설정했던 빈 회의는 보수주의의 승리였고, 프랑스에서 유출된 혁명적 이념들을 혐오했던 외교관들의 승리였다. 그것은 슈타인의 패배였는데, 그는 수년 동안 독일인을 통합된 국민으로 만들고자 노력했고 개혁정책을 통해 그들에게 시민적이고 정치적인 자유를 주고자 했다. 그는 은퇴 후 사적인 삶으로 돌아갔다. 하지만 1815년에 "명예, 자유, 조국"이라는 모토를 내건 독일학생연합의 형성을 자극했던 것은 바로 그의 사상이었다. 2년 후 독일 전역에서 몰려든 수백 명의 학생들은 자유와 독일통합을 지지하는 시위의 일환으로 바르트부르크에서 축제를 열었다. 하이델베르크에서 헤겔의 전임자였던 프리스는 이 행사의 연사 중 한 명이었는데, 그의 열정적인 연설은 헤겔의 『법철학』 서문에서 일정 정도 비판의 대상이 된다.

1819년 극작가인 코체부가 독일의 자유라는 대의에 해로운 행위를 한 러시아 스파이라는 혐의로 잔트라는 이름의 학생에 의해 살해되었다. 이 사건은 센세이션을 일으켰고 독일 국가의 정부들은 대학들에 만연한 혁명적 사상에 대한 조치를 취할 기회를 이제 잡은 것이라고 느꼈다. 카를스바트 회의 이후 그들은 1819년 9월 20일에 "카를스바트 법령"으로 알려진 조치를 선포했다. 이것은 학생연합에 대한 탄압뿐만 아니라 정기간행물과 팸플릿에 대한 엄격한 검열을 가능하게 했다. 동시에 프리스는 예나에서의 교수직을 잃게 되었다. 10월 18일에 프로이센의 대학 교수들은 그 법령을 공식적으로 통보받았고 자신들의 모든 출판물이 검열될 것이라는 것 또한 전달받았다. 프로이센 아카데미와 더불어 프로이센 대학들이 그동안 누렸던 검열 면제가

• •
내가 헤겔의 정치적 객관성에 대해 그와는 다른 결론에 이르게 되었다는 점에서 더더욱 기꺼이 그의 친절에 감사한다.

이제 중지될 것이었다.

헤겔이 크로이처에게 한 말로 볼 때 『법철학』 책이 카를스바트 법령이 고시된 날인 1819년 9월 29일까지는 완성되었다는 것이 분명하다. 그 날짜와 헤겔의 편지 날짜인 10월 30일 사이에, 헤겔은 대학교수들이 이제껏 누렸던 검열 면제에 관한 입장을 공식적으로 통보받았다. 즉 그것이 중지된다는 것을 말이다. 하지만 이제 불확실성의 분위기가 지나가자 그는 책 출간을 추진하여 통상적인 방식으로 그것을 검열에 맡기기로 마음먹었다. 수고는 출판업자에게 전달되있고 그중 일부는 이 시기에 인쇄되었을 수도 있는데, 자연법에 대한 그의 출시 예정인 책에 대한 인세의 지급을 승인하면서 헤겔이 서명한 1819년 12월 15일 자 영수증이 있기 때문이다.[8] 그렇지만 다시 마음을 바꿔 헤겔은 코체부의 암살로 인한 흥분이 잠잠해질 때까지 그 책을 보류하기로 결심한 것이 틀림없는데, 서문에 부가된 날짜가 1820년 6월 25일이고, 또한 속표지 날짜는 1821년이기 때문이다.[9]

이러한 사실로 추론해 보건대 속표지 날짜에도 불구하고 헤겔의 책은 거의 그가 베를린에 도착하자마자 시작되었다. 언뜻 보면 이것은 그가 프로이센에 투신했을 때 프로이센의 현 상태를 지지하는 정치철학 책을 쓰기로 마음먹었다는 추측에 개연성을 부여한다. 하지만 그 주제에 대한 그의 관심은 1818년에 새로운 것이 아니었다. 그것은 그의 학생시절부터 줄곧 지배적인 관심사였다. 또한 그 책에서 체현된 결론들도 사실상 새로운 것이 아니었다. 예상하다시피 그의 견해는 나이가 들면서 발전했다. 하지만 급진적인 변화는 없다. 처음부터 끝까지 헤겔은 그가 그리스적 삶의 통일성으로 간주했던 것에 매료되었고 그의 문제는 동일한 것으로 남아 있다: 그리스 개인들의 도시에 대한 완전한 헌신을 개인적 자유의 막대한 중요성에

---

8. 같은 책, 57(여기서 다시금 그 작가는 혹 교수의 참고자료에 빚지고 있다).
9. 그렇지만 사본들은 1820년 말까지는 헤겔의 수중에 있었다. 그 책의 증정본에 감사를 표하면서 그에게 쓴 1820년 12월 18일자 편지(*Briefe von und an Hegel*, vol. 2 [Leipzig, 1887], 32-33)를 보라.

대한 근대의 강조와 어떻게 결합할 수 있을까? 『법철학』에는 정치철학에 대한 헤겔의 초기저작을 읽은 독자들을 놀라게 할 만한 것은 거의 없다. 특히 1821년에 출간된 책에 담겨 있는 국가 이론은 1817년 『엔치클로페디』의 관련 부분에 이미 포함되어 있는 내용을 세부적으로 다루는 것에 불과하다. 따라서 헤겔이 프로이센에 갔을 때 새로운 주인의 마음에 들기 위해 자신의 국가철학을 재구성하는 일부터 시작했다는 주장을 지지하는 근거는 존재하지 않는다.

게다가 책이 준비된 지 여덟 달이나 출판이 지연된 이유는 검열에 대한 두려움 외에 다른 것이었을 리가 없다. 그런데 만약 그것이 프로이센 정부를 기쁘게 할 요량으로 집필된 것이었다면 어떻게 그가 그러한 두려움을 가질 수 있었다는 말인가? 두려움의 바로 그 존재는 그의 책이 자유주의 사상으로 인해 당국을 불쾌하게 할 만한 내용을 담고 있다는 것을 시사한다.

그렇다면 헤겔은 어떻게 검열로 인해 예측될 수 있는 곤경을 극복했는가?[10] 그에게 두 개의 길이 열려 있었다. 그는 책을 수정하고 프로이센 보수주의를 수용할 수도 있었다. 아니면 그는 본인의 사상이 정부의 생각에 비해 더 자유주의적이긴 하지만 혁명적 사상과 그로 인해 생겨날 수 있는 그 사상의 지지자들의 위험스런 극단성에 대한 정부의 반대 입장을 공유한다고 설명하는 서문을 쓸 수도 있었다. 실제로 헤겔이 선택한 것은 후자의 길이었다. 그렇지만 서문은 (1) 프리스를 비난하고 (2) 바르트부르크 축제를 규탄하고 (3) 현실과 이성을 동일시함으로써 현 상태를 정당화한다는 이유로 "비굴한" 것으로 불려왔다.

1. 이제 실로 헤겔이 글을 쓰면서 검열을 의식했다는 것과 프리스——예나에서 이전의 사강사 동료——가 불명예를 안고 개인적 곤경을 겪고 있을

··
10. 1824년이 되면 검열은 상당히 완화되었지만(Lenz: *Geschichte der Universität zu Berlin*, vol. 2 [Halle, 1910], 183), 그 이전에도 그랬다는 증거는 찾을 수 없다. 따라서 나는 1821년에는 검열이 여전히 완고했으며 헤겔의 책이 제출되어 통과되었다고 가정한다.

때 그를 공격한 것은 잔혹한 행위였다는 것이 인정될 수 있을 것이다. 그러나 헤겔은 검열을 통과하기 위해 비굴함을 이용하고 있는가 아니면 자신의 독립적인 입장에 대한 적법한 설명을 이용하고 있는가? 후자가 사실에 부합하는 유일한 답이다.

프리스에 대한 그의 좋지 않은 의견은 오래된 것이었다. 1811년 프리스의 『논리학』이 출간되었을 때 헤겔은 그 책에 대한 인상을 다음과 같이 적었다. "피상적임, 모호한 수다, 완전히 진부함, 어린애가 사용하는 것 같은 시시한 논증, 철학적 엄밀함이란 없는 공허한 이야기, 기타 등등."[11] 공표되지 않은 이러한 언급은 『법철학』 서문에 있는 것보다 더 맹렬한 것이지만 내용은 동일하다. 따라서 이 서문에서의 프리스 비판은 맞춤형 비판이 아니었다. 그 비판은 또한 헤겔이 공표한 첫 번째 프리스 비판도 아니었다. 1812년에 출간된 『논리학』 서문[12]에는 그에 관한 신랄한 주석이 있다.

2. 프리스에 대한 헤겔의 공격이 전혀 새로운 것이 아니라면, 바르트부르크 축제에 대한 그의 비난은 검열관을 만족시키기 위해 자신의 확신을 저버린 것이 아닐까? 일견 그렇게 보일 수도 있겠다. 이 축제에서 폰 할러의 저작이 불태워졌으며, 『법철학』의 본문(258절)에는 폰 할러의 책에 대한 준열한 비판이 있다("엄청난 양의 조잡함"). 그 축제는 자유 —— 헤겔 책의 중심주제 —— 와 독일 통일을 지지하는 시위였다. 그런데 헤겔은 1893년까지는 출판되지 않았으나 1802년 집필된 독일헌법에 대한 에세이에서 독일통일의 예언자였다. 그러나 그가 서문에서 이의를 제기하는 것은 축제의 목적이 아니다. 오히려 그것은 목적을 획득하기 위해 채택된 방법이다. 그는 감정과 열광이 위험스러운 안내자라고 주장한다. 이 경우 그것들은 코체부의 암살로 이어졌으며, 비록 양심적으로 행해졌다 하더라도 살인은 여전히 살인이다. 이것이 『법철학』 2부의 주된 주제였고 바르트부르크 축제에 대한 비판 역시 거기에

11. *Hegels Nürnberger Schriften*, ed. J. Hoffmeister (Leipzig, 1938), 470.
12. 영어판은 vol. 1 (London, 1929), 63.

서의 논증으로부터 도출된 것이었다. 보수정권에 순응했다는 가정은 그것을 해명하기에는 충분치 않은 주장이다. 헤겔이 서문에서 특별히 그 축제를 비난한 이유는, 그 책의 본문에서 비난받은 폰 할러에 대한 유일한 대안이 프리스다라는 오해를 피하기 위함이다.

3. "현실적인[wirklich] 것은 이성적이다"라는 진술은 헤겔의 일부 동시대인들에게 존재하는 것(예컨대 프로이센 국가)이 이성적임을 의미하는 것으로 잘못 이해되었고, 헤겔은 그 오해를 제거하기 위해 1827년 『엔치클로페디』 2판에 몇몇 보충적인 문장들을 삽입했다. 그러나 현실적인 것과 이성적인 것의 동일시로 헤겔이 의미했던 것이 무엇이든 간에 그가 현 상태를 정당화할 의도가 없었다는 점은 『법철학』의 독자들에게 분명했을 것인데, 그 책의 3부에서 묘사하는 이성적인 국가란 당시 실제로 존재한 여하한 국가의 묘사가 아니었기 때문이다(종종 프로이센에 대한 묘사라고 말해지기도 하지만 그 차이들이 워낙 현저한 까닭에, 이 글의 II부에서 보게 될 것처럼, 헤겔의 동시대인들 중 어느 누구도 합리적으로 그러한 단언을 할 수 없었다). 의심의 여지 없이 헤겔은 wirklich란 단어에 자신만의 고유한 의미를 부여했고 일찍이 1812년 『논리학』에서 그 의미에 대해 설명했지만, 그것은 한 세심한 독자에 의해 헤겔의 다른 저작들에 대한 지식 없이 『법철학』 자체(특히 서문과 1절)에서 추측되었을 뿐이었다.

서문은 단지 그 책의 본문에 대한 헤겔의 일반적인 입장의 예시일 뿐 "굴종적"이지 않다는 이 견해에 반해서, 다음과 같이 거기에 있는 한 문장이 종종 제시되곤 한다. "우리[즉 그리스와 구분되는 국가로서 프로이센]에게 철학이란…… 공개적이고 대중과 접촉하면서, 무엇보다도 혹은 오로지 국가에 봉사하는 속에서 존재한다." 여기서 헤겔이 실제 의미하는 것은 무엇인가? 예컨대 캐릿은 그 말을 "철학의 고유한 활동은 국가에 봉사하는 데 있다"[13]거나 "철학은 국가의 종복이어야 한다"[14]는 확신으로 해석한다.

<hr>

13. *Morals and Politics* (Oxford, 1935), 107.

그런데 헤겔이『엔치클로페디』에서 철학을 국가가 등장하는 객관정신을 초월하는 절대정신의 장에서 묘사하기 때문에, 그가『법철학』에서 더 높은 것이 더 낮은 것의 종복이라는 입장을 견지하고 있다면 그것은 기이한 것일 수밖에 없다. 캐릿의 해석이 간과하고 있는 것처럼 보이는 것은 헤겔이 일반적으로 실존[Existenz]에 부여하는 의미다. 철학의 실존을 말할 때, 그는 제도, 즉 객관세계의 조직으로서의 철학의 존재를 말하고 있다. 철학과 관련된 한에서 프로이센과 고대 그리스의 차이는, 전자에서 철학이 대학들에서의 조직화된 학문이며 교수들은 직무상의 공무원, 즉 "국가에 봉사하는" 신분이라는 점이다. 헤겔은 단지 프로이센의 조직화된 학문으로서의 철학에 관한 명백한 사실을 진술하고 있다. 즉 그는 철학의 "고유한 활동(proper exercise)"에 대해 혹은 철학이 "그래야만 하는 바(is to be)"에 대해 단언하지 않는다. 나는 저 원문에서 캐릿이 강조한 저 말들의 사용을 정당화하는 어떤 것도 발견할 수 없고, 헤겔의 의미 속에서 이 구절에 대한 그의 사용에 의지해서 그에게 가한 굴종의 혐의를 정당화하는 어떤 것도 발견할 수 없다.[15] 공무원이 자신의 철학과 정치적 충성을 조화시킬 수 없다면, 그의 직무가 철학을 가르치는 것이라 하더라도 자신의 직책을 사임해야 한다는 생각을 견지하는 데는 어떠한 "비굴함"도 있지 않다.

헤겔이 비굴한 성격의 인물인지에 대한 문제는 그가 프로이센 정부에 굽실거렸다는 혐의에 대한 고려와 관련된다. 그와 같은 질문에 답하기 위해서는 그의 일대기가 필요하겠지만, 여기에 제시된 참고문헌은 헤겔이 베를린 시기(1818-31) 동안의 행적 중 일부에 국한되며, 당시는 그가 권력과

---

14. *Proceedings of the Aristotelian Society* (1935-36), 230.

15. 『헤겔과 그의 시대』(1857)에서 자신이 보기에 헤겔의 "비굴함"과 보수주의에 해당하는 것을 공격하기 위한 활용 가능한 모든 무기를 동원하면서 그 서문을 빈번히 사용하는 하임은 내가 설명하고자 애써왔던 그 문장은 결코 언급하지 않는다. 그는 그것을 캐릿이 사용한 의미로만 해석했고, 거기에 자신의 병기고의 무기를 추가하지는 않았을까?

명성의 최고조에 이르렀고 그의 성공에 질투심을 느꼈던 프리스와 다른 이들에 의해 "비굴함"으로 비난받았던 때였다. 젊은 시절 헤겔은 인간의 천부적인 자유권을 실천 속에서 단언한 프랑스 혁명의 열광자였다. 1826년에는 바스티유를 탈취한 기념일에 그 사건을 기리며 제자들과 축배를 들었다. "그는 그것[바스티유 사건]의 의의에 대해 설명했고, 이 방식으로 그 기념일을 기리지 않고서는 한 해가 결코 지나지 않는다고 말했다."[16] 청년기에 헤겔은 독일의 통일을 지지했다. 베를린에서도 그는 이 이상에 충실하게 남았고 자신이 남부독일인이라는 사실을 잊지 않았다. 예컨대 1826년에 『학문비판연보』를 창간했을 때, 헤겔은 바이에른 학자들의 협력을 구하고자 애썼으며 그 간행물이 독일 통일의 대의에 도움이 되기를 바랐다.[17] 하이델베르크에서 베를린으로 떠날 때, 그는 사직서에서 프로이센에 가면 교수직과 더불어 행정직을 맡기를 희망한다고 밝혔다.[18] 그는 학술원의 직책을 맡거나 교육부에 관여하고자 했던 것 같은데, 그 어떤 희망도 헛된 것이었다. 일부에서 주장하듯이 그가 그토록 완강한 보수주의자였다면, 왜 그는 그와 같은 행정직을 얻지 못했던 것일까?

동료인 드 베트가 코체부 암살자의 어머니에게 동정의 편지를 썼다는 이유로 직위에서 해임되었을 때, 헤겔은 금전적인 곤경에서 그를 돕기 위해 마련된 기금의 후원자 중 한 명이었다.[19] 헤겔은 하이델베르크에서 자신을 따라온 제자 카로베에게 보조교사직을 주었지만, 학생연합의 회원이라는 이유로 당국뿐만 아니라 대학으로부터도 의심을 사는 바람에 그를

• •
16. 이것의 증거는 Kuno Fischer, *Hegels Leben und Werke* (Heidelberg, 1911), 1,232에 실린 파켄하임의 노트에 인용되어 있다.
17. 이 사실과 내가 참고문헌을 인용하지 않은 다음 구절의 사실들은 1937년 12월 12일자 쾰른신문 증보판인 『현재의 정신』에서 D. J. 호프마이스터가 쓴 글로부터 취한 것들이다.
18. Rosenkranz, *Hegels Leben* (Berlin, 1844), 318.
19. *Hegel-Archiv*, vol. 1, no. 2, 21.

해임하라는 압박을 받았다. 결국 그 자리에 폰 헨닝을 임명했지만 이마저도 그가 선동가들에 동정적이었다는 혐의로 인해 10주간이나 지체되었다. 1820년에는 사회 불만 혐의로 체포되었던 제자를 위해 보석금을 내준 적도 있었다.[20] 똑같은 이유로 또 다른 베를린의 학생이 1919년에 대학 출석을 금지 당했다. 그는 헤겔에게 도움을 요청했으나 헤겔의 지속적인 노력에도 불구하고 그의 복권은 이루어지지 못했다. 그가 1823년에 사실상 복권되었을 때 이 결과를 낳은 것은 헤겔이 아닌 다른 이들의 청원들이었다. 어느 정도 공정하게 말해 "굴종적"이라고 불릴 만한 폰 비트겐슈타인, 폰 캄프츠 그리고 그 밖의 "데마고그 사냥꾼들"은 헤겔을 공격했고, 학생들의 "혼란한" 마음들을 부분적으로 그의 철학의 불건전한 "신비주의"와 "범신론"의 탓으로 돌렸다.

이 같은 사실들——그리고 호프마이스터 박사는 그 밖의 것들을 제시한다 ——을 반동적인 보수주의자이자 프로이센 정부의 충실한 협력자로서의 헤겔의 묘사에 적합하게 만드는 것은 쉽지 않은 일이다. 다른 이들과 마찬가지로 헤겔도 결점들을 가졌지만 비굴함이 그것들 중의 하나는 아니었다.

Ⅱ

이제까지 우리는 인간 헤겔과 그의 프로이센 정부와의 관계들에 관심을 보여 왔다. 이제는 『법철학』으로 방향을 돌려서, 그것이 실제로 프로이센에 대한 찬사나 통상 이 나라에서 비난받고 있는 프로이센주의와 국가사회주의의 측면에 대한 승인을 포함하는지 파악해야 할 차례다. 그것이 이것들을 담았다고 한다면, 왜 독일에서 헤겔의 영향이 그의 사후 급격하게 줄어들었는지, 혹은 왜 그의 저작들이 프로이센주의의 전성기 동안 절판되었는지를

••
20. 같은 책, 31-32.

설명하기란 난망해 보인다. 때때로 영어권 독자들은 1890년대 그의 책이 영어로 번역되었을 당시 그의 철학은 독일에서 사양길에 접어들었다는 사실을 잊곤 한다.

헤겔이 『법철학』의 마지막 부에서 기술한 이성적 국가는, 그가 설명하다 시피 현존하는 여하한 국가가 아니다. 정치철학은 정치제도들에 대한 경험적 연구와는 다르다. 그럼에도 그는 이성적 국가와 자기 시대의 프로이센을 동일시했다고 말해진다. 이것은 불가능하다. 왜냐하면 그가 "이성적" 정치 제도들로 간주했던 것들과 그가 실제로 살았던 당시의 제도들 간의 차이들은 상당할 뿐만 아니라 매우 현저하다. 여기서는 그중 세 가지를 간략히 언급하 고자 한다.[21] (1) 그는 "주관적 자유"를 위해서는 배심재판이 필요하다고 주장한다. 사실의 문제들은 피고와 동급의 시민들에 의해 해결되어야 한다 (219절 이하). 그의 책이 출간될 당시 프로이센에는 배심재판이 존재하지 않았다. (2) 그는 의회정부를 지지했으며 양원제와 의원들의 임명방식을 세부적으로 기술하려고 애쓴다. 게다가 그는 그 절차를 대중적으로 공표해야 한다고 주장했다. 이 모든 것은 다시금 "주관적 자유"에 대한 관심에서 나온 것이다. 그는 군주제의 지지자였으나 자유와 양립할 수 있는 것으로서 매우 제한된 종류의 군주제(입헌군주제)를 지지했다. 다시 말해 군주는 그 국가의 수장이긴 하지만 그의 기능은 제한된다. 그는 정치체의 한 기관일 뿐이며 입법부와 행정부가 다른 두 기관들로 존재한다(275-315절). 헤겔의 시대에 프로이센은 절대군주제였고 신분들(estates)은 의회로서는 부합하지 않았다. 슈타인은 프로이센에 "헌법"을 부여하자고 제안했지만 그것은 헤겔의 생애 동안 수용되지 않았다. (3) 그는 언론의 자유를 찬성하고 공적인 입장 표명을 허용한다. 그가 이 자유에 제약들이 존재한다고 여긴 것은 맞지만, 중요한 점은 개인이 자신의 의견들을 고수하고 그것들을 표방할

· ·
21. 이 세 가지는 트라이쉬케가 언급을 하기 위해 지목했던 것들이다. Treitschke, *Deutsche Geschichte im neunzehnten Jahrhundert*, vol. 3 (Leipzig, 1919), 721. 이어지는 내용에서 괄호 속의 숫자로 된 절들은 『법철학』의 절들이다.

자유를 갖지 못한다면 사적인 자유는 자신의 권리를 박탈당한다고 헤겔이 주장한 것이다(316-19절). 우리는 이미 이 장에서 그러한 자유가 그가 살던 프로이센에서는 향유되지 못했다는 것을 본 바 있다.[22]

헤겔은 플라톤이 『국가』에서 유토피아나 사상누각이 아니라 그리스의 정치적 삶에 있어 이성적인 본질[the ti ên einai]을 묘사했다고 여겼고, 플라톤의 견해와 대조되는 자기만의 견해를 여러 곳에서 밝힌다. 그 방식은 플라톤이 그리스에 대해 행했다고 여긴 것을 그가 근대 세계에 대해 하고자 시도했던 것을 시사한다. 그렇다면 그의 이성적 국가는 근대 정치적 삶의 본질을 기술한 것이며, 이는 인간의 본질이 어느 정도 불구자의 경우에도 예시되는 것과 마찬가지로 아무리 나쁘더라도 현존하는 국가에서 어느 정도 예시되는 것이다. 이제 그는 유한한 어떤 것에서도 은연중인 것과 공공연한 것 간의 불일치가 있을 수 있다고 주장한다. 예컨대 인간은 동물과 구분되게 자신의 이성성으로 말미암아 인간인 것이며, 함축적이든 본질적이든 혹은 원칙적으로든 여하한 개별적 인간은 이성적이다. 실제로 그가 이러한 이성성에 반하는 행동을 할 수도 있지만, 그렇게 한다고 해서 그가 인간이 되기를 그치는 것은 아니며, 본질적으로 이성적으로 남아있다. 그러나 그가 이성성이 자신의 본질이다는 것을 배웠다면, 그리고 이를 믿는다면, 그는 자기 행동을 보다 더 참된 인간성의 방향으로, 즉 자신의 이성성으로 가져가려 할 것이다. 유사하게 나쁜 국가도 여전히 하나의 국가인데, 정치적 삶의 개념이나 본질이 그 속에서 작동하기 때문이다. 그리고 현실의 제도들과 행동들이 그것을 국가로 만드는 개념 및 본질과 충돌한다는 것을 깨닫게 된다면, 그 국가는 스스로 개혁을 향해 나아가며 자신을 개념 및 본질에 합치하는 쪽으로 향하게 된다. 헤겔이 『법철학』에서 묘사하는 것이 이

• •
22. 헤겔은 베를린에서의 역사철학 강의에서 프로이센이 지성을 믿는다[auf Intelligenz gebaut]고 말한다. 이런 언급은 그의 『역사철학』에서의 해당 구절을 감안했을 때, 의심의 여지 없이 프로이센을 프로테스탄트주의의 체현으로 다루는 것으로 설명될 수 있다.

본질이며, 그렇기에 그의 책은 자신들의 국가들을 원리들에 맞게 개혁하려는 정치가들에 보내는 초대장에 해당한다. 그 원리들은 발명된 것이 아니라 현실 국가들 내에서 다양한 수준들로 작용하는[wirkend](즉 실재하는 [wirklich]) 것들에서 포착해낸 것이다. 따라서 그것은 헤겔의 책을 현 상태의 정당화로서 간주하려는 진실의 분명한 역전인 것이다.

하지만 확실히, 이 해석이 대체로 타당하기는 하지만, 헤겔의 저서에는 그가 (1) 힘이 곧 권리라고 단언하거나 암시했고 (2) 양심의 자유에 대한 억압을 옹호했으며 (3) 개인은 국가의 목적을 위한 단순한 수단에 불과하다고 말한 상세한 구절들이 여전히 존재한다고 말해질 것이다.

1. 예컨대 캐릿은 헤겔이 "세계사는 세계의 법정이다"라는 실러의 경구를 인용하면서 "노골적으로 권력(might)과 법/권리(right)를 동일시했다"고 말한다.[23] 그 경구가 이 동일시를 하고자 의도한 어떤 사상가에 의해 채택될 수 있다는 것은 사실이지만, 헤겔이 그것을 하고자 의도했던 것일까? 『법철학』(258절의 주석)에서 헤겔은 권력의 통치 혹은 힘의 통치에 대한 할러의 지지와 궁극적으로 권력이 되는 것은 법/권리라는 자신의 교설을 구분한다. 그가 생각하기에 역사에서 승리하는 것은 신의 목적의 권리, 즉 그 자체로 고유한 올바름이지 권력에 대한 의존이 —— 권력이 권리라는 교설이 의미하듯이 —— 아니다(예컨대 헤겔이 『역사철학 강의』의 마지막 구절에서 참된 신정론은 역사철학에 의해 제시되는 것으로서, 세계사가 힘이나 권력이 아닌 정신의 실현 과정임을 입증하는 것이라고 논하는 대목을 보라). 역사에서 진보적인 발전 —— 정신의 발전 —— 을 식별하는 것이 가능하다는 헤겔의 믿음은 의심의 여지 없이 상당한 난점들에 열려 있지만, 실제로 헤겔이 타 민족들에 대한 "세계사적" 민족의 승리가 이성의 승리라고 생각할 때

⁑
23. *Morals and Politics*, 114. 인용들은 캐릿이 아닌 다른 저자들로부터 취해졌지만 내가 그로부터 얻었다고 말하는 이유는, 헤겔에 대한 최근 영국의 학술서적들 중에 그의 것이 이 글에서 공격받고 있는 견해를 채택한 것들 중에 가장 잘 알려져 있기 때문이다.

그가 그것을 단지 잔혹한 힘(혹은 자연폭력[Naturgewalt])의 승리로 여긴다고 주장하는 것은 그의 교설을 뒤집는 것이다. 그가 권력이 권리인 것은 그것이 강력하기 때문이라고 생각했다면, 확실히 그는 전제정부나 절대군주를 지지했을 것이다. 사실을 말하자면, 그는 주권을 다루면서(278절) 아리스토텔레스처럼, 법이 아니라 변덕과 힘으로 통치하는 전제 주권──그가 거부하는 주권 형태──과, 법과 헌법을 수반하고 따라서 변덕과 힘이 아니라 이성성에 의존하는 제한 군주제의 주권──그가 지지하는 주권 형태──을 분명히 구분한다. 거기서 그는 권력과 권리를 혼동하고 그 구분을 제거하려는 통상적인 오해에 대해 말하고 있지만, 그의 분명한 말에도 불구하고 아직까지는 자신이 이 두 개념을 구분하고 후자에 우선권을 주었다는 사실을 독자들에게 확신시키지는 못한 것으로 보인다.

2. 헤겔은 권력이 곧 권리라는 교설을 거부하지만, 양심의 자유는 부인하지 않는다. 특히 그는 전시에 양심적 병역거부를 용인하며(270절 두 번째 주석) "그것을 침해하는 것이 신성모독이 되는 그러한 성역"(137절)으로서 인간의 양심에 대해 논한다. 이것이 양심에 관한 그의 사상 전체가 아님은 명백하다. 헤겔은 인간이 양심적으로 되어야 한다는 것으로는 충분치 않다고 본다. 단순한 확신만으로는 무오류성을 보장하지 못한다. 정당화되기 위해서는, 인간이 고유하게 옳은 것에 대해 양심적으로 확신에 차 있어야 한다(141절). 그러나 이것은 대체로 양심의 억압을 지지하는 것에 비해서는 훨씬 부족하다.

3. 그러나 헤겔은 개인이 국가의 목적을 위한 단순한 수단이라는 입장을 유지하지 않았던가? 캐릿은 확신에 찬 어조로 긍정적인 답변을 내놓았지만[24] 내가 보기에 헤겔 본인의 답변은 부정적인 것 같다. 『법철학』에서 헤겔은 한 번이 아니라 주기적으로 반복해서(서문, 46절, 185절, 206절, 299절) 플라톤을 비판하면서 그의 공화국이 개인의 선택의 자유를 충분히 보장하지

• •
24. *Proceedings of the Aristotelian Society* (1935-36), 236.

못한다는 것을 비판의 핵심으로 삼았다. 헤겔은 플라톤이 국가를 전부로, 개인을 아무것도 아닌 것으로 만든 것과(184절 보충), 그가 수호자계급에게 사적 소유와 가족의 삶을 금하고 하층계급의 구성원에게 삶에 대한 자발적 선택을 허락하지 않음으로써 개인성을 억누른 것에 반대한다. 계속해서 헤겔은 자립적인 개인성이 그리스에선 알려지지 않았고, 기독교에 의해 세상에 소개되었으며, 의회제와 여론 수렴 기구들 같이 자신이 지지하는 국가에서야 이 원리를 위한 여지를 만들게 된다고 주장한다. 헤겔의 플라톤 비판이 정당한지 여부는 여기서 논할 바는 아니지만, 그것이 이른바 개인의 국가로의 복속이라는 플라톤의 입장과 반대방향을 향한다는 사실은, 헤겔이 단언하듯 명확히 플라톤의 주된 오류인 것을 그에게 귀속시키는 것을 거부할 충분한 근거가 된다.[25]

여기서 헤겔이 권력이 곧 권리라는 교설을 거부하고 양심의 자유를 승인하며 개인을 국가의 목적을 위한 단순한 수단으로 만들지 않았다고 제시된 견해는 이미 인용된 구절들 속에 그의 명백한 진술들로 지지된다. 게다가 이 진술들은 그의 주된 교설과 모순되는 우연적 언급들이나 무심한 구절들이 아니다. 반대로 그것들은 그 교설 자체와 통합되어 있다. 헤겔은 국가 속에서 개인적 자유**뿐만** 아니라 강력한 정부를 위한 여지를 마련하려고 노력했고, 국가의 존속이 자신의 특정한 구성원들에게 "자립적인 개인성"(260절)을 함양하도록 해주는 것과 양립가능하다는 사실이야말로 근대 국가의 힘과 깊이의 징후라고 주장했다. 국가와 개인에 관한 그의 정치적 교설은 보편과 특수에 관한 논리적 교설뿐만 아니라 무한과 유한에 관한 형이상학적 교설과도 일치한다. 그 속에서 개인은 보잘것없는 존재가 되거나 "그 자체 속으로 개별 구성원들의 힘을 흡수하는"(sec. 184 보충) 전능한 국가는 그의 견해로 볼 때 셸링의 절대자——"모든 소가 검게 보이는 밤"——

••
25. 나는 최근 헤겔에 대한 플라메나츠의 예리한 비평에서 나의 주장을 뒷받침하는 것을 발견한 것에 대해 기쁘게 생각한다. J. P. Plamenatz, *Consent, Freedom and Political Obligation* (Oxford, 1938), 33.

와 유사할 뿐이다. 헤겔은 『법철학』에서 한편으로 개인적 방종이라는 스킬라(Scylla)와 다른 한편으로 폭정이라는 카리브디스(Charybdis)의 사이에서 항해하고자 시도한다. 따라서 자의적으로 일부 구절을 취했을 경우에만, 그가 이 암초들 중 어느 하나의 창시자로 간주되어야 한다는 것이 가능할 따름이다. 그 같은 구절들 어떤 것도 그의 주된 테제에 비추어서 해석되어야 하고 또 이 테제가 앞서의 인용들에 의해 충분히 제시되긴 했지만, 국가의 일반적 견해에 대한 헤겔 자신의 요약(260절)을 인용함으로써 이 문제를 매듭짓는 것도 유효해 보인다.

> 국가는 구체적 자유의 실현이다. 하지만 구체적 자유는 이것에 있는바, 즉 인격적 개별성과 그것의 특수이익들이 단지 (가족과 "시민사회" 체계에서) 자신들의 완전한 발전을 획득하고 자신들의 권리에 대한 분명한 인식을 얻는 것뿐만 아니라, 보편적 관심들에 대한 헌신 속에서 자신의 조화를 찾는 것이다. 그것이 발생할 때 그들은 보편성을 알고 의욕하며…… 그것의 추구 속에서 능동적으로 된다. 그 결과 보편적인 것은 개인들의 이해들에 따르고 그들의 앎과 의지의 협력을 통하는 것을 제외한다면 완벽함을 획득하지 못하게 된다. 마찬가지로 개인들도 자신들의 목적만을 추구하는 사적 인간들로 사는 것이 아니라 그것들을 의욕하는 동시에 보편성을 의욕하면서 살아간다.

헤겔이 개인들의 권리들을 정당화하려는 노력을 어느 정도까지 성공했는가 하는 것은 철학적 비판의 문제다. 하지만 그 어떤 비판도 예컨대 앞서 인용된 구절에도 불구하고 그의 견해에서 개인이 단지 국가의 목적을 위한 수단이라고 주장하는 것은 결국 실패하게 될 것이다.

"프로이센주의"는 양심과 개별성의 억압과 힘은 곧 권리라는 교설과 관련될 뿐만 아니라, 전쟁을 찬양하는 것과도 관련된다. 이 주제에 관한 헤겔의 견해는 캐릿에 따르면 다음과 같이 요약된다. "전쟁은 그것에 의해 국내적 불만과 자유에 따른 갈망이 억제되고 인간 행복의 하찮은 본성이 '빛나는 군도(軍刀)를 든 경비병'에 의해 입증된다는 사실을 토대로 정당화된다."[26] 헤겔이 실제로 말한 것은 다음과 같다. "전쟁은 절대적인 악으로 간주되어서는 안 된다."—— 여기서 강조점은 "절대적"에 찍힌다.

> 또는 불의나 민족의 열정 혹은 그들의 통치자에 의해 야기된 단순히 외적인 사건으로 여겨서도 안 된다. …… 그것은 생이나 재산 같은 유한한 것이 단지 우연적인 것으로서 확립되어야 하는 필연성의 문제인데, 왜냐하면 유한 개념은 우연적이기 때문이다. …… 교화적인 설교는 일시적인 재화의 공허함에 대해 논해지지만, 전쟁은 우리를 진실로 이 공허함에 이르게 한다. …… 모든 이들은 그러한 설교를 들었을 때, 비록 그 내용에 끌렸다 하더라도 결국 자신의 재산을 보존하고자 할 것이다. 그러나 그들의 불안정이 빛나는 군도를 든 경비병에 의해 심각한 상황으로 돌변하게 된다면, 설교는 침략자에 대한 저주로 돌변하게 된다 (324절).

사람들은 평화 속에 머물 때 정체되고 전쟁은 내부의 분란 속에서 야기된다고 헤겔이 단언한 것은 분명 사실이다. 하지만 그의 주된 논지는 전쟁이 피할 수 없는 필연성이라는 것이다. 계속해서 그는 "전시에 권리는 지배력을 상실한다. 이제 힘과 운이 지배한다"고 말한다. 그럼에도 불구하고 "전투원들은 그것을 허용되어서는 안 될 일시적인 국면으로 간주하는데, 이런 이유로 인해 전시에서조차 사절들은 존중받고 전쟁은 사인들이나 가족의 삶을 대상으로 치러지지 않는다." "근대 시기에"(1820년!) "전쟁은 인도적으로 치러진다."(338절) 이 인용문과 마주하고도, 캐릿의 요약이 공정하다거나 혹은 헤겔이 폭압정책의 변호론자다라는 주장이 유지될 수 있을까?

••
26. *Morals and Politics*, 108.

끝으로, 어떻게 『법철학』의 교설이 파시즘 및 국가사회주의의 실행과 비교되는가? 이 이데올로기들이 국가적 삶과 이상의 통일을 만드는 한에서 헤겔은 그것들과 일치한다. 이탈리아에서 산업조직 내 조합들의 활용은 분명 그의 제안을 상기시키며, 그 유사성은 의심의 여지 없이 우연적인 것이 아니다. 독일 그리스도인들[Deutsche Christen]과 독일정부의 관계는 헤겔이 제안한 교회와 국가의 제휴를 떠오르게 한다. 하지만 『법철학』이 국가사회주의의 가장 비난받는 측면들에 대한 옹호자로 해석될 수 있는 것은 그 교설의 나머지 절반이 무시될 때라야 가능하다. 무엇보다도, 전체주의 국가들에서 그가 말하는 "주관적 자유"의 보호수단이 어디에 있는가? 그의 책 어디에 비밀경찰을 정당화하는 구절이 존재하는가? 유대인들의 처우에 대해 그가 생각했던 것은 무엇이었던가? 이 질문에 대한 답변은 『법철학』 자체의 구절로부터 추론될 수 있으며, 거기서 그는 유대인을 그들의 인종에 근거하여 시민권조차 박탈하려는 이들은 유대인들이 인간들, 즉 인간의 권리를 가진 존재라는 사실, 그리고 실제로 경험은 따라서 그들을 배척하는 것이 최악의 어리석은 짓들임을 보여준다는 것을 망각한다고 주장한다(270절 두 번째 주석).

6. 헤겔 신화와 그 방법

윌터 A. 카우프만 Walter A. Kaufmann

나는 다만 그 사람을, 만약 그렇지 않다면 발견하기 어려웠을, 전면적이
지만 서서히 진행되는 재앙을 볼 수 있게 해주는 거대한 확대경으로
이용할 걸세.

———— 니체, 『이 사람을 보라』

오늘날 헤겔은 적어도 미국에서는, 그 자신의 저작을 통해서보다는 이차
문헌들과 몇몇 죄악시될 만한 슬로건들 및 일반화된 것들을 통해 알려져
있다. 그러나 그로 인한 신화는 오랫동안 여하한 포괄적 진술조차 결해왔
다. 이 상황은 1945년에 칼 포퍼의 『열린사회와 그 적들』의 출간으로 변경되었
다. 영국에선 이미 3쇄에 들어간 이 작품은 현재 미국에서 개정판으로
출간되었다.[1] 그 책은 많은 미덕을 갖고 있다. 우선 그것은 전체주의에

1. 1950년에 프린스턴대학 출판부에서 한 권으로 출간되었다(영국에선 두 권으로 나옴).
   이 책은 25개의 장으로 구성되어 있는데, 10개 장은 각각 플라톤과 맑스를 공격하고
   두 장은 아리스토텔레스와 헤겔을 공격하며 나머지 세 장은 저자의 결론을 담고

대한 신랄한 공격을 대표하고, 대단히 명확하게 저술되었으며, 흥미로운 인용들을 상당수 포함하고 있다. 게다가—— 더 중요한 것으로서—— 이 책은 매우 시사적인 생각들을 풍부하게 담고 있기도 하다. 그러나 상당한 결점들 또한 갖고 있다. 예컨대 플라톤이 진정으로 민주주의자라는 견해에 대한 단호한 비판을 환영할 이들조차도, 플라톤에 대한 포퍼의 묘사에 대해서는 수용할 것 같지 않아 보인다. 왜냐하면 『국가』는 여전히 광범위하게 읽히고 있으며 심지어 『법률』도 손쉽게 접할 수 있기 때문이다. 따라서 포퍼의 플라톤 해석보다는 그의 방법을 문제 삼는 것이 더 중요하다. 그리고 같은 이유로, 그가 플라톤을 다룬 열 개의 장보다는 하나의 사례로서 헤겔을 고찰한 장을 활용하는 것이 낫아 보인다. 왜냐하면 단지 극소수의 독자들만이 『법철학』의 핵심 구절들을 상기하거나 포퍼의 비난을 검토하기 위해 그 책의 다 해진 사본에 접근하려고 마음먹을 것이기 때문이다. 게다가 열 개의 장보다는 한 개의 장을 보다 철저하게 다루는 것이 더 쉽기 마련이다.

포퍼가 다루는 헤겔에 대한 장(50페이지와 주석으로 더해진 19페이지)은 적어도 두 가지 이유에서 세심한 비판을 요구받는다. 첫째, 그것은 이전에 적은 지면에서 취합된 것보다 헤겔에 대한 잘못된 이해들을 더 많이 담고 있다. 둘째, "우리가 소중히 여기는 모든 것들의 근본에 지적인 정직함이 놓여 있다"는 포퍼의 말에 동의한다면,[2] 우리는 그의 방법에 저항해야만 할 것이다. 왜냐하면 전체주의에 대한 그의 적대가 그 책을 쓴 영감이자 핵심 동기라 할지라도, 불행하게도 그의 방법이야말로 전체주의적인 "학자들"의 방법을 닮아있기 때문이다. 게다가 이것은 빠르게 확산되고 있는 중이다. 나는 주제별로 제목을 달아 나열하는 방식으로 이러한 방법을 몇 가지 점에서 고찰한 뒤, 세부적인 해석들로 나아갈 것이다.

• •

있다. 주석들은 책의 말미에 함께 모아 놓았고(467-726) (영국 판보다 훨씬 더) 읽기 쉽게 인쇄되어 있다. 게다가 출판사는 그것들을 텍스트와 잘 어울리게 만들어 놓았다.

2. Popper, *Open Society*, 253.

1. 학문적 배경. 19페이지에 달하는 주석들이 있다는 것만으로 헤겔에 대한 공격이 주의 깊은 학문에 기초해 있음을 시사해주긴 하지만, 저자는 자신의 주제와 관련된 가장 중요한 저서들을 완전히 무시한다. 이것은 그가 자신의 공격 대상들을 심리학적으로 고찰하려는 의도를 지닌다는 이유에서 이중적으로 심각한 문제를 야기한다. 즉 그는 그들의 논증들을 다루는 것 외에도――전적으로 그 이상은 아니라 할지라도――그들이 가졌다고 의심되는 동기들까지 다룬다. 이 관행은 열정적인 것만큼이나 위험한데, 플라톤의 경우에는 그 어떤 명백한 반증도 존재하지 않는다. 누군가는 포퍼가 항상 자신의 적들이 가능한 한 최악의 의도들을 가졌다고 믿은 게 아니냐고 말할 수도 있겠다. 그렇지만 헤겔의 경우에는 그가 단순히 무시하고 있는 방대한 증거들이 존재한다. 헤겔 사상의 발전은 딜타이의 『청년헤겔의 역사』(1906)와 놀이 편집한 『헤겔 초기 신학논집』(1907)으로 시작해서 헤링의 기념비적인 저서인 『헤겔』로 정점에 달하면서 몇몇 학문적 연구들의 주제가 되어왔다.[3] 또한 그 사이에 있는 작품들 중에는 로젠츠바이크의 두 권의 연구서인 『헤겔과 국가』가 있는데, 그 책은 포퍼가 관심 갖는 바로 그 사상들의 전개를 추적한다.

게다가 포퍼는 주로 스크리브너의 『헤겔선집』에 의존해왔다. 따라서 포퍼는 "국가는 세계를 관통하는 신의 행진이다" 같은 엄청난 오역을 전수받았을 뿐 아니라,[4] 이 선집에 포함되지 않은 결정적 구절들(전체 저작들까지는

<hr>

3. Hegel, *Sein Wollen und sein Werk: Eine chronologische Entwicklungsgeschichte der Gedanken und der Sprache Hegels*, 2 vols. (1929-38), 785, 525. 이 해석은 루카치의 맑스주의적 해석에 의해 반박되었다. G. Lukács, *Der junge Hegel* (1948), 718. 영국에서는 헤겔의 사회철학을 그의 지적 배경에 근거해 약술한 내용을 세이빈을 통해 발견할 수 있다. Sabine, *A History of Political Theory* (1937), chap. 30. 또한 헤겔의 『초기 신학논집』의 영어판도 있는데, 놀의 독일어판의 절반 이상을 담고 있다. 그렇지만 두 판 모두 제목에 오해의 소지가 있는데, 그 저작들은 명백히 반종교적인 것은 아니라 할지라도 "초기 반신학논집"으로 보는 게 더 정확해 보이기 때문이다.

4. *Hegel Selections*, 227. 헤겔이 말했다고 간스가 보고한 바에 따르면, 단지 그것은

아닐지라도)을 알지 못한 것으로 보인다. 예컨대 헤겔의 첫 저서에 있는 전쟁에 대한 구절은 훨씬 완화된 그의 후기 전쟁 개념이 프로이센 왕을 수용하고 있지 않음을 보여준다.[5]

2. **혼합된 인용들.** 이것은 흥미로운 읽기를 위해 고안한 장치며, 아마도 그런 이유로 해서 그것이 응당 받아야 하는 비판을 회피해왔던 것이기도 하다. 그것이 생산해내는 결론들과 무관하게 말이다. 문장들은 다양한 맥락들에서, 때로는 상이한 책들에서 선택되며 배치되기 때문에, 다소 지속적인 것으로 여겨진다. 즉 일련의 인용부호들로 마무리되고, 일반적으로 다른 책으로 넘어가는 것이 아니라 생략을 지시하기 위해 쓰이는 여섯 개의 점들[……]에 의해서만 구분될 뿐이다. 쉽게 말해 이 장치는 한 저자에게 그가 결코 말하지 않은 견해들을 전가하기 위해 사용되어질 수 있다. 그리고 심지어 해석자가 그것이 무엇이든 그러한 욕구를 가지지 않은 곳에서조차, 일부 철학자들은 이러한 방식으로 잘못 전달받을 수밖에 없게 된다. 이것은 플라톤이나 헤겔 혹은 니체 같은 "변증법적" 사상가들의 경우에 특히 그렇다. 왜냐하면 그들의 진술들 중 다수는 분명 일면적이고, 당시 다른 관점에 의해 부적합하고 반대되는 것으로 보이는 하나의 관점을 정식화하기 위해 고안되기 때문이다. 예컨대 헤겔은 "평등"과 그 반대[불평등]를 지지하는 경우 모두에 인용될 수 있다. 따라서 누군가는 그의 전집으로부터 "평등"을 비판하는 몇몇 구절들을 취합한 뒤 인상적인 혼합 인용을 지어낼 수도 있다. 그러나 헤겔에 대한 정확한 이해는 독자들을 평등에 대한 더 나은 이해로 이끌기 위해 고안된 논증 속에서 하나의 단계로서 그 맥락 속에서

국가가 존재해야만 하는 세계와 함께 하는 신의 길이다. 나의 *Nietzsche* (1950), 84 참조. 포퍼가 『헤겔선집』에서 벗어난 주된 사례는 그가 다량의 명사들을 대문자로 쓴 것인데, 이는 그가 헤겔로부터 인용한 구절들을 우스꽝스럽게 만드는 역할을 한다. 물론 나는 포퍼를 인용할 때 그의 번역을 재사용하지만, 이 글에 실린 그 외의 다른 모든 독일어 번역들은 내가 직접 한 것이다.

5. *Phänomenologie*, ed. Lasson (1907), 294f. H. G. ten Bruggencate, "Hegel's Views on War", *Philosophical Quarterly* (October 1950), 58-60 참조.

이 문장들 중 하나의 인용을 통해서만 더 잘 제공될 수 있을 것이며, 평등에 찬성하든 반대하든 그것에 대한 그의 감정들을 나열하는 것으로는 불가능하다. 그 점에서 헤겔에 대한 포퍼의 모든 접근은 그가 이따금씩 사용하는 혼합 인용들과는 완전히 별도로, 부적절하다.

혼합된 인용들의 사용이 포퍼의 책에만 국한된 것은 아니기 때문에, 이 장치에 대해 조금 더 면밀히 검토해볼 필요가 있다. 포퍼는 헤겔 본인의 책들보다 그의 제자들의 노트들에 훨씬 더 의존하는데, 여기에는 『법철학』의 사후 판본에 간스가 추가한 것 — 간스 본인은 서문에서 "단어들의 선택"이 종종 헤겔의 것이라기보다는 본인의 것이라고 지적한다 — 이 포함되어 있다. 그러므로 단지 여기서는 하나의 구절들이나 문장들에 지나치게 많은 의미를 부여할 게 아니라, 그것들을 그 맥락이나 전체 의도들의 관점에서 이해하려고 애써야 한다. 그런데 포퍼의 첫 번째 혼합 인용[6]은 8개로 구성되어있는데, 그중 어느 것도 헤겔 자신에 의해 출간된 것이 아니었다. 책의 말미에 있는 주석에서 포퍼는 꼼꼼하게도 "L"이라는 표기와 함께 간스의 추가분을 참고문헌으로 표기한 뒤, 예외 없이 혼합 인용의 출처들을 다음과 같이 밝힌다. "이 구절의 8개 인용들에 대해서는, 『헤겔선집』……과 비교하라." 이 경우조차 그 주석들은 이와 같은 "개론적 언급들"로 소개된다. "그 책의 텍스트는…… 이 주석들 없이도 읽을 수 있다. …… 주석들을 참고하길 원하는 독자들은…… 우선 중단 없이 이 장의 텍스트를 두루 읽은 후에 주석들로 돌아오는 것이 편리함을 알게 될 것이다." 얼마나 많은 독자들이 — 심지어 그 주석들을 읽은 이들이라 할지라도 — "이 구절의 8개 인용들"을, "중단 없이 읽었을 때" 완전히 단일 인용처럼 보이는 하나의 긴 혼합 인용일 뿐이라는 사실을 상기할 수 있겠는가?

여기서 저 질문은 포퍼의 — 의심의 여지 없이 선한 — 의도들 중 하나를 지적하는 것이 아니다. 문제는 어디서 경계를 긋는가 하는 것이다. 1941년에

6. Popper, *Open Society*, 227.

브린튼은 그의 저서『니체』에서 혼합 인용들을 선보였다. 그리고『이상과 인간』(1950)에서 그는 더 이상 니체에 대한 인용들[7]이 이처럼 혼합적인 본성을 지닌다는 사실을 언급하지 않았다. 그의 배치가 해당 문장들의 본래 의미를 근본적으로 변화시켰음에도 불구하고 말이다. 확실히, 그처럼 전체주의적 "학문"의 특징을 지닌 방법이 전체주의를 헌신적으로 공격하는 책들 속에서 사용된다는 것은 아이러니하다. 실제로 자신들이 플라톤과 니체의 정당한 상속자라고 주장하는 나치주의 작가들의 논증들과, 이 주장들을 그토록 간절하게 승인하는 일부 저명한 학자들의 논증을 구분하기란 정말이지 쉽지 않다.[8]

3. "영향" 개념. 브린튼이 니체에 대한 나치주의자들 자신들의 견해를 절반만 수용한 반면, 포퍼는 그들이 헤겔의 영향을 받았다는 혐의를 제기할 때, 훌륭한 가계도를 만들고자 하는 저들의 시도들 대부분을 넘어선다.

---

7. *Ideas and Men*, 473.
8. 포퍼는 혼합 인용을 227, 252, 257, 259, 266페이지에서 활용한다.(각주 8, 64, 69, 84를 참조) 이 온전한 인용들 중 하나를 인용하고 그 요소들 각각을 애초의 맥락에서 검토하는 것은 이곳의 지면상 허락되지 않을 듯싶다. 그것이 특수한 저자의 문제라기보다 여기 우리와 관련된 하나의 원칙이기 때문에, 대신에『사상과 인간』의 473페이지에서 두 번째로 니체를 혼합 인용하고 있는 브린튼에 대한 짧은 고찰을 제시하는 것도 허용될 수 있으리라 본다. 그 소개에 따르면, "사실상 니체는 우파가 권력을 갖기 한 세대 전에 우파적 전체주의의 온전한 강령을 작성했다." 그 인용은 프로이센 관료들을 언급하는 문장으로 시작한다. 그리고는 거기로부터 "전쟁"과 "평화"를 다루는 네 개의 구절로 나아간다. 그것은 의심의 여지 없이 니체가 문자 그대로 "전쟁"을 의미한다는 인상을 남긴다. 나는 나의 책『니체』(337ff.)에서 전쟁에 관한 이런 몇몇 언급들이 그 맥락에서 고려될 경우, 니체가 말 그대로의 의미에서 전쟁을 의미하지 않았다는 것이 명확하다는 점을 보이고자 했다. 그리고 내 책에 대한 바로 그 서평(*Saturday Review of Literature*, 13 January 1951)에서, 브린튼은 분명 나의 증명과 결론을 받아들이고 있다. "그렇게 헤어틀과 보임러 같은 나치주의자들이 전쟁에 대해 그의 글을 인용할 때, 그들은 말은 인용하지만 그 의미는 왜곡시킨다." 그렇다면 선한 의도를 지니고 있는 브린튼이나 포퍼 같은 반나치주의자들은 어찌 되는가?

그의 영향 개념은 순전히 비과학적이어서, 그것이 논리적이고 과학적인 방법에 근거한 권위에 의해 수용되어야 한다는 주장을 신빙성 없게 만든다. 기껏해야 그것은 앞서는 것이 곧 원인[post hoc ergo propter hoc]이라는 논리로 환원될 뿐이다. 따라서 그는 "헤겔주의자 베르그송"을 주장하며,[9] 최소한의 증거 제시도 없이 베르그송과 알렉산더, 스무츠 그리고 화이트헤드가 헤겔에 흥미를 가졌었다고 추측한다. 단지 그들이 "진화론자들"이란 이유로 말이다.[10]

물론 포퍼는 나치에 대한 헤겔의 영향에 훨씬 더 관심을 가지며, 그에 대한 장은 동시대 독일 저자들의 인용구들로 장식되어 있다. 그리고 거의 대부분은 콜나이의 『서양에 대한 전쟁』을 출처로 하고 있다(콜나이는 프리드리히 군돌프, 베르너 예거 그리고 막스 셸러 같은 자들을 "나치즘 혹은 적어도 그 일반적 경향과 분위기의 대변자들"로 간주한다).[11] 포퍼는 헤겔과의 있을 법한 유사성들을 지적하기 위해 콜나이의 인용을 재인용하지만,

• •
9. Popper, *Open Society*, 256과 각주 66. 주석 25는 헤겔이 "명백히 베르그송주의"인 이론들을 수용했음을 보여준다.

10. 같은 책, 225와 각주 6. 나는 그 텍스트에 각주 7도 있긴 하지만 각주 6을 "진화론자들"에 대한 언급과 일치시키고, 각주 7은 227페이지에 있는 또 다른 7을 지칭하는 것으로 추정한다. 225페이지에 6으로 기재된 각주는 분명 의도치 않게 생략되었다.

11. 또한 콜나이는 다음과 같이 주장한다. "신념을 가지고 국가사회주의의 부흥에" 가장 기여한 두 사람을 꼽자면, "어쩌면 모든 시대에 걸쳐 가장 위대한 악마주의자라고 볼 수 있는 니체와 그보다는 덜 위대하지만 아마도 그의 동성애 기질 때문인지 제3제국 건설에 보다 직접적으로 기여했던 슈테판 게오르게"였다(14). 그리고 니체는 "도착자[half-Pole]"였다(453). 그리고 "체임벌린은 유해한 게르만적 영향으로 더럽혀진 오염된 부드러운 영국인이었다"(455). 그리고 야스퍼스는 하이데거의 "추종자"다 (207). 분위기가 이렇다 보니, 그것들을 사용하기 전에 그가 인용한 맥락을 살펴보는 것이 바람직해 보인다. 포퍼가 그렇게 했는지는 결코 확실치 않으며, 다음과 같은 그의 언급을 이해하기란 쉽지 않다. "나는 콜나이의 책에 상당한 빚을 지고 있는데, 그것은 내가 그렇지 않았다면 접근할 수 없었을 수많은 저자들을 이 장의 남은 부분에서 인용할 수 있게끔 해주었다(그렇지만 내가 콜나이 번역의 자구를 언제나 따랐던 것은 아니다)."

문제의 그자들이 헤겔을 읽었는지, 그를 좋아하는지 혹은 그들이 어디서 실제로 자신들의 사상을 획득했는지는 결코 묻지 않는다. 예컨대 슈타펠에 대한 흥미로운 인용은 헤겔보다는 루터로부터 영향을 받은 것처럼 보인다.[12] 그러나 "명성"이란 관념이 "헤겔에 의해 부활되었다"[13]로 이어지는 구절은 보다 더 특징적인데, 왜냐하면 헤겔은 명성을 자신들의 행위들이 우리의 역사책들에 기록되는 사람들의 "보상"이라고 말하기 때문이다. "그리고 새로운 이교도적 기독교의 포교자인 슈타펠은 신속하게[즉, 백년 후에] 되풀이한다. [원문 그대로] '모든 위대한 행위들은 영광을 위해 수행된다.'" 이것은 오히려 상이한 생각으로 보이며, 포퍼 역시 슈타펠이 "헤겔보다 훨씬 더 급진적임"을 인정하기에 이른다. 이런 사정으로 볼 때, 슈타펠과 다른 많은 동시대 작가들을 다루고 있는 전 부분의 타당성을 의심해봄 직하다. 이것은 관념들의 역사가 아니라, 차라리 같은 페이지에 배열시킴으로써 유죄를 입증시키려는 시도에 불과하다. 항상 무언가가 달라붙어 있다 [semper aliquid haeret]는 인상을 주길 바라면서 말이다.

반면에 포퍼는 누가 누구에게 영향을 미쳤는지에 대한 지식을 종종 결여하고 있다. 따라서 그는 하이데거와 "그의 주군 헤겔"을 언급하고[14] 야스퍼스가 본래 "본질주의 철학자들인 후설과 셸러"의 추종자였다고 단언한다.[15] 더 중요한 점은, 그가 사악한 헤겔과 "쇼펜하우어나 J. F. 프리스 같이" 뛰어난 인물들을 대조시키고,[16] 나치의 인종주의에 책임이 있다고 비난하는 이른바 원조 파시스트 헤겔에 맞서 쇼펜하우어와 지속적으로 제휴한다는 점이다. 확실히 그는 헤겔과 달리 프리스와 쇼펜하우어가 인종주의자였다는 점을 인지하지 못한다. 프리스는 종종 위대한 자유주의자로

• •
12. Popper, *Open Society*, 269f.
13. 같은 책, 266.
14. 같은 책, 271.
15. 같은 책, 270.
16. 같은 책, 223.

간주되었고 헤겔은 그에 대한 강경자세로 인해 경멸받는 처지에 놓였다. 그리고 설사 그렇다 할지라도, 이 맥락에서는 프리스가 1816년 여름에 한 팸플릿을 출간했다는 것은 거의 언급되지 않는데, 거기서 그는 유대인의 "절멸"을 주장했다.[17]

포퍼는 또한 완전히 그릇되게도 헤겔이 "플라톤과 전체주의의 근대적 형태 사이의 이른바 '잃어버린 고리'를 대표한다"고 말한다. 근대의 대다수 전체주의자들은 자신들의 사상이 플라톤까지 거슬러 올라갈 수 있다고는

17. 프리스의 팸플릿은 동시에 『하이델베르크 문학연보』에도 실렸다. "Über die Gefähr-dung des Wohlstandes und Charakters der Deutschen durch die Juden", *Heidelbergische Jahrbücher der Litteratur* (1816), 241-64. 거기서 그것은 프리드리히 뤼스에 의해 어느 책의 서평으로 출간되었고 이 제목으로 나오지는 않았다. 프리스의 생각들은 여기서도 흥미를 끄는데, 왜냐하면 그가 하이델베르크에서 헤겔의 전임자였기 때문에, 그의 주장들이 헤겔의 온전한 입장과 수준을 정확하게 평가하는 데 매우 긴요한 배경을 제공해주기 때문이다(아래 인용들의 페이지 표시는 『하이델베르크 문학연보』에서 따온 것이다). 유대인들은 "민중의 흡혈귀였고 지금도 그렇다."(243) "우리의 형제들인 유대인들에 대해서는 아니지만, 유대인이라는 신분[Judenschaft]에 대해서는 전쟁을 선포한다. …… 그것은 교육받지 못한 원시적 과거의 잔재이며 제한시킬 게 아니라 절멸시켜야 한다. 그것은 인민의 질병[Völkerkrankheit]이다."(248) "유대교는…… 관용의 대상이어서는 안 된다."(251) "유대인들은 결코 모세의 가르침에 따르지 않고 단지 탈무드에 따라서만 살고 그것을 전수할 뿐이다."(251) 탈무드에 관한 다음의 언급들은—— 이것만은 아니지만—— 거의 슈트라이허의 수준에 버금갈 정도다. "따라서 유대인 계층은…… 박멸되어야[mit Stumpf und Stiel ausgerottet] 하는데, 명백히 그것은 은밀하면서도 공공연한 정치집단들이며 가장 위험한 국가 내 국가들이기 때문이다."(256) "유대인들의 어떤 국내 이주도 금지되어야 하며, 그들의 해외 이민은 장려되어야 한다. 그들의 결혼에 대한 자유는…… 제한되어야 하고…… 어떤 기독교인들도 그들에게 고용되는 것을 허용치 않아야 한다."(260) 그리고 그들이 "자신들의 옷에 특별한 표시"를 하도록 강제해야 한다(261). 『법철학』 서문에서, 헤겔은 프리스가 도덕법칙을 "심정, 우정 그리고 열광으로 뒤범벅된 죽'으로 대체한다고 비난했다. 그리고 "우리의 형제들인 유대인들"이 프리스의 형제애적 열광에 의존케 하는 것은 확실히 현명하지 못한 처사일 것이다. 헤겔의 종종 애매모호한 스타일은 이후 반계몽주의(obscurantism)를 예비하는 것으로 여겨지기도 했지만, 프리스와 쇼펜하우어의 반합리주의는 양식적으로는 물론이고 대부분의 나치 문헌과 매우 유사하다.

거의 여기지 않는다. 하지만 그들 다수는 본인들이 헤겔에게 진 부채를 잘 알고 있다.[18] 그 맥락이 나치즘의 언급을 암시한다는 점과 이 장에서 인용된 전체주의자들 전부가 공산주의자들이 아니라 파시스트들이라는 점으로 미루어보건대, 포퍼는 전체주의의 이 특수한 형태에 자신이 완전히 무지했음을 보여줄 뿐이다. 헤겔은 나치 문헌에서 거의 인용되지 않았으며, 그가 언급될 경우에도 그것은 언제나 반감의 방식으로 그러할 뿐이다. 나치의 공식 "철학자" 로젠베르크는『20세기의 신화』에서 헤겔을 두 번, 그것도 경멸조로 언급한다.[19](로젠베르크는 2권에서 두 장을 할애할 정도로 쇼펜하우어를 존경했다). 반면 플라톤에 대해서는, 다음과 같이 적는다. "본질적으로 플라톤은 귀족이자 올림포스의 전사였고, 미에 심취한 시인이자…… 궁극적으로 자신의 인민들을 인종적 토대에 기초하여 구원——이는 세부적으로는 강제적 헌법과 전제적 방식을 통해서 가능하다——하고자 했던 인물인바, 이것은 소크라테스적이지 않고 영적으로 심취한 헬레니즘적 특징[Hellenentum]에 대한 최후의 위대한 귀감이었다."[20] 독일학파들은 헤겔이 아니라 플라톤을 주로 읽었고, 그리스 고전을 위한 특별판을 간행한 뒤 이른바 친나치적 구절들로 그것을 통합시켰다.[21] 그리고 나치주의자들에

• •

18. Popper, *Open Society*, 226.

19. *Hoheneichen-Verlag* (1940), 525, 527. 그 책은 1930년에 처음 출간되었고, 1940년에 87만 8천부가 인쇄되었다.

20. 같은 책, 288. 로젠베르크는 플라톤에 깃든 "소크라테스적" 요소들을 강조하고 혹평하기도 했다.

21. H. Holtorf, *Platon, Auslese und Bildung der Führer und Wehrmänner: Eine Auswahl aus dem "Staat"* ("Eclogae Graecolatinae", Fasc. 73, 2d. ed.; Teubner, 1936); and Platon, *Über die Grundsätze artgemässer Staatsführung: Eine Auswahl aus den "Gesetzen"* ("E.G.", Fasc. 74). 첫 번째 책의 서문에서, 편집자는 연관이 있는 자신의 글들도 추천한다. "Platon im Kampf gegen die Entartung der nordischen Rasse", *D. Phil.-Blatt* 42 (1934), 269ff.; and "Der Schicksalsweg des griechischen Volkes und der letzte Sinn des platonischen Denkens", *Völk. Beob.* (히틀러 본인의 논문), no. 67 (8 March 1935), 5. 홀토프는 국무장관 한스 프랑크 박사의 서문이 실린

게 인종주의적 이론들을 전파했던 한스 F. K. 귄터 박사는 자신의 모든 책을 플라톤—— 헤겔이 아니라—— 에 대해서만 썼다.[22]

실제로 헤겔이 나치에 영향을 주었는지 여부는 포퍼의 핵심 테제들과는 별 관련이 없어 보인다. 설령 그렇다 하더라도 그 책의 대부분은 연관성이 없다. 흥미로운 사상들의 상당수는 부적절한 지성사의 많은 부분들과 뒤섞여 있으며, 헤겔 장의 5절(18페이지)은 바로 이 후자를 대표한다.

4. 혹평과 동기의 혐의. 포퍼는 서문에서 "열린사회의 문제들에 대해 과학의 비판적이고 합리적인 방법을 적용"한다고 말하고는 있지만,[23] 배심 원들 앞에서 연설하는 검사인 양 헤겔에 대해 적고 있다. 그는 헤겔 자연철학 에 나오는 일부 구절들을 인용하면서 피고를 신뢰하지 못하게 만들고자 한다. 또한 피히테와 헤겔을 두고 "이러한 광대들이 진지하게 다뤄진다"고 말한다.[24] 그는 주장하길, "나는 모든 품위 있는 것들을 비열하게 왜곡하는 이런 처사를 물리치는 게 가능한지 여부를 묻는다."[25] 그리고 "헤겔의 신경질 적인 역사주의"를 비난한다.[26] 분명 헤겔도 결점을 갖고 있으며 그의 "역사주 의"(아래 참조)는 그것들 중 하나일 수도 있고, 그의 매력 없는—— 극단적으 로 건조하고 냉정한—— 스타일은 또 다른 약점일 수도 있다.[27] "신경질적인

• •
  5개의 논문집에 실린 글 하나로 참고한다. "Das Beamtenideal bei Plato und seine Bedeutung für die Gegenwart", *Theodor von der Pforten an die deutsche Nation* (J. Schweitzer Verlag, 1933).

22. *Platon als Hüter des Lebens Zucht-und Erziehungsgedanken und deren Bedeutung für die Gegenwart* (1928; 2d ed., 1935). 귄터에 대해서는, 나의 *Nietzsche*, 253도 참조하라.

23. Popper, *Open Society*, 3.

24. 같은 책, 249.

25. 같은 책, 244.

26. 같은 책, 253. 그리고 269 참조.

27. 강사로서 헤겔의 거의 놀라울 정도로 냉철한 스타일에 대한 상세한 설명은 그의 제자들 중 한 명인 H. G. 호토에 의해 제시되었고, 그것은 글로크너의 『헤겔』1권(1929) 과 쿠노 피셔의 두 권으로 된 『헤겔』에도 인용되어 있다.

것"이 (웹스터사전의 정의처럼) "극도로 감정적인" 것을 의미한다면, 포퍼는 헤겔보다 훨씬 더 이 별칭을 받을 자격이 있다. 헤겔의 모든 결점들에 대해, "그는 독창성의 현저한 결여에 있어 독보적"이고 "재능"조차 없다고 말하는 것은 다분히 감정적으로 들린다.[28] 그리고 "과학의 비판적이고 합리적인 방법"은 야스퍼스의 철학이 "깡패" 철학이라는 주장의 연관성을 규명하기가 거의 어려울 것이다.[29] 게다가 이것은 우리에게 E. 폰 잘로몬의 『무법자들』에 대한 혼합 인용(위쪽 참조)을 제공하는 "그 깡패 철학"에 대한 주석에 의해서도 입증되지 않는다. 그것은—— 헤겔은 말할 것도 없고 —— 야스퍼스와의 어떠한 지각 가능한 연관도 산출하지 않는다.

포퍼가 주장하는 동기의 혐의는 혹평과 거의 구별되지 않는다. 헤겔은 "신에 대한 신실한 믿음의…… 혐오"로 인해 비난받는다.[30] 하지만 그것이 무엇이든 간에 이 혐의를 실체화할 수 있는 어떠한 증거도 제시되지 않는다. "헤겔의 근본적인 집단주의는…… 프로이센 왕인 프리드리히 빌헬름 3세에 의존"하며, 그의 "유일한 목표"는 "고용주인 프리드리히 빌헬름에게 봉사하는 것"이었다.[31] 그리고 이것은 헤겔이 철학을 재정적 획득의 수단으로 오용했다는 것을 암시하지만,[32] 포퍼는 이 문제에 대한 문헌적 전거를 무시하고 있다.[33]

우리는 헤겔이 "합리적 논증이 중단되기를, 그리고 그와 함께 과학적이고 지성적인 진보가 중단되길 원"하며,[34] 그의 변증법은 "1789년의 사상들을 왜곡하기 위해 주로 고안된 것"이라는 말을 듣는다.[35] 그리고, 포퍼에 따르면,

• •

28. Popper, *Open Society*, 227.

29. 같은 책, 272.

30. 같은 책, 244.

31. 같은 책, 227-28.

32. 같은 책, 241.

33. 이미 인용된 작품들과는 별도로, T. M. Knox, "Hegel and Prussianism", *Philosophy* (January 1940)와 캐릿과의 논쟁(1940년 4월과 7월)을 참고하라.

34. Popper, *Open Society*, 235.

헤겔이 자기가 반대하는 것에 명확히 우호적일 때, 이것은 "립 서비스"에 불과하다.[36] 따라서 동기의 혐의는 우리의 해석가가 (정확히 니체의 나치적 판본에서 보임러가 그런 것처럼) 자신이 서술한 사람이 그가 분명히 말한 것을 의미하지 않는다고 주장하는 지점에 도달한다. 혼합 인용들은 한 철학자의 견해를 만드는 데 사용되며, 그가 표명한 진술들은 불편함을 야기할 경우 쉽게 무시된다.

"과학의 비판적이고 합리적인 방법"의 이름으로, 누구나 그 같은 감정적 논증들——하이데거의 철학은 그가 나치가 되었기 때문에 잘못된 것임에 틀림없다거나,[37] "헤켈은 철학자나 과학자로는 진지하게 간주될 수 없다. 그는 스스로를 자유사상가라 불렀지만, 그의 사상은 그가 1914년에 '…… 승리에 따른 결실들'의 요구를 막기에는 충분히 독립적이지 못했다"는 주장처럼[38]——에 저항할 수 있다. 똑같은 방식으로, 아인슈타인의 과학이론들을 그의 정치적 견해들을 언급함으로써 불신하게 만드는 것도 가능하다.

포퍼가 "선민사상"(그는 이것을 전체주의와 연관시킨다)과 기독교를 종종 언급하는 것도 다분히 감정적이다. 포퍼는 기독교를 "지지"하지만, 그가 그것으로 의도하는 바는 바울, 가톨릭교회, 루터 그리고 칼뱅의 가르침과는 분명한 대조를 이룬다. 도덕 문제들의 지침으로서 양심의 타당성에 대한 헤겔의 거부는 포퍼의 삽입구, "즉, 예컨대 신약을 참조하는 도덕주의자들'에 의해 반박된다.[39] 신약의 이름으로는 어떠한 범죄도 저질러지지 않았던 것처럼 말이다. 실제로 포퍼의 접근법에 대한 가장 중요한 비판들 중 하나는 마리탱의 다음 같은 경구로 표현될 수 있을 것이다. "책들이 누군가가 그것들에 부여할 수 있는 사악한 용도에 따라 판단된다면, 도대체 어떤

35. 같은 책, 237.
36. 같은 책, 주석 11, 43.
37. 같은 책, 271.
38. 같은 책, 주석 65.
39. 같은 책, 262.

책이 성경보다 더 남용될 수 있었겠는가?"[40]

5. 헤겔의 형이상학. 이제 헤겔의 철학으로 돌아가 보자. 여기에서 헤겔의 형이상학은 그의 사회철학보다는 덜 주목받긴 하지만, 포퍼가 헤겔의 사유 틀을 이해하는 데 어떻게 완전히 실패하는지는 주목할 만하다. 따라서 그는 헤겔이 "자기 확신이야말로 진리와 같은 것"이라고 가르쳤으며[41]—— 헤겔의 첫 저서가 이런 견해에 대한 부정으로 출발하고 있음에도 불구하고—— 헤겔은 이에 대해 자신의 생각을 결코 바꾸지 않았다고 주장한다. 게다가 포퍼는 다음과 같이 역설한다. "헤겔은 아리스토텔레스처럼 이념이나 본질 이 변화하는 사물 속에 있다고 믿는다. 혹은 더 분명히 말해서 (우리가 헤겔을 신중하게 다루는 한에 있어서) 헤겔은 그것들이 변화하는 사물과 동일하다고 가르친다. 그에 따르면, '현실적인 모든 것은 이념이다.'"[42] 하지만 헤겔에게 "현실적인"이란 말은 (그에 상응하는 것이 플라톤과 아리스 토텔레스에게 있듯이) 기술적인 단어란 점과 "현실적인 모든 것은 이념이다" 라는 문장이 이념이 "변화하는 사물과 동등하다"는 것을 의미하지 않는다는 점을 파악하기 위해서는, 볼드윈이 발행한 『철학·심리학 사전』에서 헤겔 용어에 대한 로이스의 글을 읽는 것으로 충분하다.

어떻게 헤겔은 "이성적인 것은 현실적이며, 현실적인 것은 이성적이다"란 교설에 이를 수 있었는가? 포퍼에 따르면, "단지 일련의 얼버무림으로써"다. 헤겔은 플라톤의 이상과 현실의 등식을 채택했고, 이념은 정신적인바, 이념 과 이성의 등식의 관점에서 표현될 수 있다는 칸트의 개념을 채택했다고 주장된다. "이 두 등식들을 결합하여, 혹은 차라리 얼버무림으로써, 실재=이 성이 탄생한다."[43] 물론 이 도출은 헤겔의 저서들에는 기록되어 있지 않다. 그리고 모든 가능세계들 중에 최선이거나 신 안에서의 신실한 믿음이라는

• •
40. *Scholasticism and Politics* (1940), 147.
41. Popper, *Open Society*, 237.
42. 같은 책, 231.
43. 같은 책, 236.

라이프니츠의 개념과 연관될 수 있다는 점은 언급되지 않는다. 게다가 『법철학』 서문에 있는 그 격언의 직접적인 맥락이나 이후 『엔치클로페디』에 서의 헤겔 본인의 논평은 참고조차 되지 않는다.

> 이 단순 문장들은 어떤 이들에겐 당혹스러울 수도 있고 적대감을 조장할는지도 모르겠다. 심지어 종교는 말할 것도 없고 철학에 대한 약간의 이해도 거부하지 않으려는 사람들로부터도 그러할 것이다. …… 내가 현실성을 말했을 때, 누군가는 그렇게 함으로써 알려지는 것과 무관하게 어떤 의미로 내가 이 표현을 사용하는지 묻고자 할 것이다. 어쨌든 나는 현실성을 정교한 논리를 가지고 다루었으며, 그것은 분명 우연적인 것—물론 그것 역시 존재한다—뿐만 아니라 세부적으로는 거기 있음[현존재], 실존 등 그 밖의 개념들과도 구분되는 것이다.[44]

포퍼가 다음과 같이 말할 때 그 같은 구별들 전부가 간과된다는 것은 주목할 만하다. 그는 헤겔이 "실재하는 모든 것은 이성적이어야만 하고…… 지금 실재적인 것이나 현실적인 모든 것은…… 선과 마찬가지로 이성적이어야 한다. 그리고 우리가 보게 되겠지만, 특히 선은 현실적으로 존재하는 프로이센 국가다"라고 주장했다고 말한다. 헤겔의 wirklich란 용어는 "실재적(real)"이라기보다 "현실적(actual)"으로 번역되어야 한다. 그리고 헤겔이 그것을 존재하지 않는다는 의미에서의 "비실재적(unreal)"이 아니라 "잠재적(potential)"이란 말에 대비시켰다는 점도 명심할 필요가 있다. 하나의 도토리는 확실히 그 단어의 일상적 의미에서는 충분히 "실재적"일지라도, 헤겔이 그 말을 사용하듯이 현실적[wirklich]이지는 않다.

6. 국가. 또다시 우리는 상상할 수 있는 가장 초보적이고 근본적인 실수와 조우하게 된다. 포퍼는 헤겔이 "나쁜 국가들"에 대해 말하며 그가 "그

----

44. 6절.

국가"를 말할 때 그것은 경험에서 마주치는 모든 국가를 의미하는 게 아니라는 사실을 간과한다. 현실적인 것과 이성적인 것에 대한 헤겔의 경구로 되돌아가자면, 바로 이어지는 구절에서 그가 한 해명은 여기서 가장 적절하다.

> 문제가 되는 것은 이것이다. 일시적이고 순간적인 외관 속에서 그 안에 현전하는 내재적이고 영속적인 실체를 인정하는 것. 왜냐하면 또한 (이념과 동의어인) 이성적인 것은, 그것의 현실성 속에서, 외면적인 실존 속에 자신을 삽입하고 따라서 자신의 정수를 다채로운 껍질로 뒤덮은 채 무한히 풍부한 형식들과 외양들 그리고 형태들 속에서 스스로를 현시하기 때문이다. 우리의 의식은 우선적으로 이 껍질에 거주하며, 그러고 난 뒤에야 철학적 사유[개념]가 심지어 외면적 형식들 속에서도 내적 충동을 포착하고 그 맥박을 감지하기 위해 그 속으로 침투해 들어가는 것이다. 그렇지만 이런 외면성 안에서 형태를 취하는 헤아릴 수 없을 정도의 다양한 관계들…… 이처럼 무한한 소재와 그 조직은 철학이 다뤄야 하는 주제가 아니다.

따라서 헤겔은 자신이 "국가"라고 말할 때 염두에 두고 있는 국가의 이념과 우리 주위에 있는 국가들을 구분한다. 그러나 그가 주장하는 이념이 플라톤적 천상에 거주하는 것은 아니다. 그것은 현재하며 이 국가들 속에서 다소간 왜곡되어 있을 뿐이다. 철학자는 그 왜곡들에 구애받지 않고 현상의 그물망에서 합리적 핵심을 끄집어낼 수 있어야 한다. 그리고 헤겔은 포퍼의 주장처럼[45] "법실증주의"로 내몰리거나 자신이 마주할 수도 있는 모든 국가들을 승인하지도 않는다. 물론 그는 판단을 내릴 수 있다. 하지만 이때의 철학적 판단은 변덕스럽고 감정적인 자의적 비판과는 구별된다. 헤겔은

• •
45. Popper, *Open Society*, 252.

합리적인 세계질서와 그것을 이해할 수 있는 자신의 능력을 믿는다. 건전한 비판은 이 세계질서를 파악할 수 있어야 한다. 헤겔의 마음속에, 이 개념은 종교에 뿌리를 두기 때문에(종교적으로 심취한 다른 이들 대다수가 그것을 공유한다) 정적주의(quietism)와 혁명 사이의 미묘한 균형을 유지하고 있는 것으로 해석되었지만, 정작 본인은 양자를 거부했다. 맑스는 이 개념에서 종교적 맥락을 없애고 거기에 혁명적 해석을 부여했다. 이론적으로는, 종교적인 동시에 혁명적인 것으로도, 혹은 그 둘 다 아닌 것으로도 해석될 수 있다.

『법철학』의 몇몇 인용구들은 약간의 구체적인 실례들을 제공할 수도 있을 것이다. "혹자는 어떻게 하나의 법이 환경들과 현존하는 법적 제도들 속에 완벽하게 자리하고 그것들과 일치하는지를 보여줄 수도 있을 것이다. 그럼에도 불구하고 그것은 참으로[즉자대자적으로] 부당하고 비합리적이다."[46] 후에 헤겔은 인간의 "양도 불가능한" 권리를 옹호하고, 다음의 것들을 단호히 경멸한다.

노예제, 농노제, 재산 소유의 박탈 혹은 그것의 사용 금지, 그리고 지적 합리성·도덕성·윤리·종교의 박탈. 그런데 이것은 미신으로 이어지는바, 무엇을 행해야 하는지…… 나의 양심이 요구하는 의무가 무엇인지, 또는 무엇이 종교적인 진리여야 하는지 스스로 결정하고 제시하는 권위와 충만한 힘을 타인에게 양도하는 것이다.[47]

간스의 첨언에 따르면, 헤겔은 "노예가 스스로를 해방할 절대적인 권리를 갖는다"고 주장하기까지 했다.[48]

• •
46. Hegel, *Philosophy of Right*, §3.
47. 같은 책, §66.
48. 같은 책. 또한 §77을 참조하라.

그렇지만 헤겔이 "학문에서 주관적 의견과 확신 그리고 사건에 대한 호소가 타당성을 지니지 않듯이, 국가는 양심을 그 특수한 형식에서, 즉 주관적 지식으로서는 인정할 수는 없다'고 단언할 때,[49] 그가 모순적인 말을 하는 것은 결코 아니다. 헤겔의 주장에 따르면, 양심은 오류를 범할 수도 있다. 그리고 어떤 정부나 교회도 우리의 양심을 좌우할 수는 없지만, 그렇다고 그것을 법적인 기준으로 승인할 수는 없다. 몇몇 해석가들이 지적했다시피, 『법철학』을 쓸 당시 헤겔은 러시아 스파이였기 때문에 죽어 마땅하다고 확신했던 한 학생이 시인 코체부를 암살한 사건에 대해 근심스러워했다.

양심에 대한 헤겔의 발언을 나치 국가의 관점에서 해석할 때, 우리는 명백히 그를 오해하게 된다. 차라리 1933년 이전의 독일 민주 국가와 히틀러의 양심을 고려하는 것이 더 나을 것이다. 왜냐하면 헤겔이 "국가"를 통해서 의미했던 바는, "인간이 존귀한 이유는 그가 인간이기 때문이지, 유대인이나 가톨릭교도 혹은 개신교나 독일인 또는 이탈리아인 등등이기 때문이 아니다"—그리고 이것은 "무한한 중요성을 지닌다."[50]—라는 말에서 드러나듯이, 시민들의 자유를 실현하는 국가에 다름 아니기 때문이다. 다른 한편 헤겔은 양심 자체를 반대하지 않고, 다수의 히틀러 적대자들의 양심이 이성적이라고 여기는 것도 당연한 일이다. 말하자면, 사적인 동기나 똑같이 저속한 이데올로기에 의해 추동된 광신적인 양심이 아니라, 스스로를 자유롭게 하고 양도 불가능한 권리를 회복하기 위해 자신의 절대적 권리를 승인했던 사람의 양심 말이다.

"법과 법이 규정한 권리를 증오하는 것은, 우리가 광신주의와 어리석음 그리고 선한 의도라는 위선을—아무리 그것들이 스스로를 위장한다 하더라도—폭로하고 분명하게 인식하도록 해주는 십볼렛(shibboleth)이다'[51]

••
49. 같은 책, §137.
50. 같은 책, §209, §270의 주석 참조.

라는 확신에 기초해 있던 한 책에서 나치가 작은 위안만을 발견했다는 것은 놀라운 일이 아니다. 또한 헤겔은 서문에서 법을 "이른바 민중이라 일컬어지는 가짜 형제와 친구를 구별해내는 최고의 십볼랫"이라고 칭했다. 이런 점에서 (포퍼는 그의 책의 가치를 무시했지만) 마르쿠제의 다음과 같은 말에 동의할 수 있을 것이다. "모든 개인의 이익을 그의 자연적이고 사회적인 지위가 갖는 우연성과 무관하게 보호하는 보편적이고 합리적인 법에 기초한 국가 개념보다, 파시스트 이데올로기에 덜 어울리는 것은 존재하지 않는다."[52]

요약해보자. 포퍼는 헤겔에 따르면 "국가에 대한 유일한 판단기준은 그 행위들의 세계사적 성공이다"라고 말할 때 실수를 저질렀다.[53] 포퍼는 계속해서 "국가"와 "특정 국가들"을 혼동한다.[54] 그래서 그는 "성공"이란 헤겔이 "나쁜 국가들"을 말할 때 『법철학』에서 언급된 기준이 아니라는 사실을 보지 못한다. 그리고 국가란 규범적 개념이며, "변화 속의 사물들" 중 하나를 지칭하는 것이 아니라 단지 하나의 이념이자 판단기준——국가들이 자신들의 존재이유에 완전히 부합하고자 한다면 어떤 국가여야 하는지에 대한——을 가리킨다는 사실을 인식하지 못한다. 그러나 이 존재이유는 부분적으로는 "고차적 영역에서" 발견될 수 있는데,[55] 이에 대해 헤겔은 『엔치클로페디』에서 자신의 체계를 개괄적으로 독자들에게 언급한다. 국가에서 정점에 달하는 인간 제도들은 예술, 종교 그리고 철학인 절대정신의 고차적 영역의 토대로만 기능한다. 그리고 『법철학』에서 헤겔은 국가에 대한 논의를 다음과 같은 선언으로 시작한다. "국가는 윤리적 이념의 현실성"

• •
51. 같은 책, §258 주석.
52. Marcuse, *Reason and Revolution: Hegel and the Rise of Social Theory* (1941), 180f.
53. Popper, *Open Society*, 260.
54. 물론 헤겔의 구분은 심각한 난점들을 야기한다. 하지만 어떤 해석가도 단지 그것을 무시해서는 안 된다.
55. Hegel, *Philosophy of right*, §270.

인바 이것이 곧 자유다. 그러나 헤겔이 말하는 "자유"는 최악의 경우 무정부나 방종 혹은 야만성처럼 모든 규제로부터의 자유가 아니라, 오히려 예술, 종교 그리고 철학 같은 인간의 특징적인 능력들을 개발하고 함양할 수 있는 자유를 뜻한다. 물론 헤겔이 국가를 인간 제도들 중 최고의 것으로 간주하긴 하지만, 그렇게 보는 이유는 모든 제도적 영역이 가장 고차적인 정신적 추구에 종속되어야 하며 이것들이 오직 국가에서만 가능하다고 그가 믿었기 때문이다.

이 궁극의 신념은 확실히 의문의 여지가 있지만, 그렇다고 그것이 헤겔의 국가가 (포퍼의 말마따나) "그 권력의 행사 속에서 모든 국민의 삶에 침투하고 통제하는 식의 전체주의임에 틀림없을 것이다. 즉 '국가는 민중의 삶에서 예술, 법, 도덕, 종교, 학문 같은 모든 구체적 요소들의 토대이자 중심이다"[56]를 함의하는 것은 아니다. 헤겔로부터 취해진 그 인용문은── 그것이 (『역사철학 강의』의 서문에서) 취해진 맥락을 고려해볼 때 분명하게 알 수 있듯이── 국가만이 예술과 법, 도덕과 종교 그리고 학문을 가능하게 한다는 것을 의미한다. 그리고 헤겔이 "국가" 대신에 "사회"라고 말했다면, 그의 견해는 그럴듯하게 보였을 것이다. 그러나 헤겔은 플라톤뿐만 아니라 페리클레스 통치 하의 아테네에 심취해 있었는데, 그곳에서 예술과 종교는 사실상 인민의 정치적 삶에 매우 밀접하게 통합됨으로써 누구나 도시국가를 자신들의 "토대이자 중심"으로 부르곤 했다. 물론 이것은 국가의 "권력이" 예술과 종교에 "침투하고 그것들을 통제해야 한다"고 말하는 것과는 완전히 다르다. 헤겔의 입장은 다양한 반론들에 열려 있지만, 그것을 전체주의와 혼동하는 것은 오해와 인신공격이 뒤섞인 것이다. 훨씬 더 공정한 입장은 에른스트 카시러의 『국가의 신화』(1946)가 내린 결론이다. 이 책은 포퍼와 같은 주제를 다루고 있지만 보다 사려 깊은 태도를 지니고 있는데, 애석하게도 포퍼는 이를 무시한다. 카시러의 헤겔 장은 다음과 같이 끝난다. "헤겔은

56. Popper, *Open Society*, 258.

국가를 극찬하고 찬미했다. 심지어 그는 국가를 신격화하기도 했다. 그러나 국가의 힘에 대한 그의 이상화와, 근대의 전체주의적 체제를 특징짓는 일종의 우상화는 분명하고도 오해의 여지 없는 차이를 지닌다."

7. 역사. 헤겔은 자기 이전의 아우구스티누스, 레싱, 칸트처럼, 그리고 자기 이후의 콩트, 맑스, 스펜서, 토인비와 마찬가지로 역사가 패턴을 가지며 과감하게 그것을 드러낸다는 점을 믿었다. 이 모든 시도들은 세부적으로는 논란의 여지가 있으며 원칙적으로도 의문의 여지를 갖는다. 하지만 헤겔에 대한 건전한 비판이려면 그의 주목할 만한 유보조건에 대해서도 고려해야만 한다. 다시 말해 그는 예언을 하려고 시도하지 않았으며 과거를 이해하는 데 만족했다.

포퍼 스스로 자신의 책은 "특정 역사주의 철학들의 발전에 관한 난외주들의 모음으로 표현될" 수 있다고 말한다.[57] 그리고 이미 본 바와 같이, 그는 헤겔을 "히스테리성 역사주의"로 비난한다. 하지만 그 용어의 포퍼적 의미로 보건대, 헤겔은 전혀 역사주의자가 아니었다. 게다가 그는 "자신들이 역사적 사건들의 추세를 예언하도록 해주는 역사법칙을 발견했다고 믿는" 부류들에 속하지도 않았다. 왜냐하면 역사주의라는 말로 포퍼가 의미하는 것이 바로 예측들에 대한 이러한 탐닉이기 때문이다.[58]

헤겔은 다음과 같은 것에 책임이 있다고 전해진다.

> 역사적이고 진화적인 상대주의——사실상 오늘 믿고 있는 것은 오늘만 참이라는 위험스러운 교설의 형태를 지니고, 똑같이 위험스러운 귀결로서, 어제 참이었던 것(참이지 단지 "믿고 있는" 게 아니다)이 내일은 틀릴 수도 있다는 주장——, 따라서 확실히 전통의 중요성을 평가하는 데 자극을 줄 수 없을 것 같은 교설.[59]

57. 같은 책, 4.
58. 같은 책, 5.

물론 헤겔은 전통이 갖는 의의를 평가하는 데 탁월했다. 언제나 그는 그것의 본질적 합리성을 당연시했고, 전통의 의의에 대한 평가를 수반하지 않은 과거나 현재의 여하한 비판을 자의적인 것으로 경멸했다. 헤겔은 "사실상 오늘날 믿고 있는 것은 오늘만 참"이라고 언급하지 않았으며, 다만 철학자들과 "저잣거리의 사람들"을 포함해 대다수 동시대인들이 진실을 보지 못했다고 주장했을 뿐이다. 그리고 "어제 참이었던 것이…… 내일은 틀릴 수도 있다"는 것은 어떤 섬에서는 신부한 말일 따름이나. 예컨대 다음과 같이 진술할 때처럼 말이다. "비가 내리고 있다.", "미국인들은 모든 인간이 자유를 포함해 어떤 양도 불가능한 권리들을 창조주로부터 부여받았다고 말하면서도 노예들을 소유한다." 혹은 "또 다른 전쟁은 문명의 미래를 위험에 빠뜨리지 않으면서도 프랑스혁명의 이상을 퍼뜨릴 수 있을 것이다." 그리고 똑같은 고려사항이 민족이나 전쟁에 관한 대부분의 일반화에도 적용된다.

헤겔이 "2+2=4" 같은 명제들이 어떤 시점에선 참이지만 다른 시점에선 그렇지 않다고 여기지 않았음은 당연하다. 하지만 그는 진리는 서서히 알려지는 것이라고 여겼고, 철학사 강의 — 이로부터 어떤 이들은 철학사를 별개의 분과로 기입할 수도 있을 것이다 — 에서 이 점을 보여주고자 했다. 첼러, 에르트만, 피셔 같은 19세기 독일의 철학사가들은 의식적으로 헤겔의 사례를 따르고 그의 토대들을 기반으로 삼았다. 헤겔은 그의 선임자들이 얼마나 순전히 그릇됐는지가 아니라 그들이 어느 정도 진리를 인식했는지를 강조했다. 따라서 플라톤의 진리는 아직 "진리의 모든 것"이 아니었으며, 이후의 손질과 수정을 필요로 하는 것이었다. 헤겔의 접근법은 상당수 심오한 통찰들을 허용하는바, 그것은 헤겔이 반발했던 신념에 찬 계몽주의 비판가들과 그 후예들의 종종 피상적인 제약들과는 좋은 대조를 이룬다.

..
59. 같은 책, 254.

헤겔의 접근법은 비도덕적인 것이 아니다. 그는 역사의 목적을 그 "결과" 속에서 구하고[60] 세계사를 세계의 법정으로 간주하긴 했지만,[61] 그렇다고 성공을 숭배하지는 않는다. 그의 태도는 자유가 승리할 것이며 또 승리해야만 한다는 종교적 신념에 의존한다. 그것이 헤겔의 "역사주의"다. 그는 사태가 성공적이기 때문에 그것이 선한 것이 아니라, 오히려 사태가 선하기 때문에 그것이 성공한다고 믿었다. 그는 역사 속에서 신의 계시를 찾는다.

이 점은 『법철학』의 258절에 있는 폰 할러에 대한 헤겔의 격렬한 비판에서 가장 잘 묘사되어 있다. 이 절 곳곳에서 헤겔은 프리스와 바르트부르크 축제를 연결짓는 혁명적 무법성의 스킬라(Scylla)와 그가 폰 할러의 『국가학의 부흥』에서 발견한 보수적 무법성의 카리브디스(Charybdis)를 피하고자 노력했다. 헤겔이 폰 할러를 인용한 부분(1권, 342쪽 이하)을 보자. "무기물의 세계에서 더 큰 것이 작은 것을, 강자가 약자를 억압하듯이, 동물들 간에도 그리고 따라서 인간들 간에도, 똑같은 법칙이 보다 고상한 형태로 반복된다." 그리고 헤겔은 덧붙인다. "또한 경우에 따라서는 종종 고상하지 않은 형태로도?" 그런 뒤 헤겔은 다시 폰 할러를 인용한다. "그러므로 이것은 영원하고 변치 않는 신의 질서인바, 보다 강한 자가 통치하고, 통치해야 하며, 언제나 통치해야만 한다." 이어서 헤겔의 논평이 나온다. "사람들은 이로부터 유일하게, 그리고 이어지는 것으로부터 마찬가지로, 여기서 말하는 바가 무엇인지 보게 될 것이다. 즉 도덕적이고 윤리적인 힘이 아니라, 한갓 자연의 우연적 힘을 말이다."

"민족은 그 자체로 자연적인 죽음이 될 경우에만 폭력적인 죽음에 처할 수 있다."[62] 포퍼는 헤겔이 말하듯이 인용한다. 그리고 헤겔의 말이 이어진다. "예컨대 독일 제국의 도시들, 독일의 제국헌법이 그러하듯 말이다."[63] 아무리

••
60. 같은 책, 260.
61. 같은 책, 233과 각주 11.
62. 같은 책, 263.
63. 같은 책, 각주 77.

이 분석이 1806년의 사건들에 적용될 경우에 참일지라도, 과감한 일반화는 비판을 야기한다. 그러나 헤겔이 이사야에서 토인비에 이르는 종교적 전통에 동의한다는 사실을 고려해야만 할 것이다.

포퍼는 헤겔을 서구의 종교적 전통에서 떼어내 그를 나치와 연결시키는 데 진력하면서 헤겔의 세계사적 사람들이라는 개념에 집착한다. 헤겔에 따르면 역사는 민족들의 다툼을 기록하며 "그 싸움의 대상은 세계 지배"이고,[64] "역사는 세계 지배를 위한 다양한 민족정신들의 경쟁이다."[65] 그리고 헤겔의 『엔치클로페디』가 인용된다.[66] "시대정신[67]은 자신의 의지"를 "세계를 지배"하는 "특정 민족의 자기정신"에 "투여한다."[68] (포퍼는 이를 인용하지 않지만) 계속해서 헤겔은 정신이 "앞으로 나아가며 그것을 우연과 불행 너머로 전달"한다. 그의 입장은 궁극적 실재가 정신적이며 정신은 역사 속에서 스스로를 진보적으로 드러낸다는 가정에 근거한다. 이 계시의 단계들은 상이한 민족들에, 그러나 한 시대에 한 민족에 의해서만 대표된다.[69] "이 민족은 이 시기의 세계사에서 지배적인 이들이며 —— 이런 점에서 딱 한 번만 신기원적일 수 있다. 세계정신의 현 발전단계에 체현되어야 하는

· ·
64. 같은 책, 233.
65. 같은 책, 252.
66. Hegel, *Encyclopedia*, §550.
67. 헤겔은 말한다. "특수한 민족의 자기의식은 보편적 정신이 전개해나가는 현재 무대의 운반자이며, 그 정신이 자신의 의지를 세우는 객관적 현실성이다." 스크리브너의 『헤겔선집』에서, 이것은 "거기서 그 정신이 자신의 의지를 잠시 부여하는…… 것"으로 되어 있다. 그리고 포퍼에 오면, 그것은 "시대정신"이 된다.
68. Popper, *Open Society*, 258.
69. 이 개념은 슈테판 게오르게에 의해 채택되었고, 모든 사람들의 장소에 있는 개별 예언가란 생각과 더불어 그의 <게오르게 일파>의 신조 중 일부가 되었다. "저마다의 시대에는 단지 하나의 신이 있고, 그의 선지자가 존재한다." 이것은 헤겔의 견해보다 훨씬 더 명백히 그릇된 것으로 보인다. 그리고 이중으로 아이러니한데, 상대적으로 협소한 독일 시의 영역에서 보더라도, 게오르게는 고독한 거인이 아니었으며 아마도 릴케에 못 미쳤던 것으로 보이기 때문이다.

이 절대적 권리에 반해, 다른 민족들의 정신들은 어떤 권리도 갖지 않으며, 그들은 자기 시대가 지나가버린 민족들처럼 세계사에서 더 이상 고려되지 않는다."[70]

헤겔의 개념은 오늘날 진부한 것이 사실이다. 우리는 다수 문명들의 역사에 대해 그가 행했던 것 이상을 알고 있다. 더 이상 우리는 세계사를 그리스에서 출발해 로마를 거쳐 우리의 시대에 이르는 직선적인 계열로 환원할 수 없다. 게다가 우리는 고대 아시아를 "동양세계"로 배치하고 그것을 단지 그리스의 배경 정도로 이해할 수도 없다. 그뿐만 아니라 우리는 민족[volk]이나 국민(nation) 같은 개념이 갖는 상당한 모호함과 위험성을 알고 있다. 따라서 우리는 그런 용어를 그리스나 로마 문명의 운반자로 사용하는 데 신중할 수밖에 없다. 그리고 우리는 말하자면 서로마제국에서 우리 자신의 시대에 이르는 "세계사적" 민족들의 계보를 구성하는 데 곤경에 처하게 된다. 우리는 중세철학의 번영을 그리스를 배경으로 유대교, 이슬람교 그리고 기독교의 협조라는 관점에서 이해하며, 누가 그 시대에 세계정신을 대변했는지를 말하는 데는 관심을 두지 않는다.

그렇다고 해서 이 모든 것이 헤겔의 견해가 사악하다거나 그의 오류들이 추정컨대 민족주의나 부족주의에 기인함을 의미하는 것은 아니다. 토인비처럼 민족주의를 거부한 근대 역사철학가들에 대해서도 매우 유사한 반박들이 제기될 수 있다. 확실히 토인비는 세계사에서 "중시되는" 모든 동시대의 문명들을 인정한다. 하지만 역사의 단위로서의 민족에 대한 그의 논박과 문명에 대한 그의 선호는 다음과 같은 주장, 즉 민족들은 다른 민족들에 대한 참고 없이는 연구될 수 없지만 문명은 다른 문명의 준거 없이도 연구될 수 있다는 주장에 근거한다. 다시 말해, 그 누구도 아랍인들이나 유대인들 혹은 그리스인들을 참고함 없이 스콜라철학을 이해할 수 없다.[71] 완전히

••
70. Hegel, *Philosophy of Right*, §347.
71. 토인비는 『역사의 연구』의 초반부터 영국이 지성적 학문의 영역이 아니라 서구

고립된 공동체의 경우를 제외한다면, 어떤 단위도 다른 것들의 참고 없이는 완벽하게 이해될 수 없다. 그리고 그것이 서구문명이든, 독일이든, 아테네든 심지어 벌링턴 철도든 간에, 여하한 단위도 역사 연구의 대상이 될 수 있다. 각각의 경우에, 우리는 다른 단위들을 가급적 드물게 도입함으로써 고려 중인 단위의 역사를 조망할 수 있을 뿐이다.

이런 점에서, 헤겔의 세계사 개념은 자의적이며 자기 자신의 문명의 발전을 연구하려는 시도에 다름 아니다. 게다가 그는 이 문명의 선조들 일부가 동시에 획기적인 기여를 했다는 짐이 인정된다고 해서 좌절되지도 않았다. 호머는 초기 예언가들과 동시대인이었을 것이다. 탈레스와 예레미아는 같은 시기에 저술을 했다. 그리고 스토아주의는 기독교가 유대교에서 전개되던 바로 그 시기에 번영기를 누렸다. 요청되는 것은 더 많은 관점들이며 개별 단위들에 대한 더 많은 존중이다. 이 모든 것이 정해진 계획에 들어맞을 필요는 없으며, 그런 점에서 헤겔은 확실히 일종의 프로크루스테스(Procrustes)였다. 그렇지만 헤겔을 히틀러와 엮기 위해 "세계지배"란 개념을 전적으로 정치적으로, 혹은 심지어 군사적 의미로 사용하려는 포퍼의 시도는 매우 불합리하다. 게다가 헤겔이 어떤 예측이나 미래의 암시를 제기하기는커녕 용의주도하게 스스로를 과거에 대한 이해로 제한하고자 했다는 점을 강조하지 않는다면, 이는 이중으로 오독하는 경우라 할 수 있다(아래 9절 참고).

8. **위대한 인간과 평등.** 세계사적 민족들이라는 헤겔의 개념은 세계사적 인물들에 대한 그의 신념과 공존한다. 두 개념은 한 가지 점에서 정당화된다. 일부 민족들은 그들 외의 어떤 이들에게 이렇다 할 영향을 거의 미치지 않지만, 예컨대 그리스인들과 유대인들은 그 숫자에 비해 세계사에 상당한 영향을 끼쳐왔다. 유사하게, 소크라테스와 카이사르는 세계사적 인물들이

•• 문명만이 그러하다는 것을 보이고자 한다. 그가 스페인을 사례로 취했을 경우에는 마지막의 결론에 다가갈 수가 없었다.

라고 불릴 만하다. 포퍼가 다음과 같이 썼을 때 그것은 순전히 감정적이다.

> 모든 이들이 영광을 얻을 수는 없다. 결국 영광의 종교는 반평등주의를
> 함의한다. 다시 말해 그것은 "위대한 인간들"의 종교인 것이다. 따라서
> 근대 인종주의는 "영혼들 간의 평등도, 인간들 간의 평등도 알지 못한다."
> (로젠베르크) 그러므로 자유에 대한 지속적인 반란의 병기고로부터 지도
> 자의 원리를, 또는 헤겔의 말마따나 세계사적 인물의 사상을 채택하는
> 것에 하등의 장애물이 존재하지 않는다.[72]

이 인용문에서 두 번 사용되는 "종교"라는 단어 외에 포퍼가 언급하는
평등주의 개념은 다분히 선동가적인 인상을 풍긴다. 포퍼는 우리가 평등주의
를 "위해" 헌신해야 한다고 말하지만, 그것이 누구도 다른 모든 이들에게서
획득될 수 없는 무언가를 성취할 수 없다는 신념과 결부된다면, 확실히
지지하기 어렵다. 평등주의는 그것이 가치가 있는 어떤 측면에서 위대한
인간들이란 신념과 양립 불가능하지 않다. 포퍼에 따르면, 여기서 다음과
같은 점을 주목해볼 수도 있겠다.

> 헤겔은 평등을 불평등으로 비틀어버린다. "시민들이 법 앞에 평등하다
> 는 것은 위대한 진리를 담고 있다"고 헤겔은 인정한다. "하지만 이런
> 식으로 표현된다 할지라도, 그것은 동어반복에 불과하다. 그 말은 일반적
> 으로 법적 지위가 존재한다는 사실, 법이 통치한다는 사실만을 기술할
> 뿐이다. 그러나 보다 구체적으로 들여다보면, 시민들……은 그들이 법
> 밖에서도 평등하다는 점에서만 법 앞에 평등하다. 오직 그들이 재산이나
> 일정한 연령 등을 지닌다는 점에서의 평등만이 법 앞에 동등한 대접을
> 받을 가치가 있는 것이다. …… 법 자체는 불평등한 조건을 전제한다.

72. Popper, *Open Society*, 266f.

…… 현실 속에서 개인들의 가장 구체적인 불평등을 산출하는 것이 근대 국가들이 갖는 형태의 위대한 발전이자 성숙이라는 점이 말해져야 한다."[73]

헤겔의 인용구에서 생략된 부분은 포퍼가 한 것이며, 그는 이어지는 문장에서 그 이유를 밝히고 있다.

헤겔이 평등주의의 "위대한 진리"를 정반대로 비튼 것에 대해 개괄하면서, 나는 그의 논증을 과격한 방식으로 단축시켰다. 그리고 독자들에게 경고하건대, 나는 이 장 전체에 걸쳐 똑같은 것을 계속 하고자 한다. 왜냐하면 오직 이런 방법으로만 그의 떠벌림과 사상의 비약(의심의 여지 없이 병리적인 것)을 그나마 수월하게 읽게끔 제시하는 게 가능하기 때문이다.

이 인용에서 포퍼의 생략은 참으로 (헤겔의) 병리학의 관점에서 해명될 수 있는가? 『엔치클로페디』의 539절을 고찰해보자. 거기서 헤겔은 평등에 대한 찬반이 아니라, 어떤 점에서 그것이 근대국가 속에 구현될 수 있는가를 규정하려고 시도했을 뿐이다.

국가의 출현과 더불어 불평등이, 즉 통치 권력들과 피통치자 간의 차이, 정부당국, 치안판사, 감독관 등이 생겨난다. 지속적으로 수행되어 온 평등 원리는 모든 차이들을 거부하며 따라서 여하한 종류의 국가와 불화를 겪게 된다.

아래의 논의에서 우리는 포퍼가 앞서 강조했던 그 문장을 보게 되는데,

73. 같은 책, 239.

그것을 생략 없이 인용하는 게 가장 바람직해 보인다. 그것도 포퍼가 강조한 것보다 헤겔이 강조한 것으로 말이다.

> 어떤 식으로든 재산, 나이, 신체적 힘, 재능, 적성 등 혹은 범죄 등과 관련하여 우연히 독립적으로 존재하게 되는 오직 그러한 평등은 법 앞에서 이것들의 평등한 대우── 조세, 병역의무, 공직 임용 등 혹은 처벌 등과 관련하여 ──를 정당화할 수 있고 또 그래야만 한다.

대체로 헤겔의 문장은 매우 신중하게 구성되어 있고 중요한 대비를 보여준다. 오직 동등한 부를 가진 사람들만이 평등하게 세금을 납부할 수 있다. 그리고 나이나 물리적 능력만이 이를테면 징병위원회의 고려사항이 될 수 있다. 재능과 적성은 공적 업무와 연관된 특징들이다 등등. 만약 그렇지 않다면, 우리는 동등한 죄를 범했는지 여부와 무관하게 모든 범죄자에게 똑같은 처벌을 해야만 하는가? 혹은 여성과 어린이에게 병역의무를 부과하고 빈자와 부자에게 정확히 동일한 세금을 내도록 해야만 하는가? 과연 "왜곡"의 책임이 있는 이는 헤겔인가?

"위대한 인간들"로 되돌아가보자. 헤겔은 (간스의 318절의 추가에 따르면) 다음과 같이 말한다. "여론은 모든 허위와 진실을 담고 있다. 그리고 거기서 참인 것을 발견하는 것은 위대한 인간의 재능이다. 누구든지 자신의 시대를 말하고 그 시대가 원하고 표현하는 것을 성취하는 사람은 그 시대의 위대한 인간이다."[74] 그리고 그 구절은 (포퍼의 번역에 따르면) 아래의 표현으로 마무리된다. "마치 그것이 스스로 퍼져나가는 것인 양, **여론을 경멸하는 방법**을 이해하지 못하는 사람은 결코 어떤 위대한 것도 성취할 수 없다." 포퍼의 강조는 그의 논평(아래를 보라)과 마찬가지로 여론의

..
74. 이 구절에 대한 포퍼의 판본(같은 책, 267)은 그것을 일종의 헛소리로 만들어버린다. "여론 속에서 모든 것은 허위이자 진실이다."

우월성에 우호적인 독자의 편견에 호소한다. 앞에서는 양심의 우월성에 우호적인 편견에 호소했지만 말이다. 그러나 이 두 개의 잣대는 매우 상이한 것이다. 그리고 헤겔은——포퍼가 혐의를 두었던 것처럼[75]——"자기 확신은 진리와 같은 것이다'라는 주장을 믿지 않았기 때문에, 양자 모두의 오류가능성에 대해 인식할 수 있었다. 헤겔은 (318절의 본문에서) "[여론]에 독립적인 것은 (학문에서뿐만 아니라 현실에서도) 위대하고 합리적인 것의 첫 번째 형식적 조건"이라고 주장했다. 그리고 그는 여론이 "사실상 그것을 수용하고 인정하며 그것을 여론 자신의 편견 중 하나로 만들 것"이라는 신념을 지녔다.

간스의 추가분에서 따온 위 인용문에서, 포퍼는 "홍보가로서의 지도자에 대한 탁월한 기술"을 발견했다. 그리고 그가 그것을 "지도자 원라"의 출처로 소개한 이후로, 사람들에게 독재자의 묘사로 이끌고 헤겔을 최초의 나치로 간주하도록 만들었다. 그러나 그 인용은 민주주의의 참된 믿음과 갈등을 겪지 않으며 프랭클린 루즈벨트의 "개입주의"뿐만 아니라, 예컨대 링컨의 위대한 연설, 즉 "분열된 가정은 유지될 수 없습니다. 나는 이 정부가 반-노예와 반-자유 상태를 영원히 견딜 수 없다고 확신합니다." 혹은 "누구에도 악의를 품지 않고, 모두에게 자비의 마음으로……!" 같은 주장과도 조화롭게 어울린다. 그리고 헤겔이 세계사적 인물들에 대해 다음과 같이 말했을 때 그것은 링컨에게도 참으로 해당된다. "그들은 실천적이고 정치적인 인간들이다. 하지만 동시에 그들은 사유하는 인간들이며, 시대의 요건—— 즉 발전의 기회가 무르익었던 것——에 대한 통찰을 지니고 있는 이들이었다."

헤겔은 세계사적 개인이 언제나 어떤 열정에 의해 추동되며("세계의 그 어떤 위대한 것도 **열정** 없이는 완수되지 않았다.") 그들의 동기가 사적 욕심과 무관치 않음을 발견했다. 후자를 가리켜 그는 "이성의 간지"라 불렀다. 개인은 심오한 통찰뿐 아니라 "사적 이해"와 심지어 "자기-본위의

75. 같은 책, 237.

설계"에 의해서도 자극받을 수 있다. 알렉산더 대왕은 열정적인 야심가였다. 하지만 장기적인 관점에서 그의 사적 이해는 서구문명을 촉진시켰다. 유사한 것이 시저의 경우에도 고려될 수 있다. 그리고 포퍼가 헤겔을 "우리의 열정들에 해당하는 '인간 본성'의 파시스트적 호소"와 연결시키고 이 호소를 "이성에 반하는 반역의 간지"로 부를 것을 제안한 반면,[76] 정작 자신은 나폴레옹(그의 동기는 사심에서 나온 것이었으며 그의 방법은 "열린사회"의 신봉자에게 승인될 수 없었다)을 그에게 봉기한 독일인들이 "초국가적 제국의 팽창에 대한 전형적인 종족적 반작용들의 하나"로 명명될 수 있는 한에서 서구문명의 촉진자로 확신한다.[77]

9. 전쟁. 헤겔의 전쟁관을 수용하지 않는다 하더라도, 우리는 그것을 파시스트의 견해와 확연하게 구별해야만 한다. 여기서는 세 가지 점만 언급하는 것으로도 충분하다. 첫째, 헤겔은 미래가 아니라 과거를 조명한다. 물론 그는 포퍼만큼이나 "문명의 촉진"에 대해 관심을 가졌지만,[78] 동시에 과거의 수많은 전쟁들이 우리의 문명을 자극했다는 것 역시 인정했다. 예를 들어 그리스와 페르시아의 전쟁, 알렉산더의 정복전쟁, 로마가 치른 수많은 전쟁들 그리고 샤를마뉴의 색슨족의 정복 등이 그러했다. 철학자의 임무는 "존재하는 것"을 파악하는 것[79]——그리고 유토피아를 구성하지 않는 것——이라고 믿으면서, 헤겔은 전쟁을 사실상 문명을 촉진시켰던 요인들 중 하나라고 보았다.

둘째, 우리는 당시에 발발했던 전쟁에 대한 헤겔의 판단을 오늘날 우리가 알고 있는 것과 혼동해서는 안 된다. 셋째, 헤겔의 태도는 그것의 종교적 기원과 분리해서 고찰했을 때 온전하게 이해될 수 없다. 그는 모든 유한한 것들을 덧없는 것으로 간주했다. 간스의 증보판의 324절에 따르면,[80] 그는

76. 같은 책, 268.
77. 같은 책, 250.
78. 같은 책, 268.
79. Hegel, *Philosophy of Right*, 서문.

다음과 같이 말한다. "교단에서는 대부분 일시적인 것의 불확실함과 공허함 그리고 불안정함에 관한 것들이 설교된다. 그럼에도 불구하고 모든 이들은…… 자신이 어떻게 해서든 자기 소유물들에 의지해서 꾸려 가리라고 생각한다." 설교자가 전달하는 데 실패한 것으로서, "검을 뽑아든 경비병"은 참으로 우리를 각성하게 해준다(포퍼는 "번쩍이는 군도"라고 쓰는데, 약간 이긴 하지만 그 변화는 해당 구절의 분위기에 영향을 미친다).

이 세 가지 점들은 얼마나 포퍼가 헤겔의 견해를 오해하고 있는지를 보여주기에 충분하다. "헤겔의 이론은 전쟁이 그 자체로 선하다는 것을 함의한다"고 말한다. "우리가 읽기에, '전쟁에는 윤리적 요소가 존재한다.'"[81] 이것은 기이한 함축을 담고 있는 개념이다. 왜냐하면 "전쟁에 윤리적 요소가 존재하며 그것은 절대악으로 간주될 수 없다"는 헤겔의 주장으로부터,[82] 포퍼는 헤겔이 전쟁을 "그 자체로 선한 것"으로 간주했다고 추론하기 때문이다. 헤겔은 악조차도 긍정적인 기능을 수행한다는 것을 입증함으로써 악의 문제를 해결하고자 했다. 포퍼는 헤겔의 변증법적 접근의 본질이 전쟁을 선과 악의 측면으로 세분함으로써 그것이 선인지 악인지를 단언하는 방식을 넘어선다는 사실을 간과한다. 오늘날 악은 상상할 수 있는 그 어떤 선을 훨씬 능가하기 때문에 우리는 그것과 마찬가지로 선한 측면을 언급하는 사람의 말을 견디기 어려워한다. 하지만 구체적인 곤경에 처하면, 다수의 사람들은 그 점이 "보다 덜한 악"의 관점에서 제기된다 할지라도 선은 악을 능가한다고 여기기 마련이다.

마지막으로 헤겔이 미래의 전쟁에 대해 고찰한 부분은 그간 잘 알려지진 않았지만 여기서 언급할 가치가 있는 대목이다. 그것은 헤겔이 베를린 교수일 때 행한 미학 강의에서 발견된다.

• •
80. Popper, *Open Society*, 269에서 인용.
81. 같은 책, 262.
82. Hegel, *Philosophy of Right*, §324.

동양에 대한 서구의 승리, 즉 아시아적 화려함에 대한 유럽식 척도, 개인적 미 그리고 자기비판적 이성의 승리를 묘사한 과거의 위대한 시대를 고찰해 온 이후에 ……이제 사람들이 미래에 존재할 위대한 시대에 대해서도 사고하길 원한다고 추정해 보자. 그 시대는 무한히 계속되는 측정화와 세분화로의 유폐에 대한, 미국에서 발전할 법한 살아 있는 합리성의 승리를 대표하는 것이리라. 왜냐하면 유럽에서 모든 이들은 이제 다른 이들에 의해 제한되기 시작했고, 아마도 그들로서는 다른 유럽인들에 대한 전쟁을 개시할 수 없을 것이기 때문이다. 누군가 이제 유럽을 넘어서고자 원한다면, 그것은 오직 미국에서만 가능할 것이다.[83]

역사철학 강의에서 헤겔은 미국을 "미래의 땅"으로 찬양하기도 했다.[84] 명백히 그는 세계사가 프로이센에서 정점에 달했다고 믿지 않았다. 그리고 이 강의가 예측이 아니라 "의식은 이 지점에 다다랐다"라는 선언으로 끝난다는 점을 상기할 수도 있겠다. 이것은 또한 『법철학』 서문의 마지막에 있는 저 유명한 체념조의 표현을 이해하는 단서가 될 수도 있을 것이다. 일견 그 구절은 당시만 해도 프로이센이 결하고 있던 공적 절차 및 제도와 함께 배심원 평결과 진정한 의회를 요구하는 것과 불화를 겪는 것처럼 보인다. 그러나 확실히 헤겔은 프로이센이 더 발전하리라고 믿었지만 그것이 여하한 참된 미래를 갖는다고 여기지는 않았다. "철학이 회색에 회색을 덧칠할 때, 삶의 형태는 늙어갔으며, 회색 위의 회색과 더불어 그것은 다시금 젊음을 되찾는 것이 아니라 단지 이해될 뿐이다. 미네르바의 올빼미는 황혼이 되어서야 날아오르기 시작한다."

• •

83. Hegel, *Sämtliche Werke*, vol. 14, ed. Glockner, 354f. 언급된 과거의 시대들은 일리아드, 시드, 타소, 아리오스토 그리고 카모엥시의 시에 있는 것들이다.

84. 같은 책, vol. 11, 128f.

10. **민족주의.** 이 점에 대한 포퍼의 설명은 특히 부적합하다. "민족주의가 백 년 전[대략 1850년?]에 부활했을 때, 그것은 유럽에서도 가장 철저하게 혼합된 지역들인 독일 특히 그중에서도 프로이센에서 발생했다."[85] 한 페이지 뒤에 가서 우리는 "최초의 민족적 군대인 나폴레옹 휘하의 프랑스 군대에 의한 독일 영토의 침공"을 듣게 된다. 그리고 세 페이지 뒤에서 피히테의 "허풍"이 "근대 민족주의를 야기"했다는 주장을 접한다(피히테는 1814년 죽었다). 다시금 우리는 민족 자결에 대한 윌슨의 주장이 "그가 플라톤과 헤겔의 형이상학적 정치이론의 영향에 따른 희생물이 되었다"는 사실에 기인한다는 주장과 만나게 된다.[86] 민족성이란 개념을 경멸하면서, 포퍼는 그것이 "다언어 국가인 스위스의 통합적 요소를 형성한다고도 할 수 있는" 민주주의에 대한 공통 신념이라고 주장한다.[87] 그렇다면 왜 스위스는 자신의 민주적인 이웃나라들 중 한 곳과 통합하지 못했는가? 근대 민족주의의 다수 특징들에 대한 포퍼의 반대는 충분히 이해된다. 그러나 그 배경과 전개에 관심이 있거나 그것을 이해하고자 하는 사람이라면 한스 콘의『민족주의의 개념』(1944)과『20세기』(1949)에 수록된 그의 논문「민족주의와 열린사회」를 참고하는 것이 더 좋을 듯하다.

포퍼의 헤겔 장에서 주요한 주제들 중 하나가 바로 "헤겔주의는 종족주의의 르네상스"라는 것이다.[88] "종족주의"와 "민족주의"에 대한 포퍼의 사용은 엄밀하기보다는 감정적이며, 그는 헤겔에게 이 두 가지의 혐의를 씌운다. 그럼에도 그는 헤겔이 "때때로 민족주의자들을 공격했다"는 점을 인정하지 않을 수 없다.[89] 포퍼는 이른바 민족이 한 떼의 무리로서 비난받는 헤겔의『엔치클로페디』를 인용한다.

• •
85. Popper, *Open Society*, 245.
86. 같은 책, 246.
87. 같은 책.
88. 같은 책, 226.
89. 같은 책, 251.

그리고 그와 관련해서, 한 민족이 일종의 집합체로 생겨나서 힘과 행동을 야기하지 못하도록 하는 것이 바로 국가의 한 가지 목표다. 민족의 그러한 조건은 무법성과 탈도덕화 그리고 야수성의 조건일 뿐이다. 그 속에서 민족은 폭풍우 치는 광포한 바다의 힘처럼 형태 없는 거칠고 맹목적인 힘에 불과하다. 그러나 민족은 그것 —— 정신적 요소 —— 이 그러리라 예상되는 것처럼 자기-파괴적이지는 않다.

나치는 매우 정당하게도 헤겔이 민족[Volk] 개념과 항구적으로 대립했으며 그의 국가관은 민족에 대한 안티테제라고 결론지었다.[90]

반면에 포퍼는 헤겔에 반대하려는 요량으로, 헤겔이 민족을 비판하는 것을 발견할 때면 즉각적으로 민족주의 진영에 대한 독자들의 공감들을 끌어 모으려고 애쓴다. 따라서 그는 (매우 올바르게도) 헤겔이 "자유주의적 민족주의자들"을 암시하고 있음을 지적하는 데 만족하지 않고, "페스트처럼 그들을 증오하는 왕의 사례"를 덧붙인다. 물론 헤겔의 태도는 "자유주의"나 "왕" 같은 단어의 감정적인 영향의 관점에서 이해되거나 합리적으로 평가될 수는 없다. 필요한 것은 다음처럼 헤겔이 비판하는 운동에 주목하는 것이다.

자유와 평등에 대한 무수한 말들이 있었다. 하지만 그것은 튜턴족만의 기득권일 수밖에 없는 자유였고, 보편적인 빈곤과 궁핍을 의미하는 평등이었다. 문화는 부자와 외국인이 보유하고 있는 것으로서 사람들을 타락시키거나 허약하게 만드는 것으로 간주되었다. 프랑스인에 대한 증오는 유대인과 가톨릭교도 그리고 "귀족들"에 대한 증오를 동반했다. 그 운동은 참된 "독일의 전쟁"을 외쳤고, 그에 따라 독일은 "자국의 민족성의 풍부한 부"를 펼칠 수 있었다. 그것은 독일의 통일을 얻기 위한 "구세주"를

90. Rosenberg, *Der Mythus*, 527.

요구했고 그를 통해 "사람들은 모든 죄악을 용서받게 될 것이다." 그것은 책을 불태웠고 유대인에 대한 근심을 토로했다. 그것은 "정당한 대의에는 어떤 법도 없기" 때문에 스스로를 법과 헌법 위에 있다고 믿었다. 국가는 군중의 순전한 열정을 통해 "아래"로부터 세워졌으며, 민족의 "자연적인" 통일은 국가와 사회의 계층화된 질서를 대체할 것이다. 이러한 "민주적 인" 슬로건에서 파시스트적 **민족공동체**의 이데올로기를 인식하는 것은 어렵지 않다. 사실상 부르센샤프트들의 역사적 역할과 그들의 인종주의, 반합리주의 그리고 민족적 사회주의 사이에는 헤겔의 입장과 그것들 사이의 것보다 훨씬 밀접한 연관이 존재한다. 헤겔은 이러한 유사-민주적 이데올로기에 맞서 국가를 옹호하기 위해 『법철학』을 저술한 것이다.[91]

포퍼가 분명 헤겔보다 선호하는 "자유주의적" 프리스가 유대인의 절멸을 요청했다는 사실은 앞서 언급한 바 있다. 반면에 헤겔은 『법철학』에서 유대인의 시민권 확장에 반대하는 민족주의적 아우성을 비난했다. 그러한 모든 "아우성은 무엇보다도 그들이 인간이라는 것을 간과했다"고 지적하면서 말이다.[92] 우리는 헤겔이 군주에 동의했다는 이유로 그를 비난하거나 프리스가 그러지 않았다고 그를 찬양할 수 있는가?

마침내 포퍼는 "헤겔이 민족에 대한 역사적 이론을 도입했다"고 주장한다.[93] 비록 엄밀성을 결여하고 있지만 이 주장이 사실인 것만은 분명하다. 헤겔은 역사를 민족과 민족정신에 근거해 이해했다. 그러나 그는 또한 역사를 자유에 관한 이야기로 해석했으며, 민족들은 오직 그들이 예술과 종교 그리고 철학의 성장을 가능케 하는 국가를 형성했을 때라야만 기여를 한다고 믿었다. 최고의 민족조차도 그 자체로 목적이 아니며, 흔히 말하듯

· ·
91. Marcuse, *Reason and Revolution*, 179f.
92. Hegel, *Philosophy of Right*, §270 n.
93. Popper, *Open Society*, 252.

그것의 확대나 영광은 헤겔에겐 아무런 의미가 없다. 오히려 그에게 중요한 것은 일부 민족들이 인간성과 문명화의 대의를 진척시켰던 방식이다.

헤겔은—— 포퍼가 우리에게 믿기를 바랐던 것처럼—— 왕에게 비위를 맞추기 위해 편의상의 이유로 종종 민족주의를 비판한 그런 민족주의자가 아니었다. 진심으로 그는 동시대의 맹목적 애국주의(jingoism)를 완강하게 반대했다. 따라서 그는 민족을 초민족적인 목적을 향한 디딤돌로 간주하는 한에서만 민족주의자였을 뿐이다.

11. 인종주의. 우리가 고려해야 할 마지막 주장이자 어떤 점에선 포퍼의 가장 터무니없는 것이 바로 나치가 인종주의를 헤겔에게서 구했다는 것이다. 우리는 두 가지를 지적하고자 한다. 첫째, 나치는 헤겔로부터 자신들의 인종주의를 구하지 않았다. 둘째, 헤겔은 인종주의자가 아니었다(또한 앞의 3을 보라).

첫 번째 쟁점과 관련하여, 혹자는 나치가 쇼펜하우어와 프리스(포퍼는 223페이지와 272페이지 그리고 각주 58에서 헤겔과 나란히 설명한다.) 그리고 바그너(포퍼는 그가 쇼펜하우어의 헌신적인 제자였음에도 불구하고 헤겔주의의 어떤 것을 가지고 있음을 내비친다.[94])를 통해 자신들의 인종주의에 대한 약간의 지원을 얻었다고 말할 수도 있을 것이다. 그리고 포퍼가 1900년에 현상 논문을 썼을 당시의 W. 샬마이어를 두고 "인종적 생물학의 창시자가 되었다"고 선언할 때,[95] 우리는 고비노와 체임벌린 같은 비독일권 저자들과 1900년 이전에 자신들의 입장을 피력하고 나치의 인종주의에 압도적인 영향을 미쳤던 그 밖의 숱한 작가들에 대해서는 어떨지 궁금해한다. 앞서 우리는 나치가 플라톤에게 진 빚을 알지 못했지만 헤겔의 경우에는 알았다는 포퍼의 기이한 견해를 참고한 바 있다. 그리고 이제 포퍼가 "'헤겔+플라톤'이 아니라 '헤겔+헤켈'이 근대 인종주의를 설명하는 공식

94. 같은 책, 228.
95. 같은 책, 256.

이다'라는 경구를 제시했다는 점을 추가하고자 한다.[96] 왜 뵈른하르트 푀르스터, 율리우스 랑벤, 호프프레디거, 슈퇴커, 체임벌린, 고비노 또는 바그너가 아니라 헤켈인가? 왜 혈통에 대한 그의 숙고에 관해 나치의 가장 위대한 인종 권위자 한스 F. K. 귄터 박사가 전편을 쓴—— 그리고 귄터의 인종에 관한 소책자는 독일에서 수십만 부가 팔렸고 1933년 전에 이미 몇몇 판본이 나올 정도였다—— 플라톤이 아닌가? 그리고 왜 헤켈인가?

결정적으로 헤켈은 인종주의자가 아니었다. 게다가 포퍼는 그가 인종주의자였다는 것을 입증할 수 있는 어하한 증거를 제시하지 않는다. 그럼에도 포퍼는 말하길, "헤켈주의가 인종주의로, 정신이 혈액으로 변질(transubstantiation) 되었다 해서 헤켈주의의 핵심 경향이 바뀌는 것은 아니다."[97] 그렇다면 신의 독재자로의 변질 역시 기독교를 거의 변화시키지 않는가? 헤켈에 대한 점차 폭력적이고 어수룩한 공격이 포퍼의 헤켈 장의 수준을 "거의 무의미할 정도로 어리석게" 만든다는 G. R. G. 뮤어의 주장에 대부분 동의할 것이다.[98] 그러나 버트런드 러셀이 헤켈에 대한 포퍼의 공격을 (헤켈에게) "치명적인" 것으로서 찬양하고,[99] 평론가들이 플라톤과 아리스토텔레스의 취급에 대해서는 의구심을 표하면서도 일반적으로 헤켈에 대한 것에는 이의를 제기하지 않으면서 헤켈의 친숙함은 시들어져갔다. 따라서 우리는 더 이상 포퍼의 공격을 "어리석은" 것으로서 기각할 수만은 없다. 게다가 단지 무책임한 혹평에 대항해 헤켈을 방어하는 것이 문제인 것도 아니다. 헤켈 신화의 이 최신 판본에서 만나게 되는 보다 대중적인 방법들에 대해서, 이번만큼은 그 진상을 드러낼 필요가 있다.

포퍼가 그 내용을 인용하면서 헤켈과 그의 근대적 추종자들에게 적용하고

• •
96. 같은 책.
97. 같은 책.
98. Mure, *A Study of Hegel's Logic* (1950), 360.
99. 1949년 영어판 커버에 적혀 있다. 그 책은 그 밖에 수많은 찬사를 받았는데, 나는 헤켈에 대한 공격이 그 책 전체의 우수성을 대표한다고 보지는 않는다.

자 한──그러나 포퍼 자신에게도 잘 어울릴 법한──칸트의 다음과 같은 헤르더 비판을 상기하자. "유추를 집어내는 명민함과 그것을 대담하게 사용하는 상상력이 그 목적을 위한 이익을 얻기 위해 감정과 열정을 요청하는 능력과 결합되어 있다."[100] 그러나 중요한 것은 어떤 특정 저자의 실패가 아니라 차라리──이 글의 모토를 돌이켜 보건대──전반적인 재앙인 것이다. 따라서 나는 포퍼가 토인비 비판을 정당화하려고 말한 것을 나 자신의 변호를 위해 인용함으로써 결론을 내고자 한다.

나는 이것을 매우 경이롭고 흥미로운 책이라 생각한다. …… 그는 빈번히 자신의 책이 대단히 고무적이며 도전적이라고 말한 바 있다. …… 나 역시 그의 작품에서 표현된 다수의 정치적 경향들에 동의하며, 근대 민족주의, 부족주의 그리고 "의고주의(archaist)", 즉 그것과 연결된 문화적으로 반동적인 경향들에 대한 그의 공격을 전적으로 지지한다. 이 모든 점에도 불구하고 내가 불합리함을 고발하기 위해 [이]책을 선정한 이유는, 그처럼 훌륭한 작품 속에서 이 독의 효과를 볼 때라야만 우리는 그 위험성을 충분히 인식할 수 있기 때문이다.[101]

100. Popper, *Open Society*, 247.
101. 같은 책, 435f.

7. 헤겔의 국가는 전체주의적인가?

프란츠 그레구아 Franz Grégoire

(존 스튜어트 번역)

역사적이고 비판적인 분석들 중에서도 헤겔의 도덕 이론에 대한 긴 설명을 담고 있는[1] 예리하고 명쾌한 저서 『도덕철학』[2]에서, 우리의 J. 마리탱 씨는 헤겔에 따른 개인과 국가 간 관계에 대한 나의 해석을 거부한다.[3] 그 독일 철학자에 대한 나의 해석 방식에 따르면, 이 두 용어들의 각각은 예컨대 한쪽인 국가——가장 우세한 부분——가 그/그녀의 외적인 이익의 관점에서 고려되는 개인의 궁극적 목적이고, 다른 부분——덜 우세한 부분——인 인간으로서의 개인은 국가의 궁극적 목적이 되는 방식으로 상대에게 목적이 된다.[4] 반대로 마리탱에 있어서 헤겔의 국가는, 첫째로 그것이 인간으

··
1. 같은 책, 159-262.
2. J. Maritain, *La philosophie morale: Examen historique et critique des grands systèmes* (Paris: Gallimard, 1960).
3. 같은 책, 219, 각주 1.
4. 나는 벨기에 왕립아카데미와의 교류 속에서 간결한 방식으로 이런 해석을 비판해왔었다. "Une semi-légende. La 'divinité' de l'État chez Hegel", in the *Bulletin de L'Académie*

로서 개인에게 여하한 가치나 권리를 인정하지 않고 단지 국가의 구성원으로서만 승인하기 때문에 국가가 상호성의 여하한 형태 없이 개인의 최종 목적이 된다는 점에서 "전체주의적"이며, 둘째로 이것은 국가의 도덕적 권위가 절대적이고 무제한적임을 의미한다.[5] 나는 이처럼 명백히 지나치게 단순화된 헤겔 사유의 해석을 공유할 수 없으며, 이 논문에서는 나의 『헤겔 연구』에서 채택된 해석을 유지하고 옹호할 것이다.

첫 번째 점, 즉 국가와 마주한 개인의 권리들이 갖는 가치와 관련해서, 나는 무엇보다도 인간으로서의 인간의 가치와 권리들에 관한 헤겔의 교설 때문에 나의 애초의 견해를 견지하는데, 내가 믿기에 그 결과는 헤겔에게 개인은 부분적으로 국가에 대해 목적 그 자체라는 것이다. 마리탱이 단지 주변적으로만 언급하는[6] 이 교설을, 나는 약간 세부적으로 논한 바 있다.[7] 특히 마리탱은──단 하나의 예외를 제외한다면[8]──헤겔이 인간으로서의 인간을 "주관적 자유들"(즉 정치적이고 시민적인 권리들)의 토대로 명확히 특징짓고 있는 무수한 구절들을 참조하지 않는다. 마리탱은 더 이상 헤겔 체계의 일반적 구조를 인식하지 못하는데, 그 구조에 따르면 유기체의

royale de Belgique, Classe des Lettres et des Sciences morales et politiques, 5e série, t. 41, 1955, 6, 315-35. 그리고 이후에 다시금 이 주제를 세부적으로 다룬 바 있다. *Études hégéliennes: Les points capitaux du système* (Louvain-Paris, 1958), 285-300. 마리탱은 이 설명들의 첫 번째는 거절하고, 두 번째에 대해서는 알지 못하는 것으로 보인다.

5. Maritain, *La philosophie morale*, 207-21.
6. 같은 책, 196, 각주 2.
7. *Études hégéliennes*, 285-92 참조. 마리탱이 보기에 헤겔이 사람을 구성하는 것으로 본 개념은 만족스럽지 못한데, 왜냐하면 헤겔이 사람을 인간 종에 속한 것으로 특징지을 뿐 그의 형언할 수 없는 전달 불가능성은 무시하기 때문이다(*La philosophie morale*, 196, n. 2 끝까지. 그리고 또 다른 곳에서). 여기서 문제가 되는 것은, 헤겔이 국가 또는 정착할 권리들에 직면하여 개인에게 그 자신의 가치를 부여하는가 여부를 인식하는 것과는 명백히 다른 것이다.
8. 특별히 노예제와 관련된 것이다. *La philosophie morale*, 196, n. 2. 이런 예외는 마리탱이 부여한 개인과 국가의 관계에 대한 해석에 별 영향을 미치지 못한다.

범주로부터 시작하는 변증법적 질서의 모든 요소들—따라서 예컨대 개인과 국가—은 그 쌍의 상위 항에 위치하게 되는 보다 큰 비중으로 인해 서로에 대해 목적이 된다.[9]

여기서는 다음을 언급할 필요가 있다. 그의 철학의 일반적 주제에 따랐을 때, 헤겔에게 개인의 권리란 국가에 의해 인간으로서의 인간의 권리들로 "승인될" 때라야만 현실화되고 유효하게 되며,[10] 개인이 "주관적 자유들"과 관련하여 자신의 모든 가치를 국가로부터 도출하는 것은, 이 점에서 오로지 이 점에서만 그러하다.

따라서 우리는 국가와 개인 간의 상호 완성이라는 사상에 의해 해명될 수 있는 헤겔의 중요한 몇몇 구절들에 이르게 된다. 나는 이 구절들을 『헤겔 연구』에서 다룬 바 있다.[11] 여기서는 엄밀하게 하기 위해 약간의 수정을 가한 채 거기서 행한 것과 동일한 분석을 다시 취할 것이다. 마리탱은 자신의 입장에서 이 구절들을 나의 설명과는 다른 방식으로 논평하고 있다.[12] 나는 그것을 독자들이 어떤 해석을 선호하는지 스스로 선택할 수 있도록 내버려둘 것이다. 하지만 이 구절과 관련해서, 헤겔의 철학적 체계 일반의 구조뿐 아니라 인간으로서의 개인의 가치와 권리들에 대한 그의 교설을 염두에 두는 것이 중요하다는 점을 주장하고 싶다.

문제의 텍스트들 중 두 곳에서, 헤겔은 플라톤과 아리스토텔레스가 구성한 개념을 수정하려는 의도를 명확히 드러낸다. 그러나 그 부분을 다루기에 앞서, 나는 저 철학자들을 주제로 삼고 있지 않은 『역사철학 강의』의 한

• •
9. *Études hégéliennes*, 293-94 참조.
10. 예컨대, Recht §260, GI, 7, 337 참조[그레구아는 헤르만 글로크너의 『법철학』 판본을 인용한다. *Grundlinien der Philosophie des Rechts oder Naturrecht und Staatswissenschaft im Grundrisse*, vol. 7 of *Sämtliche Werke: Jubiläumsausgabe in 20 Bänden* (Stuttgart: Friedrich Frommann Verlag, 1927-40). 그는 이것을 'GI'로 축약하고 있다. ─ 스튜어트 주].
11. Grégoire, *Études hegeliennes*, 294-96.
12. Maritain, *La philosophie morale*, 219, n. 1.

구절을 잠시 주목하고자 한다.[13] 거기서 국가의 가치를 주장한 이후에, 헤겔은 사람들이 국가가 목적이고 시민들은 도구들일 뿐이라고 말하고픈 유혹에 시달릴 수 있음을 눈치챈다. 하지만 그는 이 생각이 완전히 부적합하다고 덧붙인다. 그것은 국가와 시민을 과도하게 분리시킨다(여기서 헤겔은 몇몇 도구들 혹은 엄밀히 말해 몇몇 수단들을 특징짓는 외적인 완성을 고려하고 있다). 국가와 개인의 참된 관계는 유기체의 두 구성원 사이에 존재하는 것이다.[14] 헤겔이 칸트로부터 물려받은 유기체 개념에 따르면,[15] 이것은 문제의 두 항들이 처음에는 내재적으로 그 다음에는 상호적으로 맺는 완성의 관계 속에서 스스로를 발견함을 의미하는 것으로 보인다. 확실히 헤겔은 자기 사유방식의 매우 체계적인 특징에도 불구하고, 개인과 국가에 대한 구절에서 첫째항과 둘째항의 관계가 갖는 내재적이고 본질적인 특징만 고려할 뿐 상호성의 특징은 고려하지 않는다. 이런 사정 때문에,

13. Weltg; vol. 1, 91[그레구아는 게오르크 라손의 『철학사 강의』 판본을 인용한다. *Vorlesungen über die Philosophie der Weltgeschichte*, 4 vols. (Hamburg: Meiner Verlag, 1934). 그는 이것을 *Weltg*로 축약하고 있다. - 스튜어트 주].

14. 텍스트의 내용은 이렇다. "국가는 시민들을 위해 존재하지 않는다."(헤겔은 단호한 어조로 국가가 순수하고 단순히, 심지어 원리적으로도 시민을 위해 존재하지 않는다는 것을 의도하고 있다) "누군가는 국가가 목표고 시민들은 수단들이라고 말할 수도 있겠다. 그렇지만 이 목적과 수단의 관계가 여기에는 결코 적용될 수 없다. 왜냐하면 국가는 추상적 용어가 아니기 때문이다."(헤겔은 추상적인 것을 "분리된" 것으로 이해한다) "그것은 개인들 너머에 그리고 그들에 맞서서 있는 것이지만, 실상 그것들은"(이는 개인과 국가를 의미하지, 마리탱이 『도덕철학』의 219페이지 각주 1에서 적고 있듯이 상호 관계를 맺는 개인들을 말하는 것이 아니다) "계기들인 바"(지렛대 역학이론에서 도출한 것으로서, 헤겔에겐 단지 상관적 항들을 지칭하는 표현이다), "어떤 구성원도 목적도 아니고 수단도 아닌 유기적 삶에서와 마찬가지다." [괄호는 그레구아 주].

15. 생명체는 요소들이 내재적 관계 하에서 상호적으로 목적이자 수단이 되는 전체다. 헤겔은 이 정의를 몇 차례 인용하며(예컨대 *Encyclopedia*, vol. 1, §57; GI, vol, 8, 156), 『정신철학』에서는 빈번히 사용한다.(나의 *Études hégéliennes*, 250-51 참조. 여기서 나는 왜 이 개념이 헤겔에게 중요한지 보여주었다) [『엔치클로페디』의 참고는 글로크너 판에서 온 것이다. - 스튜어트 주].

우리는 이 텍스트로부터 상호 목적들로서의 국가와 개인의 해석에 우호적인 결론들을 도출할 수가 없다.

『철학사 강의』에서[16] 헤겔은 국가에 대한 아리스토텔레스의 교설을 설명하면서 아래와 같이 『정치학』 I.1.2의 유명한 구절을 인용한다. "국가는 개인의 본질이다. 그리고 개인은 전체로부터 분리된 유기체의 부분인 한에서 그 자체로는 하찮은 존재이며 전체로부터 분리되어 있을 뿐이다." 그는 근대 자연법 이론과 대조적으로 국가의 가치를 승격한 것에 대해 아리스토텔레스를 칭찬한다. "그렇지만" 헤겔은 "시민의 자유란 고대에선 알지 못했던 필연적 계기다. 그들은 원자적 요소들의 이와 같은 완벽한 자립성[Selbständigkeit]과 모든 고도의 유기적 삶의 위대한 독립성을 알지 못했다"고 덧붙인다.[17] 이로써 헤겔이 의미하는 바는 무엇인가? 유기체에서 하나의 구성원은 자립할 수 없다. 다시 말해, 전체로부터 분리될 경우 그것은 참된 실존도 참된 가치도 갖지 못한다. 헤겔이 같은 맥락에서 인용한 한 구절에서 아리스토텔레스는 "잘린 손은 돌멩이의 손에 불과하다"고 말한다. 반면에 근대(헤겔의) 국가에서, 개인들은 "완벽한 자율성"을 지니는데,[18]

● ●
16. *Gesch. Philos.*, vol. 2; GI, vol. 18, 399-400.
17. "고도의 유기적 삶"에서, 구성원들의 자율성은 전체로 고양된 통일과 조화를 이룬다(*Weltg*, vol. 18, 399-400 참조). 고도의 유기체 개념은 헤겔 체계의 두 가지 일반 원리들을 따른다. 두 원리에 따르면, 어떤 범주도 그 자체로는 자신보다 더 위에 있는 단계에 적용되지 않으며, 유기체 범주조차 그렇다. 그리고 정신은 그 요소들의 자율성과 동시에, 그것들의 자기의식 및 개별적 의지에서의 통일의 심오함에 의해 특징지어진다. 국가 속에서 구성원들은 완전히 자율적이지만, 더불어 그들은 자신들 모두가 국가의 가치에 대한 의식을 가지며 그것을 의욕한다는 사실에 의해 통일되어 있다(그리고 이런 점에서, 국가는 그들 속에서 자신의 의식과 의지 자체를 갖는다).
18. 개인들의 이런 완전한 자립성[vollkomme Selbstständigkeit]은 시민적 자유[bürgerliche Freiheit]를 지칭하는데, 그것은 마리탱이 이해하는 것(*La philosophie morale*, 219, n. 1)과는 달리, 우리가 바로 위의 텍스트에서 관심을 갖고 있는 대목이다. 그것은 국가, 즉 그 다음에 출현하고 시민적 자유에 의해 조건지어지는 보다 높은 자유[höhere Freiheit]에 대한 자발적인 준수인 것이다. 다시 말해 그것은 국가에 의해 승인되는 것이다. 본문은 다음과 같다. "시민적 자유는…… 필연적 계기를

이는 우선 그 자신의 관점에서 환원 불가능한 가치를 의미하고 결과적으로 그 자체의 목적이라는 특징을 갖는 것으로 보인다. 그리고 국가가 "가장 큰 자율성"을 지니는 한, 더 큰 비중은 국가의 목적으로서 개인보다는 개인의 목적으로서 국가에 놓인다. 이 조건들 하에서, 헤겔을 좇아서 순전히 국가로 정향된 개인(고대국가)이라는 테제와, 순전히 개인으로 정향된 국가(근대 자유국가)[19]의 안티테제 그리고 국가의 우위 속에서 서로가 상대로 향하는 국가와 개인(헤겔의 근대국가)의 진테제를 생각해 보자. 이렇듯 국가의 세 가지 형식들의 변증법은 정확히 그 텍스트와 유사한 또 다른 변증법에 상응하는데, 그 항들은 다음과 같다. (1) 인간의 권리는 인정되지 않으며 (2) 개인이 그 자체 목적으로서 그러나 불완전하게 동기지어진 방식으로 국가를 향하는 고대국가. (1) 인간의 권리는 인정되며 (2) 개인이 그 자체 목적으로서의 국가를 향하지 않는 자유주의적 근대국가. (1) 인간의 권리는 인정되며 (2) 개인이 이성적으로 유발되고 전적으로 자발적인 방식으로 자신의 탁월한 목적인 국가로 향하는 헤겔적 근대국가.[20]

• •

이루는데, 낡은 국가들은 그것을 인식하지 못한다. 혹은 그 지점들의 이렇듯 완전한 자립성과 전체의 거대한 자립성 —— 고도의 유기적 생 —— 을 깨닫지 못한다. 이런 까닭에 국가는 그 원리를 자기 내로 수용하면서 보다 높은 자유로 출현하게 되는 것이다."

19. 주로 루소가 극찬했던 것이다(*Gesch. Philo.*, vol. 1; GI, vol. 17, 295).

20. 마리탱이 강조했던 것으로서, 헤겔에게 국가와 관련하여 개인이 갖는 유일한 자유는 그 자체로 국가를 자발적으로 의욕하고 그렇기에 자율적으로 참여하는 것에 있다(*La philosophie morale*, 211-12; 219, n. 1). 사실상 나는 거기에서 우리가 국가와 관련하여 헤겔이 "객관적 자유"라고 부르는 개인의 고도의 자유를 발견한다고 생각한다. 무엇보다도 개인이 자유로워지는 것은 자유 국가를 향해 그 국가 자체를 위해서 스스로 자유롭게 향하는 것이다(*Études hégéliennes*, 274-76 참조). 그리고 마리탱이 인용한 단호한 구절에서 헤겔이 의미한 바를 우리가 이해해야 하는 것도 이런 맥락에서다(같은 책, 210). "한 사람이 존재하는 모든 것을 국가로부터 빚진다. 그는 단지 자기 자신 속에서 자신의 존재를 갖는다. 그가 소유하는 모든 가치, 모든 그의 정신적 실재는 그가 국가를 위해서만 가지는 것이다."(*Weltg*, vol. 1, 90) "객관 정신인 국가와 함께, 개개인이 객관성, 진리 그리고 윤리적 삶을 소유하는 것은 국가의

유사한 방식으로 헤겔은——몇몇 평론가들이 보기에는 덜 분명하겠지만
——플라톤의 국가 개념도 수정한다.[21] 플라톤은 소유권과 직업 선택권
같은 개인의 권리들(이것들은 헤겔에겐 마찬가지로 "주관적 자유들", 즉
인간 자체의 권리들이다)을 거부함에 따라,[22] 참된 "인륜적 유기체[ein sit-
tlicher Organismus]"가 요구하고 기독교가 개인적 영혼의 교설, 즉 "절대적인
목적"의 결과로서 심어주지 않을 수 없었던 개인적 자유의 원리를 잘못
이해했다. 여기서 헤겔이 "인륜적 유기체"로서 이해한 것은 무엇인가?
위에서 설명했던 것이 바로 이것이었다. "단일한 본질로서 국가 혹은 전체는
무수한 것들에 침투해 들어가야 한다. 게다가 개인이 자신의 내용들로서,
자신의 원리로서 가지는 권리는 전체 속으로 유입되어야만 한다." 여기서
우리는 또다시 앞서 아리스토텔레스를 언급했을 때 만났던 "고도의 유기체
적인 삶"의 사상을 발견하게 된다.

헤겔이 분명한 어조로 인간 자체의 가치와 권리[23] 그리고 체계의 변증법적

●●
구성원들 중 하나로서일 때뿐이다."(*Recht*, §258; GI, vol. 7, 329) (여기서 우리는——
그리고 마리탱도 적극 인정한다. 아래 참조——예술, 종교, 철학을 구성하는 이론적
삶에 앞서고 그보다 낮은 윤리적 삶의 행위, 즉 인륜성의 영역에만 관심을 가진다.)
그러나 내가 관심 갖는 것으로서——그리고 마리탱은 이것을 회피한다——"객관적
자유"와 종합을 형성하는 "주관적 자유들"이 존재한다. 확실히 상위에 놓이지는
않으며 인간으로서 인간의 권리를 의미하는 이런 "주관적 자유들"은 국가에 의해
승인된다(그리고 각주 18에서 그가 다루고 있는 시민적 자유를 형성한다). 이 "주관적
자유들"은 마리탱이 인용한 두 번째 구절에서 (특히) 분명하게 "객관적 자유"와
통일된다고 여겨진다. 또 다른 의미로, "주관적 자유들"은 자신이 국가에 헌신하는
자유롭고 이성적으로 동기지어진 결정, 즉 "객관적 자유" 하에서 통일되는 결정이며,
거기서 국가 자체의 가치와 종합을 이룬다[*Études hégéliennes* 참조]. 첫 번째 의미로
지시된 "주관적 자유들"과 우리가 막 논의했던 의미에서의 "주관적 자유들"은 자신을
의식하는 개인의 의지, 즉 "주관성"으로부터 스스로를 방면하는 속성을 갖는다.
"주관적 자유들"에 관한 문제의 두 영역들은 헤겔에 의해 명확하게 합쳐진다(예컨대,
Recht, §§124, 258; GI, vol. 7, 182-83, 329).
21. *Gesch. Philos.*, vol. 2; GI, vol. 18, 293-94.
22. *Études hégéliennes*,, 286-90 참조.

구조에 대해 다수 진술한 점을 감안할 때, 이 다양한 텍스트들은 사람들로 하여금 헤겔에게 국가와 인간으로서의 개인은 똑같지는 않더라도 각각 고유한 가치를 지니며 국가 측의 우위와 함께 서로가 상대방에게 주된 목적이 된다는 결론을 내리도록 이끈다.[24] 확실히 나는 우리가 이 교설을

23. "인간이 가치가 있는 이유는 그가 인간이기 때문이지, 그가 유대인, 가톨릭교도, 프로테스탄트, 독일인 혹은 이탈리아인 등등이어서가 아니다. 사유가 타당하다고 여기는 이런 의식은 **무한한 중요성**을 지닌다"고 헤겔은 말한다(*Recht*, §209; GI, vol. 7, 286. 강조는 저자). 여기서 명백한 것은 우리가 오직 국가의 구성원으로서만 가치를 지니는 개인이란 생각에서 멀리 벗어나 있다는 것이다. 그렇지만 헤겔이 이어서 말하듯이, "국가의 구체적 삶과는 반대로 추상적인 세계 시민주의"에 침잠할 필요는 없다. 이것은 의심의 여지 없이 국가의 시민들이, 헤겔이 더는 부연하지 않고 있는 어떤 이점들을—아마도 십중팔구 정치적 권리를 말하는 것으로 보인다 — 시민으로서 향유해야 한다는 것을 의미한다.

　게다가 유대인과 관련하여, 헤겔은 누군가 그들에게 "그들이 단지 종교적인 파벌로서가 아닌 외국인들의 구성원으로 간주된다는 논점 하에서" 시민권을 거부하고자 한다면, 이들은 "저들이 무엇보다도 인간이라는 점을 잊고 있다"고 주장한다(*Recht*, §270, rem.; GI, vol. 7, 354). 더욱이, 이것은 유대인들의 시민권에 우호적인 이 구절에서 헤겔이 언급한 이유들 중 하나일 뿐이며, 그것조차 헤겔은 국가의 이익의 관점에서 본 다른 이유에 비해 약간은 경멸조로 다루고 있다.

　특히 재산권과 관련하여, 헤겔은 다음과 같이 말한다. "사람으로서 인정받고 법적으로 가치 있게 여겨지는 것은 인간 자체다(그리고 그리스인, 로마인 등등 단지 일부 인간들이 아니다)."(*Encycl.*, vol. 3, §539; GI, vol. 10, 412) 그리고 그는 이런 인정이 "정신의 가장 심오한 원리(즉 자유)를 인식한 결과"라고 덧붙인다.

　일반적으로 "국가에서 인간은 지성적 존재로서, 자유로서 그리고 사람으로서 승인되고 대우받는다."(*Encycl.*, vol. 3, §432, Zus.; GI, vol. 10, 284)

24. 나는 이런 방식이 『법철학』의 260절을 해석하는 데 필수적인 것이라고 믿는다. "근대 국가의 원리는 주관성의 원리가 사적 특수성의 자율의 극단으로 나아가는 것을 허락할 정도의 힘과 대단한 깊이를 가지고 있다. 그렇지만 동시에 그것은 실체적 통일을 상기시키며 따라서 이런 통일을 그 같은 원리에 존속시킨다." 주관성의 원리는 "사적 특수성의 자율의 극단으로" 내몰리는데, 이는 국가가 개인들에게 그들 속에서 국가의 이익이 양립할 수 있고 게다가 그 이익 자체에—국가의 구성원이라는 그의 존재 덕분에—에 의해 요구되는 모든 "**주관적 자유들**"(우리가 저 텍스트에서 관심을 갖는 대목이 이것이다)을 부여한다는 사실뿐만 아니라, 그가 인간이라는 사실로 인해 가능한 것이다(똑같은 언급이 *Encycl.*, vol. 3, §537; GI, vol. 10, 410에

나온다). 인용된 본문에서 우리가 관심을 갖는 표현인 "실체"적 통일'은 하나의 독특하고 견고한 목적 그 자체의 통일이다. 국가에 적용되는 것으로서 "실체"라는 까다로운 용어의 의미에 대한 설명으로는, *Études hégéliennes*, 232-34를 보라. 실제로 방금 논했던 문장은 또 다른 곳에서, 개인에 의한 국가의 인정이 국가에 의한 개인의 인정과 결합되어 있는 대목과 연속성을 띤다. 이제 우리는 국가에 의한 개인의 인정이 인간으로서의 그의 인정이라는 점을 알게 된다(앞선 주석에서 인용된 마지막 문장을 보라).

국가에 의한 개인의 인정 —— 그렇기에 "주관적 자유들" —— 과 개인에 의한 국가의 인정 —— 그렇기에 "객관적 자유" —— 모두 (같은 구절인 260절에 따르면) "구체적 자유"를 구성한다. 그 속에서 문제의 두 자유들은 하나의 종합, 즉 "서로 침투하는 통일"을 형성하는데(*Recht*, §258; GI, vol. 7, 329), 그것은 단순한 공존(이는 헤겔적인 방식이 아니다)이 아니라 내가 보기에 서로를 조건짓는 것에 의해 가능하다. 실제로 우리는 주관적 자유들이 객관적 자유를 조건지음을 보게 된다(*Gesch. Philos.*, vol. 2; GI, vol. 18, 400). 그것들 자체가 역으로 객관적 자유에 의해 조건지어지는 것과 마찬가지로 말이다(*Encycl.*, vol. 3, §539; GI, vol. 10, 414; *Recht*, §261; GI, vol. 7, 341).

일반적으로, 마리탱은, 그 밖의 다수 헤겔 해석가들처럼, 헤겔 본인의 언어가 야기한 결과로 인해, 마치 무언가 낮은 영역에서 보다 높은 영역으로 이동할 때 우선은 그것이 지양(알다시피 이것은 폐지와 보존을 동시에 의미한다)되었기 때문에 폐지되거나 혹은 적어도 자신의 성질을 잃는 것처럼 말한다. 그렇지만 이것은 특정한 경우에만 참이다. 따라서 헤겔에 따르면, 변증법적 관념론의 출현으로 인해, 기독교적 독단론은 철학적 진리나 "심상적 사고"의 단순한 상징이 되기 위해 절대적 진리라는 자신의 특징을 상실한다. 그러나 다른 경우에, 그것은 상이하게 일어나며, 보다 낮은 항은 단지 자신의 배타적인 성질만을 잃어버린다. 예컨대, 한 가족의 아버지는 여전히 가정의 아버지로 있으면서 또한 동시에 시민이 된다. 그리고 그 시민은 여전히 시민으로 머물면서 또한 동시에 철학자가 될 수도 있다(비록 그가 철학적 사색에 빠져드는 순간에는 시민으로 있다는 자신의 특질을 생각하지 못하지만 말이다). 이와 유사하게, 인간 자체의 가치는 결코 국가의 가치에 의해 폐지되지 않는데, 설사 국가 구성원으로서의 위엄이 헤겔이 종종 "피상적이고 추상적"이라고 부르는 단순한 인간의 존엄보다 더 고상하다고 할지라도 말이다(*Recht*, §270, rem.; GI, vol. 7, 354)(누군가는 한 저자가 헤겔의 지양 개념이 갖는 상이한 형식들을 체계적으로 검토해주길 희망할 것이다).

국가가 개인의 목적이 되는 것이 그 반대의 경우보다 더 강력하다는 일반적 관념에 대한 근거들의 설명으로는, 나의 *Études hégéliennes*, 298-300을 보라. 이것은 무엇보다도 국가와 관련해서, 전쟁의 경우 개인이 자신의 재산과 삶의 희생을 요구받는 타당한 것으로 간주한다고 말하는 것은 아니지만, 어떤 점에서 그것은 헤겔을 순전히 그리고 간단히 "전체주의"로 비방하는 것을 방지하게 해준다. 헤겔은 그처럼 일면적인 개념으로 전락하기에는 지나칠 정도로 세심하게 상이한 관점들을 조화시키려고 노력했다.[25]

어쨌든 여기서 논했던 모든 것들에서, 우리는 오직 실천적이고 윤리적인 질서, 즉 행동을 위한 의지의 질서(인륜성) 속에서 그려진 개인에 관심을 가졌는데, 이는 다음의 더욱 고차적인 영역인 예술과 종교와 철학을 통합하는 이론적 삶에 앞서는 것이었다. 헤겔에게 있어 이 영역의 특징이 국가 영역의 특징보다 더 신성한 것임을 명심한다면,[26] 그가 개인에게 국가의 성원일 때를 제외하곤 어떠한 가치도 부여하지 않았다고 비판할 수 없음은 보다 더 명백한 것으로 보인다. 마리탱도 헤겔이 이론적 삶을 더 신성시했으며[27] 이 영역에 참여하는 한 인간은 국가의 가치를 초월하는 가치를 소유한다는 점을 인정한다.[28] 이런 식으로 마리탱은 자신이 선호하는 전체주의적

.. 문제가 된다.

25. 인간과 신의 관계와 관련하여, 마리탱은 다음과 같이 정확히 지적한다. "헤겔적 사유가 단순한 '예'와 단순한 '아니오'를 거부하는 것은······ 본질적인 것에 해당한다 (이것은 우리가 참된 철학적 입장과 관계하기 때문이다. 헤겔은 단지 본인의 정신적 단어가 갖는 파괴적이고 부정적인 힘을 시험할 때, 그리고 '예'의 근거 하에서의 '아니오'와 '아니오'의 근거 하에서의 '예'에 대한 강조를 강화하기 위해 확대된 언어를 사용할 때 그가 말하는 것의 진리를 재차 단언한다)"(*La philosophie morale*, 162, n. 2). 내가 보기에, 이런 관찰은 국가와 인간으로서의 개인에 대한 헤겔의 견해——각각은 그 자체로 가치를 가지며 그 자체로 목적이다——와 관련하여 완벽하게 참이다.

26. *Études hégéliennes*, 239-64 참조.

27. Maritain, *La philosophie morale*, 219, n. 1.

28. 같은 책, 224-25. 그런 뒤 마리탱은 헤겔에게 있어 현자의 개인적 인격성은 철학적 관조 속에서 사라져버리고(이 표현은 내가 한 것이다)["se volatise" - 스튜어트 쥐]만 다는 자신의 주장을 더 분명하게 밝힌다(같은 책). 나 역시 적어도 이 점에서 (그리고 마리탱이 의미하는 것도 바로 이 점이다) 현자가 일종의 황홀경 상태에서 자신의 반성된 의식을 상실한다고 믿는다.

해석을 더욱더 정교하게 만든다. 그는 윤리적 영역에서만 헤겔의 이론을 전체주의로 해석하는데, 이것은 "절대정신"의 영역보다는 더 하위에 있는 것이다. 하지만 내 입장에서는 이 수정 또한 여전히 불충분해 보인다. 왜냐하면 헤겔이 전체주의 국가, 즉 개인이 오직 정치적 전체의 구성원으로서만 가치와 권리를 지니는 국가를 찬양하지 않은 것은 분명 인륜적 영역 혹은 도덕적 행위와 의무의 영역에서이기 때문이다.

개인의 가치 및 그의 완성과 관련한 헤겔의 이른바 전체주의에 대한 첫 번째 측면의 설명을 마쳤으니, 짧게나마 두 번째 측면, 즉 마리탱에 따르면 절대적이고 무제한적일 수도 있는 국가의 권위와 연관된 부분을 언급하고자 한다(이 경우에 국가의 권위는 오직 자신을 향한 의무에 의해서만 제한된다고 말하는 것이 보다 분명할 것이다).

이것이 헤겔의 생각이라고 여겨진다면, 한편으로 인간으로서 시민의 "주관적 자유들"을 인정하고 존경하며 보호해야 하는 국가이자 다른 한편으로 개인의 종교적이고 철학적 삶을 인정하고 보호하는 국가로서 헤겔적 국가에 관심을 두고 있다는 점을 상기할 필요가 있다.[29] 누군가 국가의 권위가 무제한적이라고 감히 말하고자 한다면, 그것은 이 제한들 속에서만 그러할 뿐이다. 따라서 우리는 전적으로 한계의 상대적인 결여와 관계하는 것이다. 여기서 자연스럽게 다음과 같은 질문이 제기될 수도 있겠다. 국가가 앞서 환기시켰던 다양한 권리들을 사실상 위반한다면, 그때 개인들은 무엇을 할 수 있고 또 해야만 하는가? 헤겔은 어디에서도 이런 가정을 검토하지는 않았다. 다만 매우 적극적인 방식으로 안티고네와 소크라테스의 시민 불복종을 승인하고 있다는 점으로 비추어보건대, 헤겔은 국가 측의 확실한 남용의 경우에 개인적 반역을 승인한다고 믿을 만한 여지가 존재한다. 하지만 이 결론은 전적으로 정당화되지 않으며, 그런 점에서 헤겔의 입장은 여기선 다소 불분명하다고 볼 수 있다.[30]

· ·
29. 이 마지막 의견에 대해서는, *Études hégéliennes*, 246-48을 보라.

그 최종 분석이 어떻게 결론 나든지 간에, 명백한 장점에도 불구하고 마리탱이 제공한 개인과 국가 간 관계에 대한 헤겔 이론의 해석은 지나치게 단순화된 경향이 있으며 이 철학자의 사상을 매우 복잡하게 만들고 있다.[31]

----

30. 나는 헤겔이 국가의 권위와 관련해서 남겨둔 불확실성에 대해 *Études hégéliennes*, 317-20에서 설명한 바 있다.

31. 예컨대, 헤겔에게 양심의 요청과 국가에의 복종 사이의 관계(*La philosophie morale*, 205-6), 그리고 또한 국가에의 복종과 역사의 이성적 발전에의 순종 사이의 관계(같은 책, 248)와 관련하여 특히 그렇다.

8. 헤겔과 민족주의

쉴로모 아비네리 Shlomo Avineri

I

프로이센에 엄청난 패배를 안긴 예나전투가 발발할 무렵 헤겔은 예나에 거주하고 있었다.[1] 1806년 10월 13일 프랑스가 그 도시로 입성해서 다음날의 교전을 준비하던 와중에, 헤겔은 친구 니트함머에게 다음과 같이 편지를 썼다.

자네에게 전에도 썼듯이, 여기서 우리 모두는 프랑스의 승리와 성공을

1. 이것은 예루살렘의 이스라엘 역사협회에서 발표한 논문의 확장본이다. 나는 J. L. 탈몬 교수로부터 받은 호의적인 도움에 깊이 빚지고 있으며, 이 연구도 그로 인해 완성될 수 있었다. 또한 나는 런던정경대학의 칼 포퍼 교수, 하버드대학의 로드만 박사, 옥스퍼드 펨브로크 칼리지의 펠친스키 박사, 존스 홉킨스대의 프리드먼 씨에게 그들과의 논의 속에서 자극받은 것에 대해 감사를 드린다. 때때로 우리는 견해차를 보이기도 했지만, 그것이 나 자신의 생각을 분명히 하는 데 있어 그 토론들이 기여한 가치를 결코 감소시키진 않았다.

희망한다네. 프로이센은 마땅히 받아야 할 패배로 인해 고통을 겪고
있네. …… 오늘 아침 나는 시내로 행진하는 말을 탄 세계정신[Weltseele]인
나폴레옹 황제를 보았네. 말을 타고 전 세계를 지배하는 그런 인물을
보면서 경이로운 느낌에 휩싸였지. …… 그는 어떤 것이든 할 수 있다네.
아, 그는 얼마나 경이로운지![2]

석 달 후 또 다른 친구 첼만에게 보낸 서신에서, 헤겔은 예나전투의
역사적 교훈을 다음과 같이 요약했다. "문화가 야만을 억누르고 지성이
황폐한 마음에 승리하는 것과 관련하여 우리 눈앞에서 발생한 사건보다
더 훌륭한 증거는 존재하지 않는다네."[3]

헤겔은 피히테가 처음에는 쾨니히스베르크에서 그 뒤에는 베를린에서
프랑스에 맞설 것을 부르짖을 당시에 이것을 썼다. 1807-8년에 『독일 국민에
게 고함』에서 피히테가 설교한 것은, 그가 프랑스에 맞서 싸우다 죽기를
바라는 민족주의적 대학의 의용대들과 합류했던 1813년에 완수되었다.
당시 뉘른베르크 김나지움의 교장으로 재직 중이던 헤겔은 친프랑스적이고
반독일적인 입장에 충실하게 남아있었다. 프랑스 점령으로부터의 뉘른베르
크 해방에 대해 논하면서, 그는 1813년 5월 2일에 다시 한 번 니트함머에게
편지를 썼다. "수십만의 코사크인들과 바슈키르족들 그리고 프로이센의
애국자들이 도시를 장악했다네."[4]

며칠 후 헤겔은 아내가 "코사크인들, 프로이센인들 그리고 그 밖의 야만적
군대들"에 관하여 꾸었던 악몽을 언급했다.[5] 그는 1813년 12월 23일로
명기된 또 다른 편지에서 해방에 대한 민족주의적 학생들의 열광을 조롱했
다. "해방이라고? 도대체 무엇으로부터의 해방인가? 여기서 그들은 수도

• •
2. *Briefe von und an Hegel*, vol. 1, ed. J. Hoffmeister (Hamburg, 1952), 120.
3. 같은 책, vol. 1, 137.
4. 같은 책, vol. 2, 6.
5. 같은 책, vol. 2, 27.

없이 해방을 논한다네. 만약 직접 내 눈으로 단 한 명이라도 해방된 인간을 본다면, 정말이지 그 앞에 무릎 꿇고 엎드릴 수도 있을 걸세."[6]

나폴레옹이 최종적으로 패배했다는 메아리가 뉘른베르크에 울려 퍼졌을 때, 헤겔은 다음과 같이 외쳤다. "오, 위대한 나폴레옹이여! 누가 감히 이것이 그의 마지막이라고 믿었겠는가?"[7] 그리고 독일의 낭만적 민족주의 운동이 해방 이후 통일된 독일의 설립을 선동했을 때, 헤겔은 독일의 수많은 소국가들을 영속화하기로 한 빈 의회의 결정을 크게 기뻐했다.[8] 헤겔은 뷔르템베르크에서의 헌법을 둘러싼 갈등에 관한 논문(1816)에서 "독일제국 같은 헛된 이상이 영원히 사라졌다"고 적었다.[9]

1817년에 민족주의 학생조합들(부르셴샤프트들[Burschenschaften])이 바르트부르크로의 순례를 고무하고 베를린의 헤겔 동료교수이자 그의 반대 파인 야콥 프리드리히 프리스가 집회에서 통일되고 해방된 독일을 제시하는 유명한 연설을 했을 때, 헤겔은 『법철학』서문의 대부분을 프리스 학파와 그들의 주관주의를 공격하는 데 할애했다. 극단적인 학생조합들 중 하나인 토이토니아가 개별 독일국가들에 대한 헌신 대신 범독일적 의식을 자신들의 규정으로 만드는 동안, 헤겔은 현존하는 경계들을 넘어서 독일의 정치적 통일을 이룩하고자 애쓰는 자들은 정치나 역사의 어떤 것도 이해하지 못한다고 지적했다.[10] 그리고 학생조합들이 유대인 학생들을 구성원으로 받아들이길 거부했을 때, 헤겔은 유대인들에 대한 정치적 시민적 권리의 완전한 평등을 수용하라고 요구했다. 왜냐하면 "인간이 인간으로 간주되는 것은

. .
6. 같은 책, vol. 2, 14-15.
7. 같은 책, vol. 2, 23.
8. *Hegels Schriften zur Politik und Rechtsphilosophie*, ed. G. Lasson (Leipzig, 1913), 159.
9. G. W. F. Hegel, *Vorlesungen über die Philosophie der Weltgeschichte*, ed. G. Lasson (Leipzig, 1920), 937 (이하 *Weltgeschichte*로 표기).
10. *Hegel's Philosophy of Right*, trans. T. M. Knox (Oxford, 1945), §322.

그가 유대인이거나 가톨릭교도 혹은 프로테스탄트나 독일인, 이탈리아인 등이기 때문이 아니라 오로지 인간이기 때문이다."[11]

독일 민족주의에 대한 헤겔 비판의 마지막 사례로, 그가 아리아인(Aryan) 개념을 혐오했다는 것을 꼽을 수 있겠다. 1820년대에 출간된 슐레겔의 책 『인도인의 언어와 지혜에 관하여』는 산스크리트어와 구 고트어의 언어적 유사성을 토대로 독일인과 인도인 사이의 민족적이고 인종적인 친화성을 논하면서 아리안적 견해를 처음으로 상술했다. 슐레겔은 처음으로 "아리아 민족"이라는 말을 고안했다. 헤겔은 『역사철학 강의』 서문에서 고대의 "기원적인" 인도-유럽어족 계통의 원-민족[Ur-Volk]이 있었다는 이 가정들을 조롱한 바 있다. 그는 언어적 증거로부터 정치적이고 역사적인 결론을 도출하려는 시도는 어떤 것이든 간에 신화로 개종한 학문에 불과하다고 주장했다.[12]

II

이처럼 독일 민족주의의 상이한 정치적, 문화적 표명에 대한 헤겔의 실제 태도를 보게 된다면, 다음과 같은 의문이 생기지 않을 수 없다. 어떻게 이렇듯 명백한 어조로 독일 운동에 반대 의사를 피력한 사상가가 그토록 오랫동안—— 오늘날에도 여전히 그러한 것처럼—— 독일 민족주의의 지성적이고 정신적인 아버지로 간주되어 왔는가? 어떻게 아리아인의 인종적 교설의 첫 징후를 그토록 신랄하게 비판했던 사람이 칼 포퍼 같은 학자에 의해 독일 국가주의와 인종주의의 설립자로 간주될 수 있단 말인가?[13]

· ·
11. 같은 책, §209. 또한 §270 참조. Avineri, "The Hegelian Position on the Emancipation of the Jews", *Iyyun* 25, no. 2. (1960), 134-36 (히브리어로 씀).

12. G. W. F. Hegel, *Die Vernunft in der Geschichte*—— *Einleitung zur Geschichtsphiloso-phie*, ed. J. Hoffmeister (Hamburg, 1955), 159 (이하 Einleitung으로 표기).

또는 독일의 정치적 통일을 위한 일체의 시도를 반대했던 그런 인물이 헤르만 헬러에 의해 근대 민족주의 국가의 첫 번째 지지자로 둔갑될 수 있단 말인가?[14] 독일 민족주의와 인종주의적 나치즘과 헤겔 간의 밀접한 연관에 대해 같은 견해를 가진 학자들의 긴 명단을 인용하는 것은 매우 쉬운 일이다.[15]

그러나 헤겔의 이러한 견해가 새롭고 근본적으로 혁명적인 것임을 주목하는 것은 매우 중요하다. 헤겔의 시대에 독일의 정치적 현실의 맥락에서 헤겔을 알던 19세기 독일인들은 그를 민족주의에 완전히 적대적인 사람으로 인식했다. 예컨대 1848년 프랑크푸르트 국민의회의 의원이자 민족주의 역사학자였던 루돌프 하임의 견해가 그러했다.[16] 그는 1857년의 저서에서 헤겔을 자유주의와 독일 민족주의의 공동의 적으로 규정했다. 하임은 프로이센에 대한 헤겔의 친밀함을 그의 반자유주의와 마찬가지로 반민족주의의 증거로 간주했다. 1897년에 트라이치케 역시 자신의 강의에서 업신여기는 투로 헤겔을 언급했다. 헤겔은 민족[Volk]과 국가의 민족주의적 연관을 이해하지도, 이해할 수도 없었다고 말이다.[17]

• •
13. K. R. Popper, *The Open Society and Its Enemies* (Princeton, 1950), 255-73.

14. H. Heller, *Hegel und der nationale Machtstaatsgedanke in Deutschland* (Leipzig and Berlin, 1921).

15. E. F. Carritt, "Hegel and Prussianism", *Philosophy* 15 (January 1940), 51-56; J. Bowle, *Politics and Opinion in the 19th Century* (London, 1954), 34-50; W. M. McGovern, *From Luther to Hitler* (New York, 1940), 317-55. 또한 A. Hacker, *Political Theory; Philosophy, Ideology, Science* (New York, 1961), 483-45도 참조하라. 그렇지만 이런 견해는 결코 도전받지 않는 것이 아니다. Georg Lukács, "Der deutsche Faschismus und Hegel", *Schicksalswende: Beiträge zu einer neuen deutschen Ideologie* (Berlin, 1948), 37-67: H. Marcuse, *Reason and Revolution*, 2d ed. (London, 1955); W. Kaufmann, *From Shakespeare to Existentialism* (New York, 1960). 또한 F. Meinecke, *Weltbürgertum und Nationalstaat*, 3 Aufl. (Munich and Berlin, 1915), 275ff. 참조.

16. R. Haym, *Hegel und seine Zeit* (Berlin, 1857).

17. H. V. Treitschke, *Politics*, vol. 1, trans. B. Dugdale and T. de Bille (London, 1916),

어떻게 헤겔의 평가가 수십 년 동안 그렇게 급진적인 방식으로 바뀔 수 있었던 걸까? 여기에는 세 가지 보충적인 답변이 제시될 수 있을 것이다.

1. 정치적 고립에서 벗어나 1850년대 독일 민족운동의 일원이 되고자 했던 헤겔학파는 민족주의에 경도되었고 민족주의적 정신에서 헤겔을 해석하려고 했다. 이것은 예컨대 스승의 교설에 대한 칼 로젠크란츠의 설명에서 보다 분명하게 드러난다. 로젠크란츠는 헤겔에 대한 세 권의 책을 저술했다. 첫 번째 책인 『헤겔의 생애』(1844)는 민족 문제에 대한 헤겔의 입장을 세부적으로 언급하지는 않았다. 1858년에 나온 두 번째 저서는 하임의 비난에 대한 답변서였다(『하임 박사에 대한 헤겔의 변호』). 여기서 로젠크란츠는 처음으로 헤겔이 독일 민족주의와 소원한 관계가 아니었다고 주장했다. 1870년이라는 의미심장한 해에 출간된 세 번째 책의 제목은 스승의 교설을 파악하는 데 있어 로젠크란츠가 어느 정도까지 자신의 시대정신[Zeitgeist]에 영향을 받았는지를 잘 보여준다. 『독일의 민족철학자로서 헤겔』이라는 그 책의 제목은 20년 혹은 30년 전만 해도 도저히 상상할 수 없는 것이었다.

2. 19세기 독일 민족주의에서 프로이센이 맡았던 역할에서 발생했던 급작스런 방향전환(volte-face)은 헤겔의 이른바 "프로이센주의"가 갖는 의미를 상당히 혼란스럽게 만들었다. 비스마르크의 시대에 이르기까지 프로이센의 독일 통일에 대한 태도는 극단적으로 적대적이었으며, 1857년에 하임은 헤겔을 그의 프로이센과의 커넥션이라는 토대 위에서 반자유주의적이고 반민족적인 입장을 가졌다고 비난할 수 있었다. 비스마르크의 정책은 프로이센을 독일 통일의 도구가 되도록 지휘하면서 유럽의 사유에서 프로이센에 대한 이미지를 완전하게 변화시켜 놓았다. 이제 프로이센은 여전히 반자유주의적으로 남아있던 반면 외관상으로는 완전히 민족주의적으로 되었다. 따라서 헤겔의 프로이센주의는 반자유주의적 함의뿐만 아니라 민족주의적인 색채 또한 부여받게 되었다. 이것은 1870년대(혹은 심지어

• •
22-23, 53.

1914-18년)의 프로이센 이미지를 거꾸로 1820년에 투사하는 시대착오적 발상임에 틀림없다. 이것은 헤겔을 프로이센 궁정의 "고용인"인 동시에 독일 국가주의의 예언가로 보았던 포퍼에 의해 극단으로 치달았다. 분명 1820년의 맥락에는 상호 배타적인 지향들이 존재했지만, 포퍼는 프로이센의 비스마르크적 이미지를 가지고 그것으로부터 거꾸로 빈 의회의 프로이센을 읽고자 했다.

3. 헤겔의 단편 수고 모음집인 『독일헌법론』도 민족주의에 대한 그의 태도에 왜곡된 이미지를 다수 만들어내는 데 일조했다. 로젠크란츠는 하임과의 논쟁에서 헤겔의 민족주의를 입증하기 위한 요량으로, 1801-2년 동안 쓰인 헤겔의 알려지지 않은 미 발행 원고들의 발췌들을 처음으로 출간했다. 이 논문에서 헤겔은 프랑스 공습 이전에 독일 국가들의 붕괴에 대한 설명을 제시했다. 헤겔은 붕괴의 원인을 주로 노쇠한 신성로마제국의 봉건적 구조에서 찾았다. 그는 유럽의 권력 균형이 역사적 제국의 틀 내에서 유럽의 강력한 중심적 권력의 설립을 통해 재편될 수 있는 방도를 모색했다. 이때 그 제국은 정치적 단위일 뿐 민족적이거나 인종적-언어적 함의를 지닌 것은 아니었다. 하지만 그 시도가 거의 성공할 가능성이 없다는 의견을 그가 제시하면서 이 논문은 보다 비관적인 어조로 변하기 시작했다. 심지어 논문에 부여된 이름조차 헤겔이 지은 것이 아니었는데, 다만 그는 익명으로 작성했을 뿐이었다. 그 논문은 무려 140페이지에 달했지만 로젠크란츠가 출판한 발췌집은 전체의 십분의 일을 넘어서지 않는다. 이처럼 세심하게 편향된 단편집은 1850년경에 헤겔이 독일 통일 비슷한 것을 지지했다는 인상을 심어주기에 충분했고, 독자들 역시 폭발적으로 증가한 이 판본이 온전한 형태로 출간된 적이 있었다는 사실을 확인할 수 없었다. 이 단편들의 친숙함은 중대한 해인 1870년에 헤겔의 견해에 대한 대중적 설명의 기초로 기능했다. 튀빙겐의 칼 쾨스틀린이 쓴 책은 헤겔을 민족적인 독일국가들의 철학자로 그렸다.[18] 이 책은 주로 빌헬름 시대 독일에서 헤겔의 대중적 이미지에 기인한 것이었고, 자신의 견해를 증명하기 위해 쾨스틀린은——스

스로 원본의 전 텍스트를 참고하지 않고서—— 로젠크란츠가 인용한 발췌본에 상당히 의존했다.

『독일헌법론』 전문은 1893년 게오르크 몰랏에 의해 처음으로 출판되었다. 하지만 그 시대에도 헤겔의 공식적인 이미지는 이미 단편적인 텍스트의 대중적 설명에 의해 완전히 변형되었고 전문의 출간이 헤겔의 입장에 대한 해석을 바꾸기엔 상당부분 역부족이었다. 학자들과 홍보업자들은 여전히 친숙한 구절들을 인용하곤 했으며, 몰랏 판을 참고해서 페이지 번호를 매기면서도 전체 논문을 새롭게 보려고 하지 않았다. 전문에 기초해서 해석을 한 최초의 인물은 프란츠 로젠츠바이크였는데, 그의 연구도 1차 세계대전 이후에야 알려졌다. 게다가 그는 기존에 확립된 헤겔의 이미지와 부합하지 않는다는 이유로 핵심적인 구절을 간과하고 넘어갔다. 헤겔이 근대국가들의 특징에 대해 언급한 구절은 다음과 같다.

> 우리 시대에는 관습, 전통, 문화 그리고 언어와 관련되는 한 국가들의 통합이나 통일의 욕구가 존재하지 않는다. …… 프랑스와 영국의 대다수 지방어들은 지배어와 다르다. …… 웨일스와 헤브리디스제도에서 영어는 전혀 사용되지 않는다. …… 오스트리아와 러시아 군주들은 자기들 나라에서 얼마나 많은 언어들이 구사되고 있는지조차 알지 못한다. 분명히 그들의 국가들은 근대국가의 모델들인데, 국가의 통합은 공통된 정치적 의식의 정신과 통일로부터…… 나온다.[19]

다른 것들과 마찬가지로, 이 구절이 헤겔에게서 민족주의 철학자를 발견하려고 했던 이들에게 간단히 무시되었다는 사실은 놀라운 일이 아니다.

· ·
18. K. Köstlin, *Hegel in philosophischer, politischer und nationaler Beziehung* (Tübingen, 1870), 158-65, 174.
19. *Hegels Schriften zur Politik und Rechtsphilosophie*, 24-25.

결국 헤겔은 완전히 대립적인 두 정치적 전통들에 의해 독일 민족주의자로 해석되기에 이르렀다. 첫째, 지난세기 말 독일 민족운동은 헤겔을 민족주의적 관점에서 독일이 남긴 유산의 핵심인물로 간주했다. 둘째, 나치정권 기간 동안 앵글로색슨계의 자유주의자들은 헤겔의 반자유주의가 극단적 민족주의와 관련이 있음에 틀림없다고 주장했고, 헤겔에게 그 같은 두 개의 근거 하에서 혹평을 가하기 시작했다. 19세기에 영국의 그 어떤 헤겔주의자들도, 헤겔의 정치적인 국가사회주의적[étatist] 성향을 인식했음에도 불구하고, 그 철학의 민족주의적 함의의 가능성에 대해서는 일절 언급하지 않았다는 점은 의미심장하다.

물론 헤겔의 표현들── 입장들까진 아니어도── 중 일부와 민족주의 사상가들의 표현들 간에 유사성들이 존재하지 않았다면, 그가 민족주의적 성향으로 해석되지 않았으리라는 점은 확실하다. 헤겔의 용어와 민족주의의 용어가 갖는 친연성에 대해 말하자면, 주로 겹치는 지점은 헤겔이 민족정신 [Volksgeist]과 민족[Volk]이라는 단어를 사용했다는 것과 관련될 텐데, 그것들은 독일 민족주의 자체에서 핵심적인 위치를 점했던 것들이다. 그러므로 헤겔이 그 용어들을 사용하면서 의미했던 바를 식별하고 그것을 독일 민족주의의 일상적 용법과 비교하는 것이 유용할 것이다. 헤겔 용어의 의미가 민족주의적 관점으로 해석될 수 있는지 알아보기 위해서 말이다.

그 탐구는 세 가지 수준에서 시행될 수 있다. 먼저 헤겔의 초기 저작에서 민족정신 개념을 제시한 후, 헤겔의 용법과 독일 역사법학의 사비니 학파가 부여한 의미들을 비교하고, 최종적으로 헤겔 『역사철학 강의』에서 이 용어가 갖는 의미를 검토하는 것이다.

Ⅲ

헤겔의 초기 저작들은 1907년에 헤르만에 의해 처음으로 출간된 뒤,

1948년에 이르기까지 어떤 다른 언어로도 번역되지 않았다. 그것들이 19세기에 전혀 알려지지 않았고 상대적으로 후기 저작들에 비해 덜 알려졌다는 사실은 확실히 헤겔의 사유와 그것의 발전에 대한 통상적인 이미지에 막대한 영향을 끼쳤다.

이 저작들은 점차적으로 칸트 철학에서 벗어나 느리지만 분명하게 자신의 개념적 체계를 갖추어 나가는 헤겔의 정신적 발전을 보여준다. 이와 병행해서 그는 헤르더에 대한 깊은 영향으로부터도 점차 벗어나게 되는데, 이는 헤겔의 민족 개념의 중요성을 해명하는 데 반드시 고려되어야 할 점이다.

1796년에 저술된 첫 번째 헤겔의 초기 저작은 『기독교의 실정성』이다. 이것은 기독교에 대한 헤겔의 가장 신랄한 공격이다. 여기서 그는 윤리적 영역에서의 칸트의 입장과 문화적 영역에서의 헤르더의 입장을 결합시켰다. 그는 기독교가 규범적이고 실정적이며 제도화된 계명들에 기초한 "실정적" 종교가 되었다며 비난했다. 이것들은 개인의 자기의식에 외부적이며 도덕적 강제를 야기함으로써, 그가 자율적으로 도덕적인 결정을 수행하지 못하게 만든다.

이 논문은 기독교와 대조적으로 그리스의 토착적인 민간신앙[Volksreligion]을 찬양한다. 헤겔은 헤르더식의 엄밀한 의미에서 종교를 도덕성과 예술과 마찬가지로 민족정신[Volksgeist]의 현시로 간주했다. 모든 사람들은 저마다의 민족정신을 지니며 그것에 특유한 삶의 통일을 결합시킨다. 이것은 개인의 정신적 총체에서 출현하는바, 그는 자신의 존재 전체를 민중의 정신으로 통합시킨다. 헤르더의 "기독교와 민족종교들"을 따라서, 헤겔은 모든 민족이 자신의 민족적 성향에 부합하는 자기만의 특정한 사회문화적 제도들을 갖는다고 진술했다. 헤겔에 따르면, 이것은 역사적으로 "유대민족의 비참한 상황"이라는 배경에서 그리스도의 출현을 설명해주기도 한다.[20]

20. G. W. F. Hegel, *On Christianity: Early Theological Writings*, trans. T. M. Knox and R. Kroner (New York, 1961), 69.

이것은 모세의 신성한 입법이 다수의 부담스런 법적인 계명들을 수반함으로써 유대 민족을 법에 절대적으로 복종하는 은둔자들의 민족으로 변화시킴에 따라 발생했다. 로마라는 낯선 권력이 유대인들에게 외부의 정치적 질서에 복종하도록 강요하면서 이러한 폐쇄적 체제에 침범했을 때, 유대인들의 종교가 갖는 배타주의의 밀폐된 특징은 손상되었다. 이 긴장으로부터 메시아에 대한 믿음이 생겨났다. 그리고 헤겔은 메시아를 유대 민중의 민족적 의식에 깃든 구현체로 해석한 최초의 근대인들 중 한 명이 되었다. 메시아는 "여호와의 전권대사로서 권능을 갖추고 이를 기초로 해서 유대국가를 건설했다."[21]

이처럼 초기 유대 메시아주의에 대한 정치적 해석은 전적으로 예수 출현이라는 역사적 배경에 대한 헤르더식 설명의 결과였다. 그것은 유대주의가 갖는 독특함의 결과이기도 했다. 헤겔에 따르면, 모세의 종교는 외부세계와의 어떤 연결과도 공존할 수 없고, 유대주의와 외국의 지배가 화해할 수 없는 것처럼, 유대국가의 재건은 필연적으로 유대주의가 갖는 독특한(헤겔 진영에서 특히 심하게 공격하는) 특징에서 생겨날 수밖에 없다. 이것은 모든 민중을 위한 전제조건으로서 정치적 독립을 위한 보편적인 요구가 아니다. 기이하고 밀폐된 종교로 인해, 오직 유대 민중만이 스스로를 "독자적으로 거주하는 인민"으로 규정할 뿐이다. 그러므로 정치적 독립은 역사적 규준이 아니라 그 일탈인바, 이스라엘을 역사적 과정 자체의 보편성에서 배제하는 것이다.

같은 해에 나온 또 다른 저작 『그리스의 상상적 종교와 기독교의 실정적 종교의 차이』에서, 헤겔은 기독교가 이교들과의 싸움에서 승리한 원인을 따져 물었다. 이 논문은 앞선 저작과 유사한 태도로 작성되었다. 하지만 우리의 탐구와 관련하여 그로부터 추론할 수 있는 결론은 다소 차이가 있다. 헤겔은 기독교의 승리를 그쪽 진영의 여하한 합리적 우월성이 아니라

••
21. 같은 책, 77.

습속과 문화적 견지에서 어느 정도 앞선 혁명의 탓으로 돌렸다. 그의 단어들은 1796년에 매우 전형적인 인상을 띠는 것들이고 성숙한 헤겔의 입장도 이미 암시되어 있는 듯하다.

> 일견 눈에 띠는 위대한 혁명들은 시대정신의 고요하고 내밀한 혁명을 뒤따름에 틀림없다. 후자의 혁명은 모든 이의 시야에 포착되지 않으며, 특히 동시대들은 감지할 수 없고 말로 표현하는 것만큼 식별하기란 순탄치 않다. 따라서 결과로 초래된 변화들을 놀랍게 만드는 것은 이 정신적 혁명에 대한 지식의 결여인 것이다.[22]

그렇다면 기독교의 확산을 가능케 하고 그 전제조건이 되는 내적 혁명은 무엇이었는가? 그것은 자유로운 시민국가에서 제국으로의 변화였다. 토속 종교는 자유 시민들의 종교였다. 시민들의 의식이 폴리스를 만든 것과 똑같은 방식으로 그들의 상상력이 신들을 창출했다. 폴리스는 모든 시민이 삶의 지속으로 간주하는 영원한 본질이며 설사 그의 육체가 죽는다 해도 사정은 달라지지 않는다. 따라서 토착적인 그리스 종교는 인간적 결점들로 가득 찬 신들에 만족할 수 있었는데, 영원하고 초월적인 것은 시민들 각각의 내적 영혼에 새겨져 있기 때문이었다. 그러나 제국에 의해 부과된 복종의 경우에는 또 다른 종류의 신을 필요로 했고, 헤겔에 따르면, 기독교는 그 자체로 노예 상태의 산물로서 공포와 위협에 의해 타락한 주민들에게 제시된 것이다. 제국이 더는 자발적인 공화정이 아닌 것과 마찬가지로, 기독교의 신도 자유의지에 의해 생겨난 것이 아니었다. 기도가 의지를 대체했고 이렇듯 타락한 세대는 아무런 어려움 없이 기독교의 원죄설로 표현되는 인류의 도덕적 타락에 기초한 종교를 수용할 수 있었다. 죄는 그 자체로 종교적 가치를 얻고 인간의 본성에 내재한 것으로 간주되었다. 따라서

22. 같은 책, 152.

황제들은 이렇듯 사람들의 주의를 자신들의 사회정치적 조건들에서 천상에서나 찾을 수 있는 구원으로 돌리는 종교를 마다할 리가 없었다. 삶의 타락이 곧 정당한 가치를 부여받게 된 것이다.

이처럼 적극적인 공화주의자의 반기독교적 장광설 배후에 민족정신의 새로운 의미가 출현하는 것처럼 보인다. 이전의 글과 마찬가지로 종교는 민족정신의 현시 중 하나로 나타난다. 개념 자체는 주로 정신적–문화적이기보다 그 본질에 있어서 대체로 정치적인 것으로 변모한다. 정치적 자유의 수단, 즉 징지직이고 사회적인 세도화의 방법들은 더 이상 숨겨진 것의 단순한 현상이 아니며, 오히려 그 현상의 이면에서 작용하는 어렴풋한 민족정신이다. 그것들이 바로 본질인 셈이다. 정치적 영역은 종교적 경험과 사회문화적 태도뿐 아니라 가치를 결정하는 데 지배적 역할을 차지하게 된다. 따라서 로마제국 시절의 시대정신이 공화정 때와 다른 이유는 시대정신이 바뀌었기 때문이 아니다. 오히려 시대정신이 새로운 사회적 계급과/혹은 지리학적 구조의 출현에 따른 정치적 제도의 변화로 인해 바뀌게 된 것이다. 그러므로 헤르더식 민족정신의 "총체성"은 고도로 정치화되었는데, 이는 아마도 프랑스 혁명이 가져다 준 충격 때문이었을 것이다. 더 중요한 것을 꼽자면, 이제 민족정신은 발생적인 용어라기보다 보다 기술적인 용어로 변모하기에 이르렀다는 점이다.

이런 생각을 가지고, 헤겔이 유대민족과 관련하여 다시 한 번 제기한 정치적 독립의 문제(그리고 그것은 그 시기에 어떤 다른 연관을 가지고 헤겔에 의해 제기되지 않았다)가 고찰될 수 있을 것이다. 그와 관련된 꽤 긴 구절에서 헤겔은 다음과 같이 주장했다.

이와 유사하게, 유대국가가 스스로 자신의 독립을 유지하기에 충분한 정신과 힘을 구했던 한에 있어서, 유대인들은 메시아의 기대에 거의, 혹은 많은 민족들이 그랬듯이 결코 의존하지 않았다. 우리는 그들이 비로소 외국에 예속된 후에야, 그래서 그들이 자신들의 무능과 약함을 느낀 후에야, 그와 같은 위안을 위해 자신들의 신성한 책들을 뒤적이기 시작했다는 것을 발견하게 된다. 그런 뒤에 정치적 기대를 충족시키지 못한 메시아를 제공받았을 때, 그들은 자신들의 국가가 여전히 국가로 남아있어야 한다는 것을 애써 유지하는 것이 가치 있는 것임을 깨닫게 되었다. 그것이 아무래도 좋을 민족은 조만간 민족이기를 그칠 것이다. 얼마 못가서 그들은 아무짝에도 쓸모없는 메시아적 희망을 버리고 무장을 하기 시작했다. …… 만약 한 민족이 자신의 독립을 위해 수행할 수 있는 것과 관련된 감정이 우리에게 그리 낯설지 않은 것이라면, 아마도 유대인들은 민족들의 역사와 판단 속에서 카르타고인들과 사군토인들과 나란히, 그리고 그 도시들이 정체들보다 오래 살아남았던 그리스나 로마보다 우위에 섰을 것이다.[23]

여기서 유대인들 편에서 독립에 대한 충동은 더는 유대 종교의 독특한 특징으로 설명되지 않는다. 오히려 그것은 헤겔이 원래 수고의 옆에다 휘갈겨 쓴 흥미로운 언급에서 보이듯 보편적인 요구로 나타난다. "그것이 아무래도 좋을 민족은 조만간 민족이기를 그칠 것이다." 이것이 진정 근대 민족주의의 정신에 담긴 요청인가?

헤겔 논문의 맥락 속에서 그것을 읽는다면, 거의 그럴 리 없음은 자명하다. 헤겔이 언급하고 있는 것은 근대 민족들의 민족적 독립이 아니라, 고대 도시국가들의 정치적 독립에 관한 것이다. 정치적인 가치들이 지배적인 이 논문에서, 정치적 조직 자체의 실존은 지적이고 정신적인 삶의 실존에 절대적으로 필수적인 것으로 이해된다. 따라서 그리스 폴리스는 정치적인 예속──반드시 민족적인 것일 필요는 없는 예속──이후에 자신들의 정신적인 삶을 상실하게 된 것이다. 더 이상 자체의 정치적 제도를 가지며 시민들의 의지를 체현한다는 의미에서 정치적 구성체가 아닌 단일체는

23. 같은 책, 158-59.

또한 더는 사회적 단일체일 리도 없다. 오히려 그것은 자신을 집어삼키는 다른 단일체의 부분이 될 뿐이다. 헤겔이 근대적 의미에서 민족적 단위가 아니라 문화적 삶의 예비조건으로서 국가 자체의 실존을 의미했다는 사실은 카르타고와 사군토를 제시한 사례로 보건대 분명하다. 민족이 되는 것은 정치적 틀 속에 조직되는 것을 의미한다. 이것이 헤겔의 후기 정치저작들뿐만 아니라 여기에서 민족[Volk]을 정의하는 원리다. 이것은 루소의 인민 [peuple]과 매우 유사하다. 후에 헤겔은 프로이센 민족이나 바이에른 민족 등능에 관해 논한 바 있는데, 이는 그 국가들이 존재했기 때문이다.

하지만 이것이 헤겔 민족정신의 점진적이지만 의미심장한 변형들의 마지막 구절은 아니다. 헤겔의 초기에 속하는 마지막 저작인 1799년의 『기독교 정신과 그 운명』에서, 분위기는 완전히 돌변한다. 횔덜린과 예상컨대 슐레겔의 영향 하에서, 헤겔은 자신의 종교적 체험들에 대한 사변적 표현을 탐색하면서 기독교의 이성주의적 비판에서 기독교 신비주의로 방향을 틀었다. 이 발전은 현재 연구의 규모를 넘어서는 것이기 때문에, 여기서는 다만 그 후에 헤겔이 스스로를 독실한 기독교 신자로 간주했다는 점만 지적하고자 한다. 물론 그는 교설적 관점들에 대한 기성의 신학적 정당화에 완전히 동의하지 않았고, 확실히 그의 루터주의는 신학적 토대의 비판에 열려있기는 했지만 말이다. 그러나 이 논문에서 헤겔은 기독교를 그것의 소박한 계명들의 측면에서 유대교와, 그리고 주로 미의 숭배 및 미학적 경험과 관련해서 헬레니즘과 혼용된 것으로 제시했다. 헤겔에 따르면, 그 두 개의 특징들은 프시케[psyche(영혼)]와 피시스[physis(자연)]의 종합을 창출하기 위해 서로를 필요로 한다.

물론 이것은 기독교의 명백한 낭만주의화며, 따라서 기독교에 연루된 유대와 그리스의 민족정신들은 더 이상 역사적인 실체들로 간주될 수 없게 된다. 여기서 헤겔이 그리스와 히브리 정신을 언급할 때 의미했던 것은 현실적인 그리스인들과 유대인들과는 하등 관계가 없다. 오히려 그것은 철학적 사상이라는 특성의 추상으로서 헤겔이 역사적 현실 속에 자의적으로 위치시킨 것이다. 그 언급들은 여하한 역사적 현상이나 민족 혹은 문화의 구체적 현시들이 아니며, 형이상학적 관념들("미", "도덕성" 등)의 실현일 따름이다. 민족정신 개념은 명백히 역사적인 실체로서 그것에 할당된 모든 내용을 사실상 결여하게 되었다.

하지만 이처럼 기독교와 궁극적인 화해에 이르기 전에, 헤겔은 1797년 베른에 체류하는 동안 하나의 구절을 노트에 적은 바 있다. "그렇다면 유대왕국은 튜턴족의 모국인가?" 매우 특징적이게도, 완전한 형식에서 이 구절은 헤르더적인 민족정신 관념들—— 변증법적으론 그것들을 논박하고 넘어서긴 하지만—— 을 표현한다.

초기에 헤겔은 모든 인민이 신들, 천사들, 악마들 그리고 영웅들에 관한 자기들만의 전통들과 판타지들을 소유한다고 진술한 바 있다. 즉, 그것들은 사회정치적이고 문화적인 유산을 구성하면서 세대에서 세대로 전승되는 것이다. 고대 게르만 부족들은 그와 같은 전통을 소유했지만, 결국 기독교에 의해 파괴되었다.

> 기독교는 발할라[Valhalla]를 일소했고 신성한 숲들을 쓸어버렸으며 민족적 형상을 수치스런 미신으로 그리고 사악한 독으로 치부하며 제거했다. 대신 그 기후와 법, 문화와 관심사들이 우리에게 완전히 낯설고 그 역사가 우리 자신의 것과는 아무런 연관도 갖지 않은 민족의 형상을 우리에게 주었다. 다비드와 솔로몬은 우리의 대중적 상상 속에 거하지만 우리 조국의 영웅들은 역사교과서들 속에서 잠자고 있다.[24]

이것은 독일의 원-신화[Ur-Mythos]를 소생시키려는 헤르더식 표현에 구실을 마련해주는 것처럼 보인다. 하지만 변증법적으로 헤겔은 자신이 "엉터리 독일문학"이라 부른 것을 공격하기에 이르렀는데, 그것은 낡은

24. 같은 책, 146.

튜턴족의 전통들에 새로운 삶을 담으려는 것이었다. 클롭슈토크의 명성과 상당히 연관되어 있는, 이런 종류의 문학은 헤겔이 가장 가혹하게 비판하는 것이었다.

> 하지만 오늘날 이 형상화는 독일인의 것이 아니다. 한때 상실했던 형상화를 하나의 민족으로 회복하려는 계획은 언제나 실패하도록 운명지어졌다. …… 낡은 독일의 형상화는 우리 시대에는 그 자체로 연관되거나 채택될 어떤 것도 갖고 있지 않다. 다시 말해 그것은 우리의 관념들, 입장들, 믿음들의 총체적인 순환으로부터 단절된 것으로 있으며, 오시안이나 인디아의 이미지처럼 우리에게 낯선 것으로 존재한다.[25]

헤겔은 낡은 신화를 부활시키려는 독일 민족의 낭만적 시도에 가한 이 판결을 결코 뒤집지 않았다. 30년이 지나 베를린대학에서 미학을 강의할 때, 그는 클롭슈토크와 그의 학파에 대해 다음과 같이 말했다.

> 클롭슈토크 씨에게 매우 중요한 것은 조국의 양심이다. 그는 시인으로서 근원적인 신화의 필요를 절감했고, 그 신화의 이름들과 형식들은 공상의 견고한 토대에서 구성되어야 했다. …… 민족적 자존심에서 클롭슈토크 씨가 보탄[Wothan]과 헤르타[Herta] 등등의 신화학을 소생시키려 했다고 알려졌다. 그가 성공적으로 수행한 모든 것은 신들의 이름들이 그리스의 형식들 대신 독일어로 취했던 것에 지나지 않았다는 점이다. 클롭슈토크 씨는 레겐스부르크 제국의회가 우리의 현 민족적 실존의 이상을 구성할 수 있다고 부단히 주장한 한 인물보다 더 막강한 영향력과 객관적 현실성을 지니지 못했다. 망각 속으로 침전된 신들은 언제나 공허하고 그릇되게 남아 있을 것이며, 이 공상이 지성과 그리고 민족의

현재 의식과 화해할 수 있는 것처럼 가장하기 위해서는 엄청난 위선이 요구된다.[26]

요컨대, 헤겔은 헤르더의 민족정신이란 용어를 사용했지만, 그것은 그가 독일의 원-민족으로의 회귀에 우호적이라는 여하한 해석을 배제하는 함의를 지닌 것이었다. 헤겔의 사유 속에서 민족정신은 합리화의 심오한 과정을 겪었다. 즉, 그것은 역사적 현상의 기원이 아니라 실로 그것의 결과이며, 따라서 그것과 동어반복적인 것이다. 그것은 민족적이고 낭만적인 신화의 정신으로 해석될 수 없다. 되살아난 독일의 민족의식의 발전에서 추동력으로 작용했던 이와 닮은 신화들은 나중에 인종주의적이고 이교도적인 나치 이데올로기로 변형된 것들이었다. 반면에 헤겔의 역사철학적 개념들은 과거의 이미지 속에서 현재를 낭만화하는 수단으로 이해되지 않았다. 왜냐하면 헤라클레이토스가 말한 것처럼, 누구도 같은 강물에 발을 두 번 담글 수 없기 때문이다. 그리고 변증가인 헤겔은 과거를 부활시키려는 여하한 시도에 항상 적대적이었다. 이것이 그가 베른의 젊은 가정교사 시절에 가졌던 관점이었고, 그의 신념은 후에 베를린의 철학교수로 근무할 당시에도 변하지 않았다.

IV

우리가 탐구할 두 번째 수준은 각각 헤겔이 민족정신이란 용어에 부여한 의미들과, 사비니와 푸흐타에 의해 창시된 독일 역사법학파의 저술에 등장한 민족정신의 의미들과 관련되어 있다.

역사학파의 용법에서 그 개념은 스스로를 고대 게르만법의 제도들로

••
26. Köstlin, *Hegel*, 170에서 인용. (강조는 스튜어트)

여겨졌던 것과 동일시하려는 독일의 민족주의 의식을 위한 지렛대로 기능했다. 이 자기-동일시는 현존하는 유럽의 합리적 법체계를 제거하고 고대 게르만 민족의 부족 법으로 이해된 것을 재구성하려는, 따라서 "형식적" 로마법을 "원초적으로 전승된" 게르만의 정의로 대체하려는 시도에서 정점에 달했다.[27]

여기서 제기되는 질문은 민족정신이란 용어가 역사학파에 의해 수용된 것과 마찬가지로 헤겔의 저서들에서도 같은 의미를 갖는가 하는 것이다. 이 같은 연구에 종사해온 다수의 학자들은 그 용어의 현실적 사용과 관련한 다음과 같은 근본적인 사실들에 동의한다.[28] 민족정신 개념은 헤겔을 거쳐 역사학파에 이르렀다. 사비니는 헤겔의 제자인 푸흐타를 통해 민족정신이란 말을 접한 후에야 그것을 사용했다. 하지만 이것은 그 개념의 의미가 동일한지를 묻는 질문에 대한 답이 될 수는 없다.

이것을 조사하기 위해서는, 역사학파가 그 단어를 쓰면서 의미했던 것을 밝힌 뒤, 똑같은 의미가 헤겔의 저서들에 있는 그 용어에 속할 수 있는지를 규명하고, 궁극적으로 헤겔 본인이 어떤 척도를 가지고 사비니 학파와 논쟁했는지를 검토할 필요가 있다.

사비니의『우리 세대의 입법 과제에 대하여』(1813)에 따르면, 법은 그 민족의 특징과 유기적인 연관 하에 있다. 법의 본성은 그 민족의 내적 본질을 구성하고 그 민족의 역사에서 유래한다. 왜냐하면 모든 민족은

---

27. 역사학파와 정치적 낭만주의 그리고 민족주의의 연관에 대해서는, C. Schmitt, *Politische Romantik*, 2. Aufl. (Munich, 1925), 46ff 참조. 이 전통에 대한 나치 변호인들의 부채에 대해서는, O. Dietrich, *Die philosophischen Grundlagen des Natinal-sozialismus* (Breslau, 1935); H. Nicolai, *Die rassengesetzliche Rechtslehre* (Munich, 1933)을 보라.

28. G. Rexius, "Studien zur Stastslehre der historischen Schule", *Historische Zeitschrift* 107 (1911), 520; H. V. Kantorowicz, "Volksgeist und historische Schule", 같은 책, 108 (1912), 303ff.; S. Brie, *Der Volksgeist bei Hegel und in der historischen Rechtsschule* (Berlin and Leipzig, 1909), 25ff.

특수하고 고유한 정신에 따라 자기만의 법과 관습을 갖기 때문이다. 법의 근거와 기원은 또한 언어와 관습을 만들어내는 민족의식의 그러한 층위에서도 세워진다. 법은 민족의 본원적인[ursprünglich] 의식 속에서 살아간다. 그것은 무의식적인 역사적 힘에 의해 창출되는 것이지 공식적인 입법가의 의식적인 의지에서 만들어지지 않는다. 문법학자는 언어의 법칙을 결코 규정하지 못하며, 다만 그것이 존재하고 기능하는 것을 기술할 뿐이다. 마찬가지로 입법가는 사회적 삶에서 우세한 절차들을 단지 기술할 뿐이다. 사비니는 독일의 역사적인 법적 의식에 따라 입법가가 민족적 특징에 이미 내재한 내용들에 외적인 형식화를 부여한다고 진술했다. 다시 말해 입법가는 민족정신의 외적 대변인에 지나지 않으며, 역사적 과정 자체의 품속에서 조용하고 은밀한 작업을 수행할 뿐이다.

푸흐타의 작업들에서 법 개념의 낭만주의화는 한층 더 깊이 그리고 더 멀리 정치적인 영역으로 이행한다. 법이 무의식적이고 원초적인 민족적 힘의 산물인 것처럼, 국가 역시 이성적이고 의식적인 의지의 결과가 아니라 잠재해 있는 역사적 힘들의 산물이다. 법도 국가도 합리적 비판이나 논쟁에 열려있지 않다. 역사학파에 의거하면, 법과 국가는 언제나 당위적인 것들이다. 적극적인 입법과 의식적인 일반적 성문화는—— 그것들이 민족정신과 민중에 내재된 기존의 법적 가치를 반영하는 한—— 불필요하다. 다시 말해 그것들이 —— 나폴레옹 법전[code Napoléon]이 서부 독일에서 그랬듯이 —— 혁신을 도입하고 새로운 개념을 부과하는 한, 민중의 의식을 무력화시킬 뿐이다. 역사학파는 기존의 법적 관습을 체계화하고 합리화하려는 여하한 시도에도 격렬히 반대했다.

이 개념들은 어느 정도까지 헤겔과 연결될 수 있는가? 헤겔은 『법철학』에서 민족정신이 국가에 독특한 성격을 부여한다고 주장했다.[29] 하지만 그 용어의 동일성 저변에는 내용과 원칙들의 차이가 존재한다. 법학자들에게

..
29. §33, §331, §259의 추가.

민족정신은 법과 도덕, 종교와 언어를 창조하는 본질이다. 그것은 은폐되고 알려지지 않은 채로 모두에게 작용하면서, 다양한 형태들을 띠고 민중에게 내재된 신비로운 특징이다. 하지만 헤겔에게 민족정신은 개별적인 사람들의 고유한 특징을 창출하는 것이 아니라, 종교와 전통 같은 영역에서 구체적으로 배치됨에 따라 형성되는 산물일 따름이다.

헤겔의 민족정신은 그것이 기술하고 있는 특성들과 동일하며, 법학자들과 낭만주의자들이 통상적으로 여기듯이 그것들을 창조하지 않는다. 그들에게 민족정신은 법의 무의식적 창조자지만, 헤겔의 경우 그것은 스스로를 인식하는 의식적 산물이다.[30] 따라서 헤겔의 개념은 기술적이지만 법학자들의 개념은 발생적이다. 게다가 헤겔의 용어가 이성적인 것인데 비해 법학자들의 것은 민족주의적이고, 모든 사회적 실존의 원인[Ursache]이다. 마르쿠제는 정당하게도 법학자들의 개념이 헤겔의 민족정신에 내재된 합리주의에 대한 실증주의적 반동이라고 주장했다.[31]

법학자들이 제시한 법과 언어의 현상학적 유사성 또한 헤겔의 관점과는 매우 거리가 멀다. 헤겔에게 법은 이성적이고 보편적인 내용을 구현하는 반면, 언어는 우연한 믿음이자 자의적인 외적 제휴의 표현에 불과하다. 법의 내용은 이성적인 윤리적 특징을 지니고 있지만 언어는 도덕과는 무관하다. 예컨대 하나의 법적 규범은 다른 규범보다 윤리적으로 우월하다고 말할 수 있지만, 이 같은 것을 언어에 대해 말하는 것은 터무니없어 보인다.

이게 전부가 아니다. 헤겔의 경우 스스로 실현하고 체화하는 윤리적 특징으로서 그 관념은 오직 현상 세계의 객관화와 그것의 제도화를 통해서만 실현될 수 있다. 법과 관련된 곳에서 윤리적 특성들의 이 객관화 과정은 분명한 입법과 반포를 통해 발생한다. 이것은 법을 객관적 사실로 정립하는

••
30. J. Löwenstein, *Hegels Staatsidee——Ihr Doppelgesicht und Einfluss im 19. Jahrhundert* (Berlin, 1927), 41-42.
31. *Reason and Revolution*, 237.

것이지 단순한 주관적 바람이 아니다.[32]

이것으로부터 유스티니아누스, 프리드리히 대제, 나폴레옹의 법전 같은 성문화 작업들에 대한 헤겔의 분명한 지지가 나왔다.[33] 그리고 이 점과 관련해서 헤겔은 특히 역사학파와 루트비히 폰 할러의 사상을 비판했다. 그는 객관적인 성문법에 대한 저들의 반대를 그들의 주관주의적이고 상대주의적이며 비합리적인 철학적 전제의 케케묵은 생각으로 간주했다.[34] 전통적인 관습법의 존재를 위한 기준이 주관적인 만큼(그것이 알려져 있건 이미 잊혀져 있건 간에), 그것은 기본적으로 자의적이며 불명확할 수밖에 없다. 이 관점에서 헤겔은 개선되지 않은 1820년대의 영국 관습법(Common Law)의 변칙성을 반박할 수 있었다.[35]

헤겔은 또 다른 이유로 법에 대한 주관적인 평가를 수용할 수가 없었다. 왜냐하면 그럴 경우 객관적인 법과, 주관성의 특정 분야인 개인적 도덕성의 차이가 무화되기 때문이다.[36] 법과 사적 도덕성의 영역들 간의 차이를 유지함으로써, 헤겔은 또한 법학자들의 이론과 낭만주의 운동에 의해 하나의 개념으로 병합되었던 국가와 사회의 이중적 존재를 지켜낼 수 있었다.

헤겔의 법 개념들이 보편적으로 적용 가능한 이성적 범주들이기 때문에, 법의 긍정적 내용은 여하한 민족적 특징들로부터 파생될 수 없다. 요컨대 법은 하나이자 보편적인 것이다.[37] 그런 연유로 헤겔은 이성적인 나폴레옹

..

32. *Philosophy of Right*, §§258-59.

33. 같은 책, §211.

34. 같은 책, 서문, 10; §§258-59.

35. 같은 책, §211. 개선되지 않은 영국 관습법은 헤겔에 의해 근심, 비합리성 그리고 불문 관습법의 궁극적인 잔혹성의 사례로 종종 사용된다. 그는 19세기 초 관습법의 보다 노골적인 부조리들 일부를 묘사한 신문의 발췌본들을 갖고 있었다. 이런 발췌본들은 *Hegels Berliner Schriften*, ed. J. Hoffmeister (Hamburg, 1956), 718-24에 나와 있다.

36. *Philosophy of Right*, §213. 헤겔의 제자 에두아르트 간스는 자신의 작품인 *Erbrecht in weltgeschichtlicher Entwicklung* (Berlin, 1824), vol. 1, vi에서와 마찬가지로, 스승의 『법철학』, viii-xiv에 붙인 자신의 서문에서도 같은 입장을 견지했다.

법전의 도입에 긍정적인 공감을 표했던 것이다. 그것은 낡은 고목을 쓸어버렸으며, 헤겔의 눈에 보편적인 법 규범들의 승리를 향한 첫 걸음으로 비쳐졌다. 결국 헤겔의『법철학』은 그 규범들의 추상화이자 그것들의 불가피한 제도화의 청사진이다.

헤겔은 전통적으로 효력을 갖는 관습법의 타당성과 관련된 논쟁에 개입하기 위해 논문 집필에 몰두했고, 뷔르템베르크의 헌법을 둘러싼 갈등을 다룬 긴 글에서 그 공국의 전통적인 중세적 관습법의 타당성을 주장한 이들의 태도를 공격했다. "오래된 좋은 법"이라는 기치 아래, 역사법학파와 민족적 서정시인 울란트를 추종하는 낭만주의적 지지자들 그리고 법체계의 합리화와 근대화로 인해 전통적인 권리들을 침해받은 뷔르템베르크의 귀족들이 집결했다. 게르만 부족의 신화를 부활하려는 시도를 거부할 때 보였던 것과 같은 신랄한 어조로, 헤겔은 "원초적"이고 "기원적"이며 "오래된" 법이라는 토대에 기초해 유물이나 다름없는 전통 법을 수용하려는 시도 역시 가차 없이 비판했다. 그가 봤을 때, 역사적인 권리들에 의존하는 것은 그것이 어떤 것도 입증하지 못하는 만큼, 완전히 터무니없는 것이었다.

고대의 법과 현존하는 권리 중 어떤 것이 좋고 나쁜가 하는 것은 해당하는 법 제도의 수명만 가지고서는 판단할 수 없다. 봉건적 전제주의를 종식시킨 희생제의와 노예제의 철폐, 그리고 또 다른 잘못된 제도들에 대한 상당부분 폐지는 당시에 타당한 법률로 간주되었던 것의 종식을 항상 가져왔다. 권리는 시대와 함께 사라지지 않으며 수백 년 된 부당한

••
37. 이것은 헤겔의 체계와 모순된다는 이유로 라살레에 의해 비판을 받았다. Ferdinand Lassalle, *System der erworbenen Rechte*, 2. Aufl., I, xv - xvii, 58-61. 라살레는 자신의 헤겔주의에도 불구하고 역사학파에 의해 지대한 영향을 받았으며(그의 책은 그 학파의 주도적 인물들 중 한 명에 헌정되었다), 그의 민족정신 개념은 역사학파와 통상적인 낭만주의적 견해와 동일하다. 라살레의 민족주의와 관련된 문제에 관심을 갖는 이들이라면 여기서 약간의 흥미를 찾을 수 있을 것이다.

것들이 불의를 정의로 만들 수 없다는 것은 누차 강조되었던 바이다.[38]

따라서 거기에는 사회적 제도들의 비판을 위한 내적인 합리적 기준들이 존재하며, 과거에 의존하는 것은 현재를 위한 어떤 타당한 힘도 소유하지 못한다. 그와 같은 검증은 언제나 의식의 낮은 단계들을 상징하는 과거 사건들의 영역에서나 가능할 뿐이다. 역사적 제도들의 한계들 내에서만 머물고자 하는 이들은 누구든 간에 역사적 발전을 거스르는 것이다. 헤겔은 한 구절에서 사회적 진보와 의식적인 성문화 노력의 결합을 주장했다.

> 태양과 행성들도 자신들의 법칙을 갖고 있지만 그것을 알지는 못한다. 야만인들은 충동과 관습 그리고 감정에 의해 통치되지만 이를 의식하지 못한다. 권리가 법으로 정립되고 알려질 때 비로소 모든 우연적 감정들은 복수, 동정, 이기심의 형태와 더불어 사라지고, 이런 식으로 권리는 처음으로 참된 규정성을 획득하고 자신의 마땅한 명예를 부여받게 된다.[39]

법실증주의, 민족정신을 법의 무의식적인 최초 창조자로 보는 것, 기원적인 원-게르만법에 다가가려는 열망 그리고 의식적이고 명확한 성문화의 가치에 대한 거부, 이상 네 가지 역사학파의 특징들이 바로 그들과 헤겔을 갈라서게 한 것들이다.

---

38. *Hegels Schriften zu Politik und Rechtsphilosophie*, 199. 이런 태도가 버크적 태도와는 매우 거리가 멀다는 사실은 명심해야 할 부분인데, 헤겔에게서 버크의 영향의 강력한 흔적을 찾으려는 이들에겐 특히 그렇다. 헤겔이 사회적 조건들의 기준을 위한 이성적 기준들을 받아들였다는 사실은 그의 태도와 버크의 태도를 완전히 구분 짓게 만든다. 헤겔이 직접적인 현실에 그러한 기준들을 적용하는 데는 별 관심을 두지 않았다 하더라도 말이다.

39. *Philosophy of Right*, §211의 추가.

V

여기서는 헤겔 역사철학의 한 가지 측면, 즉 그의 역사철학이 독일 민족주의와 연결되어 있다는 혐의에 대해서만 논할 것이다. 이 혐의를 지지하기 위해, 헤겔이 전 세계를 지배하는 일련의 질서 속에서 민족들의 순환을 통해 역사 발전을 이해했다는 주장이 제기되었다. 즉 그는 현재의 시대를 게르만 민족들 사이에 현실화된 것으로 간주했고, 오늘날의 시대를 역사 발전의 최고 단계로 이해하는 한, 여기에는 게르만의 우수성을 주장하는 나치의 사상과 상응하는 것이 존재한다는 것이다.

『역사철학 강의』에서 동양, 그리스, 로마 그리고 게르만 시대를 형식적으로 구분한 것이 서로 다른 지배 민족에 의해 특징을 부여받은 시대를 해석하기 위한 것이라는 점은 분명 사실이다. 그러나 이 단계들은 연속적인 민족정신들에 의해 특징지어지긴 했지만, 어떤 한 민족 국가의 정치적 지배를 보여주는 것은 아니다. 참으로, 각각의 민족정신은 국가를 만들어야 하지만, 이것은 결코 하나의, 민족적 국가가 아니다. 그리스 폴리스는, 그 어떤 그리스 폴리스든 그리스 민족정신의 결과였다. 그리스가 정치적이고 민족적인 통일을 이룩하진 못했지만 말이다. 국가를 성취한다는 것은 자기의식을 획득한다는 것을 의미한다. 그 어느 곳이든 일반적인 정치적 제도들에서 자신들의 본질적 의지의 체현을 보는 일군의 민족이 존재하는 곳에서는, 국가를 갖기 마련이다. 얼마나 많은 국가들이 여하한 특정 민족정신의 결과일 것인지의 문제는 중요하지 않다. 예컨대 그리스의 경우 그것은 아마도 수백 개쯤 될 것이다. 종족적, 언어적 혹은 인종적 경계들은 그것과 하등 상관이 없다. 그리스 세계는 외부의 대리자에 의해 정치적 통일을 획득한 이후에 서서히 쇠퇴하기 시작했으며, 마이네케는 이 점이야말로 헤겔이 결코 "민족적" 통일을 고려하거나 귀하게 여기거나 설파한 적이 없다는 확실한 지표로 간주했다.[40] 그는 이미 민족주의에 감염된 후기 독일사학자들과 아무런 공통점이 없었는데, 이들은 몸젠이 그랬듯이 통일을 획득하지 못했다는 이유로 그리스를 비판한 바 있다. 그러나 그 비판은 사실상 동시대의 독일을 향한 것이었다. 로마제국에 대한 이후의 독일의 숭배는 헤겔에게서 찾아볼 수 없다. 그는 로마의 제국주의에 대해 보다 강경한 어조로 논평했고 무조건적으로 그리스 정신을 로마의 것보다 선호했던 인물이기 때문이다.[41]

하지만 『역사철학 강의』의 유명한 구절이 종종 인용되기도 하는데, 여기서 헤겔은 모든 세계사적 민족이 자신의 헤게모니 기간 동안 절대적인 지배권을 갖는다고 주장하는 것처럼 보인다.[42] 이로부터 포퍼와 맥거번은 역사와 정치과학의 그 어떤 일반 교재들도 언급하지 않으면서, 헤겔이 하나의 민족, 즉 게르만에 의한 세계의 지배를 믿었다고 결론지었다.

그러나 이 해석은 사실상 유지되기 어렵다. 그것은 주로 20세기의 상황을 거꾸로 헤겔의 시대와 정신에 투사한 것이다. 헤겔은 자신이 세계사적 민족이라 명명한 것에 정치적 지배의 속성을 결코 부가하지 않았다. 오히려 그것은 전혀 다른 속성들을 갖는 것으로 보인다. "모든 역사적 민족들은 문예창작, 시, 예술, 조각, 회화 그리고 과학과 철학을 창조하는 힘을 간직한다."[43] 절대적 권리는 국제정치의 영역이 아니라 문화적 지도력의 영역에서 발생한다. 따라서 양분된 그리스 고전기는 그리스 정신이 지배하는 무대였다. 헤겔은 그리스 세계가 여하한 정치적 의미를 지니지 않으며, 오히려 그것은 문화적 영역—위대한 그리스[Magna Graecia]—에 해당함을 분명히 밝혔다.[44] 헤겔에 따르면, 마케도니아 제국의 기간과 그 이후 그리스의 보편적인 정치적 헤게모니 시대는 데카당스의 시대였다.

••
40. Meinecke, *Weltbürgertum und Nationalstaat*, 275. 또한 F. Rosenzweig, *Hegel und der Staat* (Berlin, 1920), vol. 2, 5 참조.
41. *Einleitung*, 250; *Weltgeschichte*, 705, 711.
42. *Philosophy of Right*, §347.
43. *Einleitung*, 174.
44. *Weltgeschichte*, 533-42.

따라서 헤겔의 역사 순환은 문화적 영역의 순환이지, 정치적 지배나 군사적 정복의 순환이 아니라고 결론내릴 수 있을 것이다. 그리고 이것은 헤겔이 게르만 세계 혹은 그 시기라 부른 것의 의미를 설명하는 데도 도움을 줄 수 있을 것이다.

먼저 일부 의미론적 오해가 해명되어야 한다. 헤겔은 역사 발전의 최종 국면을 게르만 세계[die germanische Welt]라 불렀지 독일 세계[die deutsche Welt]라 부르지 않았다. 시브레가 『역사철학 강의』를 번역할 때 "게르만"과 "독일"을 구분하지 않았고 두 용어 모두 "German"으로 번역했다는 점은 의미심장—— 그리고 유감스러운—— 하다.[45] 독일어 용법에서 "Germanic"은 항상 문화적 영역을 내포할 뿐 어떤 정치적 함의도 지니지 않았지만, "German"은 지난 반세기의 앵글로색슨 독자들에게 독일의 정치적 세계 지배와의 모든 가능한 연관성을 유발시켰다.

헤겔은 이러한 게르만 시대를 통상 기독교 세계로 언급하면서 자신의 실제 의미를 잘 드러내고자 했던 것 같다. 즉 과거와 현재의 역사적 시대는 독일의 정치적 지배와 아무런 연관이 없고, 후자는 독일 통일에 대한 헤겔 자신의 거부와 완전히 양립 불가능한 것이다. 앞선 역사적 시기들처럼 이 시기도 문화적 관점으로 해석되어야 하며, 헤겔의 "게르만 세계"라는 용어에 숨은 유일한 의미는 그가 서구 문명에서 인류의 정신적 발전의 백미를 보았다는 것을 시사한다. 게르만 세계가 갖는 가치는 기독교적 가치다. 그가 본 새롭고 최종적인 역사적 국면이 로마 세계의 분열과 함께 시작됐다는 사실에도 불구하고, 헤겔은 새로운 문명의 전달자들인 게르만족 들이 로마 문화의 기독교성을 수용했다는 점을 결코 잊은 적이 없다. 그가

••
45. *Hegel's Philosophy of History*, trans. J. Sibree (New York, 1956), xv, 341. 나는 이 번역본을 사용하지 않고 『역사철학 강의』의 상이한 부분들에서 인용된 구절들을 직접 번역했는데, 왜냐하면 시브레의 번역에 토대가 되었던 독어판이 불확실하고 단편적이기 때문이었다. 이 문제들에 대한 상세한 설명에 대해서는, *Einleitung*의 호프마이스터판에 실린 부록을 보라.

종종 게르만적이라고 부르긴 했지만, 유럽을 지배하는 원리는 기독교의 원리지 세계사에 대한 게르만족의 고유한 기여가 아니다. 그 어떤 원-민족의 신화도 게르만적인 것으로서의 최종 국면에 대한 헤겔의 명명에 귀속될 수 없다. 왜냐하면 그는 분명 다음과 같이 말했기 때문이다.

> 게르만 역사의 과정이 그리스와 로마의 그것과 얼마나 다른지를 강조하는 것은 매우 중요하다. 후자는 자신의 고유한 원리들을 체현했지만, 게르만적 발전의 추동은 낯선 문화로부터 게르만족에게 전달되었던 것이었다. 그들이 실현한 원리들, 즉 그들의 문화와 발전 그리고 그들의 법과 종교는 차용된 것이었다.[46]

역사에 대한 게르만주의적 해석에서 이보다 더 모욕적인 것은 없을 것이다. 헤르더와 낭만주의자들은 자신들의 민족적 이데올로기를 게르만인들의 근원성[Ursprünglichkeit]에 의거했던 반면, 헤겔은 그들을 낯선 문화의 전달자로 간주했고 이것에서 그들의 주된 미덕을 보았다. 그들 자신들의 "고유한" 문화는 타고난 야만주의로 인해 여하한 역사적 중요성을 획득할 수 없었던 것처럼 말이다.

> 기독교 원리를 채택하기 전, 게르만인들은 야만주의의 상태에서 살았다. 그들의 토착 종교는 피상적이었고 본질적 내용들을 결여했다. …… 게르만법은 참된 법이 아니었는데, 왜냐하면 여기서 살인은 도덕적 가치의 관점에서 범죄가 아니라 피해에 대한 보상의 차원에서 주어지는 사적 공격이었을 뿐이었기 때문이다. …… 개별적인 게르만인은 자유롭지만, 이는 도덕적 존재로서 어떤 가치도 소유하지 못한 야생동물의 자유와 같은 것이다. …… 타키투스 이래로 줄곧 게르만인의 고대적인

• •
46. *Weltgeschichte*, 758.

본래적 자유가 칭송되어 왔다. 하지만 우려스러운 점은 이처럼 흉포함과 야만주의의 상태를 자유의 상태와 혼동하는 것이며, 우리는 야생의 아메리카 인디언들에게서 자유의 체현을 보았던 루소의 오류를 따르도록 설복되지 않아야 한다.[47]

그러므로 게르만 세계는 종족적, 인종적 혹은 정치적 민족이 아니다. 그것은 기독교적 유럽이자 서구 문명이며, 헤겔에 의하면 독일뿐만 아니라 스페인과 프랑스, 영국과 이탈리아——그리고 어쩌면 러시아——를 포함한다.[48] 그것은 게르만족들이 정착했던 지리적인 영역과는 관련이 없다. 그것이 독일의 근대적인 정치적 헤게모니와 무관한 것처럼 말이다. 정치적 관점에서 보자면, 1815년의 합의는 기본적으로 반민족적인 것으로서 헤겔의 기독교적이고 보수주의적인 세계관[Weltanschauung]에 상응하는 것이었다. 이러한 기독교적 종족[gens Christiana]은 주관주의적으로 민족주의 의식을 필요하지도, 종족적-언어적 연결을 요구하지도 않았다. 그것들은 우연적인 것으로서 일체의 이성적이고 도덕적인 의미를 갖고 있지 않기 때문이다. 헤겔은 그리스 고전기 때처럼 근대세계 역시 정치적 단위들과 권력들의 다원성을 포함한 세계가 될 것이라고 예상했다.[49] 그것은 정치적 힘이 아니라 헤겔이 형이상학적으로 정신(Spirit)이라 불렀던 것을 통해 조화를 이루는바, 강력한 루터적 저류와 함께 헤겔이 자유, 즉 필연성의 인식으로 이해했던 기독교적 유럽에서 실현된다.

누군가는 이런 종류의 형이상학을 반대할 수도 있겠고, 역사적으로 헤겔의 분석은——사반세기 동안 전쟁으로 찢겨진 세대에게는 이해될 수도 있겠지만——순진해 보이는 구석이 없지 않다. 헤겔에 따르면 통일된 공동의

47. 같은 책, 775.
48. 같은 책, 774ff.
49. 같은 책, 761.

정신이 그의 동시대 세계에서 국제적 행위의 인간화에도 영향을 미치고 있었다는 점을 관찰할 때, 이것은 명백히 드러난다.

> 유럽의 인민들은 자신들의 법적 규약, 관습 그리고 문명화에 기저를 이루는 보편 원리에 따라 하나의 가족을 형성한다. 그런 까닭에 이 원리는 (전쟁 같은) 사태들에서 그들의 국제적 행위를 변화시켜왔는데, 그렇지 않았다면 서로 간에 악의 다툼이 지배했을 것이다.[50]

여기서 민족주의적 의미를 읽는 것은 헤겔의 철학을 무의미한 것으로 왜곡하는 것이다. 어떻게 그처럼 기이한 오독이 독일 통일, 독일 민족주의 그리고 궁극적으로 나치즘의 고유한 이미지를 19세기의 모든 독일철학과 역사에 투사했던 세대에게 통용되었는지는 이해 못할 바가 아니다. 이 논의를 시작하면서 약간의 암시를 하긴 했지만, 헤겔 사상의 사료에 대한 기록들은 그 자체로 근대적 시대정신[Zeitgeist]의 변형에서 흥미로운 대목이다. 그러나 이 해명은 헤겔 철학 자체의 본성을 바꿀 수 없다.

어쩌면 한 가지 단서를 달아야 할지도 모르겠다. 근대 민족주의의 발전은 두 개의 주요한 흐름들을 원인으로 갖는다. 한편으로 문화적이고 종족적인 연합과 낭만적인 공동사회로의 통일에 점차적으로 가치가 부여되었다. 다른 한편으로 그것은 민족적 요구들이 현실화되는 맥락을 구성했던 근대적 영토국가의 구체화로부터 갑작스럽게 출현했다.

양자는 별개의 현상들로서, 상이한 역사적, 문화적 발전들에 의해 야기되었다. 그것들은 19세기 동안 민족적 관념이, 절대군주제가 야기한 영토적

----

50. *Philosophy of Right*, §339의 추가. 유사한 언급이 헤겔의 『미학 강의』에서 언급되고 있다. "동시대 유럽에서 모든 민족들은 서로에 의해 제약되었고, 그렇기 때문에 다른 유럽의 민족에 대한 전쟁 행위에 돌입할 수 없다."(*Werke*, ed. Glockner, vol. 14, 335) *Weltgeschichte* 761과 Avineri, "The Problem of War in Hegels Thought", *Journal of the History of Ideas* 22 (1961), 463-74 참조.

기관의 정치적 구조와 접목하면서 만나게 되었다.

첫 번째 현상은 헤겔에게 완전히 낯선 것이었다. 하지만 두 번째로 보다 "정치적"이거나 더 적절히 말해 국가사회주의적 측면과 관련해서, 헤겔의 사유는 일부 기여적(contributory) 관계에 처해 있다고 볼 수도 있다. 언젠가 A. D. 린제이가 언급한 것처럼,[51] 왕조국가에서 민족국가로의 이행은 처음엔 지배자에 대한 개인의 복종에서 나중에 정치 단위에서 동료 시민에 대한 복종으로의 이행을 통해서 생겨났다. 이때 그와 같은 복종의 매개를 제공한 것은 합리적이고 정치적이며 보편적인 익명의 제도들이었다. 말하자면 정치적 의무가 개선되고 제도화된 것이다. 이 발전에서 헤겔의 기여는 의심의 여지 없이 막대했는데, 그의 철학에서 정치적 영역은 인간 상호 간의 관계들에서 지배적인 위치를 점했기 때문이다. 정치적 영역은 지배적 영역이 됨에 따라 여타의 역사적인 정치적 배치들에 비해서 근대국가를 보다 강력하게 만들었다. 그리고 헤겔의 의도는 아니었지만, 이처럼 강력한 국가는 민족주의의 도구가 되었다. 왜냐하면 근대적이고 강력하며 합리적으로 조직된 국가라는 명확한 관념 없이, 민족주의는 자신의 탁월함을 주장할 수 없을 것이기 때문이다.

그렇다면 이 점에서, 무의식적인 것이라 할지라도, 근대 민족국가를 결정화하는 데 헤겔의 기여가 놓여 있을 수 있다. 민족주의의 여하한 표명을 거부했던 한 사상가의 교설이 예기치 않은 측면에서 이 과정에 궁극적으로 기여했다고 해석될 수 있음을 발견하는 것은 변증법적인 매력을 선사할지도 모른다. 그러나 "이성의 간지[List der Vernunft]"로 친숙한 헤겔에게 이것은 그다지 놀라운 일이 아닐지도 모른다.

．．
51. *The Modern Democratic State* (London, 1943), vol. 1, 146-49.

3부
헤겔이 전쟁을 찬양했다는 신화

9. 헤겔 사상에서 전쟁에 대한 문제

쉴로모 아비네리 | Shlomo Avineri

헤겔의 정치사상이 국가주의와 전체주의 두 진영 모두의 국가이론을 구체화하는 데 초석을 깔았다는 가정을 종종 만나게 된다. 이러한 견해는 독일에서 나치 권력의 부상과 함께 특히 강하게 제기되기 시작했는데, 이때 나치즘의 적대 진영에서는 헤겔 사상의 철학적 전제들과 그것의 극단적 징후들로서 민족주의적 국가의 제도화된 이미지 간에 유사성을 찾고자 하는 수많은 노력이 전개되었다.[1]

● ●

1. 예컨대 H. Heller, *Hegel und der nationale Machtstaatsgedanke in Deutschland* (Leipzig, 1921), 118; W. M. McGovern, *From Luther to Hitler* (New York, 1941); K. R. Popper, *The Open Society and Its Enemies* (Princeton, 1950), 259를 보라. 무비판적으로 수용된 이런 의견은 예컨대 J. Bowle, *Politics and Opinion in the 19th Century* (London, 1951), 43 같은 정치철학의 흔한 교본들에서도 발견된다. 하지만 반대 의견들도 그에 못지않게 널리 퍼져 있다. 예컨대 F. Rosenzweig, *Hegel und der Staat*, 2 vols (Munich, 1920); H. Marcuse, *Reason and Revolution*, 2d ed. (London, 1955); E. Weil, *Hegel et l'État* (Paris, 1950)을 보라. 또한 Georg Lukács, "Der deutsche Faschismus und Hegel", *Schicksalswende* (Berlin, 1948), 37-67 참조.

어떠한 증거나 확인이 필요치 않아 보일 정도로 확고히 뿌리내려 용인되고 고정된 가설들의 경우에 종종 그러하듯, 이 의견은 재검토될 필요가 있다. 헤겔 철학을 국가주의적 정신으로 이해하는 데 기여한 역사적 연관들을 어려움 없이 보여줄 수도 있겠지만, 마찬가지로 그것이 헤겔 사상에 적용될 수 있는 유일한 해석이 아니라는 점을 보여주는 것도 가능하다. 루돌프 하임의 『헤겔과 그의 시대』(베를린, 1857)는 헤겔이 독일 통일의 민족적 열망에 눈이 멀었다고 비난하면서 그에게 신랄한 욕설을 가한다. 그리고 하임의 책은 단지 하나의 사례에 불과하다.

우리는 여기서 독일 국가주의와 헤겔의 연관을 새롭게 검토하지는 않을 것이다. 이 논문의 목적은 헤겔 사유에서 전쟁이 갖는 의미를 추적함으로써, 그 의미가 나치즘과 파시즘에서 정점에 달한 국가주의적-군사주의적 이데올로기에 기여했다고 가정될 수 있는지를 해명하는 것이다.

의심의 여지 없이 헤겔의 전쟁 개념이 "새로운 전체주의적-국가사회주의적" 혹은 파시즘적 사상들과 닮았다고 생각했던 학자들의 의견을 명백하게 정당화해주는 것으로 보이는 구절들을 헤겔에게서 발견하기란 어렵지 않아 보인다.[2] 헤겔은 1801-2년에 쓴 초기 저작 중 하나인 『인륜성 체계』에서 다음과 같이 말한다. "도덕성은 자신의 활력을 자기와는 다른 것에서 드러내야만 한다. …… 이 상이한 것이 바로 적인바, 동료 인간과의 관계에서 생존에 대립하는 것으로 구체화되는 적과의 분리는…… 투쟁에 대한 두려움이다."[3] 같은 시기에 쓰인 또 다른 논문 『자연법의 학문적 취급 방식에 대하여』에서는, 이 기준들이 개인들 간에서 국가 간 수준으로 옮겨간다.

• •
나는 탈몬 교수의 지도하에서 이 주제에 대한 연구를 하면서 그로부터 받은 도움과 조언에 감사를 표하고자 한다.

2.   D. A. Routh, "The Philosophy of International Relations", *Politica* (September 1938), 223-35.

3.   *Hegels Schriften zur Politik und Rechtsphilosophie*, ed. G. Lasson (Leipzig, 1913), 470.

"전쟁은 화석화에 맞서 투쟁하는 인민의 도덕적 건강함이다. …… 미풍이 지속적인 안일함의 결과인 바다의 악취를 씻어내듯이, 전쟁 또한 인민들에게 같은 역할을 수행한다."[4]

그러나 가장 극단적인 정식은 『정신현상학』에서 드러난다. 이 책은 정확히 예나 전투의 전야였던 1806년에 완성되었고, 그것의 관점은 나폴레옹의 인격이 보여준 카리스마적 경험과 그 역사적 활동에 강하게 영향을 받았다.

> [시민들로 하여금] 이러한 고립에 뿌리박고 정착하지 않도록 하기 위해, 따라서 전체를 단편들로 분열시켜 공동의 정신을 날려버리지 않게 하기 위해, 이따금씩 정부는 전쟁에 의해 그것들을 중심부로부터 뒤흔들 필요가 있다. 이런 수단에 의해, 확립되어 배치된 기존의 질서는 혼란에 빠지게 되고, 홀로 서고자 하는 자신들의 권리를 침해당하게 된다. 반면 개인들(그 질서 안에 흡수되어 전체로부터 표류된 채 신성불가침적인 대자존재와 인격적 안전만을 추구하는 존재)은 정부가 그들에게 부과한 임무들로 인해서 자신들의 왕이자 주인인 죽음을 느끼도록 강제된다.[5]

이 정식들은 그 모든 강렬함에 있어서 전쟁의 힘에 대한 완전한 신성화로 간주될 수 있고, 그로부터 헤겔이 트라이치케[6]나 심지어 파시스트들[7]의 정식들과 구별되지 않는다는 결론이 내려질 법도 하다. 하지만 저 인용들은 헤겔의 국가에 대한 일반 이론의 맥락 안에서 검토되어야 하는데, 그것이

· ·
4. 같은 책, 432.
5. G. W. F. Hegel, *The Phenomenology of Mind*, 2d ed., trans. J. B. Baillie (London, 1949), 474.
6. H. Treitschke, *Politik*, 5th ed., ed. M. Cornicelius (Leipzig, 1922), vol. 1, 24, 39, 60; vol. 2, 362, 371, 519.
7. 전쟁의 '긍정적' 가치에 대한 강력한 옹호에 대해서는, Mussolini, "Fascismo", *Enciclopedia Italiana*, vol. 14 (Rome, 1932), 847-50을 참조하라. 또한 W. Ebenstein, *Modern Political Thought* (New York, 1958), 330-37을 보라.

가장 성숙하게 표현된 곳이 바로 『법철학』이다.

여기서 우리는 헤겔이 가장 난해하고 어쩌면 생색내기도 거의 어려운 이론 작업들 중 하나의 난제를 수용하고 있음을 보게 된다. 즉 일반적인 철학적 맥락에서 전쟁의 현상에 의미를 부여하고자 하는 고통스러운 노력이 그것이다. 물론 그가 자기 세대에 그런 일을 한 유일한 사람은 아니었다. 그와 동시대인이었던 아담 뮐러는 1808-9년에 행한 일련의 강의들에서 같은 문제를 해결하려고 시도했다. 이것은 후에 『국가학 강요』라는 제목으로 줄간되었다. 그러나 뮐러는 도덕적인 면에서는 매우 상이한 결론에 이르렀다. 그는 국가의 팽창주의적 충동을 인정하고 "정의"로운 전쟁과 "불의"한 전쟁을 구분했다. 이후에 보게 되겠지만, 이 구분은 헤겔의 사유와는 완전히 다른 것이다.[8]

반면 헤겔은 "현재의 십자가에 드리워진 장미를 인식하기 위함"이라는 인간적 설정 하에서 전쟁을 이해하려고 애썼다.[9] 헤겔은 우리가 습관적으로 전쟁을 평화라는 정상 조건에서의 일탈로 평가한다는 것을 깨닫는다. 특히 다양한 자연법 학파들의 영향 속에서, 전쟁은 이성적인 사회정치적 질서 이전의 것으로의 복귀나 퇴행으로, 따라서 원시적이고 야만적인 상태로의 복귀로 이해되었다.[10]

.. .

8. A. Müller, *Elemente der Staatskunst*, vol. 1, ed. J. Baxa (Jena, 1922), 5, 7, 85ff. 『세계시민주의와 민족국가』에서, 마이네케는 뮐러를 전쟁에 대한 랑케적 사유의 선구자로 보았던 반면, 국가의 생기적이고 유기적인 성장에 대한 낭만적 집착과는 거리가 먼 헤겔의 사유는 그와는 완전히 다른 유형으로 보았다.(146) 이것은 문학, 특히 서사문학이 정복전쟁에 의해 증진된다는 헤겔의 언급(*Werke*, vol. 14, ed. Glockner [Stuttgart, 1928], 354, 최근 W. Kaufmann, *From Shakespeare to Existentialism*, 122-24에서 인용되고 논의됨)에도 불구하고 사실인 것으로 보인다. 여기서 또다시 헤겔이 역사적 사실로 여겨서 단지 진술한 것을 마치 그것을 도덕적으로 승인한 양 해석되는 것이 나타난다.

9. Hegel, *Philosophy of Right*, trans. T. M. Knox (Oxford, 1945), 12. 괴테에게서도 보이는 이런 표현 특유의 루터적 함의들에 대해서는, K. Löwith, *Von Hegel bis Nietzsche* (Zurich, 1941), 24 참조.

헤겔이 보기에 이 설명만으로는 충분치 못하다. 즉 전쟁의 도덕적 부정만으로는 그것을 잘 해명해내지 못하는 것이다. 전쟁은 어떤 특수한 인간적 요소의 산물인 것처럼 보이고, 그것을 단순한 사건, 즉 순전한 자의의 산물로 보는 것은 이 엄청난 분출의 동기들에 대해 논점을 교묘하게 회피할 뿐이다. 투쟁을 평화의 규범에서 벗어난 것으로 간주하는 것은 희망사항일 뿐이다. 이것은 개인적인 주관적 도덕성의 관점에서는 찬양받을지 몰라도, 철학이 현재 존재하는 바(that which is)를 파악하는 것으로 이해되는 한 적합한 철학적 설명은 될 수 없다. 다른 사회 현상들과 마찬가지로 여기서도, 헤겔은 도덕적 분개로는 충분치 않다고 여기고 있다.

그는 명확히 전쟁을 경멸했다. "따라서 전쟁에서, 전쟁 자체는 평화의 가능성이 획득되는 것을…… 암시하면서…… 사라져야 하는 것으로 특징지어진다."[11] 그는 여기에 머무르지 않고 인간이 만든 문화적 세계의 일부분으로서 전쟁을 야기하는 원인들의 내적 필연성을 설명하기 위해 한 발 더 나아간다. 이 세계가 어떻게 되었어야만 하는가(should have been)에 대한 우리의 관념들이 역사적 실재와 다르다는 사실은 그 자체로 현실적인 것에서 이상을 산출해내는 인간 능력의 증거가 된다.

무엇보다도 헤겔은 전쟁이 생명과 재산의 보호라는 공리주의적 동기에 의해 정당화될 수 없다고 말한다. 헤겔이 전쟁의 도덕적 정당화 물음에 대한 흔한 대답들 중 하나로 여긴 이 생각은 터무니없는 상황으로 귀결될 수 있다. 왜냐하면 전쟁의 행위에서 보존되어야 할 바로 그것인 생명을 위해 인간의 희생을 요구한다는 것은 가능하지 않기 때문이다.[12] 욕구들에

• •
10. 아마도 몽테스키외는 전쟁에서 어떤 트라우마적인 사회 이전 상태로의 퇴보가 아니라 인간의 사회적 조건의 효과를 인식한 근대인들 중 최초의 인물이 아닐까 싶다. *L'Esprit des Lois*, vol. 1, chaps. 2-3.

11. *Philosophy of Right*, §338. 또한 §339의 추가를 보라.

12. 같은 책, §324. 이 구절에 직접 의존하지 않고도, 그런 공리주의적-자유주의적 논증은 헤겔의 영국인 제자 보즌켓에 의해 정치적 의무라는 보다 일반적인 수준에서 비판받았다. B. Bosanquet, *The Philosophical Theory of the State* (London, 1958), 76, n. 1.

기대어 전쟁을 정당화하려는 모든 시도는 필연적으로 의심스러운 윤리강령으로 끝날 수밖에 없는데, 그것에 따르면 A는 B의 생명이나 한갓 재산을 지키기 위해 자신의 생명을 바쳐야 한다. 달리 말해, 이것은 칸트의 정언명법에 대한 완벽한 위반에 해당한다. 그것은 헤겔에게도 "인격이 되어라. 그리고 타인을 인격으로서 존중하라"는 인격적 도덕성의 기초가 되는 것이다.[13] 전쟁이 시민사회의 관점에서 옹호되는 곳(예를 들어 욕구의 영역)에서는 불가피하게 도덕성의 기본적 명령의 이와 같은 위반이 출현한다. 따라서 인간은 타인의 수중에서 한갓 도구와 수단으로 기능할 뿐이다.[14]

언뜻 보면 이상해보일 수도 있겠지만, 헤겔의 전쟁 이론은 이 난점을 피하고 칸트의 명법을 위반하지 않으면서 전쟁에 대한 설명과 정당화를 찾고자 하는 것이다. 헤겔에 따르면, 전쟁은 그것이 삶에서 우연적이고 자의적이며 유한한 것을 드러낸다는 점에서 인륜적인 요소를 담고 있다. 그것은 특수한 이익이 세계의 주인이 되는 것을 가로막는다. 모든 이들에게 모든 것을 요구함으로써, 전쟁은 구체적인 현상 세계를 그것의 참으로 일시적인 장소로 처하게 만든다. 다시 말해 그것은 인륜적인 죽음의 상징 [memento mori]으로 기능한다.

> 전쟁의 인륜적 계기는 여기에 놓여 있다. …… 전쟁은 절대적인 악으로서도, 순전히 외재적인 사건으로도 간주되지 않으며, 그렇기 때문에 그 자체로 다소 우연적인 원인을 갖게 된다. 즉, 불의나 민족들 혹은 권력자들의 격정들 등등 혹은 요컨대 일어나서는 안 되는 어떤 것으로 인식된다. 사건들이 발생하는 것은 본성상 우연적인 것들이며, 그때

---

13. *Philosophy of Right*, §36; *Enzyklopädie*, §49. 이것을 나치의 다음과 같은 격언과 비교해 보라. "모든 권리와 의무가 공동체로부터 전적으로 파생되는 만큼, 개인 자체는 존재하는 어떤 권리나 의무도 갖지 않는다." 이것은 나치 법학자 오토 디트리히가 당 기관지 <민족의 파수꾼> (11 November 1937)에 기고한 글에 실려 있다.

14. *Philosophy of Right*, §324.

그것들이 발생하는 운명은 따라서 필연적이다. 다른 곳과 마찬가지로 여기서도, 사태가 순수한 우연들로 여겨지는 관점은, 우리가 사태를 개념과 철학에 비추어 고찰한다면 사라지고 마는데, 왜냐하면 철학은 우연을 한갓 가상으로 알고 있으며 그 속에서 그 본질, 즉 필연성을 간파하기 때문이다. 유한한 것 —— 재산과 생명 —— 은 분명 우연적인 것으로 설정되어야 하는데, 왜냐하면 우연성은 유한의 개념이기 때문이다.[15]

헤겔 본인은 자신의 일련의 사유가 종교와 친화적이라고 여겼고 사람들이 교단에서 이런 종류의 설교를 종종 듣는다고 언급한다. 그러나 그는 교회에서 이 세계의 모든 재화들이 덧없다는 설교를 듣는 모든 이들이 심판의 날이 닥치면 여전히 자신의 생명과 재산만큼은 해를 입지 않을 거라 생각한다고 비판한다. 그러나 분노의 날이 여기, 즉 멀리 떨어진 내세가 아니라 이 세계에 나타나 모습을 드러낼 때, "이 불안이 이제 번뜩이는 검을 든 기마병들의 형태로 등장해서 설교자들이 말했던 것을 참으로 신실하게 현실화시키게 되면, 이 모든 사건들을 예언했던 가슴 뭉클하고 교화적인 담론들은 침략자에 대한 저주들로 표변하게 된다."[16]

이 구절들에 따르면, 전쟁은 "흙으로 돌아가리니[unto dust thou shalt return]"를 구현하는, 벽에 쓰인 영원한 글귀에 불과하다. 따라서 그것은 어떤 구체적 인간의 참된 의지의 결과도, 어떤 특정 개인이나 집단의 세력 강화를 꾀하면서 진행되는 것도 아니다. 그것은 성서적 표현을 빌리자면 어떤 점에서는 분노의 회초리겠지만 그 자체로 어떤 목적과는 무관한 것이다. 네부카드네자르의 전쟁들이 여하한 윤리적 목적과 무관했던 것처럼 말이다. 물론 경건한 자의 눈으로 보면, 그 전쟁들은 언제나 배후에서 섭리적

· ·
15. 같은 책.
16. 같은 책, §324 추가.

인 멸시라는 숨은 의미를 지닌 것일 테지만 말이다.

이 형이상학적 설명은 오늘날에는 승인될 수 없을 것이며 몽매주의자가 아니라면 확실히 낡은 것으로 보일 것이다. 다른 한편으로, 이것은 군사주의적이라 불릴 만한 이데올로기에 의해서도 환영받지 못할 것인데, 여기엔 전쟁의 기풍 같은 것이 완전히 배제되어 있기 때문이다. 그렇지만 그것은 단지 전쟁의 개념과 연관되어 있으며, 아직까지는 어떤 구체적인 역사적 전쟁을 언급하고 있진 않다. 또 다른 수준에서 헤겔은 국가의 개념과 구체적 국가를 구분하고 있다. 후자는 궁극적으로 우연적이고 자의적인 영역에 속하기 때문에, 여기서도 헤겔은 마찬가지의 구분을 제시한다. "그러나 이것[전쟁의 개념]은 오직 철학적인 관념 혹은 흔히 다른 말로 '섭리의 변호'라 불린다. 그리고 현실의 전쟁들은 어떤 다른 정당화를 필요로 한다는 주장이 유지된다."[17] 이것이 전쟁 개념의 철학적 의의가 어떤 구체적 전쟁의 수행을 위한 정당화로 기능할 수 없다는 점을 의미한다는 것은 명백하다. 이와 관련하여, 『정신현상학』의 집필 이후 헤겔의 사유에는 뚜렷한 발전이 존재한다. 다만 여기서도 헤겔은 전쟁의 개념화와 그것의 구체적인 발생 간의 분명한 구분에 이르진 못했다.

그렇다면 헤겔에게 구체적인 전쟁들의 본질은 무엇인가?

헤겔은 하나의 통일로서 국가 존재의 본질인 개별성은 다른 국가들과의 관련 속에 놓여 있다고 단언한다.[18] 홉스의 언어로 "허구적 인간"에 해당하는 국가의 이 인격성은 자신의 정체성을 찾기 위해 다른 인격성들과 구분되어야만 한다. "하나의 국가로서의 민족은 그것의 실체적 합리성과 직접적 현실성에 있는 정신이며, 따라서 지상에서 절대적 권력에 해당한다. 따라서 모든 국가는 주권적이며 그 이웃들에 대해 자율적이라는 결론이 나온다."[19]

---

17. 같은 책, §324. 포퍼가 그 구분을 하지 않음으로써 헤겔을 트라이치케와 뮐러 판 덴 부르크와 동일시하는 함정에 빠지게 되었다는 사실은 흥미롭다(*Open Society*, 262, 269).
18. *Philosophy of Right*, §323.

국가의 이 절대 권력은 언젠가 스피노자가 언급했듯이, 민족들이 자신들을 주재하는 집정관을 갖지 않는 것은 민족들이 송사를 제기할 수 있는 어떠한 사법기관도 존재하지 않기 때문이라는 경험적 사실에서 도출된다.[20] 그러나 이 절대 권력은 지상에 있으며, 영원한 것, 즉 영원의 상 아래[sub specie aeternitatis] 있는 것으로 고찰되지는 않는다는 것이 강조되어야 한다. 이것은 제도화된 초민족적 법의 비존재에 대한 사실적이고 기술적인 진술이다. 헤겔의 주장에 근거한다면, 우리가 사태가 다르게 되기를 원하는 것은 희망의 영역에 속할 뿐 현실의 관점에는 해당하지 않는다.

헤겔의 진술이 마치 전쟁이란 결코 피할 수 없는 것을 의미하는 것처럼 해석되는 이유는(따라서 그것은 불쾌하게 여겨지기도 한다) 그가 영구적인 평화의 가능성조차 비판하고 있다는 사실 때문이다. 그 입장의 근거를 이해하려면, 헤겔이 그것을 설명하기 위해 사용한 언어를 세밀하게 검토해야 한다. "하지만 국가는 하나의 개체이고 개별성은 본질적으로 부정을 의미한다. 따라서 다수의 국가들이 스스로를 가족으로 만든다 할지라도, 개체로서 이 집단은 대립에 빠지게 되고 적을 만들 수밖에 없다."[21]

이 문장의 적절한 이해는 헤겔의 인식론에 근거할 때만이 가능한 반면, 그 문장에만 의존해왔던 사람들은 그 연관성을 이해할 수 없었다. 국가가 헤겔에 의해 한 사람, 즉 "엄연한 개인"으로 간주될 때, 우리는 그 개인이 어떻게 자신을 동일시하는지에 대한 헤겔의 개념에 의지해야만 한다. 간단히

19. 같은 책, §331. 헤겔은 "국가로서의…… 민족"이라고 적었다. 그런데 녹스가 그것을 "민족-국가"로 번역하면서 논점을 흐림에 따라, 나는 그 구절을 내 번역으로 제시해야만 했다.
20. 같은 책, §324 추가.
21. 같은 책. 한국과 콩고에서의 내전 경험은 어떻게 국제조직의 실존이 바로 이 조직을 모든 실천적 목적에 있어 전쟁 행위인 것에 휩쓸리게 되는지에 대한 헤겔의 주장을 예증하는 것으로 인용될 수 있을 것이다. 그 경험들이 유엔의 권위를 강화시키는 경향이 있다고 단언하는 것은 헤겔의 통찰을 확증할 뿐이며, 이는 전쟁의 도전에 직면한 개별 국가에 대해서도 똑같이 말해질 수 있다.

말하자면, 헤겔의 답변은 이렇다. 개인은 타인들에 의해 승인되고 따라서 그들로부터 자신을 구별함으로써 한 사람이 된다.[22] 그리고 이것은 사람의 속성을 지닌 국가의 경우에도 진실이다. 그 존재는 자기 밖의 세계와 접촉하는 동안에 자신의 욕망들을 객관화시키는 것을 통해서만 가능하다. 이 접촉은—— 스스로를 동료 인간과 구별하고 자신을 그의 반대편에 위치시키며 그렇게 함으로써 자기 동일성을 획득하는 개인과 마찬가지로—— 대립과 투쟁을 통해서만 가능하다. 논점을 더 분명히 하자면, 역설적으로 다음과 같이 말할 수도 있다. 복수로 존재하는 국가들이 존재하기를 그친다면, 정의상 하나의 국가도 홀로 남아 있을 수 없다.

그러나 헤겔이 자신의 인식론이 갖는 변증법적 본성으로 인해 연루된 이 복잡한 상황은 또 다른 놀랄 만한 결론으로 이어지기 쉽다. 국가가 그처럼 다른 국가들에 의해 인정을 받아 존재한다면,[23] 그것은 독립적인 "주권"으로서 자기 안에 매몰된 모나드가 아니라는 결론이 나온다. 국가는 자신의 바로 그 실존을 위해 이웃 국가들과의 공존을 필요로 하는 만큼, 자신의 전능과 주권에 제약을 받는 것처럼 보인다. 이것은 매우 놀라운 지점인바, 이로서 헤겔은 국가 자체의 실존을 위해 중요한 필수적인 것으로서 국제법의 존재가 필요함을 변증법적으로 도출해낸다. 그러므로 헤겔에 따르면, 포괄적이고 지속적인 국제 질서의 가능성에 대한 부정이 국제법 자체의 존재에 대한 부정으로 이어지는 것은 아니다.[24]

변증법적 역설은 다음과 같다. 헤겔의 국가는 오직 타국들이 그것을 있는 그대로 인정하는 한에서 주권적이며, 국가 간 예양[comitas gentium]이 존재해야 할 본질적 필요는 명백히 국가의 무제약적인 주권에서 나온다.

••
22. 같은 책, §71.
23. 같은 책, §323.
24. 이 주제에 대한 흥미로운 연구에 대해서는, Adam von Trott zu Solz, *Hegels Staatsphilosophie und das Internationale Recht, Abhandlungen des Seminars für Völkerrecht und Diplomatie*, Heft 6 (Göttingen, 1932), 87-91 참조.

변증법에 익숙하지 않은 이들에겐 이것이 일종의 견강부회(overstrained)로 들릴 수도 있다. 하지만 헤겔에게 이것은 무한한 것이 필연적으로 그 자신의 변증법적 이성에 의해 제한되고 제약되어야만 한다는 것을 입증하는 것에 불과하다. 그리하여 헤겔은 『법철학』에서 국제법을 "대외주권"이란 제하에서 다루고 있는 것이다. 여기서 명백한 것은 헤겔이 국제법의 존재를 부정했다고 가정하는 것이 옳지 않다는 점이다. 그는 단지 당위로서의 사태(things-as-they-ought-to-be)라는 추상에 근거하고 있는 선험적인 국제법의 존재를 부정할 뿐이다. 그렇지만 헤겔은 국제적 실정법과 국내적 실정법의 차이를 강조했다. 국제법은 자신의 권위를 그 본질이 아니라 오히려 해당국들의 개별적 의지로부터 도출하는 한, 법보다는 일종의 계약에 가깝다.[25] 그러나 바로 그 존재는 (그리고 여기서 헤겔은 현실성[Wirkli- chkeit]이라는 강렬한 구체적 함의를 지닌 개념을 사용한다) 결코 그에 의해서 부인되지 않는다.[26]

심지어 헤겔은 국제적 행위의 규범이 일견 그것의 부정으로 보이는 것에 내재해 있음을 입증하는 것으로 나아간다.

전쟁 —— 권리는 사라지고 힘과 우연만이 지배하는 상태 —— 에서조차 서로가 절대적인 것으로 여기게 하는 유대가 항상 남아있다. 이럴 경우에야 전시 하에서도, 전쟁 자체는 마땅히 소멸되어야 하는 그런 것으로 특징을 부여받게 된다. 그러므로 그것은 만민법[jus gentium]의 단서조항을 시사하는바, 이를 통해 평화의 가능성이 확보되고 (예를 들어 특사는 존중받아야 한다) 통상적으로 전쟁이 국내의 제도들이나 가족의 평화와 사적인 삶 혹은 각자의 사적인 능력을 지닌 개인들에 대해서 수행되지 않게 되는 것이다.[27]

••
25. 헤겔이 말하는 법과 계약의 차이에 대해서는, 그의 *Enzyklopädie*, §§493-95를 보라.
26. *Philosophy of Right*, §333.

여기서 헤겔적인 전쟁의 비전체주의적 측면이 단호하게 강조되고 있는데, 이러한 태도는 독일 낭만주의자들의 특징으로서 당시에 만연했던 관점과는 상당히 동떨어진 것이다. 예를 들어 아담 뮐러는 독일에서 전쟁이 여전히 상비군의 독점적인 사업으로 간주되는 것에 불만을 터뜨린다. 그에 따르면, "전쟁의 화염은 평화 시의 모든 가족들과 법들 그리고 제도들에까지 침투해 들어가야만 한다."[28] 우리가 총력전 이데올로기의 근원들과 조우하는 것은 바로 이런 뮐러의 표현에서다. 반면 헤겔의 국가와 시민사회 구분은 자율적인 영역, 즉 현저히 개인적이고 특수한 영역을 보호할 수 있게끔 해주는데, 전쟁은 개인들 간이 아니라 국가들 간에 발발하는 것이기에, 그 영역은 전쟁 와중에도 존중되어야만 한다. 심지어 헤겔은 화약의 발명에 의해 가능해진 전투의 익명성을 특징으로 하는 근대적 전쟁은 싸움 자체의 행위로부터 사적인 증오를 축출한다는 결론을 내린다.[29] 이것은 근대전의 끔찍한 가능성들을 상당히 순진하게 평가하는 듯 보이고, 헤겔 스스로 자신이 그토록 경멸해 마지않던 희망사항의 희생자가 되도록 하는 것처럼 보인다. 하지만 이것은 전쟁이 완전히 폐지될 수 없다는 확신에도 불구하고 헤겔이 전쟁을 인간화되고 최소화된 것으로 보기를 원했다는 사실을 증명하는 것이다. 어떤 경우든 간에 개인은 전쟁의 정서적 공포로부터 보호받아야 한다.

이것은 모든 인간적 노력을 공동체에 집중할 필요가 있는 근대적인 민족주의적 전쟁 개념으로 해석될 수 없다. 그런 까닭에 헤겔은 애국심이라는 용어가 비합리적인 열광적 슬로건이 아니라, 평시에 국가의 법과 제도

27. 같은 책, §338. (강조는 스튜어트) 또한 §339뿐만 아니라 그 절의 추가도 참조하라. 이것은 *Perpetual Peace*, trans. M. Smith (London, 1903), 114에 있는 칸트의 「영구평화를 위한 예비조항」 6항과 매우 유사하다.
28. *Elemente der Staatskunst*, vol. 1, 9.
29. *Philosophy of Right*, §338 추가.

및 그 가치와 일상적으로 동일시하는 것을 의미한다고 강조한다.[30]

게다가 헤겔에 따르면, 전쟁과 전쟁에서의 승리는 어느 한 편이 옳았음을 지칭하기에는 결코 충분하지 않다. 현실의 전쟁은 정의의 문제를 결정할 수 없다. 승자가 반드시 정의로울 필요는 없으며, 악당을 산산이 격파시켜야 한다는 당위도 존재하지 않는다. 힘이 곧 정의는 아니다. 헤겔은 1802년에 작성한 『독일헌법론』에서 전쟁의 윤리적으로 중립적인 결과를 논하면서 이 입장을 처음으로 취했다. 그는 다음과 같이 주장한다.

> 갈등의 다양한 가능성들은 너무나 상당하기 때문에 그것들을 인간 이성에 기초해서 표현하는 것은 불가능에 가깝다. 그것들이 분명하게 진술되고 정식화되면 될수록, 다시 말해 더 많은 권리들이 지정될수록, 갈등은 이 권리들 사이에서 더 용이하게 발생될 수 있다. …… 각각의 진영은 자신의 것으로 주장하는 권리의 입장에 서서 다른 편을 이런저런 권리를 위반했다며 비난한다. …… 국민은 편을 가르고, 각 측은 정의가 자신의 것임을 주장한다. 그리고 양 진영 모두 정당하다. 그런데 곤란한 점은 이렇듯 정당한 권리 자체가 갈등을 야기한다는 것이다. …… 법은 계약과 조약에서 단언되고 확정된 것으로서 국가의 유용성이다. 하지만 이런 계약에서 상이한 국가 이익들이 일반적인 방식으로 진술되는 반면 그것들은 권리로서 특별히 다각화됨에 따라, 이러한 이익들 및 그에 따르는 권리들 자체는 분쟁에 빠져들 수밖에 없다. 그것은 결과적으로 위험에 처하게 된 이익들과 권리들이 모든 가용한 수단과 힘에 의해 방어되든 그렇지 않든 간에 오로지 힘들의 결합, 즉 정치적 판단에 의존하게 된다. 그러한 경우에 이 권리는 이쪽의 이익에 대한 권리인 것과 마찬가지로, 그것이 이쪽 편과 대립되는 이익을 갖는 한 다른 진영에 의해서도 마련되어질 수 있는 것이기도 하다. 그리고 전쟁, 혹은 그

• •
30. 같은 책, §268.

외의 수단이 그 문제를 결정짓는 것이 된다. 따라서 두 권리들 중 어떤 것이 더 정당한 것이 아니라—— 왜냐하면 양쪽 다 정당한 권리를 갖기 때문에—— 그 권리들 중 어떤 것도 서로에게 내맡기게 될 것이다. 전쟁은 이것을 결정해야만 한다. 왜냐하면 두 개의 상호 모순적인 권리들이 똑같이 참되고 정당하기 때문이다.[31]

헤겔은 20년 후에 『법철학』에서 덜 번잡하고 더 성숙한 철학적 외양으로 똑같은 원리들을 다음과 같이 표현했다.

> 한 국가는 자신의 국민들을 통해서 광범위한 관계들과 다각적인 이익들을 갖는다. 그리고 이것들은 손쉽게 그리고 지속적으로 침해받는다. 그러나 이러한 침해들 중 어떤 것이 조약의 특수한 위반이나 국가의 명예와 자율에 대한 침해로 간주될 수 있는지는 본질적으로 규정불가능한 채로 남는다. 그 이유는 국가가 아무리 사소한 것이라 할지라도 자신의 무한함과 명예심을 각각의 관심사들 중에서 가장 시급한 것으로 간주할 수 있기 때문이다. 그리고 국가는 자신의 강력한 개별성이 오랜 국내의 평화로 인해 활동 영역을 해외에서 추구하고 창출하도록 내몰리면 내몰릴수록 더욱더 침해에 민감해지는 경향이 있다.[32]

이것은 모든 국가가 자기의 권리로 간주하는 것이 실제로든 상상으로든 침해되었을 때 채택하기 쉬운 독선적인 태도에 대한 보기 드문 통찰이다.[33] 따라서 모든 전쟁은 양 진영이 정의의 특정한 몫을 주장할 수 있고 그 결과 전쟁이 어느 한쪽의 견해만으로 "정당화될 수" 없게 되는 불행한

31. *Hegels Schriften zur Politik und Rechtsphilosophie*, 99-101. (강조는 스튜어트)
32. *Philosophy of Right*, §334.
33. 같은 책, §335.

상황을 창출한다. 이 가정은 민족 운동——예컨대 마치니의 경우처럼 인도주의적 국면에서라 할지라도—— 이 "정당한" 전쟁이란 개념에 의지해 온 이래로, 헤겔의 전쟁 관념을 민족적 전쟁의 관념과 연결할 수 있는 일체의 가능성을 차단시킨다. 그렇지 않다면, 그것은 역사적 불의나 예방전쟁을 바로잡는다는 구실로 자행된 전쟁들은 말할 것도 없고, 국가적 총동원령[le-vée en masse]이나 "민족의 적"에 대한 인민의 전쟁을 정당화할 수 없다.

헤겔에 따르면, 어떤 전쟁도 본질적으로 정당화될 수 없다. 왜냐하면 구체적 전쟁은 정의 개념과 밀접하게 연관된 영역에서 발생하지 않기 때문이다. 따라서 그 연결고리는 끊어져버렸다. 우선 전쟁 개념은 보편적인 철학적 사변의 윤리적 영역에서 이해되어왔고, 그런 다음 구체적 전쟁은 우연의 영역으로 후퇴하고 만다. 철학적 해법은 그것의 변증법적 탁월함에도 불구하고 불만족스러워 보일 수도 있지만, 만약 그렇다고 한다면, 그 실패는 구체적 전쟁의 현상을 신성화하는 것에 대한 헤겔의 난색에서 발생하는 것이다. 민족 전쟁이나 정복 전쟁에서 적극적인 도덕적 요소를 찾고자 했던 트라이치케나, 인간과 정치적 피조물의 정수로서 전쟁을 급진적으로 취급했던 칼 슈미트가 채택한 해법은 도덕적으로 혐오스러울지라도 더 일리가 있는 것일 수도 있다. 헤겔에게 있어 현실의 전쟁이란 항상 어떤 필연성도 포함하지 않는 우연적이고 특수한 욕망들 사이의 갈등이고,[34] 그렇기 때문에 어떤 철학적 정당화도 그 전쟁이나 여타 다른 전쟁에 부여될 수 없다.[35]

이것으로부터 헤겔은 일부 제도적인 결론들을 도출한다. 대체로 전쟁은 공동체 삶의 핵심적 부분이 될 수 없기 때문에, 그것은 상비군에 의해 수행되어야 하며, 국민 총동원령으로 치러져서는 안 된다.[36] 전쟁에 필요한 용기와 기술은 그 자체 개별적인 특징들이며 결코 집단적인 군중 심리적

——
34. 같은 책, §334.
35. 같은 책, §337.
36. 같은 책, §325, §328.

미덕이 아니기 때문에, 징병제는 도입되어서는 안 된다.[37] 이와 보조를 맞춰서, 군사력은 절대적으로 시민적 권한 하에 놓여 있어야 한다. 헤겔은 집정관 하의 후기 로마제국 같은 군사 국가를 사태의 정상적 질서의 전도로서 인용한다.[38]

이것은 의심의 여지 없이 본 논문의 서두에 인용된 구절에서 얻는 명백한 인상과는 근본적으로 다른 결론이다. 하지만 반복해서 나타나는 개념과 구체적 현상 간의 구분은 헤겔의 입장을 이해하는 데 본질적이다. 따라서 헤겔은 선쟁 개념을 여하한 구체적 전쟁과 동일시하지 않고서도 승격시킬 수 있었다. 아마도 이 양가성은 (물론 보다 피상적인 수준에서긴 하지만) 죄에 대한 기독교의 태도와 비교될 수 있을 것이다. 죄 개념은 기독교 신학의 주춧돌로서, 은총 개념을 위해 필요불가결한 것이다. 하지만 모든 구체적 죄악은 부정적인 도덕적 평가의 주제가 된다.

따라서 헤겔은 전쟁이 항상 우리와 함께 한다는 사실에 직면해서 고통스러운 시련의 감정을 정확히 표현하는 심정으로 전쟁에 관한 구절들을 마무리 짓는다. 그러나 희망 사항에 기대지 않는다는 자신의 단언에도 불구하고, 헤겔은 나폴레옹 시대 이후의 유럽은 전쟁 발생률이 최소화되리라고 예측한다.

> 유럽의 인민들은 그들의 법률과 관습 그리고 자신들의 문명의 기저에 깔려있는 보편적 원리에 따라 하나의 가족을 형성한다. 이 원리는, 그렇지 않았다면 악의 상호 침해로 점철되었을 [예컨대 전쟁 같은] 시국에서 자신들의 국제적 행위를 그에 걸맞게 수정해왔다.[39]

••
37. 같은 책, §327.
38. 같은 책, §271 추가.
39. 같은 책, §339 추가. 헤겔은 다음과 같이 말할 때 미학 강의에서도 유사한 표현을 사용한다. "동시대 유럽에서 모든 민족들은 서로에 의해 제약되었고, 그렇기 때문에 유럽의 타민족에 대한 전쟁 행위에 돌입할 수 없다."(*Werke*, vol. 14, ed. Glockner,

또한 헤겔은 문화적 동반자 관계가 지배적이 된 이후로 유럽 국가들을 가르는 정치적-민족적 경계가 부차적인 중요성을 지닌다는 사실을 강조하기 위해, 근대 세계의, 특히 동시대 유럽의 통일적인 개념에 대한 보편주의적 태도를 취한다. 정치적 통일이 문화적 통일에 비해 이차적인 것은 국가 자체의 영역이 철학적으로 절대정신의 영역에 복속되는 것과 같은 이치다. 따라서 헤겔은 『철학사 강의』에서 그것을 다음과 같이 표현한다.

> 근대 세계의 국가들은 서로 간에 독립을 추구하며, 이것이 그들의 영예다. 그들은 이렇듯 절대적 자율성의 위치를 강하게 고수하는 경향을 그리스 도시국가들과 공통으로 갖고 있다. …… 그러나 개별 국가들 간의 모든 차이에도 불구하고…… 거기에선 또한 그들 간의 통일이 확보된다. 따라서 우리는 정치적 독립조차 단순히 형식적인 원리로 바라보아야 한다. 오늘날 유럽의 국가들 간에는 그리스와 페르시아 사이에 만연했던 것과 같은 절대적인 간격이 존재하지 않는다. 한 국가가 다른 국가의 영토로 병합될 때, 확실히 그 나라는 자신의 형식적 독립을 상실한다. 하지만 그 나라의 종교, 법 그리고 삶의 구체적인 것들은 손상되지 않은 채로 남아 있다. 따라서 국가들의 추세는 균일성으로 향한다. 거기서는 국가들 간에 하나의 목표, 하나의 경향이 팽배하게 되는바, 이것이 전쟁, 우정 그리고 왕조들의 욕구에 대한 원인이 된다. 그러나 그들 사이에는 또 다른 균일성도 만연해 있는바, 이는 그리스의 헤게모니 관념과 유사하지만, 지금은 그것이 정신의 헤게모니라는 점에서만 다를 뿐이다.[40]

●●
355)

40. G. W. F. Hegel, *Vorlesungen über die Philosophie der Weltgeschichte*, ed. G. Lasson (Leipzig, 1920), 761. (강조는 스튜어트) 나는 다른 곳과 마찬가지로 이 구절에서도 나의 번역을 제시할 수밖에 없었는데, 그것은 시브레의 영어 번역본에는 없는 내용이

헤겔은 자신이 견고한 철학적 고찰들로 여기는 것에 근거해서 칸트 혹은 신성동맹의 입장과 같은 선험적 영구평화 계획의 전망을 수용하지는 않지만, 동시대 유럽에 대한 그의 경험적 기술은 상당히 유사한 태도를 띤다. 그것에 대해 이견들이 제기될 수 있다면, 그것들은 그가 시대의 맥박을 올바르게 감지하지 못했던 토대 위에서 제기된 것들일 것이다.

왜냐하면 전쟁에 대한 헤겔의 입장이 옹호될 수 있거나 혹은 그래야 한나는 것은 의심스러워 보이기 때문이다. 지속적인 **죽음**의 상싱으로 그 존재를 언급함으로써 인간사에 전쟁이 내재해 있음을 설명하는 것은 칭송할 가치가 거의 없어 보인다. 하지만 헤겔이 여하한 실제 전쟁을 옹호하려 들지 않고, 다만 그것을 개념적으로 설명하고자 했다는 점은 여전히 기억되어야 한다. 마찬가지로, 어떤 전쟁에서 양 진영이 동등한 정의의 몫을 가지고 있다는 의미에서 "정당한" 전쟁이 과연 존재하지 않는지에 대해 의심해 볼 수 있다. 확실히 오늘날의 역사는 헤겔의 개념이 그 자신의 기준에 따라 검토되었을 때 유지될 수 없다는 충분한 사례들을 우리에게 제공할 것이다.

그러나 헤겔이 전쟁에 대한 **적절한** 철학적 설명을 제공했는지 여부의 문제는 별도로 치더라도, 다른 한편으로 그가 전쟁에 대한 국가주의적인 사례를 유지하게 해주는 논증들을 제공하지 않았다는 점은 유념해야 한다.

• •

다. 그 번역본은 헤겔의 역사철학 강의에 대한 매우 단편적인 초기 독일어판에 기댄 것이었다. 20세기 초에 들어서야 라손이 비로소 이 판을 헤겔 자신의 노트와 비교하기 시작했고 보다 상세한 판본을 출간할 수 있었다. 영어권 독자들이 그처럼 불완전한 판본에 기댈 수밖에 없다는 사실은 유감스러운 일이다. 또한 독일에서 아른트가 가장 떠들썩하게 주장했던 "자연적인" 국경선 주장에 대한 헤겔의 반대를 참조하라. 『법철학』 §247에서 헤겔은 국경선의 "자연스러움"에 대한 객관적인 기준이 부재하기 때문에 그런 주장은 끝없는 위험들을 야기하고 추가적인 전쟁들을 부추길 것이라고 주장한다. 19세기 초의 철학자가 오늘날 우리의 시대에도 여전히 유행하고 있는 이런 민족주의적 표어의 공허함을 예견했다는 사실은 실로 매혹적이다.

인용된 마지막 구절들은 헤겔이 국가주의나 팽창주의적 군사주의의 언어를 사용하지 않았음을 충분히 보여준다. 상대적으로 고요한 유럽이라는 그의 꿈은, 1830년에 그리고 이후 더 거대한 힘을 가지고 1848년에 있었던 왕정복고 시대라는 다른 모든 꿈들처럼 산산이 부서졌다. 그 당시에 새로운 조화가 파괴되었는데, 그로 인해 사람들은 이데올로기적으로 자신들에 적합한 상황들 하에서 전쟁을 도덕적으로 정당한 것으로 찬양할 수 있게 되었다. 따라서 인도주의적인 민족주의자 마치니는 1844년에 쓴『인간의 의무』에서 추종자들에게 그들이 흘린 피가 신의 위대한 영광을 위해[ad magnam patriae gloriam] 바쳐지게끔 하도록 촉구했다. 또한 프랑크푸르트 제헌의회의 구성원이었던 빌헬름 요르단은 다음과 같은 말로 통일된 민족적 독일이 폴란드 지역을 계속 점령하는 것을 정당화했다. "폴란드에서 우리의 권리는 정복의 권리이자 강자의 권리다. …… 그리고 나는 이 점이 자랑스럽다."[41] 그리고 학생조합들[Burschenschaften]은 다음과 같이 선언했다. "우리는 전쟁이 타락의 조건들을 끝장내고 그것이 민족적 통일의 최종 목표를 향한 처음이자 억누를 수 없는 방식임을 믿는다."[42] 이 모든 다양한 사조들은 헤겔의 언어로 말하지 않으며, 그렇기 때문에 그들의 태도가 속한 철학적 계보가 그에게 귀속될 수 없음은 당연하다.

41. T. Klein, *1848 — Der Vorkampf deutscher Einheit und Freiheit* (Munich, 1914), 294-95에서 인용. 근대의 역사 그리고 특히 독일에서 민족주의의 문제에 대해서는, J. L. Talmon, *Political Messianism: The Romantic Phase* (London, 1960), 479-86을 참조하라.

42. H. Haupt, *Quellen und Darstellungen zur Geschichte der Burschenschaft und der deutschen Einheitsbewegung*, vol. 2 (Heidelberg, 1911), 37. 학생조합들의 극단적 민족주의에 대한 헤겔의 태도에 대해서는, 나의 논문 "The Hegelian Position on the Emancipation of the Jews", *Zion, Quarterly for Research in Jewish History* 30 (1960), 134-36 (히브리어)을 보라.

10. 헤겔의 전쟁에 대한 설명

D. P. 베렌 D. P. Verene

전쟁에 대한 헤겔의 설명은, 주로 『정신현상학』과 『법철학』에서 약간의 진술들만이 존재함에도 불구하고 그의 사상에서 가장 의견이 분분한 해석들 중 일부의 주제가 되었고, 그것과 관련하여 가장 격한 감정들을 불러일으켰다. 그것은 헤겔의 국가 이론에 대한 해석이 종종 기대왔던 지점이었다. 의견은 헤겔이 국가주의적, 전체주의적 국가를 지지하고 전쟁을 근본적이고 영광스러운 활동으로 간주한다는 견해부터,[1] 그가 당시의 정치적 상황을 반영하고 전쟁이 민족들의 현실적 삶에 기여한다는 사실을 인정하는 보수주의자라는 견해,[2] 그리고 헤겔의 정치철학은 본질적으로 국가의 자유주의적

••

1. 예컨대 Karl Popper, *The Open Society and Its Enemies*, vol. 2: *The High Tide of Prophecy: Hegel, Marx and the Aftermath* (London, 1945), chap. 12. 또한 Hans Kohn, "Political Theory and the History of Ideas", *Journal of the History of Ideas* 25 (1964), 305를 보라. 콘의 비판은 John Plamenatz, *Man and Society*, vol. 2 (New York, 1963)에 있는 헤겔의 전쟁관에 대한 옹호를 겨냥한 것이다.

2. 나는 이것이 표준적 혹은 가장 빈번히 수용되는 견해라고 생각한다. 예컨대 F. S. Northedge, "Peace, War and Philosophy", *The Encyclopedia of Philosophy*, vol.

헌정 모델과 양립하기 때문에 평화를 추구하는 데 걸림돌이 아니라는 견해까지[3] 분분했다. 헤겔의 전쟁관에 대한 이 해석들은 한 주요 인물에 대한 일관된 독해를 발전시키려는 학문적 관심과 연관되어 있다. 하지만 그 해석들은 우리 자신의 시대가 처한 상황들에 좌우되면서 전쟁 자체의 문제를 이해하려는 보다 큰 욕구를 이면에 지니고 있다.

나의 의도는 (1) 헤겔의 전쟁에 관한 진술들에서 취해질 수 있는 견해를 평가하고, (2) 그 진술들이 전쟁 일반의 문제에 대해 시사하는 바를 판단하는 것이다. 헤겔의 전쟁관에 대한 질문들은 전체로서의 헤겔 철학에서 그것들이 차지하는 위치에 대한 평가와 분리해서 답해질 수 없다. 주로 그의 정치철학적 맥락에서 접근한다면, 헤겔의 전쟁에 대한 언급들은 군사적이거나 비군사적인 해석 중 하나로 이해될 수 있을 것이다. 평론가들은 대체로 이 맥락에서 헤겔의 전쟁관을 검토해왔고 원칙적으로 어떠한 해법도 가질 수 없는 논쟁을 일으켜왔다. 전쟁 자체의 문제에 대해 헤겔이 제시했던 것과 그렇지 않은 것에 관한 더 큰 질문들은 원문에 따른 질문을 넘어서는 것이다. 헤겔은 민족들 간의 관계에 있어서 전쟁이 필수적인 부분이라고 제시했는가? 그게 아니라면 어떤 점에서 그의 견해가 영구 평화 개념과 양립할 수 있는가? 이 질문들에 대한 답변은 헤겔의 정치철학이 근본적으로 무엇에 관한 것인지를 판단한 후에나 가능하다. 우선 헤겔의 전쟁에 대한 언급에 대한 해석의

••

6 (New York, 1967), 63-64; George H. Sabine, *A History of Political Theory* (New York, 1937), 664-67, 753; J. N. Findlay, *Hegel: A Re-examination* (New York, 1962), 331을 보라.

3. Shlomo Avineri, "The Problem of War in Hegel's Thought", *Journal of the History of Ideas* 22 (1961), 463-74를 보라. 헤겔의 정치사상이 홉스, 로크, 몽테스키외, 루소와 양립 불가하지 않은 서유럽의 정치이론의 주류 중 일부라는 주장은 *Hegel's Political Writings*, trans. T. M. Knox (Oxford, 1964)에 실린 펠친스키의 도입 논문에서 제기되고 있다. 펠친스키의 해석에 대한 훅과 아비네리의 설전에 대해서는, Sidney Hook, "Hegel Rehabilitated?" *Encounter* 24 (January 1965), 53-58; Shlomo Avineri, "Hook's Hegel", *Encounter* 25 (November 1965), 63-66을 보라. 그 글들은 *Hegel's Political Philosophy*, ed. W. Kaufmann (New York, 1970)에 다시 실렸다.

문제를 다루고, 그런 뒤 이를 토대로 전쟁 자체의 본성에 대한 이해에 있어 그가 제공한 것을 검토하는 것이 나의 의도다.

전쟁에 대한 헤겔의 진술들은 1799년과 1802년 사이에 작성되고 개정된 『독일헌법론』 같은 초기 저작들부터[4] 『법철학』(1821)과 후반기에 종교철학, 역사철학, 예술철학에 대한 강의에 이르기까지[5] 다양하게 퍼져있다. 전쟁에 대한 온전한 진술은 『정신현상학』에서 정신[Der Geist]의 초기 단계에 대한 분석과 『법철학』의 마지막 장에서 국가 이론을 다루는 곳에 담겨 있다.[6] 그의 전쟁관들은 초기에서 후기에 이르기까지 실질적인 변화를 겪은 것 같지는 않아 보인다. 실제로 그는 『법철학』에서 전쟁에 대한 자신의 견해를 설명하면서, 『독일헌법론』과 같은 시기에 나온 초기작인 『자연법의 학적 취급방식에 대하여』를 인용한다.[7] 그의 전쟁에 대한 진술들에는 두 개의 주제가 분명히 드러난다. (1) 개인과 국가의 관계에 대한 전쟁의 상관성, 그리고 (2) 상이한 정치적 실체 혹은 정치적으로 조직된 민족으로 국가를 정의하는 데 있어 전쟁의 역할과, 그것이 타민족들과 맺는 관계들. 이 두 주제는 헤겔이 전쟁을 진술하는 내내 계속해서 등장하며, 국가에 대한 그의 논의에서 본질적인 부분들로 나타난다.

헤겔은 전쟁을 설명되어야 하는 것으로 간주한다. 그에게 있어 전쟁은

---

4. *Political Writings*, 143-44, 208-10. 또한 Avineri, "The Problem of War in Hegel's Thought", 463-64에 나와 있는 『인륜성 체제』와 『자연법의 학적 취급방법에 대하여』의 인용들을 보라.

5. 헤겔의 강의들에서 전쟁에 대한 진술들을 인용해서 편찬한 것으로는, H. G. ten Bruggencate, "Hegel's Views on War", *Philosophical Quarterly* 1 (1959); Constance I. Smith, "Hegel on War", *Journal of the History of Ideas* 26 (1965), 284-85를 보라.

6. 『법철학』에서 보인 헤겔의 전쟁관은 『엔치클로페디』의 3부에서도 진술되어 있다. William Wallace, *Hegel's Philosophy of Mind* (Oxford, 1894), §§1-2를 보라.

7. *Hegel's Philosophy of Right*, trans. T. M. Knox (Oxford, 1942), §324. 또한 Herbert Marcuse, *Reason and Revolution: Hegel and the Rise of Social Theory* (Boston, 1960), 55를 보라.

이성에 의해 파악 가능한 특수한 내용과 구조를 갖는 인간사의 현상 중 하나다. 헤겔은 다음과 같이 진술한다.

> 전쟁은 절대적인 악으로서도, 순전히 외재적인 사건으로도 간주되지 않으며, 그렇기 때문에 그 자체로 다소 우연적인 원인을 갖게 된다. 즉, 불이나 민족들 혹은 권력자들의 격정들 등등 혹은 요컨대 일어나서는 안 되는 어떤 것으로 인식된다. 사건들이 발생하는 것은 본성상 우연적인 것들이며, 그때 그것들이 발생하는 운명은 따라서 필연적이다. 다른 곳과 마찬가지로 여기서도, 사태가 순수한 우연들로 여겨지는 관점은, 우리가 사태를 개념과 철학에 비추어 고찰한다면 사라지고 마는데, 왜냐 하면 철학은 우연을 한갓 가상으로 알고 있으며 그 속에서 그 본질, 즉 필연성을 간파하기 때문이다.[8]

헤겔에게 철학 일반의 임무는 일어난 것을 설명하는 것이다. 철학적 설명은 경험의 특수한 형태들을 분석하고 어떻게 그것들이 상호 관계를 보이는지를 드러내줌으로써 경험 자체를 전체적으로 조망하는 것과 관련된 다.[9] 그에게 정치철학의 임무는 윤리적이고 정치적인 삶이 발생하는 경험의 형태들을 함께 분석하고 연관짓는 것이다.[10] 정치적 삶의 형태들 중 하나인 전쟁은 정치적인 것의 철학적 설명 안에 놓여야 한다. 전쟁은 평화가 그런 것처럼 국가의 활동에서 우연적인 것으로 간주되어서는 안 된다. 양자 모두 국가의 현실적 삶에서 활동성의 양태들이며 국가의 철학적 분석에 일부로서 자리매김되어야 한다. 가족과 시민사회와 더불어 국가는 윤리적-

••
8. *Philosophy of Right*, §324.
9. 헤겔이 『법철학』 서문의 마무리 논평, 특히 미네르바의 부엉이 은유(12-13)와, 『정신 현상학』(trans. J. B. Baillie, 2d ed. (London, 1949), 80-91)에서 헤겔이 철학의 목적으로 기술한 부분을 보라.
10. *Philosophy of Right*, §§1-2.

정치적 세계의 보편 구조를 차지한다.

1. 헤겔은 전쟁을 개인과 국가의 관계에서 중요한 요인으로 간주한다. 전쟁은 개개의 시민들이 자신의 존재가 보다 큰 전체에 의존하고 있음을 깨닫게 만든다. 전쟁은 자체 내에 현존 사회질서가 파괴될 가능성을 갖기에, 시민들로 하여금 가족, 결혼, 소유 같은 사적 세계가 궁극적으로 국가의 공적 세계 덕분에 존재한다는 것을 인지하도록 해준다. 전쟁과 그 위협을 통해 각각의 시민은 구체적으로 자신들의 사적 세계의 미래가 국가의 미래에 불가분하게 매여 있다는 사실을 깨닫는다. 헤겔의 수장에 따르면,

> 한편으로 전쟁은 개인 본인의 인격성과 마찬가지로 소유와 인격적 독립의 특수한 영역들이 부정과 파괴의 힘을 느끼도록 해주며, 다른 한편으로 이러한 부정과 파괴의 동력이 전체를 안전하게 보존해야 한다는 것을 두드러지게 만든다.[11]

전쟁은 시민들이 국가를 특수한 실체로 체험하게 해준다는 점에서 국가의 안전에 대한 확보를 의미한다. 시민은 자신의 국가를 방어하기 위해 그가 사적 목표를 추구하고 재산을 소유하는 일반적인 맥락보다 더 큰 맥락에서 국가를 경험해야만 한다. 국가를 방어하기 위해, 시민은 국가의 보편적 특징을 내면화하고 그것을 다른 국가들에 대항하는 특수한 국가로서 인식해야 한다. 전쟁은 개별적인 체험 자체를 새로운 방식으로 만들기도 한다. 전쟁은 개인들이 자신들의 현존의 유한함을 느끼게 해준다. 즉 그들은 "자신들의 군주이자 주인인 죽음의 힘을 느낀다."[12] 전쟁은 개인으로 하여금 국가에서 자신의 시민권의 본성을 알게 해 줄 뿐만 아니라, 자신의 현존이 갖는 덧없는 특징도 깨닫게 해준다.[13]

••
11. *Phenomenology of Mind*, 497.
12. 같은 책, 474. 또한 The German Constitution in Political Writings, 143-44를 보라.

2. 헤겔은 전쟁을 국가와 국가의 관계에서도 중요한 요인으로 간주한다. 전쟁은 개별 국가들의 의지와 이익의 충돌에서 발생하는 활동이다. "국가들이 다른 국가들과 관계를 맺는 것은 그것들이 특수한 실체들로 마주할 때이다."[14] 국가들은 공통의 맥락이 아니라 자신들의 풍습들, 특이성들 그리고 열정들의 관점에서 서로 관계를 맺는다. 따라서 국제관계의 영역은 지속적인 우발성의 영역 중 하나인바, 그 속에서 전쟁은 궁극적인 분쟁 해결의 수단으로 거하면서 항상 그 배경에 도사리고 있다. 전쟁은 여하한 사건의 결과로서 발생할 수 있는데, 국가는 아무리 사소한 문제라 할지라도 어떤 활동이든 자신의 명예와 이익이 위기에 처했다고 느낄 수 있기 때문이다.[15] 그렇지만 일단 국가들에 의해 발발하게 되면, 전쟁은 서로를 국가로 인정하는 기존의 관행을 완전히 폐기하진 않는다. 전쟁은 결국 평화를 목표로 하는 한 언제나 제한된 행위로서 수행된다.

> 이럴 경우에야 전쟁에서, 전쟁 자체는 마땅히 소멸되어야 하는 그런 것으로 특징을 부여받게 된다. 그러므로 그것은 만민법의 단서조항을 시사하는바, 이를 통해 평화의 가능성이 확보되고 (예를 들어 특사는 존중받아야 한다) 통상적으로 전쟁이 국내의 제도들이나 가족의 평화와 사적 삶 혹은 자신의 사적인 능력을 가진 개인들에 대해서 수행되지 않게 되는 것이다.[16]

· ·

13. *Philosophy of Right*, §324와 추가. 『정신현상학』(466-99)과 『법철학』에서 "대외주권"이란 제하의 절(§§321-29)에서 헤겔이 논의한 전쟁은 주로 개인과 국가의 관계에 대한 것으로 보인다. 국가들 사이의 관계를 특징으로 하는 전쟁은 『법철학』의 "국제법"에 대한 절(§§330-40)에서 나타난다.

14. *Philosophy of Right*, §340.

15. 같은 책, §334.

16. 같은 책, §338.

헤겔의 설명에 따르면, 전쟁은 한 나라가 다른 나라에게 자행하는 총체적인 파괴행위가 아니다. 전쟁은 정치적으로 조직된 민족들이 일반적인 우위가 없는 개인들처럼 행동한다는 사실에서 발생한다. 따라서 어떠한 조약이나 협의도 궁극적으로 구속력을 지니지 못한다. 한 진영의 이익에 위배될 경우 조약은 가차 없이 폐기될 수 있다. 각각의 나라들이 맺는 관계는 자신의 이익에 우선함에 따라 우연적이 될 수밖에 없다. 그러므로 민족국가들로 이루어진 세계는 전쟁과 평과 그리고 다시 전쟁으로의 복귀라는 순환적 특징을 부여받게 된다.

그렇다면 헤겔의 전쟁관을 어떻게 이해해야 할까? 이 논문을 시작하면서 언급했던 헤겔의 논평자들에 의해 제시된 대안들—— 헤겔을 전체주의자, 보수주의자 혹은 자유주의자로 여기는 것 —— 은 하나의 질문, 즉 전쟁에 대한 헤겔의 진술이 처방하는 것(prescribing)인가 아니면 기술하는 것(describing)인가라는 질문에 대한 상이한 반응들로 간주될 수 있다.[17] 전체주의자라는 견해는 헤겔의 진술을 처방적인 것으로 여긴다. 헤겔은 전쟁과 국가주의를 지지하고 20세기 파시즘 국가의 이론적 토대를 제공한 인물로 간주된다. 보수주의자라는 입장은 그것을 본질적으로 기술적인 것으로 취한다. 헤겔은 민족들 간의 현실적인 사태들을 반영한 인물로 다뤄진다. 즉, 그의 견해는 그가 자기 시대의 전쟁에 대한 긍정적인 태도들 일부를 반영했을 수 있는 정도까지만 처방적인 것으로 간주된다. 이 관점에서 헤겔은 단지 제한적이고 전통적인 전쟁만을 고수했을 뿐이며 만약 그가 지구적 수준의 전쟁이나 총체적인 파괴전의 가능성을 알았더라면 그렇게 주장하지 않았을

• •
17. 『전쟁에 대한 헤겔의 입장』에서 스미스는, 적어도 후기 저작들에서는 헤겔의 의도가 처방하는 게 아니라 기술하는 것이라는 점을 보이기 위해 이런 구분을 헤겔의 전쟁에 대한 진술들에 적용한다. 나는 이런 구분이 헤겔의 전쟁관에 구조적으로 접근하는 데 유익하다는 점에서 스미스의 입장에 동의하지만, 스미스가 그러하듯이 추론되는 근거들은 그 진술들의 논리적 지위 문제를 해결하기 위한 충분한 메커니즘을 보여주지 못한다.

것이라고 한다. 자유주의자라는 견해는 헤겔이 전체주의의 옹호자라는 입장에 대한 대응으로 가장 빈번히 사용된다. 이 입장은 그의 진술만으로 헤겔이 전쟁을 지지했다는 주장을 뒷받침하기에는 충분치 않다고 주장한다. 하지만 그렇다고 그의 정치철학이 평화를 위한 계획을 담고 있다고 말하는 것은 아니다. 자유주의적 견해는 헤겔이 정부의 입헌적 형태와 열린사회의 적이 아니라는 것을 힘주어 강조하지만, 대개 그의 전쟁에 관한 진술의 해석에 대해서는 명확한 입장을 취하지 않는 것이 특징이다.

헤겔의 전쟁에 대한 진술이 갖는 의미를 판단하는 데 관련된 어려움은 전적으로 그 진술들에 접근하는 절차에서 오거나 아니면 주로 헤겔의 정치적 사상에 국한하는 것에서 발생한다. 나는 헤겔의 진술에 아무리 많이 집중하거나 아무리 세세하게 그것을 해체한다 해도 그 의미의 문제를 풀 수 없다고 생각한다. 그런 접근은 기껏해야 처방적 독해와 기술적 독해 간의 현재와 같은 이율배반을 야기하는 것처럼 보인다. 특별히 자기 실존의 유한함에 대한 개인의 인식에 전쟁이 미치는 효과와 국가의 시민들을 확고히 하는 데 있어서 전쟁의 중요성과 관련한 일부 헤겔 진술들의 열정적 톤과 강력한 어법은, 그의 진술들이 처방적이라는 견해를 지지하게 해준다. 그러나 국가들 간 관계들에서 전쟁이 기능하는 방식과 관련해 헤겔이 제시한 어느 정도 사실적이고 중립적으로 던져진 진술들은 기술적인 해석을 옹호하게끔 해준다. 이러한 딜레마를 벗어나는 전통적인 방식 —— 그의 견해들이 당대 독일의 정치적 상황과 나폴레옹 시대의 국제적 상황의 결과라고 주장하면서, 헤겔을 보수주의자로 간주하는 것 —— 은 지나치게 피상적이어서 그리 만족스럽지 못하다. 헤겔의 정치적 견해를 그것이 형성된 역사적 조건에 호소함으로써 둘러대는 것은 그런 호소로 그의 인식론적 견해를 설명하려는 것과 마찬가지로 만족스러움을 주지 못한다. 헤겔의 정치적 견해와 특히 그의 전쟁관은 헤겔 철학의 필수적인 부분을 이루며 그것만의 고유한 방식으로 다뤄져야 한다. 처방적 해석과 기술적 해석 사이의 동요에서 발생하는 문제에 대한 해법은 텍스트의 꼼꼼한 독해가 아니라, 그의 철학 일반과의 고유한 관계 속에 그 진술들을 위치시키는 것에 달려있다. 전쟁에 대한 헤겔의 진술이 의미하는 바를 해결하기 위해, 우리는 어떤 정치적 진술들이 헤겔에 속하는지 물어야 한다.

헤겔의 경우, 철학적 명제는 현실성[Wirklichkeit]의 제시를 목표로 한다. 그가 『정신현상학』 서문에서 지적하고 있듯이, 철학은 교화적인 담론들의 생산도, 증명들의 구성도, 귀납적 일반화들의 정식화도 아니다. 철학은 경험의 변증법적 제시를 목표로 하며, 따라서 대상을 아는 의식 자신의 행위에 내재하는 대립적 과정에 대한 반성에서 직접적으로 그 방법을 도출하는 것이다.[18] 철학적 명제는 의식이 그런 것처럼 그 자체 내적으로 변증법적이다. 그 명제에서 술어는 주어의 양상을 산출하며 그렇게 함으로써 새로운 주어를 생산하기 위해 주어를 변경시킨다. 술어는 그 규정들의 하나로서 주어와 마주선다.[19] 철학적 혹은 "사변적 명제"에서 주어가 술어와 결합하는 것은 철학이 경험의 총체적 설명을 세우는 방식의 형식적 표현이다. 그런 설명은 형태 발생적(morphogenic)이다. 그것은 정신[Geist]이 그 대상을 파악하고 가장 불확정적인 것에서 가장 확정적인 것으로의 발전적 도식 하에서 그것들을 질서짓는 다양한 형태들이나 틀들을 구별한다. 정신은 철학적 명제에서 내적으로 표현된 관계와 유비적인 방식으로 스스로를 형성하는 내적으로 체계적인 과정으로 드러난다.[20]

헤겔에게 현실성의 제시는 처방하거나 기술하는 것으로 완성되지 않는다. 철학은 사태들이 판단되거나 행위들이 규제되는 명령들을 정식화하지도, 사실들에서 일반화하지도 않는다. 철학적 명제는 이러한 양식들과 어울리지 않는다. 대신 그것은 처방하고 기술하는 게 가능한 질서에서 예측될 수 있는 정신의 틀들을 묘사한다. 철학은 인간 의식의 가장 보편적인 형식을

· ·
18. *Phenomenology of Mind*, 139-45.
19. 같은 책, 84, 120-21.
20. 같은 책, 88-91.

취하고 그것을 전체 경험의 체계가 우리 앞에 놓일 때까지 그 이상의 형식들로 분석함으로써 이것을 완수한다. 이것은 그것이 현실적으로 우리 앞에 놓인 모든 형식들을 취하고 하나의 전개 속에서 그것들을 질서짓는 과정 못지않게 다른 것으로부터 하나의 형식을 분석하는 과정에 속한다. 헤겔의 진술들은 그것들이 현실적 사태들에 대한 반성에서 성장한다는 점에서 기술적인 요소에 해당한다. 그리고 그것은 우리에게 대안들을 고려하도록 자극한다는 점에서 처방적인 요소를 갖는다. 헤겔의 진술들은 기술들과 달리 사실들을 형성하는 게 아니라 그걸 통해 사실들이 형성될 수 있는 틀들을 형성한다. 그리고 그것들은 처방들과 달리, 행위들을 형성하는 게 아니라 그 속에서 행위들이 형성될 수 있는 틀들을 형성한다.

헤겔의 전쟁에 대한 진술들이 갖는 지위의 문제를 해결하기 위해서는, 그의 철학적 진술들의 지위 또한 그의 전쟁관이 발생하는 저서들과의 연관 속에서 일반적으로 고찰되어야 한다. 헤겔 정치철학의 기본 저서인『법철학』은 헤겔의 전체 정신 체계의 2부의 첫 장을 구성한다.[21] 따라서 그것은 『정신현상학』까지 거슬러 올라갈 수 있는, 사유의 지속적인 구성의 한 부분에 해당한다.『정신현상학』은 개념이 무비판적으로 혹은 스스로 의식하지 못한 채 자신의 내용과 결합하는 의식의 일련의 단계들로 정신을 제시한다. 이 계열은 절대지의 상태, 다시 말해 특수한 내용과 결별한 개념이란 점에서 스스로 완전한 형식을 제공하는 능력을 지닌 의식의 실현 단계에서 끝난다.『논리학』은 개념적 진전으로서의 절대지의 관점에서『정신현상

21. 체계의 첫 번째 부분은『정신현상학』에서 제시된다(95, 806-8을 보라). 체계의 두 번째 부분은『논리학』(vol. 1, trans. W. H. Johnston and L. G. Struthers [London, 1929], 37)과『엔치클로페디』(대논리학을 재진술한 첫 번째 편과『자연철학』및 『정신철학』을 재진술한 두 번째, 세 번째 편)에서 제시된다.『법철학』은『정신철학』의 2부를 확장해 진술한 것이며, 헤겔에 따르면『엔치클로페디』의 해당 부분의 강의에서 그가 통상 구두로 전달했을 언급들을 체계적으로 제시하려는 의도를 지닌 것이다(『법철학』, 1). 헤겔은『법철학』을 체계의 두 번째 부분을 근거짓는 작품인 『논리학』에서 형성된 원리들의 확장에 기초한 것으로 간주한다.

학』의 "운동 도식"을 다시금 추적한다.[22] 그 결과는 절대이념 혹은 자기의식적으로 내용과 결합한 개념이다. 이 결합이 과학의 방식으로 발생할 때, 절대이념은 자연으로 형성된다(자연철학). 그리고 그것이 사회 세계에서 발생할 때, 절대이념은 문화로 형성된다(정신철학).

헤겔 정치철학이 『법철학』에서 제시된 것처럼 그의 체계 내에서 분명한 자리를 할당받을 수 있다는 사실은 전쟁에 대한 그의 진술들의 지위 물음에 대한 하나의 답을 제공한다. 헤겔 정치철학이 그의 체계의 나머지에서 체계적으로 도출된다면,[23] 국가와 관련된 진술들은 체계의 더 앞에 있는 진술들과 일치하는 지위를 가질 것이다. 통상 그의 철학에서의 진술들처럼, 국가와 그 기능들에 관한 헤겔의 진술들은 처방적이거나 기술적인 것으로도, 명령들이나 경험적 일반화들로도 간주될 수 없다.[24] 의식의 두 번째 단계에서 사물의 본성에 대한 헤겔의 견해들을 그의 인식론에 상응하는 것으로 다루는 게 잘못인 것과 마찬가지로, 『정신현상학』에서 정신의 초기 단계의 설명에서[25] 진술된 그의 전쟁에 대한 견해들을 그의 정치철학의 입장과 동등한

• •

22. *Science of Logic*, 37.

23. 여기서 헤겔의 정치철학을 논하면서, 나는 직접적으로 그의 체계의 부분이 아니며 그 특성상 경험적인 짧은 정치적 저서들은 포함시키지 않는다. 펠친스키가 『헤겔의 정치 저작들』의 서문에서 주장하듯이, 이것들은 헤겔의 정치사상의 상이한 측면을 보여준다(134-37을 보라). 그렇지만 앞서 언급했다시피, 이 단편들에서 헤겔이 전쟁과 관련하여 언급한 내용들은 그의 체계의 저작들에서 만들어진 것과 다르지 않다.

24. 헤겔의 정치이론을 일련의 경험적 일반화로 접근하지 않는 것의 중요성에 대해서는, Irving Louis Horowitz, "The Hegelian Concept of Political Freedom", *The Journal of Politics* 28 (1966), 3-28을 보라. 호로비츠는 다음과 같이 진술한다.

헤겔주의적 접근은 경험적 과제들에서 요구될 법한 모든 상관적인 개념들과 연관들이 해결된다는 점에서 완전함을 가정한다. 헤겔을 검토할 때는, 관념적 상징으로서 이처럼 방법론의 특별한 의미를 명심해야만 한다. 우리가 제공받는 것은 경험적 분석이기보다는 체계의 접근이다. 소수의 논평가들만이 헤겔의 직접적인 정치적, 사회적 저작들을 그의 보다 추상적인 저작들의 확장으로 간주해왔다.

것으로 간주하는 것은 어리석은 생각일 것이다.[26] 두 경우 모두에서 헤겔은 정신과 그 대상의 관계에 대한 특수한 형태를 묘사하고 있으며, 정신의 어떤 형태도 전체 정신 혹은 그의 철학적 입장과 대등하지 않다는 것이 그의 철학의 원리에 해당한다. 유사한 방식으로, 『법철학』에서 국가와 그것의 전쟁과의 연관에 대한 헤겔의 논의는 어떻게 국가의 형태로 규정된 법의 관념이 특수한 방식으로 그 내용과 합류하는지를 묘사하는 것이다. 『법철학』에서 헤겔의 전쟁에 대한 언급들의 지위와 관련된 난점은 우리가 그것을 일종의 독립된 저서로 여길 경우에만 발생한다. 우리가 헤겔을 우선 형이상학과 지식론을 쓴 다음 정치철학을 저술한 인물로, 요컨대 그의 정치철학을 로크나 흄의 저서를 대하는 방식으로 간주한다면, 헤겔의 전쟁에 대한 진술들의 지위에 관한 질문이 제기될 수 있다. 그러나 우리가 헤겔 정치철학이 체계적인 엄밀함과 함께 그의 철학 일반에서 비롯된다고 여기면, 그 지위는 그처럼 곤란을 겪지 않게 된다. 그 진술들의 지위에 대한 문제는 헤겔이 "철학적" 혹은 "사변적 명제"라 부른 것에 대한 지위의 문제로 귀착된다. 헤겔의 정치사상을 그의 체계의 목표와 분리된 목표를 가진 상대적으로 독립된 사상으로 접근하는 한, 누구도 그것을 공정하게 다룰 수 없다.

두 번째 관심사로 언급했던 질문은 다음과 같다. 헤겔의 전쟁에 대한 진술들은 전쟁 일반의 문제를 어느 정도 해명해 줄 수 있는가? 이 질문은 칸트의 『영구평화론』에 대한 헤겔의 논평들과 긴밀히 연결되어 있다. 칸트와 헤겔은 전쟁에 관해서는 스펙트럼의 양극단에 위치한다. 칸트는 『영구평화론』에서 일련의 원리들을 제안한 바 있는데, 거기서 전쟁은 극복될 것이며 자유로운 국가들의 연합이나 연맹이 설립될 수 있다고 내다봤다. 헤겔은

• •
25. (BB.), VI, A. "Objective Spirit: The Ethical Order."
26. (A.), II, "Perception, Thing, and Deceptiveness."

『법철학』에서 전쟁을 인간 실존에서 필연적으로 기원하는 것으로 간주하는 듯하다. 헤겔의 진술을 보자.

> [칸트의 사상은] 국가들 간의 조화를 전제한다. 이는 도덕적, 종교적 혹은 그 밖의 토대들과 고려들에 의존하는 것이다. 하지만 어떤 경우든 궁극적으로는 특수한 주권적 의지에 기댈 수밖에 없으며, 이런 이유로 인해서 우발성에 물든 채로 남아있게 된다. 그 결과 국가들이 의견을 달리하고 그들의 특수한 의지들이 화합하지 못할 경우, 문제는 전쟁에 의해 해결될 수밖에 없다.[27]

헤겔은 국제법이 "당위를 넘어서지 않는다"라고 주장하고,[28] 영구평화가 역사에서 섭리의 작용으로 인해 가능하다는 칸트의 진술을 비판한다.

헤겔의 비판이 암시하는 칸트의 평화이론의 난점은 칸트가 전쟁의 존재에 대한 근거의 문제와 마주하는 데 실패한다는 것이다. 윤리학에서 전쟁의 존재에 의해 제기된 역설은, 인간들이 국가들로서의 법 아래서 스스로를 통합할 수는 있으나 참된 국제법을 만들기 위해 그 과정을 국가의 경계 너머로 확장시킬 수 없다는 것이다. 칸트 이론의 관점에서 이 문제에 대한 응답은, 국제 평화를 세우는 데 있어 인간의 실패를 그것이 세워질 수 있는 원리들을 제대로 인식하지 못하는 무능력에 있는 것으로 여기는 것이다. 칸트의 견해에 따르면, 전쟁의 제거는 본질적으로 개념적이고 구조적인 문제에 해당한다. 전쟁은 평화의 수단을 거머쥐는 데 완전히 무능력한 인간의 현 상태로 인해 존재하는 부자연스러운 상태로 간주된다. 인류가—비록 평화의 관념을 가지고 있긴 하지만—평화를 실행에 옮길 준비가 되어 있지 않아 보인다는 사실 때문에 칸트가 불안해하지는 않는데, 그는

• •

27. *Philosophy of Right*, §§333-34. 또한 §324의 주해를 보라.
28. 같은 책, §333.

낙관적으로 그 곤란함을 풀기 위해 섭리에 호소하기 때문이다. 칸트의
진술에 따르면,

> 영구평화를 보장하는 것은 다름 아닌 자연[natura daedala rerum]이라는
> 위대한 예술가다. 자연의 기계적 과정에서 우리는 자연의 목표가 인간들
> 사이의 조화를 그들의 의지에 반해서 그리고 그들의 불화를 통해 산출하
> 는 것임을 목도한다. 우리가 알지 못하는 법칙들에 따르는 필연적인
> 작용을 우리는 운명이라 부른다. 하지만 세계사에서 그것의 설계를 고찰
> 해보건대, 그 속에서 우리가 자연의 과정을 선규정하고 인류의 객관적인
> 최종 목적을 지시하는 고차적인 원인에 대한 심오한 지혜를 분간할
> 수 있는 한에서 우리는 이를 "섭리"라 부른다.[29]

칸트의 견해에서 전쟁은 신정론 문제의 전통적 해법에서 악이 다뤄지는
것과 똑같은 방식으로 처리된다. 전쟁은 그 자체로 무, 즉 어떠한 긍정적인
내용도 가지지 못한 결핍으로 간주된다.[30] 전쟁은 역사에서 섭리가 전개되는
한 계기라기보다는 그것의 작동에서 하나의 지체로 여겨진다.

헤겔의 칸트 비판은 『법철학』의 서두에서 단언된 그의 사유의 일반
원리로서, 이성적인 것은 현실적이고 역으로 현실적인 것은 이성적이라는
주장에서 유래된다.[31] 헤겔에게 "역사는 사건들의 형식 혹은 자연의 직접적
인 현실성으로 자신을 가린 정신이다."[32] 현실화된 것인 전쟁은 철학적
추론에 의해 비정상적인 사태나 단순한 혼돈으로 간주될 수 없다. 오히려
전쟁은 국가의 활동성의 한 형태로서 이해되어야 한다. 칸트의 견해는
우리에게 인간이 따라야 하는 평화 원리의 개념과, 섭리의 작용이 조만간

..
29. *Perpetual Peace*, ed. Lewis White Beck (New York, 1957), 24.
30. 같은 책, 17, 46.
31. 「서문」의 10쪽과 §29를 보라.
32. *Philosophy of Right*, §346.

역사의 현실성들에서 충만하게 현시되리라는 희망을 남겨준다. 헤겔의 견해는 평화의 가능성이 역사의 궁극적 질서에 대한 신념이 아니라 그 구체적인 계기들 중 하나——전쟁——의 구조에 대한 분석에 의거해야 한다는 것을 암시한다. 헤겔에게 전쟁은 사회적 의식과 행위의 전개에서 한 계기에 해당한다. 즉 그것은 독립적 민족으로서의 국가의 활동성이다. 헤겔은 "한 민족은 국가가 되는 것으로 시작하지 않는다. 가족, 무리, 씨족 등에서 정치적 상황으로의 이행은 그 민족의 형태에서 이념이 실현되는 과정이다'라고 단언한다.[33] 모든 철학자는 자기 시대의 아들이라는 자신의 격언에 따라,[34] 헤겔은 정치적으로 주권을 가진 민족으로서의 국가 개념으로 국가에 대한 자신의 설명을 마무리한다. 이념은 민족들 간 전쟁과 평화의 순환을 둘러싼 우연성들에도 불구하고 서로가 관계를 맺고 있는 민족들의 세계의 형태로 존재한다. 칸트는 우리에게 직접적으로 평화론을 제시한다. 헤겔은 우리에게 직접적으로 전쟁론을 제시한다. 칸트의 이론은 설계상으로는 경탄할 만하지만 원칙적으로 전쟁론을 금지하는 역사의 견해에 의해 뒷받침된다. 전쟁은 비합리적인 것 속에 체류해 있다. 그것은 인간 의식에게 전쟁이 작동되는 양태를 극복할 것을 요구하지만, 정작 그것이 극복하려는 활동이 생겨나는 자체 구조의 근원을 이해하려고 하지는 않는다.[35] 그렇다면 이제 직면하게 될 문제는 헤겔의 전쟁론과 그것을 파생한 역사 형이상학이 평화론을 낳을 수 있는지 여부인 것이다.

헤겔의 입장에서 보면, 여하한 평화론은 전쟁이 근거하는 현상의 이해에

• •
33. 같은 책, §349.
34. 같은 책, 11.
35. 칸트가 『판단력 비판』에서 평화가 지속되는 기간 동안 민족들이 정체되는 것과 관련하여 헤겔과 유사한 논평을 했다는 점은 흥미롭다. 그것은 정확히 『영구평화론』에서의 접근법과 대조된다. *Critique of Judgment*, §22 (83)를 보라. 이 구절들에 대한 논평에 대해서는, Albert William Levi, *Humanism and Politics: Studies in the Relationship of Power and Value in the Western Tradition* (Bloomington, 1969), 268-69를 보라.

서 도출될 필요가 있어 보인다. 전쟁은 인간 의식의 바로 그 구조 어딘가에
연원을 두고 있는 것으로 고찰되어야 한다. 칼 야스퍼스는 『인류의 미래』에
서 다음과 같이 진술한 바 있다.

> 투쟁—— 무력에 무력으로 맞서든 아니면 권력과 전리품을 차지하기
> 위해 무력을 사용하든지간에 누군가의 삶을 위태롭게 만드는 것 —— 은
> 인간 삶의 원초적 현상이다. 원초적 요소는 맹렬한 투쟁 정신이다. 그것은
> 방면됨으로써, 누군가의 삶을 내팽개치려는 자기 초월적 욕망과 다른
> 삶들을 경시하려는 야만성을 낳고, 승리 후에 약탈과 강간에서 자신의
> 배출구를 찾으며, 마지막으로 권력의 최고조의 감정에 가서야 누그러진
> 다. 물론 이마저도 정복된 자를 살려둠으로써 노예로 부리기 위한 것에
> 불과하지만 말이다. 이 완화는 헤겔이 생사를 건 투쟁들의 생산적인
> 의미를 해석하도록 이끌었다. 전사는 인간의 한 유형이지만, 모든 이들이
> 다 전사인 것은 아니다.[36]

이 진술의 전체 맥락에서, 야스퍼스는 전사를 헤겔이 『정신현상학』에서
묘사한 주인-노예 관계에 참여하는 특수한 방식으로 간주한다.[37] 그의
진술은 헤겔의 전쟁에 대한 분석—— 전쟁은 평화를 조직하는 원리를 인식하
지 못하는 인간의 무능력 때문이 아니라, 전사가 인간이 자신의 실존과
관계 맺는 특별한 방식이라는 점 때문에 존재하는 것이다—— 에서 도출되는
핵심을 포착해낸다. 전쟁 문제에 대한 여하한 해법은 전사들의 문제에
대한 해법에 의존할 수밖에 없다. 그리고 전사의 삶의 양식이 주인과 노예라
는 의식의 기본 구조들 중 하나에 근원을 두고 있는 이상, 그 해법은 특별히

••
36. Karl Jaspers, *The Future of Mankind* (Chicago, 1951), 45. (강조는 스튜어트)
37. (B.), Ⅳ, A. "Independence and Dependence of Self-Consciousness: Lordship and
    Bondage."

까다로울 수밖에 없다.

야스퍼스는 자신의 전사 이론을 통해 헤겔을 분명히 드러내게 해주는 요점을 더 끄집어낸다. 야스퍼스는 전사가 자기희생의 현상에 의존한다고 주장한다.[38] 헤겔은 계층으로서의 군대에 대한 논의에서 이 점을 지적하고 있다. 그의 주장에 따르면, 군대 집단은 용기를 통해 자신의 자유의 본성을 깨달은 인간들이며, 그들의 용기는 자기 국가의 주권을 위해 스스로를 희생하려는 의지로 현시된다. 헤겔은 말한다. "용기가 하는 일은 이 최종 목적을 현실화하는 것이며, 이 목적을 위한 수단은 사적인 현실성의 희생이다. 따라서 이러한 경험 형태는 아직은 자유의 참된 존재가 아닌 자기희생이라는 극단적인 모순들의 가혹함을 포함한다."[39] 헤겔의 견해로부터, 전쟁은 민족들이 서로 간의 관계들에서 막다른 골목에 다다랐기 때문에 생기는 게 아니라는 결론이 나온다. 전쟁은 군대가 존재하기 때문에 발생하는 것이다. 군대는 전사가 한 인간 유형에 속하기 때문에 존재하며, 전사는 사상을 대신해 힘과 힘이 만나는 자기희생의 행위가 인간이 스스로를 자유로운 행위자로 인식하는 하나의 방식이라는 점 때문에 인간적 유형인 것이다. 평화에 대한 참된 위협은 외교적 관계들이 깨지고 그러한 협상들의 기술적인 문제들이 전쟁의 물리적 충돌로 재개되는 데 있지 않다. 평화의 진짜 위협은 전사가 삶의 한 유형이라는 사실에 있다. 전쟁은 평화가 자신의 존재의 자유를 결행하려는 충동을 가진 전사에 대해 가지는 좌절감의 결과다. 그런 불만들이 두 민족들의 전사들에게 충분히 느껴질 경우, 전쟁을 위한 사실상의 조건들이 갖춰지고 기술적이고 외교적인 정당화가 이윽고 모습을 드러내는 것이다.[40]

헤겔이 『정신현상학』에서 인간 의식이 스스로를 구조화하고 자신의

· ·
38. *The Future of Mankind*, chap. 4를 보라.
39. *Philosophy of Right*, §328. 또한 §327의 추가를 보라.
40. 헤겔이 지적하듯이, 국가의 영예나 이익은 다른 국가들을 상대하는 과정에서 시급한 것으로 간주될 수 있다. 같은 책, §334를 보라.

자유를 실현하는 근본적인 방식들 중 하나로 주인-노예를,[41] 그리고 『법철학』에서 전사가 전쟁을 수행할 국가의 능력이 의존하는 유형임을 보여주었다면, 결국 전쟁의 종식은 그 전사의 실존을 변형하는 것에 놓여 있게 된다. 전사가 힘과 힘의 맞닥뜨림에 의해 자신의 목숨을 위험에 내맡기는 자기희생의 행위에서 체험하는 자유의 실현은, 똑같은 목표에 다다르지만 그 수단의 폭력이 극복되는 새로운 형식으로 수행되어야 한다. 모든 이들에게 주-노 관계에서 노예의 편을 택하고 정복된 노예가 그러하듯 노동 속에서 자유의 실현을 지지하라고 격려하는 것으로는 충분치 않다.[42] 전쟁의 악의 노동의 선으로의 대체를 지지하는 것, 즉 노동을 전쟁의 도덕적 상관물로 보는 것은 전사의 본성을 오해석하고 그를 단지 정력적인 인간으로 보는 것에서 나온다. 전사는 보다 진지하게 다뤄져야 한다. 그가 단지 정력적인 인간이었다면, 우리는 그가 오래전부터 조직된 스포츠들과 위험한 직업들에 의탁했으리라고 예상할 수 있었을 것이다. 전사의 용기는 단지 위험에 맞서는 용기일 뿐만 아니라 윤리적 이상을 위해 자신의 삶을 위험에 맡기는 용기이기도 하다.[43] 전사를 변형시키려는 여하한 시도는 이 윤리적 요소를 설명할 수 있어야 한다.

전쟁에 대한 헤겔의 설명이 우리에게 제시하는 방향을 고려해 보건대, 평화가 민족들의 행위들에 대한 일련의 원리들을 제도화하는 것에 의존한다고 믿기는 어렵다. 실천적인 정치적 활동의 영역에서, 우리가 극복할 목적으로 사용되는 그 활동의 근원들과 마주하지 않는 한, 궁극적으로 국가연합이 조직된 선의지 그 이상이 될 수 있다고 믿기는 어렵다. 일단 전쟁이 삶의

· ·
41. *Phenomenology of Mind*, 233을 보라. 헤겔의 주-노 관계가 고찰될 수 있는 일부 관점들과 그로부터 사회적 가설들을 발전시키는 데 따르는 일부 난점들에 대한 논의에 관해서는, George Armstrong Kelly, "Notes on Hegel's 'Lordship and Bondage'", *Review of Metaphysics* 19 (1966), 780-802를 보라.
42. *Phenomenology of Mind*, 238을 보라.
43. 전사의 존재 양태를 분석한 것으로는, J. Glenn Gray, *The Warriors: Reflections on Men in Battle* (New York, 1959), 특히 결론을 보라.

한 유형으로서 의식이 스스로를 구조화하는 방식들 중 하나에 기초한다고 간주되면, 평화의 문제는 전사들의 새로운 전환의 일환이 된다. 전쟁이 자연적 사태에서의 일탈이 아니라 그 구조의 통합적 부분임을 깨닫는 것과 무관하게 평화를 위한 처방을 정식화하는 것은 환상을 키우는 꼴이다. 평화를 위한 처방들을 추진하기보다 전쟁의 분석에 집중한다고 해서, 헤겔의 이론이 전쟁을 찬미하는 것은 결코 아니다. 대체로 의식의 자기개조를 묘사하고 있는 그의 철학은 전사가 대체되는 것을 감안했을 것이다. 헤겔의 경우 전사가 대체되는 토내들은 국가를 넘어서는 정신의 형태들로서 예술, 종교, 철학의 배치에 놓여 있다.[44] 전사의 삶이 매여 있는 국가는 자기 위에 예술, 종교, 철학의 형태들을 갖는바, 그것들은 국가와 마찬가지로 다른 인간 유형들을 파악하는 것이 임무인 삶의 유형들을 수반한다고 전해진다. 따라서 헤겔 철학의 관점에서, 전사를 이해하고 변형시킬 가능성은 예술가들, 종교인들, 철학자들의 활동에 놓여 있다. 그것은 정치가들의 의무가 아니다. 평화의 문제에 대한 해법, 또한 고유하게 전사들의 문제에 대한 해법은 자신들의 실존이 국가의 형태에 묶여 있는 이들에게서 나올 수 없다.

결론적으로 나는 헤겔이 전쟁을 지지하는 것도, 그것이 존재한다는 사실을 단순히 반영하는 것도 아니라는 점을 보여주고자 했다. 헤겔에게 전쟁은, 그 밖의 현실적인 것들처럼, 철학적으로 이해되어야 할 대상이며, 우연적인 것으로 간주될 수는 없는 것이다. 『정신현상학』에서의 그의 접근법은 전쟁의 인간 의식과의 관계를 보여주는 것이며, 『법철학』에서는 그것의 국가와의 관계를 보여주는 것이다. 전쟁이 인간사에서 수행하는 역할을 보임으로써 헤겔이 의도하는 바는, 전쟁의 제거를 평화의 원리들을 정확히 이해하고 그것들을 중심으로 조직을 하는 문제로 간주할 때 직면하는 곤경을 드러내는 것이다. 전쟁이 존재하는 것은 우리가 평화를 제대로 인식하지 못해서도

• •
44. Ernst Cassirer, *The Myth of the State* (New Haven, 1946), 274를 보라.

아니요, 우리가 국제 질서를 신속하게 받아들이지 못해서도 아니다. 민족들의 경계들을 넘어서는 법의 절차를 수행하지 못하는 우리의 무능력은 전사들의 실존에 기초한다. 전사적 삶의 양식은 인간 자유의 문제에 대한 특수한 성향을 구성하는바, 그것은 의식이 스스로를 구조화하는 근본적인 방식들 중 하나를 발견하는 주-노 관계에 근거하고 있다. 헤겔 철학은 전쟁의 토대에 놓인 전사의 자기위험 행위가 어떻게 극복될 수 있는지에 대해 어떠한 구체적인 해법도 제시하지 않는다. 바로잡자면, 헤겔의 분석은 다음을 보여주는 데 있다. 전쟁이 제거되어야 한다면, 우리는 전사의 행위보다는 국가와 관련하여 대안적 방식들을 발전시키는 것에 매진해야 한다.

11. 헤겔의 주권, 국제관계 그리고 전쟁에 대한 이론

에롤 해리스 Errol Harris

주권

루이 14세는 "짐이 곧 국가다"라고 선언하고 자국 군대의 대포에 "왕들의 최후 수단[Ultima ratio regum]"이란 문구를 새기게 했다. 언뜻 보기에 헤겔은 어쨌든 두 교설들 모두에 동의하고 그것들을 승인하는 것처럼 보인다. 왜냐하면 그는 다음과 같이 적고 있기 때문이다.

> 주권은…… 오로지 스스로를 확신하는 주관성으로서, 즉 거기에 최종 결정이 놓여 있는 의지의 추상적(이고 그다지 근거는 없는) 자기 확신으로서 존재한다. 이것이 바로 국가 자체의 개별적 측면인바, 거기서 주권은 단지 하나일 뿐이다. 그렇지만 주관성은 자신의 참된 형태로 볼 때 인간으로서의 인격성이라는 주체로서만 존재한다. …… 따라서 이렇듯 전체에 대한 절대적인 결정적 계기는 개별성 일반일 뿐만 아니라 하나의 개인, 즉 군주인 것이다.[1]

더 나아가 헤겔은 국가 간 관계가 근본적 원리로서 각자의 주권들을 가지기 때문에, "국가들은 그 정도만큼 자연 상태에서 서로 대립"하며 "그 이유로 인해 국가들의 갈등은 그들의 개별 의지들이 합의를 찾지 못하는 한, 전쟁에 의해서만 해결될 수 있다"고 주장한다.[2]

하지만 맥락에서 떼어낸 채 구절들을 인용하는 것은 무익한 만큼이나 학문적이지도 않고, 단지 오해와 오독을 낳을 뿐이다. 그렇게 하는 나쁜 습관을 두드러지게 예시해주는 것이 바로 『열린사회와 그 적들』에서 칼 포퍼가 행한 비판이다.[3]

우선 현명한 독자라면, 위의 인용에도 불구하고 헤겔이 주권을 군주와 동일시하지 않는다는 사실을 인식할 것이다. 확실히 군주는 국가의 화신이며 그 개별성을 구현한다. 왜냐하면 헤겔은 국가가 단순히 법적이거나 허구적인 인격이 아니라 진정한 개인이며 그것이 군주로 인격화된다고 주장하기 때문이다. 그 정도로 국가는 곧 왕[l'État c'est le Roi]이다. 그러나 왕(또는 여왕)은 통상적으로 말하는 의미의 정부가 아니다. 그(또는 그녀)는 총체적 통일의 한 계기일 뿐이며, 반면 언제나 그렇듯이 개념의 영역에서(인륜성의 변증법에서 그 개념에 상응하는 것이 국가다) 각각의 계기는 동시에 전체이기도 하다. 그렇지만 국가의 정부나 헌법은 입법, 행정, 사법 기능들의 체계로서, 부르주아 사회와 가족의 모든 기능들과 제도들을 지양하고, 성숙한 유기체의 살아있는 신체가 갖는 세포와 수족이 그러하듯 구성원들이 각자인 동시에 전체로서 통합된 전체를 구성한다.[4] 따라서 군주는 입헌군주지 전제군주나 봉건군주가 아니다.[5] 이 정도로 루이 14세의 단언은 헤겔적이

● ●
1. *Grundlinien der Philosophie des Rechts*, 279.
2. 같은 책, 333.
3. London, 1949.
4. 같은 책, 278.
5. 같은 책. "앞선 시기의 봉건 군주제 하에서, 국가는 대외 업무와 관련해서는 확실히

지 않다. 아마도 그는 국가의 중세적 형태에서 근대적 형태로 전환되는 역사적 이행기에서 권력의 자유화에 앞서 그것의 집중화를 대표하는 것 같다.

주권의 인격적 특징과 그 의지의 군주에서의 구현이라는 헤겔의 주장은 얼마만큼 정당화되는가? 곧 살펴보겠지만, 그가 사적인 독재나 폭정을 지지한다고 추정하는 사람들은 심각한 잘못을 저지르고 있다. 이미 알려진 것처럼, 엄격히 말해 『법철학』은 특정 정치형태가 아니라, 정치형태들 일반, 더 정확히 말해 정치질서 자체의 분석을 지지한다. 거대한 성치 팸플릿으로서의 홉스의 『리바이어던』에 대한 브라이언 경의 기술이 거의 정당화되지 않는다면, 헤겔의 『법철학』에 대한 유사한 전가는 더더욱 지지될 수 없다. 국가의 개별성이 한 개인에게 구현되며 그래야만 한다고 헤겔이 주장했을 때, 그가 하고 있는 것은 주권적 의지의 대표가 항상 특정한 개인이라는 자명한 사실을 지적한 것에 불과하다. 마치 오늘날 국가의 수장으로서 엘리자베스 여왕, 부시 대통령, 마오쩌둥 주석을 당연시하는 것처럼 말이다. 하지만 헤겔에 있어 이것은 단지 경험적 사실(따라서 우연적 사실)만을 의미하는 것이 아니다. 마찬가지로 그것은 원리상 정치적 주권의 지의 현실화에 필수적인 것이다. 모든 주권행위는, 주권이 되는 한에서, 국가의 수장에 의해 서명날인이 행해져야만 한다.

주권 개념은 전체로서의 사회의 유기적 통일과 관련하여 이해되어야 하며, 그럴 경우 본질적으로 국가와 그 주권이 된다. 국가의 의지 ── 루소가 일반의지로 여겼던 것 ── 는 독립적인 것으로 간주되는 식으로 특정 법관 혹은 특정 시민의 개별의지도, 시민들의 본체 혹은 정부의 특정 제도나 기능의 본체가 아니다. 오히려 그것은 그들 중 일부 혹은 전부가 계기로서

•• 　주권적이었지만, 대내적으로는 군주든 국가든 그 누구도 주권적이지 않았다." 또한 *Encyclopedia*, 544 참조.

6. 　*Studies in History and Jurisprudence*, vol 2 (Oxford: Clarendon Press, 1901), 86.

그 속에서 모두 지양되는 공동체에 대한 표현이다.

앞서 보았듯이, 헤겔에게 있어 상호 의존적 계기들 속에서 스스로를 세분화하는 자기-구별적 통일은 대자존재 혹은 관념적 통일이다. 이 통일은 모든 계기들 각각에 내재적이지만, 전체적으로서만 현실적이다. 우리는 이미 전체가 통일된 부분들에 다름 아니라는 것과 그것들의 통일이 헤겔에 의해 그것들의 관념성으로 정당하게 불린다는 것을 안다(그것은 인식하는 마음에 대해서만큼은 명백하다). 그런 만큼 통일이 현실적이지 않다는 의미는 헤겔과 거리가 멀다. 반대로 통일은 그 계기들의, 그리고 통일 속에서 지양된 앞선 변증법적 단계들의 진리이자 현실성이다. 결과적으로 헤겔은 주권이 "우선적으로 이 관념성의 보편적인 사유"라고 말한다.[7] 그것은 (적어도) 세 가지 형태들에서 현실적인 사실로 작동한다.

1. 첫째, 주권은 시민사회에서 개별적(혹은 가족적) 관심사들의 유사 독립적인 추구를 통해 작동한다. 이 관심사들은 가끔은 서로 갈등하기도 하면서 일견 구별되고 독립적인 것처럼 보일지라도, 그것들 모두가 경제적이고 사회적인 질서를 구성하는 활동들의 조직에 관심을 두고 거기에 종속되어 있는 한, 공동 이해라는 원칙적 측면들에 해당한다. 그 결과 이 모든 관심사들은 그 질서에 기여하게 되는데, 이는 헤겔이 주장하듯이 "그에 따라 자기추구가 전체의 상호 지지에 대한 기여로 전환되는 사태의 무의식적 필연성을 통해서"만 그런 것이 아니다.[8] 그것은 관심사들의 활동이 지지하는 보편적 질서에서 명백하고 당연시되는 이해를 통해서도 가능하다. 이것은 세부적으로 입증되고 예시될 수 있지만, 우리의 현재 목적 상 한두 가지 사례로 충분할 것이다.

농민, 상인, 장인, 도급업자는 각각 자신의 소명을 따르고 서로가 독립된 상태에서 자기만의 이익을 추구하지만, 그럼에도 불구하고 상품과 서비스를

7. *Grundlinien*, 279. 위에서 처음 인용된 부분에는 이 문구가 빠져 있었다.
8. 같은 책, 278.

다른 모든 이들에게 제공함으로써 공동의 욕구들을 공급하는 데 기여한다. 각자가 상대방에 맞서 자신의 이익을 고수하는 민사소송의 당사자들은 자신들의 사건을 법정에 제소함으로써 권리의 법적 옹호와 분쟁의 평화로운 해소를 야기한다는 점에서 공동이해를 제공한다. 공통의 혜택은 개별적으로 이 집단들의 어느 한쪽에 의해 의도적 혹은 고의적으로 추구되지 않는다. 그것은 사회질서의 지배적 체계의 결과로 인한 것이며, 개별적인 목적들이 관습적인 실천에 따르고 사회관계들의 승인된 틀 내에서 의도적으로 추구되는 한 마찬가지로 필연적이다.

2. 주권의 관념성이 자신을 드러내는 두 번째 방식은, 헤겔의 설명에 의하면, 첫 번째와 밀접하게 연관되고 그것과 결부되어 있다. 그것은 공공복지에 요구되는 측면들에서 정부에 의한 민간 직종과 기업 활동들의 직접 통제다. 여기서 또다시 공동이해는 목적의 보편적 통일이라는 요건들에 맞게끔 개인의 행동을 침해하고 조정한다.

3. 셋째로, 앞의 두 현현들의 상대적 개별주의와 대조적으로, 전체 공동체의 안전과 독립이 위기에 처하는 비상과 위기의 시기에, 사적인 추구들은 의식적으로 국가적 요건들에 복속되고 사적 이익들은 공동의 욕구들을 위해 희생되며, 모든 시민들의 다양한 추구들은 그 영역의 방어에 복무하기 위해 통일된다. 따라서 헤겔은 우리에게 주권의 관념성이란 그 자신의 고유한 현실성에 이르게 된다고 단언하는 것이다.

칼 맑스는 헤겔이 주권을 관념화한 뒤 "신비로운 방식으로" 그것을 군주라는 개인에 주입했다고 비판했다. 맑스의 주장에 따르면, 그가 국가의 토대로서 현실의 주체들로부터 출발했다면, 그와 같은 신비화가 필수적이라고 여기지 않았을 것이다.[9] 하지만 그런 비판은 헤겔이 사용하는 "관념성"이란 용어를 오해해서 생긴 것이며, 위에서 제시한 해명으로 맑스의 엄청난

9. *Critique of Hegel's Philosophy of Right*, trans. Annette John and Joseph O'Malley (Cambridge: Cambridge University Press, 1970), 23 참조.

오해를 드러내기에 충분하리라 본다. 왜냐하면 앞서 보았듯이 헤겔은 (맑스와 포퍼[10] 모두가 상상하듯이) 주권을 군주와 절대적으로 동일시하지 않을뿐더러, 시민들이나 법관들을 이루는 개인들이든 정부 기능들과 국가수반이든 그런 것들로의 주권의 실체적 현실화를 부정하는 것과 관련된 의미에서 그것을 "관념화하지" 않기 때문이다.

그러나 여전히 그의 이론이 전제주의를 승인하고 전체주의의 이론적 토대를 제공하는 것으로 대표한다는 오해가 현저하다. 헤겔은 전자를 명시적으로 거부하며, 명백히 권리와 자유의 체계로서 자신의 국가 개념을 드러내는 한 구절에서 그렇게 한다.

> 따라서 동양적 전제는 한 개인의 의지가 국가의 선두에 선다는 점에서 유사성을 띠기 때문에 군주제라는 애매한 이름 아래 포함될 수도 있다. 마찬가지로 봉건 군주제의 경우에도 "입헌 군주제"라는 호의적인 이름이 거부될 수 없듯이 말이다. 하지만 참된 군주제가 이러한 형태들과 갖는 진정한 차이는 국가의 권리가 현실화하고 보장해주는 권리의 유효한 원리들의 내용에 기인한다. 이 원리들은 자유와 소유의 영역들에서 초창기에 발전된 것들이며, 그것에 더해, 사적 자유, 시민사회, 그 산업과 공동체들, 법에 근거하는 공적 기능의 규제된 효율성에서 발전된 것들이다.[11]

헤겔이 제기하는 것은 입헌 군주제 하에서의 법의 통치 이론인바, 그 자신이 말하듯이 무정부적 중우정치와 똑같이 전제주의가 폐기하고 파괴한 것이다.

••
10. *The Open Society and Its Enemies*, vol. 2 (London, 1942), 54 참조.
11. *Encyclopedia*, 544.

주권은 모든 특수한 권위의 관념성이기 때문에, 전제주의와 똑같은 의미를 주권에 부여하면서 단순한 권력과 순전히 자의적인 의지를 위해 그것을 취한다는 오해가 쉽게 제기될뿐더러 비일비재하기까지 하다. 하지만 전제주의는 여하한 무법 상태를 의미하며, 거기엔 흔히 말하는 특수의지가 군주의 것이 됐든 인민의 것(중우정치)이 됐든 스스로를 법으로 자처하거나 오히려 법을 대체한다. 반대로 주권이 특수한 영역들과 기능들의 관념성이 되는 것은 분명 합법적이고 헌법적인 체계들에서다.[12]

이 구절들로부터 명백히 알 수 있듯이, 『법철학』(279, 301, 308)과 『정신철학』(인용한 텍스트에서)에서 보이는 인민 정부와 "'인민 주권'의 논의"에 대한 비판들은 입헌 민주주의를 겨눈 것이 아니다. 바로 이 비판들의 맥락에서, 헤겔은 자신의 반대가 조직되지 않은 인민의 정부조직으로의 침투인 것이지 민주적 통치의 헌법 구조들이 아니라는 점을 분명히 한다. 그가 배제하는 것은 군중[vulgus]으로서의 사람들의 집산이지 대중[populus]으로서의 사람들의 정치적 통일체가 아니다. 『엔치클로페디』(544)에서, 그 장점 여부를 떠나 영국 체제가 공적 업무들의 지배적 몫을 사적 개인들에게 부여한 것에 대한 그의 비판은 공적 처리들에 있어 사적 시민들의 참여가 갖는 이점을 승인한 직후 나오는 대목이다. 본질적으로 "질서 있게 행동하는 명시적인 일반의지로 나타나고 공적 관심사의 효능성을 표현하는 것은 집합적 정신의 권리다."

여기서 일반의지[allgemeine Wille]라는 어구의 사용은 루소를 연상시키며(나는 의도적이라고 생각한다), 헤겔이 주장하고자 하는 것은 루소가 일반의지와 모두의 의지를 구분한 것과 일맥상통한다. 『역사철학 강의』에서 루소에 대해 논평하면서, 헤겔은 매우 단호한 어조로 다음과 같이 밝혔다.

12. *Grundlinien*, 278. 여기서 "관념성"은 명확히 관념적 통일을 의미한다.

보편의지는 뚜렷한 개별의지들이 합성된 것으로 간주되지 않는다. 따라서 그것들은 절대적인 것으로 남는다. 그렇지 않다면 "소수가 다수에게 복종하는 곳에는 어떠한 자유도 존재하지 않는다"는 말이 옳을 것이다. 보편의지는 이성적 의지여야만 한다. 우리가 그 사실을 의식하지 못한다 할지라도 말이다. 그러므로 국가는 개인들의 자의적 의지에 의해 결정되는 연합체가 아니다.[13]

이 진술들을 고려하면, 그 누구도 헤겔의 비판이 루소가 지지하는 것으로서의 인민 주권 개념을 향하는 것이 아니라, 단지 인민을 우발적 결합, 즉 군중이나 무리와 동일시하는 구절에 대한 엉성하고 혼란스러운 사용들을 향한다는 것, 그렇지 않을 경우 그런 집단과 참된 공동체를 구별하는 데 실패하게 된다는 것을 추호도 의심할 수 없다.

헤겔이 자신의 교수자리에 대한 빚 때문에 프로이센 왕을 기쁘게 할 요량으로 인민주권을 비판했다는 식의 전형적으로 거칠고 무책임한 포퍼의 비난은[14] 다음과 같은 사실로 인해 무효화된다. 즉 영국 개혁 법안에 관한 사후 논문의 최종본은, 비판적 어조에도 불구하고 프로이센의 검열로 인해 금지 당했는데, 왜냐하면 그것이 표방된 개혁들의 참된 민주적 측면에 지지를 표하고 이전의 남용들에 대한 근본 원인을 공격하지 못했다는 이유로 그 법안을 비판했기 때문이다.[15]

국내 문제에서 가장 세속적인 권위로서, 법을 입안하고 집행하고 판결하는 데 있어 국가의 주권적 힘의 우월성은 근대사의 명백한 사실이다. 저항이

• •

13. E. S. Haldane and F. H. Simpson's translation (London, 1896; 1968년에 재출간), vol. 3, 402.

14. *The Open Society and Its Enemies.*

15. Shlomo Avineri, *Hegel's Theory of the Modern State* (Cambridge: Cambridge University Press), chap. 2 참조.

나 봉기의 그 어떤 권리도 존재할 수 없는데, 권리란 법이 승인하고 보호하는 것이기 때문이다. 승인받지 못한 권리들이 주장될 수도 있지만, 그것들은 합법적으로 집행될 때라야 법적 권리를 획득하게 된다. 그리고 어떠한 반역의 권리도 요청될 수 없는 이유는 반란이 그 자체로 법과 질서의 폐기이기 때문이다. 그것이 성공한다면, 반란은 혁명이 되고 그 국가의 해체가 되며 새로운 정치적 권위의 대체가 된다. 그것은 일반의지가 현존 정부에 의해 실현되기를 중단할 때 발생하고 정당화된다. 설사 헤겔이 그 가능성을 고려했다 할지라도, 그에게 반역이란 단지 걷잡을 수 없는 정치적 질병일 뿐이며 피정복 지역에서만 정당화될 수 있는데, 그것이 엄격하게 비합법적인 권력을 향하기 때문이다.[16] 형식면에서, 그 같은 반역은 보다 적절히는 외부 문제의 영역에 속하며 전쟁 개념에 포함된다. 이제 그 영역으로 관심을 돌려 보자.

국제관계와 국제법

대외 관계에서 국가는 자주적이며, 그렇지 않다면 그것은 국가가 아니다. 그리고 그 주권적 지위는 타국들에 의해 승인받아야 한다. 따라서 승인되는 것은 어떤 상위의 권력이나 정치적 권위의 복종으로부터 그 국가의 독립과 그에 따르는 자유다. 국가는 그 자신의 법으로[sui juris] 행동하며 주권으로서 자신보다 우월한 여하한 법에 굴종할 필요가 없다. 그 결과, 당연히도 타국들과의 관계는 자국이 자발적으로 맺으며 오로지 자신의 이익에 의해 규정되는 협약이나 조약의 형태로 제한되며, 그 협약이 깨질 경우 적대와 전쟁에 돌입하게 된다. 대포가 왕들의 최후 수단이 되고 루이 14세가 정당성을 입증 받는 곳이 바로 여기다. 이렇게 말하는 것은 전쟁을 찬양하는 것도, 그것을 낭만화하는 것도 아니다. 그것은 단지 국가가 자주적인 한 불가피한

16. *Grundlinien*, n. to 281 참조.

사실을 인정하는 것뿐이다. 왜냐하면, 홉스와 스피노자와 함께 헤겔이 매우 분명히 보았듯이, 어떤 우월한 권위도 통제할 수 없는 곳에서는, 자연 상태가 만연해 있기 때문이다.[17]

그러므로 조약들은 그것들이 단지 당사국들의 의지와 이해에 따를 경우에만 준수된다. 준수는 강요될 수 없고 위반에 대한 유일한 제재는 전쟁이다. 이 모든 것에 대해 헤겔은 지극히 명쾌했고, 그 진실은 역사적 사실들에서 풍부하게 묘사된다.[18] 주권국가에서 자국의 이익들은 가장 중요한 항목이다. 따라서 주권들의 공동체는 존재할 수 없는데, 왜냐하면 공동체란 구성원들의 특수이익에 우선하는 공동이해를 의미하기 때문이다. 국가의 주권적 권위를 우월하게 만들고 명백히 헤겔이 관념성으로 의미하는 것이 바로 이 같은 국가 내의 공동이해인 것이다. 따라서 국가들이 국제적 공동체의 일원이 된다면, 그들의 주권은 소멸될 것이며 더 높은 어떤 주권이 그 자리를 차지하고 말 것이다. 그렇기 때문에 주권국가들의 공동체는 형용모순이다.[19]

국제법은 공동체의 법이 아니며 또 그럴 수도 없는 것이, 그 "주체들"은 오로지 주권국가들(정의상 어떠한 상위 권위에도 종속되지 않는)일 수 있다는 단서가 놓여 있기 때문이다. 따라서 국제법은 실로 그 단어의 정치적 의미에서 고유하게 법이 되지 않는다. 그것은 부과될 수 없기 때문에 실정법이 아니며, 강제될 수 없기 때문에 실효법이 아니다. 국제법은 참가자들의 특수의지들에 종속되는 조약과 협약에만 의존하기 때문에, 협약들을 규제할 수도 조약들의 준수를 보증할 수도 없다. 헤겔이 주장하듯이, 합의는 준수되어야 한다[pacta sunt servanda]는 제일 원리는 "당위를 넘어서지 않는다."——

· ·
17. T. Hobbes, *Leviathan*, chap. 13; Spinoza, *Tractatus Politicus*, chaps. 3, 13; Hegel, *Rechtsphilosophie*, 333 참조.
18. 나의 *Survival of Political Man* (Johannesburg: Witwatersrand University Press, 1950), chaps. 3, 4; *Annihilation and Utopia* (London: Allen and Unwin, 1966), chaps. 5, 6 참조.
19. 같은 책.

그것은 공허한 열망에 지나지 않는다. 그 원리가 법 조항이 될 수 없는 이유는, 그 법이 그 자체로 스스로의 의무감의 원천이 거의 될 수 없는 조약이기 때문이다. 헤겔이 우리에게 말해주듯이, 그 결과 현실적 상황은 조약 관계의 유지와 그것의 폐기가 번갈아 발생하는 것이다.[20]

실제 역사적 사실을 보면, 조약들은 자주는 아니더라도 준수되는 만큼이나 종종 파기되었고, 이런저런 당파의 이익들이 좌우함에 따라 종종 비난받거나 무시되기 일쑤였다. 각각의 당사자들은 자신들의 조항들을 적당하게 해석할 수 있으며, 그 어떤 무사심한 중재자도 존재하지 않는다. 가장 훌륭하고 존경받는 정치인들도 국가 이익을 넘어 확장될 수 있는 조약을 따를 의무는 없다고 선언해온 바 있다. 그들 중에는 W. E. 글래드스턴, 시어도어 루즈벨트, 그리고 심지어 그 자체가 표면상 모든 위반들을 종식시키기 위한 조약인 국제연맹 조약의 핵심 설계자 우드로 윌슨도 있었다. 하지만 어떤 조약도 그런 목적을 위해 기능할 수 없다는 점을 가장 잘 인식한 사람은 헤겔이었다.

그는 국가 위에서 법을 강제하거나 계약의 약정을 보증할 수 있는 그 어떤 재판관, 집정관, 권력도 존재하지 않는다고 우리에게 상기시킨다. 주권국가에 대한 강제는 전쟁이며 그것일 수밖에 없다. 그리고 협정이 실패했을 때 분쟁의 해결은 무력에 의해서만 가능하다. 따라서 낮이 지나면 밤이 되듯이, 그 어떤 국가 간 연맹이나 연합도 평화를 담보할 수 없다는 결론이 나오는데, 왜냐하면 그 모든 연합은 협정을 전제하고, 그것 자체는 특수한 주권의지들과 국가 이익들에 의존하기 때문이다. 그 협약이 실패하면, 대안은 전쟁이며, 그것이 벌어지는 것을 강제적으로라도 예방하기 위해서도 그렇다.

전쟁을 막으려는 근거들과 평화를 유지하려는 열망이 헤겔의 시대에 인식될 수 있었던 것보다 훨씬 더 컸던 지난 세기의 경험은 이것이 옳았음을

••
20. *Grundlinien.*

입증해왔다. 그의 분석은 여전히 유효하며 국가들의 상호 행위는 오늘날에도 그것을 따른다.

칸트의 영구평화 비전은 세계 연합의 설립을 포함하는데, 그것은 국민국가로부터 국제 조직으로 주권이 양도되지 않는다면 효과적일 수 없는 것이었다. 하지만 칸트는 이 점에 대해서 명백히 혼동했다. 왜냐하면 그가 주권으로서의 국가들이 모순 없이는 초-국가로 결합될 수 없다는 점을 분명히 이해한 반면, "자유국가들의 연방주의[Föderalismus]"를 예상하고 비단 하나의 전쟁이 아니라 모든 전쟁들의 종식을 추구하면서 분명 더 보편적인 특수한 종류의 것이긴 하나 "국가들 간의 계약"으로서의 연방을 주장하기 때문이다. 그러나 그런 계약이 보다 보편적이라 하더라도, 칸트는 그것이 더 구속력 있거나 강제력을 지닐 수 있는 방식에 대해서는 아무것도 보여주지 않는다. 그것은 평화연맹[Friedensbund]이라 불리게 될 것이지만, 그것은 그의 말마따나 국가의 정치적 권력들의 어떤 것도 획득하는 것을 목표로 하지는 않을 것이다. 그것은 단지 국가들을 반포된 법들이나 강제 하에 두지 않고 그 자유만을 유지하고 보장하는 데만 관심을 둘 것이다.[21] 사실이 그렇다면, 그것은 기껏해야 일종의 국가들의 연합이나 연맹에 불과할 것인데, 우리 시대에 너무나 잘 알려지다시피 그것의 공언된 목표치고는 무기력할 뿐이다.

포퍼는 헤겔이 "평화연맹"을 국가연맹[Staatenbund]으로 지칭한다는 이유로 그가 칸트를 잘못 전하고 있다고 비판한다.[22] 하지만 그 오전(誤傳)은 포퍼의 것인데, 왜냐하면 헤겔은 그 어떤 오해도 하지 않았기 때문이다. 그것은 분명 칸트가 기술했던 종류의 단체였다. 그리고 헤겔은 그 어떤 중재적 권위도 그것이 전제해야 하는 앞선 합의로서 주권들의 특수의지들에

---

21. Kant, *Zum Ewigen Frieden*, sec. 2, art. 2 참조.
22. 포퍼는 의도적으로 "국제연맹(League of Nations)"이란 말을 사용하고 있는 녹스의 번역본에서 헤겔을 인용하는데, 그는 제1차 세계대전 이후 설립된 국제연맹이 제2차 세계대전을 막는 데 명백히 실패했던 시기에 저술을 했다.

의해 허용될 수 있는 것보다 더 효과적일 수는 없으며, 그렇기 때문에 그것은 "우연성에 오염된 채로 있을 수밖에 없다"고 보았다.

한 세기 후인 20세기에 두 차례의 세계대전 동안 국제연맹이 최종 결과에서 실패했을 뿐 아니라, 스스로가 결코 권위를 강제하는 법으로 행동하지 못하고 어떤 특수한 경우에도 국제관계를 권력정치와 다른 어떤 것으로 전환하는 데 성공하지 못했을 때, 헤겔의 통찰은 확증되었다. 애초에 이해되기로는 국제연맹의 무능을 치유하기 위한 "강제력(teeth)"으로 제공되리라 예상했던 국제연합에도 똑같이 진실이었다. 그 강제는 유엔 자신의 것이 아니라 구성원들에 의해 자발적으로 제공된 것이었고 그들의 통제 하에 남아 있었다. 그러나 아무리 주권국가들을 상회하는 것이 용인된다 할지라도, 그 조직은 오늘날까지 무력한 것으로 남아있었다. 5개의 상임이사국들이 전례 없이 이라크를 공격하는 데 동의했을 때조차, 그 결과는 평화의 유지로서 서술하기가 거의 어려웠다. 이 과감한 진술들은 나뿐만 아니라[23] 보다 권위 있는 저자들에 의해 뒷받침하는 증거와 주장으로 제시되어 왔다. 게오르크 슈바르첸베르거는 국제연맹과 국제연합의 보호 아래 있는 국가 간 관계는 위장된 권력정치에 다름 아니라고 보았다. E. H. 카는 본질적으로 똑같은 테제를 전개했고, 유사한 교설이 베르트랑 드 주브넬에 의해 제기되기도 했다.[24]

전쟁

권력정치가 국가들 간 교류의 불가피한 특성이라는 것은 역사적 기록에서 찾아볼 수 있을 뿐만 아니라, 주권의 본성상 고유한 것이기도 하다. 주권국가

· ·
23. *The Survival of Political Man*, chap. 5; *Annihilation and Utopia*, chap. 10.
24. G. Schwartzenberger, *Power Politics*, 2d ed. (London: Stevens and Sons, 1951); E. H. Carr, *The Twenty Years' Crisis* (London: Macmillan, 1946); B. de Jouvenel, *On Power* (Geneva, 1945; Boston, 1962) 참조.

의 제일 관심은 자신의 권력을 유지하는 것인데, 방어수단 없이는 자신의 독립이 항구적인 위험에 처하기 때문이다. 이웃 나라가 비슷한 관심에 몰두해 있기 때문에, 그들 각자가 자기 자신의 의지와 이익에 따라서만 행동하기 때문에, 게다가 어떤 국가도 조약이 유지되리라고 무한히 신뢰할 수 없기 때문에, 각국은 지속적인 의심과 감시와 함께 서로를 잠재적인 경쟁자로 간주할 수밖에 없다. 한 나라가 자신의 힘을 증대시키면 다른 나라 역시 보조를 맞추게 된다. 그런 상황들 속에서 국가 이익들이 불가피하게 충돌로 이어진다는 것은 놀랄 일이 아니며, 바로 그 강력한 이웃의 존재는 하나의 위협으로 간주될 수 있는 것이다. 헤겔은 이 모든 것을 올바르게 이해했다.

> 한 국가는 자신의 사안들을 통해 광범위하고 다양한 측면의 이해관계를 가진다. 그리고 이것은 신속하고도 상당할 정도로 손상될 수 있는 것이다. 하지만 이 피해들 중 어떤 것이 조약의 특수한 위반 혹은 국가의 명예나 자율성에 대한 침해로 간주될지는 본질적으로 규정되지 않은 상태로 남아 있다. 그 이유는 그 국가가 각각의 관심사들에서 자신의 무한성과 명예를 가장 시급한 것으로 간주할 수 있다는 점에 기인한다. …… 그리고 더욱더 이러한 민감성에 기울수록, 더욱더 국가의 강력한 개별성은 오랫동안의 국내적 평화의 결과로 인해 해외 활동의 영역을 추구하고 개척하려는 압박에 시달리게 된다.[25]

결과적으로 모든 국가는 자신의 힘을 증대시키고 자신의 경쟁자들이 이득을 얻지 못하도록 노력한다. 그것은 자신의 경쟁자들과 잠재적인 적들과 함께 통제 불가능한 군비경쟁에 연루되기 시작한다. 신중히 검토해보면, 이 모든 정책들은 이렇듯 권력에 대한 근본적인 관심사에 의탁하고 또

••
25. *Rechtsphilosophie*, 334, 녹스 번역판.

그것을 거들고 있음이 밝혀질 것이다. 국가의 모든 대외활동들은 어떤 형태로든 권력의 책략들이다. 그리고 평화는, 그것이 지속되는 동안에도, 항상 불안정한 권력 균형에 불과하다. 오늘날 우리의 정치 지도자들은 권력의 세계적 균형이나 (중동 같은) 특정 지역의 균형을 유지할 필요에 대한 거듭된 표명을 통해 이 사실을 인식하며, 평화가 붕괴하리라는 공포에 대한 그들의 표현들은 그 균형을 과도하게 위태롭게 할 수 있다.

힘을 결여한 국가는 타국들과의 협상에서 효과적인 목소리를 내지 못한다. 1939년에 네빌 체임벌린은 "오늘날 세계에서, 비무장 국가는 자신의 목소리를 전달할 기회를 거의 갖지 못한다"고 말했다. 그리고 협상 방법들은 그것이 숨겨져 있든 드러나 있든지 간에 통상 "압력"이라고 완곡하게 묘사된 위협들의 지속적인 사용을 수반하며, 그것 없이는 어떠한 압력도 행사될 수 없는 무력의 잠재적 사용에 의해 뒷받침된다. 그 결과는 평화의 유지를 위협하는 간헐적 위기들의 지속적인 연쇄들이며, 궁극적인 결과는 거의 예외 없이 전면적인 전쟁이 될 수 있다. 요컨대 클라우제비츠의 격언은 역으로 국제관계에서는 주로 진리에 해당하는데, 여기서 정치는 다른 수단에 의해 수행되는 전쟁이다. 오늘날 이것은 그것이 홉스나 헤겔이 주장했던 때였던 만큼이나 진리에 해당하며, 그들 모두는 주권국가들 사이의 관계가 갖는 불가피한 함의들에 대해 완벽하게 이해했다.

그러나 있는 그대로 사태를 보는 것은 그것이 그렇게 있음을 반드시 승인한다는 것이 아니며, 국가 간 관계에서 전쟁의 불가피성을 깨닫는 것은 그것을 지지하는 것과 같은 것이 아니다. 실제로 전쟁을 찬양하는 헤겔의 교설은 존재하지 않으며, 그가 그것에 호의적으로 쓴 것은 불가피한 악에 대한 위안이다. 그의 말에 따르면, 전쟁은 순전한 악으로 간주되지 않는데, 이는 그것을 긍정적인 선으로서 환영하는 게 결코 아니다. 그것은 윤리적 측면을 가지며, 이는 오늘날에도 거의 소수의 사람들만이 거부하길 바랄 뿐이다. 특히 1940년과 1941년의 위태로운 몇 달 동안 영국에 있었던 이들은 이와 관련하여 헤겔이 통찰력 있게 기술한 것을 명백하게 경험했다.

헤겔이 히틀러와 나치에 대한 이론적 정당화를 제공하기보다는, 그 시기에 처칠과 영국인들의 불굴의 의지로 예증된 정치적 특징의 핵심을 상세히 설명했다고 말하는 것이 더 공정해 보인다.

국가의 실존과 독립이 위기에 처했을 때, 시민들의 충성과 헌신은 가장 신속하게 고취되고, 그 영역의 보존을 위한 사적 이해들의 희생은 가장 아낌없이 나오며, 사람들의 연대는 가장 충만하게 실현되고 가장 강렬하게 느껴진다. 모든 산업적이고 전문적인 기능들은 공적 요구에 복속되며 생명 자체는 국가적 대의를 위해 헌신하도록 수용된다. 헤겔이 강조하는 윤리적 측면은 희생과 봉사의 윤리다. 그는 결코 (무솔리니와 히틀러가 그랬듯이) 파괴적이고 분열적인 공격 양상을 찬양하지 않는다. 게다가 그는 오스발트 슈펭글러처럼 인간은 본성적으로 맹수라고 주장하거나, 전쟁이 고무하는 증오심과 잔학성의 요소를 용납하려고 시도하지 않는다. 그는 단지 전쟁이 요청하고 자극하는 이타적 미덕들과 애국적 충성심을 애써 주장할 뿐이다.

전쟁이 가혹하고 달갑지 않은 측면들을 포함한다는 것은 부정되지 않는다. 그것은 국가의 외적 삶의 부정적 측면이며, 극복되고 어쨌든 화해되어야 할 타자가 국가에게 영향을 가하는 범위다. 그러나 헤겔에게 국가란 민족의 유기적 삶의 궁극적 통일체였기 때문에, 그의 숙고에 따르면 이 부정성의 유일한 지양은 세계사에 의해 제시되는 것이었다. 여기서 오로지 투쟁의 궁극적 해결책은 그 시대에 적합한 세계정신[Weltgeist]의 변증법적 발전 국면을 구현하는 민족의 헤게모니 속에서 성취될 수 있었다. 그가 세계법정 으로서의 세계사[die Weltgeschichte als das Weltgericht]를 고찰했던 것은 이런 이유 때문이다.

19세기 초의 전쟁은 그것이 20세기에 수행되었던 것과는 매우 다른 현상이었다. 18세기에 그것은 위험하지만 신사적인 유혈 스포츠에 지나지 않았다. 나폴레옹과 더불어 그것은 보다 일반적으로 파괴적이고 잔혹하게 되었지만, 그것이 보편적인 재앙으로 발전하게 된 건 우리 자신의 시대에 와서다. 헤겔은 정상을 참작할 만한 이점들, 국가의 도덕적 강화, 민족적 정신의 부흥 그리고 협력적 연대의 활성화를 여전히 지적할 수 있었다. 오늘날은 이 부산물들조차 전쟁이 야기하기 쉬운 압도적인 집단학살로 인해 소멸될 위기에 처해있다.

헤겔은 핵무기와 대륙간 탄도미사일 그 어떤 것도 알지 못했다. 그 밖에도 그는 고폭탄, 공습, 세열폭탄, 네이팜탄, 생화학무기를 예측할 수 없었다. 이것은 우리가 내려야 할 결론이기도 한데, 애국적 미덕들이 다른 것들을 상쇄할 정도의 이점들이 될 수 없다고 그가 결론내린 것도 무리는 아니다. 호전성을 고무시키는 한에서, 그것들은 스스로 전면적인 위협의 일부분이 되고 말 것이다. 헤겔이 오늘날 허먼 칸이나 톰 스토니어 같은 예측가들이 예견하는 핵전쟁의 특징을 미리 알았더라면, 아마도 그는 근대전의 공포가 가져올 극악무도함이 이 미덕들을 약화시키고 침식시킬 것이라고 전망했을 것이다. 예컨대, 핵 낙진에 대비해 스스로를 지키려는 시민들이 자신들의 적막하고 미덥지 않은 대피소를 공유하려고 찾아 나선 동포들에게 총을 겨누는 모습을 상상하는 것처럼 말이다.[26]

국제정치에 대한 헤겔의 일반이론은 타당하며 그의 통찰들은 예리하다. 오늘날의 사건들은 여전히 그가 설정한 원칙들을 예증하고 있다. 따라서 그의 교설은 이런 점에서 한물가지 않았다. 하지만 핵과 그 밖의 근대적 무기 개발은 국내와 국제의 모든 정치구조, 즉 그럼에도 불구하고 우리와

---

26. 라스베이거스에서, 지역 민방위대장인 J. 칼턴 아데어는 공습에 맞선 핵전쟁의 상황에서 주민들을 보호하기 위해서는 5천 명의 민병대 자원자들이 필요하다고 밝혔는데, 그들이 맞서야 하는 대상은 외국의 적이 아니라 메뚜기 떼처럼 네바다로 몰려들 남부 캘리포니아의 난민들이었다. 코네티컷 주의 하트포트의 경우, 시민 방위를 고민하는 시민들의 사적 모임에서, 한 남자는 외상이나 방사선의 효과로 인해 미쳐버린 사람들의 침입을 격퇴시키는 수단으로 화기가 대피소의 필수 장비라고 주장했다. 그의 주장에 따르면, 자신의 가족들만이 보호되어야 하는데, 왜냐하면 음식과 식수는 그들에게만 충분할 정도로 있을 것이기 때문이다. 그러므로 공격 경고에 완전히 노출된, 대피소를 찾아 친구들에게 돌진하고자 하는 이웃들은 총살되어야 한다 (*Annihilation and Utopia*, 121f.).

우리의 국가 지도자들이 지속적으로 보존하고 시행하는 구조를 진부한 것으로 만들었다. 진부한 것은 그 이론이 아니다. 왜냐하면 주권은 여전히 국가집단들에 의해 추구되고 있고, 여전히 국제문제에서도 승인되고 있으며, 권력정치는 여전히 현재의 관행이기 때문이다. 자기모순이 된 것은 그것이 위협일 때조차 핵전쟁을 추정상의 억지력이나 자위수단으로 여기고, 같은 이유로 그것의 사용을 정책수단으로 여기는 것이다.

최근까지도 강대국들의 과열된 경쟁으로 인해 보다 광범위하고 효율적인 전달체계들과 더불어 더 강력하고 파괴적인 탄두들을 탑재한 어마어마한 핵무기들을 개발하는 데 익숙해졌음은 분명해졌다. 허먼 칸은 다음과 같이 적었다.

> 우리가 소비에트를 그들이 제한전으로 우리를 도발한다면 후속 보복이 전면적인 열화–핵전쟁으로 확대될 수 있다는 위협으로 억제할 때, 우리는 고의적이든 우발적이든 그 위험을, 그에 따라 핵전쟁의 가능성을 사용하고 있는 것이다. 우리가 우리의 동맹국들에게 전략공군사령부가 소비에트의 침략으로부터 그들을 보호한다고 말할 때, 어떤 점에서 우리는 핵전쟁을 활용하고 있는 것이다.[27]

그러나 이 무기들의 사용이 침략자와 방어자, 잠재적 승리자와 잠재적 패배자 모두를 소멸시킬 수도 있다는 것은 일반적으로 인정되고 있다. 왕들의 최후 수단[ultima ratio regum]은 민족의 파멸 수단[ultima exitium nationum]이 되었다.

그런데도 국민주권국가들은 자연 상태로 남아 있고 권력정치의 관행은 국제법의 쇠락과 함께 지속되고 있다. 소비에트 연방과 동유럽에서의 최근 변화들은 어쨌든 현재까지는 냉전을 종식시켰고, 핵 위험을 완전히 제거한

----

27. *Thinking about the Unthinkable* (London and Princeton, 1962), 101.

것은 아니지만 누그러뜨릴 수 있었다. 새로운 변화들과 위기들이 또 다른 독재를 야기하기 전까지 얼마나 오랫동안 그것이 지속될 것인지는 누구도 알지 못한다. (우리가 걸프 만에서 목도했던 것처럼) 새로운 위협들과 새로운 전쟁들을 막을 수 있다는 어떠한 보장도 존재하지 않는다.

오늘날 인류가 헤겔의 가르침에 더 주목을 하게 된다면, 하나의 유익한 교훈을 배우게 될 수도 있을 것이다. 국가주권은 세계평화의 가장 큰 장애물 이라는 교훈을. 그리고 그것은 국제문제들의 구원과 해법을 위해 우리를 칸트에게 되돌려 보낼 수도 있을 것이다. 실제로 평화연맹은 요구되는 것이지만, 그렇다고 주권적 힘과 권위의 획득을 꺼리게 만들 정도의 것은 아니다. 그 프로젝트를 밟아가는 경로에서의 어려움들은 만만찮을 수도 있으며, 그것을 설립하는 데 따르는 장애물들도 엄청날 수 있다──그 같은 기관에 대한 믿음과 우리의 현 상황의 본성에 대한 분명한 인식의 광범위한 결여는 결코 아니다. 그러나 이 어려움들은 그것이 핵의 위협에 있든 똑같이 파국적인 지구온난화의 위협, 오존층의 파괴, 지구생태계의 전면적 붕괴에 놓여 있든 그 대안의 극악함에 견줄 수 없다. 어쨌든 그 대안이 전 세계 사람들의 마음속에 충분히 영향을 미칠 수 있다면, 아마도 그들은 세계정부의 저해요인들을 극복하기 위한 단호한 노력을 더 기울일 것이다. 이 글은 그 필연성과 그 이점들을 논하기 위한 것도, 그것에 우호적인 충분한 근거를 피력하기 위한 것도 아니다. 나는 그것을 다른 곳에서 시도한 바 있다.[28] 그러나 충분히 많은 사람들이 그 필연성을 확신하고 또 그것이 초래될 수 있다면, 세계사는 실제로 참된 판결과 인권의 유지에 대한 약간의 희망을 가지고 세계법정을 산출할 수도 있다. 도덕성은 헤겔의 말마따나 인류성이 지배적이지 않은 무정부적 자연 상태에서 활동하는 세계사적 인물들과 더 이상 무관하지 않을 것이며, 인류의 합리성──혹은 어쩌면 인간의 공포와 자기보존 본능을 통해 작동하는 이성의 간지에 다름 아닌

••
28. 위에 인용된 작업들에 대해서는, 특히 *Annihilation and Utopia*, 2부와 3부 참조.

것 —— 은 현실적인 것이 이성적이고 이성적인 것이 현실적이라는 선언에 새로운 의의를 제공할 것이다.

12. 헤겔의 전쟁관: 또 다른 시각

스티븐 월트 Steven Walt

전쟁에 관한 헤겔의 진술들은 간결한 만큼이나 악명 높다. 그것들은 가장 이질적인 해석들의 대상이 되어오기도 했다. 헤겔은 다음 중에서 선택적으로 해석되어 왔다. 첫째, 헤겔은 전쟁을 찬양하고 그 속에서 도덕적 정당성을 찾는다. 둘째, 헤겔은 전쟁이 특수한 상황들에서 도덕적으로 변호될 수도 있으며 따라서 전부는 아니지만 일부의 경우 정당화될 수 있다고 주장한다. 셋째, 헤겔은 전쟁 자체를 경멸하며 그렇기 때문에 그것은 결코 도덕적으로 정당화될 수 없다고 주장한다. 실제로 이처럼 갈등하는 해석들은 헤겔의 정치적, 철학적인 저술들의 동일한 구절들에 대한 마찬가지의 갈등하는 해석들에서 비롯되곤 한다. 『법철학』의 324절은 여기에 딱 들어맞는 사례다. 헤겔이 전쟁의 현상을 소개하고 그 철학적 함의를 고찰하는 이 핵심 구절로부터, 다양한 결론들이 내려진다. 첫째, 헤겔은 전쟁을 찬미하고 그것이 "그 자체로 선"임을 발견한다.[1] 둘째, 헤겔은 방어 전쟁이 옳다고

---

[1] Karl Popper, *The Open Society and Its Enemies*, vol. 2 (New York, 1967), 68;

여기며 사실상 주기적으로 필요하다고 생각한다.[2] 셋째, 헤겔에게 전쟁의 철학적 의의는 "전쟁 자체의 에토스가 전무한" 것이다.[3] 이 해석들은 중요하다. 그것들은 부분적으로 헤겔이 —— 옳건 그르건 간에 —— 전체주의적이거나 독재적인 국가의 얼굴로 여겨지거나, 본질적으로 민주국가에서 작동하는 계몽된 입헌군주제의 얼굴로 여겨지기도 하는 문헌적 증거로부터 나오기 때문에 중요하다.[4]

전쟁에 대한 헤겔의 견해들은 그의 저작들 도처에 흩어져 있다. 그것들은 초기의 정치논문들에서, 『정신현상학』의 노골적인 몇몇 언급들에서, 그리고 『법철학』의 말미에 있는 20개의 절들에서 등장한다.[5] 나는 주로 『법철학』에서 나온 언급들이 야기한 것을 좀 더 상세히 검토하고자 한다. 그렇게 함으로써, 사실상 헤겔이 전쟁의 필요성에 대한 두 개의 독립적인 주장들을 하고 있다고 제안할 것이다. 하나는 (헤겔에게 있어) 개인과 국가의 윤리적 관계에서 나오는 주장이고, 다른 하나는 전쟁의 본성과 민족국가들 간의 관계들에서 나오는 주장이다. I절은 개인과 국가의 윤리적 관계에서 비롯된 전쟁의 필연성에 대한 헤겔의 주장을 제시한다. 여기서 나는 중간 입장,

• •

Hans Kohn, "Political Theory and the History of Ideas", *Journal of the History of Ideas* 25 (1964), 305.

2. Constance Smith, "Hegel on War", *Journal of the History of Ideas* 21 (1965), 283; H. G. ten Bruggencate, "Hegel's Views on War", *Philosophical Quarterly* 1 (1950), 58. Edward Black, "Hegel on War", *Monist* 57 (1973), 580-81 참조.

3. Shlomo Avineri, "The Problem of War in Hegel's Thought", *Journal of the History of Ideas* 22 (1961), 467. 또한 아비네리는 헤겔이 전쟁 자체를 경멸한다고 파악하기도 한다(같은 책, 465).

4. 두 견해들 모두 *Hegel's Political Philosophy*, ed. Walter Kaufmann (New York, 1970)에 포함된 다양한 논쟁들에서 옹호되고 있다.

5. 본문에 인용된 출처 불명의 모든 참고문헌들은 G. W. F. Hegel, *Philosophy of Right*, trans. T. Knox (Oxford, 1978)에 있는 절의 숫자들로 표기될 것이다. "A"로 이어지는 절의 숫자들은 해당 절의 추가 부분에 해당한다. 그리고 "R"로 이어지는 절의 숫자들은 상응하는 절의 주해 부분에 해당한다. 브루겐케이트는 헤겔의 몇몇 다른 저작들로부터 전쟁과 관련된 구절들을 인용한다(Bruggencate, "Hegel's Views on War", 59-60).

말하자면 위에서 언급한 해석들 사이에 있는 입장을 취한다. 나는 헤겔이 본인이 보기에 이 관계에서 전쟁을 철학적으로 정당화하는 것을 구한다 할지라도, 그는 전쟁을 찬양하거나 그것이 "그 자체로 선"이라고 여겨지지는 않는다고 주장한다. II절은 개인과 국가의 윤리적 관계와 그것에 기초한 전쟁의 정당화와는 완전히 별개로, 어떻게 민족들이 민족들로서 승인되는지에 대한 헤겔의 구상이 전쟁의 필연성을 지지하는 견해로 이끌게 하는지를 간략히 논한다. 평론가들은 두 주장들을 구별하지 않았다.

I

헤겔이 정치철학과 철학 자체의 관심에서 취한 것의 맥락에서 그의 전쟁에 대한 언급들을 이해하는 것이 중요하다. 왜냐하면 그 언급들이 이 맥락에서 해석되지 않는다면, 그 결과로 얻어진 해석들은 헤겔에게 그가 명확히 부인하는 전쟁관을 할당할 것이기 때문이다. 예컨대, 헤겔은 "필연성"이란 용어를 악명 높을 정도로 느슨하게 사용하면서 철학적 관점에서 전쟁이 필연적인 현상이라고 주장한다. 그 주장은 아래 구절에서 제기된다.

전쟁은 절대적인 악으로서도, 순전히 외재적인 사건으로도 간주되지 않으며, 그렇기 때문에 그 자체로 다소 우연적인 원인을 갖게 된다. 즉, 불의나 민족들 혹은 권력자들의 격정들 등등 혹은 요컨대 일어나서는 안 되는 어떤 것으로 인식된다. 사건들이 발생하는 것은 본성상 우연적인 것들이며, 그때 그것들이 발생하는 운명은 따라서 필연적이다. 다른 곳과 마찬가지로 여기서도, 사태가 순수한 우연들로 여겨지는 관점은, 우리가 사태를 개념과 철학에 비추어 고찰한다면 사라지고 마는데, 왜냐하면 철학은 우연을 한갓 가상으로 알고 있으며 그 속에서 그 본질,

즉 필연성을 간과하기 때문이다(324R).

이 주장을 헤겔이 철학적 진술들의 특징으로 취하는 것과 분리시킨다면, 그것은 전쟁이 인과적으로 혹은 어떤 점에서 논리적으로 필연적이라는 예상 밖의 견해를 헤겔이 피력한 것으로 보이게 만들 것이다. 그러나 헤겔에게 전쟁의 필연성은 사실상 앞서 언급하듯이 "개념과 철학에 비추어" 고찰되어야 하는 것이지, "필연성"에 대한 뭔가 다른 독해로 이해해서는 안 되는 것이다. 정치철학의 경우에 그 개념은 법/권리(right)의 개념이자 그것이 세계에서 실현되는 방식이다. 그 개념이 세계 속에서 전개되면서 떠맡는 형식들은 그것의 발전과 그 철학적 앎에 있어 불가결할 뿐만 아니라 필수적이기까지 하다(1, 2). 권리 개념이 자신의 발전에서 취하는 형식들 중 하나가 바로 국가 개념이며 그것의 "우연적" 활동으로서의 전쟁 개념이다. 그러므로 권리의 철학적 이해는 국가 활동의 이 형태를 세계 속에서 권리를 산출하는 데 있어 우연적인 것으로서 취급할 수 없다. 차라리, 그것은 전쟁을 권리 개념의 체현을 실현하는 데 있어, 즉 국가라는 관념에 있어 어쨌든 필연적인 것으로서 간주해야 한다. 게다가 철학은 국가의 활동으로서의 전쟁에 대해 규범적 판단을 내릴 수 없다. 그것은 전쟁을 "있어서는 안 되는 것"으로 간주할 수 없다. 그 대신, 철학적 진술들은 그것들이 권리 개념이 떠맡아 왔던 형식들을 기술하고 그 형식들이 스스로를 현시해왔던 특수한 사실들을 기술하지 않는다는 의미에서 기술적이다(1; 258A 참조)(헤겔이 다른 곳에서 말하듯이, 전쟁에 대한 철학적 진술은 "이성을 현재의 십자가에 드리워진 장미로서 인정"해야 한다).[6] 그러므로 헤겔은 특수한 조건들 하에서 전쟁이 발발하는 것은 인과적으로 —— 논리적으로는 말할 것도 없고 —— 필연적이라고 주장하는 것이 아니다. 그는 국가들을 전쟁에 참여하게 만드는 특수한 조건들은 기술조차 하지 않는다. 따라서 헤겔이 철학적으로 고찰된 전쟁은

••
6. Hegel, *Philosophy of Right*, 서문, 12.

필연적이라고 말할 때, 그때의 "필연성"은 인과적이거나 논리적인 필연성과는 다른 것이다. 그것은 윤리적 필연성을 뜻한다.

현재 다루고 있는 윤리적 필연성 개념은 해명이 필요하다. 그것은 전쟁에 대한 헤겔의 취급에서 즉각적으로 명확하게 드러나지 않는다. 그 문제를 다루는 평론가들의 입장에서는 더더욱 아니다. 아래 네 가지 설명들은 윤리적 필연성에 대한 헤겔의 적절한 개념의 후보들이다.

1. 전생은……을 위해 요구되기 때문에 좋은 것이다.
2. 전쟁은……라는 인과적 결과들을 낳도록 요구되고 그 결과도 좋기 때문에 좋은 것이다.
3. 전쟁은 인과적 부산물로서……을 낳도록 요구되고 그 부산물도 좋기 때문에 좋은 것이다.
4. 전쟁은 일부……한 관계를 표현하기 위해 요구되고 그 관계도 좋기 때문에 좋은 것이다.

각각의 설명에서 생략된 부분은 전쟁의 바람직한 특징들을 —— 그런 게 있다면 —— 언급함으로써 채워질 수 있다. 우선 1번은 위의 2~4번과 양립 가능하다. 왜냐하면 그것은 2~4번 그 어떤 것보다도 더 보편적인 정식일 뿐이기 때문이다. 전쟁의 윤리적 필연성과 관련된 여하한 단언은 1번을 수반한다. 그것은 다른 설명들에서 제시된 종류의 정당화들에 중립적이다. 2번과 3번 설명은 윤리적 필연성의 도구적 개념들을 포함한다. 각각은 전쟁을 인과적 결과로서든 부산물로서든 사태의 바람직한 특징을 야기하는 필연적 수단으로 간주한다. 2번과 3번 모두에게 전쟁은 좋은 것인데, 왜냐하면 그것이 그렇게 하기 때문이다. 4번 설명은 윤리적 필연성의 비도구적 개념을 포함한다. 그것은 불특정한 윤리적 관계에 의해 구성되는 바람직한 특징을 명기한다. 그 관계 자체는 독립적으로 바람직한 목적을 야기하는 수단이 아니다. 헤겔은 전쟁이 사실상 윤리적으로 필연적이라고 주장하는 것만은 아니다. 그는 또한 윤리적 필연성의 비도구적 개념인 4번을 채택함으로써 그렇게 주장하고 있는 것이다. 이를 보기 위해선, 저 주장과 비도구적 개념을 차례로 검토해야 한다. 324절은 전쟁이 윤리적으로 필연적이라는 단언을 담고 있다. 이 정도까지, 헤겔에게는 전쟁의 도덕적 요소가 존재한다. 헤겔이 전쟁에서 그러한 요소를 감안하는 것은 위에서 인용한 324절에서 제시된다. 거기서 전쟁은 "절대적인 악"이 아니라고 말해진다. 명백히 그 함의는 전쟁이 사실상 유해하고 완전히 좋은 것은 아니라 할지라도, 어느 정도는 좋은 것이라는 사실이다. 헤겔이 전쟁을 윤리적으로 필연적이라는 입장 역시 고수하는 것은 그것이 진술된 부분 이후의 몇몇 문장들을 보면 분명해진다.

> 유한—— 재산과 생명——이 명백히 우연적인 것으로 설정된다는 것은
> 필연적인데, 왜냐하면 우연은 유한의 개념이기 때문이다. 한편으로 이
> 필연성은 자연의 힘이라는 형태로 등장하며, 모든 것은 언젠가 죽으며
> 일시적이다. 그러나 인륜적 실체인 국가에서, 자연은 이 힘을 강탈당하고
> 그 필연성은 자유의 성과, 즉 윤리적인 어떤 것으로 승격된다(324R).

재산과 생명은 본질적으로 우연적이다. 사물의 본성상, 그것들은 시간이 지나면서 혹은 어떤 사고를 통해서 사멸하고 만다. 그것들의 죽음은 불가피하며, 이 경우에는 "자연적 필연성"의 사례가 된다. 그러나 전시에 생명과 재산에 대한 국가의 자유로운 처분은 "비자연적" 혹은 윤리적 필연성의 경우에 해당한다. 헤겔은 그 의미를 구체화하는데, 여기에는 이런 필연성의 윤리적 요소가 존재한다. 그것은 324절의 이어지는 중요한 구절에서 나오는데, 꽤 길게 인용할 가치가 있다.

> 전쟁은 일시적인 재화와 관심사들의 공허함——평소에는 교회 설교에
> 서 교화의 대상으로 다뤄지는 공통 주제——을 본격적으로 다루는 사태

다. 이것이야말로 그것을 특수한 것에 깃든 이념이 자신의 권리를 갖고 현실화되는 계기로 만드는 것이다. 전쟁은 보다 높은 의의를 지닌다. 내가 다른 곳에서 언급했듯이, 전쟁의 수행인에 의해서 "국민들의 윤리적 건전성은 그들이 유한한 관례들의 안정화에 무관심해질 때 보존된다. 바람의 불어옴이 지속적인 고요함에 따른 부패로부터 바다를 보존하는 것과 같은 이치로, 국가들의 타락은 '영구평화'는 말할 것도 없고 지속되는 평온함의 산물로 여겨지게 될 것이다."[7](324R, 강조는 추가)

이 구절은 똑같은 구절에서 앞서 제기된 "전쟁은 절대적인 악으로 간주되지 않는다"라는 단언을 정교화한 것으로 읽을 수 있다. 여기서 헤겔은 전쟁이 국민국가들의 시민들의 "윤리적 건전성"에 이익이 되는 정도까지 좋은 것이라고 주장하고 있다. 그러므로 전쟁의 수행이 어느 정도 윤리적 가치를 갖는 것으로 수용된다면, 헤겔은 아비네리가 주장하듯이[8] 전쟁 자체를 경멸했다는 식으로 해석될 수 없다. 실제로 전쟁의 특수한 기능들만이 아니라 전쟁 자체를 경멸하는 것은, 철학은 당위가 아니라 현실을 파악해야 한다는 헤겔의 메타철학적 격언과 일치하지 않아 보인다.[9] 헤겔이 전쟁의 수행을 비난하고 있는 것처럼 보이는 곳에서, 실제로 경멸의 대상이 되는 것은 지속적이거나 영구적인 전쟁의 발발이지 전쟁 자체가 아니다. 그가

. .
7. G. W. F. Hegel, *Phenomenology of Mind*, trans. J. B. Ballie (New York, 1967), 497. 거기서 헤겔은 다음과 같이 말한다.

  전쟁은 인륜적 실체의 본질적 계기, 모든 종류의 현존으로부터 인륜적 자기의 식의 절대적 자유가 명확히 확인되고 실현되는 정신이자 형식이다. 한편으로 전쟁은 개인의 인격성뿐만 아니라 소유와 사적 자립의 특수한 영역이 부정과 파괴의 힘을 느끼게 만드는 반면, 다른 한편으로 이 부정과 파괴의 동력은 모든 것을 안전하게 보존한다고 하는 경우에 더욱더 두드러진다.

8. 위의 각주 3을 보라.
9. Hegel, *Philosophy of Right*, 12.

말하는 것은 다음과 같다. "따라서 전쟁에서, 전쟁 자체는 마땅히 사라져야 하는 것으로 특징지어진다. 그러므로 그것은 평화의 가능성이 확보되었다는…… 단서를 의미한다."(338) 여기서 강조되는 것은 "전쟁에서"이지 "전쟁 자체"가 아니다. 따라서 그 구절은 전쟁들이 평화의 가능성이나 전쟁의 종식을 염두에 두는 방식으로 수행되어야 한다는 칸트의 견해를 지지하는 것으로 읽히게 된다[10](사실상 헤겔이 『엔치클로페디』에서 거의 동일한 단어들을 사용할 때, 거기서도 그가 전쟁이라는 "행위" 자체가 아니라 "억제되지 않은 행위"를 지칭하고 있다는 것은 분명하다).[11] 그러나 338절은 칸트의 더 나아간 견해, 즉 특수한 전쟁들만이 아니라 전쟁 자체가 중단되어야 한다는 견해를 지지하지 않는다. 헤겔은 324절에서 사람들이 영구평화라는 확장된 이념 때문에 부패하게 될 것이라고 단언한 이후로, 사실상 칸트의 영구평화 이념을 거부한다. 그 점은 중요하다. 나는 II장에서 이 문제로 되돌아올 것이다.

324절에서 승인되는 것은 전쟁 수행 국가의 시민들의 도덕적 건전성을 유지한다는 견해다. 위에서 인용된 직유(simile)는 그와 같은 것을 시사한다. 전쟁은 바람이 부패로부터 바다를 보존하듯이 사람들의 윤리적 건전성을 보존한다. 여기서 "보존하다"는 바다가 바람의 불어옴에 앞서 "건전한" 상태에 있는 것처럼 사람도 전쟁에 앞서 윤리적으로 건강하다는 것을 시사한다. 한편으로 전쟁이 수행하는 것과 다른 한편으로 바람이 수행하는 것은 이 각각의 조건들을 유지하는 것이지 강화하는 것이 아니다. 따라서 전쟁은 국민의 윤리적 건전성 —— 헤겔의 견해에 따르면, 그것의 부재 속에서는

----

10. 아마도 헤겔은 칸트의 『영구평화론』의 6번째 조항을 염두에 둔 것으로 보인다. 그것에 따르면, "전시 중에 국가는 뒤따르는 평화 상태에서의 상호 신뢰를 불가능하게 만드는 적대행위들, 예컨대 암살자나 독살자의 고용, 항복 조약의 위반, 음밀한 반란 선동 등을 허용치 않아야 한다." (Immanuel Kant, *Perpetual Peace*, original translation [Morningside Heights, 1939], 7.)
11. G. W. F. Hegel, *Philosophy of Mind*, trans. W. Wallace (Oxford, 1971), art. 547.

보존될 수 없을 상태── 을 보존하는 소중한 기능을 가진다. 확실히 한 초기의 정치 논문에서 헤겔은 더 나아간다. 거기서 그는 전쟁이 국민의 윤리적 건강함을 유지하는 게 아니라 단지 그 현전을 시험할 뿐이라고 주장한다. "국가의 건전성은 일반적으로 평화의 고요에서가 아니라 전쟁의 동요 속에서 드러난다."[12] 하지만 『법철학』에서는 이 견해들 모두와는 매우 다른 것이 제시된다. 즉 전쟁은 사람들의 윤리적 건전성을 보존하거나 시험할 뿐만 아니라, 그것을 개선하기도 한다. 324절의 추가 부분에서 헤겔은 다음과 같이 주장한다.

> 평화 속에서 시민의 삶은 지속적으로 확장된다. 그러나 그 모든 영역들
> 은 스스로를 담으로 둘러싸며 결국에 가서 인간들은 정체되고 만다.
> 그들의 독특함들은 지속적으로 점점 더 고정되고 경직되고 만다. 하지만
> 건강을 위해서는 신체의 통일이 요구되며, 그 부분들이 스스로를 배타성
> 으로 견고하게 자리한다면, 그것이 곧 죽음인 것이다. …… 전쟁의 결과로
> 서 국가들은 강화된다(324A).

평화의 시기에, 헤겔이 그 단어로 의미하는 시민사회는 시민과 국가의 관계를 지배한다. 개인들은 자기 자신의 이익들을 추구하며, 국가와의 관계는 오직 그러한 이익들이 만족되는 한에서만 존재하는 우발적인 것으로 간주된다(278절 참조). 그러나 전쟁은 시민들에게 이기심을 버리고 국가의 공동이익을 채택하도록 강제한다. 이렇게 하면서 그들은, 위에서 "하지만 건강을 위해서는 신체의 통일이 요구되며"라는 구절이 시사하듯 평시에

----

12. G. W. F. Hegel, "The German Constitution", in *Hegel's Polotical Writings*, trans. T. Knox (Oxford, 1964), 143-44. 아비네리는 이 구절과 324절에 근거해서 헤겔의 견해가 전쟁만이 국민의 윤리적 건전성을 평가하는 기능을 지닌다는 것이라고 주장한 다. (Shlomo Avineri, *Hegel's Theory of the Modern State* [Cambridge, 1972], 196, 199.)

결여된 윤리적 건전성의 상태를 획득한다. 그 구절의 함의는 분명 다음과 같다. 소멸한 것은 아니지만, 윤리적 실체——국가——와 그에 상응하여 시민들의 윤리적 조건은 평시에는 충분히 건강하지 않다. 이 비유에 따르면, 전쟁은 요구되는 건강한 상태를 낳음으로써——즉 국가라는 신체를 통일시킴으로써——국가의 건전성과 시민들의 윤리적 건전성을 증진시킬 수 있다. 그러나 이렇게 말하는 것은 헤겔이 앞서 제기된 견해, 즉 전쟁이 사람들의 윤리적 건전성을 유지 혹은 시험한다는 견해를 넘어서게끔 한다. 또한 그것은 전쟁이 사람들의 윤리적 건전성을 식별할 수 없다 하더라도 그 건전성을 실제로 향상시킨다는 견해를 그가 가지도록 해준다. 이 비유를 확장해보면, 헤겔에게 전쟁은 단지 국가라는 신체와 시민들의 윤리적 건강성을 공격함으로써 그 건전성을 유지하고 시험하는 질병만이 아니다. 전쟁은 항체들을 발생시킴으로써 국가라는 신체를 강화하고 시민들의 윤리적 건전성을 향상시키는 백신이기도 한 것이다.

헤겔은 이 비유로부터 더 나아간 추론, 즉 전쟁은 인과적 결과로서든 부산물로서든 시민들의 윤리적 건전성을 보존하기 위해 요구되기 때문에 좋다는 추론을 어디에서도 도출하지 않는다. 그렇게 하는 것은 2번이나 3번 설명에서 각각 보이듯이 헤겔이 윤리적 필연성의 도구적 개념에 심취해 있음을 보여주는 게 될 것이다. 324절은 다만 전쟁을 시민들의 윤리적 건전성을 보존한다는 "고차적인 의의"를 갖는 것으로서만 언급한다(351R 참조). 그것은 전쟁이 사람들을 통일시키는 필수적 기능을 제공한다고 덧붙인다("신체의 통일성이 요구된다."). 어떠한 규범적 승인이 따라오거나 각각의 언급으로부터 암시될 수도 없다. 따라서 324절에는 윤리적 필연성의 도구적 개념들에 대한 헌신이 존재하지 않는다.

물론 이것은 헤겔이 윤리적 필연성의 비도구적 개념에 헌신했다는 것을 저절로 보여주지 않는다. 다른 구절들은 그만큼만 보여준다. 헤겔은 전쟁에서 국가를 위한 희생을 하나의 의무로 다룬다. "국가의 개별성을 위한 희생은 국가와 그것의 전 구성원들 간의 실체적인 유대며 그렇기 때문에 보편적 의무다.”(325) 이것은 명확히 헤겔이 윤리적 필연성으로 특징지어진 관계들에 적용하기 위해 취한 “의무론”의 부분을 형성한다(148R). 여기서 식별되는 의무의 종류를 주목해보자. 희생의 의무는 시민과 국가의 근본적인 관계를 구성하는 것으로 여겨진다(“[이는 그것들] 간의 실체적인 유대며”). 그것은 일부 목적을 촉진하기 위한 수단이 아니며, 국가를 위한 희생은 그것에 복무하는 수단이 아니다. 다른 곳에서 헤겔은 이 같은 도구적 독해를 거부한다.

> 국가는 시민들을 위해서 존재하지 않는다. 혹자는 그것이 국가의 목적
> 이며 그들은 국가의 수단들이라고 말할지도 모르겠다. 그러나 이러한
> 수단과 목적의 관계는 여기서는 매우 부적절하다. 왜냐하면 국가는 시민
> 들을 내려다보듯이 서있는 어떤 추상적인 것이 아니기 때문이다. 오히려
> 시민들은 유기적 삶에서처럼 계기들이며, 거기서 어떠한 구성원도 목적
> 이거나 수단이 되지 않는다.[13]

위에 인용된 325절은 더 나아간 특징을 부가한다. 즉 시민과 국가의 비도구적이고 “유기적인” 관계는 전쟁에서의 희생 의무에 달려있다는 것이다. 따라서 그것은 시민들이 국가와 마주하는 관계지, 결과적 의무의 기초가 되는 어떤 독립적인 목표가 아니다. 그 의무의 토대가 비도구적이기 때문에, 윤리적 필연성의 적절한 개념 역시 도구적인 것이 아니다. 그 대신, 헤겔에게 전쟁은 시민과 국가의 실체적 관계의 표현을 위해 요구되기 때문에 정당화된다. 그 관계의 내용은 부분적으로 전쟁에서의 희생 의무에 달려있다. 앞서 4번 설명에서처럼 여기서도, 그 정당화는 윤리적 필연성의 비도구적 개념을 포함한다.

• •

13. G. W. F. Hegel, *Die Vernunft in der Geschichte*, par. 112, Charles Taylor, Hegel (Cambridge, 1975), 380에서 인용.

헤겔이 전쟁의 철학적 정당화와 특수한 전쟁들의 "세속적" 정당화를 구별한다는 점을 언급하는 것은 중요하다. 전쟁이 사람들의 윤리적 건전성에 기여하는 것은 헤겔에게 오직 전쟁의 철학적 설명일 따름이다. 그것은 특정한 전쟁들의 정당화가 아니다. 그 구분은 위에 인용된 324절의 이어지는 일부 문장들에서 분명하게 드러난다. 거기서 헤겔은 전쟁의 철학적 설명을 언급하면서 다음과 같이 말한다. "그러나 이것은 다만 철학적인 관념, 다른 흔한 표현을 빌리자면 '섭리의 정당화'라고 말한다. 그리고 실제 전쟁들은 다른 정당화를 요구한다고 주장된다. 이 점에 대해서는 아래를 참조하라."(324) 따라서 헤겔이 전쟁은 윤리적으로 필연적이라고 주장할 때, 그는 특수한 전쟁들이 이 "섭리의 정당화"를 사용함으로써 정당화될 수 있다고 주장하는 것이 아니다. 사실상 그는 그것을 부인한다. 오히려 그가 주장하는 것은, "철학적 이념"에서 나온 것으로서 전쟁의 발생에 수반된 어떤 필연성이 존재하며, 그렇기에 그것은 전쟁의 특정한 발발들에는 적용될 수 없다는 것이다(이것은 "전쟁이 그 사태의 필연성이 요구하는 대로 발생한다는 사실에는 변함이 없다"[324A]는 진술이 해석되어야 하는 방식이다. 왜냐하면 그 진술은 전쟁에 대한 헤겔의 철학적 정당화에 추가된 것이며, 실제 전쟁들의 명시적인 정당화들이 제공되는 이후 구절들[334-37, 343]에 따라 나오지 않기 때문이다). 실제 전쟁들의 "정당화"는 —— 아래를 참조하라—— 헤겔이 다음과 같이 말한 337절에서 제시된다.

국가의 실질적 복지는 자신의 특정 이익 및 상황과 그 못지않게 특정 조약 관계들을 포함하는 외교문제를 다루는 특수한 국가로서의 복지다. 그러므로 그것의 관리는 특수한 지혜의 문제지 보편적 섭리의 문제가 아니다.[324절의 언급과 비교하라] 이와 유사하게, 다른 나라들과의 관계에서 국가의 목표와 전쟁 및 조약을 정당화하는 그 원리는 보편적 사유(박애주의 사상)가 아니라, 단지 자신에게 특수하고 고유한 것으로서 실제로 침해되거나 위협받고 있는 복지인 것이다(337, 강조는 추가; 340 참조).

이 구절에 관해 두 가지 점이 언급될 가치가 있다. 첫째, 추정 상 실제 전쟁들의 정당화는 "보편적 섭리"를 이용한 정당화가 아니다. "보편적 정당화"는 324절에서 그 용어의 역설적인 사용이 보여주듯, 정당화하는 토대로서는 폄하된다. 그 대신 해당 국가들의 "특수한 지혜"가 요구되며, 그렇기 때문에 실제 전쟁들의 철학적 정당화는 아니다. 특수한 전쟁들은 특정한 이해들의 갈등과 국가들 간에 인지된 위협들에서 기인한다(334-35). 사실이 이러하기 때문에, 실제석인 충돌들의 발생에는 어떠한 필연성도 존재하지 않는다. 따라서 헤겔은 이런저런 전쟁이 해당 국민들에게 윤리적으로 이롭다는 입장을 애써 고집하지 않는다. 헤겔이 분명히 하듯이, 윤리적 가치의 관점에서 전쟁의 정당화를 제시하는 것은 윤리적 가치의 관점에서 특수한 전쟁들을 저절로 정당화하지 않는다. 전쟁들은 윤리적 가치를 가질 수도 가지지 않을 수도 있다.

둘째, 그리고 더 중요한 것으로서, 헤겔이 위 구절에서 제시한 실제 전쟁들의 정당화는 사실상 전혀 정당화가 아니다. 오히려 그것은 두 구별되는 요소들의 기술이다. 즉 국가들이 특수한 전쟁들을 정당화하기 위해 사용하는 근거들과 국가로 하여금 전쟁을 하도록 유발하는 특징들 말이다. 전자의 기술적 요소는 헤겔이 위에서 "전쟁 및 조약을 정당화하는 그[즉 국가의] 원리는 보편적인 사유가 아니라, …… 실제로 침해되거나 위협받고 있는 복지인 것이다'라고 말할 때 제시된다. 국가가 전쟁이나 조약을 정당화 하기 위해 사용하는 원리들의 유형을 언급하는 것은 —— 보편적 방식이긴 하지만 —— 특수한 전쟁들이 참가자들에 의해 정당화되는 방식을 기술하는 것이다. 그것은 그러한 전쟁들의 정당화를 제공하지 않는다. 후자의 기술적 요소는 이미 인용되었다시피, 헤겔이 337절에서 타국들과의 관계에서 국가에 대해 언급했던 대목에서 드러난다. 유사하게, 국가들은 다른 국가들의 행위들에 대해 공격적으로 되기가 더 쉬우며 그들이 자신들의 영토 내에서 평화를 유지해왔던 것보다 더 긴 전쟁을 개시하는 경향이 있다는 헤겔의 주장은 이런 식으로 읽힐 수 있다(334). 다시 말해, 그 주장은 그와 같은 경향성을 정당화하는 것으로서가 아니라, 오히려 국가들이 전쟁으로 치닫게 하는 요소들의 하나로 그것을 기술하는 것으로서 이해될 수 있다.

349-51절에 대한 꼼꼼한 독해는 더 나아간 지지를 제공한다. 349절은 국가가 갖는 지위의 필수조건으로서 잘 정의된 법체계와 이성적 헌법의 존재를 진술한다. 350절은 그 필수조건의 예시화가 "보다 덜한" 집단들의 취급을 위한 정당화를 제공하는 것으로 다뤄진다. "똑같은 고찰은 문명화된 국가들이 야만적 국가들을 국가의 본질적 계기들인 제도들에 있어 자신들보다 뒤쳐져 있는 국가들로 간주하고 취급하는 것을 정당화해준다."(351) 그 구절에 부가된 언급은 결과화한 전쟁들의 중요성을 설명한다. "전쟁과 분쟁이 그런 환경에서 발생할 때, 그것들에 세계사적 의의를 부여하는 특징은 그것들이 어떤 특정 가치와 연결된 인정투쟁이라는 사실이다." (351R) 그와 같은 전쟁의 어떠한 승인도 여기에 등장하지 않는다. 결과화한 전쟁들이 "어떤 특정 가치"를 위한 투쟁이라는 것은 그것들을 정당화하는 것으로 간주되지 않는다. 결과화한 전쟁들은 단지 세계사를 위한 "의의"를 갖는다고 간주될 뿐이다. 따라서 결과로 초래된 전쟁이 세계사적 중요성을 갖기 때문에 도덕적으로 허용될 수 있다는 어떠한 추론도 도출될 수 없다. 351절의 정당화 역시 전쟁과 분쟁에 앞서 "보다 덜한" 집단들의 취급에 한정된다. 그것은 뒤따르는 전쟁과 분쟁 그 자체로 확장되지 않으며, 이러한 제한에서 알 수 있듯이 그 정당화는 국가들이 정당화로서 사용하는 근거들과는 완전히 별개의 것이다. 문명화된 국가들은 "보다 덜한" 국가들을 야만적 국가들로 간주하고 취급하는 것으로 다뤄진다. 이것은 국가들이 특수한 처우를 정당화하는 데 사용하는 조건들을 기술한다. 그 처우의 정당화는 다른 것이다. 그것은 권리 개념의 예시화를 위한 필수조건과 관련된다(350). 어떠한 언급이나 어떠한 요구도 국가들의 문화적 지위를 제시하지 않는다. 그렇기 때문에 337절과 다르게, 정당화와 기술은 구분되는 것이다. 하지만 여기서 헤겔이 수행한 것은 337절에서 그랬듯이, 국가들이 특수한 행위들을

정당화하기 위해 사용하는 근거들을 똑같이 특징짓는다.

똑같은 기술적 요소가 국제법을 특징짓는 규범적 법률들에 대한 헤겔의 거부에서 명확히 드러난다. "그러므로 국제법의 이러한 보편적 단서[즉 국가들 간에서 마땅히 구속력을 지녀야 한다는 보편적 법률들]는 당위를 넘어서지 않으며, 실제 발생하는 것은 조약에 따른 국제관계들과 이 관계들의 단절이 번갈아 온다는 것이다."(333) 국제관계들에서 "실제 발생하는 것"은 그 관계들을 기술하는 것이다. 즉 그것들을 정당화하는 게 아니다. 따라서 헤겔이 324-37절에서 실제 전쟁들의 정당화를 부여하고 있다고 주장할 때, 그 주장은 오도하는 것이다. 그 대신 거기서 제시된 것은, 전쟁에 대한 국가의 정당화와 관계된 종류의 근거들과 국가들을 참전으로 기울게 하는 종류의 요소들을 기술하는 것이다.

그러나 이것은 헤겔이 전쟁 수행과 관련된 규정적 언급을 삼가고 있다고 말하는 것이 아니다. 헤겔은 그것을 삼가지 않는다.[14] 과연 그답게 헤겔은, 예컨대 한 국가의 자율성이 위험에 처했을 때 "모든 시민들은 국가의 방위를 위한 소환에 응할 의무가 있다"(326)고 주장할 사람이다. 그러나 핵심은 헤겔이 특수한 전쟁들의 정당화를 논할 때, 그는 어떻게 전쟁이 정당화되는지를 기술할 뿐 어떻게 그것들의 발발이 정당화될 수 있는지를 규정하지

14. 그렇지만, 전쟁 수행을 지배하는 규정들과 관련한 헤겔의 진술들 대부분(예컨대 특사는 존중되어야 하고, 전쟁은 상비군에 의해 수행되어야 하며, 국내의 각종 시설들을 대상으로 하면 안 된다[326, 338, 339])은 전혀 규정적 진술들로 읽히지 않으며, 실제 민족들이 전시에 통상 따르는 규정들과 관련한 기술적 진술들로 읽힐 수 있다. 스미스는 기술들의 내용은 확인하지 않은 채 헤겔의 진술들 일부가 갖는 기술적 특징에 주목한다(Smith, "Hegel on War", 284). 베렌은 여기서 헤겔의 진술들은 기술적이지도 규정적이지도 않고, 오히려 헤겔이 철학적 진술들로 간주하는 것의 특성을 지닌다고 주장한다. 그렇지만 그가 이런 견해를 지지하기 위해 인용하는 구절들은 『정신현상학』에서 취해진 것들이며, 어떻게 그것들이 『법철학』에서 표면적으로 기술적이거나 규정적인 진술들에 적용될 수 있는지는 불분명하다. (Donald P. Verene, "Hegel's Account of War", in Hegel's Political Philosophy, ed. Z. Pelcynski [Cambridge, 1971], 172-75).

않는다는 것이다. 따라서 실제 전쟁들에 대한 헤겔의 논의는 특수한 전쟁들의 수행을——찬양은 말할 것도 없고——정당화하는 것으로 여길 필요가 없다. 오히려, 후자에 대한 헤겔의 논의는(cf. 327-28, 327A) 근대적 전쟁 수행에서 찬양될 만한 게 얼마나 적은지를 논하는 것으로 해석되어야 한다.

헤겔은 특수한 전쟁들의 정당화를 제시하고 있진 않지만, 전쟁 자체에 대한 철학적 정당화는 제공하고 있다. 또다시 철학적 정당화와 비철학적 정당화의 구분이 헤겔에게 핵심적이다. 이것만큼은 앞서 인용된 324절의 한 부분에서 이미 명확하게 드러난다. 거기서 헤겔은 전쟁이 윤리적으로 필연적이라는 것이 "철학적 이념"이며 실제 전쟁들의 **별도의** 정당화가 필요하다고 주장하고 있다. 여기서 그 함의는 비록 이 "철학적 이념"——이 "섭리의 정당화"——이 사실상 전쟁의 정당화일지라도, 특수한 전쟁들의 발발에 대한 **별도의** 정당화가 요구된다는 것이다. 실제로 헤겔은『정신현상학』에서 전쟁에 대한 똑같은 종류의 정당화를 제시한다. "그것들[즉 시민사회의 특수한 부분들]이 이러한 고립 속에 뿌리 내리고 정착함에 따라 파편들 속에서 전체와 단절되고 공동의 정신이 기화되지 않도록 하기 위해, 정부는 때때로 전쟁을 통해 그것들을 그 중심에서 뒤흔들어야 한다."[15] 또다시, 헤겔의 설명에서 전쟁은 필연적이지만, 사건들의 본성 때문이 아니다. 오히려 그것은 전쟁이 시민과 국가 간의 의무 관계를 표현하기 위해 요구된다는 사실 때문에 필연적이다. 즉 전쟁은 국가의 통일——헤겔에게는 그 시민들의 윤리적 건전성——을 표현하기 위해 필연적이다. 전쟁은, 대부분의 경우에

· ·
15. Hegel, Phenomenology, 474. 이 구절을 두고 전쟁에 대한 헤겔의 초기 저서들을 대표하는 것이며『법철학』에서는 발견되지 않는다고 주장하며 거부하는 헤겔의 옹호자들은, 이 구절과 324절의 추가에서 시작되는 내용이 언어적으로 유사하다는 사실을 주목하지 못한다. 특히, 그들은 시민사회의 일부가 국가로부터 고립된 결과로서 "사라진 정신"과, 시민사회의 일부가 "국가의 통일로부터 '스스로 담을 쌓은'" 결과로서 그 조직이 종언을 고한 것이 유사하다는 점을 놓치고 만다(Bruggencate, "Hegel's Views on War", 58; Avineri, "The Problem of War in Hegel's Thought", 464, 467 참조).

는 유해하지만(cf. 339A), 그것이 다만 이 필요조건을 충족하는 한에 있어서 좋은 것이다. 헤겔에 따르면, 이것은 전쟁에 대한 철학적 정당화다. 그러나 헤겔의 설명으로 보자면, 그렇게 말하는 것은 전쟁의 철학적 정당화를 제공하는 것이기도 하다. 그리고 이것은 그 정당화가 실제로 비철학적이거나 수용하기 어렵다 할지라도 참이다. 왜냐하면 헤겔의 전쟁관은 다음의 질문에 답할 수 있기 때문이다. 왜 전쟁은 거듭되는 우연일 뿐만 아니라 필연적인가? 전쟁은 그것이 시민과 국가의 윤리적 유대를 표현하기 때문에 필연적이고 그만큼 좋은 것이라는 헤겔의 주장은 도덕적 정당화다. 그 주장은 그것이 또한 전쟁에 대한 철학적 설명이라 할지라도 도덕적 정당화에 속한다. 이 정당화는 헤겔이 모든 철학적 진술들에 특유한 것으로 여기는 특징을 공유한다. 즉, 두 진술들 모두 발생된 것의 사후적 설명들[ex post facto]이며, 그렇기 때문에 세계나 그것의 특수한 특징들이 어떻게 되어야 하는지에 대해서는 관심을 갖지 않는다. 따라서 헤겔이 전쟁에서 발견한 필연성과 도덕적 가치의 유형은 그것이 이미 발생했기 때문에 사후적인 철학적 정당화인 것이다. 그것은 전쟁이 발생할 것이라든가 마땅히 그래야 하기 때문에 그것을 정당화하는 게 아니다. 하물며 찬양이랴. 헤겔은 후자의 문제에 대해서는 아무것도 말하지 않는다.

Ⅱ

앞서 보았듯이, 헤겔은 전쟁의 발발에 의해 강화되고 유지되는 개인과 국가의 윤리적 관계의 관점에서 전쟁을 정당화한다. 헤겔이 324절에서 칸트의 영구평화 관념을 거부하는 것은 이 토대에서다. 헤겔은 또한 칸트의 이념에 대한 독자적인 반론을 제시한다. 그 논증은 국가들의 본성과 국가들의 관계에 의존하며, 시민들과 그들이 속한 국가들의 관계와는 무관하다. 개인과 국가의 관계에 기초한 논증과 마찬가지로, 영구평화에 대한 이 반론은, 국가 간 전쟁은 윤리적으로 필연적이고 따라서 영구평화는 환영할 만한 일도 획득될 가능성도 없다는 헤겔의 견해에 기초한다. 하지만 그것은 별도의 요소도 포함한다. 왜냐하면 개인과 국가의 관계에 기초한 논증과 달리, 그것은 어떻게 국가들이 국가로서 인정받는지에 대한 헤겔의 구상에 기초하기 때문이다. 우선 그 구상을 고찰해보자.

칸트가 그랬듯이 헤겔의 경우에도, 국가들은 개인들과 마찬가지로 중요한 특징들을 공유한다. 그런 특징들의 하나는 양자가 각각 국가들과 사람들로 판명되는 방식이다. 헤겔에 따르면, 한 개인은 그가 다른 개인들로부터 인정되고 구별되는 한에서만 존재하는 것(71 참조)과 마찬가지로, 한 국가는 그것이 다른 국가들로부터 인정되고 구별되는 한에서만 국가로 존재한다. 이런 한에서 국가들은 그야말로 엄연한 개인들이다. 여기에는 그 견해에 대한 두 가지 명시적인 진술들이 있다. (1) "개별성은 타자들과 뚜렷이 구분되는 하나의 단일체로서 한 사람의 존재를 인식한다."(322) (2) "한 개인이 타인들과의 협조(rapport) 없이는 실제 개인일 수 없는 것처럼, 하나의 국가는 타국들과의 관계가 없이는 현실적인 개별자라 할 수 없다."(331 ; 322R 참조) 이제 한 사람이나 한 국가는 각각 타인들이나 타국들에 의해, 후자가 전자와 구별되는 경우에 한해서, 그와 같이 인정될 수 있다. 따라서 각각의 경우에 독립적으로 존재하는 국가들과 사람들이 요구된다. 헤겔의 설명에 따르면, 개인들이 독립된 실존을 획득하게 해주는 본질적인 수단은 타자들과의 대립과 투쟁이다. 왜냐하면 개인들이 스스로를 사람으로 의식하게 되는 것은 오직 대립과 투쟁에 의해서이기 때문이다. 그리고 헤겔은 개별성이란 단지 타자와 구별되는 것으로서 자신의 실존에 대한 의식이다라고 주장한다. 이 정도는 인용된 두 구절들 중에 첫 번째 것에서 명확히 드러난다. 여기서 개인들이 참으로 사람들로 존재하는 것은 오로지 투쟁을 통해서라는 주장이 뒤따라온다. 헤겔은 이 결론을 다음과 같은 언급으로 도출한다. "일생을 걸지 않았던 개인도 의심의 여지 없이 하나의 사람으로 인정될 수는 있다. 하지만 그는 독립된 자기의식으로서의 이 인정의 진리를 획득하지는 못했음에 틀림없다."[16] (헤겔은 왜 이런 투쟁과 대립이 필연적으로 폭력적인 것일 필요가 있는지에 대해서는 말하지 않는다)

국가들이 개인들로 취급되기 때문에, 인간성의 조건들 역시 국가들을 위해 마련된다. 그리고 언급했다시피, 투쟁을 통한 인정은 자기동일성의 필수조건이다. 국가는 그것이 자기동일성을 위해 —— 헤겔이 명명했듯이 인격성(personality)을 위해 —— 요구되는 독립을 획득하려면, 투쟁을 통한 인정을 확보해야 한다. 의인론적으로 말하자면, 국가는 단지 타국들과의 대립과 투쟁 속에서 자신을 하나의 국가로 안다.[17] 헤겔의 앞서의 주장은 전쟁이 국가들 간에 필연적임을 보여주려고 애쓴다. 그 결론은 국가들 사이에 영구평화가 사실상 실현되기에는 불가능한 이상이라는 것이다.

여기서 헤겔의 논증이 갖는 구조에 주목해보자. 그것은 어떤 식으로든 국가와 그 시민들 간에 존재하는 윤리적 관계들에 의존하지 않는다. 왜냐하면 개인이 국가와의 여하한 윤리적 관계에 서있다는 것은 틀리다고 여겨지기 때문이다. 이제 바로 인용된 헤겔의 논증을 고찰해보자. 그 논증은 오로지 개별성의 토대 위에서 진행된다. 어떤 언급이나 어떤 요구도 국가의 국내적 특성으로 결코 제기되지 않는다. 왜냐하면 국가들이 개인들로 취급된다면 (321, 322 참조), 즉 "개별성이 본질적으로 부정을 의미한다면," 그리고 여기서 "부정"이 전쟁을 수반해야 한다면, 그럴 때 전쟁은 여하한 국가의 시민들에 대한 윤리적 가치와는 완전히 별개로 필연적인 현상이 되기 때문이다. 따라서 전쟁은 국가들의 자격으로서 국가들의 자기동일성을 지키고 유지하는 필연적 수단이다. 시민들과 국가 간 의무의 윤리적 관계를 표현하기 위한 자신의 필연성과는 무관하게 말이다. 그것은 또한 시민들의 윤리적 건전성을 유지하고 강화하는 효과에 독립적이다. 국가에 대한 시민들의

16. Hegel, *Phenomenology*, 233. 특히 "주인과 노예" 전체 절(228-40)을 참조하라.

17. "이러한 부정적 관계[즉 "외부로부터 오는 우연적 사건들과의 연루"]는 국가에 고유한 최고의 요소, 즉 자체 내에 모든 유한한 것을 이념적으로 포함하는 국가의 현실적 무한성이다."(323)

반작용들이나 국가와 맺는 그들의 관계와 관련된 어떠한 가정도 여기에는 개입될 여지가 없다. 그것이 바로 칸트의 이상[18]에 대한 헤겔의 반론이, 말하자면 영구평화의 바람직함에 맞서 윤리적 논증을 지지하거나 거기에 기울지 않는 이유다. 그것은 헤겔이 국가 간 전쟁은 단지 윤리적으로 필연적일 뿐만 아니라 ("필연성"이란 그의 의미에서) 필연적이라고 주장하고 또 주장해야 하는 이유이기도 하다.

위 논증은 그것이 보여주는 바처럼, 칸트의 이상에 대항하는 어떠한 강제력도 갖고 있지 않다. 왜냐하면 칸트의 영구평화 이상은 하나의 세계국가 내에서의 영구평화의 이상이며 사법적으로 독립적인 국가들 간에 적용되는 이상이 아니기 때문이다[19](특징적으로, 헤겔이 활용하는 필연성과 불가능성의 개념들은 칸트가 사용하는 것들과는 다르다[330A 참조]). 기껏해야 헤겔의 논증은 국제연맹에 대한 칸트의 제안이——헤겔이 주장하듯이 반드시 군주들의 연맹이 될 필요는 없다——영구평화를 실현하기 위한 시도로서 옹호될 수 없음을 보여주는 데만 성공할 뿐이다. 그 논증은 영구평화의 이상이 옹호될 수 없음을 보여주지는 않는다. 그러나 중요한 점은 헤겔이 이 이상 자체를 거부하리라는 것인데, 왜냐하면 그가 세계국가라는 이상을 거부(331)하는 동시에 그 이상이 메타철학적으로 부당하기 때문이다. 그것은 당위에 관한 주장일 뿐 현실에 관한 주장이 아니다.

그 대신 헤겔은 영구평화와 영구전쟁의 중간에 있는 민족들 사이의 관계, 즉 현재의 십자가를 선택한다. 헤겔에게 있어, 국가들이 국가들의 자격으로서 존재하기 위해 다른 국가들에 의해 인정되는 필수조건은 전쟁에

18. Immanuel Kant, *The Metaphysical Elements of Justice*, trans. J. Ladd (Indianapolis, 1965), 128.
19. 영구평화를 언급하면서, 칸트는 예컨대 다음과 같이 말한다. "(사람들을 하나의 국가로 만드는 연합과 유사하게) 보편적인 국제연맹의 설립을 통해서만, 이 권리들[즉, 국가들의 소유권들]이 굳건해지며, 참된 평화 상태가 획득될 수 있다."(같은 책, 123-24)

서 충족된다(338). 그러나 이 필수조건은 국가들이 벌이는 전쟁들의 규모에 한계를 지운다. 우선 지속적인 전쟁이나 초토화 전쟁은—— 세계국가와 마찬가지로——한 국가의 실존에 필요한 조건인 다른 국가들의 존재를 제거하게 될 것이다. 다른 한편으로, 한 국가가 국가로서 존재하기 위해 전쟁을 수행하는 것 또한 필연적이다. 전쟁의 영구적 부재는 국가의 자격으로서 국가의 실존을 위해 요구되는 다른 국가들의 부재에 의해 야기될 수도 있는 것과 똑같은 결과를 야기할 수 있다. 왜냐하면 폭력투쟁을 통한 국가성의 필수적인 인정이 결여될 수 있기 때문이다. 초토화 전쟁은 (사실상) 다양한 국가들의 실존을 불가능하게 만들 수 있다. 전쟁의 영구적 부재는 다른 국가들에 의한 국가성의 인정을 불가능하게 만들 수 있다. 어느 경우든, 한 국가는 국가로서 존재하기를 중단할 수도 있다.[20] 그러므로 헤겔은 국가들의 관계에 근거해서 개인과 국가의 관계에 기초해 도달했던 것과 똑같은 결론에 이른다. 즉 전쟁은 필연적이고 그렇기에 칸트의 영구평화 이상은 거부되어야 하는 것이다. 똑같은 결론이 상이한 논증에 의해 도달된다.

　그 논증들의 상이함을 인식하는 것은 단지 논리적 구조의 문제로서만 중요한 것이 아니다. 그것은 평가의 목적을 위해서도 중요하다. 헤겔의 경험적이고 규범적인 주장들과 마찬가지로 그의 메타철학적인 격언들은 여기서는 무시해도 좋다. 그것들 각각은 몹시 의문스럽기 때문이다. 주목할 가치가 있는 것은, 전쟁의 단언된 필연성을 세우기 위해 취한 도덕적으로 연관된 특징들과 관련하여 두 논증들 간의 차이다. 당시 시대에 걸맞은 말은 아니지만, 그 차이는 확인된 도덕적 관심의 단위에 대한 것이다. I절에서의 논증은 그것을 국가에 대한 **개별적** 시민들의 의무 중 하나인 것으로 여긴다. 거기서 단언된 윤리적 필연성은 한 명의 시민과 전쟁에서의 희생 의무 사이에서 보유하는 것이다. 국가들의 개별성 논증은 이와 구분되는

20.　물론 이것은 국가들이 민족들로서 존재하기를 중단해야 함을 말하는 것은 아니다. 게다가 헤겔은 그렇게 말하지도 않는다. 그는 명확하게 국가와 민족을 구분한다(324 참조).

도덕적 관심, 즉 제도들에 대한 관심을 확인해준다. 여기서 단언된 필연성은 국가로 있게 하는 일련의 제도들에 대한 전제조건들을 다룬다. 따라서 두 가지 논증들은 도덕적으로 연관된 특징들의 상이한 유형들을 포함하고 있는데, 전자는 개인들에 관한 것이고 후자는 제도들에 관한 것이다. 헤겔은 두 특징들 모두에 의지해서 전쟁의 윤리적 필연성에 관한 주장을 제기한다. 따라서 그의 전쟁관을 평가하기 위해서는 그것들을 구분해야 한다.[21]

---

21. 나는 이 장의 사전 초안을 작성하는 데 유익한 논평들을 해준 것에 대해 익명의 심사자들에게 감사의 말을 전한다.

4부
역사의 종말이라는 신화

13. 역사의 종말과 역사의 귀환

필립 T. 그리어 Philip T. Grier

I

1989년 여름과 가을 내내, 미국의 헤겔 학자들이 헤겔 역사철학의 의미와 진리를 두고 논쟁을 벌인 이례적인 광경을 언론이 다룬 적이 있다. 그 논쟁은 주요 일간지들과 시사주간지들 그리고 각종 저널들의 지면에 소개되었다. 이처럼 헤겔에게 바쳐진 익숙지 않은 주목의 계기는 『내셔널 인터레스트』의 1989년 여름호에 「역사의 종말?」이란 제목으로 프랜시스 후쿠야마가 작성한 한 기고의 출현으로 시작되었다.[1]

그 사건의 분위기에 고무되어, 『내셔널 인터레스트』의 출판업자 어빙 크리스톨은 후쿠야마 기사에 대한 자신의 논평에서 다음과 같이 관대함을

• •
1. Francis Fukuyama, "The End of History?" *The National Interest* 16 (Summer 1989), 3-18; "[Six] Responses to Fukuyama," 19-35. 이 저자는 "미 국무부 정책기획실 차장과 랜드 연구소의 전 선임연구원"으로 묘사되어 있다. 『내셔널 인터레스트』는 워싱턴 DC에서 1년에 네 번 출간된다.

드러냈다. "G. W. F. 헤겔이 워싱턴에 온 것을 기쁜 마음으로 환영한다. 확실히 그는 이곳의 지적 수준을 올리는 데 도움을 줄 것이다. …… 헤겔은 의심의 여지 없이 천재임이 틀림없다. 가장 위대한 근대 철학자 칸트와 더불어 말이다."(26-27) 그러나 마지막 문장에 이어 다음 구절이 등장한다. "어떤 의미에서, 우리 모두는 자신이 친헤겔인지 반헤겔인지 결정해야만 한다. 우리 대부분이 그랬던 것처럼 우리가 그를 결코 읽지 않았다고 하더라도 말이다." 아! 이 에피소드에 대한 대부분의 기여자들은 크리스톨의 경고를 거의 문자 그대로 수행하고 있는 것처럼 보일 수 있다. 왜냐하면 그 결과로서 "헤겔의 역사의 종말 이론"에 대한 최근 확장된 공개 논쟁이 헤겔과는 거의 아무런 상관이 없었기 때문이다.

자신의 논문에서, 후쿠야마는 "작동 중인 어떤 보다 큰 과정, 즉 정합성과 질서를 부여하는 과정"을 역사의 사건에 대한 우리의 이해와 동일시하려는 열망을 보인다. 그는 헤겔의 역사의 종말 테제에서 그와 같은 "보다 큰 개념적 틀"(3)을 발견했다고 주장한다. "우리가 목도할 수 있는 것은 냉전의 종말 혹은 전후 역사의 특정 시기의 소멸뿐만이 아니라, 역사 자체의 종말, 즉 인류의 이데올로기적 진화의 종점 그리고 인간 통치의 최종 형태로서 서구 자유민주주의의 보편화다."(4) 이 첫 번째 문장에서 후쿠야마가 "역사의 종말"로 의미하는 것은 그의 견해의 모든 본질적 요소들을 담고 있는 것으로 보인다. 인간사의 이야기는 우리의 이데올로기적 진화의 이야기이며, 그 진화는 자유민주주의에서 정점을 찍는다("서구적 관념"[3]). 역사는 "자유민주주의 국가의 기본 원리들[즉 프랑스혁명과 미국혁명의 이상들]이 더 이상 향상될 수 없기" 때문에 중단된다(5). 인간의 삶에서 자유민주주의 국가의 맥락에서 해결될 수 없는 모순이란 존재하지 않는다(8). 모든 중요한 민족들은 자유민주주의 국가들로 판명되거나, 그렇지 않을 경우, 적어도 인간사회의 대안적이거나 고차적인 형태를 대표한다는 자신들의 허세를 포기하게 될 것이다(13).

추정컨대 이 이론은 서구 자유민주주의가 이제 자신의 모든 이데올로기적 대안을 압도해버렸다는 관측의 보다 큰 중요성을 드러낸다. "절대주의와 이후의 볼셰비즘 및 파시즘 그리고 궁극적으로 핵전쟁의 종말로 이어질 거라고 위협했던 최신 맑스주의의 잔재"(3)는 모두 패배했다. 20세기는 "이데올로기의 종말"로도 "자본주의와 사회주의의 수렴"으로도 이어지지 않았으며, 오히려 "경제적이고 정치적인 자유주의의 공공연한 승리"로 귀결되었다(3).

이처럼 승리에 찬 서구 자유민주주의는 기술적이고 경제적인 문제해결에 — "까다로운 소비자의 요구에 대한 만족"(18)에 — 집중하면서, 그것에 대한 후쿠야마의 개념 속에서 명백히 소비지상주의적(consumerist)으로 존재한다. 그러나 기사의 말미에서, 이 자유민주주의가 무엇보다도 "더 이상 향상될 수 없는" 자유, 평등, 이성이라는 인간적 가치의 성취를 대표한다는 자신의 금언들을 망각한 채, 후쿠야마는 한 차례 절망적인 분위기로 침잠한다. "역사의 종말은 매우 서글픈 시대가 될 것이다."(18) "순전히 추상적인 목표[원문 그대로]를 위해 생명을 거는 인정과 의욕을 향한 투쟁" 대신에, 삶은 끝없는 "경제적 계산"으로 구성될 것이다. "탈역사적 시대에는 예술도 철학도 소멸하고, 단지 인간사의 박물관을 영원히 관리하는 일만이 있게 될 것이다."(18) 후쿠야마에게 동정적인 평론가들조차 그의 **종결부**가 니체의 "마지막 인간"과 매우 유사하며 헤겔과는 어떤 유사한 연관도 없었음을 즉각적으로 인지했다.[2] 후쿠야마는 후속 글인 「나의 비판가들에 대한 답변」에서[3] 덜 도발적인 방식으로 실존의 탈역사적 조건에 대한 자신의 태도를 재진술하고자 했다. 물론 그의 애초의 언급들을 철회하거나 자기 입장에 대한 어떤 애매함을 남기지는 않은 채 말이다(28). 후속편엔 역사의 종말이라

··
2. 원래 코제브의 "탈역사적 인간"과 니체의 "마지막 인간"의 비교는 Kojève, *Introduction to the Reading of Hegel*, trans. James H. Nichols, Jr. (New York: Basic Books, 1969), xii의 영어판에 실린 편집자 서문에서 앨런 블룸이 제안한 것이었다.
3. Francis Fukuyama, "A Reply to My Critics," *The National Interest* 18 (Winter 1989-90), 21-28.

는 그의 보편적인 개념과 관련하여 어떠한 의미 있는 변화들이 제출되지 않았고, 헤겔에게 그 개념을 귀속시키는 것도 어떤 방식으로든 그 자격을 부여받지 못했다.

II

쉽게 추정할 수 있듯이, 대부분의 평론가들은, 주로 후쿠야마의 기사가 주는 매력에 도취되어, 역사의 종말 테제에 대한 그의 성급한 개요가 실은 헤겔에서 기인한 것이라고 받아들이는 것처럼 보였다. 후쿠야마 본인은 의심의 여지 없이 이런 진상을 드러낸다. 그러나 그의 귀속에 대한 주장은 최소한 간접적이다. 헤겔의 견해에 대해 그가 인용함으로써 명시적인 권위의 역할을 수행한 것은 코제브의 고전적이지만 상당히 기이한 책인 『헤겔 독해 입문』이다.[4] 후쿠야마는 본질적으로 코제브를 최후의 진정한 헤겔주의자로 묘사한다. 그는 우리 대부분이 헤겔을 "주로 맑스의 선행자"로 알고 있으며 "우리 중 거의 소수만이 헤겔의 작품을 직접 연구함으로써 정통해 있다는 사실은 불행한 일이다. …… 그러나 프랑스에서는 헤겔을 맑스주의자들의 해석으로부터 구제하고, 그를 우리 시대에 대해 가장 정확히 진단하는 철학자로 부활시키려는 노력이 있어왔다"고 적었다(4). 그는 이런 노력에 가장 큰 기여를 한 이가, "『정신현상학』의 헤겔, 그러니까 역사가 1806년에 종말을 고했다[원문 그대로]고 선포한 헤겔을 부활시키려고" 애쓴 코제브라

---

4. Alexander Kojève, *Introduction à la lecture de Hégel: Leçons sur la Phénoménologie de l'esprit professées de 1933 à 1939 à l'École des Hautes Études*, ed. Raymond lueneau (Paris: Gallimard, 1947), 495; 2d ed. (Paris: Gallimard [날짜 없음, 그러나 1959년부터 1968년 사이], rpt. 1971), 497. 모든 출전들은 표시한 경우를 제외하고는 2판을 사용했다. 불어판의 초판을 재판과 구별짓는 긴 주석은 Bloom, 158-61에 번역되어 있다.

고 주장한다.

왜 코제브가——그리고 말하자면 훨씬 더 명백한 후보로 보이는 이폴리트가 아니라—— 이런 영예를 받아야 하는지에 대한 단서를 찾자면, 코제브가 주로 마르쿠제와 비교되고 있다는 사실에서 드러난다. 동시대 독일의 헤겔 해석가로서 마르쿠제는 "궁극적으로 헤겔을 역사적으로 제약된 불완전한 철학자로 간주"했다(5, n, 2). 이런 우호적 입장에서, 왜 코제브가 이렇듯 최후의 진정한 헤겔주의자라는 지위를 획득할 수 있었는지가 더 잘 이해될 수 있다. 하지만 동시에 후쿠야마는 코제브 本인이 진술한 맑스주의적 편향들, 특히 주노 변증법을 헤겔 사유 전체가 조망될 수 있는 프리즘으로 사용한 것에 대해서는 내색을 하지 않는다.[5] 그러나 보다 근본적인 수수께끼는, 특히 역사의 종말 테제에 대한 코제브의 매우 기이한 헤겔 독해가 권위 있는 해석으로 수용될 수 있다는 후쿠야마의 보기 드문 확신이 어디에서 기인하는지를 설명하는 것이다.

헤겔에 대한 진지한 독자라면, 코제브가 자신이 헤겔에 할당한 체계에 대한 해석가인 만큼이나 창의적인 사람이란 점을 인식하기란 어렵지 않을 것이다. 『정신현상학』에 대한 코제브의 전체 독해는 "주인-노예[Herrschaft/Knechtschaft]" 에피소드를 다루는데, 그는 이것을 전체를 이해하는 열쇠로 간주한다. 코제브는 역사 개념에 대한 자신의 설명에서 그것에 특별한

5. 패트릭 라일리는 「알렉상드르 코제브 독해 입문」(*Political Theory* 9 [February 1981], 5-48)에서 주노 변증법의 편재는 코제브의 해석에서 특별히 맑스주의적 영향의 증거로 간주될 필요가 없다고 주장한다. 이런 통상적인 견해에 의문을 제기하는 라일리의 근거는 주로 이 문제와 관련해 맑스주의적 해석으로 여겨지는 것에 대한 어떤 합의된 기준이 존재하는가 여부에 제기된 의문을 반영한 것이지, 코제브의 실재 견해에 대한 어떤 구체적인 증거에 기초한 것은 아니다. 라일리는 아무리 코제브의 헤겔 독해에 맑스주의가 영향을 미쳤다 할지라도, 거기에는 맑스주의적 영향에 독립적인 명백히 실존주의적이고 니체적인 부분도 존재한다고 말한다. 그러나 물론 이것은 코제브가 최후의 진정한 헤겔주의자로 타당하게 취급될 수 있다는 주장을 의심케 하는 추가적인 근거로 작용한다.

공을 들인다. 그는 "역사는 주인과 노예의 출현으로 끝나는 첫 번째 투쟁과 함께 시작했다"고 선언한다(Bloom, 43). 코제브는 이 투쟁이 "상대방으로부터의 '인정'을 위해 수행되는 순수한 위신을 위한 투쟁"(Bloom, 11-12), 즉 물질적 혹은 생물학적 욕구에 의해서가 아니라 모든 것을 위태롭게 하는 것으로서 자유롭게 선택된 욕구에 의해 자극받은 투쟁이라고 주장한다. 싸움에서의 패배는 교전자들 중 한 사람을 타자에 대한 노예로 전락시키면서, 자연과의 대면에서 주인의 욕망을 만족시키기 위한 노동을 수행할 것을 그에게 언도한다. 일련의 "노예 이데올로기들" 속에서 "역사는 노동하는 노예의 역사다"라는 주장이 명시되는데, 여기서 노예들은 자신들의 노예 신분을 스스로 감추려고 노력한다. 역사는 그 노예들이 모두가 똑같이 자유로운 국가의 시민으로서 자신이 본질적으로 자유로운 존재임을 사실상 깨닫고 단언하는 순간 종말을 고하게 된다.

코제브의 역사의 종말 테제는 헤겔의 텍스트에서 어떠한 명백한 토대도 갖고 있지 않은데, 그렇다면 다음과 같은 질문이 제기될 수밖에 없다. 도대체 무엇이 코제브로 하여금 이렇듯 독특한 견해를 갖도록 했는가? 그 대답은 멀리서 찾을 필요가 없다. 코제브 본인의 선언(Bloom, 133-34; Queneau, 367)에 따르면, "『정신현상학』에 대한 내 해석의 원천과 토대"는 1930년대 초반 그의 동료인 러시아 망명자 알렉상드르 코이레가 최근에 발행되었던 헤겔의 예나 시기 텍스트들 일부에 대해 썼던 글에서 발견될 수 있다. 코제브는 코이레의 글에 대한 인용을 달진 않았지만, 문제의 그 글이 1934년에 최초로 출간된 「예나시기 헤겔」이라는 사실에는 (외적 증거 못지않게 압도적인 내적 증거로 인해) 의심의 여지가 있을 수 없다.[6] 역사의 종말

..
6. Alexandre Koyré, "Hegel à Iéna (à propos de publications récentes)", *Revue philosophique de France* 59 (1934), 274-83. 또한 이 글은 *Revue d'histoire et de philosophie religieuse* 15 (1935), 420-58에 게재되었고, Alexandre Koyré, *Études d'histoire de la pensée philosophique* (Paris: Colin, 1961), 135-73; 2d ed. (Paris: Gallimard, 1971), 147-89에 묶여 나왔다. 모든 출전들은 1971년 판을 사용했다.

테제에 대한 코제브의 원천이 코이레의 글의 마지막 절에서 발견될 수 있다는 점은 명백하다.

코이레는 헤겔이 예나에서 각각 1802년, 1803-4년, 1805-6년에 행한 일련의 강의 원고들에서 다루고 있는 내용을 검토하고 있었다.[7] (1802년의 날짜는 더 이상 올바른 것으로 인정되지 못하지만, 새로운 시기가 그 텍스트들에 대한 코이레의 취급에 실질적인 영향을 끼치진 못한다.)[8] 코이레는 그 수고들(강의노트들)을 헤겔의 철학적 도제기간을 일별할 수 있는 것들로 다뤘고, 그에 따라 성숙기 체계의 까다롭고 종종 모호한 정식화들의 진의를 밝힘으로써 체계가 형성되는 생생한 과정을 볼 수 있는 최초의 기회라고 생각했다. 동시에 그는 이 청년기 저작들을 성숙기 체계의 해석적 열쇠로 사용하는 것에는 커다란 위험이 있음을 알아챘다. 말하자면 그 위험은 성숙기 헤겔을 ── 코이레는 성숙기 헤겔을 『정신현상학』의 저자보다 더 나아간, 무엇보다도 『논리학』의 저자로 간주했다(150, n, 4).── "오해하고 오독하는"(150) 것이다. 반면에 코이레는 『엔치클로페디』의 체계를 문제적인 것으로 취급하는 경향도 있었다.[9]

7. 코이레에 따르면, 『예나시기 논리학』을 이루는 1802년 강의 자료들은 『베를린 총서의 필사본에 따른 헤겔의 제1 체계』(Heidelberg: Winter 1915)란 제목으로 한스 에렌베르크와 헤르베르트 링크에 의해 출간되었다. 이 텍스트는 게오르크 라손에 의해 헤겔 전집 8권인 『수고에 따른 예나시기 논리학, 형이상학 그리고 자연철학』(Leipzig: Meiner, 1923 [코이레는 1925년이라고 말한다]; Hamburg: Meiner, 1967에 재출간)으로 재편집되었다. 1803-4년과 1805-6년 강의 자료들은 그보다 2년 앞서 요하네스 호프마이스터 판으로 헤겔 전집 19-20권인 『예나시기 실재철학』(Leipzig: Meiner, 1932)이 출간되면서 코이레가 이용할 수 있게 되었다.

8. 원 편집자들을 따라 코이레가 1802년에 작성된 것으로 묘사한 『자연철학』은 Heinz Kimmerle, "Zur Chronologie von Hegels Jennaer Schriften", *Hegel-Studien* 4 (1967), 125-76, 특히 126-27, 142-45, 164-67에 의해 지금은 그 작성 시기가 1804년 여름부터 1804-05년 겨울까지로 추정된다. 앞으로 불가피하게 인용될 1802년이라는 표기는 코이레가 사용한 날짜를 의미하게 될 것이다.

9. 『엔치클로페디』의 체계 그리고 특히 『자연철학』을 언급하면서, 코이레는 153페이지에서 다음과 같이 주장한다. "그렇지만 헤겔의 체계는 죽었다. 실로 죽었다." 같은

코이레 글의 상당 부분은 『예나시대 논리학, 형이상학 그리고 자연철학』(예컨대, sec. I.A.A.; Lasson, 203-6)에서 『자연철학』에 있는 시간에 대한 구절들을 번역하고 설명하는 데 바쳐졌다. 특히 그는 거기서 헤겔이 유한과 무한의 관계, 시간 그리고 현재·미래·과거의 관계들과 관련해 주장한 언급들에 초점을 둔다.[10] 현재는 미래와 과거 사이의 "공허한 경계"로 묘사된다. "과거는 자기 안에서 두 개의 첫 국면들[현재와 미래]을 지양한 것으로서, 이처럼 자기 내로 복귀한 시간이다. 그 경계 혹은 지금은 공허하다. 왜냐하면 그것은 질대적으로 단순하거나 시간의 개념이기 때문이다. 따라서 그것은 자신을 미래에서 실현[erfüllt]시킨다. 미래는 그것의 실재다." (169-70; Lasson, 204) 이런 구절들을 논평하면서, 코이레는 시간이 우리에게 오는 것은 과거로부터가 아니라 미래로부터 오는 것이라고 주장한다. "지속[la durée]은 스스로를 과거로부터 현재로 확장하지 않는다."(176) "오히려 그것이 현재에서 자기 자신에게 오는 것은 미래로부터다. 시간의 지배적인 '국면'은 미래인바, 그것은 어떤 점에서는 과거에 외재적인 것이다."(177)[11]

●●

페이지의 주석 1에서, 그는 계속해서 언급한다. "내 생각에, 헤겔주의를 다시 살아나게 하려는 최근의 노력은 다시 한 번 '체계'의 불모성을 보여줄 뿐이다."

10. 코이레는 이 구절들을 "시간 개념의 구성 혹은 자기-구상"을 기술한 것으로서 유별나게 중요한 것으로 간주했다(174. 코이레 글의 모든 번역은 내가 한 것이다). 또한 그는 이 구절들을 시간의 "현상학"으로 묘사했다.

그것은…… 물리학에서 주어진 것과 같은 시간, 즉 수학공식과 시계에서 보이는 직선적 시간인 뉴턴적이고 칸트적인 추상적 시간이라는 추상적 개념에 대한 분석의…… 문제가 결코 아니다. 그것은 이와는 다른 것의 문제다. 그것은 시간 "자체", 시간의 공간적 실재의 문제인 것이다. 이런 시간은 균일한 방식으로 흐르지 않는다. 게다가 그것은 우리가 통과하는 균질한 매체도 아니다. 그것은 운동의 숫자도 현상들의 질서도 아니다. 그것은 풍부함, 삶, 승리다. 그것은—— 단도직입적으로 말하자면—— 그 자체로 정신이자 개념이다(175).

11. 조지 클라인은 최근 코제브가 헤겔을 해석하면서 미래에 우선성을 부여하는 것에 관심을 두면서, 그가 『존재와 시간』에서 하이데거의 정식들에 영향을 받았다고

과거, 현재, 미래를 이렇게 취급하는 것은 태양계의 운동을 다룬『자연철학』의 1803년과 1804년 판본에서 헤겔이 제시한 보다 커다란 논증의 일부였다. 헤겔은 태양계에서 운동의 완벽한 주기성을 "참된 무한"의 이미지로 다뤘다.[12] 해리스가 주장했듯이, "주기적 운동은 헤겔이 공간의 시간화와 시간의 공간화로 특징지었던 것이다."(244) 헤겔은 그 둘의 개념적 연관성을 드러내고자 했고, 시간에 대한 그의 논의는 그 노력의 일환이다. 이 모든 것은 짐작컨대 셸링의 영향 하에서 자연을 신성한 삶의 영역으로 다루고자 하는 헤겔의 시도에 속한 것이었다. 예컨대, 이 자연 개념에서 헤겔은 에테르를 절대정신으로 묘사했다.[13] 신성한 삶으로서의 자연이라는 이 주제가 비록 이 시기 동안 어떤 국면(약화)을 겪었다 할지라도, 1803년과 1804년의 자연철학들은 "1805년 봄에 한때 단절되었던 사유의 지속적인 발전을 보여준다."(Harris, 239) 또한 해리스는 "1805-6년의 체계가 신성한 삶으로서의

주장했다. George L. Kline, "Presidential Address [to the Hegel Society of America, 1986]; The Use and Abuse of Hegel by Nietzsche and Marx", *Hegel and his Critics: Philosophy in the Aftermath of Hegel*, ed. William Desmond (Albany: SUNY, 1989), 1-34, esp. 10. 여기서 나는 코제브가 "1802년" 예나에서의『자연철학』에 대한 코이레의 논의로부터 이 주제를 취했다는 것을 규명했기를 바란다. 하지만 그 텍스트가 1915년부터 에렌베르크와 링크의 판본을 통해 활용될 수 있었던 한에서, 하이데거 자신도 이처럼 초기 헤겔의 (명백히 폐기된) 구절에 영향을 받았을 수도 있지 않겠는가? 만약 시간과 미래에 대한 그 구절들이 코이레와 코제브에게 그토록 열광적인 효과를 미쳤다고 한다면, 그것들은 마찬가지로 하이데거의 주목을 받지 않았겠는가? 물론 시간 구절들에 대한 코이레의 반응이 그 자체로 그의『존재와 시간』독해로부터 영향을 받았다는 것도 충분히 가능하다.

12. H. S. Harris, *Hegel's Development: Night Thoughts, Jena 1801-1806* (Oxford: Clarendon, 1983), 244-52에서의 논의를 보라.

13. 에테르는 자신의 절대적인 자기동일성으로서 절대정신이다······.

에테르는 살아있는 신이 아니다. 왜냐하면 그것은 단지 신의 이념이기 때문이다. 그러나 살아있는 신은 자신의 이념으로부터 스스로를 인식하며 타자 속에서 스스로를 자기 자신으로 인식한다. 반면에 에테르는 자기 자신과 관계하지만 스스로를 절대 신으로 인식하지는 못하는 절대정신이다(Lasson, 197).

자연이라는 그리스적 개념이 쇠퇴했음을 입증했다"고 주장했다.

1934년에 글을 쓸 당시의 코이레는 우리가 현재 접근하고 있는 예나시기 저서들에 대한 학문적으로 상당한 탐구들을 활용할 수 없었고 완전히 정확한 연보를 가질 수도 없었지만, 그럼에도 그의 흥미를 끌었던 시간에 관한 일련의 논증이 헤겔 사유의 이후 전개 과정에서 사라진다는 사실을 정확히 파악했다. 우선, 1803-4년 노트들은 그에 상응하는 부분을 갖고 있지 않다.[14] 1805-6년의 『실재철학』 판본에는 시간에 대한 논의가 존재하지만, 그 논증 뿐만 아니라 텍스트의 본성이 상당한 변화를 겪는다. 공간은 더 이상 시간으로부터 파생되지 않으며, 오히려 공간이 먼저 다뤄진 후 시간이 그 다음에 논의된다. 이제 그 텍스트는 이후 『엔치클로페디』가 그러하듯이 절들로 나눠지고, 글쓰기 스타일은 사적이기보다 더 공적인 것으로 된다. 결국, 상응하는 『엔치클로페디』의 구절들에서는, 현재와 과거에 대한 미래의 우선성과 관련된 이처럼 풍부한 사변들은 완전히 사라지게 되었다(Koyré, 187).

본인 스스로 "1802년" 노트들로부터 헤겔이 시간에 대한 주장을 본질적으로 폐기했다고 정리한 증거에도 불구하고, 코이레는 다음과 같이 선언하기에 이른다. "우리가 보건대 헤겔의 가장 위대한 독창성을 구성하는 것은, 과거에 우선하는 미래에 부여된 탁월함이라는 미래에 대한 이 주장이다."(177) 기이하게도 코이레는 결론부에서 마치 헤겔이 미래의 탁월성 이론을 폐기하지 않았다는 듯이 말하는 것 같고, 그 교설을 궁극적으로 체계의 실패로 이끄는 것으로서 취급한다. "따라서 그 심급의 변증법적 본성이 시간과 영원성의 접촉과 상호침투를 보증하는 것은 헤겔의 개념 안에 존재한다. 하지만 최종 분석에서 헤겔적 체계의 실패를 설명하는 것도 이것이다. 왜냐하면 시간이 변증법적이고 **미래로부터 시작하면서** 구성된다면, 그것은

· ·
14. 키멀레의 연도 표기가 옳은 것으로 받아들여진다면, 1803-4년 수고들은 코이레가 "1802년" 수고라고 여겼던 것보다 앞서 작성된 게 태반일 것이다. 그러나 그가 내린 결론의 증거와 본질은 영향을 받지 않는다.

—— 헤겔이 그것을 뭐라고 부르는 간에 —— 영원히 종결되지 않기 때문이다."(188-89) 코이레에 따르면, 이것이 참이기 때문에, 헤겔적 체계는, 오직 역사가 종결되었을 때, 즉 더는 미래가 존재하지 않고 시간 자체가 멈췄을 때 성립될 수 있다.

마지막 구절에서, 코이레는 태연하게 다음과 같이 말한다.

> 헤겔이 그것[역사의 종말]을 믿었다는 것은 짐작 가능한 일이다. 심지어 헤겔은 그것이 체계의 본질적 조건이라는 것뿐만 아니라 —— 미네르바의 부엉이가 날갯짓을 시작하는 것은 밤이 되었을 때뿐이다 ——, 이 본질적 조건이 이미 실현되었다는 것, 역사는 실질적으로 종결되었다는 것, 그리고 자신이 그것[그의 체계]을 완성할 수 있는 —— 그리고 그럴 수 있었던 —— 것은 분명 그 점 때문이라는 것을 믿었다는 것도 충분히 가능하다(p. 189).

코이레가 다양한 근거들에 기초해서 (엔치클로페디) 체계는 하나의 실패라는 점을 명백히 확신하고 미래는 예측될 수 없다는 점만을 주장해왔기 때문에, 그는 헤겔이 실제로 역사가 종말을 고했다고 믿었는지 여부의 문제를 해명하는 데는 거의 관심을 기울이지 않는다(물론 우리는 코이레가 이미 폐기된 "1802년"의 시간에 대한 구절들을 헤겔의 성숙기 사상의 핵심적 요소인 양 독해한 것으로 비춰볼 때 역사의 종말이란 체계의 전제조건이라는 점을 기억해야 한다). 코이레가 단지 무심결에 언급한 이 가능성은 계시의 힘으로 코제브를 강타했던 것으로 보인다. 따라서 그것은 『정신현상학』에 대한 그의 해석에 초석이 되었다.[15]

코제브는 『정신현상학』을 해석함에 있어 자신의 절차에 어떤 기이한

---

15. 그렇지만 코제브의 주노 변증법에 대한 유별난 강조는 코이레로부터 취해진 것은 아니다. 따라서 그 주제를 코이레가 제공한 역사의 종말 주장과 엮는 것은 코제브 본인의 기여로 간주되어야 한다.

것이 있다는 순간적인 인식을 드러낸다. 그것은 분명 헤겔이 『정신현상학』을 쓰기 전에 이미 거부했었던『자연철학』의 초기 판본에 있는 시간에 대한 애매한 구절들을 취하고, 그것들을 그 저작에 대해서뿐만 아니라 헤겔의 철학적 입장 전체에 대한 해석의 기초로 삼을 때였다.[16] 코제브는(그리고 일정 정도 코이레 본인에 대해서도 말해질 수 있다) 이러한 초기의 그리고 경우에 따라서 유산된 헤겔의 저작들을 성숙기 저작들의 해석에 적용하는 것의 위험성에 관한 코이레의 경고들을 전적으로 무시했던 것으로 보인다.

코제브는 이어서 코이레의 제안들을 시간, 역사, "인간(l'homme)"의 유한하고 경험적인 실존에 대한 정교한 교설로 전개시킨다. 그는 "시간은 **경험적으로 존재하는 개념 자체다**"라고 말한 것으로 헤겔을 인용하고(Bloom, 136),[17] 시간의 경험적 실존(역사)은 그것이 종말에 이르러야 함을 수반한다고 주장한다. 개념과 작업을 동일시하면서, 코제브는 "세계에서 작업의 실존은 시간의 이 세계에서의 실존이다"라고 주장한다.(Bloom, 145) 더 나아가 그는 같은 쪽에서 "인간이 개념이고 또 개념이 작업이라면, 인간과 개념은 또한 시간이다"라고 결론짓는다. 따라서 시간의 경험적 실존(역사)은 작업의, 따라서 인간의 경험적 실존 역시 수반한다. 경험적으로 존재하기 때문에, 이것들 각각은 또한 유한하며, 결국 종말에 이르게 된다. "그러므로 역사 자체는 본질적으로 유한한 것임에 틀림없다. 집단적 인간(인간성)은

<hr />

16. 코제브가 여기서 낯선 것을 보았다고 여길 만한 유일한 단서는 다음의 언급에서 나타난다. "그런데, 신기한 것은[강조는 그리어] 시간에 대한 결정적인 텍스트가 『예나시기 실재철학』의 『자연철학』에서 발견된다는 사실이다."(Queneau, 367)

17. 헤겔의 표현은 현존하는 개념[der daseiende Begriff]이다. 조지 클라인이 사적인 대화에서 지적했다시피, 코제브가 그것을 "경험적으로 존재하는 개념[le Concept……existant empiriquement](Queneau, 365)"으로 표현한 것은 매우 자의적이다. 왜냐하면 원문 그대로든 맥락상으로든 "경험적으로"를 부가할 아무런 근거가 없기 때문이다. 그러나 이 구절에 묘사되어 있는 것처럼, 코제브의 해석은 "'경험적'이란 의문스런 개념에 매우 비중 있게 의지하고 있다.

인간 개개인이 죽는 것과 마찬가지로 죽을 수밖에 없다. 보편적 역사는 최종적인 종말을 고하게 되는 것이다."(Bloom, 148) 코제브에 따르면, 이러한 역사의 종말은 현명한 인간(지혜, 절대지)의 도래를 구성한다. 그리고 이러한 지혜의 상태는 영원하며 역사를 벗어난다.

『헤겔 독해 입문』의 초판에서, 코제브는 역사의 중단에 맞춰 인간이 사라진다고 단언한다. "인간은 자연 혹은 주어진 존재와의 조화 속에서 동물로 살아남게 된다. 사라지는 것은 이른바 고유한 존재로서의 인간—즉 소여된 것과 오류를 부정하는 행위, 혹은 일반적으로 객체와 대립하는 주체——이다."(Bloom, 158-59, n, 6) 이런 의미에서 "인간"의 소멸은 철학과 마찬가지로 전쟁과 혁명의 소멸을 의미한다. "그러나 남아 있는 모든 것은 영원히 보존될 수 있다. 예술, 사랑, 놀이 등등이 그것이다. 요컨대 인간을 만드는 모든 것은 행복이다."(같은 책)

2판의 한 주석에서, 코제브는 그것들에 명백한 모순이 있음을 인정하면서, 보다 극적으로 이 결론들을 수정한다.

> 인간이 다시 동물이 된다면, 그의 예술들 그의 사랑들 그리고 그의 놀이 역시 다시금 순전히 "자연적"으로 될 것임에 틀림없다. 따라서 역사의 종말 이후에 인간은 마치 새들이 둥지를 틀고 거미가 거미줄을 치는 것처럼 자신들의 건물과 예술작품을 세울 것이고, 개구리와 매미가 하는 방식으로 음악 콘서트를 선보일 것이며, 어린 동물들처럼 유희를 즐길 뿐만 아니라, 다 자란 짐승들처럼 사랑에 심취할 것이다(Bloom, 159, n.).

그는 "미국적 삶의 방식"이 "모든 인간성이 '영원으로 존재하는' 미래를 예시하는 세계에서 미국의 실질적 현전으로서 탈역사적 시기에 고유한 삶의 유형"이 되리라고 선언한다. "따라서 인간의 동물성으로의 회귀는 아직 도래하지 않은 가능성으로서가 아니라 이미 현재하는 확실성으로서 드러났다."(Bloom, 160-61, n.) 똑같이 주목할 만한 주석에서, 코제브는 1959년에 일본으로 여행을 다녀오고 나서 그곳이 17세기(!)에 이러한 탈역사적 실존에 진입했다고 확신하기에 이르렀다. 그에 따르면, 당시 일본은 모든 전쟁이나 혁명적 다툼을 중단하고 순수한 속물성(snobbery)의 형식주의(노가쿠 극, 다도, 꽃꽂이, 제의적 자살)에 근거한 문명화를 진전시켰다.

이 지점에서 그 텍스트들에 일면식이라도 있는 독자라면, 헤겔이 거의 완전히 시야에서 사라졌다는 것을 깨닫게 될 것이다. 사실상 후쿠야마 본인은 자신의 역사의 종말 테제를 제시하면서 다소 신댁직으로 코제브를 사용했다. 그리고 그 자신의 판본은 코제브와 맑스를 뒤죽박죽 섞은 뒤 헤겔 철학적 함축들을 약간 보탠 것처럼 보인다. 이 모두를 고려했을 때, 즉각적으로 하나의 질문이 제기된다. 도대체 후쿠야마로 하여금 본인의 역사의 종말 테제를 헤겔에 근거한 것으로 경솔하게 믿게끔 해준 것은 무엇인가?

그 수수께끼에 대한 부분적인 답변은 코제브 책의 영문판에 실린 블룸의 서문에서 찾아볼 수 있다(확실히 블룸은 이 판본의 편집자일 뿐만 아니라 후쿠야마의 멘토이기도 하다). 거기서 블룸은 후쿠야마가 코제브를 헤겔에 대한 수용할 만한 대체제로 여기게 된 이유를 설명하는 데 도움이 되는 세 가지 주장을 펼친다. 첫째, 그는 헤겔 텍스트들의 방대함과 묘한 난해함을 파악하려면, 권위 있는 논평가에 의지하는 것이 당연하다고 주장한다. "헤겔의 상당히 난해한 텍스트들을 이해하는 그와 같은 세심하고 포괄적인 연구는, 그의 영향력이 전례가 없을 정도로 엄청났음에도 거의 소수의 사람들만이 그를—— 이해하는 것은 고사하고—— 읽었을 뿐인 미국에서는 커다란 가치를 지니게 될 것이다."(Bloom, ix)

둘째, 블룸은 코제브를 정확히 그처럼 권위 있는 해석가로 제시한다. 그는 코제브의 작업을 "헤겔에 대한 꼼꼼하고 학문적인 연구"로 묘사한다 (Bloom, viii). 여기서 더 나아가, "코제브의 책은 텍스트 해석에 있어 하나의 귀감이다. 그 책은 저 사상가가 의미한 바를 명확히 해명하는 것이 시급한 사안이라는 점을 충분히 인식하고 있는데, 왜냐하면 그는 알 필요가 있는 것들에 대해 우리가 행하는 것보다 훨씬 더 많은 것들을 알고 있기 때문이다."(Bloom, ix) 그는 계속해서 말한다. "그 자신의 가르침은 6년이 넘게 오로지 그 책 한 권을 꼼꼼히 읽으며 몰두했던 것의 정수에 해당한다. 『헤겔 독해 입문』은 헤겔에 대한 가장 권위 있는 해석으로 여겨진다."(ix) 같은 구절의 일부에서 그가 코제브의 헤겔 해석을 맑스주의적으로("코제브는 인간적이고 형이상학적인 원천에 대한 맑스의 설명이 갖는 빈약함에 만족하지 못하고 그 가르침의 참된 철학적 원천으로 헤겔에 의지했던 맑스주의자들 중 가장 생각이 깊고 가장 박식하며 가장 심오한 사람이다."), 하이데거주의적으로("코제브가 헤겔과 하이데거의 사이 어딘가에 있지는 않은지 여부에 대해서는 물을 수 있지만, 코제브 자신이 독자들을 이 질문으로 이끌었고, 그것이 철학적 반성의 고유한 주제가 되었다는 점은 반드시 덧붙여져야 한다."[x]), 니체주의적으로("그 책을 읽게 되면, 보편적인 균등 국가의 시민들이 니체가 말하는 '마지막 인간'과 동일하지는 않은지, 그리고 헤겔의 역사주의가 불가피한 변증법적 힘에 의해 우리를 이성을 거부하는 보다 어둡고 보다 급진적인 역사주의로 내모는 것은 아닌지 여부가 궁금해지게 된다."[xii]) 묘사하고 있는 것을 고려할 때, 블룸의 이 선언들에 대해 어떤 태도를 취할지는 분명치 않다.

셋째, 블룸은 확고하게 "역사의 종말"의 모티브를 다루는 코제브의 작업을 참으로 헤겔주의적인 것으로 바라본다. "이제 코제브 사유에서 가장 놀라운 특징으로 꼽을 수 있는 것은──이는 완전히 정당한 것이기도 한데──헤겔과 그의 모든 추종자들이 보기에 역사가 종결되었다는, 즉 진정 새로운 어떤 것도 세상에서 다시 발생할 수 없다는 그의 주장이다."(x) 그러나 후쿠야마 글에 대한 최근 출간된 응답에서, 블룸이 문제의 그 테제를 "코제브와 코제브의 헤겔"에 속한 것으로 신중하게 기술하고, 그것이 헤겔 본인에게 할당할 수 있는지 여부에 대한 문제를 다루는 데 한 발 물러서고 있다는 것을 언급하는 것도 흥미로운 지점이다.[18]

Ⅲ

물론 후쿠야마 견해의 기원은 수수께끼인데, 왜냐하면 헤겔도 맑스도 (게다가 어쩌면 코제브도) 후쿠야마의 역사의 종말 테제를 자기 자신의 것으로 인정했을 리가 없기 때문이다. 맑스의 경우, 그것과 관련된 구분은 역사와 역사 이후가 아니라 역사 이전과 역사 사이에 있다. 물론 맑스의 경우 그 경계에는 후쿠야마가 헤겔에 할당한 것, 즉 인간 행동의 본성에 있는 비가역적이고 질적인 변화가 존재하지만 말이다. 맑스가 볼 때 공산주의 혁명 이전에는 행위가 인간이 처한 상황과 행위의 결과들에 대한 제한되고 불완전한 이해라는 허위의식으로 수행되는 반면, 그 사건 이후로 인간의 사회적 행위는 실제 있는 그대로의 것, 즉 특수한 사회적 제도들과 관행들의 선택에서 인간성의 본성 자체에 의한 자유로운 창조에 의해 승인된다. 만약 헤겔에게 역사와 탈역사의 경계에서 인간 행위의 특징에 유사한 변화가 존재한다면, 탈역사적 환경들에서 인간 행위의 변화된 본성에 대한 설명이 그에게서 발견되어야 할 것이다. 그러나 당연히도 그처럼 탈역사적 실존에 대한 설명은 헤겔에겐 존재하지 않는데, 확실히 그의 사유에는 역사와 탈역사의 구분이 없기 때문이다.

이것을 인정한다면, 우리는 헤겔의 "역사의 종말"에 대해 후쿠야마가 감행했던 것과는 확연히 다른 설명을 제시해야 할 것이다. 그런 설명을 위한 한 가지 열쇠는 헤겔에게 있어 역사의 "종말"을 역사의 중단(cessation)이 아니라 그것의 "완성(consummation)"을 의미하는 것으로 읽는 것에 놓여 있다. 헤겔을 이런 문제의식의 통찰로 읽기 위해서는, 그가 『법철학』 서문에서 세계에 대한 철학의 파악은 항상 회고적이라고 한 격언을 결코 잊지 말아야 한다. 언제나 철학은 "그 자신의 시대를 사유로 파악하는 것"이다.

●●
18. Allan Bloom, "Responses to Fukuyama", *The National Interest* 16 (Summer 1989), 19.

이러한 약술은 현재를 과거로부터 발전되어 온 것으로 이해하는 것이다. 하지만 "역사발전에 대한 객관적 법칙들"은 결코 존재하지 않기 때문에——헤겔의 "이성의 간지[List der Vernunft]"는 그런 것이 아니다——, 미래를 예측하기 위한 철학의 어떤 토대도 있을 수가 없다. 그렇기에 철학은 이미 있었던 것에 대한 파악이고 또 그럴 수 있을 뿐, 앞으로 있을 것에 대한 파악이 아니다. 따라서 미래에는 더 이상 역사가 존재하지 않을 거라는 "사실"에 대한 추정적인 "지식"은 헤겔의 계획 속에 거처할 어떤 공간도 가질 수 없는 것이다.

대신 어느 시대에나 각각의 현재를 과거에 전개되어 온 것의 정점으로 파악하는 철학은 어떤 의미에서 잠재적으로 역사의 종말을 선언하는 것으로 간주될 수 있으며, 그 선언은 후속하는 시대에 의해 잠정적인 것으로 또 불충분한 사실에 근거한 것으로 비춰질 수 있을 것이다. 확실히 이것은 헤겔을 읽는 다소 공상적인 방식인데, 헤겔이 지적했다시피, 모든 것을 포괄하는 세계사의 철학을 제공하는 임무가 그의 시대에 처음으로 적절히 이해되고 다뤄졌기 때문이었다고만 한다면 말이다. 물론 헤겔은 역사의 의미가 자기 시대에 이미 "완성되었다"는 주장의 명확한 정당화가 존재한다고 믿었다. 그것은 "절대지"의 관점에 도달했던(『정신현상학』의 정점) 그 자신의 시대였다. 여기서 객관세계의 내용은 결국 정신의 자기의식과 동일한 것으로 파악되었다. 그리고 정신은 세계 속에서 스스로가 "자신의 거처에" 기거하고 있음을 발견했던 것이다. 이것이 바로 헤겔에게 있어 역사의 완성을 구성하는 것으로서, 정신이 암묵적으로 계속 지녀왔던 것을 명시적으로 실현하는 것이다.[19]

..

19. 고인이 된 윌리엄 얼은 헤겔의 의미에서 역사의 완성(consummation)과 요한복음 19장 30절에서 그리스도가 말한 단어의 라틴어 번역인 "다 이루었다[Consummatum est]" 사이의 연관성을 주장하곤 했다. 모든 것이 그 목적[telos]에 이르게 되면서, 성경은 완성되고 역사는 새로운 의미를 획득하게 되었다. 또한 이 모든 문제를 콜링우드의 『철학적 방법에 대한 시론』(특히 3장 31절과 9장 10절)의 시각에 비춰서

헤겔이 전개할 수 있는 절대지의 관점에서 볼 때, 절대정신으로서의 실재에 대한 그의 복잡하고 상세한 설명은 그의 성숙기 체계인 『엔치클로페디』에서 제시되었다. 헤겔의 체계가 실재의 설명으로서의 절대정신에서 정점에 달한다는 것을 고려했을 때, 다수의 평론가들은 헤겔 철학의 역사주의적 요소가 일종의 환상, 즉 초월적이고 영원한 실재로서의 절대정신에서 체계의 정점에 의해 드러난 환상이라고 결론지었다. 일단 절대정신의 진리가 파악되고 나면, 그 주장의 진행에서 알 수 있듯이, 우리는 헤겔 논증의 역사주의적 요소가 기껏해야 일종의 사다리에 불과하다는 것, 다시 말해 일단 오르고 나면 폐기될 수 있는——반드시 그래야 하는——것임을 보게 된다. 절대정신의 체계에서 정점에 달하는 저 역사에 대해 우리가 어떤 태도를 가지든 간에, 헤겔의 주장이 옳다면, 우리 인간 실존의 나머지(미래)는 절대정신의 영원한 진리에 대한 앎 속에서 살아가게 될 것이며, 이런 점에서 역사란 어떤 추가적인 폭로들이나 경이들을 포함할 수 없게 될 것이다. 결국 이렇게 읽을 경우 헤겔에게는 탈역사적인 실존의 형태가 존재하게 될 것이다.

그러나 이 같은 독해는, 철학은 단지 세계에 대한 회고적인 파악만을 제시할 수 있다는 헤겔의 명백한 주장을 무효화할 것을 요구하는 것처럼 보인다. 나는 이러한 정정이 정당화되리라고 보지 않는다. 게다가 나는 헤겔의 역사주의가 일종의 망상이라는 함의를 정당한 것으로 간주하지도 않는다. 철학적 이해의 회고적 본성과 그것의 역사주의적 차원은 모두 진지하게 취해질 수 있다. 우리가 절대정신의 체계를 상이한 시각에서 조망한다면 말이다. 절대정신의 체계는 실재의 본성에 대한 헤겔의 설명인 바, 회고적인 방식으로 헤겔의 당시 시점에서 정점에 달한 발전과정으로 파악한 것이다. 하지만 그것은 결코 역사의 중단을 수반하지 않는다. 헤겔은 『역사철학 강의』의 종종 인용되는 구절에서 다음과 같이 주장한다. "세계사

••
고찰하는 것도 매우 교훈적인 일이다.

가 이제까지 취해왔던 토대를 버리는 것은 전적으로 미국에 달려있다. 지금까지 거기서 발생해왔던 것은 단지 낡은 세계의 반복이자 소외된 삶의 표현이었다. 그리고 미래의 나라로서, 미국은 여기 우리에겐 관심이 없다. 왜냐하면 예언이란 철학자의 소관사항이 아니기 때문이다.”[20] 이 구절과 무수한 다른 구절들을 보면, 헤겔이 게르만의 낡은 세계 혹은 프로이센 국가의 성숙기에 역사가 중단에 이르게 된다는 여하한 주장을 비상식적인 것으로 간주했으리라는 점은 분명하다.

앞서 인용된 구절에 이은 문장은 더 중요한 지점을 소개하고 있다. “역사에서 우리는 있었던 것과 지금 있는 것에 관심을 기울인다. 그렇지만 철학에서 우리는 전적으로 과거나 미래에 속해 있는 것에 관심을 갖는 것이 아니라, 지금과 동시에 영원히 있는 것, 요컨대 이성에 관심을 갖는다.” 헤겔의 평론가들에 의해 종종 경시되거나 소화하기 어려운 것으로 입증된 것이 바로 지금과 동시에 영원히 있는 것에 대한 관심으로서 철학의 이 개념이다. 같은 책의 또 다른 구절에서, 그는 다음과 같은 방식으로 요점을 제시한다. “세계사를 이해할 때, 우리는 주로 과거의 기록으로서의 과거에 관심을 가진다. 그러나 우리는 그것과 마찬가지로 현실에도 충분한 관심을 기울인다. 참된 것은 무엇이든 영원히 즉자대자적으로 존재한다. 그것은 어제나 내일이 아니라, 절대적으로 있다는 의미에서 ‘지금’인 현재로 존재하는 것이다.”(150) 분명 헤겔은 절대적인 것을 역사 속에서, 즉 세계 속에서

· ·
20. G. W. F. Hegel, *Lectures on the Philosophy of World History*, trans. H. B. Nisbet with an introduction by Duncan Forbes (Cambridge: Cambridge University Press, 1975), 170-71. 똑같은 구절이 『내셔널 인터레스트』(26)의 해당 주제에서 후쿠야마에 대한 응답으로 거트루드 히멜파브가 쓴 글에서 나타났다. 조지 클라인과의 사적 대화에서 지적되었다시피, 우리는 그 결론부의 구절—예언이란 철학자의 소관사항이 아니다—이 『역사철학 강의』(vol. 11, ed. Eduard Gans [Berlin: Duncker und Humblot, 1837], 129)의 초본이 아니라, 이후 판본의 전반부에 해당되는 『역사 속의 이성』(ed. Johannes Hoffmeister [Hamburg: Felix Meiner, 1955], 210)에서 나온다는 것을 주목해야 한다.

발견하려고 노력하지 어떤 초월적인 너머에서 찾으려고 하지 않는다.

설사 역사가 결코 중단되지 않고 미래는 참으로 경이로움을 유지한다 할지라도, 그 미래가 우리에게 현재로 되었을 때 우리는 절대정신의 체계에 대해 어떤 태도를 취하는가? 우리는 그 체계를 어떠한 수정에도 영향을 받지 않는 것으로, 따라서 영원히 변치 않는 저 너머의 최종적인 시간에 나타나는 계시로 취급하는가? 아니다. 그 체계는 결국 헤겔에 있어 단지 논리학, 존재론, 인류학 등등을 제시하려는 시도였을 뿐이었고, 그것은 헤겔 자신의 현재――그 현제에 고유한 절대적인 것의 명료화――에 대한 적절한 철학적 파악에 고유한 것으로 보였다. 만약――너무도 중요한 "만약" ――정신이 진정 우리 자신의 현재에 와서 새로운 국면에 진입했다면, 그 체계가 새로운 논리학과 존재론을 가지고 시작하면서 새롭게 쓰여야 한다는 것은 지극히 당연한 결론에 해당한다. 그러나 만약 우리가 헤겔의 자연철학 개념을 유지해야 한다면, 한 가지 조건이 설정되어야 한다. 즉 절대정신의 새로운 체계는 이전의 체계를 지양된 것으로서 포함해야 한다는 조건 말이다.

이제 막 다다른 결론이 참이라고 가정한다면, 헤겔의 분석은 우리 자신의 역사적 현재에 관해 중요한 질문을 던지는 것이다. 사실상 정신은 새로운 국면에 진입했는가, 혹은 우리는 여전히 본질적으로 헤겔과 똑같은 현실에 거주하는가? 다시 말해, 주권적 민족국가들로 구성된 국제질서는――거기서 민족국가는 자유, 자결, 법 앞의 평등이란 가치의 (잠재적인) 실현으로 간주된다――여전히 이성적인 것으로 고찰될 수 있는가? 혹은 우리의 역사적 경험은 우리로 하여금 인간성의 어떤 초월적인 조직만이 참으로 이성적일 수 있다는 깨달음을 추동하게끔 해왔는가? 따라서 이처럼 이해된다면, 헤겔의 실제 역사철학의 함의들은 후쿠야마가 품었던 것을 넘어서는 중대한 질문들을 지적하는 것이 된다. 그리고 그것들은 후쿠야마가 민족주의 문제를 우리 시대에 더 이상 어떠한 본질적인 중요성도 갖지 않는 것으로 치부하면서 거부한 것이 부적절했음을 가리키는 것이기도 하다.

아마도 헤겔에 대한 나의 거친(그러나 적어도 간결한!) 요약 속에서 내가 헤겔도 맑스도, 후쿠야마의 "역사의 종말"을 자신들의 시대로 승인하지는 않았을 것이라고 믿은 이유를 드러내는 것이 충분히 말해진 듯하다.

우리는 헤겔에게 후쿠야마 테제를 귀속한 것과 관련하여 또 다른 많은 난관들을 언급해야 할 것이다. (1) 그는 헤겔이 고전적 (로크적 혹은 홉스적) 자유주의의 지지자가 아니라 비판가라는 점을 알지 못한 것 같다. 예컨대, 그는 의기양양한 자유주의의 핵심에 놓인 정신적인 공백에 대해 유감스러운 논평을 하면서, 루소가 로크나 홉스 식의 자유주의가 갖는 이 측면에 대해 비판적이었음을 인정하지만 이 점에 있어서 헤겔이 확고하게 루소의 편이라는 점은 드러내지 않는다. (2) 헤겔의 "이성적 국가"는 우리가 오늘날 알고 있는 형태의 자유민주주의를 지칭하는 것도, 정치적 조직의 한 형태를 배타적으로 지칭하는 것도 아니었다. 오히려 그것은 조직의 엄격한 정치적 형태들이 단지 그것의 한 측면일 뿐인 인륜성[Sittlichkeit] 혹은 구체적인 윤리적 삶의 보다 넓은 개념을 지칭하는 것이었다. (3) 후쿠야마는 많은 부분에 있어 "의식"과 "현실의 물질적 세계"라는 맑스의 구분을 가지고 작업하면서, 헤겔이 여러 정황상 그 구분을 허울뿐인 것으로 간주했음을 인정하려는 분명한 시도에도 불구하고, 정작 본인이 맑스의 범주로부터 벗어나는 데는 성공하지 못한다. (4) 헤겔은 후쿠야마가 주장하듯이 자유민주주의가 모든 본질적인 모순들로부터 자유롭다는 주장에 동의하지 않았을 것이다. 인륜성이라는 헤겔의 보다 넓은 개념이 의도하는 것들 중 하나는 확실히 자율에 맡겨진 자유시장경제가 자신이 구제할 수 없는 다수의 빈자들을 불가피하게 창출하리라는 것이었다. 후쿠야마가 자유민주주의에서 빈곤을 체계적 문제로 다루길 거부한 것은 헤겔의 주장(맑스의 경우는 훨씬 더 강화된)을 무시하는 것이다. (5) 헤겔이 묘사한 인간성의 역사는 이데올로기(코제브가 취한 맑스주의 용어의 또 다른 형태)의 진화의 역사가 아니다. 오히려 그것은 『정신현상학』에서는 최초에 자연적 의식 형태들의 계승에서 나중에는 세계 혹은 정신 형태들의 계승으로 이어진 것이며, 역사철학에서는 민족들과 문명들의 계승으로 연결된 역사다. 궁극적으로 그것은 이데올로기가 아니라 역사를 통해 발전하는 정신 자체인 것이다.

헤겔에게 탈역사적 실존과 같은 것이 존재한다는 후쿠야마의 주장을 거부한 이후로, 나는 더 이상 이 주제를 숙고할 필요를 느끼지 않는다. 하지만 탈역사적 실존이라는 그의 해석에는, 나의 어떤 재치 있는 동료가 표현했듯이, 미래에는 자신들의 역사가 문제가 되지 않는 민족들만이 역사를 갖는 것이 허용될 것이라는 기이한 구석이 존재한다. 후쿠야마는 자신의 임무가 "세계 도처에 있는 모든 괴짜 메시아들에게 빠짐없이 답하는 것이 아니라, 단지 중요한 사회적, 정치적 힘들과 운동들에 구현되어 있고 그래서 세계사의 일부가 된 것들만을 다루는 것이다"라고 주장한다. "우리의 목적상, 어떤 낯선 생각들이 알바니아나 부르키나 파소의 사람들에게 떠올랐는지는 별반 문제가 되지 않는다. 왜냐하면 우리는 어떤 점에서 인류의 공통적인 이데올로기적 유산이라 부를 수 있는 것에 관심을 두기 때문이다."(9) 그렇다면 다음과 같은 질문이 제기된다. **중요성의 기준은 무엇인가?** 저 "인류의 공통적인 이데올로기적 유산"은 의심스럽게도 "서구 자유주의사상들의 공통적인 이데올로기적 유산"처럼 보이며, 그렇기 때문에 의구심이 들지 않을 수 없다. 헤겔은 정신의 역사에서 다양한 민족들이 갖는 각각의 중요성들에 관해 유사한 판단을 내린 바 있지만, 그런 판단을 만드는 그의 기준은 평범했다. 후쿠야마는 「나의 비판가들에 대한 답변」에서 다시금 이 지점을 거론하면서, 왜 모든 민족주의적 이데올로기가 역사적 중요성을 갖는 건 아닌지를 설명하고자 한다. 거기서 그는 단지 특정 조건들에 부합했을 때만 민족주의적 대립들이 중요해진다고 주장했다. 즉 문제의 민족주의 이데올로기는 그 이데올로기에 대한 보편주의적 주장들을 내세우는 크고 강력한 제국주의적 민족에 속해야 하고, 다른 이데올로기들과의 대립은 핵에 의한 절멸의 위험을 수반해야만 한다(27). 여기서 "중요한"이란 말은 단지 군사적 의미에서 "보편주의적"이고 "강력한" 것을 의미한다. 그러나 그것은 기껏해야 최근에 결론 난 초강대국들 사이의 냉전에 대한 하나의 주석에 불과할 뿐, 역사철학에 관한 것은 아니다.

IV

후쿠야마 기사와 더불어 출간된 예닐곱 가지의 반응들은 곧 범람하게 된 것의 소량에 지나지 않음이 판명되었다. 상대적으로 짧은 시기에, 기명칼럼들, 사설들, 더 많은 반응들 그리고 빗발치는 논쟁들이 평론지들을 통해 선보였다. 『워싱턴포스트』는 애초의 에세이를 요약해서 실었다. 『뉴욕타임스』에서는 리처드 번스타인이 원본과 함께 발췌본을 개재했다.[21] 뒤이어 플로라 루이스의 칼럼 「역사의 귀환」과 함께[22] 「거대한 지루함을 기다리며」라는 제하의 사설이 실렸고,[23] 제임스 애틀러스는 『매거진』에 「후쿠야마는 무엇을 말하는가?」란 기사를 썼다.[24] 조지 윌도 『뉴스위크』에 칼럼을 쓰면서 개입했다.[25] 에세이들은 그 밖의 잡지들에도 실렸는데, 임의로 거명하자면 『인카운터』, 『내셔널 리뷰』, 『더 네이션』, 『인 디즈 타임스』, 『크로니클 오브 하이어 에듀케이션』, 『타임』 등이 있었다. 「후쿠야마에 대한 더 많은 응답들」은 『내셔널 인터레스트』에 실렸고, 이에 더해 새뮤얼 헌팅턴과 레온 비젤티어가 더 긴 에세이들을 기고했다.[26] 1989-90년 겨울에 쓴 후쿠야마의 「나의 비판가들에 대한 답변」은 『워싱턴포스트』에 「역사의 종말을 넘어서」라는 제목으로 발췌 수록되었고,[27] 이어서 추가 기사로 『뉴욕타임스』에 번스타인의 「역사의 종말, 재차 설명되다」가 실렸다.[28] 『내셔널 인터레스트』의 편집자들에 따르면[29] 그 논쟁은 파리, 도쿄, 로마, 시드니, 암스테

• •
21. Sunday, 27 August 1989, sec. E. 5.
22. Wendnesday, 1 November 1989, sec. A, 29.
23. Monday, 11 September 1989.
24. Sunday, 22 October 1989, 38-42, 54-55.
25. 14 August 1989.
26. *The National Interest* 17 (Fall, 1989), 92-100, 3-11, 11-16.
27. Sunday, 10 December 1989, sec. C, 1, 4.
28. Sunday, 10 December 1989, sec. E, 6.
29. *The National Interest* 17 (Fall 1989), 16.

르담에서 출간된 후쿠야마 글의 번역본과 복간본을 통해 곧 지구를 일주하게 될 것이다.

예상대로 그 논의는 대부분 철학적 수준에서 제기되지 않았고, 다만 단순한 이데올로기 겸 정책의 수준에 머물렀을 뿐이었다. 일부 신보수주의자들의 공통 주제는 냉전이 끝났다는 암시에 회의적으로 혹은 부정적으로 대응하는 것이었으며, 짐작컨대 방위비의 추가적인 감축, 그것도 죽은 독일 철학자의 지시에 따른 요청이 부른 여하한 위험을 미연에 방지하려는 것이었다. 아마도 또 나른 근서에서 불가피한 방위비 삭감을 받아들였던 다른 신보수주의자들은 명백히 헤겔의 부활을 환영했는데, 그것은 그의 정치학이 올바른 것이고 모든 보도들을 볼 때 그가 심오한 사상가라는 확신에서 나온 것이었다. 스펙트럼의 또 다른 측에서는, 저돌적인 자유주의자인 하비 케이가 후쿠야마의 글을 두고, 제2차 세계대전 이후 미국에서 우리의 정치적 삶 자체와 특히 역사를 직업으로 삼는 이들에게 지배적인 합의로 군림했던 자유주의를 대체하면서 "새로운 탈자유주의적 합의를 창출하려는" 신보수주의적 우익의 음모의 일환이라고 질타했다.

> 역사의 종말 테제는 새로운 정치적 합의와 지배적 서사를 만들려는 이러한 신보수주의적 시도에서 출현한다. 그리고 우파가 통치한 지 10년이 지난 지금, 특히 전자는 현존하는 사태의 질서를 신성화하려는 의도를 지녔다. 그것의 목표는 현재의 질서를 역사의 정점이자 모든 가능한 세계의 최선으로 묘사하고, 그것을 넘어선 선택은 결국 같은 수준에 머물거나 경제적이고 정치적인 퇴보를 의미한다고 주장하는 것이다.[30]

다른 한편으로, 만약 존 그레이의 「역사의 종말 혹은 자유주의의 종말」이

---

30. Harvey J. Kaye, "Point of View", *Chronicle of Higher Education* (25 October 1989), A48.

정확하다면, 자유주의자들은 후쿠야마를 조금도 걱정할 필요가 없는데, 왜냐하면 그는 그들 진영의 일원이기 때문이다.

후쿠야마의 명석하고 사려 깊은 주장은 미국식 사고에서 자유주의가 갖는 헤게모니의 힘을 징후적으로 보여준다. 미국의 지적 삶에서 자유주의 사상들과 가정들은 도처에 만연해 있고 공적 담론에 대한 그것들의 구속력이 너무나 강력하기 때문에, 때때로 자유주의적이지 않은 사상을 정식화하는 것은——그것을 자유롭게 표명하는 것은 말할 것도 없고—— 거의 불가능해 보인다. 자유주의 이데올로기에 의한 미국적 정신의 지배는 정책의 능력을 엄청나게 불구화시켜왔던 실제 세계에 대한 미국인의 시각에 맹점들을 조장시켜왔다.[31]

요컨대, "헤겔의 역사의 종말 이론"을 둘러싼 최근 논쟁은 그것에 관해 많은 것들을 만들어 냈지만, 그것은 마치 한밤중의 교전으로 인해 혼란에 빠진 군대들의 모습을 연상케 하는 것이었다. 어빙 크리스톨이 헤겔의 워싱턴 DC 입성을 관대하게 환영했음에도 불구하고, 우리는 헤겔이 이 전문가들의 땅에 아직 도달하지 않았다고 결론지을 수밖에 없다. 헤겔이 우리에게 정치적 질서, 도덕성 그리고 역사에 관한 많은 지혜들을 제시한다는 점에서 이 점은 매우 유감스럽다. 그리고 1989년에 코제브의 "논평"이 헤겔의 수용할 만한 대체제로 여전히 회자되고 있다는 점은 우리를 당혹스럽게 만든다. 그것은 이미 1969년에도 수용할 만한 대체제가 아니었기 때문이다.[32]

..

31. John Gray, "The End of History——or of Liberalism", *National Review* (27 October 1989), 35.

32. 코이레와 더불어 코제브의 작업은 헤겔의 초기 수고들 일부가 몇 년 앞서서 발견된 것에 흥분하면서 반응을 보였던 1930년대의 평론가 집단에 명백히 속한다. 이런 일화는 젊은 시절 작품들이 거의 20세기 내내 수많은 언어로 잇달아 번역되었던

후쿠야마의 역사의 종말 테제가 갖는 가장 위대한 역설은 그것이 거의 같은 시기에 상당히 주목받고 평해졌던 또 다른 주제를 외면하려는 기색을 보였다는 점과 관련된다. 역사의 귀환이 바로 그것이다. 플로라 루이스가 『뉴욕타임스』의 기고문에서 주장했듯이, 현재 우리는 기존 질서들과 체제들을 전복하고, 변화를 막으려는 군대, 경찰, 관료집단의 완고한 노력들을 좌절시키는 역사의 특권이 현저하게 재천명되어 온 기이한 시대를 겪고 있는 중이다. 내가 이 글을 쓰고 있는 같은 날, 베를린 장벽은 동독 주민들의 자발적인 행동을 미연에 방지하려는 필사적인 노력으로 그것을 세웠던 동일한 당국에 의해 허물어지고 있으며, 이제 수백만의 동독인들은 우리들 중 어느 누구도 그들이 우리 시대에 할 수 있으리라고 생각하지 못한 것을 수행하고 있는 중이다. 플로라 루이스는 프랑스 철학자 앙드레 글뤽스만을 인용해 "공산주의로부터 벗어나는 것은 역사로 복귀하는 것이다"라고 말한다. 결국 그는 체코 작가——지금은 대통령인[2003년까지 재임, 역주]—— 바츨라프 하벨의 말을 반복한 것이었다. "전체주의 권력은 역사의 생생한 무질서에 관료제적 '질서'를 부여했고, 그 결과 그것은 역사로서는 미라가 되었다. 정부는 이른바 국영화된 시기를 보내고, 따라서 그 시기는 국영화되었던 그만큼의 슬픈 운명에 의해 고통을 받아왔다. 그것은 사멸하기 시작했다."[33]

이처럼 역사의 특수한 복귀에 따른 서구의 직접적 희생자들 중 한 명은 사회적·정치적 조직에 대한 우리의 "사회과학적" 이론들의 일부를 지성적

..
"청년 맑스"에 대한 유사한 열광에 비견될 수 있을 것이다. 1969년 현재, 헤겔에 대한 만족할 만한 영어권 논평을 찾는 사람이라면 G. R. G. 무어나 J. N. 핀들레이의 글보다 더 나은 것을 찾을 수는 없을 것이다. 두 개를 꼽자면 말이다.

33. 인용된 부분은 원래 지하잡지 『예드노 노후』에 처음 실린 바츨라프 하벨의 「소설과 전체주의」에서 취한 것이다. 이후에 그것은 *Index on Censorship* 17, no. 3 (March 1988)에서 영어 번역으로 출간되었고, 또한 Václav Havel, *Open Letters: Selected Writings 1965-1990*, ed. Paul Wilson (New York: Alfred A. Knopf, 1991), 328-50에도 실렸다.

으로 윤택하게 해준 자였다. 이제 우리는 그 이론들이 상대적인 역사적 정체의 시기에 번영을 누렸고, 역사의 귀환이 우리에게 이 특수한 형태의 인간적 "지식"이 지닌 한계들을 상기시켰음을 인정한다. 이제 우리는 "사회 과학"이 있기 전에 사건들과 그것들의 시대구분에 대한 관심과 더불어 서사적인 역사가 존재했다는 것, 그리고 역사에 대한 이 특수한 관점이 본질적인 기능을 제공한다는 것을 기억한다. 하지만 우리 의식 내의 이 변화들은 현재 또다시 역사와 직접 맞서고 있는 중부 및 동부 유럽인들의 경험 속에서 발생했던 것을 단지 흐릿하게 반성할 뿐이다.

14. 헤겔과 역사의 종말

라인하르트 클레멘스 마우러 Reinhart Klemens Maurer

(존 스튜어트 번역[1])

신의 왕국을 실현하기 위한 혁명적 욕망은 진보적 교육의 유연한
지점이자 근대사의 시작이다.

— F. 슐레겔, 아테네움 단편, 222

강철 같은 뼈 속에서 가장 고귀한 골수를 취하려면 개들이 갖고 있는
모든 이빨을 사용해서 가능할 수 있을 것이다. 물론 그것은 하나의 상상일
뿐이며 과장된 것이기도 하다. 왜냐하면 모든 이빨이 준비되어 있다손
치더라도, 개들은 심지어 그것을 깨물 수조차 없을 것이기 때문이다.
오히려 그 골수는 가장 허약한 강아지의 움켜쥠을 통해 열려질 수 있을
것이다.

— F. 카프카, 『어느 개의 연구』

1. 현재의 번역은 다음의 텍스트에 기초해 있다. R. K. Maurer, "Teleologische Aspekte
der Hegelsche Philosophie: Zur Kritik des neuen Chiliasmus", *Hegel und das Ende
der Geschichte* (2d ed., Freiburg, Munich: Alber, 1980), 173-207. (스튜어트 역)

I

우리가 역사의 종말에 관해 어떤 논의를 하고자 한다면,[2] 다음과 같은 세 가지 의미들을 구별해야 할 것이다.[3]

• •

2. 이것은 "Endgeschichtliche Aspekte der Hegelschen Philosophie", *Philosophisches Jahrbuch der Görresgesellschaft* 76 (1968), 88-122의 재판이다.

   그 논문은 *Hegel und das Ende der Geschichte* (Stuttgart, 1965)에 첨부된 것으로 그 자체로 완결된 글이다. 또한 "Hegel et la fin de l'histoire", *Archives de Philosophie* 30 (1967), 483-518 참조. 비록 그 책은 『정신현상학』의 해석으로 시작하고 있지만, 역사의 종말에 관한 문제는 거기서 탐구를 하는 과정에서만 발생한다. 그와 대조적으로, 여기서 이 문제는 시작부터 전면에 배치된다. 특히 이 문제는 무엇보다도 이 주제가 가장 분명하게 다뤄지고 있는 헤겔의 저서들로 향한다. 보다 정확하게 말하면, 이것들은 저서들이 아니라 오히려 헤겔의 베를린 시절 강연들로서, 철학사에 대한 그의 가장 까다로운 강의들에 해당한다. 그의 전 저작의 통일성에 강조점을 두는 것과 더불어, 나는 여기서 헤겔을 가장 큰 영향력을 갖고 있지만 아직까지는 그리 영향력을 발휘하고 있지 않은 인물로 묘사하고자 한다.

   강의의 전달은 신뢰성이 떨어지지만, 그나마 최근 나온 판본들의 경우에는 학생들의 수고들에서 주어진 구절들의 출처와 관련된 정보가 나와 있다. 헤겔은 많은 것들을 서로 다르게 정식화했고 출간을 위해 책의 형태에 보다 정확한 설명을 제공했다고는 하지만, 우리는 여전히 불안한 상황에서 이 텍스트를 고수할 것이다.

   아래 제시된 것은 이 글에서 언급하고 있는 헤겔 작품들의 축약된 표기들이다.

   Einl=『철학사 입문*Einleitung in die Geschichte der Philosophie*』(ed. Hoffmeister [Hamburg, 1959] [PhB 166]).

   Log=『논리학*Wissenschaft der Logik*』(ed. Lasson [Leipzig, 1934] [PhB 56/57]).

   Phä=『정신현상학*Phänomenologie des Geistes*』(ed. Hoffmeister [Hamburg, 1952] [PhB 114]).

   Recht=『법철학*Grundlinien der Philosophie des Rechts*』(ed. Lasson [Hamburg, 1955] [PhB 124a]).

   Rel=『종교철학 강의*Vorlesungen über die Philosophie der Religion*』(ed. Lasson [Hamburg, 1966] [1925년 판의 재판; PhB 59).

   Vern=『역사의 이성*Die Vernunft in der Geschichte*』(ed. Hoffmeister 1955 [PhB 171a]).

   WG=『헤겔 전집*Sämtliche Werke*』(ed. Glockner [Stuttgart, 1927ff.]).

3. L. 란트그레베는 자신의 논문 "Das philosophische Problem des Endes der Geschichte",

1. 유럽이라는 세계사의 종말. 이것은 한 시대의 종말을 의미하는데, 당시 이론적이고 실천적인 "자유의식에서의 진보" 즉, 인간으로서 인간의 질적・양적으로 확장된 인식은 유럽에서 발생했다. 오늘날 그 내용과 관련하여 헤겔적 개념들에 의해 정의된 이런 의미의 세계사는 더 이상 유럽에만 국한되지 않으며 사실상 세계의 역사가 되었다. 거의 전 지구가 이른바 (상당부분 미국과 러시아라는 강력한 분파들로 인해) 유럽화되었다. 게다가 자유의식이 그 문제와 관련하여 유럽에서나 그 밖의 다른 곳에서 더 진전되고 있는 것인지, 혹은 세계적 조직의 해로운 실험들에 의해 파멸로 치닫고 있는지, 다시 말해 자유가 자신의 실현을 위한 시도에 실패했는지는 명확하게 식별할 수 없다.

2. "역사의 종말"은 또한 **새로운 시대의 시작**을 의미하는 것으로 간주될 수도 있다. 그 시대는 현재와 구분하기 위해 과거를 "역사"라고 부르는 것이 정당화되었던 방식으로 출현한 이제까지의 모든 시대와 확연히 구별된다. 그리고 그것은 탈역사의 시작을 보여준다. 예컨대, 사회학자 A. 겔렌은 쿠르노에 이어 이런 식으로 '탈-역사(post-histoire)'를 주장한다.[4] 그의 기술에 따르면, 이 개념에는 그가 '문화적 결정화(cultural crystallization)'라고 부른 것이 포함되어 있다. 코제브는 『헤겔 독해 입문』에서[5] 이와 매우 유사한 방식으로 "역사의 종말에서 인간의 소멸"을 논한다.[6] 확신 없는

・・
    Kritik und Metaphysik (Berlin, 1966), 224-43에서 칸트에 대한 견해를 가지고 이것과 똑같은 주제를 다룬다.

4.   A. Gehlen, *Studien zur Anthropologie und Soziologie* (Berlin, 1963), 344.

5.   Paris, 1947.

6.   이것으로, 그는 이제까지의 역사적인 인간 유형의 소멸을 의미하면서 다음과 같이 설명한다.

    인간은 자연과 조화를 이루는 동물이나 주어진 존재로서 생을 유지한다. 정확히 말하자면, 사라지는 것은 인간, 즉 객체에 대립되는 주체의 소여와 오류 자체의 부정적 행위다. …… 사실상, 이것은 전쟁과 유혈 혁명의 소멸을 뜻하며, 또한 철학의 소멸을 의미한다. 인간은 더 이상 본질적으로 자신을

이의제기에서 비롯된 것으로서 이처럼 일부 객관적이고 일부 예언적이며 일부 냉소적인 분석들 배후에는 근대사회의 주장, 즉 역사는 자신의 등장을 통해서 더 이상 단순히 발생하는 것이 아니라 오히려 인간에 의해 능동적으로 만들어진다는 주장이 자리하고 있다. 분명 '인간'이란 표현은 이런 맥락에선 매우 부정확하다. 이런 관점에 따르면, 산업사회 자체로 이해되고 있는 '인간'은 역사를 만들고, 바로 이런 사실에 의해 역사는 (그것이 무엇이었던지 간에) 이제까지 있어왔던 식으로 존재하기를 멈추고 예정된 변화 속에서 변형된다.[7] 이처럼 능동적인 역사의 형성[Geschichte-Machen]은 인류를 온전히 집합적 전체가 되도록 추동하며, 그 전체의 자유는 무엇보다도 이러한 과정의 필연성에 대한 통찰인 것이다.

3. "역사의 종말"의 가능한 해석 중 세 번째는 **역사의 최종시기로서 새로운 세계-사회**일 것이다. 이런 방식으로 역사의 종말은 비결정적 혹은 무제약적 지속의 시대 속에서 인간의 완성으로 대표되거나, 완성의 여부와 무관하게 인류의 파괴로 이어지는 역사적 시기로 대표될 수 있다. 후자의 의미에 따르면, 역사는 탈역사의 "매혹적인 무책임"이나 "익명적인 책임"이 (야스퍼스에 따르면 이것은 새로운 집단윤리의 근본적인 범주다) 부재한 종말에

• •

> 변화시키지 않기 때문에, 세계와 자신의 지식에 기초를 이루는 (참된) 원리를 변화시킬 어떠한 근거도 존재하지 않게 된다. 그러나 그 밖의 모든 것은 그 자체로 영원히 유지된다. 예술, 사랑, 스포츠 등등. 요컨대 그것은 인간을 행복하게 만드는 모든 것들이다(434ff., 논평).

> 기대와는 달리 별로 달라진 게 없는 그 책의 두 번째 판에 대한 논평에서, 코제브는 탈역사적 인간이 그 자체로 행복한 것이 아니라, 오히려 "예술적이고 성적이며 운동적인 행위의 기능을 하면서 행복해"하는 한에 있어서(436), 인간에 대한 언급을 행복한 동물이라는 식으로 약화시킨다.

7. 기술적인 대신에 총체적인 입안의 열광적인 이데올로기로부터 존속하는 '탈-역사'란 개념에 대한 내재적이고 계획적인 기술적 비판을 보려면, H.-J. Arndt, "Die Figur des Plans als Utopie des Bewahrens", *Säkularisation und Utopie, Ebracher Studien* (Stuttgart, 1967), 119-54, 특히 135ff를 참조하라.

이르게 될 것이다.

II

내 연구가 던지는 질문은 다음과 같다. 그동안 종종 수행되어 온 것처럼, 헤겔을 "역사의 종말"이란 표현의 이와 같은 하나 이상의 의미들과 결합시키는 것이 철학적으로 혹은 문헌학적으로 정당화되는가? 앞서 언급한 코제브의 작업은 헤겔 자신의 교설에 기초한 방식으로 헤겔을 신과 세계를 아우르는 자연과 역사의 통합된 과정에 관한 절대지의 전달자——거의 역사의 종말 직전에 나타난 전달자——로 해석하고자 했다. 이와 유사하게, 뢰비트[8]와 타우베스[9]는 맑스와 J. 부르크하르트를 좇아서, 헤겔을 그리스 유대-기독교 전통에서 종말론적으로 기원한 서구 역사철학들의 거의 소멸 직전의 순서에 있는 것으로 분류한다.[10] 마찬가지로, 독일에서 구헤겔주의와 신헤겔주의를

• •

8. K. Löwith, *Weltgeschichte und Heilsgeschehen: Die theologischen Voraussetzungen der Geschichtsphilosophie* (Stuttgart, 1953). 이하 *Löw* 2로 표기.

9. J. Taubes, *Abendändische Eschatologie* (Bern, 1947).

10. 뢰비트는 초기 저서 『헤겔에서 니체로』(Zurich, 1941; Stuttgart, 1958; 이하 *Löw* 1로 표기)에서 분명하게 그 종말을 헤겔에 결부시켰다. 거기서 우리는 "헤겔의 철학적 신학이 참으로 종말을 고했다"는 말을 들을 수 있다.(58) 이처럼 철학과 신학의 연결과 그 종말이 갖는 의미는 헤겔의 화해 개념에 의해 설명된다. "하지만 헤겔은 자기 자신을 현존 세계의 경험적 모순들과 화해시킬 수 있었는데, 왜냐하면 그는 최후의 기독교적 철학자로서——지금은 그가 이 세계에 없다는 듯이——거기에 항상 거했기 때문이다."(111) 후에 뢰비트는 다음과 같이 적었다. "낡은 유럽의 정신이 붕괴한 반면, 그 문명은 떨쳐 일어나 세계를 정복했다."(*Löw* 2, 185. 위에서 '역사의 종말'의 첫 번째 의미를 참조) 이 구절은 명백히 이런 방식으로 이해될 수 있다. 뢰비트가 보기에 헤겔과 그의 시대와 함께 종말을 고한 것은 "세상 물건을 쓰는 자들은 다 쓰지 못하는 자 같이 하라"(고린도전서, 7장 29절 이하)는 바울의 권고의 의미에서 기독교의 특수한 현실화와 세속화였다. 이러한 변증법적 통일은 급진적으로 세속화된 문명과 "이 세계로의in hoc saeculo 기독교적 순례"로 이미

이어주는 M. 루빈슈타인은 「헤겔 철학 체계의 논리적 토대와 역사의 종말」이란 논문을 썼다.[11] R. 하임에 따르면, 1830년에 헤겔주의자들은 "매우 진지한 자세로 헤겔 철학에서 세계정신이 자기 자신의 지라는 목표를 통과한 후에 세계사의 향후 내용을 구성하리라고 생각되는 것에 대한 문제를 결론지었다."[12] 그리고 비슷한 방식으로, 상당수 헤겔 해석가들은 헤겔 철학이 서양의 정신 혹은 그와 유사한 것의 최종적인 종합이라고 주장한다.

헤겔에 붙여진 이 모든 역사적 종말 개념들 중에서, 이 표현의 첫 번째

붕괴되었거나 혹은 차라리 그렇게 되어야 할 것이다.(*Löw* 1, 415 참조) 기독교의 실현의 종말과 새로운 실현의 가능성의 문제에 대해서는, 또한 Mirgeler, *Rückblick auf das abendländische Christentum* (Mainz, 1961)을 참조.

11. *Kant-Studien* 11 (1906), 40-108에 수록.

12. R. Haym, *Hegel und seine Zeit* (Berlin, 1857; Darmstadt, 1962로 재판), 4ff. 예컨대, 헤겔의 『종교철학 강의』(WG, vol. 15, 6) 초판에 P. 마르하이네케가 쓴 '서문'을 참조하라. 일반적으로는 만약 헤겔이 역사의 종말을 실제로 논의했다면, 그는 다음과 같은 의미로 그것을 말했을 것이라고 볼 수 있고, 그의 철학을 동시대의 의식으로부터 궁극적이고 절대적인 것으로 고양시키고자 했던 사람은 그가 아니라 일부 헤겔주의자들이었다. 아마도 이런 동시대인들 중에서 가장 명민했을 법한 사람인 맑스는 헤겔주의 철학에서 총체적인 철학이 아니라 다른 철학들, 예컨대 아리스토텔레스주의 철학 중에 '하나의 총체적인' 철학을 보았다(*Frühschriften*, ed. Landshut [Stuttgart, 1953], 12ff.). 그리고 또한 그는 대부분의 다른 헤겔주의자들과는 대조적으로, 하나의 총체적 철학에 따라 수행되어야 하는 것을 알았다. 그는 노동자 계급의 비참함이 자신의 견해에 결정적으로 자리매김되기도 전에 이미 그것을 자신의 논문에서 역사적이고 철학적으로 추론했다. 철학은 실천적이어야 한다. 철학의 지양을 통한 그것의 현실화와 현실화를 통한 지양, 혹은 "철학이 세속적으로 되는 동시에 세계가 철학적으로 되는 것"(같은 책, 215, 17)은 실체변화transubstantiation의 정식을 의미한다. 이처럼 실천의 우위를 모호하게 선언하고 실행하면서, 맑스주의는 오늘날 역사의 종말과 탈역사의 시작을 논하는 주요한 대의가 되었다. 문체상으로는 저 정식의 기발하지만 애매한 양식을 사용하고, 동시에 헤겔주의 철학의 이론적 문제들을 활용하며, 정치적 실천과 이 실천의 경제적 이론에 의지함으로써, 맑스는 이론과 실천의 결론 없는 논쟁의 창시자가 되었다. 철학자이자 변증가인 그는 맑스주의의 후기 스콜라주의적 존재론화를 조장했던 '존재와 의식'(같은 책, 349)의 상호작용으로 이해되는 상호규정이란 범주에 고착되었다.

의미가 확실히 가장 이해될 만한 것에 해당한다. (각각 탈역사의 시작과 역사의 최종시기를 지칭한) 나머지 두 의미들은 헤겔과 결합할 경우 문제적인데, 왜냐하면 그것들을 사용하는 것이 헤겔이 정신의 "자기 자신으로 다가감[Zu-sich-selbst-Kommen]" 혹은 그 왕국의 실현을 말할 때 그가 의미한 것의 해석과 적용을 요구하기 때문이다. 실제로 헤겔은 직접 역사의 종말을 딱 한 번 언급한 적이 있다. 진정성의 문제들에 대해서는 오히려 의심스러운 것이 사실인데, 어쨌든 문제의 구절은 다음과 같다. "세계사는 동쪽에서 서쪽으로 이동한다. 왜냐하면 유럽은 참으로 역사의 종말이기 때문이다." 이 문장은 처음에 언급한 세 가지 의미들에 적용했을 때 다양한 고민지점들을 제공한다. 우선 그것은 모든 것이 유럽과 함께 종결되는 것을 의미하지는 않는 것 같다. 차라리 그것은 유럽 자체가 종언을 고한다는 것을 암시한다. 이것이 의미하는 바는, 만약 역사 자체가 유럽의 종말 이후에도 지속된다면 그것은 단지 탈역사가 된다는 것일 수도 있고, 아니면 서양의 멸망이 실제 역사의 종말, 즉 인간성의 파괴를 뜻한다는 것이다. 그렇지만 앞서 언급한 이유들로 인해 이 문장을 고수해서는 안 된다.(주석 2 참조) 헤겔의 역사이론이 갖는 일반적 의미는 우리가 이 구절을 과대평가해서 그 이상으로 나가는 것을 허용하지 않는다. 사실상 이 문장은 그 이론의 맥락 속에서 이해되고 제기되어야 한다. 그렇지만 (플라톤과 아리스토텔레스의 입장에 기초해 있는 보편적 발전 이론과 마찬가지로) 헤겔의 역사이론에 따르면, 역사의 종말에 관한 문제는 부차적인 중요성을 지닐 뿐이다.

철학적으로 정의할 때 —— 그리고 이것은 철학이 폴리스로부터 기원한 바에 따르면 동시에 정치적이기도 하다 ——, 세계사는 헤겔에 따르면 "자유 의식의 진보"에 해당한다(예를 들어, *Vern*, 63). 신학적으로, 세계사는 중간단계에 있는 것으로 정의된다. "역사는 저기로부터 여기로 주어진다"(*WG*, vol. 11, 410)는 말로써, 헤겔은 자신이 철학적으로 "정신"의 원리의 계시로 이해하고 있는 육화(incarnation)를 말하고 있다. 신학적인 동시에 철학적으로 정의할 때, 역사는 "정신을 자기 자신, 즉 개념으로 이르게끔 돕는 이런 과정"이다(Vern, 72; 150ff. 참조). 여기서 첫 번째와 세 번째 정의가 그 목표가 지상에서의 일종의 신의 왕국에서 자유가 실현되는 것이라는 진보적 과정의 개념과 연결될 수 있다는 인상이 생길 수 있다. 그렇지만 그 중간단계에서의 역사 이해는 이것에 분명한 반대의사를 표한다. 이런 중간단계와 관련해서, 서양의 시간 계산이 시사하듯이 앞선 모든 것들은 선역사적이고 이후의 모든 것들은 탈역사적인 것에 속한다. 실제로 헤겔에게 정신 개념은 세속화(secularization)의 완전히 상이한 형태를 제시한다. 즉 그것은 역사의 중간을, 모든 개인의 삶과 죽음의 매 순간 속에서 모든 시기의 중간이자 모든 실현 가능한 현재의 중간으로 만든다. 게다가 그것은 역사의 상이한 개념들을 —— 무엇보다도 뢰비트가 유대-기독교적 전통 그리고 발전과 원환운동이라는 고대 사상에 할당한 진보 관념 —— 보다 높은 발전 개념으로 화해시키는데, 이것은 지속과 분리를 합치는 것이다. 이렇듯 역사의 다른 견해들은 한편으로 원환들의 끝에 놓여 있고 다른 한편으로 그 원환들 사이에 놓여 있는 단절을 단지 은폐할 뿐이며, 이런 이유로 그 두 가지는 그것들이 기하학적 모델에 기초해 있는 이상 일면적이고 그릇될 수밖에 없다. 그렇지만 역사의 종말 혹은 하나의 역사의 종말에 관해 말하는 것은, 그것이 역사적 맥락을 완전히 수용하는 한에 있어서, 다음의 두 가지 관념들 중 하나에 의존해 있는 것이다. 하나는 자신의 목적에 도달하는 단일한 과정의 상승적, 직선적 혹은 (나선형의) 굴곡진 선이라는 관념이고, 다른 하나는, 니체가 예비했고 슈펭글러에 의해 유명해진 이론에 따르면 하나의 모델을 그것의 생물학적 체현 속에서 기하학적 도식을 취하는 문화의 원환 운동이라는 관념이다.

Ⅲ

표면적으로만 보면, 헤겔은 역사의 생성이라는 그리스의 아리스토텔레스적 교설을 적용함으로써 자신의 발전 개념을 도출한다. 목적론적인 발전 개념은 역사를 논리적으로 전체성과 결합시킨다. 반면 신학적이고 정치적 해석에서 역사는 전체성과 단절하고, 모든 것을 자기-부정하는 실재 혹은 자기-전개하는 자유의 이론으로서 철학의 매개 속에 위치시킨다.

우선 이것은 헤겔이 종종 자연에서 취한 직유법을 통해서 정신과 역사를 한데 묶는다는 사실에서 잘 드러난다. 예컨대, 그는 "그리고 마찬가지로 씨앗은 나무의 온전한 본성을…… 자체 내에 지닌다. 따라서 정신의 최초 흔적들은 역사 전체를 포함한다"(*Vern*, 61. *Vern*, 181ff. 참조. 그리고 *WG*, vol. 10, 15ff.=*Syst. d. Philos.*, 379절 추가 참조)고 적는다. 그렇기 때문에, 정신에게는 고맙게도, 전체성은 비록 역사의 시간적 혹은 차라리 역사적 의미로 이해된다 할지라도 정신의 전개의 완성을 필요로 하지 않는다.[13] 정신으로서 그 종결은 시작이나 종결 속의 시작에(*Vern*, 131 참조) 혹은 중간이나 그 전 과정의 토대에 포함되어 있으며, 그 과정 자체는 비록 자기의 전제들을 산출하는 것처럼 보일지라도 사실상 그 시작을 단지 전개할 뿐이다.[14] 이런 방식으로 헤겔은 "발전 원리는 하나의 토대로서 스스로를

. .

13. 『정신현상학』의 말미에서, 그는 다음과 같이 적는다. "시간은…… 그 자체로 완성되지 못한 정신의 운명이자 필연성으로…… 나타난다. …… 그러므로 정신이 본래의 제 모습으로, 즉 세계정신으로 완성되기 전까지는, 자기의식적인 정신으로 완성될 수 없다."(*Phä*, 558ff) 이 맥락에서 '그 자체로서'와 '자기의식적'이 의미하는 것은 여기서 상세히 논의되진 않는다. 그것이 헤겔이 논하는 '완성'의 의미에 중요하다 할지라도 말이다. 그러나 헤겔의 정식에 따르면, "시간은 단지 하나의 현상인 정신의 운명으로 나타나는데, 이것은 시간이 자신의 의무를 다했을 때 그것을 회고적으로 무효화한다."(*Phä*, 558) 이것은 정신이 그 자체로 자신의 생성을 유지하거나 취하는 '희생'과 '외화'를 통해 발생한다. 이때 발견되는 것은 시간(과 공간)의 토대에 낯선 것이 아니라 차라리 "그것의 순수 자체"다(*Phä*, 563).

14. 여기서 우리는 가정hypothesis과 원리archê의 플라톤적 구분(*Politeia*, 510Bff., 533Af.)을 떠올리게 될 텐데, 그것은 헤겔 철학의 기본 원리들에 속한다. 플라톤에 의하면 철학의 가장 중요한 기관인 변증법은 이 두 극 사이에서 움직인다. 변증법의 비판적 활동은 "가정들을 개시하게끔" 만드는 데 있는 것이 아니라, 오히려 "그것들을 가정들로" 만드는 것에서 존재한다. 그리고 그것은 있는 그대로의 가정들 자체를

실존으로 이끄는 내적 규정이 —— 그 자체로 존재하는 전제[15]—— 있다는 것을 의미한다'고 적는다(*Vern*, 151). 그리고 헤겔은 "무한한 가능성"으로서 이런 토대를 "아리스토텔레스적인 dynamis와 potentia, 즉 힘과 가능태"와 연결할 수 있게 된다(*Vern*, 157). 종교사에서, 헤겔은 부분 속의 전체의 현전을 설명하는데, 이는 전체와 부분의 존재론으로부터뿐만 아니라 자연과의 비교 가능한 영역으로부터 벗어나는 하나의 사례와 함께 전체와 부분 모두를 달라지게 하거나 파괴한다. 『종교철학 강의』 서문에는 다음과 같이 적혀 있다. "한편으로 종교의 상이한 형태들이나 규정들은 종교 일반의 혹은 완성된 종교의 계기들이다. 그러나 그 계기들은 또한 독립적인 형태를 지니기 때문에, 종교는 그것들 속에서 시간적으로 그리고 역사적으로 스스로를 발전시켜왔다."(*WG*, vol. 15, 92) 이것은 『정신현상학』의 주제인바, 본질은 현상해야 한다는 헤겔의 기본원리의 가장 적합한 실행일 것이다. 『정신현상학』 자체에서, 이처럼 타자의 내재성을 표현하는 사유는 절대적 앎으로 이끄는 그 논문에서 보다 다양한 방식으로 선언된다. "발생하게 될 상이한 종교들의 배치는 단일한 종교, 실로 단일한 모든 종교의 상이한 측면들만을 나타낼 뿐이다."(*Phä*, 481) 그것은 그 운동이 갖는 바로 그 역동적인 구조인데, 이는 종종 '변증법적 방법'으로 폄하되기도 한다. 헤겔에게 변증법은 테제, 안티테제, 진테제로 구성된 논리적 혹은 물질적 과정이 아니다.[16] 오히려 형식논리로부터 나온 이런 부정확한 용어들은 그것들의 내용 없이는 언급될

⁚⁚ 　입증하고 '무가정presuppositionless'의 길을 열어주는 것을 의미한다.(551B 참조) 헤겔의 『논리학』은 같은 의미에서 절대적인 것의 그릇된 정립을 발전적으로 지양하는 것이며, 제1철학의 토대를 형성하는 이런 변증법은 그의 철학의 나머지 부분 또한 규정한다.

15. 　여기서는 추가에서 "그 자체로 가까이에"란 표현에서 볼 수 있듯이 원리archê의 의미로 사용되었다.

16. 　이 점에 대해서는 G. E. Müller, "The Hegel Legend of 'Thesis-Antithesis-Synthesis'", *Journal of the History of Ideas* 19 (1958), 411-14 그리고 W. Kaufmann, *Hegel* (New York, 1965), 167ff를 보라.

수 없을 텐데, 이 내용은 위에 언급된 도입부의 한 정식화에 따르면 다음과 같다. (1) "선제되어 있는 통일의 계기" (2) "분리의 영역" (3) "분리 속에서 회복된 자유."(회복된 통일은 직접적인 통일 그 이상으로서, 자유를 의미한다)(*WG*, vol. 15, 86) 이런 계기들은 각각의 시기에 서로에게 포함되어 있는 것으로서 살아있는 과정이다. 헤겔이 직접 말했듯이, "우리의 학문 전체와 개념의 발전이 움직이는 이러한 리듬은 주어진 세 계기들의 각각에서 다시금 되돌아오는데, 왜냐하면 그것들 각각이 자신의 규정성 속에서 본질적으로 전체성이기 때문이다. 물론 이 전체성은 마지막 순간에 그 자체로 정립되긴 하지만 말이다."(*WG*, vol. 15, 76)

연속성은 이 정도로 추적될 수 있다. 이제 분리 혹은 분할[Entzweiung]이 나타난다. 그것이 바로 역사적 순서에서처럼 그 서술에서 마지막 순간이 존재하는 시점이다. 사정이 그렇다면 모든 매개는 이처럼 유한한 불연속성을 제거할 수 없다. 이런 이유로 인해, 매개는 불연속성을 그것이 진정한 것인 한에서 통합하고 그것을 마지막까지 사유한다. 종말의 편재는 그것의 내재적 지양이다. 이런 까닭에 종말은 자신의 진지함을 잃지 않는다. 다시 말해 모든 것은 정신에 대해 존재하기 때문에, 자기의식은 정신에 속하고 그것과 함께 공포에 속하기도 한다. 그렇지만 그것은 살아있는 존재로서 자아가 죽거나 세계가 파괴되거나 하는 식의 공포와는 무관해 보인다. 죽음은 세계에서 그것의 파괴다. 실존주의는 가장 선호하는 주제로서 죽음의 현전인 종말의 내재성을 갖는다. 헤겔에게 이 현전은 "분리"를 의미한다. 부정적이고 추상적인 이성[Verstand], 자유 그리고 노동은 개념적으로 분리와 연관된다. 『정신현상학』의 서문에 있는 한 구절에서 그것들 모두를 하나로 합친다는 사실을 통해 보여주는 것처럼 말이다. 거기에는 이렇게 적혀있다.

오직 구체적인 것이 스스로 분리되고 자기 자신을 비현실적인 것으로 만든다는 점에서만, 그것은 자기 추동적이다. 분리의 활동은 그 힘이자 추상적 이성[Verstand]의 작업이다. …… 그러나 우연적인 것 자체가 자신의 맥락으로부터 벗어나서 단지 다른 현실적인 것과의 연관 속에서 자신의 실존과 분리된 자유를 획득한다는 것, 이것은 부정적인 것이 갖는 기이한 힘이다. 그것은 사유, 즉 순수한 '나'의 에너지다. 만약 우리가 이런 비현실성을 그렇게 부를 수 있다면, 죽음은 가장 끔찍한 것이다(*Phä*, 29).

1817년의 『엔치클로페디』는 자유의 이런 부정성을 다음과 같은 방식으로 말한다. "대자적인 무의 최고 형태는 자유다."(*WG*, vol. 6, 54) 헤겔에 따르면, 이런 자유는 우선 폴리스를 파괴하고, 그런 뒤 종교개혁 시기에는 종교와 정치의 중세적 융합을 파괴하며, 이후 산업혁명과 민주주의 혁명기엔 세속적 봉건주의를 파괴한다. 헤겔이 말하는 모든 것에 따르면, 심지어 자유는 사회와 (사회적으로 지배된) 자연으로 이해된 것으로서 인간에 대한 맑스주의적 혹은 미국적 조화의 의미를 지니는 통합조차 파괴할 수 있다. 콩트와 같은 식의 3단계 법칙은 헤겔 변증법의 토대를 형성하지 않으며, 그것의 세 번째 계기는 낭만주의자들, 포이어바흐, 맑스의 경우에서처럼 직접적으로 인간에 혹은 기술적으로 매개된 자연의 복귀에 기초하지도,[17] 그 이데올로 기적인 (따라서 사실적이진 않은) 지배 원리가 어떠한 대가를 치르더라도 모든 이들의 삶의 보존을 꾀하는 것으로서 인간성의 완벽한 자연적 체계를 향한 전진운동에 기초하지도 않는다.[18] 오히려 그 쟁점은 "자연의 무기력"과

• •

17. Maurer, *Hegel und das Ende der Geschichte*, 92ff 그리고 M. Riedel, "Hegels Kritik des Naturrechts", *Hegelstudien* 4 (1967), 177-204 참조.

18. 그러한 역사의 종말이 사유와 현실의 어떤 화해의 의미에서 '정신의 왕국'이 된다기보다는 차라리 그 어느 때보다 풍부한 활동 영역을 산출하는 파괴적인 변증법의 의미에서 그러하다는 사실로 미루어 볼 때, 헤겔이 역사에 대한 입장을 가지고 다음과 같이 적은 것에 대해 이해할 수 있을 것이다. "어떤 제약된 형태도 사유나 개념에 맞서 스스로를 강하게 만들 수는 없다. 만약 개념이 소화하거나 약화시킬 수 없는 그런 것이 존재한다면, 이것은 최고로 분열되고 부도덕한 것으로서 분명 거기에 놓이게 될 것이다. 하지만 만약 스스로를 이해하는 것으로서 사유 자체가 될 수 있는 것이

"삶의 무기력"에 관한 것이다(*Vern*, 58, 72, 169). 이것은 자연이 모든 발전에서 구별을 보지 못한다는 사실에 기인한다. 삶으로서의 삶은 파괴와 이행의 어떤 것도 알지 못한다. 그러므로 자연의 발전은 역사와 대조적으로 (그것을 관찰하고 그것의 자연적 원천들을 탐구하는 정신이 없다면) 진보가 아닌 것이다(*Vern*, 153). 헤겔은 자연의 발전을 "직접적이고, 대립이 없으며 방해받지 않는 것"이라 부른다. 반면 역사의 발전은 그에게 있어 "의식과 의지에 의해 매개된 것"이고, 이것은 분열과 소외를 의미한다(*Vern*, 151ff.). 정신은 소외를 의욕하고, 헤겔이 말했다시피 그것은 "이러한 자신의 소외 속에서 자랑스럽고 충만한 기쁨"이다(*Vern*, 152). 따라서 이것의 감소는 정신 자신에겐 매우 치명적일 수 있는 것이다.

첫째, 이런 소외는 자연의 영역에서 이해되는 것으로, 그것은 신성으로서의 자연종교와 무엇이든 마음대로 할 수 있는 마술에서나 설명될 수 있는 것이다. 양자는 자연과 관계하지만, 여전히 압도적인 것은 동일성과 직접성이다. "오직 정신이 자연에서 벗어난 것처럼 자신에 대해 *스스로*를 독립적으로 정립했을 때만이, 이러한 외적인 타자가 전면에 등장하게 된다."(*WG*, vol. 15, 97) 분리가 자연의 특징이고 정신이 그 시작부터 인간의 권리에 속한 이래로, 분리는 자연의 범주인 것만큼이나 보편사의 범주이기도 하다. 역사를 만드는 자연의 분리는 선천적으로 야기된다. 그렇지만 그 전개과정에서 분리는 순수하게 역사적인 범주인 것으로 보인다. 사회의 역사적 발전은 자연을 파괴하고 그것과 더불어 궁극적으로 자연의 토대를 파괴하는데,

•• 존재한다면, …… 이것은 세상의 궁극 목적이 될 수 있을 것이다."(Vern, 180ff.)
이 구절과 관련하여, H. F. 풀다는 다음과 같이 설명한다. "궁극적인 최종 형태라는 허구는 이것이 최고의 분열이 되리라는 방식으로 사용된다. 그런 뒤에 상상적인 것은 그것이 스스로를 이해하는 식으로 사유될 수 있을 뿐이다. 그러나 이것은 비록 그것이 역사에 나타난다 할지라도 세계사적 현실로 존재하지는 않는다." (*Das Problem einer Einleitung in Hegels Wissenschaft der Logik* [Frankfurt, 1965], 214ff.) 역사의 종말이란 주제에 대해서는, 대체로 그의 책과 R. K. Maurer, *Philosophische Rundschau* 14 (1967)에 실린 그의 논평(208-20)을 참조하라.

왜냐하면 사회는 이제껏 보다 더 완벽한 자연의 지배 하에서 노예화된 것으로서 자연과의 공생에 기초해 오던 역사로부터 스스로를 분리하기 때문이다. 헤겔은 말한다. "우리는 우리의 의식 속에 두 가지 영역, 즉 자연의 영역과 정신의 영역을 갖는다. …… 비록 누군가는 신의 왕국에 관한 모든 종류의 관념들을 상상할 수 있겠지만, 인간에게서 실현되어야 하고 그에 의해 존재하는 것으로 정립되어야 하는 것은 언제나 정신의 왕국인 것이다."(*Vern*, 50) 이처럼 발생된 왕국이 공간, 시간, 물질 그리고 사회 속에서 현실적으로 되는 한에 있어서, 그것은 자연과 자연의 재구성 속에서 존재한다. 하지만 그것은 또한 자연과 대조적이다. 만약 이러한 두 측면이 매개되지 않는다면(그런 경우에는 헤겔의 『논리학』과 『자연철학』의 외재화가 완전히 이해될 수 없다), 정신의 영역은 자신의 힘에 따랐을 때 자기 자신을——이것이 세속적으로 존재하는 한——파괴하거나, 아니면 자신의 자연적 토대뿐만 아니라 무에서 창출되어 다시금 그것으로 복귀하는 모든 자연을 파괴하고 말 것이다. 정신의 영역은 역사적이고 자연적으로 제한된 형태들의 붕괴 속에서 스스로를 실현한다. 앞서 말했듯이, 헤겔은 역사의 종말이란 말을 거의 하지 않았다. 그렇지만 지금까지 주어졌던 분석으로 볼 때, 역사의 현실적 종말은 오직 이런 영역의 완전한 실현을 위한 세속적인 전제조건이 될 수 있다고 추론하는 것은 가능하다. 그 영역의 세속적으로 완전한 (즉 존재하는) 모든 실현들은 잠정적이며, 그것들의 잠정적 본성을 의식함으로써 유한한 정신과 그것이 산출한 모든 것의 토대로서 자연과 삶을 존중해야 하고, 그것들에 자신들의 법칙에 따른 고유한 발전을 부여해야만 한다.

IV

　헤겔의 철학은 삶에 대한 긍정적인 견해를 취하고, 그 삶으로부터 어떤 것이 따라 나온다고 전제했지만, 그것은 토대 또는 근거로의 복귀라는 의미에서 붕괴[Untergang]나 몰락[Zugrundegehen]과 관련된다. 『논리학』은 이 점을 종종 암시하는데, 독일어 'Zugrundegehen'이란 단어가[19] 또한 '그 토대로의 이행'과, 그렇기에 '보다 참된 존재'를 의미하기 때문이다. 철학은 매개이며 무엇보다도 그 두 영역 사이의 매개다. 그렇지만 바로 이 점 때문에, 철학은 역사의 종말이라는 역사적 정지 상태에서 뒤집혀지는 총체적인 역사성에 의해 그 대립으로 내몰려질 수 있는데, 왜냐하면 순전히 역사적인 범주로서 분리나 분열은 그리한 매개를 의심스럽게 만들기 때문이다. 여기서 분리는 오랜 기간 효과를 발휘하는 대립이 근대의 시기에만 전면에 나타났을 뿐이라는 점, 그리고 리터의 헤겔 해석을 빌리자면, 하나의 시대 그것도 종말과 기원적 역사의 상실에 근거한 것으로 보이는 시대가 도래했음을 의미한다. 역사를 만드는 비역사적 사회는 스스로를 자기로부터 정립하라는 요구와 함께 무대에 나서게 된다. 다시 말해 그것은 헤겔이 말한 것처럼, "엄청난 힘으로서, 인간을 포획하고 그가 역사를 위해 일하고 역사를 통해 모든 것이 되며 그것을 통해 행동하도록 요구한다." 철학은 한편으로 자기를 사회의 영구적인 혁명과—— 이것은 자신의 애초의 토대에 대한 인식의 결핍으로 인해서 실제적인 관찰과 그 가능성의 사용에 이르지 못한다——구분하고, 다른 한편으로 (종으로서) 인간과 자연의 새로운 통합에서 출현하는 과정에 스스로를 동일시하려는 시도와 구별한다. 헤겔은 『역사철학 강의』의 마지막에서, 칸트처럼,[20] 루소가 처음으로 분석한 총체적 민주주의의 이율배반들에서 출발한 후에, 자유 개념의 세계사적 발전과 달성되어야 하는 것으로서 "객관적"이고 "참된" 자유를 구분했다. 이런 구분은 특히 근대의 정치적 실천과는 상당한 거리를 두고 있는 것이다. "직접적인 열정으로

··
19. 여기서 독일어 'Zugrundegehen'은 "몰락하는 것"과 "토대로 되돌아가는 것"을 동시에 의미하는 구술 형식에서 온 명사다. (스튜어트 역)
20. *Zum ewigen Frieden*, A/B 25.

현실에 뛰어드는 운동의 고단함으로부터, 철학은 그것을 관찰하는 것으로 생각을 바꾼다. 철학의 관심은 자기-현실화하는 관념과 사실상 이제는 자유의 의식인 자유 관념을 인식하는 것이다.'(*WG*, vol. 11, 569) 『종교철학 강의』의 결론은 보다 분명하게 '불화[Mißton]'와 '몰락[Verfall]'을 말하고 있는데, 이와 관련하여 현실과의 철학적 화해는 "오직 부분적이며 보편성을 상실"할 수밖에 없기 때문에, 철학은 "이러한 관계 속에서 분리된 안식처"이며, "그 봉사자들은 스스로 외부세계와 단절한 고립된 성직자 계층을 이룬다."(*WG*, vol. 13, 354ff.) 따라서, 헤겔의 후기 강의들에 따르면, 철학은 신의 왕국에 대해서는 거의 고려하지 않는다. 왜냐하면 철학은 그 대신 더욱더 역사적이고 철학적인 현실로 돌아섰고, 헤겔이 하이델베르크 시절 『철학사 강의』의 서문에서 썼듯이, 그것은 "공통적 실재 그리고 또한 순수 학문에 매여 있는 정치적 관심과 그 밖의 관심을 따라서, 정신의 자유로운 이성적 세계를 타당하게 만들기" 때문이다.[21]

원리적으로 기독교와 함께 생겨난 것으로서, 헤겔이 역사의 과정을 진보이자 모두를 위한 자유의 실현으로 해석한 것은 **자유의 개념 및 그 의식**과 연관되어 있다. 자유는 자신의 현실성을 여전히 선한 시민적이고 사회적인 제도들보다는 인민과 개인의 정신에 따른 개별의식으로부터 제공받는다. 동양사회는 한 사람이 자유로웠음을, 그리스는 일부가 자유로웠음을 "알았고", "기독교적인 게르만 민족들은 인간이 인간으로서 자유롭다는 의식에 도달했다."(*Vern*, 62) 헤겔에 따르면, 누가 혹은 얼마나 많은 이들이 이와 같은 일반적 가능성들의 전개방식을 알았는지 여부를 탐구하는 것은 역사철학의 영역에 포함되지 않는다. 왜냐하면 그것은 보편적 과정에 의해 규정되지 않기 때문이다. 마찬가지로, 역사철학은 인간의 행복에 대해 묻는 것이 아니라, 단지 의식의 자유의 과정이 일부 혹은 전체의 행복이 증가함을 의미하지 않는다는 것을 말할 뿐이다. 헤겔은 "역사란 행복의 토대가 아니다.

• •
21. *Einl*, 4.

행복의 시기는 역사에선 공허한 페이지에 불과하다"고 적었다.(*Vern*, 92; cf. 99ff.) 이처럼 명백히 일반적 관심사로 파악할 수 있는 것에 관해서, 헤겔은 자기 자신에게도 근대라는 시기에게도 역사를 그 종결지점에서 되돌아볼 수 있게끔 해주는 어떠한 특수한 입장을 할당하지 않는다. 오직 정신에서만 현재가, 모든 현재와 마찬가지로 신의 왕국이 된다.[22]

V

매우 칭찬받지만 또 상당히 매도되기도 하는 문장인 "이성적인 것은 현실적인 것이고 현실적인 것은 이성적인 것이다"(『법철학』 서문)는 무엇보다도 다음을 의미한다. (1) 사유 안에 있는 것을 제외하고는 실재성을 갖지 않으며 따라서 일체의 실재적인 것을 부정하고 처음부터 다시 새롭게 시작해

. .
22. 원칙적으로 헤겔은 자신이 초기 논문 「예수의 생애」에서 유대 메시아주의와 그것의 "신의 왕국에 대한 감각적 재현"에 대해 썼던 것을 고수했다. 이 구절에서, 우리는 누가복음 17장 21절(하나님의 나라는 너희 안에 있느니라idou gar ê basileia tou theou entos umôn estin)에 대한 해석과 관련하여 다음과 같은 주장을 읽을 수 있다.

　　당신은 종종 지상에서 신의 왕국을 보고자 할 것이다. 그들도 종종 당신에게 말할 것이다. 이곳저곳에 그처럼 행복한 인류애가 숨 쉬는 곳이 존재한다고. …… 그런 망상들을 쫓아다녀서는 안 된다. 그리고 탁월하고 외면적인 인류의 통일, 예컨대 국가의 외적 형식, 사회 혹은 교회의 공법에서 신의 왕국을 보려고 희망해선 안 된다. 그처럼 평화롭고 탁월한 조건을 추구하려면, 차라리 신의 왕국의 진정한 시민의 삶으로서, 고귀하고 또 무엇보다도 예컨대 유대인들처럼 스스로 그런 사회의 구성원이라고 인식하는 사람들의 삶으로 시선을 돌려야 한다("Das Leben Jesu", ed. Roques [Jena, 1906], 45ff, 48 참조. 그리고 *Hegels theologische Jugendschriften*, ed. Nohl [Tübingen, 1907], 112).

　'너희 안에entos umôn'의 번역과 의미의 문제에 대해서는, M. Theunissen, *Das Andere: Studien zur Sozialontologie der Gegenwart* (Berlin, 1965), 506ff를 보라.

야만 하는 그런 종류의 이성성은 비이성적이다. (2) 단순히 관망하는 것은 집단적인 사회적 사건처럼 존재하고 또한 변화하는 바의 것에 대한 지식에 열정적으로 관여하는 것이다. (3) "모든 가능세계 중 최고"는 더 향상될 수 있는 것이 아니라, 현실적인 평가에 의하여 기껏해야 그것의 내재적 선으로 이끌려지는 것이다.[23] 그리고 (4) 그것이 누릴 수도 있는 어떤 초기의 성공들을 무시한 채 적합한 이론 없이 행해지는 실천은 비현실적인 것으로 이어진다. 원칙적으로 헤겔의 저작들은 '계몽의 변증법'이다. 이것은 계몽이 적용될 것을 요구하는 것으로부터 나오는데, 그것은 또한 계몽이 이전의 실제적이고 포괄적이며 기초적인 맥락들에서 나와야 하지 동시적으로 단지 계몽의 적용에 의해 정립된 것들로부터 나와서는 안 된다는 것을 의미한다.[24] '적용된 계몽'[25]은―― 이것은 언어학적으로도 논리적으로도 다소 불확실한 용어다―― 어떤 대가를 치르더라도, 심지어 광범위한 이성성의 희생을 치르더라도 이성적 실천으로 이해되어져야만 하는가? 다렌도르프에 따르

• •

23. 예컨대, Vern, 77에서 "참된 선이자 보편적인 신적 이성은 또한 스스로를 완성으로 이끄는 힘이다"란 구절을 참조. 그리고 『법철학』 234절의 추가(WG, vol. 8, 445)에 있는 다음 구절을 참조하라.

> 불만족스러운 노력은 우리가 세계의 궁극 목적이 그것이 스스로를 영원히 완성하는 것과 같이 완성되는 것이란 사실을 깨달을 때 사라진다. …… 그러나 이처럼 '현실'과 '당위'의 조화는 굳어버린 혹은 무언가 결여된 발전이 아니다. 왜냐하면 선이란 그것이 언제나 자신을 산출하는 한 세계의 궁극 목적이기 때문이다. 그리고 정신세계와 자연세계의 구분은 여전히 존재하는데, 후자가 항상 자기 자신으로 되돌아오는 반면, 진보는 전자에서 발생한다.

24. 『이론과 실천: 사회철학적 연구』(Berlin, 1963)에서, 위르겐 하버마스는 "우리는 우리가 스스로 그것을 산출할 수 있는 정도로만 대상을 인정한다"(14)는 비코와 홉스의 전제를 토대로 해서 이러한 두 개의 개념 혹은 현실을 다루고 있다. 하버마스에 게서 보이는 것처럼, 이런 입장은 헤겔뿐만 아니라 철학 일반으로부터 멀어지는 것이다.

25. R. Dahrendorf, *Die angewandte Aufklärung: Gesellschaft und Soziologie in Amerika* (Munich, 1963) 참조.

면, 한편으로 그처럼 무조건적으로 행위하려는 의지가 더 위험한지, 아니면 다른 한편으로 "헤겔의 변증법적 순환"이 (다렌도르프의 견해에 따를 경우) "단지 사유를 처음엔 고려조차 하지 않았던 현실에 대한 승인으로만" 이끌 위험이 있지는 않은지에 대한 문제도 존재한다.[26] 거대한 양식의 실험들은 이런 방식으로 이해되는 계몽에만 속할 뿐이며, 사회적인 영역에서 실험은 행동을 예견하고, 그것은 그 시도가 긍정적인 결과들을 불러일으킬 때 비로소 시작할 수 있는 것이다.

다렌도르프와 그 외 사람들의 견지에서, 헤겔의 "변증법적 순환들"이 보수적이거나 혹은 심지어 혁명적인 기능을 어느 정도로 갖는가 하는 점은, 그 순환들이 궁극적으로 실현된 자유의 영역에 반하는 회의주의와 마찬가지로 열광적으로 적용된 자연과학에 대한 거부에 터해 있다는 것을 상상해볼 때 분명하게 드러난다. 헤겔도 자신이 앞서 인용한 저작들의 시기 때부터 계속해서 이 점을 신속하게 수용했다. 당시 그는 그리스도의 유혹 중 한 가지를 "비신화적인 방식"으로 묘사한 바 있다. "한번은 고독 속에서 그는 자연을 연구함으로써 기본적인 물질들을 고귀한 것들로 바꾸려고 애쓰는 일이 가치 있는 일인지 생각하게 되었다. 예컨대 그것들을 사람들이 직접적으로 사용할 수 있게 하고 자신은 자연으로부터 보다 독립적으로 있게끔 하기 위해 돌멩이를 빵으로 바꾸는 것처럼 말이다. 그러나 그는 인간이 자연에 대한 힘을 갖는 한에 있어서 자연이 인간에게 설치한 장애물을 관찰하면서 이 생각을 거부했다."[27] 실제로 이후에 헤겔은 맑스에 의해 고무된 해석가들이 특별히 언급해왔던 것처럼, "해방은 노동에 근거해 있다"고 강조하고[28] 『역사철학 강의』에서는 고대 페니키아로부터 이어지는 자연에 대한 산업적 지배의 원리를 추적한다.[29] 그렇지만 초심자들에게는

• •
26. 같은 책, 209.
27. "Das Leben Jesu", 4.
28. *Recht* §194. 그리고 §§189-98의 여러 곳.
29. *WG*, vol. 11, 256. "무기력함은 단지 조야한 용맹함과 마찬가지로 중단된다. 그

이런 원리의 절대적인 정립이 "너희의 삶을 위해 공급하지 말고, 너희가 먹고 마시는 것이 되라……"(*WG*, vol. 11, 419)고 하는 신약의 구절의 언급에 의해, 그리고 덧붙여 두 문명들(또는 문화들 혹은 심지어 문화의 문명들) 사이의 프로타고라스적이고 플라톤적인 구분에 관한 일반적 고찰에 의해 불가능하게 되었다.[30] W. 예거는 첫 번째 형태를 '기술적 문명'이라고 부르고, 플라톤을 해석하면서, 그것에도 불구하고 "제우스가 인간으로 하여 금 국가들과 공동체들을 세울 수 있게 해주는 법이라는 선물을 제공해주지 않았다면 인간들은 참혹한 투쟁들 속에서 서로를 파괴할 수도 있기 때문에, 이렇듯 유감스러운 파괴로 인해 비난받아 왔을 것이다"라고 설명한다.[31]

헤겔에게 직접적인 그리스의 nomos는 추상법의 (로마적) 계기와 도덕적 주관성이라는 기독교적이고 근대적인 원리 속에서 인륜성[Sittlichkeit]의 가장 오래된 계기로 분해된다. 이런 분해 속에서, 인륜적[sittlich]이고 자기통 치적인 주관성은 주관성을 구성하고 지배하는 것으로서 바깥으로 향하는 대상영역을 감시하고 그것에 저항한다. 역사발전은 이 영역들 모두에서 동시적으로 진행된다. 헤겔이 인간 작인들agents의 역사적 행위에 의해 야기된 정신과 자유의 영역을 말할 때, 그가 의미하는 것은 주로 기술이나 사회공학에 따른 역사의 종말이나 탈역사의 산출이 아니다. 오히려 그는 그런 식의 유토피아들에 반해서 현실적인 기독교적 입장을 내세우는 것이 다.[32] 이것이 의미하는 바는, 역사는 단지 그 자신의 현실적인 종결과 함께 끝을 맺으며, 하나의 변화가 개인들의 상호인정 속에서 그리고 자신이

. .

대신 바다를 항해하는 차분함과 더불어 그 수단을 고려하는 산업의 활력과 냉철한 용기가 들어선다. …… 산업을 통해 인간은 스스로 목적이 되고 자연을 자신에 복종하는 것으로 취급한다." *WG*, vol. 11, 318의 "작업은 나든 자연이든 어느 하나는 파괴되어야 한다는 욕구와 긴밀히 연관되어 있다" 그리고 *WG*, vol. 11, 483 참조.

30. Plato, *Protagoras*, 320D-322C.

31. W. Jaeger, *Paideia*, vol. 1 (Berlin, 1959), 379.

32. W. Kamlah, *Christentum und Geschichtlichkeit* (Stuttgart, 1951); R. Niebuhr, *Glaube und Geschichte* (Munich, 1951) (영어번역은 Faith and History [New York, 1949]).

상정한 실재의 해석으로 나가는 주관성의 통찰 속에서 만들어지지 않는다면, 그때까지는 어찌 됐든 자연에 대한 기술적 지배가 있든 없든 존속해 나간다.

이런 견해는 하이데거의 이론이나 어떤 점에서는 심지어 플라톤의 이론과 마찬가지로 헤겔의 주관성 이론에서 근본적이다. 거기에서 객관성, 존재들 혹은 전적으로 인간을 위한 존재가 되기 위해서, '나'는 (1) 자신의 독립, 고립 그리고 일면성을 의식해야 한다. 그리고 (2) 의식적으로 자기 자신을 외화시켜야 한다. 그 외화가 자기 파괴적인 소외가 되거나 마찬가지로 파괴되어질 수밖에 없는 내상의 노예로 전락하지 않기 위해서, 이 과정은 그 기원으로 되돌려져야만 한다. 헤겔은 화해의 원천으로 '내적 전도'를 말한다. 자기 자신으로의 구부림(incurvatio in se ipsum)은 개별자들이 "자기 자신들 속에서 이러한 화해를 완성함으로써 그들의 현 상태를 발전시키고, 즉자적으로 자유로운 정신은 자신의 자유로 나가게 되고, 결국 그로 인해 그것들은 지상에서 천상의 의식, 즉 인간의 고양에 이르게"되는 "과정"이 되는 것이다.(WG, vol. 19, 100)

그 선명한 프로테스탄트적 형태 속에서, 이런 화해의 개념은 쉽게 나쁜 주관성으로 전락할 수 있는데, 예컨대 "즉자적으로 주관적인 것은……자신의 생각들과 욕망들에 대해 그렇듯이 자기 자신에 만족하게 되며, 따라서 그것의 앎과 사유 그리고 확신은 최고의 것이 되며 신 즉 즉자대자적으로 타당한 것의 규정을 갖는다"고 여기기 때문이다.(*WG*, vol. 19, 141ff.) 헤겔은 이처럼 "새롭지만 일면적인"(*WG*, vol. 19, 142) 화해의 형식에서 위험한 지점을 감지한다. 거기서 본디 종교적 개인주의였던 것은 상호주관성으로서 주관성의 절대적 정립행위로 전환되고,[33] 따라서 그 최고의 실체가

• •

33. '반성철학Reflexionsphilosophie'이란 표어로, 헤겔은 무엇보다 자신의 책인 『피히테와 셸링의 철학체계의 차이』와 『믿음과 지식』에서, 부분적으로는(절대지와 관련해서) 너무 소극적이고 부분적으로는(자연과의 관계와 관련해서) 지배에 지나치게 고착되어 있는 (칸트, 야코비, 피히테) 주관성의 인식론적이고 도덕적인 측면을 비판한다. 제한된 영역이긴 하지만, 헤겔은 하이데거의 서구 형이상학 비판을 예견한

사회로서의 인간인 종교로 화한다.[34] 그렇기 때문에 개별적인 것은 사회적 매개들의 다발로 용해되며 개인의 자유는 모든 실체적인 내용들을 상실한다. 그것은 의지의 자의적, 이성적 혹은 비이성적 운동에 의해 규정되어 형식적인 것으로 전락하고, 다시금 열린 전제주의로의 부드러운 이행들만이 존재하는 만인의 만인에 대한 사회적 조작으로 바뀌게 된다.

그러나 헤겔에게 '내적 전도'가 없는 진보는(즉 기술적이고 사회공학적인 수단들의 점증하는 발전과 적용은) 신의 왕국에 보다 가깝게 데려간다고 가정할 수도 있는데, 왜냐하면 그것은 '희망의 원리'와는 다른 어떤 것으로 의도되기 때문이다. 메시아주의라는 공통의 지반에서 작동하지만, 기독교도들은 유대교도들과는 대조적으로 기독교는 인간이 되었던 신조차 자신의 왕국에 이르기 위해서는 인간의 의지에 따라 죽어야 하는 것으로 이해된다. (그는 "오직 죽음으로써만, 그리스도가 신의 우편에 앉아 있는 것으로 표상된다"[*WG*, vol. 11, 326]고 적는다.) 사회적 맥락에서 절대적으로 정립된 것으로서 "고통을 최소화하라!"는 인간주의적 요구는 보편적으로 수용된 쾌락주의와 마찬가지로 단지 집단적인 안락사의 달성을 위해 노력한다. 그것은 과정의 고통들이 단지 더 미묘한 것들, 즉 무엇보다도 이데올로기적으로 은폐된 상황들 속에서 대체로 삶에 더 위험스러운 것들로 대체되는 기만을—— 그렇지만 그것은 추구해야 할 가치가 있을 수 있는 것이다—— 포함하고 있는데, 전자는 외부로부터 삶을 더 위협하고 저항을 야기하는 반면, 후자는 삶 자체에 등을 돌릴 수 있기 때문이다. 따라서 삶 자체를 사회적 윤리의 최고 가치로 유지하고 지지하는 것은 대량학살이나 집단자살로 변하게 된다. 헤겔은 말한다. "자연적 삶에 제약되어 있는 것은 그 자체로 자신의 직접적 현존을 초월할 수 없다. 하지만 그것은 타자에 의해 이

• •
다.

34. 『헤겔연구』 4 (1967), 265-67에 실린 W.-D. Marsch, *Gegenwart Christi in der Gesellschaft: Eine Studie zu Hegels Dialektik* (Munich, 1965)에 대한 나의 논평을 보라.

상태를 넘어서게 되고 이렇듯 찢겨진 존재는 그것의 죽음이 된다."(*Phä*, 69) 헤겔의 고찰에 따르면, 만족해하는 동물이 되어버린 인간의 탈역사적 현존은, 만약 이 새로운 동물이 더 이상 의식을 갖지 않는다면 가능할 수도 있을 것이다. 왜냐하면 위의 인용문에서 이어지듯이 "의식은……자기 자신으로부터의 제한된 만족을 무력화시키기 위해 이런 폭력을……겪기" 때문이다. 그렇지만 만족해하는 동물인 '인간'은, 그가 세계사회의 자기보존을 위해 요구되는 자연에 대한 필연적인 지배를 수행하고자 한다면, 적어도 매스미니어에 의해 동세될 수 있는 집단의식을 가져야만 한다. 그렇다면 이렇게 제한된 만족의 지구적 파괴는 자기보존의 과정과 고통의 최소화 원리 속에서 개인이 집단적으로 삼켜지는 것과 일치하게 될 것이다. 여전히 살아 있는 것은 무엇이든 간에 자유롭게 되기 위해서는 단지 죽을 수 있어야 한다. 괴테의 철학적 시에 따르면,[35] "모든 것은 존재를 고집하길 원한다면 결국 무로 전락할 수밖에 없기 때문이다." 이것은 고전적 사유의 금언이다. 그리고 동시에 "영원한 것이 일체의 것에 개입하기" 때문에 완고하게 추구하는 것은 끝나야 한다고 주장될 경우, 그것은 흥망성쇠의 배후에 여전히 남아 있는 절대적 과정을 가정하는 것이 아니다. 오히려 그런 과정은 가장 견고한 것이 될 것인데, 특히 그것이 모두에게 있어 보편적으로 상호의존적인 자기보존이기 때문이다. 변증법적 사유는 진보적 이지도, 반동적이지도 그렇다고 보수적인 것도 아니다. 그것은 절차주의 (processualism)를 자신의 한 측면으로 파악하지만, 그렇다고 절대적 과정으로 정향된 범주들을 통해서 역으로 이해될 수는 없다.

VI

<hr />

35. "Eins und Alles".

물론 헤겔은 근대사회의 발전을 (아는 것이 경험하는 것과 관련되어 있는 한에 있어서) 그것이 자신의 시대에 이르기까지 진보했던 정도까지만 알았다. 그는 말한다. "철학자는 예언들에 관심을 두지 않는다. 오히려 우리는 역사의 곁에서 이성을 가지고 지금까지 있었던 것 그리고 현재 있는 것——철학에서 이것은 단순히 있었던 것이나 있을 것이 아니라 차라리 영원한 것을 의미한다.——에 관심을 가진다."(*Vern*, 210. *WG*, vol. 11, 447 참조) 어떤 더 나아간 발전에 대해 예언을 하는 것 없이는, 누구도 과거와 현재 혹은 영원한 이성으로부터 역사의 종말, 자기 자신, 자신의 시대에 대한 특권적인 입장을 추론할 수는 없다. 자신의 몇몇 전임자들과 달리, 헤겔은 이것을 하지 않았다. 헤겔이 역사적 발전의 최종 형태를 "가장 구체적"이라고 말한 이후로, 오히려 그는 『철학사 강의』 서문에 실린 베를린 강의 노트에서 다음과 같이 말한다. "그것은…… 다시금 우리 시대에 대한 철학의 추정이 아니다. 왜냐하면 시간 속에서 이후 시대의 더 발전된 철학은 본질적으로 사유하는 정신의 앞선 작업의 결과라는 것이 이 모든 설명의 핵심이기 때문이다."(*Einl*, 70)[36] 글로크너 판에서는 "결과"라는 부제를 지닌 『철학사 강의』의 결론부에서, 헤겔은 비슷한 입장을 표현한다. "이제 이것은 현재 시점의 관점이며, 일련의 정신적 형태들은 이것과 함께 폐쇄된다."(*WG*, vol. 19, 690) 그리고 다른 곳(*Vern*, 256ff.)에서는 "우리에게 있어서"의 역사와 "관념의 진보"에서의 최종 관점에 대한 논의가 나온다. 이러한 역사의 개념적 진보는 "정신이 *스스로를* 자연, 즉 자신에게 적합한 세계의 방향으로 교화시키기 때문에 주체는 이처럼 정신의 개념에 의해 야기된 실재인 제2의 자연 속에서 정신의 그 개념을 발견한다는 사실"을 자신의 목표로 삼는다. 이제 문제는 "우리에게 있어서"가 "지금에 있어서", 즉 "오늘날 우리에게 있어서"의 의미와 같은 것을 말하는지, 아니면 "정신적

<hr />

36. 헤겔이 스스로를 절대적인 종말-역사적 지식의 전달자로 보는지 여부의 문제에 대해서는, "Fragment eines Briefes an Hinrichs", *Briefe von und an Hegel*, vol. 2, ed. Hoffmeister (Hamburg, 1953), 215f 참조

개인들로서 우리 인간에게 있어서"를 의미하는지 여부가 될 것이다. 후자의 경우, "우리의" 관점은 역사적이지는 않을 것이다. 기껏해야 자연에 의해 조건지어져 있기 때문에, 이런 관점은 인간이 존재하는 이래로 정신이 세속적 실재를 갖는다는 테제를 동시에 포함하는 것으로 보인다. "오늘날 우리에게 있어서"는 역사적 상대화를 포함하는데, 만약 관념의 진보에서 독특하게 특권을 부여받은 입장이 그것, 즉 목표가 대체로 도달되는 지점에 의해 지시되지 않았더라면 말이다. 이어지는 헤겔의 정식은 이러한 견해에 우호석인 입장을 드러낸다. "행위가 여전히 현재적이라는 사실은 경험적인 측면에 속한다." 하지만 그렇다면 "대체로" 혹은 "경험적인"이란 표현은 도대체 무엇을 의미하는가? 경험적인 것은 주로 실재와 관련될 때 중요해진다. 따라서 이 점과 관련하여, 원래부터 지속해온 그 원리의 발전에서 현재 시점은 단지 하나의 —— 명백히 본질적인 —— 발전적 단계를 의미한다. 좀 더 뒤에서 다루겠지만, 이런 맥락에서 다음의 구절은 이러한 해석을 지지한다. "시간의 길이는 철저하게 상대적인 것이고, 정신은 영원성에 속한다." 그렇기 때문에 두 해석적인 가능성들은 하나로 합쳐서 생각되어져야 한다.

위에 인용된 구절에 비해, 『철학사 강의』의 말미에는 이렇게 적혀 있다. "새로운 시대가 세계 속에서 발생했다. 세계사는 이제 모든 낯선 객관적 본질들을 제거하고 궁극적으로 자신을 절대정신으로 파악하며 자기로부터 그것에 객관적인 바의 것을 산출하고 그것을 자신의 수중에서 평온하게 유지시키는 데 성공한 것으로 보인다."(689) 만약 누군가 이것을 순전히 경제적이고 사회적이며 정치적인 방식으로 해석할 수 있다면, 그는 일종의 탈역사로서 이렇듯 새로운 시대라는 관념에 쉽게 도달하게 될 것이다. 그렇지만 이어지는 대목에서 헤겔은 오히려 그 위치를 종교철학에 두었던 문제들에 관해 말하고 있다. 그리고 이처럼 그 논의가 역사의 "목표"와 관련한 이어지는 대목에서, "……것으로 보인다it appears"가 반복된다. 다른 한편, 이런 부연설명이 없을 때조차도, "어느 때고 오직 하나의 철학만이 존재했었다"는 테제가 설정되고, 똑같은 사유의 변증법적 정식이 제시된다.

이것은 "철학의 정신적 형태들"의 배열(sequence)이 다음과 같은 것, 즉 "그것은 복수성도 혹은 연속으로서의 배열도 아니고, 오히려 스스로를 하나의 정신이 갖는 계기, 다시 말해 명백히 스스로를 인식하는 과정 속에서 자신을 다름 아닌 바로 동일한 현재의 정신으로 만든다"는 것을 암시하는 것이다.(691)

코제브는 의식, 자기의식 그리고 정신에 의해 매개된 것으로서 이러한 내재성의 개념과 더불어 헤겔이 달리 말해 (사회로서 인간의) "발생적 자기-창조"라고 주장되는 사상을 철회한 것으로 간주한다. 내재성 개념은 헤겔이 플라톤을 좇아 "이데아"라고 부르는 것으로서, 모든 개별적인 실재를 바로 이러한 개별적이고 역사적인 실재로 상승시켜 주는 것이다. 코제브는 말한다. "헤겔은 자신의 지도 이념에 언제나 충실히 머물지는 않는다. 때때로 역사적인 진화는 영원한 관념의 (시간 속에서의) 연속적인 실현으로 출현한다. …… 이러한 고대의 (이교도적) 개념은, 그에 따라 인간이 자기가 생성되는 것임을 의미하는 유대-그리스도교 전통에서의 인간의 역사성 개념과 모순되는 것이다."[37] 사실상, 이것은 헤겔이 빈번히 말한 바를 거의 뒤집는 것이라고 할 수 있다.(예를 들어, Vem, 151. Phä, 22 참조) "따라서 유기적인 개인은 스스로를 산출한다. 그것은 자기 자신을 즉자적인 것, 따라서 정신으로 만든다." 반면에 이러한 전통(유대교와 고대 사상에 대한 기독교적 지양에서 드러나는 역사의 종말을 위해서 분명하게 정식화된 것)에 대한 코제브의 해석에 따르면, 자유를 의미하는 것으로서 "스스로를 만들다[sich machen]"와 대조적으로, "생성되다[werden]"란 표현이 쓰이는데, 그것은 헤겔의 "하이데거적" 개념에서 발견될 수 있는 것이다. 인간은 단순히 자기인 바로 생성되는 것(즉 궁극적으로는 무)이 아니라 차라리 자기인 바를 스스로 만들어낸다. 그리고 이러한 의식적 형성은 "절대적 현재"를

··
37. Kojève, *Introduction à la lecture de Hegel*, 40. [원본에는, 이 구절이 프랑스어로 인용되어 있다. – 스튜어트 주]

함의한다.

이런 관념 속에 상정된 것으로서 개별적인 것을 보편적인 것을 통해서 극복하는 것은 여기서 멈추지 않는데, 왜냐하면 특수한 것은 보편적인 것과 단절하고 그 반대도 마찬가지이기 때문이다. 헤겔이 실러를 따라서 말하는 전체성은, 각각의 차원들에서 무한함과 마주하는 구성원들에 의해 규정되는 것으로서 끝이 없는 시간적, 인과적 혹은 수학적 배열의 "악무한"이 아니다. 전체성은 개별자의 무한한 가치를 포함하고 있기 때문이다. "근대 헤겔주의"의 가상 중요한 내표자라 힐 만한 크로너는 "현재는 가장 지고의 것이다"(WG, vol. 19, 686)라는 헤겔의 구절을 언급하면서, "실제로 모든 현재는 과거의 산물"이지만 그 속에서 "자유는 역사의 과정 중에 행동으로 드러나는 것"이라고 설명한다. 현재는 역사가 아니다. 왜냐하면 그것이 역사를 만들기 때문이다.[38] 현재는 자체 내에 미래의 불확실성과 마찬가지로 과거의 확실성을 가지며, 확실성과 변화에 대한 인간의 의지에 반해서 현실과 자유를 통일시킨다.

헤겔은 직접적으로 "절대적 현재"를 단지 딱 한번만 말한다(Vern, 181ff.). 그렇지만 현재, 현전 그리고 객관성은 불가결하게 정신의 기본개념에 속하는 것이다. 그리고 이와 마찬가지로 정신과 자유는 하나로 묶여 있다. 만약 자유가 자기와-함께-있음(예를 들어, WG, vol. 11, 44 곳곳)으로 규정된다면, 정신은 스스로 추동하는 자유의 주체에 해당된다. 왜냐하면 그것은 "자기로 복귀하고, 자기 자신을 대상으로…… 만드는" 것이기 때문이다.(Vern, 181) 그리고 헤겔이 주장하듯이, "복귀"의 개념과 더불어 "어떤 원환적 관념"(181) 또한 존재한다. 스스로를 중심으로 여기는 정신으로 인해서, 자유의 의식에서 역사가 겪는 진보는 무한으로 향하는 무규정적인 과정이 아니며[39](181), 그 설명에 근거하거나 그것에 의해 측정되었을 때

--

38. "System und Geschichte bei Hegel", in *Logos* 20 (1931), 243-58, 특히 256ff. *Löw* 1, 225ff. 참조.

그것은 우선적으로 정신이 이미 거기에 있지 않았을 때 존재하는 상황에는 다다를 수조차 없다. 역사적으로 자기-충족적인 "지금" 속에서, 원환과 무한한 진보라는 두 관념들은 붕괴되고 만다. 아리스토텔레스에 이어 헤겔이 말한 바에 따르면, "지금"은 자유로운 자아가 외화와 소외로부터 복귀하는 것과 유사한 방식으로 규정될 수 있다. "한편으로, 지금은 공간 속의 점과 같다. 하지만 그것은 동시에 하나의 부분으로서 미래와 과거를 포함하고 있다. 그것은 타자인 동시에 일자인 것이다."(*WG*, vol. 18, 383ff.) 자유는 열린 상황과 마찬가지로 현재를 필요로 하는데, 그것은 하나의 전체성(영원성)으로서 절대적으로 모든 것을 포괄하는 어떤 것을 요구한다. 그렇기 때문에 헤겔은 말하자면 블로흐의 맑스주의적, 신비적 그리고 종말론적 존재론으로서의 아직-아닌-존재[Noch-Nicht-Seins]와 의도적인 거리를 두려는 것처럼 다음과 같이 말하고 있다.[40] "관념은 현재하고 정신은 죽지 않는다. 즉 그것은 아직 과거가 아니고 아직 현재가 아니지만, 본질적으로 지금 있는 것이다."(*WG*, vol. 11, 120. *Vern*, 22 참조)[41]

---

39. 실천적으로, 칸트는 그 자체로 우선 무한한 과정에서 도달될 수 있는 목표의 지금임pre-sentness을 강조한다. "우리는 단지 좋은 것에서 무한에 이르는 더 좋은 것으로의 모든 변화와 더불어 우리의 도덕적 조건이…… 어떠한 시간의 변화에도 종속되지 않는 듯이 우리의 격언들을 취해야 한다."("Das Ende aller Dinge", A511). 좋은 최종 목적으로 단지 도덕적이고 정신적인 칸트식의 '현재의 형성'에 대한 헤겔의 비판에 대해서는, 예컨대 *Glauben und Wissen*, *WG*, vol. 1, 277ff; *Phä*, 421ff; *WG*, vol. 8, 157ff를 참조. 무한 진행 범주에 대한 그의 비판에 대해서는, 특히 *Log*, vol. 1, 222ff, 140ff.; *WG*, vol. 8, 222ff., 245ff.; *WG*, vol. 18, 569ff를 보라.

40. E. Bloch, *Philosophische Grundfrage*, vol. 1: *Zur Ontologie des Noch-Nicht-Seins* (Frankfurt, 1961).

41. 확실히 헤겔은 그런 고찰과 더불어 서있는 지금nunc stans으로서 영원성 교설을 반복한다.

이와 함께, 또다시 그 핵심은 분리가 사유되어야 한다는 지점에 다다른다. 헤겔은 "현재라는 십자가에서 장미를 취하기 위해서는 그 십자가를 떠맡아야 한다"고 말한다(*WG*, vol. 15, 293). 그리고 십자가는 신의 죽음, 절대적인 것의 분리, 확고하게 부여 줄 수 있는 모든 것이 불안하게 되는 것, 즉 『정신현상학』에서 "절망의 도정"으로 묘사했던 것이다(*Phä*, 67). 하지만 동시에 그것은 현세의 개선이라는 희망이 없는 고통의 절대적 현존을 의미하기도 한다. 따라서 이성은 그것이 본질적으로 저 파괴에 관련되는 한에 있어서의 역사 속으로 진입한다. 역사철학은 "가장 풍부한 창조, 가장 아름다운 삶이 역사 속에서 파괴를 발견할 수 있고, 우리는 탁월한 것의 잔해 사이를 헤매며, …… 정념은 그것을 파괴시켜버렸고, …… 모든 것이 지나가 버리고 어떤 것도 남아있지 않은 듯 보인다"는 생각과 통찰에 직접적으로 기반하고 있다(*Vern*, 34ff.).

그렇지만 정신이 정념의 배후에서 기능하는 한, 몰락[Untergang]은 동시에 "이행[Übergang]"이 된다. 헤겔이 세계사적 개인에 대해 말하는 것은— "따라서 정념의 특수한 관심은 보편적인 것의 활동과 분리 불가능하다."— 똑같이 집단들, 민족들 그리고 문화들에 대해서도 타당하다. "이성의 간지"라는 개념의 주된 의미는 다음의 사실에 놓여 있다. 그것은 가시적인 정신과 정념들 배후에 놓인 관념을 현실적으로 부정하는 어떤 것으로 만드는데, 이것은 정념들을 침해하는 것과 똑같은 방식으로 자시 자신을 침해한다.[42]

42. "관념은 현존과 과거에 찬사를 보내는데, 그 자체 때문이 아니라 거기에 참여하는 개인들의 열정들로 인한 것이다." (*Vern*, 105) *Log*, vol. 2, 398의 다음 구절을 참조하라. "목적이 스스로를 대상과의 직접적 관계 속에서 상정한다는 것 그리고 그것이 자기 자신 사이에 또 다른 대상을 첨가한다는 것, 그리고 이것은 이성의 간지로 간주될 수 있다. …… 하지만 그렇기 때문에 그것은 대상을 수단으로 만들며 그것을 외부에서 혹사시키게 하는 대신 마모되도록 방치함으로써 그 배후에서 기계적인 힘에 맞서 스스로를 유지한다." (*WG*, vol. 6, 127 참조) 이성의 간지에 대해 가장 삐딱하게

헤겔에 대해서, 정신의 개념과 함께, 우리는 "누가 또는 무엇이 현실적으로 행위하는가? 무엇이 역사의 주체인가?"라는 질문 속에 담겨진 답변을 이미 가지고 있다. 의식적으로 행동하는 모든 이들이 공유하는 이런 감동적인 (moving) 원리는 그 실정성과 자유로 인해서 부정적으로 활동적인 것이 된다. 헤겔에 따르면, "이것이 정신 자체다. …… 왜냐하면 그것은 모든 규정적인 내용을 해소시키기 때문이다."(*Vern*, 178) "사유하는 주체와 자기 내로의 무한한 반성"에 대해, 모든 것은 원칙적으로 단지 어떤 "주어진 혹은 직접적인 하나의 권위"로 출현할 수 있는데, 이를 통해 그것의 자유 혹은 자의의 한계로서 다룬다(*Vern*, 179). 그렇지만 활동하는 통일이 자연적이고 유한한 존재인 한에서, 자유의식을 급진적으로 실천으로 옮기려는 시도는 그것의 몰락을 의미한다. 헤겔은 말한다. "사람들의 삶은 성숙함의 열매를 낳는다. …… 그렇지만 이런 결실은 그것이 자신을 산출했던 곳에서 저절로 떨어지지 않는다. 그것은 향유하기 위해 수용하는 것이 아니라, 반대로 그에게 쓰디쓴 음료가 된다. …… 그 음료의 대가는 그것의 몰락이다."(*Vern*, 72) 사람들의 정신들이 제약되어 있는 한, 이 몰락은 앞서 말했듯이 동시에 새로운 역사적 형태로의 이행이 된다. 세계 사회를 통해서 "모두"를 위한 자유를 실현하려는 시도와 함께, **이처럼 포괄적인 전체성이 소멸할 수 있다는 것에 관한 문제가 형성된다.** 정신은 이것조차 극복하며, 따라서 그 부정적 힘은 위에서 보았듯이 거기서 멈추지 않는다.

출발점으로 활용된 헤겔과 더불어, 역사의 종말이란 질문은 가장 단순하고 가장 날카로운 형식으로 제기되어왔다. 헤겔 본인은 결코 이런 방식으로 그 문제를 제기하진 않았다 할지라도 말이다. 서두에 언급했던 역사의 종말의 다른 의미들 역시, 이미 많은 평론가들이 수행해 왔다시피 헤겔에 기초해서 설명될 수 있다. 근본적으로 우리는 헤겔의 역사철학이 뢰비트와

보는 생각은, 마치 세계정신이 그리고 이성적 목적에 자신을 온전히 내맡길 준비가 되어 있는 모든 이들이 그것을 사용할 수 있다고 보는 것이다.

타우베스가 인문학에서 종말론을 이해하는 것과 같은 의미에서 혹은 코제브가 사회과학에서 종말론을 이해하고 있는 그 의미에서, 종말론적이지 않다는 사실을 여전히 고수할 수 있다. 이런 이유로, 우리는 유대-기독교적이라 말하는 것을 피해야 하고, 오히려 유대적 종말론과 기독교적 종말론을 구별할 수 있어야 한다. 헤겔이 전제하는 기독교적 이해에 따르면, 보다 기이한 해석의 방식이긴 하지만, 역사는 그 최종 시기에 완성에 이르는 것이 아니라 차라리 그것의 현실적인 종말을 관통하는 속에서 완성에 이른다. 메시아는 이미 거기에 있었다. 신의 왕국은 이 세계에 있지 않다. 우리는 그 시작의 어떤 시점에 대해 걱정할 필요가 없다. 고전적인 역사성의 정신에서 전적으로 사유되는 헤르더의 언급은, 파괴의 가혹함에 대한 유토피아적 은폐보다 그리고 은폐된 종말로의 맹목적인 목표설정보다 더 인간적이고 이성적이다. "우주의 아버지는 무한히 보다 많은 세심함을 보였을 것이다. …… 만일 행복을 수용하기 위한 비가시적인 씨앗과 모든 시대에 걸쳐 전체 지상에서의 미덕이 인간성 내에 놓여 있음이 사실이라면 말이다. 이것은 상이한 방식들로 가르치고 상이한 형태들로 나타나지만, 내적으로는 오로지 힘들의 수단이자 혼합인 셈이다."[43] 따라서 진보는 기껏해야 그 옛날의 아담을 위한 더 나은 조건들을 준비할 수 있을 뿐이다.

그렇지만 헤르더와 헤겔은 진보를 말하며, 헤겔은 자신의 시대를 현재로서의 그 상대적인 특징과는 별도로 절대적인 위치를 부여한다. 그리고 그렇게 함으로써, 브룬슈테트가 헤겔의 『역사철학 강의』에 대한 자신의 판본에서 언급했듯이, 안목 있는 자라면 그로부터 궁극적으로 역사의 의미를 이해할 수 있는 역사의 종말에 관한 문제는 "기독교의 절대적임에 대한 역사적 가능성 이론"과 친숙한 관계에 서게 된다.[44] 헤겔이 본인과 자신의

<hr>

43. 또한 『인류의 교양을 위한 역사철학』(*Sämtliche Werke*, vol. 5, ed. Suphan [Berlin, 1877; Hildesheim, 1967에 재판], 558)에서, 이후의 헤겔처럼, 헤르더는 모든 변화를 관통하는 지속적인 토대를 담고 있는 역사 개념과, 그가 헤겔보다 더 양가적인 것으로 간주하는 진보 개념을 결합시켰다.

시대를 거기에 서있는 것으로 간주하는 그 종말은 그에게선 단지 전개되는 역사의 중간기일 따름이다. 그렇지만 신의 탄생과 죽음으로서의 이 중간은 역사의 시작부터 작동했던 원칙의 펼쳐짐이 아니다. 그 중간기가 역사의 시작부터 작동했던 정신의 진보적인 발현인 한에 있어서, 그것은 그 발현을 야기하고 그와 더불어 본성상 정신을 통해 지배하는 분리라는 선명한 주장을 야기한다. 육화는 이 분리를 그 극단('무한한 상실'로서 신의 죽음)으로, 즉 화해로 이끈다. 헤겔이 종교적으로는 종교개혁으로 정치적으로는 (그것이 종교개혁을 동반하는 한에 있어서) 부르주아 혁명으로 완성된 것으로 보는 이 화해는 그렇게 화해된 격렬한 분리의 토양에서 성장한다. 화해가 분리를 소모하는 정도로, 그것은 자신의 지속적인 현세적 실존 가능성을 축소시킨다.

뢰비트는 헤겔의 『역사철학 강의』를 인용한다. "역사의 소관은 단지 다음과 같다. 종교는 인간의 이성으로 출현한다는 것, 인간의 심정에 거주하는 저 종교의 원리가 또한 현세적인 자유로서 산출된다는 것이 그것이다."(*Löw* 2, 60) J. 부르크하르트를 언급하면서, 뢰비트는 다음과 같이 말한다. "그는 근대적 편견들에서 완전히 자유로웠다. 특히 역사에서 진보적 발전의 과정을 보고 그것을 통해 기독교의 관념이 세계사에서 점점 더 자기 자신을 실현한다고 여겼던 헤겔의 편견에서 말이다."(*Löw* 2, 37) 뢰비트가 맥락과 무관하게 인용한 저 구절이 명확히 말해주는 것처럼, 여기서 "근대적"이라 불리는 편견이 헤겔의 교설에 대한 하나의 해설이나 해석이 된다고 가정한다면, 헤겔이 그와는 다른 것을 의미했다는 점이 지적되어야 할 것이다. 『역사철학 강의』에서 헤겔은 기독교의 발전을 주되게 말하지 않으며,[45] 오히려

..
44. 헤겔의 『역사철학 강의』(Leipzig, ca. 1907)의 자기 판본에서 브룬슈테트의 논평 37에서 인용. 전체 언급은 다음과 같다. "기독교의 절대적임의 역사적 가능성에 대한 이론 속에서, 역사의 종말에 관한 문제 역시 답변되거나, 차라리 '절대적임'의 가능성에 대한 문제는 역사의 (목적의) 종말의 문제로부터 순수하게 철학적으로 발생한다."

"자유의 의식 내에서의 진보"를 말하고 있다. 그렇지만 이런 자유는 또한 세속적인 것으로서, 앞서 뢰비트가 인용한 구절이 보여주듯이, 더 정확히 말해 정치적 자유를 의미한다. 그렇다고 해서 "종교적 원리"와 "세속적 자유"가 동일하다고 말하는 것은 아니다. 또한 "종교적 원리"가 심정으로부터 발원하고 이 때문에 그것이 근본적으로 변화된 실재에 필연적으로 진입한다는 것을 말하는 것도 아니다. 이를 가리켜 헤겔은 오히려 "종교와는 무관한 시민적 정체를 창출하고 발전시키고자 하는 우리 시대의 어리석음"이라 부른다(Vern, 123).(그 밖에도 그는 "국가와 법은 현실과의 관계에서 종교의 출현에 다름 아니다"라고 적는다.[WG, vol. 11, 524]) 그가 프랑스 혁명을 비판하는 근거는 그것이 "권리와 자유의 연쇄가 의식의 해방 없이 풀려져 버린, 즉 하나의 혁명이 개혁 없이 발생할 수 있다고 여기는 잘못된 원리"에 근거하기 때문이다(WG, vol. 11, 564. WG, vol. 10, 440 참조). 그것이 "종교 일반과 비교하여 구체적인 절대적 내용을 고수"하는 한, 사회적 자유의 혁명적 원리는 단지 "형식적"인 것에 머무를 뿐이다(WG, vol. 11, 554).[46]

• •
45. 종교 철학은 이것을 보다 신속하게 다룬다. 이런 맥락에서, 발전 일반의 개념은 문제적으로 된다. 헤겔은 적는다. "경건함은 역사의 외부에 그리고 역사와 무관하게 존재하는데, 왜냐하면 역사란 국가의 인륜적 왕국으로서 주관적 자유 속에서 정신이 스스로를 현시하는 영역이기 때문이다."(WG, vol. 11, 483) 그리고 그처럼 역사를 초과하는 것들은 그가 종교성과 인륜성의 '내적 중간-지점'이라 말하는 것과의 연관 속에 있는 것으로 여겨진다. 그런 지점들은 "세계사의 커다란 소음으로부터, 그리고 외적이고 시간적인 변화들뿐만 아니라 자기를 산출하는 자유 개념의 절대적 필연성으로부터도" 벗어나 있는 것들이다.(Vern, 109) 종교를 통해 그것의 절대적으로 현전하는 의식적 자아의 신성에의 참여는 역사의 부동의 동자다. 이때 그 과정은 그 나머지로부터 생겨나며 다시금 전체성으로, 즉 내재화된 것으로 '상기되어er-innert' 진다.
46. 마우러 교수의 8절 내용을 간결하게 하기 위해, 뢰비트의 헤겔 해석을 상세히 논하고 있는 부분은 생략했다. — 스튜어트 주.

헤겔의 철학사는 그리스도의 지속적인 "화해"의 역사다. 우선 이 개념이 이해하기 쉽지 않다는 점은, 최소한 역사가 지속하는 한에 있어서 화해의 전개가 가장 급진적인 동시에 필연적인 혁명의 역사이기도 하다는 사실에 의해 드러난다. 예컨대 "너는 내가 지상에 평화를 주기 위해 왔다고 생각해서는 안 된다……."(마가복음 10장 34절) 같은 복음서의 급진적 구절과 관련해, 헤겔은 다음과 같이 말한다. "여기에는 실재에 속한 모든 것으로부터의, 심지어 윤리적 연대와 같은 것으로부터의 추상이 놓여 있다. 혹자는 복음서들보다 더 혁명적인 대화는 결코 존재하지 않는다고 말할 수도 있겠다. 왜냐하면 가치 외에 그 어떤 다른 모든 것도 무의미하고 주의할 가치가 없는 것으로 간주되기 때문이다."(WG, vol. 11, 420) 루소와,[47] 혹은 어떤 점에선 홉스와 마찬가지로——궁극적으로 그는 혁명의 이런 원천을 몰아내고자 했다——헤겔에게 있어, 철학은 그 선험성이 모든 정치 혁명을 능가해 왔던 이런 혁명적 급진성에 대해 이해한다. 헤겔이 보기에, 그로부터 철학이 동시대의 정치적 실재와 어느 정도 거리두기를 하는 것이 뒤따라오며, 거기서 그리스적 자유는 모든 인간을 포함하는 기독교적 심화와 확장을 통해 민주적 혁명이라는 거대한 양식으로 스스로를 전개하는 것처럼 보인다. 그러나 정치적 자유와 화해는 같은 것이 아니며, 그렇기에 주관적 자유는 특수와 보편 사이의 구체적이고 정치적인 매개의 형태를 띠는데, 헤겔에 따르면, 여기에는 "자의적 의지의 복종"이 속한다(WG, vol. 11, 568). 헤겔은 『법철학』에서 당시의 단계를 "실질적 자유의 법칙들"과 함께 구체적인 방식으로 자유 개념의 발전 속에서 해결하고자 했다.

현존 질서에 반하는 혁명과 저항은 정신으로부터 나온다(동물도 인간처

• •
47. R. Spaemann, "Natürliche Existenz und politische Existenz bei Rousseau", in *Collegium Philosophicum* (J.-Ritter-Festschrift) (Basel, 1965), 373-88 참조.

럼 욕구하고 고통을 겪지만, 그렇다고 반란을 일으키진 않는다). 정치 혁명은 내적인 것에서 행동으로의 이행을 통해, 일시적이나마 종교와 정치의 평등한 관계맺음을 통해 발생한다. 물론 여기에는 종교의 정치화나[48] 정치의 종교화라는 위험이 항시 도사리긴 하지만 말이다. 그렇지만 화해는 정치적인 것이 아니라 무엇보다도 종교적인 본성에 속한다. 그것은 그 자체로 "유대교적 정서"가 갖는 실천으로서, 헤겔에 따르면 당시 그리스와 로마 세계의 철학과는 대조적으로 "현실에서와 그 속에서의 화해에 무감각한" 스토아주의를 요구했던 것이기도 하다(WG, vol. 11, 412). 그렇지만 화해를 야기하는 이런 요구와 관련했을 때, 그것은 헤겔이 다음의 구절에서 묘사하는 그런 종류의 화해다. "무한한 상실은 오로지 그 무한성에 의해서만 보상을 받게 되고 그것을 통해서 무한한 획득이 된다."(WG, vol. 11, 413) 신의 탄생보다는 신의 죽음이 "인간과 신의 통일"에 대한 기독교적 지혜를 근거 짓는다(WG, vol. 11, 414). 신의 죽음은 부활을 위한 세속적 조건이며, 정신의 왕국으로서의 신의 왕국의 개시를 위한 세속적 조건이다. 헤겔은 이렇게 생겨난 통일에 대해 다음과 같이 말한다. "여기서 우리는 그것이 아직 충분히 멀리 나아가지는 않았다고 여겨지는 그리스의 신인동형론을 반드시 기억해야만 한다." 그것은 자신들의 연장자들에 의해 자극된 다수의 유대인들에게는 너무나 멀리 나아간 것이었는데, 그것이 그들의 신인동형적 희망들을 충족시키지 못했기 때문이었다. 마찬가지로, 헤겔의 "사변적인 성금요일(Good Friday)"(WG, vol. 11, 433)은 당대의 많은 사람들에겐 지나치게 앞서간 것이었다. 후기 헤겔에서 "역사 속에서 신의 정당화"(WG, vol. 11, 569)로서의 "신정론"

48. 가장 근대적인 시기에 그 방식을 보여주면서, 포이어바흐는 다음과 같이 말했다. "인간이 실천적으로 기독교인의 입장에 다가갈 때, 그때 이론적으로 인간의 본질 역시 신성의 입장에 이르러야 할 것이다. …… 왜냐하면 우리는 종교적으로──정치는 우리의 종교가 되어야 한다── 되어야 하기 때문이다. 그러나 그것은 우리가 정치를 종교로 바꾸는 직관 속에서 최선의 것을 가질 경우에만 이렇게 할 수 있을 뿐이다." (Notwendigkeit einer Reform der Philosophie [1842], in Werke, vol. 2, ed. Bolin [Stuttgart, 1959], 219)

개념은 특히 이런 맥락에서 곤란을 겪는다. 그렇지만 그것은 신이나 신 앞에서의 인간의 역사적 행위 혹은 순전한 주인으로서의 신에게 시종일관 매혹된 인간을 정당화하고자 한다는 추정을 담고 있진 않다. 오히려 헤겔의 설명이 의미하는 것은 "세속적인 것, 즉 신 안에서의 타자를 보는 것으로, 그것이 자체 내에 신성한 것임을 알고 또 그것을 신성하게 만들고자 하는 것"이다(*WG*, vol. 19, 100). 헤겔이 이해하고 있는 바대로, 신정론은 그 분리를 절대적인 것에 적용하는데, 이때 분리는 절대적인 것에 해를 끼치지 않는다. 그리고 유한을 무한에 적용함으로써—— 이렇게 한다고 해서 무한이 유한해지지 않는다 —— 그것은 세속의 고통을 무한한 선의 균열 속으로 침잠시킨다. 왜냐하면 그것은 가장 중요한 화해인 인간과 신의 통일을 매개하기 위해서는 필연적인 것으로 이해되기 때문이다. 인간이 역사 속에서 이성을 인식하기 위해서 역사적인 것들의 붕괴를 가정해야만 하듯이, 화해는 고통과 붕괴의 필연성에 대한 인식을 (그것의 지양을 위한 전제로서) 언급할 필요가 있다. 이런 방식에서 보았을 때, 세속화된 유대교적 희망은 환영에 불과했으며, 그런 이유로 선택받은 민족은 그 희망으로부터 생겨나고 주로 그것에 의해 생각된 메시아의 죽음을 준비했던 것이다. 그리고 그에 따라서 그 자신의 화해 개념에 반하는 인간과 신의 통일이 개시되었다. 그것의 퇴락한 화해 개념은 자신의 정당성을 부여 받았고 현실적인 화해에 기여하게 되었다. 동시에 그리스의 신인동형론과 후기 그리스 및 로마의 스토아주의 윤리학은 극복되었다. 스토아주의에서 제기된 희망 없음은 확고한 만큼이나 지양되어왔고, 헤겔이 『논리학』에서 말한 바에 따르면, "로마인들은 '세상이 무력하게 무너진다 하더라도 나는 두려움 없이 그 파멸을 택하리라(si fractus illabatur orbis, impavidum ferient ruinae)'고 말했고, 기독교인들은 이런 무심함 속에서 그 어느 때보다도 더 자기 자신을 찾아야만 했다."(*Log*, vol. 1, 74)

헤겔에 따르면, 이런 종류의 화해와 함께—— 이는 모든 역사적 관찰의 결과에 따른 괴테의 주장인 "그것은 모든 시대 모든 나라에서 비참하게 되었다"를 확증시켜주는 것처럼 보인다(*Löw* 2, 209에서 인용)── 그 자체 내의 역사의 종말이 이르게 된다. 현실적으로 더 나아간 발전은, 현재의 한창 때처럼, 자체 내에서 종말로 이어진다. 뢰비트도 "인류는 희망 속에서 고통 받기 시작하며, 그렇기에 우리는 기독교 시대가 있음을 증명한다"고 말하는 L. 블루아의 주장을 인용한다(*Löw* 2, 186). 헤겔의 화해 개념은 똑같은 것을 의미한다. 자기-전개하는 자유는 모든 인간에게서 이런 종류의 겪음을 가능하게 만든다. 현실적으로 고통을 경감시켜주지는 않는 것처럼 보이는 이런 희망의 원리(로마서 4장 18절에서 바울은 "바랄 수 없는 중에 바라고 믿었으니(contra spem in spem credere)"라고 말한다)에 스토아적인 "희망도 없이 두려움도 없이(nec spe nec metu)"(*Löw* 2, 186)를 병치시키는 것은 헤겔과 유럽의 윤리학의 상당수가 못 본 체하고 지나갔음을 의미하지만, 이와 달리 뢰비트는 그렇게 하길 원치 않는다. 역사의 종말 혹은 역사의 마지막 국면으로의 이행만이 혁명적인 것이 아니라, 항상 존재하는 중간 시기 역시 그와 마찬가지다. 변화는 자기 앞에서 자유의 가장 내밀한 공간인 주관성과 주로 관계한다. 그것은 거기로부터 출발해서 사회와 세계에 물질적 변화들을 야기할 수 있다. 그럼에도 불구하고 이런 변화들은 그것들이 더 이상 그 중간에서 비롯되지 않을 때, 예컨대 현재의 희망을 미래 너머로의 우회 속에서 물화시킬 때면 언제든지 비자유로 전락하게 된다.

　헤겔이 악무한의 희망을 프랑스 혁명과 결부시키지 않았던 것은── 왜냐하면 그것은 그에게 있어 종교개혁 이후 그 중간의 전개에서 그 다음으로 가장 중요한 단계이기 때문이다 ── 예컨대 『역사철학 강의』의 다음 구절 결론부에서 드러난다. 이 구절은 그가 베를린 시기에 줄곧 주장했던 혁명을 향한 그의 긍정적인 지향을 증언하는 것으로 인용되곤 했다. 그 구절에 따르면, "고양된 감정이 그 시기에 지배적이었고, 정신의 열광은 마치 그것이 신성과 세계의 실제 화해에 이른 것처럼 세상에 두루 퍼져나갔다."(*WG*, vol. 11, 557ff.) "마치 그것이…… 이른 것처럼"과 관련하여, 헤겔이 표현한 또 다른 곳에서는(예컨대 *Phä*, 413ff.) 잔혹한 환영들과 화해 및 자유의 왜곡에 대한 경고가 제기되었다. 혁명이 자신의 기본 원리로서 하나의 교파에 대한 영구적인 개혁을 갖지 않는다면, 그것은 자신의 목표를 파괴하고 만다. 따라서 헤겔은 "모든 이들은 자기 안에서 화해의 작업을 완수해야 한다. …… 그럼으로써 기독교적 자유가 실현되는 것이다"라고 기술했다 (*WG*, vol. 11, 523. 532 참조). 헤겔이 역사의 종말을 말할 때 의도했던 것이 바로 이런 종류의 중간-역사적(middle-historical) 화해가 현실화하는 반복이다.

이 모든 것을 말하는 것 그리고 심지어 현재의 시점에서[49] 개별적이고 정치적인 실천을 역사의 목표로 향하게 하는 것은 "그 시대를 알아 볼 수 있는지의 여부…… 세계의 최종 목적인 바의 것이 보편적으로 타당한 의식의 방식으로 참으로 실현될 수 있는지의 여부"에 의존해야만 한다(*Vern*, 45). 계속해서 헤겔은 "이제 기독교란 종교에 특유한 것은 기독교 내에 이 시기가 포함되어 있으며, 이것은 세계사에서 절대적 시대를 구성한다'고 말한다. 다음과 같은 또 다른 정식들도 절대적 시대와 절대적 현재의 역사적이고 보편적인 개념을 목표로 한다. "그리고 이와 함께 새롭고 궁극적인 가치가 형성되고 그 주위로 사람들이 자진해서 몰려들'(*WG*, vol. 11, 438)며 "기독교 세계는 완성의 세계이고, 그 원리는 충족되었으며, 이와 더불어 시대의 종말은 완성되기에 이르렀다."(*WG*, vol. 11, 438) 이런 구절들은 중간-역사적으로 유효한 종말과 현재적 구원에 대해 말한다. 헤겔은 이런 입장을 예나 시기 공식적인 철학 활동의 초창기부터 줄곧 고수해 왔는데, 반성철학에 대항해서 변증법적 철학과 종교를 종합적으로 취했던 그 시기에 작성한 한 구절은 이를 잘 보여준다. 이것은 전체를 인용할 가치가 있다.

종교는 자신의 견해를 절대적 주관성의 철학과 매우 적게 공유한다.

49. *Vern*, 45에서 인용된 구절에서 헤겔의 난외주에는 다음과 같이 적혀 있다. "이것—— 우리 시대의 이해."

전자가 악을 이미 즉자적으로 완결된 자연에 관한 단지 우연적이고 자의적인 사실로 이해하는 반면, 후자는 악을 유한한 자유의 필연성으로, 즉 자연의 개념을 가진 것으로 재현한다. 그러나 그것은 이런 필연성에 대해서 동시에 영원한 것, 즉 무한한 진보에서 유예되고 결코 실현될 수 없는 하나의 구원이 아니라 오히려 참으로 현실적이고 현재적인 구원을 재현한다. 그리고 절대적 주관성의 철학은 그것이 유한하고 개별적인 것으로서, 즉 그 기원적 가능성이 신과의 기원적 유사성에서 정립된 주관직인 깃인 하나의 가능한 회해로서 관찰되는 한에 있어서, 자연을 조망한다. 그렇지만 그것의 객관적인 측면은 그 영원한 인간적 가치에서의 실현인바, 이 가치는 저 가능성과 이 현실의 동일성이지만 주체가 인간이-된-신과 함께 있는 존재로서 정신을 통해서만 가능하다. 따라서 즉자적으로 재구성된 세계는 구원되고 세계의 도덕적 질서의 관념에 따른 것과는 완전히 다른 방식으로 신성하게 된다. 예컨대 화산들은 항상 그 모습으로 남아 있지 않을 것이며, 점차적으로 소진되어 버릴 것이다. 허리케인도 길들여지게 될 것이며, 질병 역시 덜 고통스러워지게 되고, 숲과 습지의 공기는 더 좋아질 것이다. 등등(*WG*, vol. 1, 422ff.).

X. 결론

1. 이런 설명에 따르면, (욕구의 체계인) '시민사회'가 자신의 목표에 이를 수 있다는 것은 의심의 여지가 없다. 그 목표는 태어나서 자연적 죽음에 이르기까지 (그들이 기술적 사고들, 이런저런 불치병들, 자살 혹은 경쟁적인 이데올로기적 진영들 간의 전쟁으로 죽지 않는 한) 인간의 모든 삶을 보장할 수 있게끔 해주고, 그들에게 변영과 증대되는 여가의 삶을 가능하게 만들어주는 것이다. 그러므로 실제로 그것은 삶의 근간과 관련하여 새로운 역사적 시대로 이어진다. 단지 기술적인 가능성들의 관점으로 봤을

때, 이 목표가 아직 도달되지 못했다는 사실에 놀라움을 금할 수가 없다. 분명 기술적 인간주의가 단지 "비합리적"인 것으로 이해할 뿐인, 그렇기 때문에 사실상 이해하지 못하는 또 다른 종류의 저항들이 존재하는 것 같다.

2. 시민사회는 자신의 목표들 혹은 자유라는 자신의 공통 개념에 의해 정의될 수 있는데, 그것은 서양과 동양의 민주주의 형태들 모두를 포함함으로써 이러한 목표들을 규정한다. 전에는 실천적이라기보다 더 이데올로기적이었던 자유 개념은 모든 이로 하여금 생존, 번영, 여가시간 그리고 교육에 대한 자신의 관심들이 갖는 사회적 함의들을 결정할 때 하나의 몫을 보증하며, 교육은 앞의 세 가지에 대하여 주로 도구적인 방식으로 이해된다. "이 자유는 어떤 목적에 쓰이는가?"란 질문에 대해, 그 대답은 삶, 번영, 여가시간의 중요성의 순서 안에 존재한다. 이런 자유는 충족 수단을 자신의 목표로 만든다. 실제로 여가시간은 수단과 작업의 세계 밖에서도 인간이 가능한 존재가 되도록 만드는 것처럼 보이며, 산업적 문명은 심지어 (다시금) 소외되지 않는 노동을 위한 계획을 수립하게끔 해주기도 하는데, 이는 비록 경제적으로는 덜 효율적일지는 몰라도 사람들에게 필연성의 영역에서 자신들의 힘들을 자유롭게 펼칠 가능성을 제공한다. 그렇지만 사회적 과정의 목표가 분출하는 한, 필연적인 목적과 수단은 뒤섞이게 되고 서로 간에 상호적으로 변질시키면서 삶의 모든 영역들을 자신들의 과정 속으로 몰아넣는다. 이런 세속적인 천년왕국설을 비판할 때, 헤겔은 조언의 역할을 수행할 수 있는데, 왜냐하면 그는 자신이 그것을 사회에 적용할 때 이성적인 신학을 수행해온 이래로 냉정을 유지하고 있기 때문이다.

3. 이제 자연에 대한 사회적 지배의 과정이 분출하는 희망의 확신을 통해서만 처음 생겨난다는 것은——"불가능한 것을 요구하면 가능한 것이 이루어진다"는 격언이 말하는 것처럼——필연적인 것으로 보인다. 그러나 이것의 결과는 그 문제에 대한 특정한 관점으로부터 발생하거나 혹은 주술에 걸린 정신을 떨쳐내게 할 방법과 관련하여 "가장 선진적인" 나라들에서

생겨나야 한다. 그리고 여기서 자신들의 전제들을 과정 자체에서 취하는 학문들은 무용하게 되리라는 것을 알 수 있다. 그 학문들이 알고 있는 이 모든 문제들로부터의 유일한 탈출구는 그것들이 —— 이제까지의 과정에서 방향성을 다시금 사용한다면 —— "앞으로"라고 부르는 방향에 있거나, 아니면 애매모호하게 "한편에선 이렇고 다른 한편에선 저렇고"하는 식에 있을 텐데, 그것은 모든 측면에서 대립들의 변증법적 결합으로부터 속편하게 보호되는 것이다. 이런 애매모호함은 가능한 한 부가적이고 단지 기술적인 "동시에"란 말과 함께 아무깃도 변화시키지 않는다.

4. 그렇지만 왜 이처럼 앞과 뒤라는 두 가지 방향만 있어야 하고 위나 아래 같은 샛길들은 존재하지 않아야 하는지 그 이유는 분명치 않다. 유일한 대안이 주된 추세(자유주의, 개혁적 보수주의)를 지속하게끔 하거나 그것을 앞지르는 방식(혁명적 진보주의)을 취하는 것일 때, 이런 방식으로는 무한한 진보가 생겨나지만 그것은 분명한 목표(예컨대 자유의 왕국)에 도달하는 게 아니라, 오히려 진보를 가속화하는 것에 불과하고, 앞으로 나아감 [Vor-schrittes]이 아니라 그저 더 빨리 나아가려는 진보의 의미에서 이미 성취된 것으로부터의 벗어남을 뜻할 뿐이라는 점을 가정할 수 있다. 다른 한편으로, 통제 하에서 발전을 얻고, 확정적인 기준을 위해 그것을 복속시키며, 옳다고 여기는 방향으로 의식적으로 내모는 모든 시도는 점점 더 반동적이거나 낭만적인, 또는 심지어 순진한 것으로 등장할 수밖에 없다.

5. 그 과정이 단지 이전과 마찬가지로 똑같은 방향에서만 —— 때로는 더 빠르게, 때로는 더 느리게 —— 지속될 수 있을 뿐이고 그 추세에 대한 모든 종류의 역전이 불가능할 때, 우리는 필연적으로 그것이 동반하는 기능적이고 도구적인 이성의 불균등한 증가로부터 다음과 같은 결론을 내릴 수밖에 없다. 자연에 대한 기술적 지배에 의해 자유롭게 방면된 힘들이 바람직하게 사용될지 파괴적인 목적으로 사용될지는 더욱더 우연의 문제가 되고 만다. 그런 조건 하에서, 이 힘들은 그 크기에 비례해서 더욱더 위험하게 된다.

6. 그렇기 때문에 우선 이런 수단을 적용함에 있어 더 나아간 성장에 따른 어떤 향상을 기대하기보다는 그것의 종교적, 윤리적 그리고 정치적 전제조건들을 변화시키는 것이 합리적인 것으로 보인다. 인간 역시 자연이기 때문에, 점증하는 사회적-기술적 가능성들은 자연의 지배의 지배라는 문제를 해결하는 것이 아니라 오히려 그것을 더 첨예하게 만들 뿐이다. 따라서 개인적 윤리와 정치적 윤리의 의식적 종합이라는 (플라톤적) 문제가 그 근저에 놓여 있다는 사실이 명확해진다.

15. 헤겔에서의 역사의 종말

H. S. 해리스 H. S. Harris

우리가 어떤 질문에 대한 헤겔의 대답이나 어떤 문제에 대한 그의 해법을 연구할 때면, 항상 그 문제가 제기되거나 그 질문이 물어진 체계적 맥락을 우선적으로 고려해야만 한다. 헤겔의 세계사에 대한 철학은 "객관정신"의 발전에서 절정의 단계로서 나타나며, 또 "절대정신" 영역으로의 이행을 제공한다. 정치사의 철학적 파악은 우리의 정치이론에 대한 궁극적 맥락을 제공하며, 그런 뒤에 우리가 "절대적인 것"을 직접적으로 이해하는 영역으로 안내한다. 우리가 "세계사는 세계의 법정이다"라는 주장을 승인할 때, 우리의 정치과학은 종결된다. 그러나 그 법정은 정치 사회적 조직의 객관적인 형태들에 대해서만 사법권을 갖는다. 역사의 판결은 모든 것과 모든 이에 대한 "최종 판결"이 아닌 것이다. 역사에서 출현하고 발전한 경험의 양식들이 존재하지만, 그것들은 역사초월적인(transhistorical) 것으로 인정된다. 그리고 지혜에 대한 역사적 탐구로서 철학이 자신의 목표에 도달할 때, 우리는 왜 그리스 예술이 우리에게 지속적인 의미를 갖는지를 볼 수 있고 또 말할 수 있다. 물론 그리스 종교는 (그들의 예술이 최고의 형태에서 표현된 것은) "도시국가"의 형태로서 완전히 그리고 돌이킬 수 없을 정도로 역사에서 사라져버리긴 했지만 말이다. 우리의 정치적 사고와 행동은 우리가 인간 공동체를 "우리"와 "그들", 자유민과 노예, 문명인과 야만인으로 구분하는 것을 허락하지 않는 종교적 이상의 맥락 속에 존재한다. 하지만 철학적 "지혜"에 도달함으로써 우리는 우리의 종교에 관해 "절대적"인 것을 파악하고 말할 수 있게 된다(그리스 예술에 대한 "절대적" 의식을 가진 이들은 지금 이대로의 우리들이지, 그리스인들 자신들이 아니다).

우리는 역사의 심판을 넘어서는 절대적 심판으로 되돌아올 것이다. 그러나 우선은 두 가지 점에 주목할 필요가 있다. 첫째, 만일 역사초월적인 철학적 심판이 존재한다면, "역사의 종말"이란 관념은 충분히 이해가 된다. 왜냐하면 철학은 우리가 그 너머로는 갈 수 없는 사태들의 조건, 즉 그것으로부터는 어떠한 효과적인 출발도 퇴보가 될 수 있을 하나의 조건이 있다는 것을 우리에게 보여줄 수 있기 때문이다(나는 누구에게도 퇴행적인 출발이 가능하다고 설득할 필요를 못 느끼는데, 왜냐하면 우리 모두는 역사가 우리의 현실적인 자기파괴 속에서 경험적 종말에 이를 수 있다는 것을 인식하고 있기 때문이다). 둘째, "절대적"이라고 판단되는 것은 무엇이든 역사적으로 의존적일 리가 없다. 예컨대, 신성한 권위를 부여받은 인간 우두머리의 무오류성을 필연적으로 요구하는 종교는 "절대적 종교"가 될 수 없다(나는 "그 절대적 종교"란 말을 삼가고 싶은데, 왜냐하면 정관사는 내가 결정적으로 역사적 준거점을 사고하도록 유혹하기 때문이다. 그리고 그것은 오류다). 독실한 신자가 그 종교의 창시자에 대해 뭐라 말하든 간에, 그 수장의 지위는 인간적 제도에 해당한다. 따라서 그것은 역사의 심판에 종속된다. 그것은 사라질 수도 있다. 역사의 심판은 그 자체로 그것에 대한 최후의 심판이 될 수는 없을 것이다. 여기서 논리적인 난점은 그 소멸이 퇴보일 수도 있다는 것을 우리가 절대적으로 알 길이 없다는 점이다.

현실적인 것이(그렇기 때문에 역사의 법정에 적용되는 것이) 절대적 가치를 체현하고, 따라서 그 상실이 단지 퇴행이 될 수 있다는 점을 확립하기 위해, 우리가 합리적으로 말할 수 있는 것은 무엇인가? 이것은 헤겔의 역사철학에서 중심적인 문제다. 헤겔은 그의 청중에게 세계사의 철학을 "신정론"으로 제시했다. 그러나 그는 (적어도 명목상으로는) 루터교를 믿고 있었던 청중에게 말하고 있었다. 맑스와 니체를 예언자로 여기고 곧이어 프로이트도 그런 인물이라고 간주했던 후속 세대의 귀에 "신정론"과 "섭리론"에 관한 헤겔의 모든 이야기가 전해졌을 때, 그들은 그를 조롱하며 비웃었다. 그 세대들 중에 그나마 헤겔에 동정적이었던 가장 너그러운 자들도 사변적인 역사철학은 잘못되었다는 크로체의 주장에 동의했다. 헤겔의 역사철학은 그 자체로 "역사의 심판"을 받았고, "절대지"의 일부가 아닌 것으로 간주되었다. 그 구분에 대해 크로체 본인의 언어로 말하자면, 그것은 "산" 것이 아니라 "죽은" 것이었다.

헤겔 자신의 루터교 청중들에게, 신의 섭리가 교황의 오류 가능성을 드러냈다는 점은 역사적으로 명백했다. 그리고 그 청중들 중에서 가톨릭교도들조차도 당시에는 신앙적으로 그것과 다르게 믿을 것을 강요받지는 않았다. 크로체에게 그리고 포스트-헤겔주의적 세계의 나에게 있어, 논리적으로(혹은 철학적으로) 명백한 것은——그것이 칸트와 심지어 헤겔 이전의 레싱에게 그랬던 것처럼——역사 속에서 "정당화"될 수 있는 신의 현존은 역사에 호소함으로써 해명되어질 수는 없다는 것이다. 하지만 헤겔은 레싱과 칸트를 읽었다. 그리고 그는 철학을 종교 위에 두었다. 따라서 그의 "절대지"는 어떤 형태의 "믿음"에도 의존하지 않는다.[1]

1. 보편적이고 필수적인 이성에서의 믿음, 즉 클레안테스가 필로에게 그의 비판적 회의주의를 고수할 것을 요구했을 때 그가 창문 너머로 걸어 나갈 수 없게 만든 바로 그 믿음은 제외하고 말이다. 헤겔주의 철학은 그 어느 것에도 "의존"하지 않는다. 그러나 만약 경험의 확실성이 처음부터 논리적 인식의 원환(circle)을 위해 거기에 있지 않았다면 (수학과 형식 논리학과는 다른) "절대적"이란 존재하지 않았을 것이다. 원환 자체는 일종의 믿음처럼 시작할 때 상식을 전제하는 그런 특징을 없애 버린다. 그리고 역사란 이러한 원환적 지양이 필연적임을 보여주는 것이다.

레싱은 초창기 헤겔의 영웅들 중 한 명이었다.[2] 그리고 지금 이 글은 그가 성숙하고 명성을 얻었던 시기에조차 여전히 (자기의 방식으로) 칸트에 충실하고자 노력했음을 명확히 보여주는 것을 목표로 한다. 그 실존이 역사에서 드러나는 섭리는 칸트가 정의했던 것이었다. 칸트에게 그것은 참으로 이성적인 신앙의 대상이었다. 그러나 칸트에 충실하고자 하는 헤겔의 방식은 칸트가 그 여지를 두었다고 주장했던 "신앙"의 에 대한 필요성을 제거하고자 하는 오랜 기간의 투쟁이었다. 우리는 우리의 현재 경험세계를 (칸트가 설정한 것으로서 그것의 "경계들"과 함께) 넘어서거나 그 너머에 있는 지배적 지성 하에서 신앙의 여하한 행위 없이도 헤겔의 섭리론을 수용할 수 있다.

일단 헤겔 본인의 경우 그가 호소한 섭리에 대한 신앙이 이미 우리의 현재 경험세계에서 이성의 객관적 현존에 대한 승인으로 변형되었다는 견해를 수용하게 되면, 우리에게[3] 헤겔의 역사철학을 이해하기 위한 고유한

• •
2. 셸링의 1795년 2월 4일자 편지(10)와 비교하라. *Hegel: The Letters*, trans. Clark Butler and Christian Seiler (Bloomington: Indiana University Press, 1984), 32. 추가적인 증거는 *Toward the Sunlight*에서 쉽게 찾아볼 수 있다.

3. 나는 우리에 속하는 이들로서 섭리에 대한 종교적 신념으로 시작하길 원치 않는 사람들을 의도하고 있는데, 왜냐하면 우리는 세계에 대한 우리의 철학적 해석이 "자율적"이 되기를 원하기 때문이다. "자율적"이란 (1) 헤겔적 의미에서 '전제 없음'을 의미하며, (2) 모든 합리적 의식 속에서 무차별적으로 스스로를 강제하기 때문에 누군가 그것들을 부인하고자 할 때 이성적이길 그치게 되는(필로가 문 대신에 창문으로 나갔다면 그는 이성적이길 그쳤을 것처럼) "필연성들"만을 인식하는 것을 의미한다. 그 강제란 필로가 땅에 부딪혔을 때 ── 우리가 추정할 때 ── 그의 죽음에서 보인 것처럼 즉각적으로나 정언적으로 될 필요는 없다. 핵심은 섭리(종교적 태도) 하에서의 "믿음"이나 "신뢰"가 "필연성"이나 "운명"의 수용이 행하는 방식으로 모든 정신 속에서 결코 스스로를 강제할 수 없음을 우리 모두가 알고 있다는 것이다. 정확히 그것은 강제가 하나의 "행위"를 요구한다고 우리가 말하는 이유다. 이성 안의 믿음은 오직 이성적으로 되라는 (즉, 단지 모든 이들이 인정해야만 한다는 것을 인정하라는) 욕망을 요구한다. 누군가는 그 최소한의 것("믿음의 행위")을 넘어서는 자발적인 헌신들에 임할 수 있지만, 그렇다고 그것들에 관해 철학적인

방식이 칸트가 그에게 부과한 문제와의 연관성을 파악하는 것이라는 점은 분명해진다. 칸트의 세계사에 대한 논문은 "인류의 궁극 목적은 가장 완벽한 시민적 정체를 성취하기 위함이다"라는 주장을 옹호하기 위해 1784년에 작성되었다.[4] 이 주장은 "세계시민의 관점에서 본 보편사의 이념"이라는 그의 제목에 반영되어 있다. 칸트는 "우리가 주로 인간 의지의 자유가 펼쳐지는 유희에 주목한다면, 우리는 그 속에서 규칙적인 운동을 식별할 수도 있을 것이라는 희망"과 함께 시작한다(12).

이 논문은 일련의 9개의 테제들로 구성되어 있다. 그리고 "규칙적 운동"의 추동력은 네 번째 테제에서 설명되는데, 그것은 다음과 같다. "인간의 모든 소질들을 개발하기 위해 자연이 이용하는 수단은 궁극적으로 그것이 인간들 사이의 합법적 질서의 원인이 되는 한 사회 속에서 그들의 대립관계(antagonism)다."(15) 칸트가 "대립관계"로서 의미하는 바는 (이제는 유명하게 된 한 구절에서) 그가 "인간의 비사교적 사교성(unsocial sociability)"이라 부른 것이다(15). 이러한 "비사교적 사교성"은 정확히 헤겔이 (인간 삶의 역사적 질서에서 객관적으로 현존하는 것으로서) 이성의 변증법적 단계로 해명한 것이다. 이 점을 지적하면서, 우리는 곧장 칸트의 다섯 번째 테제로 넘어갈 수 있는데, 거기에는 "인류의 가장 위대한 문제……는 법을 관리하는 보편적 시민사회의 성취다"라고 진술되어 있다(16).

칸트는 이 과제의 "완벽한 해법"은 불가능하다고 생각했는데, 왜냐하면 "인간이 그렇듯이 그런 굽은 나무로는 완벽히 곧은 어떠한 것도 세울 수 없기" 때문이다(17-18). 하지만 그의 마지막 테제는 다음과 같다. "인류의 완전한 통합을 목표로 하는 자연의 계획에 따라 보편사를 산출하려는 철학적 시도는 가능한 것으로 간주되어야 하며, 그 자체로 이런 자연의 의도를

•• 무언가가 존재하는 것처럼 굴어서는 안 된다.

4. Kant, Immanuel, *On History*, ed. Lewis White Beck, trans. Lewis White Beck, Robert E. Anchor, and Emil L. Fackenheim (Indianapolis: Bobbs-Merrill, 1963), 11n. 이어지는 언급들은 그 텍스트에서 취한 것들이다.

촉진하는 것으로 여겨야 한다.'(23) 이와 관련하여, 그는 "자연의 ── 혹은 더 적절하게는 섭리의 ── 정당화[Rechtfertigung]는 세계사를 향한 관점의 선택에 있어서 결코 사소한 동기가 아니다"라고 언급했다(25).

　이것은 헤겔이 수용한 도전이었다.[5] 그는 세계사를 이런 관점에서 그가 할 수 있는 한 상세하게 해석하는 일에 착수했다. 하지만 그는 자신이 어떤 이성의 기준도 소유하고 있다고 생각하지 않는다. 우리의 "비사교적 사교성"이 이미 우리의 역사에서 만들어낸 것을 제외하곤 말이다. 그는 인간의 도덕적 이성의 이상적이고 예지적인 공동체에서 이미 "세계-시민" 이 아니다. 따라서 그는 인간의 본성을 "굽은 나무"로 간주하지 않는다. 칸트가 "구부러짐"으로 보았던 것은 단지 역사에서 이성 자체의 변증법적 구조일 따름이다. 그 구조에 대한 우리의 합리적 이해는 이성의 완벽함이다 (그리고 이러한 이해에 따르면 그것은 직선으로 뻗어 나가는 게 아니라 원형으로 닫혀있다). 우리가 (사회와의 실체적 동일시를 통해서) 본성적으로 있는 것 이상이 되기를 바라게 하는 동시에 또 한편으로는 모든 것에서 자기만의 방식을 고수하게끔 만드는 모순적 본성은, 헤겔에 따르면 우리의 실천적 합리성의 본질적으로 변증법적인 구조에 다름 아닌 것으로 간주된다. 따라서 이성은 현실적인 것[das Wirkliche](작동하는 것, 효력이 있는 것)과 "이성적인 것[das Vernünftige]"(인간 본성과 소질들의 정신적 표현을 성취하려는 사회적 목표)의 변증법적 동일성이다. 이런 동일성 속에서, 현실적인 계기는 무엇이 됐든지 간에 효력이 있는 것으로 나타난다. 현실적인 것은 우리 자신의 욕망과 의지일 수도 있다. 혹은 세계 속의 실제 복합적 사실들이

• •
5.　따라서 칸트와 헤겔 사이의 직접적인 상호작용을 말하는 것은 헤겔의 섭리 개념이 갖는 복잡한 이야기를 극단적으로 단순화하는 것이다. 레싱, 헤르더, 횔덜린 그리고 셸링의 초월론적 관념론 체계 모두가 헤겔의 성숙한 이론 형성에 영향을 미쳤다. 하지만 그 모든 발전은 칸트적 의미에서 "이성적"이고, 그것은 그 어떤 초월적인 자기 의식적 힘이 상정되거나 그것에 호소되지 않았다는 의미에서 "비판적"이다. 헤겔의 섭리는 세계정신, 즉 우리 모두의 인간적 발전이 의존하고, 우리의 인간적 성취가 영구적인 부분이 되는 삶과 죽음의 능동적 정신 공동체에 속한다.

우리의 의지를 압도하는 그 무언가일 수도 있다. 이성적인 계기는 우리의 사회적 활동의 정신적 목표다. 그리고 우리는 우리가 가능하다고 여기는 것, 즉 현실적으로 실현할 수 있는 기획들의 관점에서 그것을 끊임없이 재규정한다.

실로 "역사"는 현실적인 것과 이성적인 것의 변증법적 동일성이 어떻게 이해되고 절합되는지에 대한 분명한 의식으로 우리가 점진적으로 도달해가는 이야기다. 왜냐하면 이것은 우리의 자유에 대한 이해, 즉 개념적인 파악이기 때문이다. 그러므로 역사는 우리가 이러한 동일성의 개념적 구조를 보편적으로 인식할 때 "종결된다"고 말해질 수 있다. 그것은 칸트의 "자연 혹은 더 나은 섭리"가 더 이상 필연적인 요청이 되지 않는 순간이 될 것인데, 왜냐하면 우리는 인간의 처지를 우리에게 그것을 이해 가능하게 해주는 "절대적인" 의미에서만 이해해왔기 때문이다. 절대지는 (인간의 자기정립하는 지식 혹은 논리적으로 필연적인 한계들을 포함해서) 우리의 인간적 앎이 원리가 되는 지식이다. 역사의 종말에서 우리는 왜 우리의 모든 역사적 행위가 "일을 꾸미는 건 인간이지만 그 성사는 하늘의 뜻이다"라는 구조를 갖는지 이해해야만 한다. 그런 뒤 우리는 (사르트르의 지옥처럼) 섭리란 "타자다"라고 말할 수 있어야 한다. (우리의 실패와 마찬가지로) 우리의 성취는 새로운 이성적 목적을 위한 현실적인 원재료가 된다. 그것이 곧 "이성의 간지(cunning of reason)"다. 이런 "무한한 목적론"의 구조가 여태껏 이해되지 못해왔기에, 더 고차적인 목적이 우리 자신의 의식적인 세계사적 활동들의 이후 경향 속에서 스스로를 선포할 수 있게 된다. 그것은 논리적으로 필연적인 진리에 해당된다. 그리고 이런 절대지를 넘어서는 순전히 상상 가능한 여하한 지식은—예컨대 모든 미래의 운명들에 대한 신적인 지로 추정되는 것은—우리에겐 전혀 "지식"이 아닌데, 왜냐하면 그것은 우리의 지 개념을 완전히 위반하고 있기 때문이다. (이성적으로 되라는) 우리 인간의 목표에 대한 절대지는 우리에 대해(for us) "절대적"인 지의 포괄적인 논리적 개념으로 우리를 이끈다. 그것의 "우리에 대해" 있음은

"절대적임"을 상대적으로 만들지 않는데, 왜냐하면 우리가 파악한 것은 분명 어떻게 이 개념이 우리, 우리 세계 그리고 그 둘에 대한 우리의 지를 파악하는지에 대한 것이기 때문이다. 추정 상 더욱 포괄적인 인식을 논리적으로 무의미한 것으로서 거부하게끔 논리적으로 우리를 이끄는 것은 분명 "우리에 대한" 관계의 이와 같은 필연적인 "과잉파악(overgrasping)"이다. 우리 인식의 모든 것을 파악하는 이런 개념이 바로 "이념" 혹은 완전히 전개된 이성 개념이다.

칸트는 원칙적으로 인간의 목표가 무엇인지를 안다고 생각했다. 하지만 그는 역사의 종말에 자신이 처해 있었다거나, 혹은 언제고 우리가 거기에 있을 수 있으리라고 생각하진 않았다. 그는 우리가 그 목표를 실현하지 못한다는 것을 알았고 (예상컨대) 우리가 결코 실현할 수도 없으리라고 여겼다. 물론 헤겔도 그 목표가 (원칙적으로) 실현된다는 것을 고수하지 않고서는 그 목표가 무엇인지 자신이 안다고 추정할 수조차 없다. 실천적인 객관성의 관점에서, 절대지는 현실적인 것과 이성적인 것의, 그리고 이성적인 것과 현실적인 것의 일치성이다. 우리는 (헤겔이 그랬듯이) 두 방식에서의 동일성을 말할 필요가 있는데, 왜냐하면 우리의 "비사교적 사교성"은 두 동일성을 서로 다른 것으로 만들기 때문이다. 소비에트 공산주의는 당의 이데올로그들이 그 차이를 무시했기 때문에 결국 실패했다. "현실적인 것은 이성적이다"란 말은 우리를 추동하는 것이 이성적이라는 것, 즉 사태가 드러나는 방식 근저에는 이해할 수 있는 필연성이 항상 존재한다는 것을 의미한다. "이성적인 것은 현실적이다"란 말은 우리를 끌고 당기는 것이 철저히 이성적이라는 것을 의미한다. 두 명제가 조화롭게 일치하기 위해서, 우리는 어떤 사회적 조건이 보편적으로 욕망할 만한 것인지와(모든 이가 욕망하는 것만이 현실적으로 효과적인 흡인력을 가질 수 있기 때문이다) 동시에 우리가 어떤 의무적인 필연성에 복종해야 하는지를(이런 추동적 필연성들이 이해되는 경우에만 이성적으로 욕망할 만한 것이 효과적으로 욕망될 수 있기 때문이다) 알아야 한다. 역사의 작용인(혹은 추진력)과 목적인(혹은 흡인력)을 적절히 조화시키는 매개 항이 바로 이성적 국가다.

헤겔은 자신이 이 매개 항을 정의할 수 있다고 생각했고, 우리에게 그 정의를 『법철학』에서 제공했다. 그러나 『역사철학 강의』에서 그는 "역사가 그 마지막에 도달했다(혹은 덜 역설적으로 말해, "이성의 목표는 충족되었다")"고 말하지는 않았다. 반대로, 그는 마땅히 칸트적 방식으로 끝나는 다음과 같은 구절로 자신의 강의를 결론지었다. "이것은 의식이 얼마나 멀리까지 왔는지를 보여준다." 우리는 이것을 (칸트가 생각했다고 여겨지는 바대로) 여전히 갈 길이 밀고, 그것은 아마도 "악무한적인" 거리가 될 것임을 암시하는 것으로 여길 수도 있다. 그러나 헤겔이 철학 자체는 "완성"되었다고 생각했던 이래로, 보다 온건한 추정을 드러내는 것으로 간주할 수도 있을 것이다. 『법철학』의 연구는 헤겔이 역사의 종말에 관해 신중했다는 견해가 타당할 수 있음을 보여주는데, 왜냐하면 프로이센 국가 자체에는 이성적인 것이 아직은 완전히 현실적인 것으로 되지 않았기 때문이다. 에두아르트 간스는 이미 그 연구를 이런 방식으로 수행한 바 있다.

코제브는 자신만의 독해를 통해 똑같은 가설을 적용했다. 그가 보기에, 헤겔은 나폴레옹의 업적을 철학적으로 해석한 자였다.[6] 이것은 제법 그럴싸하게 보인다. 비록 나의 해석은 그 문제에 대한 어떤 특정한 대답을 요구하지도 또 거기에 의존하지도 않지만 말이다. 코제브는 그 문제에 있어서는

••
6. 적극적 정치로부터 인류의 절반인 여성을 배제하는 것을 헤겔이 수용한 것은 이성적인 것이 그의 사유에서조차 완전히 현실적이진 않았음을 우리에게 말하고 있는지도 모른다. 이런 견해에 대해서, 코제브의 작업은 "역사의 종말"의 바로 그 순간에 다가갔다. 그러나 그 견해 자체는 오류다. 어느 누구도 공동체에서 배제되지 않는다. 그리고 모든 이는 법과 양심 앞에 평등하다. 여성들은 소농들과 같다. 그들은 "자연적 필연성"이란 이유로 정치에서 배제된다. 현실적 필연성에 대한 판단은 절대적으로 역사적이다. 우리의 역사적 상황(과 우리의 판단)은 유럽의 복고시대의 그것과는 다르다. 자신의 세계에 대한 판단들을 처방하는 것은 철학자의 임무가 아니다. 오히려 자신의 시대에 "객관적인"(보편적으로 타당한) 것들을 이해하는 것이 그의 임무다. 그는 자신의 자의적인 판단의 자유를 포기하고 사태 자체(Sache selbst)에 내맡겨야만 한다.

옳았지만, 보다 심층적인 일부 문제들에 있어서는 오류를 범했다. 이것은 우리가 그의 최후의 제자 프랜시스 후쿠야마의 논증들을 검토할 때 분명히 드러난다.

후쿠야마는 서구문화의 보편적 승리를 자신의 주제로 다룬다. 현재의 사건들은 그가 논문 말미에서 제기한 다음의 문제에 비극에 가까운 파토스를 부여했다. "미래의 참된 문제는…… 소비에트 엘리트들이 히틀러 이후 유럽의 모습인 보편적으로 균질한 국가의 의식에 어느 정도 동화되었는지를 해명하는 것이다."[7] 우선 우리는 (소비에트 맑스주의를 포함한) 맑스주의가 서구의 사상임을 유념해야만 한다. 그것은 헤겔의 역사철학에 대한 일면적인 형태로서, 현실적인 것의 객관적 합리성에 지나치게 많은 강조점을 부여한 사상이다. 후쿠야마는 소유적 개인주의라는 자신의 홉스적 이론이 사회적 현실을 파악하는 데 맑스주의보다 더 정확한 것처럼 기술했지만, 헤겔적 관점에서 보면 사실로 보이지는 않는다. 우리는 코제브 본인이 맑스주의자였음을 기억해야 한다. 그리고 비록 자신의 존재론으로 인해 역사의 종말에서 똑같이 "주관적"으로 되는 것은 윤리적 실체라는 헤겔의 테제를 제대로 평가하진 못했지만, 코제브는 인간의 목표에 대한 칸트적인 비판적 인식을 획득했다. 앨런 블룸은 "후쿠야마가 비중 있게 다루지 않았지만, 역사의 종말에 관한 코제브 사상의 요소들이 존재한다. 역사의 종말이 갖는 선은…… 무제약적인 철학함의 가능성과 그 자체 목적으로서의 모든 인간에 대한 윤리적 인정에 있다"라며 정당하게 이의를 제기한다.[8]

후쿠야마는 헤겔을 아담 스미스의 전통에서 부르주아적 정치경제학자로

---

7. "The End of History", *The National Interest* (Summer 1989), 3-18 (17을 보라).
8. "Responses to Fukuyama", *The National Interest* (Summer 1989), 19-21 (20을 보라). 코제브에게, 이성은 칸트식의 비판적 방식 하에서 단지 주관적으로만 현실적으로 될 수 있는데, 왜냐하면 그 자신의 실존주의적 존재론은 정신적 실체의 개념을 불가능하게 만들기 때문이다. 그러나 좀 더 완화된 방식으로 보면, 코제브는 후쿠야마보다는 더 낳은 헤겔주의자인데, 왜냐하면 그는 '인간의 유대'라는 맑스주의적 신념을 견지하고 있기 때문이다.

간주한 코제브의 해석을 받아들였다. 코제브가 헤겔에게서 발견한 모든 것은 그 예지적 토대를 박탈당한 보편적인 시민사회에 대한 칸트의 이상이었다. "서구의 자유민주주의는 인간이 갖는 정부의 최종 형태다."(4) 헤겔은 나폴레옹의 업적을 "자유와 평등 원리를 통합한 국가의 보편화" 작업으로 인정했다(5). 코제브의 맑스주의적 우애와 헤겔의 기독교적 우애는 여기서 사라진다. 후쿠야마는 코제브의 "보편적으로 균질한 국가"를 세계시장에서의 "보편적인 시민사회"와 동일시한다(5). 과학적 맑스주의자인 코제브가 그의 헤겔 독해를 통한 이런 해석을 거부하기란 어려웠을 것으로 보인다. 하지만 어떤 것이 누락되어 있다. 캘빈 쿨리지는 "미국의 과업은 비즈니스다"라고 말했다. 이제 우리는 "비지니스는 세계의 유일한 과업이다"라고 말하는 한 미국인과 마주하고 있다. 헤겔은 그런 견해를 "야만주의"라고 불렀고, 맑스도 이에 동의했을 것이다.

우리는 무언가 중요한 것이 빠져 있음을 볼 수 있다. 심지어 절대정신의 영역을 직접적으로 참조하지 않더라도 말이다. 헤겔 본인은 하급 재무관의 아들이었고, 확실히 그는 누군가 절대정신이 도달되었음을 인식했을 때 (코제브가 그랬듯이) 공무원이 되기 위해 학문적 삶을 떠나는 자가 있다면 그를 찬성했을 것이다. 그러나 헤겔은 공무원이 되는 것이 "오직 비즈니스만이 남는다"는 결론에 대한 비판적 논평을 대표한다고도 지적했을 것이다. 왜냐하면 그것은 "공정함"이 "부유함"과 다를뿐더러 그보다 훨씬 더 중요하다는 것을 의미하기 때문이다.

헤겔은 자유 시장 경제학자가 아니었다. 그리고 그는 국가들이 서로 간에 전쟁을 수행하는 것이 불가피하기 때문에 정치적 역사는 종결되었다(혹은 그럴 수 있다)고 생각하지 않았다. 이것은 우리로 하여금 (전쟁이 우리에게 방어하라고 요구하는) 공동체의 객관적 삶의 방식에 존재하는 실체적 토대와, 경제적 영역을 넘어서는 보다 고차원적인 정신적 목적들을 인식하게끔 하기 위해서는 필수적인 것이었다. 제1차 세계대전이 헤겔의 전쟁 개념의 귀류논증이었음이 인정되어야 한다. 하지만 코제브는 맑스주의적 결론을 수용하면서 하나의 오류——혹은 한 가지 헤겔에 대한 근시안적 견해——를 수정하지 않았다. 그는 헤겔의 정신주의——이성적인 것이 현실적이라는 믿음——를 완전히 폐기했다. 맑스조차도 자신의 "역사 유물론"에서 그것을 완전히 버리진 않았다. 세계시민인 코제브는 전쟁에 의해 자신의 실체적 장소를 떠나야 했고, 이것을 전쟁이 부여한 교훈으로 이해했다. 그러나 그는 그것을 부정적으로만 배웠을 뿐이다. 그는 환멸을 느낀 맑스주의자——맑스주의적 회의주의자——가 되었다. 맑스는 어느 정도는 코제브보다 더 낫은 헤겔주의자였는데, 왜냐하면 그는 여전히 객관적 관념론자였기 때문이다. 그는 "우애"를 정신적 실체——이성의 현실성——로 믿었다. 코제브는 자유와 평등을 향한 합리적 본성의 추동력을 이해했지만 우애의 실체적인 견인력을 이해하진 못했는데, 왜냐하면 그는 맑스가 우애는 오로지 정치적 행동과 제도들에 의해 절합되고 체화될 수 있다는 믿음에서 오류를 범했다는 사실을 현실적인 경험을 통해 알았기 때문이다.[9] 맑스는 우리의 칸트적 사교성이 갖는 비사교적 측면을 간과했다. 칸트의 계몽주의적 선행자들과 마찬가지로, 그는 그것이 역사를 야기한다기보다는 오히려

9. 학술회의에 발표한 판본에서, 나는 "맑스가 우애는 정치적으로 표명되고 체화될 수 있다는 믿음에서 오류를 범했다"고 주장했다. 그런데 나는 논의 과정에서 누군가 그것이 맞는지에 대해 의문을 표했을 때 그것이 심각한 오류였음을 즉시 깨달았다. 우애란 자기 의식적으로 형성된 사회적 제도들 속에서 표명되고 체현되어야 한다. 하지만 그 제도들은 그것을 완전히 (즉, 확실히 자기보존적인 방식으로) 체현할 수는 없다. 그것들은 자신을 유지하는 것만큼이나 스스로를 손쉽게 파괴할 수 있는 자유로운 의식을 표명한다. 따라서 이성적 우애의 유지는 "정치적"인 게 아니라 "절대적"인 관념적 공동체의 자유로운 의식에 의존한다. 우애의 감정은 "국가"가 토대를 두는 "종교"에 해당한다. 그것은 "상당부분 국가로 이전"될 수 없다. 하지만 국가의 현실적 삶이 절대적으로 현실적인 공동체의 구성원들의 인식 속에 그런 감정을 이해시키지 않는다면, 그것은 근대국가를 (고유하게 말해서) 정치 이전의 우애적 공동체들로 쉽게 분해시킬 수 있다. 안티고네와 크레온은 이것의 논리적 사례를 제공한다. 따라서 자기의식의 전 과정은 (그 속에서 절대정신의 종교적 "주관성"은 정치적 제도들의 객관적 실체성과 일치하게 된다) 충분히 "우애"를 표명하고 체현할 수 있다.

역사에 의해 생산된다고 생각했다. 코제브는 후쿠야마가 적절하게 "의식의 우위"라고 부른 것을 파악했다. 그리고 그는 생사를 건 투쟁이 "의식의 첫 경험"이라는 주장 속에 있는 헤겔의 핵심을 파악했다. 자유를 향한 정신적 욕망은 자기보존에 대한 자연적 촉구보다 더 근본적이지만, 자기의식적 자유에 대한 추동력은 원래 이기적인 것이다.

후쿠야마의 "역사의 종말" 선언에서조차, 갈등의 비경제적인 두 가지 원천이 존재한다. 종교와 국가주의가 그것이다. 만약 우리가 "파시즘"을 부족이나 민족의 "자연종교"로("자연종교"의 계몽적 의미가 아니라 헤겔적 의미에서) 정의한다면, 우리는 이 두 개의 완전히 이질적인 힘들 모두가 종교의 절대적 개념의 범위에 속한다는 것을 볼 수 있게 된다. "균질한(homo-geneous)" 국가는 결코 현실적으로 "균질하게" 될 수는 없을 것이다. 왜냐하면 경제적 합리주의자들에겐 매우 비합리적으로 보이는 문화적 차이들이 논리적으로 더 고차적인 영역에 속하는 정신적 자유의 현현들이기 때문이다. 저 고차적 영역은 보다 포괄적이며, 그렇기 때문에 보편적 시민사회의 관점에서는 비합리적인 것으로 간주되는 모든 것들을 포용한다. "종교"는 "빛의 본질"의 직접적인 실체성으로부터 보편적 자비의 복음에서의 유한하고 무한한 의식의 상호 몰입으로 나아가는 스펙트럼을 관통한다. 그러나 유한한 의식이 단지 실체의 일시적 사건이 되기를 중단하자마자 —— 유한한 삶이 어떤 긍정적인 것을 차지하자마자 —— 우리는 분명 "우애"의 세계 속에 있게 된다. 우리는 "동물적 종교들"의 원시적 파시즘으로 —— 여기서 모든 '형제들'의 종족적 집단은 생사를 건 투쟁에 종사한다 —— 시작해서, 신과 그(녀)의 전체 인간집단과의 승인된 동일성으로 나아간다. 종교적 발전의 단계들은 정치적 진화의 단계들과 함께 가야 한다. 헤겔은 프랑스혁명이 프랑스 자체에서는 실패했다고 여겼는데, 왜냐하면 종교개혁이 프랑스에선 실패했기 때문이었다. 그는 폭력적 혁명이 없는 여성의 정치적 해방에 대해 놀라지 않았을 것이다. 왜냐하면 루터적 시각에서 신은 "우리인 나"이기 때문이다. 그(녀)는 모든 유한한 의식에서 성장한다.

다른 한편, 노예제 폐지는—— 헤겔은 이것이 근대의 종교적 의식의 성숙도를 보여주는 분명한 표지라고 여겼다—— 혁명적 규모에서의 폭력적 전복 없이는 미국에서 발생할 수 없었을 것이다. 그렇지만 미국은 확실히 프로이센보다는 헤겔의 정치적 이상에 더 가까웠다. 게다가 노예들의 정치적 해방 이후에도, 그들 흑인 후손들의 "보편적 시민사회"로의 통합은 일체의 유럽 이주민들의 통합처럼 결코 "균질하지는" 않았다. 흑인의 빈곤은 "동물적 종교"의 종족적 의식의 생존에 약간의 뿌리를 두고 있다. 피부색의 자연적 차이는 도덕적 감정과 합리적 실체의 정신적 동일성에 불리하게 작용하는 소외적 요소다. 문화의 모든 차이들(특히 언어의 차이)은 이와 똑같은 방식으로 작동한다. 종교의 차이들은—— 매우 정확하게도—— 의식적인 실체적 동일성에 관한 의지의 대립들로 인식된다. 함께 거주하고 실질적으로 소통하는 것은 이런 실체적 갈등들을 약화시키고 마모시킨다. 하지만 실체적 동일성들이 존재해야 한다는 것(개인들이 진지한 희생을 치르고 자신들이 죽을 각오도 해야 한다고 도덕적으로 느끼게 만드는 헌신들)이 인간적 본질이기 때문에, 모든 실체적 갈등들이 "진리를 말하고 부채를 갚는" 것을 지배적 이상으로 갖는 보편적 시민사회 속에서 소멸되어야 한다는 것은 생각할 수도 없는 일이다. 맑스와 코제브의 세계 시민주의는 (자신들이 그것을 상속받았던) 칸트의 세계 시민주의만큼이나 유토피아적이다. 후쿠야마는 우리가 "경제적 자유주의의 정신적 공허함"을 인식하기 위해 "종교적 관점"을 필요로 하진 않는다고 말할 때 매우 큰 잘못을 범했다 (14). 문제가 되는 것은 무를 인정하는 게 아니라 그것을 채워 넣는 것이다. 우리는 분명 소비에트 연방의 붕괴가 그곳의 다수 문화들에 문제들을 야기하고 민족 집단들이 그 이전에 누렸던 것보다 더 악화되었음을 볼 수 있다.

후쿠야마는 그 종교적 갈등이 단순히 무시될 수 있다는 식으로 말한다. 그는 "균질한" 체제가 존재하기만 하면 경제적 자유주의가 종교적이고 민족적인 유대들을 지양할 수 있다고 생각하는 듯하다. 그러나 아랍세계는 어떻게 보편종교가 자유주의적 균질화에 완강히 저항하면서 공동체적으로 특수화될 수 있는지를 보여준다. 유고슬라비아도(혹은 북아일랜드와 퀘벡조차) 마찬가지다. 후쿠야마는 "의식의 우선성"을 견지함으로써, "어떤 국가든 자신의 민족적 이익을 정의하는 방식은 보편적이지 않고 그에 앞선 일종의 이데올로기적 토대에 의존한다"는 것을 인식할 수 있었다(16). 그리고 그는 19세기 식민지 시대의 제국주의가 헤겔 본인도 연루되어 있던 하나의 이데올로기였다고 이해한다. 그럼에도 그는 "역사의 종말에 다다른 세계의 일부로서 국제적인 삶은 정치나 전략보다는 경제에 훨씬 더 사로잡혀 있다"고 자신 있게 확언한다(16). 그가 보기에 시장이 정치를 집어 삼키는 것은 단지 시간문제다.

　중국과 중동은 명백히 역사의 종말에 다다라야 한다. 후쿠야마의 테제가 유효하다면 말이다. 하지만 그 자신은 "알바니아나 부르키나파소에서 어떤 낯선 사상들이 사람들에게 발생하는 것은 거의 문제될 게 없다"고 말한다(9). 이것은 충분히 "헤겔적"으로 들린다. 그러나 헤겔의 체계에서 역사철학이 차지하는 위치를 알고 있는 일부 사람들은 알바니아가 이미 우리에게 가장 생생하게 명백한 살아있는 성자를 주었다는 것, 그리고 어느 누구도 세계적 구세주가 고대 로마의 갈릴리에서 나올 거라고는 기대하지 않았으리란 사실을 반추해야만 할 것이다. 그렇다면 우리는 구원(혹은 저주)의 복음이 부르키나파소에서 출현하지 않으리라고 어떻게 확신할 수 있는가?

　코제브와 후쿠야마의 헤겔은 단지 거듭난 홉스이며, 다만 헤겔의 가면과 망토로 위장했을 뿐이다. 그 위장은 헤겔이 죽고 난 뒤 역사가 가르쳐 준 홉스적 교훈으로부터 상당히 많은 신빙성을 얻었다. 헤겔은 철학의 종말이 역사의 종말을 가져온다고 생각하지 않았다. 왜냐하면 그는 역사가 "세계의 법정"으로 지속되리라고 기대했기 때문이다. 그의 시대 이후로 홉스적인 주권은 핵전쟁의 형태로 우리의 정치적 갈등들 속에서 출현했다. 우리는 더 이상 그러한 법정에서 다툴 수 없다. 그곳은 단지 프랑스의 혁명적 테러와 같은 짤막한 평결만을 내리기 때문이다. 이렇게 해서, 역사의 종말에 관한 칸트의 계몽적 추론들 중 하나가 정당화되어왔다. "결국 전쟁 자체는 그렇게 인위적인 것으로만 간주되지 않을 것이다. 결과적으로 양측 모두에게 불확실성이 생겨나고, 그 여파로 충족될 수 없는 점증하는 전쟁 부채의 형태로 고통을 받을 것이다. 이렇듯 새로운 발명은 가장 의심스러운 사업으로 간주될 것이다."(Beck, 23)

하지만 이것이 "역사의 종말"을 "보편적 시민사회의 획득"으로 본다는 것을 의미하는 건 아니다. 헤겔은 (고유한 의미에서) 세계사가 그것과 함께 시작한다고 명확히 인식했다. 로마제국은 참으로 정신으로 파악된 신의 역사가 시작되는 제국적 질서 속에서 보편적 시민사회를 세웠다. 절대종교의 세계에서—이것은 절대적으로 되기 위해서 보편적 우애의 철학적 이상이 되어야 한다—이데올로기들과 문화들의 복수성은 지속적으로 번영을 구가할 것인데, 왜냐하면 종교적 "절대적임"의 성취는 "우위"와 "권위"의 지양을 수반하기 때문이다. "자유민주주의"는 모든 문화들의 "후견인-이상 (guardian-ideal)"이 될 수 없다. 실제로 그것은 우리의 다문화적 공동체들의 어떤 것에도 적합지 않음이 이미 명확히 드러났다.

비합리적인 것으로 전쟁을 인정하는 것은 헤겔이 그것을 예측했듯이 국가와 교회의 균형을 변화시킨다. 우리는 (적어도 나는) 이제 "정당한 전쟁"이란 범주가 박탈되었기 때문에 세계의 양상이 어떠하리라고 감히 말할 수 없다. 하지만 그 예후는 그리 고무적이지 않다. 걸프전은 우리에게 훌륭한 사례 연구를 제공한다. 우리가 후쿠야마의 비이데올로기적 권력의 시각에서 그것을 본다면, 미국은 아마도 성공적이었다고도 볼 수 있을 것이다. 부시 행정부는 악당에 맞서 아랍 국가들의 홉스적인 동맹을 창출해 냈다. 그리고 그들은 자신들이 좋아하지 않는 지역에선 어떤 것도 발생할 수 없다는 점을 분명히 확립했다. 그러나 이것은 얼마나 오래 지속될 것인가? 우리가 이데올로기의 우애적 공동체의 헤겔적인 세계사적 전망으로 그것을 평가한다면, 그것은 그리 좋아 보이지 않는다. 이런 관점에서 악당은 확실히 미국이다. 미국은 솔직히 국가가 아닌 공동체의 통합을 위한 전쟁을 수행하면서 그들 자신의 "서구적 관념"을 위반했다. 차라리 (남아프리카에서처럼)

경제적 압박을 통해 서서히 승리를 거두는 게 더 좋지 않았을까? 우리는 모든 전통사회들이 스스로의 힘으로 정체를 세워나가야 한다는 것을 인정해야 하지 않을까? (이것은 나의 헤겔적-기독교적 주장과 마찬가지로 후쿠야마의 홉스적 논증으로부터도 즉각적으로 따라 나온다) 언제쯤이면 모든 합헌적 정권들이 반서구적인 경향으로부터 벗어나게 될까? 우리는 진정 이데올로기적으로 통합된 범아랍 블록으로 가는 도정에 있지 않은가? (누군가는 이란이슬람공화국이 그것이 의미하는 바의 징후가 아니길 희망하지만 그럴 가능성도 존재한다. 그리고 이것은 후쿠야마가 단지 또 다른 유토피아적 이상주의자라는 첫 번째 결정적 증거가 될 수도 있다) 따라서 진정으로 전쟁에서 승리한 자는 누구인가? 심지어 전쟁은 아직 끝나지 않았으며, 우리가 목도할 수 있는 거라곤 그 승리가 너무 많은 희생을 대가로 이루어졌다는 사실이다. "이성"은 1945년에는 훨씬 더 교활하게 작용했다. 그것은 어떻게 불합리한 전쟁이 클라우제비츠의 등식 하에서 이루어졌는지를 보여주는 징표다. 더 이상 전쟁은 어떤 정책의 성공적인 지속이 아니다. 헤겔적 국가의 역사는 종결되었다. 하지만 단지 그것은 새로운 종류의 헤겔적 역사가 시작되었기 때문이었다. 역사는 (적어도) 한동안은 가장 체계적인 철학자들에 대한 관심을 중단하지는 않을 것이다.

후기

박식한 헤겔주의 학자들의 학술회의에서 이 논문을 읽고 토론하면서, 나는 내 논문이 헤겔의 정치철학을 보다 난삽한(helter-skelter) 방식으로 다루고 있다는 사실을 깨달았다. 『세계사 강의』의 "종교적" 언어와 맥락은 내가 그것을 간결하게 다룰 수 있을 정도로 여기에서 명쾌하게 설명되고 있다. 그러나 한편으로, 보편적 경제시장과 특수적 문화전통들 간의 대립이 당시에 문제가 되어온 새로운 역사적 세계의 부상과 더불어 개념적으로

"계몽주의의 진리" 수준에 갇혀 있는 (그래서 "헤겔은 유신론자 집단에 속하는가, 무신론자 집단에 속하는가?"가 중요한 질문이 되는) 헤겔 해석에 응답할 필요는, 나로 하여금 헤겔의 사회이론을 계몽주의의 새로운 사도들이 그랬듯이 선택적이고 자의적으로 보일 수도 있는 방식으로 다루게끔 몰아갔다.

내가 보기에, 그런 인상을 불식시키는 최선의 방법은 "실재철학[Real Philosophie]"에서의 국가 이론을 만들기 위해서 정치와 종교가 "경험과학"의 차원에서 어떻게 관련되어 있는지를 도식적으로 설명하는 것이다. 그러면 "응용된 헤겔주의" 내에 있는 내 논문의 기본 테제가 어떻게 우리의 (본질적으로 탈정치적인) 세계에서 스스로를 표현하는지 볼 수 있게 될 것이다. 나의 기본 테제는 "종교적 발전의 단계가 정치적 진화의 단계와 함께 가야 한다는 것"이다(위를 보라). 이것이 "경험과학"에서 의미하는 바를 가급적 간략하게 개괄해보도록 하자.

정치적 삶은 폴리스에서 시작된다(그 외에 어디겠는가?). 폴리스는 "참다운 정신"의 공동체다. 여기서는 종교로부터 어떤 정치적 삶도 분리되지 않는다. 사람들은 자신들의 신에 속해 있다. 그들은 (가장 고귀한 심급에서) 아테나의 백성들이다. 그녀의 사원을 침해하는 것은 최종적인 정치적 범죄며, 그 정체를 위반하는 것은 저 처녀 신 자체에 위해를 가하는 것이 된다. 하지만 아테나의 백성들은 각자의 사적인 경건함을 가진 가족들로 구성되어 있다. 그 가족들은 아테나를 위해 자신들의 목숨을 바치는 시민들을 양산하는데, 왜냐하면 그들은 자신들의 죽음 속에서 가족의 기원과 가족의 숭배를 통해 개인들로서 인정을 확약받기 때문이다. 그리고 아테네 폴리스는 똑같은 신들을 인정하고 똑같은 가족의 경건함들을 갖는 다수의 공동체들 중 하나가 된다.

공동체들 중에서도 이러한 그리스적 공동체는 전쟁을 통해 자신들의 실체적 복수성(헤겔적 특수성)을 유지하는 곳이다. 따라서 그것은 본질적으로 이례적인 시민들의 절대적 헌신에 의존한다. 그렇기 때문에, 그 도시들의 통치자들에게는, 어떤 희생도 요구될 수 있으며 그 도시의 신을 위반한 자에겐 어떤 벌칙도 부과될 수 있다는 것이 드러나야만 한다. 그러나 보편적 경건함들이 이처럼 특수한 것에 대한 광신에 의해 침해받는 모든 시기에는, 비가시적인 개인들의 인정 욕구가 그 체제의 절대적 토대라는 사실이 드러나게 되어 있다. 그런 인정을 보장하는 가족은 이미 여성들이 만든 유래 없는 헌신에 초점을 두고 있다. 하지만 그것은 단지 기억(과거)의 공동체일 뿐만 아니라, 희망(미래)의 공동체가 될 수 있다. 안티고네는 기억(그녀의 죽은 오빠)의 공동체를 위해 헌신한다. 그러나 그녀의 이야기는 왜 '미래의' 의식을 가진 개인이 두려움에 떨어야 하는지를 보여준다.

그런 붕괴에 닥쳤을 때, 세계는 정치 이전의 친족 공동체로 회귀하지 않는다. 개인들이 태어나자(혹은 잉태되자)마자 인정을 받는 새로운 질서를 형성하는 것은 제국적 도시다. (황제부터 노예에 이르기까지) 인정된 신분들의 세계에서, 참다운 정신의 모든 경건함들은 지양된다. 신들은 달아나 버렸다. 하지만 이처럼 신이 부재한 상태에서 "세계의 믿음"은 하나의 보편적 신이 —— 황제로서가 아니라, 자신을 모든 공동체들(심지어 자신의 가족)로부터 분리시키고, 우리가 신을 사랑해야 하듯이 우리를 사랑하는 신 앞에선 우리 모두가 동등한 자녀라고 주장하는 인간 개인으로서 —— 지상에 내려왔다는 식으로 뿌리내린다.

우리는 여기서 객관적 현실성에서의 "문명화된 세계"와 주관적 의식에서의 그 복음이 평행적으로 진화하는 복잡한 이야기를 (대강으로나마) 추적할 수는 없다. 그 이야기는 서로 싸우는 폴리스들의 전 체계보다 더 크고 더 다양한 공동체들을 통일하는 국가들의 세계에서 절정에 이른다. 이 국가들의 가장 선진적인 형태는 (한편으로는) 신성한 황제의 종교적 신성모독이 정치적 사실("짐은 곧 국가[l'état, c'est moi]")이 되었던 국가다. 반면 다른 한편으로는 복음에 대한 신앙이 이른바 "최고 존재[l'être suprême]"와 물질의 요소적 존재 사이의 선택을 둘러싼 언쟁으로 대체되었던 국가다.

이런 안티테제의 해법은 혁명이다. 그리고 당시 자기의식적 현실성으로서의 근대국가를 형성한 나폴레옹 대신에, 사유 속에서 그것을 형성하는 것을 깨달은 사람은 바로 헤겔이다. 그 임무를 위해서는 종교적 삶과 사유의 형태를 하나의 계열들로 배치하는 것이 적절한데, 이때 그 계열들에 대해 규정적인 기준이 되는 것은 다음과 같다. "어느 정도까지 이 이데올로기가 개별적 인정을 위한 이성의 욕구를 만족시키는가?" 그것이 바로 헤겔이 종교적 측면에서 수행했던 것이었다.

마찬가지로 그의 정치이론은 그의 현실세계에 대한 실재철학이다. 그것은 균질적인 국가의 이론이 아니다. 여성은 참다운 정신의 세계에서 그것이 가졌던 것과 유사한 입장에 놓여 있다. 소농들과 그들의 고귀한 영주들은 부르주아지의 시민사회와 완전히 구별된다. 그리고 그 시민사회 자체는 "직업단체(corporation)"라는 기능적으로 분화된 체계로 간주된다. 이 모델은 프로이센의 사회정치적 체제의 이상화를 이룬다. 확실히 그것은 우리의 세계에는 어울리지 않는다. 그러나 기능적 분화의 일반 원칙은 보편적으로 타당함에 틀림없다. 공포정치에 대한 헤겔의 분석은 왜 그가 "추상법" 그 이상의 것으로서 "1인 1표"라는 민주적 원리를 결코 수용할 수 없었는지를 보여준다. 이런 "동등한 인정"은, 그것이 그 정체에 재앙을 가져오지 않는다면 일부 공유된 이해의 일치에 의해 매개되어야 한다. 코제브는 너무나도 쉽게 자신의 "나폴레옹적" 헤겔에서 근대의 민주적 "균질성"으로 미끄러지듯 넘어간다.

나폴레옹은 1914년까지 유럽을 주재하는 천재였다. 우리는 이것을 이른바 1919년 합의에서 윌슨이 만든 프로그램에서 명확히 확인할 수 있다. 마찬가지로 헤겔의 정치이론은 (그것의 암묵적인 종교적 제국주의와 함께) 그 상태 그대로 1914년과 1945년 사이에 현실적으로 소멸된 세계에서는 적합했다. 하지만 (고대 그리스인들과 같은) 문화적 "민족들"이 "야만인들" (그들은 헤겔의 유럽 공동체에서처럼 상이한 언어들을 말할 뿐만 아니라 다른 신들을 숭배하기도 한다)과 만나는 보다 큰 공동체들로 구성된 우리의 세계에서는, 사회이론의 모든 문제가 변환되어 버렸다. 특히 원자폭탄의 도래는 우리 세계가 그리스 국가들의 운명을 (자기만의 방식으로) 겪어왔다는 것을 의미한다. 우리는 전쟁을 사회적 건강을 유지하는 것으로 볼 수 없다.

우리 세계를 합리화하기 위해 국제적인 상거래에 의존하는 것은 서구 시민사회에 의해 매개된 자기인정이 개별적 자아 확인의 욕구가 만족될 수 있는 절대적인 (유일하게 참되고 논리적인) 방식이라는 것을 전제한다. 그것이 우리를 실제로 아마겟돈 속으로 내던지지 않는다면, 이처럼 만족스러운 "확실성"은 실로 입증될 수도 있을 것이나. 하지만 헤겔주의 철학자라면 그 같은 미래의 불확실성에 어떠한 신뢰도 보내서는 안 된다. 우리는 (아무리 그것들이 발생하리라고 속 편하게 확신할 수 있더라도) 가정들을 만들 필요가 없는 방법의 유지에 관심을 두어야 한다. 따라서 우리는 어떻게 개별성이 현실적으로 (모든 전통 속에서) 스스로를 형성하는지 연구해야 한다. "개별성의 형태들" 모두는 민주적으로 동등한 것으로 수용되어야 한다. 그러므로 우리는 실체적 공동체(혹은 종교적 "정체성")가 그 속에서 누리는 근본적인 지위에 대한 고유한 의식을 가지고 정치이론을 수행해야만 한다. 우선적으로 철학에 의해 매개되어야 하는 것은 종교적 표상[Vorstellung]의 갈등들이다. 왜냐하면 열광적으로 불신자들을 "강 건너로" 혹은 심지어 "바다 속으로" 내몰기로 결심한 종교적 진지함에 직면할 때, 우리는 "민주적 평등성"이니 "자비"니 하는 수사들이란 무슨 수를 써서라도 철학이 피해야만 하는 교화적 잡소리에 불과할 뿐임을 알 수 있기 때문이다. 우리는 대영제국의 정권이 사기(thuggee)와 사티(sati)를 수용할 수 없었던 것과 같이 종교적 박해를 수용할 수 없다. 그러나 우리는 항상 그것을 이해하는 것으로부터 시작해야만 한다. 우리가 소비재 상품들의 적절한 공급을 보장하기만 하면 그것이 완전히 사라질 것이라고 추측하는 것은 무의미하다. 그 가설은 결코 검증될 수 없는데, 왜냐하면 사실상 우리는 그것을 결코 실행에 옮길 수 없기 때문이다. 예수가 말했듯이 "가난한 자들은 항상 너희와 함께 있으리라!" 그 사실만이 유일하게 우리를 아마겟돈으로 이끌겠지만, 우리는 그것을 변경할 수 없다. 철학자로서 우리의 과업은 우리가 변경할 수 있다는 의식을 가지는 것이다(그것을 제기함으로써 혹은 그것을 직접 드러내게 함으로써일 뿐이지만 말이다). 예수는 경제학자로 알려져 있진 않다(또 그럴 만한 자격이 있는 것도 아니다). 하지만 그는 후쿠야마보다 훨씬 더 좋은 철학자였으며, 헤겔의 정치이론을 마치 그 체계적 맥락에서 추출할 수 있는 세속적인 과학적 계몽주의의 문서쯤으로 취급한 모든 제자들보다 더 훌륭한 철학자였다. 왜냐하면 귀족들이 정치권력을 상실한 반면 농민들과 여성들은 투표권을 가지게 된, 그러나 우리가 목도하는 도처에서 "성전(holy war)"의 그림자가 발견될 수 있고 시장의 운동이 정치적 독립을 마음껏 조롱하는 우리의 새로운 시대와 헤겔의 정치이론을 연관시키게 해주는 것이 바로 그 체계(그리고 오직 그 체계)이기 때문이다.

5부
헤겔이 모순율을 부정했다는 신화

16. 헤겔의 형이상학과 모순의 문제

로버트 피핀 Robert Pippin

헤겔의 사회 및 정치철학, 역사철학, 그의 철학사 강의 그리고 인간사의 세부사항들에 대한 그의 포괄적 분석은 웬만큼 알려졌으며 종종 논의되기도 한다. 이 분야들에서 그의 가장 독보적이고 도발적인 주장들 상당수는 수많은 세부적 논평들로부터 혜택을 받아왔던 주목할 만한 작품인 『정신현상학』에서 발견된다. 그런데 유달리 20세기 들어서는[1] 저것과는 달리 헤겔의 유일한 참된 두 권의 책 『논리학』은 훨씬 덜 주목을 받고 있다.[2] 헤겔

..
1. 『논리학』에 대한 매우 상세한 연구들의 대부분이 19세기 학자들에 의해 수행되었던 것이 사실이다. 예컨대, A. Trendelenburg, *Logische Untersuchungen* (Berlin, 1840); E. V. Hartmann, *Die dialektische Methode* (Berlin, 1868); K. Werder, *Logik* (Berlin, 1841); H. Ulrici, *Über Prinzip und Methode der Hegelschen Philosophie* (Halle, 1841) 그리고 K. Fischer, *Spekulative Charakteristik und Kritik des Hegelschen Systems* (Erlangen, 1845). 이런 해석들에 대해서는 Hegel im Kontext (Frankfurt: Suhrkamp, 1971), 73-94에 있는 디터 헨리히의 설명을 보라.

2. *Wissenschaft der Logik* (Hamburg: Meiner, 1971). 이하 *WL*로 표기; trans. A. V. Miller, *Hegel's Science of Logic* (New York: Humanities Press, 1969), 이하 *SL*로

본인이 그의 체계를 이루는 다른 모든 부분들의 토대가 『논리학』에 의해서만 발견되고 그것의 "형이상학적" 주장들만이 그가 다른 곳에서 말하고자 했던 것의 상당 부분을 궁극적으로 형성할 수 있다고 빈번히 주장했다는 사실에 비추어보건대, 이런 소홀함은 참으로 놀라운 대목이다.[3]

그렇지만, 때때로 헤겔주의자들조차 불평하듯이, 종종 헤아릴 수 없는 저작의 용어들과 『논리학』에 있는 헤겔의 논거 상당수가 피히테와 셸링 같은 독일 관념론 내의 동료들에게 기이한 표현 형식을 빚지고 있다는 점을 감안하면, 그런 소홀함은 온건한 것일 수도 있다. 게다가 (누군가 그 논평들로부터 어떤 인상을 받는다면) 『정신현상학』과 마찬가지로, 『논리학』은 종종 불가사의한 실화소설[roman à clef]처럼 읽힌다. 언제고 그 작품이 이해되려면 그리스 형이상학과 19세기 과학 및 수학에 대한 미묘한 암시들을 세부적으로 드러내고 논의할 것을 요구하면서 말이다. 확실히 어느 한 부분, 생각, 혹은 주제를 해석하는 데 관심을 보이는 사람에겐 보다 많은 문제들이 나타난다. 그 어떤 "부분"도 오직 "전체"의 관점에서만 바라봐야 한다는 일관된 헤겔의 주장을 고려할 때, 그러한 주제는 단독으로 는 공정하게 해명되어 수용될 가능성이 거의 없어 보인다. 우리가 그 밖의 다른 곳과 마찬가지로 논리학에도 "진리란 전체다[das Wahre ist das Ganze]" 란 헤겔의 주장을 수용한다면, 단일한 주제에 대한 어떤 온건한 논평도 자신의 의도가 정당하게 처리되기를 바랄 수는 없을 것이다. 적어도 『논리학』 자체에 대해 하나의 논평을 요구하려면, 전체의 운동에서 다른 선행하고

• •
표기.

3. 『논리학』의 우선성에 대한 가장 유명한 언급들 중 일부는 *Lectures on the Philosophy of World History, Introduction: Reason in History*, trans. H. B. Nisbet (Cambridge: Cambridge University Press, 1975), 28, 130, 132-39; *Hegel's Philosophy of Right*, trans. T. M. Knox (Oxford: Oxford University Press, 1967), 4, 14; *Phenomenology of Mind*, trans. J. B. Baillie (New York: Harper Torchbooks, 1967), 805-8 그리고 *WL* 자체에서도 23-47 (SL, 43-64)에서 논리학을 위해 만들어진 주장들에서 제기되고 있다.

후속하는 "계기들"과의 세부적인 연관들이 명확하게 규명되어야 한다. 혹은 그와 같은 비확장적 분석 없이 어떤 특수한 주제에 대한 헤겔의 사유를 엄격히 공정하게 다루고자 한다면, 많은 사례들을 가지고 판단하면서 헤겔 자신의 용어가 불투명하고 간결하며 이리저리 뒤섞인 것에 비난을 하게 될 것이다.

물론 이 문제들은 헤겔에 대한 모든 해석에 있어 시급을 요하는 광범위하고 매우 까다로운 문제들을 반영하며, 확실히 그것들은 여기서 해결될 수는 없는 것들이다. 그렇지만 나는 한 가지 특수한 점에서 헤겔 형이상학을 해석하는 데 약간의 진척이 이루어질 수 있다고 생각한다. 전체적으로 그 작업의 구조와 의도에 최소한까지는 아니어도 어느 정도의 주의가 기울여지고, 또 헤겔이 다루고 있는 문제가 덜 체계적으로 특정한 언어 속에서 최소한 그의 주장에 걸맞은 정도로 논의된다면 말이다.

실제로 특별히 그처럼 고립된 관심이 가장 필요한 하나의 형이상학적 주제가 존재한다. 바로 헤겔의 모순론이다. 헤겔은 잘 알려져 있긴 하지만 종종 덜 이해되곤 하는데, 예컨대 어떤 규정된 것의 "동일성"이 오로지 "모순"으로서만 이해될 수 있다는 주장이 대표적이다. 이것은 어떤 방식은 그것이 자기 자신암"안" 동시에 "그렇지 않은" 어떤 것을 지성적으로 말하는 것에서 찾아져야 함을 의미하는 것으로 보인다. 셸링에 더 가까웠던 시기에, 헤겔은 "동일성"이 단지 "동일성과 비동일성의 동일성"으로 이해될 수 있다고 주장함으로써 이 교설을 정식화했다. 이런 "부정의 부정", 즉 정립하는 동시에 부정할 수 있다는 논리적 교설에 대해 그가 친숙하게 쓴 특수 용어가 바로 아우프헤벤[Aufhebung] 또는 "지양(sublation)"이다. 그렇지만 실상 이러한 헤겔적 기획의 핵심은 헤겔이 그와 같은 지양에 포함된 "모순"의 논리적 가지성에 대해 어디선가 논거의 정당성을 입증했을 때라야 옹호가 가능한 것이다. 헤겔에게 이 모순은 "본질"에 대한 "반성"에서 출현하며, 특별히 그것은 내가 아래에서 간략히 해명하고자 하는 그런 사례에 해당한다.

I

내가 이 주제를 제기하는 이유는 "본질"에 요구되는 "변증법적" 설명에 관한 헤겔의 언급이 그의 전 기획의 바로 그 핵심이기도 하지만, 그런 주장들이 쉽게 오해석될 수도 있고 또 실제로 그래왔기 때문이다.『논리학』에서 모든 "이행"이 궁극적으로는 헤겔의 악명 높을 정도로 복잡한 "모순"론에, 혹은 좀 더 평범하게 말해서 그의 "규정적 부정" 이론에 의존하고 있는 것이 사실이지만,『논리학』에는 명확히 헤겔이 —— 그 책 2권에서 "본질"을 전체적으로 다루고 있는 맥락 속에서 —— "모순"에 대한 자신의 해석을 논의하고 옹호하는 한 부분이 존재한다. 그리고 거기서 그는 그 교설에 대한 매우 놀랄 만한 주장들을 제기한다.

> 그러나 모순이 동일성만큼이나 두드러지게 본질적이고 내재적인 규정
> 이 아니라는 것은 이제껏 이해되어 온 논리학과 상식적 생각의 근본적인
> 편견들 중 하나다. 오히려 실상은…… 모순[은] 보다 심오한 규정이며
> 본질에 있어 보다 더 특징적인 것이다. …… 모순은 모든 운동과 활력의
> 근원이다. 어떤 것이 움직이고 하나의 충동과 활동을 갖는 것은 그것이
> 자체 내에 모순을 갖는 한에서일 뿐이다.[4]

그리고 더욱 대담한 필치로, 또한 한층 낯설게 들릴 수 있는 결론들과 더불어, "다면적인 관계 항들이 모순의 핵심으로 추동되어졌을 때만이, 그것들은 모순 속에서 자기운동과 자발적 활동에 내재하는 충동인 부정성을 받아들이면서 서로를 향해 능동적이고 적극적으로 움직이게 된다."[5] 마침내, 헤겔은 다음과 같이 결론을 내린다.

..
4. *WL*, vol. 2, 58 (*SL*, 439).
5. *WL*, vol. 2, 61 (*SL*, 442).

일반적으로 모순의 본성에 대한 우리의 고찰은 다음을 보여주었다. 만약 하나의 모순이 어떤 것 속에서 지적될 수 있다면 그것은 이른바 그것의 결점이나 불완전함 혹은 실패가 아니라는 것이다. 오히려 모든 규정, 모든 구체적인 것, 모든 개념은 본질적으로 구별되고 구별될 수 있는 계기들의 통일이며, 그것은 규정적이고 본질적인 차이의 도움으로 모순적인 계기들로 이행하게 된다.[6]

구체적인 것 "속에서" 모순을 말하는 것은 충분히 문제적이지만, 더 나아가 이 모순이 "자기운동과 자발적 활동의 내재적 충동"이라고 단언하는 것은 적지 않은 설명을 요구하는 것이 사실이다. 그러나 다시 말하지만, 그런 설명은 헤겔의 잘 알려진, 그리고 종종 폭넓게 수용된 주장들 다수가 옹호되어져야 한다면 불가피한 것이다. 예컨대 헤겔이 "절대적인 것"은 역사에서의 현상들이나 형태들"인" 동시에 그것들이 "아니"라고 주장할 때, 그는 궁극적으로 "본질"과 본질로서 존재하지 않는 그 현상들 혹은 그 "부정들"과의 관계에 대한 이처럼 "변증법적"인 설명으로만 지지될 수 있는 주장을 제기하고 있는 것이다. 그렇지만, 또다시 모순에 대한 헤겔의 전폭적인 수용은 받아들이기가 매우 어려워 보인다. 러셀은 그 전 개념에 대한 유명한 비판 속에서, "이것[헤겔의 모순론]은 처음부터 부주의로 인해 웅장하고 인상적인 철학체계가 어떻게 어리석고 사소한 혼동들 위에서 세워지게 되는지를 보여주는 사례다. 그것들이 고의가 아니라는 매우 놀라운 사실을 제외하고, 누구나 그것들이 말장난들에 불과하다고 여기지 않을 수 없을 것이다"라고 성급하게 적었다.[7] 러셀이 암시하고 있는 "어리석고

6. *WL*, vol. 2, 61-62 (*SL*, 442).
7. Bertrand Russell, "Logic as the Essence of Philosophy", in *Readings on Logic*, ed. I. M. Copi and J. A. Gould (New York: Macmillan, 1972), 78.

사소한 혼동"은 이른바 "술어를 가짐"과 "동일성을 가짐"에 대한 헤겔의
사소한 실수이며, 이는 우리가 앞으로 짧게나마 검토할 대목이다. 우선
헤겔의 본질의 설명에 대한 몇몇 일반적 언급들, 즉 모순을 논의하는 맥락은
유효하다.

Ⅱ

　모순에 대한 명확한 논의는 『논리학』에서 단순하게 '본질[Wesen]'로
제목 붙여진 2권에서 발견된다. 이 부분은 "존재[Sein]"의 설명에 후속하고
"주관논리" 혹은 "개념[Begriff]"의 설명에 선행한다. 본질에 대한 이 책의
첫 번째 부분에서 "모순"은 "본질성 혹은 반성 규정"으로 제시되는데,
이때 헤겔이 주장하는 "반성"은 "본질적인" 것과 "비본질적인" 것의 구별을
위해 필수적으로 요구된다. 이 부분에서 모순에 대한 그의 최종적인 주장은
"한 사물이 본질적으로 존재하는 것"에 대한 여하한 설명, 즉 그것의 단순한
"사물"이 아니라 "반성된" 수준에서 그 본질을 규정하려는 여하한 시도도
이처럼 "변증법적" 모순에 처해져야만 한다는 것이다. 그렇지만 그런 주장이
불가능하다고 말할 정도는 아니지만 매우 이상하게 들릴 수 있다 하더라도,
우리는 헤겔이 그것을 모순에 대한 매우 전통적인 설명들에 대한 자신의
검토 결과로 간주한다는 점을 언급하면서 시작해야 할 것이다.
　실제로 우리가 그 문제의 기본적인 측면들로부터 시작한다면, 우리는
『논리학』 첫 두 권의 곳곳에서 두 개의 핵심적인 전통적 관심사들을 감지할
수 있다. 첫 번째는 변화의 일반적인 문제를 고려하는 것으로부터 유래하는
데, 이는 아마도 헤겔의 중심적인 형이상학적 관심사에 해당할 것이다.
본질에 대한 일부 설명들은 한 사물이 그것임(what it is)이 되기를 중지하는
것 없이는 변할 수 없는 사물의 어떤 특징들이 존재하며, 그와 같은 동일성에
영향을 주지 않는 그 밖의 다양한 변화들이 존재한다고 주장한다(물론

그와 같은 실질적 변화가 발생할 수도 있고, 그 사물은 말 그대로 어떤 다른 것이 "될" 수 있다고 할지라도 말이다). 앞으로 보겠지만, 헤겔은 처음부터 이렇듯 본질이 갖는 최소한의, "기체적인(substrate)" 요건을 수용할 것이며, 실제로 1권에서 2권으로의 이행에서 그것에 우호적인 방식으로 자신의 주장을 제시하게 될 것이다. 확실히 그는 본질이 변화를 거쳐 그것을 자기임으로 만드는 사물의 "그것암"에 대한 자기만의 판본을 발전시키지만, 여기서 주목해야 할 첫 번째 지점은 그의 교설이 직접적으로는 그 문제의 전통적 관점, 즉 "본질-우연"의 구분에 대한 관심에서 제기된다는 것이다. 이것은 2권에서 본질에 대한 첫 번째 정의로서 그가 "본질은 과거의——그러나 변함없는 과거의——것이다"라고 주장할 때 분명히 드러난다.[8] 여기서 그는 본질에 대한 아리스토텔레스적 구절인 to ti ên einai, 즉 "그것이 있어야만 했었던 것"을 직접적으로 다루고 있으며, 심지어 본질에 있어 동사 "있다"의 과거분사 형태[gewesen]를 사용함으로써 이처럼 시간적 측면을 정확히 보존하고 있다는 점에서 독일어를 찬양하기까지 한다. 본질은 어찌 됐든 시간 속에서 획득되거나 상실된 것으로서 우연적으로 획득된 속성들의 흐름 밖에 있는 것으로 설명되어져야 한다. 그것은 "변함없는 과거" 혹은 변화들이 현재하는 사물의 무엇임이다.

본질에 대한 전통적 문제의 두 번째 측면은 첫 번째 것으로부터 제기된다. 이 주제와 관련된 측면으로서 본질들에 있어 소위 변화를 통한 안정성을 설명하려는 필요 외에도, "본질과 현상"의 관계 역시 설명되어야만 한다. 그렇지만, 이 점과 관련하여 그 문제는 간명하게 진술하기가 어려운데, 왜냐하면 이것을 입증하기 위해 지난 이천년 동안 철학적 어휘가 종종 상이한 의미들을 지닌 다종 다기한 단어들로 표현되어왔기 때문이다. 실체, 속성, 본질, 현상, 환상 그리고 그 밖의 용어들은 헤겔이 검토했던 전통들에서와 마찬가지로 헤겔에서도 단일하게 사용되지는 않고 있다. 그럼에도 불구하

<hr />

8. *WL*, vol. 2, 3 (*SL*, 389).

고, 일반적으로 "실체"에 대한 근대적 탐구에는 관심의 연속성이 존재하는데, 그것이 독립적으로 혹은 그 자체로 존재한다는 점이 그것이다(아리스토텔레스에게조차 실체는 주체의 속성도 혹은 그 속에 존재하는 것도 아니다. 그것은 주체가 자기이게끔 하는 것, 따라서 그것이 속성들을 가질 수 있는 것을 의미한다). 이런 실체의 탐구는 "실제로" 존재하는 것, 혹은 "그 무엇보다도" 현재하는 것을 대상으로 한다. 아리스토텔레스의 용어를 빌리자면, 우리에게 실체의 "그것이 있어야만 했던 것"을 말하는 것은 그것의 본질, 즉 실체에서 참으로 있는 것 자체를 말하는 것이다. 그리고 아리스토텔레스와 마찬가지로 근대에서 이러한 탐구는 단지 우연적, 파생적 혹은 특히 "표면적" 존재와 대립되는 것으로서, 참되고 독립적이며 규정적인 존재를 추구한다. 실체에 대한 근대적 탐구를 더욱 돋보이게 한 것은 이 같은 궁극적 명칭인 것이다. 데카르트부터 이어져 온 "현상적 변화 속에서 본질적인 것은 무엇인가?"라는 질문은 다음을 의미하는 것으로 귀결된다. "세계가 나에게 드러나는 방식과 무관하게 현상세계의 진실은 무엇인가?" 달리 말해, 우연성 혹은 "비본질성"의 문제는 주관적인 문제가 되었다. 로크의 뭐라 형언할 수 없는 것[je ne sais quoi], 라이프니츠의 현상계에서의 충족이유율에 대한 탐구, 흄의 여하한 실체를 인정하는 것에 대한 거부 그리고 칸트의 물자체, 이 모든 것은 헤겔이 보기에 본질 문제에 대한 고유하게 근대적인 측면들이다.

따라서 그런 무수한 주제들에서처럼, 헤겔은 『논리학』에서 본질 문제에 대한 "고대적"이고 "근대적"인 판본들 모두를 해결하는 데 진력을 한다. 그는 시간을 거치면서도 견고성과 인식 가능한 규정성을 설명하는 동시에, "실재"의 근대적이고 인식론적 문제가 (합리론에서처럼) 순수이성만의 고유한 힘, (로크처럼) 알 수 없는 본질, (흄처럼) 근거가 없는 것 혹은 (칸트처럼) 순전히 주관적으로만 근거지어질 수 없는 현상들에 교조적으로 호소하지 않고도 해결될 수 있다는 것을 보이고자 한다. 회의주의가 주장하듯이 단순히 환영에 불과한 것(가상[Schein])과는 본질적으로 구별을 지으면서, 그가 이 모든 것에 있어서 주되게 옹호하는 테제는 "그럼에도 환영적인 것은 본질 스스로 정립한 것"임을 입증하는 것이며,[9] 이것이 "본질 자체 내에서 환영적인 것을 드러내는 것" 즉 "반성[Reflection]"에 의해 설명될 수 있다고 말한다.[10] 본질에 대한 헤겔의 논의가 소중한 기여를 한 게 있다면, 변하지 않고 고정되며 영원한 "형상"으로서의 사물에는 어떠한 본질도 존재하지 않으며, 현상의 "배후"나 너머에 본질이 존재하지 않는다는 점을 그가 보여주었다는 것이다. 그렇다고 해서 이런 주장이 헤라클레이토스적인 유전(flux)이나 회의주의와 현상학에서 말하는 무근거적인 "가상"에 우리가 전념해야 한다는 것을 의미하는 것은 아니다. 이런 "모순"—— 비록 본질과 비본질 혹은 단순한 현상 사이에 차이가 존재하지만 또한 양자 사이에는 "동일성"이 존재한다는 것 —— 은 모순 자체에 대한 헤겔의 설명에서 가장 절실히 설명되어야 할 대목이다.

그리고 그와 같은 "모순"의 설명을 필연적으로 만드는 것은 "본질"의 문제라는 점을 명심하는 것이 매우 중요하다. 헤겔은 우리가 말하는 모든 것이 모순적이라고 주장하지 않는다. 그리고 따라서 그 용어의 직설적 의미에서 보았을 때 그것이 무의미한 것이라고 주장하지 않는다. 앞으로 보겠지만, 이 문제가 발생하는 것은 단지 어떤 것이 무엇인가를 말하려는 여하한 시도를 둘러싼 형이상학적 맥락에서일 뿐이라는 것이다. 여기서 항상 기억해야 할 대목이 있다면, 『논리학』에서 헤겔이 제시하는 모든 형이상학적 기획은 어떤 사물을 정의하는 표지로서의 규정성에 대한 아리스토텔레스의 주장으로 시작한다는 점이다. 아리스토텔레스와 마찬가지로, 그의 모든 시도는 "무엇이 됐든 그 어떤 갓"의 정의 속에 불가피하게 연루되어 있는 범주들을 명시하는 것이며, 그것은 모순으로 이어질 이 범주론 [Kategorienlehre]을 제시하려는 시도다.

••
9. *WL*, vol. 2, 9 (*SL*, 393).
10. *WL*, vol. 2, 7 (*SL*, 394).

그럼에도 앞서 말했듯이, 헤겔은 "주관적"으로 비쳐지는 모습과는 무관하게 이러한 본질을 알고자 하는 (데카르트 이후의) 근대적인 시도에 동의하며, 따라서 이 본질은 "실제로" 있는 바의 것으로서 "반성되어"진다고 주장한다. 하지만 모순론과 그것을 예비했던 모든 주장들에 토대를 마련하는 것은 이처럼 본질에 대한 한 쌍의 "형이상학적" 관심이다.

우리는 헤겔이 생각하기에 어떻게 그 자신의 본질 문제가 발생하는지에 주목함으로써 이 장을 마련함에 있어 최종 단계로 나아갈 수 있다. 이것은 "본질의 생성"이라는 흥미로운 구절에서 발생한다.[11] 이 부분을 상세히 고찰하지 않고서도 그 결과는 분명하게 드러난다. 헤겔은 과학과 철학에서 현상, 즉 소여는 그 자체만으로 설명될 수 없다는 초기의 근대적 주장에 동의한다. 왜 현상이 어떤 기본적인 방식에서 연관되고 결부될 수 있는지에 대한 "순수이성"의 설명은 그러한 관계들이 무엇인지를 정확히 예측해서 말하는 것만큼이나 중요하다. 그렇지만 만약 우리가 러셀이 "내적 관계들 (internal relations)"이라 부른 것에 기초한 설명으로 돌아가서 Y가 X에게서 생기는 것은 Y에 대한 X의 "본성" 속에 그것이 일어나게끔 되어 있기 때문이라고 주장하려 한다면, 그 문제들은 명쾌해진다. 이 부분에서 헤겔은 그것을 그 규정들에 대한 기체의 "무차별성(indifference)"이라 부른다. 무차별성이라는 이 비난은 그런 내적 설명이 실제로는 아무런 설명도 하지

• •
11. *WL*, vol. 1, 387-98 (*SL*, 375-85). 이 부분에 대한 논의와 그가 "두 층위의" 범주라고 부른 것을 필연적으로 만드는 데 있어 그것의 역할에 관해서는, Charles Taylor, *Hegel* (Cambridge: Cambridge University Press, 1975), 256-57을 보라. 2권에 대한 테일러의 언급들은 명쾌하고 유용한 편이지만, 우리가 여기서 관심 갖는 부분(260-62 를 보라)은 매우 성급하게 다루고 넘어간다. 존재논리에서 본질논리로의 이행과 관련하여 중요한 일반적 쟁점에 대한 보다 상세한 분석은 Dieter Henrich, "Hegels Logik der Reflexion", *Hegel im Kontext*, 95-156에서 찾아볼 수 있다. 헨리히는 이 이행에서 중요한 것의 상당수는 "직접성[Unmittelbarkeit]" 개념의 의미 변천, 즉 무관계하고 독립적인("nur mit sich") 직접성에서 규정적이지만 자기매개적인 혹은 내적으로 규정된 본질로의 전환과 관련되어 있다고 주장한다.

않는다는 것을 주장하는 헤겔의 방식일 뿐이다. 단지 그것은 어떠한 이유도 설명하지 못하면서 Y가 X에게서 생겨난다는 것을 단순히 반복한다. 그렇다고 해서 그가 그처럼 외관상의 무차별성으로 인해 기체와 현상 간의 관계를 보여주려는 그 모든 시도들을 기각한 채 전적으로 외적인 관계들을 선택하거나 고전적 의미에서의 형이상학을 배제하려는 시도를 꾀하려는 것은 아니다. 대신에 그는 객관적 토대와 주관적 현상의 관계에 대한 정확한 조건을 찾으려는 시도에 지지를 표한다. 그가 말하고 있듯이,

> 따라서 그 하에서 스스로 무차별성으로 규정되는 규정 과정의 전체성으로서 정립되는 이런 통일은[예컨대 이 모든 규정들은 이처럼 단일한 것에서 생긴다거나, 특별히 이것이 저것의 원인이라는 식으로, 어떤 현상적 계기의 통일은] 모든 점에서 모순이다. 그러므로 그것은 이러한 모순적 특징을 지양하고 자기-규정적이고 자기-충족적인 존재의 특징을 획득하는 것으로 정립되어야만 한다. 이 존재는 그 결과와 진리에 대해 단순히 무차별적인 통일을 갖는 것이 아니라, 이른바 본질이라 불리는 내재적으로 부정적이고 절대적인 통일을 갖는 것이다.[12]

요컨대, 2권에서 본질에 대한 명시적인 논의에 앞서서 헤겔이 보여주었다고 주장하는 것은 단지 왜 근대의 본질-현상 구분이 요구되는지에 대한 것이다. 일단 주관적 혹은 반성적 전환이 이루어지고 현상들이 관찰자에 대해서 항상 현상들로서 혹은 "주관적으로 매개된" 것으로 정당하게 간주되게 되면, 그 매개의 토대가 되는 기체 혹은 원천은 반드시 해명되어야 한다. 하지만 본질적 속성들과 우연적 속성들의 차이를 유지하는 데 있어

---

12. 이제 샤프츠베리의 도덕감에 대한 견해가 이 절에서 나의 분석을 지지하는 것으로 간주될 수 있다. 도덕감에서 생긴 정서들은 내가 앞서 언급했듯이, 그것들이 향하는 대상들이 때때로 그 유형이나 종에 해악을 끼치는 행위를 한다 할지라도 계속해서 자연적이라고 불린다.

주관/주체의 역할을 고찰하지 못한 아리스토텔레스와 그 사후의 불능은 "관념들의 새로운 방식"이라는 회의주의적 공격에 무방비로 노출된 전통을 남겼다. 따라서 본질과 우연의 구별은 자의적이거나 "주관적"인 것으로 여겨졌고, 본질의 물음은 명백히 인식론적이거나 반성적인 것, 다시 말해 세계에 관해 그 배후 혹은 너머에 설정될 수 있거나 주관적 현상들과는 독립적으로 정립될 수 있는 것의 문제로 치부되어 버렸다. 그러나 이 경우 그처럼 본질에 대한 반성적이고 이차적인 규정은 그러한 본질과 우리 주위의 경험세계 시이의 어떠한 결정적 연관도 보여줄 수 없다. 그 관계는 무차별적인 것으로 남겨진다(헤겔에 따르면, 가장 극적인 것이 스피노자의 입장인데, 그의 경우 실체와 그 규정들 혹은 양태들 사이의 관계는 무차별적이거나 불가해한 것으로 남아 있다).[13] 똑같은 점이 인식의 순서[ordo cognoscendi]와 존재의 순서[ordo essendi] 간의 이행을 확립하려는 데카르트의 시도들에서도 분명히 드러난다. 내가 스스로를 사유하는 것[res cogitans]으로서 명석판명하게 안다는 사실로부터 내가 신체와 구별되는 정신으로 존재함에 틀림없다는 것이 나오지 않는 것과 마찬가지로, 내가 세계를 단지 "연장된" 것으로 명석판명하게 안다는 사실로부터 그것이 연장된 것[res extensa]으로 존재한다는 것이 도출되지는 않는다. 그러나 이런 무차별성과 더불어 그와 같은 원천에 관한 회의주의가 군림을 하게 되고, 우리는 객관적인 토대의 부재 속에서 근거 없는 단순한 "가상" 혹은 환영적 존재만을 떠안게 된다.

따라서 우리에겐 받아들일 수 없는 선택지들이 남겨진다. 어쩌면 우리는 변화하는 현상들에 대한 기체를 탐구하는 것이 불가결함을 깨닫고 그 기체의

13. 그의 스피노자에 대한 다음의 언급을 보라. "절대적 무차별성은 스피노자의 실체를 근본적으로 규정하는 것처럼 보인다."(*WL*, vol. 1, 396 [*SL*, 382]) "스피노자에게 차이의 계기들 —— 속성, 사유, 연장, 양태, 정서 그리고 그 외의 모든 규정 —— 은 매우 경험적으로 도입된다. 이런 차별화의 원천이 되는 것은 그 자체 양태로서 지성이다." 혹은 "실체는 자기-구별하는 것, 즉 주체로서 규정되지 않는다." (*WL*, vol. 1, 396 [*SL*, 383])

본질을 명시할 필요를 깨닫게 될 것이다. 그러나 우리는 세계가 우연적으로 따라서 비본질적으로 출현하게 되는 방식과 별개로 어떻게 정신이 그러한 기체 혹은 종차를 알 수 있는지 설명할 수는 없다. 우리는 칸트가 "독단론자들"이라고 칭했던 사람들이 됨으로써만 이런 탐구 절차를 확보할 수 있을지도 모르겠다. 반면에, 우리가 이 문제와 직접적으로 대면하고 우선 정신이 알 수 있는 것에 관심을 돌리게 될 때, 우리는 정신이 단지 자기 자신만의 관념들을 알 수 있다는 것, 혹은 "외부의" 토대에 대한 어떠한 접근도 금지되는 듯이 보인다는 것을 알게 된다. 이런 의심을 지속하게 되면 결국 회의론자가 된다.[14] 두 선택지들을 피하기 위해, 헤겔은 현상들의 "본질"을 탐구하는 것이 합당하다는 점, 그러나 그와 같은 원천과 그 결과의 관계는 알 수 없는 것도, 무차별적인 것도 혹은 단순히 외재적인 것도 아님을 보여야만 한다. 그의 표현을 빌리자면, "규정하는 것과 규정되는 것의 과정은 이행이나 변경 혹은 무차별성 속에서의 규정들의 출현이 아니고, 그 자신의 자기-관계함이며, 이는 자기 자신, 즉 단지 암시적인 것의 부정성인 것이다."[15]

III

"자기를 부정하는 것"인 이러한 "자기-관계함"의 전모를 알기 위해서는 헤겔에게 있어 가장 중요한 "반성" 철학자들인 칸트와 피히테를 고려하지 않을 수 없다. 그렇지만 이런 더 확장된 분석 대신에, 본질 문제에 대한 헤겔의 관심을 약술하는 것만으로도 본질 문제에 대한 그의 "해법"을 논하는

----

14. 물론 이런 특징화는 회의론에 대한 헤겔의 견해를 완전히 정당화하진 않는다. 보다 공정한 설명은 가상[Schein]에 대한 부분과 함께 다뤄지게 될 것이다. (*WL*, vol. 2, 8-23 [*SL*, 394-408]).

15. *WL*, vol. 1, 397-98 (*SL*, 384).

세부적인 맥락을 충분히 제공할 수 있을 것이다. 『논리학』의 이 지점에서, 결정적으로 고대, 근대 초 그리고 초월론적 시도들을 거쳐 가면서, 헤겔은 그 해법이 우리가 그것을 보기만 한다면 목전에서 우리를 응시하면서 이미 가까이에 놓여 있는 것으로 간주하기 시작한다. 언뜻 보면 이 해법은 간단하게, 사실상 거의 단순한 것처럼 보이기도 한다. 그는 적절히 인식됐을 때 환영적 존재의 "본질"이 가상 그 자체의 계기들이고, 그 현상 없이는 어떠한 본질도 존재하지 않으며, 그러면서도 본질은 현상적 변화 자체의(현상적인 것이 칸트적 의미에서 혹은 주관적으로 조건 지워진 현상들로 이해될 때) 과정을 "상기[Erinnerung]"하는 것이라고 주장한다.[16] 근본적으로 헤겔은 여기서, 자기만의 방식이긴 하지만, 현상의 객관성이 지각 불가능한 피안[jenseits] 혹은 물자체[Ding and sich]에 대한 교조적인 호소 없이도 형성될 수 있다는(기본적으로 실재와 환영 간의 구분이 초월론적으로 형성될 수 있다는) 칸트의 의견에 동의하고 있다. 하지만 이제 그는 그런 불필요한 실체의 실존을 요청하는 식인 칸트의 회의적 잔여를 부인하고자 한다. 단도직입적으로 말해, 헤겔은 경험적 회의주의가 자신의 결론들을 진지하게 검토해 볼 것을 요청하는 것이다.[17] 독립적이고 즉자적인[an-sich] 실체의 개념은 생각할 수도 알 수도 없으며, 심지어 모순되고 결과적으로 불필요하기까지 하다는 점은 참이다. 객관적 경험의 기본구조와 정합성은 그러한 연루 없이도 성립될 수 있기 때문이다(이것은 분명 초월론적 연역에서 칸트가 발견한 것이다). 이를 고려했을 때, 그와 같은 개념에 지속적으로 헌신하는 것은 불필요하고 구시대적인 대상 개념에 대한 칸트의 부당한

• •

16. 앞에서 언급했듯이(각주 11), 헨리히가 사용한 용어들로 보건대, 그의 논증은 1권과 2권의 116-17에서 사용한 "직접성"의 두 개념의 동일성을 설정하고 있다. 이 사례에 대한 상세한 분석으로는, "Setzen und Voraussetzen", 117-25에 실린 헨리히의 글을 보라. 또한 Peter Rohs, *Form und Grund, Hegel-Studien*, Beiheft 6 (Bonn: Bouvier, 1969), 11-76의 도입부는 매우 유용한 정보를 담고 있다.

17. 이 점은 Stanley Rosen, G. W. F. *Hegel: An Introduction to the Science of Wisdom* (New Haven: Yale University Press, 1947), 109에서 잘 진술되어 있다.

"숭배"로 인해 발생한다.

물론 헤겔은 본질과 현상의 "동일성과 차이"에 대한 그와 같은 주장이 그로 하여금 독특한 "논리"에 전념하게 만든다는 것을 깨닫는다. 자신의 관점에서, 그는 규정적 반성이 형성하게 될 것 혹은 (칸트의 범주론에서와 마찬가지로) 경험의 기본"틀"이나 구조로서 도달하게 되는 것이 "그것이 본질 속에 있는 듯한 규정적인 환영적 존재, 즉 본질적인 환영적 존재를 구성한다"고 주장한다. "이 점으로 인해, 규정하는 반성은 자신으로부터 나온 반성이 된다. 따라서 본질의 자신과의 동등성은 부정 속에서 사멸하고 마는바, 이것이 지배적 요소다."[18] ("본질의 동등성"에서 이어지는) 마지막의 애매한 구절은 (『논리학』에서처럼 상세한 범주 분석에 의해) 경험이 규정적으로, 그러나 "무차별적으로"는 아닌 방식으로 근거지어졌다는 더 확장된 주장의 시초가 된다. 또는 『논리학』의 다음 부분에서처럼, 현상과 본질, 즉 헤겔이 "정립됨" 혹은 "부정"과(그런 현상적 변화의 계기들 중 어느 것도 전체인 것이 아니기 때문에 부정이라 불리는 현상들과) 그 "본질"이라 부르는 것 사이의 "차이−속의−동일성"이 존재한다. 그는 독특하고 공간적인 방식으로 핵심을 지적한다. "그것은 정립됨이자 부정이고, 그럼에도 그 자체로 타자와의 관계 속으로 되돌려지며, 자기 자신과 동일한 부정이고, 자신과 타자의 통일이며, 오로지 이것을 통해서만 본질성인 것이다."[19]

가상의 자기−관계하는 내적 본질성에 대한 이 주장을 이해하기 위해서는, 여기서 헤겔에게 시급한 더 큰 주제를, 그리고 앞서 약속했듯이 그의 체계의 나머지에 속한 주제를 고찰할 필요가 있다. "현상"의 반성적 설명은 이미 보았듯이 나타나는 것을 단순히 기술하거나 혹은 헤겔이 가상이라 부른 것의 연속적 계기들을 반복하는 것일 수 없다. 그와 같은 기술적 방법론(혹은 현대적 의미에서의 "현상학")이 『정신현상학』에서의 헤겔에게 나타나기도

..
18. *WL*, vol. 2, 22 (*SL*, 407).
19. *WL*, vol. 2, 23 (*SL*, 408).

했지만, 그것은 (그 책에서 해석하는 "우리[wir]"의 출현에 의해 그랬던 것처럼) "본질"의 전체적인 논증에 의해 적합한 것으로는 명확히 배제되어 버린다. 그러나 다른 한편, 헤겔의 분석과 상세한 해석은 그런 연속적 진행의 "본질"이 독단적으로 분명하게 드러난다는 관점을 단지 가정할 수만은 없다. 그래서 다시 한 번 말하지만, 본질과 현상의 논리적 관계에 대한 이 주장은 『정신현상학』과 관련해서 상당부분 논의된 해석적 질문에 답하려는 가장 철저한 시도로 간주되어야만 한다.

또한 헤겔의 역사철학에서 역사 속의 "이성"이 존재한다는 주장은 역사적 행동을 방향지우는 어떤 외부적 섭리가 있는 게 아니라, 역사적 사건들의 과정 자체가 이성적이거나 그 자신의 이성성이라는 것을 의미한다. 같은 방식으로, 정치철학에서 "현실적인 것은 이성적이다"라는 헤겔의 주장이 "발생한 것"에 대한 반응적이거나 무비판적인 충성이 아닌 이유는 현실적인 것에 식별 가능한 이성적 본질이 존재하기 때문이다. 게다가 그 본질에 대한 반성도 게으른 "당위"를 공허하게 설교하는 것은 아닌데, 왜냐하면 본질이 오직 정치적 현실성 속에서만 규정적이기 때문이다.

물론 이 모든 것은 수많은 문제들을 야기하며, 그중 대부분에 대해 헤겔은 정확한 답변을 거의 제시하지 않았다. 특히 이것은 일련의 사건들에 대한 정확한 기술이 경험적, 합리적 혹은 초월론적인 방식으로서가 아니라면 어떻게 정확한 것으로 옹호될 수 있는지를 상세히 아는 문제를 야기한다. 그렇지만, 당장에 더 시급한 문제는 그 주장 자체가 갖는 **바로 그 형식이** 이치에 맞는지 여부다. 누군가는 "본질"이 그 현상들과 동일하면서 동일하지 않다는 이런 주장이 하나의 모순에 불과하다고 말하고 싶은 유혹을 느낄지도 모른다. 예상했겠지만, 헤겔은 그런 특징부여를 단순히 수용하는 게 아니라, 진심으로 그것을 받아들인다.

IV

　궁극적으로, 그와 같은 주장에 대한 그의 충분한 옹호는 『논리학』의 남은 설명 도처에서 제시된다. 실제로 부정과 모순의 분석은 전체 작업의 주요한 주제에 해당한다. 하지만 우리는 이러한 초기의 주장들을 관찰함으로써 그 개념을 분석하는 데 약간의 진척을 얻을 수 있을 것이다.

　왜냐하면 이제 우리는 "어떤 것이 무엇임"을 말하려는 우리의 일반적 시도가, 매우 특수한 의미에서일지라도 헤겔에게 완전히 "모순적"으로 보이는 하나의 입장에 도달했기 때문이다. 이미 우리는 다음을 알고 있다. (1) 현상계 자체의 실질적인 고찰과 무관하게 현상들의 토대를 명시하려는 어떠한 시도도 불가능하다(우리는 결국 합리론의 '무차별성' 문제로 끝나게 된다). (2) 여하한 "토대"도 제거하려는 회의론의 시도는 모순되게도 그것이 상정할 필요가 있는 것 —— 소여의 규정성 —— 을 명백히 해명하지 않은 채로 남겨둔다. 이것은 그와 같은 토대나 본질을 설명하려는 여하한 시도도 상이한 맥락들에서 "현상하는 것"을 분명하게 활용해야 한다는 것을 의미한다. 설사 그 현상들 중 어떤 것도 그 본질이 아니라는 점을 인정할지라도 말이다. 헤겔의 악명 높은 표현을 빌리자면, 이것은 어떤 것은 "그것인 것"이면서 "그것이 아닌 것", 혹은 "모든 것은 본질적으로 모순적이다"를 의미한다.

　이 주장은 그것이 매우 모호할지라도 『논리학』에서 말하는 가장 중요한 것들 중 하나에 이르게 된다. 이를 더 분명하게 보기 위해서, 우리는 『논리학』의 이 부분에 대한 세부적인 것들로부터 잠시 물러나서 "본질"에 대한 모든 담론들과 관련해 헤겔이 여기서 펼치고 있는 기본적인 "논리적" 주장을 검토할 것이다. 그렇게 함으로써, 우리는 그의 주장이 갖는 보편적 형식으로 다시 돌아갈 수 있다. 실제로 "모순"에 관한 이 테제를 다루는 가장 단순한 방법은 표준적인 주어-술어 논리 속에서 그것이 특정 주제들과 맺는 연관을 검토하는 것이다.[20]

직접적으로 읽으면, 헤겔은 어떤 것이 무엇인가를 말하려는 여하한 시도도——그의 원리의 다음과 같은 사례의 경우, 주술 판단에서 술어의 위치에 어떤 보편적인 것을 사용해서——변증법적인, 심지어 모순적인 논리를 포함한다고 주장하고 있는 듯하다. 우선적으로 보면, 이것은 다음을 말하고 있음에 틀림없다.

(i) s는 P다

이것은 또한 다음을 의미해야 한다.

(ii) s는 P가 아니다

그러므로 하나의 "모순"이 발생한다.

(ii) 항은 P가 보편자이고 이 경우에 s가 특수자이기 때문에 참인 것으로 보인다. s로서의 S는 전적으로 P가 "아니"기 때문에, 이제 P에는 s와는 다른 특수자들이 할당될 수 있다. 따라서

(i′) 소크라테스는 남자다

이면서

(ii′) 소크라테스는 남자가 아니다

왜냐하면 플라톤, 알키비아데스 등등도 남자지만 그들이 소크라테스는

20. 이와 관련된 주제에 대한 더 풍부한 논의는 Richard E. Aquila, "Predication and Hegel's Metaphysics", *Kant-Studien* 64 (1973), 231-45에서 찾아 볼 수 있다.

아니기 때문이다.

앞서 사용된 표현에서, 어떤 것의 본질을 명시하려는 여하한 시도도 그 특수자가 무엇임(is)이 "아니"라는 규정들을 사용함으로써만, 소크라테스에 관한 어떤 유용한 정보들을 말할 수 있는 것이다. 만약 그와 같은 것이 사실이 아니라면, "본질적"인 진술들은 동어반복이 되고 공허한 것이 될 것이다. 단지 다음과 같은 판본의 주장만을 남긴 채 말이다.

(iii) 소크라테스는 소크라테스다

그렇지만 이 점에서, 헤겔의 분석은 혼란에 빠질 뿐 아니라 당혹스럽게도 그릇된 것처럼 보인다. 러셀이 불평했듯이, 만일 그가 종종 요구되다시피 플라톤을, 그중에서도 『소피스트』를 신중하게 읽었더라면 잘 알고 있을 수밖에 없었을 구분인 술어 "이다'와 동일성 "이다"를 여기서는 명백히 혼동했던 것은 아닌가? 왜 헤겔의 분석 결과는 어떤 개별자(s)가 어떤 보편적 속성(P)과——그 속성이 ((i)의 경우처럼) 참으로 그 개별자의 술어가 될 수 있을 때조차—— 동일하지 않다는 것을 보여주어서는 안 되는가? 우리가 (ii)에서 단지 동일성의 이런 부정을 표현하고 있으며, (i)와 (ii)가 분석되지 않은 채로 있을 때 우리가 한 것으로 드러나듯이 P를 s의 술어로 만드는 동시에 곧장 그 술어를 부정하는 것이 아니라는 사실이 분명한 한에 있어서, 어떤 "모순"도 야기되지 않는다. 따라서 그 부정된 "이다"가 다음과 같이 여겨지는 것을 의미하지 않는 한, (ii)를 인정하는 데는 어떤 모순도 존재하지 않는다. 그것은

(iv) 소크라테스는 아름답지 않다

혹은

(v) 소크라테스는 키가 크지 않다

의 경우다. 그렇지만 그와 같은 비판들의 문제는 헤겔이 이 주제를 경시해 오기는커녕 오히려 그것을 자신이 흥미롭게 주장하는 것의 핵심으로 간주한 다는 점이다. 그의 요점은 **본질적 규정**에 있어 문제시되고 있는 "이다"가 언제나 동일성의 "이다"여야만 하고 그런 점에서 그 모순은 바로 서술되는 그 방식에서만 제기된다는 것이다. 즉 헤겔은 일부 본질을 연구하면서, 우리가 결코 보편적인 것을 어떤 특수자(혹은 총칭적인 본질들의 경우처럼 그 문제에 있어서의 또 다른 보편자)의 술어로 만드는 것에 만족할 수 없다고 주장한다. 그가 전반적으로 주장했듯이, 우리는 s가 어떤 속성들을 가지게 되었는지가 아니라 s가 무엇이기에 그것이 속성들을 가질 수 있었는 지에 관심을 둘 뿐이다. 따라서 술어 위치에 있는 그 항은 s가(그리고 그 외의 다른 것이 아닌 무언가가) 본질적으로 무엇인지를 말할 수 없다. 그것이 주어와 술어의 어떤 동일성을 표현하지 않는다면 말이다. 그러나 다시금 그것이 이 동일성을 단순히 동어 반복적이거나 비변증법적으로, 아니면 어떤 "차이"도 없이 단지 "동일성"만을 표현했더라면, 우리는 아무런 정보도 주지 않는 (iii)의 어떤 판본에 이르게 된다.

여기서 우리는 왜 헤겔이 본질 판단들이 술어적일 수 있다는 점을 허용하 지 않을지를 좀 더 명확하게 볼 필요가 있다. 그것을 부정하는 그의 핵심 근거는, 모든 —— 심지어 본질적인 —— 기술에 있어 서술적 혹은 "Fa"식 패러다임들이 우리로 하여금 더는 지지될 수 없고 이미 『논리학』에서 극복된 형이상학적 입장에 몰두하게 만든다는 점이다. 그 입장에 따르면, 모든 "규정"이 단지 술어에 의해 발생할 경우 이렇게 확장된 사례에서 문제의 그 특수자는 그 자체로 본질적이지 않거나 혹은 형언 불가능하고 불분명하며 설사 가능하다 하더라도 어떤 신비로운 "직접지"에 의해서만 알려질 뿐인 "헐벗은" 특수자로 남을 수밖에 없게 된다. s가 어떤 속성들을 갖는지는 말해주지만 s가 무엇인지는 결코 말하지 않는 것은 분명 헤겔이 이미 척도에 관한 장에서 비판했던 "무차별성"의 관계다. 이 점에 대해서, 헤겔은『논리학』에서 왜 우리가 단지 s가 무엇인지 말하기(s의 동일성을 정의하기) 위해서 s에 해당하지 않는(동일하지 않는) 그러한 모든 규정항들, 현상들, 속성들을 규정적으로 사용해야 하는지를 보여주었다고 믿는다. 그가 모순 장의 결론으로 내리고 있듯이, "그러므로 무차별적인 복수성으로 있는 유한한 것들은 단순히 이렇게, 즉 모순적으로 자기 내에서 분열되고 그들의 토대로 복귀하는 것이다."[21]

그리스인들에게 그랬듯이, 이런 내적 "분열"의 가장 극명한 사례는 자연적인 성장이나 변화다. 이를테면 한 식물은 자신의 씨앗이나 꽃 혹은 열매가 "아나"지만, 그 어느 것도 이런 계기들의 생성과는 "다른" 어떤 것은 아니다.[22] 하지만 이처럼 칸트적인 논증 단계에서도, 헤겔의 핵심은 훨씬 더 일반적이다. 그렇게 더 일반적인 방식으로 표현해 보자면, 그의 주장은 경험이 파악되고 분류되는 "틀"이 이러한 파악과 분류의 시도들의 역사 속에서 그 자체로 존재하게 된다는 것이다.[23] 그것은 엄격한 경험주의에서처럼 완전히 불필요하게 선험적으로 정립되지 않을뿐더러, 단지 실천적으로 상정되지도 혹은 어떤 설명 불가한 방식으로 우리 믿음에 "보다 핵심적"인 것으로 남아있지도 않는다. 모든 경험의 토대로서, 그것은 그 자신의 "모순", 즉 전체 혹은 절대자가 표현되기 전까지는 완전히 해소되지 않는 모순으로부터 성장해 나간다.

물론 "부정"과 "변증법"에 대한 헤겔의 충분한 설명은 이것보다는 더 많은 것을 포함한다. 특히 그는 또 다른 곳에서 어떻게 이런 모순들이

· ·
21. *WL*, vol. 2, 62 (*SL*, 443).
22. 이와 똑같은 사례를 더 확장해서 사용한 경우에 대해서는, Herbert Marcuse, *Hegels Ontologie* (Frankfurt: Klostermann, 1968), 78을 보라.
23. 이 주장과 근대의 '의미 변천Bedeutungswandel' 이론(특히 쿤과 파이어벤트)과의 연관성을 간략하게 보여주는 글로는, Henrich, "Hegels Logik der Reflexion", 138을 보라.

발생하는지, 어떻게 "절대지"를 제외한 여하한 "입장"도 이런 "동일성과 차이"를 성공적으로 보존할 수 없는지에 대해 설명하고자 한다. 그러나 『논리학』의 이 부분에서, 헤겔은 이 해법의 필연적 형식——"모순"——을 규명하고 게다가 그 어떤 "어리석고 하찮은 혼동들" 없이 그렇게 했다고 자부한다.

V

헤겔의 전체 기획과 관련하여 이 모든 것이 의미하는바 또한 어느 정도 더 명쾌하게 해명되어야 한다. 헤겔은 자신이 고유한, 포스트칸트적인 혹은 초월론적인 토대나 본질로 간주한 것을 상세히 보여줌으로써 이제 어떻게 그 토대가 알려질 수 있는지를 보이고자 했다. 그것은 단순히 정립되지도, 판단들의 표를 검토함으로써 기적적으로 발견되지도 않는다. 그러한 틀 자체는 지식의 역사가 현상하는 와중에 자기의식에 이르게 되고, 그가 이미 보여주었듯이 "정신"에 의한 그와 같은 진보의 "현상학"에 의해 발견될 수 있다.[24] 따라서 헤겔이 스스로 『논리학』에서 추가적으로 수행했다고 여긴 것은 그가 그와 같은 진전을 검토한 독특하고 변증법적인 방식, 특히 자신이 그러한 생성의 "본질"을 찾게 해준 본인의 해석적 틀을 방어했다는 점이다. 위에서 개시된 해석이 옳다면, 철학과 역사에 대한 헤겔의 해석을

••
24. 물론 나는 이처럼 간략한 정식에 의해 헤겔의 『정신현상학』과 『논리학』이 맺는 관계의 난점이 완전히 해결했다고 말하는 것은 아니다. 그것의 가장 심각한 측면에서, 그 문제는 일상적인 혹은 선과학적인 의식과 반성적인 혹은 철학적인 의식과의 고유한 관계를 수반하며, 이것은 본 논문의 범위를 훨씬 넘어서는 것이다. 단지 내가 여기서 지적하고 싶은 점은 그 문제에 대한 최근의 탁월한 논의들이 있다는 것이다. H. F. Fulda, *Das Problem einer Einleitung in Hegels Wissenschaft der Logik* (Frankfurt: Klostermann, 1975); Otto Pöggeler, *Hegels Idee einer Phänomenologie des Geistes* (Freiburg: Karl Alber, 1973) 그리고 Rosen, 6장(123-50)을 보라.

두고 순전히 그의 머리에서 솟아난 이야기의 플롯이라도 되는 양 극단적인 선험적 구성주의라고 그를 비난하는 것은 심각한 오역이 될 것이다. 게다가 『논리학』의 논증들 자체가 오로지 사전에 준비된 자의적인 청사진 덕분에 생겨났다고 주장하는 것도 올바르지 않을 것이다. 본질에 대한 헤겔의 주장은 그의 주장들 중 어떤 것을 평가하더라도 **구체적[concreto]**인 동시에 이론적이고 실천적인 정신의 발전에 있어서 모든 경우의 관점에서 제기되었다는 점이 명료화되어야 할 것이다.

나는 이것이 헤겔에 대한 완전히 적합한 방어라고 여기지 않으며, 확실히 그것은 헤겔의 모든 이야기에 접근한 것도 아니다. 『논리학』의 이 지점에서 도달한 "모순"론은—— 이전 입장보다 더 향상되고 헤겔 자신의 입장의 핵심적이고 어쩌면 결정적인 전환임에도 불구하고—— 여전히 근본적으로 불안정하며 전체 이야기가 말해지려면 거의 4백여 페이지에 달하는 분석이 요구된다. 이처럼 역사적이고 형이상학적인 분석의 흐름이 지속될 수 있다 하더라도, 여전히 남아 있는 가장 어려운 문제는 어떻게 "본질과 현상"의 이 같은 "동일성"과 차이가 특정한 철학적 혹은 역사적 맥락의 분석에서 규정적으로 사용될 수 있는가 하는 점이다(또는 헨리히가 제기했듯이, 이처럼 회의주의에 대한 칸트의 초월론적 부정에 대한 "부정"의 요구가 어떤 "내용"을 가지는지, 그것이 그처럼 추가적인 설명이 있어야 한다는 주장을 넘어선 무언가를 제기하는지 여부다).[25] 나는 여기서 이 주제를 더 다룰 수는 없다. 그렇지만 나는 헤겔 『논리학』이 그의 나머지 저작과 맺는 이런 종류의 연관성을 보여주고, 모순 문제에 대한 그의 해석을 개괄하며, 그 주제에 대한 그의 초기 입장을 요약하고 간단히 옹호하고자 한 것이 위에서 충분이 논의되었기를 바란다. 내가 보기에 그 입장의 가장 중요한 결과는 다음과 같다. 그 입장이 성공적으로 완수되었다면, 그것은 헤겔로 하여금 그가 철학사의 지배적인 주제들을 하나의 독특한 입장으로

. .
25. Henrich, "Hegels Logik der Reflexion", 135, 151ff를 보라.

완벽하게 통합해냈고, 따라서 말 그대로 역사를 재수집하는 것 이외의 어떠한 자기 입장의 개진 없이 본인의 주장을 마치면서 전무후무한 "철학사의 철학자"가 되었다는 주장을 획득했다고 정당하게 제기하게끔 해준다. 그러므로 그는 다음과 같은 주장에 일정 정도의 정당성을 부여했다고 여겨진다. "가장 중요한 점은 우리가 방금 고찰했던 반성적 규정들의 이런 본성을 인식하고 그것을 명심해야 한다는 것이다. 즉 그것들의 진리는 오직 그것들 서로 간의 관계에 놓여 있으며, 어떠한 독자적인 단계도 철학에서는 취해질 수 없다는 점이 그것이다."[26]

· ·
26. *WL*, vol. 2, 56 (*SL*, 438).

17. 존재론적 관점에서 본 일반 논리학에 대한 헤겔의 비판

로베르트 한나 Robert Hanna

『논리학』[1]과 『엔치클로페디 논리학』[2] 모두에서 전개된 것으로서, 헤겔의 논리학은 그가 "일반 논리학"(*EL*, 36/81)과 또한 종종 "형식 논리학" 혹은 "일상 논리학"이라 부른 것의 비판으로만 이해될 수 있다. 일반 논리학은

- -

1. G. W. F. Hegel, *Science of Logic*, trans. A. V. Miller (London: Allen and Unwin, 1969); *Wissenschaft der Logik*, vols. 1, 2, in *Theorie Werkausgabe*, vols. 5, 6 (Frankfurt: Suhrkamp, 1969). 이 논문의 본문에 있는 『논리학』과 관련된 모든 언급들은 이 판본들에서 취해진 것들이며, 괄호 안에 약어 *SL*과 두 개의 페이지 번호들——하나는 영어판의 페이지고 다른 하나는 독일어판의 해당 권과 페이지다——로 표시되어 있다.

2. G. W. F. Hegel, *Logic: Being Part One of the Encyclopedia of the Philosophical Sciences*, trans. W. Wallace (Oxford: Clarendon Press, 1975); *Enzyklopädie der philoso-phischen Wissenschaften im Grundrisse; Erster Teil: Die Wissenschaft der Logik*, in *Theorie Werkausgabe*, vol. 8 (Frankfurt: Suhrkamp, 1970). 이 논문의 본문에 있는 『엔치클로페디 논리학』과 관련된 모든 언급들은 이 판본들에서 취해진 것들이며, 괄호 안에 약어 *EL*과 두 개의 페이지 번호들——하나는 영어판의 페이지고 다른 하나는 독일어판의 페이지다——로 표시되어 있다.

칸트의 논리학에서 가장 잘 예시되어 있는 것 같다.[3] 그것은 판단들에서 진리의 형식적 조건들을 다루며 삼단논법과 동일성의 이론을 포함한다.[4] 존재론적 논리학(*EL*, 36/81)으로서, 헤겔의 논리학은 명백히 이러한 일반 논리학의 범위를 훨씬 넘어선다. 따라서 그것은 결코 일반 논리학의 단순한 부정도 심지어 수정도 아니다. 사실상 헤겔의 논리학은 보다 포괄적이고 근본적으로 새로운 의미의 논리학을 향한 스스로의 자기전개를 위한 유인으로서, 일반 논리학을 여전히 비판하면서도 그 논리학의 전체 체계를 보존한다. 분명 헤겔 논리학에 대한 대부분의 오해들은 일반 논리학을 다루는 헤겔의 비판적인 동시에 보수적인 특징에 대한 혼동들에 기초해 있다. 그러므로 헤겔의 독특한 존재론적 관점에 대한 해명은 그 오해들을 제거하는 쪽으로 나아가야 하며, 암묵적으로는 진정 헤겔 논리학이 의미하는 바를 적절하게 제시하는 것이어야 한다.

I

헤겔이 보기에 논리학은——일반 논리학으로서——존재론적으로 덜 발전되고 순진한 학문에 불과하다. 그는 논리학이 "정신이 스스로를 인식함에

---

3. I. Kant, *Logic*, trans. R. S. Hartman and W. Schwarz (Indianapolis: BobbsMerrill Co., 1974); *Logik, in Theorie Werkausgabe*, vol. 6 (Frankfurt: Suhrkamp, 1958). 이 논문의 본문에 있는 칸트의 『논리학』과 관련된 모든 언급들은 이 판본들에서 취해진 것들이며, 괄호 안에 약어 *KL*과 두 개의 페이지 번호들——하나는 영어판의 페이지고 다른 하나는 독일어판의 페이지다——로 표시되어 있다.

4. 물론 이러한 칸트적 의미에서의 일반 논리학은 근대의——프레게, 화이트헤드, 러셀, 타르스키 등등에 의해 소개된 매우 기술적이고 이론적인 진전들을 상정하는——"기초 논리학(elementary logic)"과 결코 동일하지 않다. 근대 기초 논리학의 탁월한 사례로는 Benson Mates, *Elementary Logic*, 2d ed (New York: Oxford University Press, 1972)가 있다.

따라 도달하게 되는 더 고차적인 관점"에 뒤쳐져 있었다(SL, 25/I, 13)고 지적한다. 특히 일반 논리학은 칸트가 전통 형이상학에 겨눈 것과 유사한 종류의 비판에 직면해오지 않았다. 그러나 칸트적인 초월론적 형이상학에 있어 일반 논리학이 갖는 중요성의 관점에서 보면, 그와 같은 비판이 요구된다. 헤겔은 존재론적 논리학이 가능하다는 칸트의 입장에는 완전히 동의하지만, 더 고차적인 논리학에 대하여 일반 논리학이 차지하는 위치에 대해서는 의견을 달리한다. 헤겔은 사물의 특징들을 규정하고 단순히 고정시키는 한에서의 "오성"의 활동과, 변증법적이고 역동적이며 사변적인 한에서의 "이성"의 활동을 결정적으로 구분한다(SL, 28/I, 16-17; EL, 113-22/168-79). 헤겔에게 오성과 이성은 인식 능력에 그치는 것이 아니라 존재론적 구조들 또한 규정한다. 일반 논리학은 명확히 오성의 활동들에 속하지만(EL, 255/344-45), 그에 반해 헤겔의 논리학은 이성의 활동들에 속한다. 이것은 일반 논리학과 헤겔 논리학이 각각 오성과 이성에 대한 "존재론적 성향"을 갖는다는 것을 의미한다. 각각이 이런 성향을 명확히 인식하는지는 별도로 하고 말이다.

그런 뒤 헤겔은 칸트가 오성의 일반 논리학을(칸트는 이것을 "분석적 일반 논리학"이라 부른다) "초월론적 논리학"으로 전환하는 것과,[5] 헤겔 본인이 일반 논리학을 자신의 이성 논리학에 복무하게끔 비판하고 지양하는 것이 기본적으로 대조되는 것임을 분명히 한다(EL, 65-94/113-47). 이와 관련하여 칸트와 헤겔 사이의 중요한 차이는 다음과 같다. 칸트는 일반 논리학을 존재론적으로 조야하거나 전개되지 않은 것으로 보지 않고 오히려 충분히 근거지어진 필수적인 예비학이자 자신의 초월론적 논리학의 토대라고 본다. 이에 반해 헤겔은 보다 고차적인 논리학이 발생할 수 있는 것은 일반 논리학에 대한 비판을 통해서일 뿐이라는 점을 분명히 밝힌다. 왜냐하

5. I. Kant, *Critique of Pure Reason*, trans. N. K. Smith (London: Macmillan, 1964), 92-95, 97-99.

면 일반 논리학은 이성의 논리학이 가능하려면 반드시 제거되어야 하는 오성에 대한 인식되지 못한 존재론적 성향을 지니기 때문이다. 그러므로 칸트가 일반 논리학의 비판을 제시하지 못했던 한에 있어서, 그의 초월론적 논리학은 그것이 단순한 오성의 구조에 의존하는 데 비례해서 그 자체 존재론적으로 소박하고 미발전된 것일 따름이다. 이것은 일반 논리학의 형식들이 "가능한 모든 경험"의 형식들로 전환되는 칸트철학의 "범주들의 형이상학적 연역" 일체가 헤겔에 의해 단호히 거부된다는 것을 의미한다.[6]

따라서 헤겔은 자신의 논리학을 철학적 논리학에서 "완전히 새로운 출발"(SL, 27/I, 16)로 보고, 그렇기 때문에 일반 논리학에서 끄집어낸 것을 넘어서는 별개의 운동으로 간주한다. 철학은 일반 논리학에서 차용한다기보다는, 일반 논리학이 철학에 제공한 내용의 자유로운 발전에 놓여 있는 것이다. 그래서 우리는 헤겔이 일반 논리학을 특정한 존재론적 구조들이 잠재해 있는 풍부한 재료들을 제공하는 것으로 여긴다고 말할 수도 있겠다. 이 구조들은 애초에 그 풍부한 재료들을 생산했던 것과는 상이한 관점에서 북돋아져야 한다. 요컨대, 일반 논리학에 대한 헤겔의 철학적 사용은 일반

6. 칸트가 자기 시대의 일반 논리학을 초월론적 논리학으로 변형한 것과 일반 논리학이 자기(즉 기초 논리학)의 시대에 적어도 암묵적인 존재론적 의미를 갖는 논리학으로 발전한 것 사이에는 강력한 유비가 존재한다. 비트겐슈타인의 『논리철학 논고』, 초창기 러셀의 "논리적 원자론" 철학, 카르납의 『세계의 논리적 구조』 그리고 크립키의 『이름과 필연』은 모두 근대적인 논리적 개념들을 형이상학적 혹은 적어도 존재론적 기반 위로 옮기려는 강한 경향을 드러낸다. 자신의 칸트 비판에 기초한, 헤겔의 이에 대한 답변은 그런 이전이 근대 상징적 논리학의 존재론적 편향들과 전제들에 충분히 비판적이지 않다는 것이었다. 나는 각주 4에서 칸트의 일반 논리학과 우리의 기초 논리학이 기술적이고 이론적인 진전들과 관련하여 상당한 차이를 갖는다고 밝힌 바 있다. 그러나 기술 혹은 논리적 이론에서의 진전들이 필연적으로 존재론적 지식에서의 진전들인 것은 아니다. 따라서 자기 시대의 일반 논리학에 대한 헤겔 비판의 적절히 혁신된 판본은 우리 시대의 일반 논리학에서 필요한 부분만 약간 수정해서[mutatis mutandis] 전환될 수 있으며, 그에 따라 존재론적 목적을 위한 논리적 개념의 최근 사용들에 엄청난 영향을 끼칠 수 있으리라 여겨진다.

논리학적 활동보다 더 고차적인 질서의 활동이며, 그런 연유로 그 자신의 입장에서 일반 논리학과 절대 경쟁하지 않는다. 일반 논리학에 대한 헤겔의 보다 고차적인 질서에서의 논평들은 일반-논리학적 언급들이나 권고들이 아니라, 존재론적 언급들 혹은 권고들이다.

이것은 어떻게 헤겔이 일반 논리학이란 "실제로 필수조건이자 기꺼이 인식되어야 할 전제로서, [헤겔 자신의 논리학에 있어서] 매우 중요한 원천"(*SL*, 31/I, 19)으로 간주된다고 말할 수 있으면서도, 또한 "그것이 제시하는 것은 여기저기에 널린 변변찮은 조각이거나 무질서한 뼈 무더기"(*SL*, 31/I, 19)라고 말할 수 있는지를 이해할 수 있게 해준다. 실제로 헤겔은 다음과 같이 말하면서 뼈 무더기로서의 일반 논리학에 대한 은유를 넘어서기까지 한다. "이제껏 논리학의 [일반적]개념(Notion)이 터했던 관념들(conceptions)은 부분적으로 이미 폐기되었으며, 그 밖의 것들에 대해 말하자면, 그것들은 완전히 사라져 버리고 이 학문이 보다 고차적인 관점에 의해 파악되고 완전히 변화된 형태로 수용될 시점이 되었다."(*SL*, 44/I, 36) 단언컨대, 헤겔 논리학의 해석가들을 언제나 잘못 인도해왔던 것이 바로 이 같은 논평들이다. "필요조건"으로서와 "무질서한 뼈 무더기"로서의, 그리고 다시 "기꺼이 인식되어야 할 전제"로서와 "완전히 사라져야" 할 것으로서의 일반 논리학의 명확한 모순은 헤겔이 논리적으로 아둔하거나, 심각하게 혼동하고 있거나 혹은 그 둘 모두이거나 하는 식으로 보이게 한다. 하지만 이러한 명백한 모순은 헤겔이 말하는 "고차적 관점"을 매우 진지하게 취하면 간단히 해소될 수 있는 것이다.

헤겔은 자신의 논리학을 일반 논리학을 넘어선 발전이자 "순수 사유의 영역으로서 순수 이성의 체계"(*SL*, 50/I, 44)에 있는 고차적 질서의 활동으로 설정하면서, 일반 논리학이 두 개의 서로 다른 관점들에서 조망될 수 있다고 말한다. 그 자체의 관점과 수준에서 볼 때, 일반 논리학은 다른 학문분과들 사이에, 혹은 그것들과 "나란히" 있는 하나의 분과일 따름이다(*SL*, 58/I, 54). 통상 말하는 그것의 절차와 개념들은 부인될 수 없는 어떤 진실성과 효능성을 가진다. 헤겔이 제기하듯이, "[일반 논리학의] 학문 목적은 유한한 사고의 절차들을 숙지시키는 것이다. 그리고 그것이 자신이 전제하는 대상에 적합하게 된다면, 그 학문은 올바르다고 불릴 자격이 있다."(SL, 22/75) 그러나 더 고차적 관점, 즉 존재론적 시각에서 본다면, 일반 논리학은 동시에 존재론적 관점에서도 강력한 제약들이 되는 어떤 권능적인 전제들에 의존하는 것으로 간주될 수 있다. 이 제약들은 일반 논리학이 철학적 의의로 직행하는 것을 막아준다. "그것들은 철학으로의 입장을 가로막으며, 그 정문들에서 폐기[되어야 한다]."(SL, 45/I, 38) 일반 논리학의 개념들이 철저한 비판에 의해 변형되거나 "재구성"(SL, 52/I, 46)될 때라야, 일반 논리학에서 헤겔적 논리학으로의 이행을 위한 기초가 놓일 수 있다. 따라서 적절하게 존재론적으로 혹은 고유하게 철학적으로 되기 위해서는, 일반 논리학이 "사라져"야만 한다. 거듭 말하지만, 이것은 헤겔이 그 자체의 수준에서 일반 논리학의 효능성과 효율성을 부인하고 있다는 것을 의미하지 않는다. 단지 그는 존재론적 타당성에 대한 일반 논리학의 암묵적인, 그렇기에 무비판적인 주장을 부정할 뿐이다.

이제 일반 논리학에 대한 헤겔의 비판과 변형의 세부사항들을 면밀히 검토할 필요가 있을 것이다. 변형적 측면과 관련해서, 헤겔의 일반적 절차는 일반 논리학으로부터 어떤 개념을 취하고 그것을 비판한 뒤, 그 용어의 의미를, 초기의 의미를 포함하지만 결코 그것으로 환원될 수 없는 보다 넓은 영역으로 확장시키는 것임을 처음부터 주목할 필요가 있다. 헤겔 논리학의 이런 절차에 대한 오해는 그가 무모순의 원리, 동일률 등등을 "부정한다"는 식의 주장들로 이어졌다. 그 오해는 특정 용어가 —— 말하자면 모순 —— 단지 초기의 의미를 하나의 전형으로 취한 뒤 그 적용 범위를 부당하게 확장함으로써 확대되고 있다는 관념에서 주로 기인한다. 이것은 헤겔의 접근법을 매우 퇴보적인 것으로 삼는 것이다. 수사적 용어를 사용하자면, 헤겔이 논리적 용어들의 의미를 다루는 방식은 환유적(metonymic)인 것이지 유비적(analogical)인 것이 아니다. 헤겔이 "모순" 같은 용어를 그만의 의미로 사용할 때, 그것이 가능한 이유는 일반 논리학의 담론 속에서 그 용어의 애초 의미가 그것과 같은 단어로 명명될 수 있는 광의의 개념을 추상적이고 부분적이며 특히 제한적으로 사용되었음을 그가 이미 보여주었기 때문이다. 요컨대, 그 단어의 협소하고 "부분적"인 사용이 의미를 갖는 것은, 단지 그것이 이를테면 일반 논리학의 일상적 조치에서 "잊혀"진 더 광범위하고 더 구체적인 개념을 한정짓거나 거기에 참여하기 때문이다.

여기서 알 수 있는 것은, 일반 논리학에 대한 헤겔의 비판과 변형이 논리학에 대한 하이데거의 설명과 공통된 무언가를 갖는다는 것이다.[7] 하이데거와 유사한 방식으로, 헤겔 역시 그 존재론적 지위와 용어의 의미가 개념[Begriff]과 이념[Idea]의 암묵적인 절대적 구조들의 한정과 제한에 놓여 있다는 헤겔적 의미에서, 일반 논리학이 "파생적"이고 "근거지어진" 현상이라는 점을 잘 인식하고 있다. 헤겔이 제기하듯이, "순전한 오성의 논리학은 사변적 논리학에 포함되어 있고, 변증법적이고 '추론적'인 요소를 제거하는 단순한 과정을 통해 그것으로부터 자유자재로 이끌어낼 수 있다."(*EL*, 120/177) 그러므로 일반-논리적 용어들에 대한 헤겔 자신의 용법들은 유비적으로 용어의 사용을 단순히 "넓힌"다는 의미에서의 확장들이 아니라, 환유적으로 그 용어의 보다 온전한 애초 의미 —— 오성의 관점이 아니라 이성의 관점에서 회복될 수 있는 의미 —— "속으로 거슬러가는" 것을 가리키는 확장으로 간주되어야 한다. 따라서 헤겔은 자신의 목적을 위해 일반 논리학의 개념들을 왜곡했다고 비난받을 수 없다. 오히려 그는 그 개념들을 각각의 고유한 영역에 재정위시키는 것이다. (물론 일반-논리

7. 논리학에 대한 하이데거의 존재론적 설명은 주로 『존재와 시간』(trans. J. Macquarrie and E. Robinson [New York: Harper and Row, 1962], 195-203, 『현상학의 근본문제들』(trans. A. Hofstadter [Bloomington: Indiana University Press, 1983], 177-224, 『논리학: 진리란 무엇인가』(Frankfurt: Klostermann, 1976) 그리고 『논리학의 형이상학적 토대』(trans. M. Heim [Bloomington: Indiana University Press, 1984]에서 찾아볼 수 있다.

학적이지는 않은) 존재론적-철학적 관점에서 보면, 그 추상적인 편파성으로 인해 "왜곡되고" 있는 것은 분명 "모순" 같은 용어들에 대한 일반-논리학적 사용들이다.

　일반 논리학에 대한 헤겔 비판의 보다 충실한 의미를 얻기 위해서, 나는 (1) 판단, (2) 삼단논법, (3) 모순이라는 일반-논리학적 교설들에 대한 그의 비판과 변형(혹은 재정위)에 초점을 둘 것이다(두 개의 논리학에 대한 헤겔의 건축학적 구성으로 보자면, 판단과 삼단논법의 처리는 주관적 논리학의 개념(Notion) 혹은 관념(concept) 논리에 편입되고, 모순의 취급은 객관적 논리학의 본질(essence) 논리에서 다뤄진다. 내가 해명할 수 있는 한, 헤겔의 전 논리 체계에서 이 주제들의 상대적 입장들은 나의 설명에 있어 어떤 특별한 중요성도 갖지 않는다).

II

　헤겔이 판단의 일반-논리학적 교설을 두 가지 이유에서 비판하고 있는 것으로 시작해 볼 필요가 있다. 첫째, 일반 논리학은 그 모든 논리적 작동들이 판단들로 시작해서 그것들로 끝난다는 의미에서 명백히 판단들의 논리학이다. 그러므로 헤겔에게 일반-논리학적 판단론을 비판한다는 것은 일반 논리학의 기본적인 "원자적 부분들"을 파악하려는 것이다. 둘째, 판단은 일반 논리학에서 진리의 장소 혹은 —— 이제 논하겠지만—— "진리-전달자"다. 일반 논리학자와 헤겔 공히 "진리"가 일반 논리학이든 헤겔 논리학이 됐든 모든 논리학의 핵심적인 관심사라는 점에 동의할 것이다. 예컨대, 칸트는 자신의 『논리학』에서 논리학이 "정당하게도 진리의 논리학이라 불린다"고 적는다(KL, 18/438). 헤겔 역시 "진리는 논리학의 대상"이라고 단언한다(DL, 26/68). 그러나 헤겔과 일반 논리학자가 의견을 달리하는 곳은 단지 진리의 장소가 놓이는 "지점"일 뿐이다. 다시 말해 존재론적으로 참된 "진리-전달자"라 불릴 자격이 있는 것에 대한 것이다. 따라서 헤겔은 자신의 새로운 개념에 동기를 부여하기 위해 전통적 개념을 비판할 것인바, 이것이 그가 일반-논리학적 판단론을 비판할 것이라는 점을 보여주고 있는 것이다.

따라서 헤겔은 사실상 자신의 "판단 비판"을 일반-논리학적 판단의 진리-전달 능력에 의문을 제기하는 것으로 시작한다. "영혼은 단순하다"와 같은 형이상학적 판단들의 논의 맥락에서, 헤겔은 "어느 누구도 그런 술어들이 어떤 본질적이고 독자적인 진리를 갖는지 여부, 혹은 **명제적 형식**이 진리의 형식이 될 수 있는지 여부에 대해 묻지 않았다"는 점을 지적하면서 보다 심오한 문제를 제기한다(*EL*, 48/94, 강조는 추가). 요컨대, 헤겔은 어떤 판단이 그 용어의 고유한 의미에서 "진리"일 수 있는지에 대한 보다 원초적인 질문을 제기함으로써, 주어진 판단의 "진리" 여부를 묻는 질문을 우회할 것을 제안한다. 이것은 헤겔이 논리적 회의주의를 제기했다는 게 아니라, 단지 그 "명제적 형식" 때문에 판단에 "내장되어(built into)" 있는 존재론적 한계의 가능성을 묻는 걸 의미한다.

이제 이런 맥락에서 "명제적 형식"이란 말로 헤겔이 의미하는 것은 그 스스로 지적하듯이 "판단 형식"이다(*EL*, 51/98). 헤겔은 "명제들(propositions)"과 "판단들(judgments)"을 구분하는데, 그의 말에 따르면, 전자가 단순히 정확한 구문론적 형식을 가진 문법적 존재를 갖는 반면, 후자는 세계에 관한 어떤 현실적 질문에 응답하고 그 판단들을 준거삼아 세계에 관심을 가진다(*SL*, 626/Ⅱ, 305). 이런 차이를 파악하는 것은 충분히 가치 있는 일이다. 왜냐하면 그것은 "문장들"과 "진술들"을 구분하는 오스틴의 입장을 예견해줄 뿐 아니라,[8] 그래서 헤겔이 어떤 상상적 구성체나 추상적 실체가 아니라 처해있는 일반-논리적 현상을 주로 언급하고 있는 것으로 여겨질

● ●
8.   J. L. Austin, "Truth", in *Philosophical Papers* (Oxford: Clarendon Press, 1970), 119-21.

수 있기 때문이다.[9]

헤겔이 분석하고 있듯이, 일반-논리학적 판단은 "구조적" 요소와 "인식적" 요소로 불리는 것을 모두 갖고 있다. 이 두 요소들은 칸트의 판단론에서 친절하게 예시되고 있다. 칸트는 「삼단논법의 네 가지 형태들에 대한 잘못된 궤변들의 증명」에서 다음과 같이 말한다. "판단은 한 사물을 어떤 표지[혹은 속성]와 비교하는 것이다. 물자체는 주어이고, 표지[혹은 속성]는 술어다. 그 비교는 단어 "이다(is)"에 의해 표현되는 바, 그것은 단독으로 사용될 때 술어가 주어의 표지[혹은 속성]라는 것을 지시한다."[10] 이것은 일반-논리학적 판단론의 "구조적" 요소를 제기한다. 그 판단은 "이다" 혹은 계사에 의해 주어-사물과 술어-사물의 연결로 구성된다. 술어-사물 혹은 "속성"은 자기를 주어-사물에 적용함으로써 그것을 "규정"하는 것으로 여겨진다.

이 점과 관련하여, 헤겔은 Urteil("판단")의 어원이 "원초적 분열"에 있다는 점을 지적한다(EL, 231/316). 헤겔은 이것을 판단의 주어-항으로 표시된 실체가 그것에 대한 술어의 적용에 의해 그 생생한 구체성 속에서 분열되고 단절됨을 의미하는 것으로 보았다. 이 사물은 그에 따라 그 사물의 어떤 특징이나 양태가 전체 사물을 특징짓는 것으로 취해지기 때문에 "단절"된다. 그 판단 속에서 그 사물은 세부적인 특징으로 좁혀지는데, 이는 마치 망원경을 거꾸로 들고 보는 것과 같은 이치. 헤겔이 언급하듯이, "속성은 대상에 대한 외적 반성에 다름 아니다. 대상을 규정하는 술어들은 묘사적 사유의

• •
9. 논리학의 모든 판단이 실제 언어 상황에 속한다는 것을 헤겔이 인지했다는 사실은 논리적 행위들에 대한 후설의 분석과 잘 어울린다. Husserl, *Logical Investigations*, trans. J. N. Findlay (London: Routledge and Kegan Paul, 1970) 참조. 이런 비교는 근대의 기호 논리학에서 인간의 목소리가 명백히 사라졌음을 보여준다. 물론 우리 모두는 "심리학주의"의 제거적 논리학이 준 이론적 이점들을 잘 알고 있다. 하지만 이런 발전의 존재론적 결과들은 무엇인가? 그것은 근대의 기초 논리학에 칸트의 일반 논리학보다 더 적은 혹은 더 많은 존재론적 순진함을 가져다주는가?

10. I. Kant, "The Mistaken Subtility of the Four Syllogistic Figures", in *Kant's Introduction to Logic*, trans. T. K. Abbott (New York: Philosophical Library, 1963), 79.

원천으로부터 공급되어 기계적인 방식으로 적용된다."(EL, 50/96) 헤겔이 "외적 반성"으로 의미하는 것은 대상의 어떤 분명한 특징이 판단에 의해 유발되고, 그런 뒤에 분리된 사물인 술어 속으로 실체화되는 것이다. 그런 후에 이렇게 실체화된 술어는 마치 그것이 원래의 대상과 "비교하여" 단지 다른 사물인 것처럼 그 사물에 적용된다. 술어를 제공하는 "묘사적 사유 (picture thought)"는 오성이 관할하는 상상력의 활동이다. 이 상상력은 사물의 구체적이고 체현된 양태들을 취하고 그것들을 그 자체와 구별되는 것들로 재현함으로써 술어들을 "창출"한다. 그러므로 술어로서 그 사물의 양태성 (혹은 상관성)은 "속성"이나 "표지"로 변형된다. 애초의 사물들에 이런 술어적 사물이 적용되는 것은 "기계적"인데, 판단이란 말하자면 그 원초적 구체성 ── 혹은 헤겔식으로 말하자면 그 개념 ── 에서 그것을 분열시킨 뒤에 계사를 덧붙임으로써 대상을 재건하는 것이기 때문이다.

이와 대조적으로, 헤겔에 있어 대상의 정확한 특징묘사는 "그 자체의 특징을 묘사하는 데 있지, 외부로부터 그 술어들을 주입하는 데 있는 것이 아니다."(EL, 50/96) 이것은 술어 전체가 대상의 "모든 가능한" 판단들을 통해 열거되어야 함을 의미하진 않는다. 사물은 최대한도로 많은 술어들로 이루어진 게 아니다. 헤겔에 따르면, "우리가 술어화의 방법을 따른다고 여길 때조차, 정신은 그런 종류의 술어들이 대상을 낱낱이 다루는 데 실패한다고 느끼지 않을 수 없다."(EL, 50/96) 이것은 원칙상 판단이 ── 그것들이 무한할 경우조차 ── 대상을 정확하게 특징지을 수 없다는 것을 의미한다. 그리고 이것은 ── 후설에서 그렇듯이 ── 단지 우리가 "무궁무진한" 대상을 그 모든 "특성들"에서 파악할 수 없기 때문이 아니다. 오히려 그것은 대상의 정확한 특징묘사와 그것의 술어적 분할 사이에 존재론적 차이가 있기 때문이다. 대상의 결정적 본성은 어떤 단일한 술어적 특징이나 심지어 무한한 수의 특징들을 상정한다고 해서 파악될 수 있는 것이 아니다.

따라서 일반-논리학적 판단의 난점은 주어진 대상에 관한 가능한 판단의 목록이 완벽한지 여부가 아니라, 판단 형식 자체의 존재론적 성향에 놓여 있는 것이다. 헤겔은 다음과 같이 적는다. "명제적 형식은(그리고 명제란 말 대신에 판단을 사용하는 것이 더 옳은 것처럼 보인다) 구체적이거나— 그리고 진리는 언제나 구체적이다— 사변적인 것을 표현하는 데 적합하지 않다(*EL*, 51/98). 판단이 구체적인 것을 표현하는 데 적합지 않은 이유는 판단의 (명제적) 형식 자체가 헤겔적 의미에서 내적인 대립이나 "모순"을 포함하고 있기 때문이다(아래 IV절을 보라). 판단은 술어를 사용해서 주어의 특징을 묘사하는 데 착수한다. 따라서 주어는 암묵적으로 이 술어의 원천이나 토대가 된다고 여겨신나. 헤겔이 제기했듯이, "말 그대로 술어는 주어에 내속된다. 게다가 주어가 일반적이고 즉각적으로 구체적인 형태를 띠기 때문에, 술어의 특수한 함축적 의미는 주어의 무수한 특징들 중 하나에 해당할 뿐이다. 따라서 주어는 술어보다 더 풍부하고 광범위하다."(*EL*, 234/320) 주어는 판단의 구조적 의도에 따른 술어가 다수의 다른 술어들과 함께 주어에 "내속"된다고 여겨진다는 의미에서 술어의 원천 혹은 토대다. 따라서 술어는 주어를 다시 지시하고 전체에 속한 부분으로서 그것에 "속해야" 한다.

그러나 술부가 완성되자마자, 주어-전체의 구체성은 술어의 추상성으로 이행한다. 주어의 구체성은 말하자면 술어에 의해 "흡수"되어버린다. 그래서 "장미는……다"에서 "장미는 **빨갛다**"로의 운동에서, 우리는 주어 존재의 구체성이 보편적 술어인 "……는 빨갛다"에 복속되었음을 보게 된다. 따라서 "보편적인 것으로서의 술어는 자립적이며 이 주어가 그러한지에 대해서는 무관심하다. 술어는 주어를 감싸며 그것을 자기 아래로 포괄한다. 그렇기에 그런 점에서 주어보다 더 광범위하다."(*EL*, 234/321) 이런 식으로 주어의 구체적 전체는 술어의 추상적 전체와 관련하여 특수자가 된다. 여기서 헤겔은 확실히 부분과 전체의 존재론에 등장하는 중요한 모호성— 일반 논리학은 인식하지 못했던 모호성—을 해명하고 있다. 그 모호성은 구체적 전체 혹은 "개별자"와, 추상적 전체 혹은 "보편자" 사이에 존재한다. 판단의 바로 그 주어-술어 형식은 이러한 존재론적 모호성을 구현하는데, 그것이

(1) 주어-항에서 구체적 전체 혹은 개별자를 지시하며 그 속에 술어가 "내속"되어야 하는 것으로 나타나는 한에서, 그리고 (2) 술어-항에서 추상적 구체 혹은 보편자를 나타내며 그 아래에 개별적 주어가 포섭되어야 하는 것처럼 보이는 한에서 그렇다. 요컨대 공간적 은유를 사용하자면, 속성적 내속의 "그 속에(in which)"는 술어적 포섭의 "그 아래에(under which)"와 갈등한다. 혹은 달리 말해서, 주어의 개별성은 술어와 관련하여 자신의 순전한 특수성과 갈등한다. 그러므로 하나의 형식으로서, 판단은 구체적인 형태에서 사물을, 혹은 그 추상적 보편성에서 술어를 정확하게 특징지을 수 없다.

일반-논리학적 판단의 구조적 결점을 진단하고 난 뒤, 헤겔은 판단이 본질적으로 자신이 "아직은 자신이 개념으로 있는 통일로 스스로를 회복시키지 못한 규정적 존재 혹은 개념의 타자"(SL, 627/Ⅱ, 306)라 부른 것을 표현한다고 말함으로써, 그 곤란함이 갖는 보다 광범위하고 존재론적인 특징을 묘사할 수 있게 된다. 이것은 내가 헤겔의 일반-논리학적 개념들의 "재정위"라 부르는 것의 한 사례다. 헤겔에게 개념은 보편자와 특수자, 전체와 부분, 유와 개별자의 구체적인 종합적 통일이다. 존 스미스가 말했듯이, "헤겔이 개념이라 부른 것은 여러 특수자들에 공통적인 특징의 추상이 아니라, 그것이 조직하는 체계의 요소들을 규정함으로써 스스로 명기되는 질서와 구조 그리고 조직의 원리에 해당한다."[11] 특히 판단과 관련하여, 개념은 일반-논리학적 판단이 처음에는 제한되고 내적으로 대립적인 것으로 스스로를 드러내도록 해주는 절대적이고 고차적인 질서의 통일이다. 헤겔이 판단을 다루는 이와 같은 측면은 판단을 부인하거나 불신하는 것으로 여겨져선 안 되고, 단지 존재론적 관점에서 그것의 본질적인 난점들을 진단하는 것으로 받아들여야 한다. 달리 말해, 일반 논리학의 판단은 자체의

· ·

11. John Smith, "The Logic of Hegel Revisited: A Review of Errol E. Harris, An Interpretation of the Logic of Hegel", *British Journal for the Philosophy of Science* 36, no. 4 (Dec. 1985): 461-65.

관점에선 논리적으로 흠잡을 데가 없다. 그러나 그것은 자신이 다루는 사물들을 정확하게 표현해 낼 수 없는 한에서 존재론적으로 결점을 갖는 것이다. 판단은 사실상 괴리된 개념, 혹은 그것이 이념으로서 자신의 궁극적 통일의 달성에 앞서 스스로를 일면적으로 혹은 타자로 내보이는 개념을 대표한다. 따라서 헤겔이 보기에 판단은 자신의 모순적인 구체성 속에 있는 개념의 저차적 질서의 판본에 불과하다. 마치 한 인물의 이차원적 사진이 "잠들기 전에 가야 할 길이 많이 남아"있다는 의미에서 그 자체로 불완전한 존재인 살아 있는 삼차원적 인간의 본질적으로 제한된 판본인 것처럼 말이다.

이처럼 판단이 바로 그 형식에 있어 존재론적으로 제한된다는 "모순적인" 특징을 갖기 때문에, 헤겔의 경우 "모든 판단은 그 형식에 있어 일면적이고 그만큼 옳지 않다"는 결론이 나온다(*EL*, 51/98). 일반 논리학자는 이 진술을 헤겔의 혼란함과 애매함의 완벽한 사례로 간주할 것이다. "심지어 그는 참된 판단들조차 허위라고 말하고 있는가? 이 얼마나 터무니없는 것인가!" 하지만 그와 같은 반응은 헤겔의 존재론적 분석에 대한 오해에 기초한 것으로 보인다. 이 오해를 피하기 위해서는, 앞서 언급한 판단의 "인식적" 요소에 대해 논해야 한다. 칸트는 자신의 『논리학』에서 다음과 같이 말한다. "하나의 판단은 몇몇 표상들의 의식에 대한 표상[Vorstellung] 혹은 표상들이 하나의 개념을 구성하는 한에 있어서 그것들의 관계에 대한 표상이다."(*KL*, 106/531) 따라서 칸트는 판단이 몇몇 재현들의 통일에 대한 재현이라고 말하고 있는 것이다. 칸트 지식론의 맥락에서, 이것은 판단이 물자체의 직관적 표상과 경험적 개념의 결합임을 의미한다. 물자체는 모든 가능한 경험을 넘어서 있고, 단지 감각지각의 대상으로서 직관 속에서 표상적으로만 제시된다. 경험적 개념은 오성이 상상력과의 결합 속에서 수행하는 종합적 행위다. 헤겔이 언급했듯이, 그 결과는 "판단에 대한 첫 인상은 주어와 술어라는 두 극들의 자립"이다. "우리는 전자를 한 사물 혹은 그 자체의 용어로 취하고, 술어에 대해서는 상술한 주어의 외부에 있고 우리의 머릿속

어딘가에 있는 일반 용어로 간주한다."(*EL*, 231/316) 그렇다면 요컨대 특정한 인식적 견해가 일반-논리학적 판단에 암시되어 있는 것이다. 그 견해에 따르면, 판단은 개념적이고 "내적"인 술어를 지각적이고 "외적"인 주어에 적용하려고 애쓴다.

이처럼 암시적인 판단의 인식론은 그와 더불어 특정한 진리 이론을 지닌다. 이것이 "일치(agreement)" 혹은 "대응(correspondence)"으로서의 진리론이다. 칸트는 "진리는 말하자면 인식의 대상과의 일치에 놓여 있다"고 적는다(*KL*, 55/476). 이 정식을 현대적 맥락의 용어로 바꾸면, 판단의 진리는 개념적 술어를 지각적 주어로 성공적으로 적용하는 데 있다. 그 적용의 "성공"은 개념적 술어를 사물에 배치하거나 그것에 적합하게 맞추는 것에 달려있다. 판단의 진리에 대한 헤겔의 비판이 진리 대응설에 대한 공격에 이르지 않는다는 점을 주목하는 것이 대단히 중요하다. 그 대신 헤겔은 판단적 진리에 대한 그와 같은 견해가 사유와 그 대상의 관계에 대한 보다 논쟁적인 교설에 의존하고 있음을 지적한다.

> 대상은 그 자체로 완전하고 완결된 것, 따라서 그 현실성을 위해 사유를 일절 배제하는 그런 것으로 간주된다. 반면 사유는 결함 있는 것으로 간주되는데, 왜냐하면 그것은 자신을 물질적 재료로 완성해야 하며 게다가 고정되지 않은 비규정적 형식으로서 그 물질에 자신을 맞추어야만 하기 때문이다. [일반 논리학에서] 진리란 사유와 대상의 일치이며, 이런 일치를 산출하기 위해서── 왜냐하면 그것은 홀로 존재하지 않기 때문이다── 사유는 자신을 그 대상에 맞추고 순응해야 하는 것으로 여겨진다 (*SL*, 44/Ⅰ, 37).

헤겔이 보기에 이 이론이 논쟁적인 이유는 그것이 진리 대응설의 허위를 의미해서가 아니라, 존재론적으로 그것이, 헤겔에게서는 결코 존재론적으로 이분화할 수 없는 두 가지── 사유와 그 대상──를 분리시키기 때문이다.

헤겔의 주장에 따르면,

> 오성의 논리학은…… 사유를 단지 주관적이고 형식적인 활동으로
> 여기며, 그것과 마주하는 객관적 사실은 독립적이고 영속적인 존재로
> 여긴다. 그러나 이 이원론은 절반의 진실에 해당할 뿐이다. 그리고 그것들
> 의 기원에 대한 조사가 부재한 채 주관성과 객관성이란 범주들을 즉각적
> 으로 수용한 절차에는 지성의 결여가 존재한다(*EL*, 255/345).

헤겔에게 사유는 대상들에 대한 사유이며, 대상들은 오직 사유에 대해서
만 "객관적"으로 된다. 따라서 진리가 사유와 그 대상의 "일치" 혹은 "대응"에
있다고 주장하는 것은 그것들이 우선은 떨어져 있다고 전제하는 것이고,
그렇게 함으로써 존재론적으로 순진하거나 "지성이 결여된" 어떤 것을
말하는 것에 —— 이것은 "진리대응설"이 가졌을 법한 어떤 인식적 난점들과
는 완전히 별개다 —— 불과하다.

실제로 판단적 진리의 존재론적 소박함에 대한 헤겔의 조치는 대응설을
부인하기는커녕 사실상 그것을 보존하는 것이다. 헤겔은 이것을 "진리성
[Wahrheit]"과 "정당성[Richtigkeit]"을 구별함으로써 수행한다. 그에 따르
면,

> 일상의 삶에서 진리성과 정당성 두 용어는 종종 동의어로 취급된다.
> 우리는 단지 어떤 내용의 정당성을 생각할 때 그것의 진리성을 주장한다.
> 일반적으로 말해서, 정당성은 단지 우리의 개념과 그 내용의 형식적
> 일치에 관한 것이다. 그 내용의 구조가 무엇이든 간에 말이다. 반대로
> 진리성은 대상과 자기 자신, 즉 그 개념과의 일치에 놓여 있다(*EL*, 237/323).

이와 관련하여 몇 가지가 언급될 필요가 있다. 첫째, 진리성과 정당성의
구분은 헤겔로 하여금 모든 판단들에 대해서 그것들 대부분이 "정당할"

수 있다손 치더라도 "그릇되"다라고 말할 수 있게 해준다는 점이 분명하다. 그것들이 "그릇된" 이유는 그것들이 일면적이고 존재론적으로 부적합한 사유와 그 대상에 대한 견해에 의존하기 때문이다. 둘째, 그럼에도 불구하고 헤겔에게 있어 판단들의 정당성과 부당성은 존재론적으로가 아니라 전적으로 그 자체의 수준에서 간주된 판단들의 특징들로서 보존된다. 판단적 정당성은, 그 인식적 형식이 해명된다 할지라도 실험적으로는 타당하다. 즉 그것은 우리의 다양한 일상적 실천들, 특히 자연과학과 순수과학의 실천들과 잘 어울린다(*EL*, 32/75-76). 반면 그럼에도 그것은 존재론적으로는 타당하지 않은 것으로 남아있다. 셋째, 여기서 단순한 "정당성"과 대립되는 "진리성" 개념은 우리에게 판단이 언제나 경시하고 있는 것이 평범한 사물과 그 개념 간의 —— 즉 그 추상적 직접성에서의 사물들과 구체적으로 표명된 전체성에서의 사물들 간의 —— 관계라고 하는 관념을 돌려준다. 사물의 개념은 그 사물에 추가된 것이 아니라 그 구조적 충만함과 다른 사물 및 자기 자신과의 전체적인 관계맺음 속에서 고려되는 사물 자체다. 사물의 이러한 고차적 질서의 측면은 일반-논리학적 판단론에 의해 무시되는 것이며, 따라서 그 존재론적 부정확성이 놓여 있는 곳이기도 하다.

일반-논리학적 판단에 대한 헤겔의 비판을 상세히 풀어 놓았기 때문에, 이제 헤겔 자신의 긍정적인 이론을 간단히 고찰하는 것도 유의미할 것이다. 이것은 저 비판과 상관적이며 실제로 그것에 의해 부정적으로 예측되는 것이다. 헤겔에게, 진리의 주요한 장소는 그가 "범주"(사상규정[Gedankenbestimmung])라 부르는 것이다. 헤겔은 말한다.

범주가 참인가 아닌가를 묻는 것은 평범한 정신에게는 분명 이상하게 들릴 것이다. 왜냐하면 범주는 그것이 주어진 대상에 적용될 때라야만 진리가 되는 것으로 여겨지기 때문이며, 그 적용을 제외하고 그것의 진리를 조사하는 것은 무의미한 것처럼 보이기 때문이다. 그러나 이것이야말로 모든 것들이 의존하는 핵심적 질문이다(*EL*, 40-41/85).

헤겔의 교설에 대해 범주가 개념으로 고양된 판단, 즉 자신의 존재론적 한계를 극복한 판단이라고 말하는 것은 그럴듯해 보인다. 실제로 헤겔이 명확히 인식했듯이, "범주"와 "판단"의 어원은 전자가 언제나 후자의 존재론적으로 근본적인 판본으로 취해져왔다는 점을 제외하면 상당히 밀접한 관계를 맺고 있다.[12] 아리스토텔레스에게 범주들은 "실체"의 속성들에 대한 궁극적인 부류에 해당한다. 칸트에게 범주들은 오성의 선험적 개념들이다. 헤겔은 어쨌거나 범주론이 존재론적 기초를 이룬다는 생각에 있어서는 아리스토텔레스와 칸트에 동의했지만, 아리스토텔레스와 칸트 모두 자신들의 범주들을 지나치게 일반-논리학적 판단론에 기대어 만들었다는 점에 주목하고자 했다. 이 논문에서 전개한 용어로 말하자면, 우리는 아리스토텔레스의 범주들이 지나치게 "객관적"이고 판단의 구조적 결점들을 드러내는 반면, 칸트의 범주들은 지나치게 "주관적"이고 판단의 인식적 결점들을 드러낸다고 말할 수 있겠다. 여하간, 헤겔적 관점에서 절대적으로 명확하게 존재하는 것은 아리스토텔레스와 칸트의 범주론 둘 다 일반-논리학적 판단론의 존재론적 순진함에 참여하고 있다는 점이다.

이와 대조적으로, 헤겔의 생각은 "논리학의 원리들은 통상적인 의미에서 주관과 객관의 대립이 사라진 사유규정들 혹은 근본적 범주들의 체계에서 찾아져야 한다"는 것이다(EL, 37/81). 헤겔의 "사유규정들[Denkbestimmung]" 혹은 범주들은 그것이 —— 듀이의 표현을 빌리자면—— "현존의 발생적 특성들"을 기술한다는 점에서 아리스토텔레스의 범주와 비슷하고, 그것이 "사유의 형식들"이란 점에서는 칸트의 범주와 유사하다. 그러나 "발생적 특성들"

··

12. 이것은 통상적인 주술 판단이라는 "범주적" 판단의 전통적 개념에서 찾아 볼 수 있다. "범주"의 그리스 어원인 "Kategorein"은 분명한 주장 혹은 긍정적 단언의 형성이라는 기본 의미를 지닌 것으로 보이는데, 가장 구체적으로는 공중에서 누군가에 대한 법적 청구를 제기하는 것과 관련된다. H. G. Lidell and R. Scott, A Greek-English Lexicon (Oxford: Clarendon Press, 1966), 927을 보라.

은 헤겔에겐 정적이기보다는 역동적이며 "사유의 형식들"은 결코 개별적 인간 주체로 제한되지 않는다. 범주들은 단순히 "개념의 계기들"인바, 이는 범주들이 사물들의 현실화된 본성들이나 본질들을── 사유가 이 사물들 속에서 스스로를 현시하는 한에 있어서 ── 표현한다고 말하는 것이다(*EL*, 237/323-24). 범주들은 분명 "참"인데, 그것들이 이런 본성들이나 본질들을 포착해냈기 때문이다. 따라서 범주들은 판단들이 일반 논리학에서 행하는 것과 비교적 유사한 역할을 헤겔 논리학에서 수행한다. 말하자면 헤겔적 범주들은 "존재론화된 판단들" ── 물론 여기서는 판단의 고유한 존재론적 한계가 "존재론화" 속에서 극복된 것으로 이해된다 ── 이다.

III

앞서 언급했다시피 일반 논리학의 모든 작동들은 판단들에서 시작해서 판단들로 끝난다. 물론 이것은 어떤 것을 판단에서부터 판단으로 나아가는 체계적 방식 하에 취하는 작동의 과정이나 절차를 의미한다. 판단의 체계적 "운동"의 이런 과정이 삼단논법이다. 칸트는 자신의 『논리학』에서 다음과 같이 적는다. "삼단논법은 한 명제의 조건을 주어진 보편규칙에 포섭함으로써 그 명제의 필연성을 인식하는 것이다."(*KL*, 125/551) 즉, 삼단논법을 통해서 개별 판단과 다른 판단들 사이에 논리적으로 필연적인 관계가 형성되는 것이다. 그 개별 판단은 다른 판단들, 그리고 아리스토텔레스의 고전적 사례로 보면 다른 두 판단들의 논리적 상호작용에 의해 야기된다. 이 상호작용은 일반 논리학에서는 일반 규칙(대전제) 하에서의 한 판단(소전제)의 특수화로 인식된다. 이 특수화를 거친 현실적인 진행을 통해서, 일반 논리학자는 하나의 개별 판단을 결론으로 획득할 수 있게 된다. 칸트는 다음과 같이 말한다. "결론을 내림으로써, 한 판단이 다른 판단에 의해 연역되는 사유의 저 기능이 이해될 수 있다. 따라서 결론 일반은 다른 판단에 의한

한 판단의 연역이다."(KL, 120/545) 이제 칸트는 여기서 그 결론이 직접적으로 단일한 전제에서 이끌어지는 "직접적인" 삼단논법을 증명하고 있다. 하지만 전형적으로 이 개별 전제는 표준적 삼단논법에서의 두 전제들의 결합이기에, 삼단논법의 통상적인 구조가 암시되고 있다. 따라서 하나의 판단은 그것의 전제들이 되는 다른 두 개의 판단들로부터의 결론으로서 "연역"된다. 잘 알려지다시피, 전제들이 참일 경우 결론이 틀리는 상황이 있을 수 없는 한, 그 연역은 성공적으로 수행되거나 "타당"하게 된다. 모든 연역들이 삼단논법은 아니지만, 적절하게 수행된 모든 삼단논법은 연역에 해당한다. 전통적으로 삼중 형식으로 된 삼단논법은 연역의 패러다임으로 나아간다.

판단의 경우와 마찬가지로, 헤겔은 삼단논법에 대해 그 일상적 기능을 비판하는 데 전혀 관심을 두지 않는다. 그는 삼단논법에 판단들 간의 특수한 관계로서 그것의 일반-논리학적 완전무결함을 부여한다. 오히려 헤겔은 그것이 특수한 존재론적 성향이나 소박함을 드러내는 한에서 삼단논법을 비판할 뿐이다. 앞서 본 바대로, 판단은 바로 그 구조 속에, 그리고 또한 그것이 밀접하게 관계 맺고 있는 인식적 견해들 내에 존재론적 한계를 포함한다. 이와 유사한 사태를 삼단논법에 대해서도 말할 수 있다. 그러나 판단에서의 한계가 구조적인 동시에 인식적 양상을 띤다면, 삼단논법에서의 한계는 순전히 구조적이다.

존재론적 관점에서 삼단논법의 구조적 한계는 두 가지 방식으로 드러난다. 첫째는 삼단논법의 세 가지 판단들의 관계에 대한 것이다. 반면 두 번째 방식은 삼단논법에서의 진리 차원과 관련된다.

일반-논리학적 삼단논법에서 세 판단들 사이의 관계에 대해 보자면, 헤겔은 삼단논법 전체에서 이 부분들의 바로 그 외재성이 현상들이 맺는 관계들에 대한 특징묘사를 오해하게끔 한다고 말하고자 한다.

만약 우리가 삼단논법의 이 형식에서 그치게 된다면, 그 속에서의 합리성은, 비록 의심의 여지 없이 존재하고 정립되어 있다 할지라도, 명확치 않다. 삼단논법의 본질적 특징은 양극들(extremes), 그것들을 통합하는 매개념(middle term) 그리고 그것들을 떠받쳐주는 토대(ground)의 통일로 이루어져 있다. 양극들의 자립을 완강히 고수하는 추상은 이 통일을 마찬가지로 고정되고 자립적인 규정들로서 그 극들에 대립시키고, 이런 식으로 그것을 통일보다는 비통일로 파악한다(SL, 665/Ⅱ, 353).

여기서 헤겔에게 핵심적인 것은, 일반-논리학적 삼단논법이 일반 논리학에 의해 그리고 실제 철학적 논리학자들에 의해 사유 운동을 위한 모델로서 그리고 그렇게 함으로써 (칸트에게조차 사유와 사물들 간의 강력한 연관이 존재하게 된 이래로) 사물들 간의 관계들에 대한 모델로서 사용된다는 점이다. 하지만 삼단논법의 바로 그 삼중 형식은, 그와 같은 관계들이 두 개의 "자립적인" 양극 항들(즉 대전제와 결론)과 자립적인 매개념(소전제) 간의 순전히 외적인 관계로 규정될 수 있다는 점을 암시한다. 이것들 각각이 자립적인 것으로 제시되는 한, 사실상 내적으로 연관된 사유와 사물들의 운동은 분열되고 만다. 대전제가 보편적 판단이고 소전제와 결론이 특수한 판단들이라면, 이것은 보편과 특수가 어찌되었건 간에 단지 외적으로만 관계한다는 것을 지시하는 것처럼 보인다.

게다가 일반-논리학적 삼단논법의 형식은 매개념이 대전제와 결론 사이의 사실상의 장벽이 될 것을 요구한다. 헤겔은 다음과 같이 적는다.

매개념[media terminus]이라는 표현은 공간적 표상으로부터 취해지고 항들의 상호 외재성(mutual externality)에서 멈추는 것으로 자신의 본분을 다한다. 이제 삼단논법이 그 속에 정립된 양극들의 통일에 놓여 있다면, 그리고 언제나 그렇듯이 이 통일이 단지 한편으로는 그 자체 특수자로서 그리고 다른 한편으로는 순전히 외적인 관계로 취해진다면, 그리고 비통일이 삼단논법의 본질적 관계로 이루어진다면, 삼단논법을 구성하는 이성은 합리성에 그 어떤 것도 기여하지 못하게 된다(*SL*, 665/Ⅱ, 353).

이와 관련하여 삼단논법은 "합리성에 그 어떤 것도 기여하지 못하게" 되는데, 이는 본질적으로 그 양극들이 어떤 포괄적인 제3의 존재에서 통합되지 않고, 오히려 서로가 매개념을 통해서 외재적으로 관련을 맺기 때문이다. 한 마디로 말해서, 그것은 이성이 아니라 오성이 하는 것으로서 관계들을 인식한다. 그것은 두 극항들을 관련짓기 위해 **별도의** 제3의 것[tertium quid]을 요구하는 식으로 매개에 대한 명백히 순진한 그림을 제시한다. 그러나 매개념이 별도의 것이라면, 그것은 분명 양극 항들 각각에 맞서서 놓이게 될 것이고 따라서 애초의 매개념과 양극 항들 각각을 연결하는 새로운 "제3의 것" 혹은 매개념을 요구하게 될 것이 틀림없다. 그렇게 함으로써 관계들의 악무한적인 "제3인간" 퇴행이 생기게 된다.

통상 일반 논리학은 이성이 삼단논법에서 갖는 관심을 오해함으로써 존재론적으로 고통을 겪는다. 이성이 관심을 갖는 것은 일반적이고 개념적인 관계들 속에서의 사물들의 운동이다. 하지만 일반 논리학은 이 운동과 관계를 완고한 형식주의로 묘사한다. 헤겔은 말한다.

삼단논법을 단순히 세 개의 판단들로 구성된다는 식으로 간주하는 것은 삼단논법이 유일하게 관심을 갖는 그 항들의 관계를 무시하는 형식적인 견해에 불과하다. 전체적으로 그것은 저 항들을 분리된 전제들 및 이것들과 구별되는 하나의 결론으로 해서 순전히 주관적으로 관계 맺게 하는 것이다. …… 분리된 명제들을 가지고 진행하는 이 삼단논법의 과정은 주관적 형식에 다름 아니다. 그러나 실상의 본성은 차별화된 개념[속에서] 사실의 규정들이 본질적인 통일 속에서 통합되는 것이다 (*SL*, 669/Ⅱ, 358).

따라서 헤겔은 여기서 일반 논리학적 삼단논법의 바로 그 발상 속에 이성적 관계들이 인식되는 방식에 있어 중대한 모호성이 있음을 폭로한다. 어떻게 일반 논리학이 삼단논법적 연역으로서의 이성에 대한 그 발상과, (칸트가 표현하고자 했듯이) 완성된 전체성으로의 진보로서의 전통적 이성 개념을 조화시킬 수 있는지는 결코 명확치 않다. 헤겔의 경우, 삼단논법의 부적절한 한계는 삼단논법적 형식의 적나라한 외재성을 이성의 모델로서 지나치게 강조하는 것에 있다. 실제로 헤겔은 일반 논리학의 삼단논법을 위장된 오성의 삼단논법으로 간주한다. "통상 형식 논리학이 삼단논법의 이론에서 검토하는 것은 오성의 단순한 삼단논법에 다름 아닌바, 그것은 합리성의 형식으로 구현되었다는 영예를 요구할 수 없고, 하물며 모든 이성의 체현으로 수용되었다고 말할 수는 더더욱 없다."(*EL*, 245/334) 이처럼 이성의 자리에 오성을 놓고 그 결과 이성을 존재론적으로 제약하는 것은 일반 논리학이 전형적으로 범하는 것이다. 일반 논리학을 모든 철학의 예비학으로 발전시키려는 칸트의 경우, 그 결과는——칸트가 전체성을 파악하는 이성의 능력을 인정했다 할지라도——이 능력이 본질적으로 축소 되고 결코 현실적으로 그 전체성을 획득할 수 없는 무한한 전체성으로의 부단한 접근으로만 고찰된다는 것이다.[13] 따라서 칸트에게 그것은 마치 이성이 최대한으로 광범위한 대전제와 무한한 수의 매개념들로 이루어진 일반-논리학적 삼단논법이었던 것인 양 여겨지게 된다. 헤겔이 "거짓 무 한"(*SL*, 137/Ⅰ, 149)으로 불렀던 것의 그 가능성은 항들의 외재성에 기대있 는 일반 논리학적 삼단논법의 구조 안에 놓여 있는 것으로 보인다.

이와 대조적으로, 헤겔은 적절하게 해석된 삼단논법을 개별성으로 드러나 게 되는 보편성과 특수성의 개념적 결합을 예견해주는 것으로 보고자 한다. 이것은 "매개념"을 전체성 속에서 양극 항들을 연결하는 포괄적이고 역동적 인 통일로 보는 것을 포함하는 것이다. 심지어 헤겔은 "모든 것이 삼단논법이 고, 특수성을 거쳐 개별성과 통일되는 보편적인 것이다"라고 말하기까지

••
13. Kant, *Critique of Pure Reason*, 308-22.

한다(*SL*, 669/Ⅱ, 359). 분명 헤겔은 여기서 내가 일반-논리학적 항들의 "재정위"라 불렀던 것을 수행하고 있는데, 이는 일반-논리학적 개념을 그것을 추상적 형식으로 발생시켰던 기초 존재론적 구조에 거꾸로 삽입하는 것을 말한다. 다른 식으로 말하자면, 추상적 오성은 자신이 깨닫지 못하는 이성의 구체적 구조들을 전제하고 있는 것이다. 따라서 삼단논법의 경우에, 헤겔은 일반-논리학적 삼단논법의 삼중 구조가 개념 일반의 삼중 구조를 암시하고 있음을 보임으로써 오성으로부터 이성으로 삼단논법을 "송환할 (repatriate)" 수 있게 된다. 삼중의 "대전제/소전제/결론"은 개념적인 삼중의 "보편/개별/특수" 위에 역으로 "배치"될 수 있게 된다. 다시 말하지만, "삼단 논법" 용어에 대한 헤겔의 재정위가 향후 일반-논리학적 삼단논법이 일반-논리학적 의미에서 왠지 더 심오하고 강력한 것으로 간주되어야 함을 암시하는 것으로 이해되면 안 된다는 점을 기억할 필요가 있다. 그는 단지 삼단논법 개념에 존재론적 논평을 제공하고 있을 따름이다.

일반-논리학적 삼단논법에서 진리 차원에 내포된 존재론적 한계와 관련하여, 헤겔은 일반-논리학자에게 진부한 것 —— 즉 삼단논법의 "진리 보존적" 특징 —— 이 실은 존재론적으로 중대한 의미를 지니고 있음에 주목한다. 삼단논법은 전제들이 모두 참일 때 결론이 그릇되는 것이 발생하지 않을 경우에만 "타당"하다. 물론 이것은 삼단논법이 타당하게 남아 있으려면 전제들이 참일 때 결론은 반드시 참이 되어야 함을 의미한다. 그러나 이것은 전제들 중 하나가 그릇될 경우에 한해서 결론의 참을 결코 보증할 수 없으며, 그뿐만 아니라 그것은 전제들과 결론의 참도 보증하지 않는다. 헤겔이 주목하다시피, 이처럼 "진리-보존적"이지만 "진리-보증적"이진 않은 삼단 논법의 특징은 단지 그릇된 소전제를 사용함으로써 참인 대전제로부터 그릇된 결론들을 타당하게 도출할 수 있음을 의미한다.

그것이 매개념이 활용되는 우연이나 변덕의 문제이기 때문에, 이런 종류의 형식적 삼단논법만큼 부정확한 게 없다는 점은 정당화된다. 이런 식의 연역이 삼단논법을 통해 아무리 고상하게 전개된다 할지라도, 또 그것의 정당성이 충분히 수긍된다 할지라도, 그것은 최소한의 결과도 야기하지 못한다. 왜냐하면 그로부터 정확히 반대되는 것이 여전히 똑같은 정당성을 근거로 연역될 수 있는 또 다른 매개념들이 존재한다는 사실은 언제나 자명한 사실로 남아있기 때문이다(SL, 671/Ⅱ, 361).

늘 그렇듯이, 일반 논리학자는 헤겔의 편에서 제기된 그와 같은 논평에 대해 지겨움을 토로할 것이다. 하지만 헤겔이 논리적 사실이나 기술의 관점에서 일반 논리학자에게 "새로운" 어떤 것을 폭로하려고 시도하는 것이 아님을 다시금 강조할 필요가 있다. 그가 보여주는 것은 진리와 관련된—— 그리고 진리는 모든 논리학의 공인된 목적이다—— 삼단논법의 존재론적 취약함이다.

앞서 보았듯이, 삼단논법의 결론이 갖는 진리는 오직 그 전제들이 참일 경우에만 보증된다. 이것은 말하자면 "진리의 부담"을 전제들의 독립적인 판단들에 거꾸로 부과한다. 하지만 삼단논법적 형식에 관한 한 이것은 전제들 각각이 그 자체로 두 전제들 모두가 참이 되게 하는 더 나아간 삼단논법으로부터 도출되어야 함을 의미한다. 이로부터 우리는 주어진 어떤 결론의 진리를 보증하기 위해서는 그것을 정당화하는 전-삼단논법들(prosyllogisms)의 무한퇴행이 요구된다는 점을 쉽게 알 수 있다(SL, 672-73/Ⅱ, 362-63). 이런 정당화 퇴행은 일반 논리학에서 진리의 주요 질문이 바로 그 삼단논법의 형식에 의해 어떻게 영원히 지연되는지를 잘 보여준다. 물론 이것은 존재론적 의미에서의 "지연"일 뿐인데, 상술한 바와 같이 일반 논리학은 판단들에 대해 자신의 진리 "대응"설로 호소하기 때문이다. 그러나 헤겔의 말에 따르면, 일반-논리학적 삼단논법의 바로 그 개념적 구조에서 본질적인 점은 그것이 진리의 개념을 직접적으로 다루고 있지 않다는 것이다.

삼단논법에서 진리의 "존재론적 지연"은 판단들의 조작을 위한 도구로서 삼단논법이 갖는 특징과 밀접하게 연관되어 있다. 삼단논법적 장치와 그 다양한 양태들 그리고 "형상들(figures)"을 가지고, 논증들은 매개념의 "배분을" 추적함으로써 그 타당성을 형식적으로 "검증"할 수 있다. 그런 검증은 삼단논법에서 판단들을 대표하는 명제들의 구문론적 특징에 주로 의존한다. 삼단논법적 형상들의 구문론과 규칙성에 대한 이 편향된 의존은 삼단논법에 기계적이고 계산적인 차원을 제공한다. 헤겔은 다음과 같이 적는다.

> 판단들과 삼단논법들에서 그 작동은 대체로 규정들의 양적 측면으로 환원되고 거기에 기초한다. 그 결과 모든 것은 외적인 차이, 즉 단순한 비교에 의존하며, 완전히 분석적 절차와 기계적[개념 없는(begriffloses)] 계산이 되어버린다(*SL*, 52/Ⅰ, 47).

여기서 우리는 물론 헤겔이 순전히 진리-함수적 논리학의 개념을 가지진 않았지만, 그럼에도 그가 공식 언어들과 명제 계산들의 구성으로서의 논리학의 근대적 발전을 예견했다는 점을 분명히 알 수 있다. 이 발상에 대한 헤겔의 비판은 마치 형식화와 수학화에 어떤 고유한 오류가 있는 듯이 논리적 기계화의 단순 사실을 반대하는 러다이트식 거부와는 아무런 관련이 없다. 오히려 헤겔은 그런 구조들을 그것들이 속하지 않은 존재론적 영역들, 즉 유기적 관계들, 역학적 과정 그리고 구체적 진리의 영역으로 부당하게 확장하려는 것에만 관심을 둘 뿐이다.

이와 관련하여, 헤겔은 라이프니츠의 "보편기호[characteristica universalis]" 관념 혹은 오늘날 "이상언어"로 통상 불리는 것을 언급한다.

> 삼단논법의 개념 규정에 대한 이런 비이성적인 취급의 극단적 사례는 단연 라이프니츠가 삼단논법을 결합과 순열의 계산에 종속시킨 것이다. …… 이와 연관되어 라이프니츠가 애정을 가졌던 사상이 바로, 그가 청년기에 수용했으며 그 미숙함과 피상성에도 불구하고 이후에도 포기하

지 않았던, 개념들의 보편기호―― 각각의 개념이 다른 개념들로부터 혹은 그것들과의 연관에서 기인한 하나의 관계로 표현될 수 있는 상징들의 언어―― 라는 관념이다. 그것은 마치 본질적으로 변증법적인 이성적 결합들 속에서 하나의 내용이 그것이 고립된 채 고정되었을 때 가지고 있는 것과 똑같은 규정들을 여전히 보유하고 있다는 식으로 말하는 것이다(*SL*, 684/Ⅱ, 378-79).

보편기호로 이해된 삼단논법의 존재론적 성향에 대한 헤겔의 비판에서 핵심적인 것은 이 인용구의 마지막 문장에 나와 있다. 계산법으로 이해된 "이상언어"의 결함은 기계적 의미에서 기능하는 모델을 기계적 의미가 아니라 유기적이고 목적론적 의미에서 기능하는 내용에 부과하려는 존재론적 결함이다. 헤겔에게 개념은 무엇보다도 잠재성에서 현실성으로 향하는 현상의 자기전개를 의미한다. 개념적 진리는 이런 자기전개의 완전함 혹은 완벽함에 놓여 있다(*EL*, 237/323-24). 또한 개념은 유기적 전체성의 원리로서, 여기서 전체와 그 부분들은 내적으로 연관되어 있다. 보편기호로 인식된 삼단논법의 기계적이고 양적인 구조적 측면들은 개념의 유기적이고 비환원적인 질적 측면들을 포착할 수 없다. 그러므로 제시된 "이상언어"는 방대한 존재론적 영역을 정확하게 기술할 수 없기 때문에 "이상적"인 것으로서는 실패하고 만다.

삼단논법에 대한 비판을 고려할 때, 헤겔은 다시금 자신의 사변적 논리학의 측면을 예견해주고 있다. 앞서 우리는 일반-논리학적 판단에 대한 비판에서 존재론적 한계들이 드러났음을 보았는데, 이는 판단에 대한 존재론적으로 정확한 상관물―― 이것이 바로 헤겔적 의미에서의 "범주"였다―― 을 요구하는 것이었다. 마찬가지로 삼단논법의 경우에 그 비판은 삼단논법의 존재론적 결여를 폭로했는데, 말하자면 그것의 외재주의, 형식주의, 진리의 "지연" 그리고 "계산적" 특징이 그것이다. 물론 이 결여는 결여하고 있는 것을 요청하는바, 이것이 앞서 보았듯이 자신의 개념을 내면적, 질료적, 사실적 그리고 유기적인 방식으로 전개하는 이성의 관념이다. 헤겔에게 있어, 일반-논리학적 삼단논법의 존재론적 상관물은 "체계"라는 관념이다. 여기서 현상들은 내적이고 명료하며 유기적인 연관을 통해 자신들의 합리성을 드러낸다. 헤겔이 보기에, 체계는 (정당성과 대조되는 것으로서) 진리성의 궁극적으로 적합한 장소에 해당한다.

> 이때 진리는 사유의 전체성의 우주로서만 가능하다. 그리고 전체의 자유는 그것이 나타내는 몇몇 세분화된 것들의 필연성과 마찬가지로 이것들이 규정되고 정의될 때라야만 가능하다. 만약 그것이 체계가 아니라면, 철학은 학문적인 산물이 아니다(*EL*, 20/59-60).

그와 같은 사변적-논리적 체계는 범주들을 구성하는데, 이는 어떤 점에서는 삼단논법이 판단들로 만들어지는 것과 부분적으로 유사하다. 그러나 헤겔적 의미에서 체계는 범주들의 진리를 단순히 "보존"하는 것이 아니다. 오히려 그것은 범주들의 진리를 보증한다. 이것은 삼단논법과 달리, 범주적 "부분들"이 체계적 전체(개념 혹은 이념)를 예견하고 체계적 전체가 범주적 부분들의 모든 것에서 현시되기 때문이다. 요컨대, 헤겔에게 사변적-논리적 체계는 본질적으로 유기적 전체성들의 구조를 재생산하고, 그렇기 때문에 "이상언어"의 존재론적 부적합성을 극복한다.

IV

앞서 판단 및 삼단논법과 관련하여 일반 논리학에 대한 헤겔의 비판을 전개함으로써, 나는 헤겔의 교설에 질색인 사람들[bête-noire]에게 일반-논리학적 모순에 대한 그의 비판을 받아들이려는 풍토가 마련되었기를 바란다. 무모순의 원리에 대한 헤겔의 "거부"의 터무니없음을 시사한 「지시에 관하여」에서, 러셀이 던진 도발적인 언급들은 오랫동안 헤겔의 논리학에 대한 유익한 이해를 방해해 왔다.[14] 하지만 앞서 보았듯이, 헤겔의 설명은 단지 존재론적 관점에서 일반논리학에 대한 비판을 제공하는 것이지, 일반 논리학의 어떤 원리도 "거부"하는 것이 결코 아니다. 이것은 판단 및 삼단논법에서와 마찬가지로 모순에 대해서도 마찬가지다. 따라서 헤겔은 러셀이 그에게 암묵적으로 전가하는 것과는 완전히 다른 비판적 계획을 염두에 둠으로써 터무니없다는 비난을 비껴간다.

그렇지만 일반-논리학적 모순 개념에 대한 헤겔의 비판을 이해하기 위해서는, 약간의 예비적인 역사적 언급들이 반드시 필요하다. 왜냐하면 헤겔의 모순 비판과 관련하여 고질적인 왜곡이 존재하기 때문이다. 그것은 단지 칸트 시대에서 근대로 오면서 일반 논리학이란 학문이 발전하는 과정에서 비롯되었다. 근대의 일반 논리학에서는, (1) 부정은 오로지 명제들(혹은 더 정확하게 말해 형식언어의 문장들—자유로운 변항들을 포함하지 않는 정식들—로서, 여기서 "문장"은 단순 문장들에 더해 문장들의 연언, 선언, 부정, 조건을 의미한다)에만 적용되는 활동이며, 그 명제의 진리가의 역전을 야기한다. (2) 모순은 한 명제와 그 부정의 결합이다. 그리고 (3) 동일률은 일반 논리학의 중심 주제와는 별개인 것으로 간주된다.[15]

그러나 칸트 시대의 일반 논리학에서는, 동일성과 모순 개념이 밀접하게 연관되어 있다. 칸트는 자신의 『논리학』에서 "진리의 보편적, 단순 형식적 혹은 논리적 기준들의 세 원리들" 중 첫 번째 것으로 "모순율[principium contradictionis]과 동일률[principium identitatis]"을 포함시키는데, "그것으로 인해 인식의 내적 가능성이 문제적인(problematic) 판단들에 대해 규정적이게 된다."(KL, 58/479) 헤겔 역시 이처럼 모순과 동일성 개념들의 기본적

• •
14. B. Russell, "On Denoting", in *Essays in Analysis* (New York: George Braziller, 1973), 110.
15. William Kneale and Martha Kneale, *The Development of Logic* (Oxford: Clarendon Press, 1962), 742를 보라.

통일을 받아들인다. "동일률의 또 다른 표현으로서, A는 동시에 A이면서 not-A가 될 수 없다는 주장은 부정적인 형식을 취하는데, 그것이 바로 모순율로 불리는 것이다."(*SL*, 416/Ⅱ, 45) 이제 이 글의 목적상 동일성과 모순의 이런 동화와 관련해서 중요한 것은 모순이 **사물들**과 **명제들**에 공히 적용될 수 있다는 생각이다. 왜냐하면 동일성은 분명 사물들(혹은 한 사물과 그 자신) 간의 관계이며, 이런 점에서 만약 한 사물이 자기-동일적이지 않다면, 그것은 모순이 되기 때문이다. 따라서 칸트와 헤겔의 일반 논리학에서, 부정은 명제들(혹은 판단들)에서 작용하거나 아니면 _그것이 다른 사물들과 비동일적인 한에서 사물들에서 작용하는 것으로 해석될 수 있다.

그렇다면 모순과 동일성의 이런 동화의 논리적 정당성과 완전히 별개로, (칸트가 그러하듯이) 헤겔이 이것을 자명한 것으로 **상정**하고 있으며, 일반-논리학적 모순 개념에 대한 그의 전 비판이 그것을 전제한다는 점이 이해될 필요가 있다. 그러므로 헤겔이 무모순의 원리를 사물들과 명제들(혹은 판단들)에 무차별적으로 적용하면서 그것을 "잡탕으로 만든다"고 비판하는 것은 잘못된 것이거나 적어도 해석적으로는 나쁜 신념인 것이다. 헤겔의 비판적 방법에 따르면, 일반 논리학은 현재 그 **상태**로 분석되어야 하고 그의 분석에 의해 본질적으로 방해받지 않아야 함을 명확히 상정하고 있다.

이렇게 말함으로써, 우리는 이제 일반-논리학적 모순에 대한 헤겔의 설명으로 되돌아갈 수 있게 된다. 이제 헤겔의 일반-논리학적 모순 비판이 동일성과 부정을 다루는 그의 방식들과 완전히 단절될 수 없다는 점이 분명해지게 되는데, 왜냐하면 일반 논리학은 이 세 개념들 간의 밀접한 관계를 상정하기 때문이다. 특히 일반 논리학에서 모순은 자기동일성의 부정으로 해석되며, 이때 "동일성"은 사물들과 명제들 모두를 포괄하는 것으로 간주될 수 있다고 말할 수 있겠다(혹은 명제들이 사물들의 특수한 하위부류에 속한다고 간단히 말할 수도 있겠다). 따라서 일반 논리학의 모순 개념을 비판하기 위해서, 우리는 우선 일반 논리학의 동일성과 부정 개념에 대한 헤겔의 비판으로부터 시작해야 한다.

헤겔은 일반-논리학적 동일률을 다음과 같은 방식으로 정식화한다. "따라서 동일성의 본질적 범주는 다음의 명제로 진술된다. 모든 것은 자기 자신과 동일하다. 즉 A=A."(*SL*, 409/Ⅱ, 36) 이제 헤겔의 일반-논리학적 동일성 비판은 두 부분들을 갖는데, 그중 하나는 일반법칙 "A=A"의 "소재적" 측면과 관계되고 다른 하나는 그것의 순전히 "형식적" 측면과 관계한다. 동일률의 소재적 측면은 그것이 한 사물과 그 자신의 절대적 동일성(나는 "단순 동일성(simple identity)"이라 부를 것이다) 혹은 정말이지 사물들 간에는 어떤 차이도 가능하지 않다는 방식 하에서 두 사물들 간의 동일성(나는 "복합 동일성(complex identity)"이라 부를 것이다)을 주장한다는 것이다. 이렇듯 모든 가능한 차이로부터의 추출/추상을 헤겔은 "오성의 추상적 동일성"이라 부른다(*EL*, 166/237). 그것은 분명 모든 차이의 추상으로 인해 "추상적"이다. J. N. 핀들레이가 지적한 대로, "타락한 해석[즉 일반 논리학이 수용한 해석]에 따르면, 동일률은 단지 한 용어나 개념을 통해 지칭된 대상들이 똑같은 용어나 개념에 의해 지칭된 대상들과 동일하다는 것을 제시하는 것에 불과하다."[16] 따라서 동일화는 순전히 똑같음의 기준을 통해서만 발생한다. 그렇다 하더라도 단순 동일성("A=A")에서 둘째 항이 반복된다는 것과 복합 동일성("A=B")에서 별개의 두 번째 항이 제시된다는 바로 그 사실은 차이의 차원을 전제하는 것으로 보인다. 단순 동일성에서, 반복은 대상의 단순한 실존과 **구별**된다. 그리고 복합 동일성에서, 두 번째 사물(혹은 프레게적 해석에 따르면, 상이한 의미를 지니지만 같은 외연을 갖는 두 번째 이름)의 단순한 현존은 그 동일성에도 불구하고 최소한 첫 번째 사물과의 분명한 차이를 (단지 프레게적 의미의 차이일지라도) 지시하기에 충분하다. 그러므로 헤겔은 한 사물이 자신과 동일하다든지 두 사물들이 서로 동일하게 될 수 있다(혹은 프레게적 방식으로 보자면, 두 개의 다른 이름들로 지칭되는 하나의 사물이 존재한다)는 기초적인 생각에 반대하는 게 아니라,

----

16. J. N. Findlay, *Hegel: A Re-examination* (London: Allen and Unwin, 1958), 189-90.

오히려 동일성이 모든 차이를 배제한다는 의미에서 "순수"해질 수 있다는 은밀한 존재론적 가정에 반대하는 것이다.

그런 뒤에 헤겔은 어떻게 일반 논리학이 스스로 동일성의 "순수" 법칙을 제시할 수 있다고 생각하는지를 설명한다. 그는 다음과 같이 적는다.

> 이 동일성은, 그것이 고정불변하고 어떤 차이에도 초연한 채로 수용된 다면 순전히 형식 속의 혹은 오성의 동일성이 될 뿐이다. 또는 차라리 추상은 형식상의 이런 동일성을 부과하는 것이며, 본디 구체적인 것을 기초적인 단순성의 형태로 변형하는 것이다. 그리고 이것은 두 가지 방식으로 수행될 수 있다. 우리는 (분석이라 불리는 것을 통해) 구체적 사물에서 발견되는 복수의 특징들 중 일부를 무시하거나 그중 하나만을 선택할 수도 있고, 아니면 그 다양함을 무시함으로써 복수의 특징들을 하나의 특징에 집중시킬 수도 있을 것이다(*EL*, 166/237).

요컨대, 일반-논리학적 동일성에서 결정적인 것은 그것이 추상 원리를 명확하게 인정하지 않은 채 활용한다는 점이다. 이런 추상 속에서, 그것은 사물들의 다양한 특징들을 무시하고 하나의 특수한 특징을 지지한 채 거기에 집착하며, 암묵적으로 억압된 차이들을 가로지르며 "동일하다"고 부른다. 그도 아니면 한 사물의 특징들 사이의 분명한 차이들을 경시하고 그것들을 단일한 균질적 특징으로 전락시킨 후 유사하게 환원된 특징들의 부류 중 다른 것과 "동일한" 것으로 수용한다.

동일률이라는 일반-논리학적 개념의 "형식적" 측면은 그것이 스스로를 형식적으로 혹은 논리적으로 필연적인 것으로 제시한다는 것이며, 헤겔의 표현에 따르면, "긍정적으로 표현된 A=A라는 이 명제는 우선적으로 보자면 공허한 동어반복의 표현에 다름 아니다."(*SL*, 413/Ⅱ, 41) 즉 일반 논리학은 동일률을 오로지 그 논리적 형식으로 인해 필연적으로 순수한 것으로, 혹은 현대적 용어로 말하자면 그것의 "분석성(analyticity)" 덕에 필연적인 것으로 제시하고자 한다. 하지만 헤겔은 동일률의 분석성이나 동어반복성을 의심하는데, 왜냐하면 그는 동일성이 표현되는 명제의 바로 그 형식이야말로 명제의 비분석성 혹은 "종합성(syntheticity)"을 보여준다고 생각하기 때문이다. 헤겔은 다음과 같이 적는다.

> 그러므로 동일성이 표현되는 **명제의 형식**에는, 단순하고 추상적인 동일성 이상의 것이 놓여 있다. 그 속에는 타자가 단지 환영적 존재로, 즉 직접적인 사라짐으로서만 나타나는 이러한 반성의 순수 운동이 놓여 있다. A는 이다, 이것은 하나의 진전이 이루어지는 차이나는 것을 암시하는 출발이다. 그러나 이처럼 차이나는 것은 구체화되지 않는다. A는 이다——A. 그 차이는 단지 사라짐이며, 그 운동은 자기 자신으로 되돌아온다. 명제적 형식은 추상적 동일성에 그 운동의 더 많은 것들을 추가하는 숨겨진 필연성으로 간주될 수 있다(*SL*, 415-16/Ⅱ, 44).

따라서 일반 논리학은 동일률이 단순한 동어반복이나 분석적 명제가 되지 않도록 해주는 명제의 바로 그 형식에 "기입된" 무언가가 존재한다는 사실을 깨닫지 못했다. 이렇게 "기입된" 요소는 명제의 이중화된 주어-술어 구조인바, 그것은 주어-항과는 **별개인** 것이 술어-항에서 주어에 적용될 것을 요구한다. 그러므로 차이의 존재론적 구조는 명제의 바로 그 구문에서 명백히 드러난다. 물론 헤겔은 "이다"의 실존적인, 사실적인, 서술적인 그리고 동일시하는 사용들 간에 차이가 있음을 인정한다. 그러나 그는 이런 사용들이 일반 논리학자들이 가정하듯이 서로 간에 존재론적으로 단절된 것은 아니라는 점을 잘 알고 있다. 이런 식으로 헤겔은 술어의 통사구조가 모든 것을 동일시하는 "이다"의 사용(혹은 그것의 상징적 상관물인 "=")에 내포되어 있다고 말할 수 있게 된다. 이것은 동일성에 대한 모든 피상적인 "분석적" 진술을 보다 심층적인 수준에서 "종합적" 진술로 만들어준다. 헤겔에 따르면,

이로부터 동일률 자체는 그리고 모순율은 더더욱, 분석적일 뿐만 아니라 종합적인 본성을 지니고 있음이 분명해진다. 왜냐하면 후자는 그 표현 속에 공허하고 단순한 자기 동등성만을, 그리고 이것의 타자 일반만을 포함하는 것이 아니라, 그 이상의 것, 즉 절대적 부동등성인 모순 자체를 담고 있기 때문이다. 그러나 앞서 본 바와 같이, 동일률 자체는 반성의 운동, 즉 타자의 사라짐으로서 동일성을 포함한다(*SL*, 416/Ⅱ, 45).

위 인용문에서 "모순"은 "내적인 자기대립"으로 고쳐 읽힌다. 나는 헤겔 자신의 모순 개념을 앞으로 다룰 것이다. 지금으로서는, 헤겔이 동일률의 바로 그 형식에서 동일성의 명백히 "순수한" 분석성에 대립하는 구조적 특징을 감지했다는 점을 보이는 것이 필요할 뿐이다.[17]

일반-논리학적 부정에 대한 헤겔의 비판은 내가 동일성에 대해 부여했던 설명에 의해 얼마간 예견되었다. 헤겔에게 동일함(sameness)의 반대는 차이 (difference)며, 명백한 유사점이 그의 동일성 비판에서 발생한다. 다시 말해, 차이와는 완전히 별개인 동일함을 가질 수 있는 그런 "순수한" 동일성이 있을 수 없는 것과 마찬가지로, 동일함과 완전히 별개인 차이를 가질 수 있는 그런 "순수한" 부정도 존재하지 않는다. 달리 말하자면, 헤겔에게 부정은 암시적으로 규정된 어떤 내용이나 동일함도 없는 순전한 차이가 결코 아니다.[18]

••
17. 동일성의 분석성에 대한 헤겔의 비판이 분석적/종합적 구분에 대한 콰인의 유명한 공격과 상당히 유사하다는 것은 분명하다. Quine, "Two Dogmas of Empiricism", in *From a Logical Point of View* (Cambridge: Harvard University Press, 1964), 20-46 참조. 하지만 헤겔의 비판은 심지어 논리적 분석성의 종합성을 입증한다는 점에서 콰인의 것보다 더 심층적으로 나아간다. 이것은 콰인이 결코 추적하지 않은 일련의 문제제기로서 논리학 자체의 존재론적 문제들을 야기한다.

18. G. W. F. Hegel, *Phenomenology of Spirit*, trans. A. V. Miller (Oxford: Oxford University

그렇지만 일반 논리학은 자신의 부정론을 부정이 어떤 "존재론적 연루" 혹은 동일함과는 완전히 다른 것임을 보여주는 방식으로 제시한다. 일반 논리학은 부정을 사물들이나 명제들에 적용될 수 있는 "무차별적 차이"로 간주한다. 규정적인 것들을 암시하는 부정과 "무차별적 차이"를 의미하는 일반 논리학의 부정 사이의 중요한 구분을 포착하기 위해, 헤겔은 "구별 [Unterschied]"과 "상이성[Verschiedenheit]"을 구별할 것을 제안한다. 여기 서 우리는 일반-논리학적 부정에 대한 헤겔의 비판이 추상적인 일반-논리 학적 교설을, "구별"로서의 부정이라는 보다 구체적인 존재론적 교설 안으로 재정위하는 것에 있음을 알 수 있다. 헤겔은 구별에 대해 다음과 같이 말한다.

> 구별과 구별되는 것이 바로 동일성이다.[19] 그러므로 구별은 그 자체이자 동일성이다. 양자는 함께 구별을 구성한다. 즉 그것은 전체이자 그 계기인 것이다. 마찬가지로 단순한 것으로서 구별은 구별이 아니라고 말할 수도 있겠다. 그것이 동일성과 관계 맺을 때라야만 구별이 있는 것이다. 하지만 진리는 오히려 구별만큼이나 똑같이 동일성을, 그리고 이런 관계 자체를 포함하는 것에 있다(*SL*, 417/Ⅱ, 47).

그리고 상이성에 대해서, 헤겔은 "구별의 무차별성으로서의 상이성에서, 반성은 일반적으로 자기 자신에 외재적으로 되었다"고 말한다(*SL*, 419/Ⅱ, 48). 구별이 사물들을 그 구체성 속에서 규정적으로 지칭하는 데 반해, 상이성은 기껏해야 그것들을 비규정적으로 지시할 따름이다. 구별이 자신이 영향을 미치는 사물들에 내적으로 관계 맺는 반면, 상이성은 외적인 관계맺

<hr />

Press, 1979), 36, 51을 보라.

19. 이 인용에서 "동일성(identity)"은 나의 논문의 용어에 상응하기 위해 "동일함(sameness)" 으로 고쳐 읽힌다. 불행하게도 헤겔은 추상적인 일반-논리학적 동일성과 구체적인 존재론적 동일함을 지칭하기 위해 "동일성(identity)"이라는 똑같은 용어를 사용한다.

음을 가질 뿐이다.

헤겔에게 "상이성"은 일반 논리학에서 활용되는 부정을 지칭하는 존재론적 용어다. 일반-논리학적 부정이 비판받는 지점은 그것이 비동일성을 단언하거나 명제들을 부인하는 데 사용된다는 점에 있는 게 아니라, 그것이 스스로를 단지 "상이성"일 뿐 "구별"이 아니라는 걸 인정하지 않는다는 사실에 있다. 달리 말해, 일반-논리학적 의미에서의 부정은 자신을 존재론적으로 기초적인 개념으로 제시하지만, 실은 추상적이고 정적인 개념이며, 이것은 사신이 부정하는 사물들에 대한 무차별성으로 인해 사물들이 서로서로 가지는 구별의 현실적인 구체적 관계들을 존재론적으로 왜곡한다. 따라서 헤겔에게 상이성은 "잘못된" 것이 아니라, 존재론적으로 제약된 것이다. 상이성을 부정적인 것의 전체 관념을 포괄하는 것으로 취하는 것은 "구별"에 의해 명명된 실재의 전체 영역을 덮어버리는 것에 불과하다. 이러한 존재론적 영역에 대해 헤겔은 다음과 같이 적는다.

> 학문적 진보를 획득하는 데 필요한 모든 것은——그리고 그것은 이처럼 매우 단순한 통찰을 획득하려고 하는 데 본질적이다——부정적인 것이 못지않게 긍정적이라는, 혹은 자기모순적인 것이 스스로를 무화, 즉 추상적 무로 해소하는 것이 아니라 본질적으로 자신의 **특수한 내용의** 부정으로 해소한다는, 달리 말해 그런 부정은 완전한 부정이 아니라 스스로를 해소하는 특정한 소재의 부정이자 결과적으로 특정한 부정이며, 따라서 그 결과가 본질적으로 그 원인이 되는 것을 담고 있는, [사변적인] 논리적 원리의 인식이다(*SL*, 54/ I , 49).

헤겔에게 구별의 본질적 측면은 그것이 규정적 내용의 적극적인 거부에 있다는 것이다. 따라서 "부정적인 것은 못지않게 긍정적이다." 이것이 의미하는 바는, 헤겔에게 있어 사물들은 그것들이 다른 사물들을 적극적으로 배제하고 스스로를 여타의 사물들에 반하는 것으로서 정의한다는 이유만으로 자기 자신과의 동일함 속에서 해석되어야 한다는 것이다.

부정적인 것의 이런 구체적 차원은 또한 본질적으로 능동적인데, 왜냐하면 한 사물이 변하거나 움직일 때 그것은 명백히 그 이전에 있었던 것이 아닌 존재에 의해 혹은 그것이 현재 존재하지 않는 것이 되려고 노력함에 의해 그렇게 되기 때문이다. 따라서 헤겔은 구별을 "자기운동하는 영혼, 즉 모든 자연적이고 정신적인 삶의 원리로서 [오성의] 규정들의 내적 부정성"으로 말할 수 있는 것이다(SL, 56/ I , 52). 여기서 우리는 헤겔 자신의 사변적 논리학의 본질적 측면, 즉 변증법적 부정성의 측면에 가까이 다가가고 있다. 이것을 정확히 설명하기 위해서는, 변증법의 동력으로서 부정성이나 구별에 대해서, 또 이런 변증법적 역동성을 유발하려는 오성의 고유한 경향에 대해서 더 많은 것들을 말할 필요가 있다. 그렇지만 현재의 목적을 위해 단지 우리가 주목할 필요가 있는 것은 일반-논리학적 부정이 "무차별적 구별"을 향한 자신의 존재론적 성향으로 인해 구별의 구체성과 역동성을 회피한다는 점이다. 이런 회피에 대한 인식은 존재론적으로 제한적인 것으로서 일반-논리학적 부정에 대한 헤겔의 비판으로 충분히 드러난다.

이제 우리는 일반-논리학적인 모순 개념에 대한 헤겔 비판을 정확히 논하기 위한 재료들을 갖게 되었다. 일반 논리학이 일반-논리학적 동일성과 부정의 측면에서 모순을 정의하는 한, 그것은 그 무엇이 됐든 후자가 전제하는 것을 전제하게 될 것이다. 우리는 일반-논리학적 동일성이 "순수"하고 분석적이라는 자신의 주장 속에서 존재론적으로 편향되어 있음을 보아왔다. 또한 우리는 일반-논리학적 부정이 추상적이며 구별의 구체적 차원을 회피한다는 것도 보았다. 그 결과, 일반-논리학적 모순은 자신의 "순수성"과 분석성 속에서 존재론적으로 편향되게 될 것이며, 또한 구별이라는 구체적인 존재론적 영역을 회피하게 될 것이다. 여기서 우리는 무모순의 법칙이 일반 논리학의 논리적 실천들 속에서 방해받지 않고 계속 작동하리라는 점을 볼 수 있다. 헤겔의 비판은 예컨대 "소크라테스는 죽는다. 그리고 소크라테스가 죽는다는 것은 사실이 아니다"와 같은 논리적 모순들을 무모순들로 만드는 것이 아니다. 단지 헤겔이 행하는 것은 일반-논리학적 모순이 말하자면 존재론적 빙산의 가장 추상적인 일각일 뿐이며, 그렇기에 전체 빙산을 대신하는 것으로 간주되지 말아야 함을 지적하는 것이다.

일반-논리학적 모순에 대한 헤겔 비판은 일반 논리학에서 모순이 전적으로 추상적인 방식으로 제시된다는 사실에 집중된다. 일반 논리학에서, 하나의 모순은 자기동일성이 아님에 의해서든 한 명제와 그 부정의 결합에 의해서든 필연적으로 거짓이다. 하지만 이것은 모순이란 용어를 서로가 단지 외적인 관계에 있는 것으로 남겨둔다. 헤겔이 제기하다시피, 일반 논리학에서 모순은

> 상이한 측면들의 유사함에서 유사하지 않음으로, 부정적 관계에서 자기-내-반성으로 나아가는 외적 반성으로 남아있다. 그것은 이 두 가지 규정들을 서로 대립적인 것으로 수용하고 단지 그것들을 염두에 둘 뿐, 본질적 핵심이자 모순을 포함하고 있는 그것들의 이행에 대해서는 유념하지 않는다(SL, 441/Ⅱ, 77-78).

요컨대 일반-논리학적 모순의 두 항들은 서로 간에 단지 배타적인 것으로 마주하고 있다. 두 항들이 사실상 상호 양립 불가능한 이유를 보여줄 수 있는 두 항들 간의 "이행"에는 어떤 의미도 존재하지 않는다. 물론 이것이 그 명제적 형식에서 일반-논리학적 모순에 어떤 영향도 끼치진 않지만, 그것은 일반-논리학적 판단에 의해 지칭된 사물들이 명제 속에서 그 항들처럼 외적으로 관계 맺고 있으리라는 점을 시사하는 것으로 보인다. 다시금 여기서 우리는 통사적 형태에서 존재론적 구조로의 암시적인 이행을 보게 된다. (아리스토텔레스의 경우처럼) 무모순의 법칙을 존재론의 기초로 삼는 것은 존재론적으로 편향된 구조를 세계에 부과하는 것이다. 이제 헤겔이 보여주겠지만, 한 현상의 두 측면들이 똑같은 현상 내에서 서로를 배제할 때, 그것들이 그렇게 하는 이유는 다른 측면의 어떤 내적 특성을 "견딜

수" 없는 한 측면의 어떤 내적 특성 때문이다. 일반-논리학적 모순은 존재론적으로 반응하는 불관용이나 내적 자기저항의 형식적이고 외면화된 **표현**이지 그것에 대한 근거가 아니다. 따라서 일반-논리학적 모순은 기껏해야 단일 현상 내에서 발생하는 보다 구체적인 관계의 단순한 형식을 복제하는 것이기에, 그 현상의 기초가 된다고 할 수는 없다.

이와 대조적으로, 헤겔은 존재론적 재정위라는 자신의 통상적 조치를 통해, 모순에 대한 자기만의 존재론적으로 더 적합한 설명을 진술할 수 있다.

> 대립적 규정을 포함하고 이런 포섭으로 인해 자립하는 자기-존립적인 반성 규정은 동시에 그것을 배제하기도 한다. 그러므로 그 자립성 속에서 그것은 자기로부터 자기 자신의 자립성을 배제한다. 왜냐하면 이것은 자기 안에 자신의 대립적인 규정을 포함하는 것으로——이를 통해서만이 그것은 외적인 것과의 관계를 맺지 않는다——이루어지기 때문이다. 그러나 이것은 마찬가지로 그것이 자기 자신이며 자기로부터 그것을 부정하는 규정을 배제하기도 한다는 사실에 직접적으로 놓여 있다. 따라서 그것은 모순이다(*SL*, 431/Ⅱ, 65).

재정위된 모순 관념이 헤겔의 사변 논리학에 핵심이기 때문에, 여기서 그가 말하고 있는 것을 간단히 풀어보는 것은 가치가 있다. 간략히 말해서, 헤겔은 하나의 현상이 자신이 포함하는 것에 의해서 스스로를 배제할 때, 그리고 자신이 배제하는 것에 의해서 스스로를 포함할 때, 그것은 "모순"이라고 말하고 있는 것이다. 즉 하나의 현상은 자기 자신의 실존의 바로 그 조건들이 자신의 비-실존을 필요로 할 때, 하지만 그것의 비-실존의 조건들이 자신의 실존을 충분히 제공한다고 할 때 "모순적"이다.

따라서 헤겔에게 모순——혹은 G. R. G. 뮤어가 말했듯이, 일반-논리학적 모순과 대조적인 "변증법적 모순"[20]——은 단순히 필연적인 허위라기보다

는 오히려 자기 자신을 지속적으로 정립하고 부정하는 사물의 내적으로
파괴적인 특징을 포함하는 것으로 간주될 수 있다. 헤겔이 『정신현상학』에
서 제기했듯이,

> 우리는 안티테제 자체 내에서의 안티테제, 혹은 모순을…… 사고해야
> 한다. 왜냐하면 내적 구별인 그 구별 속에서, 대립적인 것은 단지 둘
> 중의 하나가── 다시 말해 그것은 단순히 대립되지 않은 채로 존재하게
> 될 것이다──이니라, 그것은 대립의 대립으로 있거나 타자가 그 자체
> 직접적으로 그 속에 현재하기 때문이다.[21]

이것은 내가 앞서 "존재론적 불관용" 혹은 "자기저항"으로 지칭했던
것이다. J. N. 핀들레이가 주목했다시피,[22] 헤겔의 변증법적 모순은 어떤
점에선 근대 논리학자들이 "역설" 혹은 "이율배반"이라 부르는 것과 매우
유사하다. 그와 같은 역설들과 이율배반들에서 중요한 것은 그것들이 진리
함수적 불일치의 특별히 잘못된 형식을 발생시킨다는 점이 아니라(실제로
일부 이율배반들은 진리 함수적이다), 그것들이 자신들이 스스로를 형성하
는 똑같은 함수들과 조건들을 가지고 자기 자신을 무효로 만든다는 점에
있다. 콰인이 지적했듯이, 그런 역설들과 이율배반들은 논리적 파악을 제약
하지만, 그럼에도 어쨌거나 논리학에 기초를 제공한다.[23] 매우 유사한 방식으
로, 헤겔적 모순은 오성의 논리학에 맞서지만, 그럼에도 이성의 관점에서
볼 때 존재론적으로 기초가 되는 개념이다. 왜냐하면 헤겔이 지적하듯이,

• •
20. G. R. G. Mure, *A Study of Hegel's Logic* (Oxford: Clarendon Press, 1990), 302.
21. Hegel, *Phenomenology of Spirit*, 99.
22. J. N. Findlay, "The Contemporary Relevance of Hegel", in *Language, Mind and Value* (London: Allen and Unwin, 1963), 221-22.
23. W. V. O. Quine, "The Ways of Paradox", in *The Ways of Paradox and Other Essays* (Cambridge: Harvard University Press, 1976), 1-18.

"모든 것은 본래 모순적"이기 때문이다(*SL*, 439/Ⅱ, 74). 이것은 단지 모든 것이 동일함과 구별의 상호보완적인 섞임이고 양자는 그 모든 활동성에서 자신을 정립하는 동시에 부정한다고 흔히 말해지기 때문에 그것이 그래 보인다는 터무니없는 주장과는 아무런 관련이 없다.

변증법적 모순과 일반-논리학적 모순 사이의 궁극적인 구별은 헤겔의 사변 논리학의 "변증법적" 차원을 드러낸다. 일반-논리학적 모순이 정적이고 (보즌켓이 말하는 의미에서) "선형적"인 데 반해,[24] 변증법적 모순은 역동적이고 발전적이다. 그것은 헤겔에게 있어 존재론적으로 해석된 모든 운동과 과정이 자체 내에 내적 부정성과 구별의 본질적 측면을 포함하고 있기 때문에 역동적이고 발전적인 것이다. 이런 관점에서 변증법적 모순은 가장 결정적인 구별 형태 —— 말하자면 구별에 대한 일종의 비등점 —— 로 간주된다. 이 "비등점"은 부정성이 충분히 복귀하여 해소될 때 활동성으로 분출한다. 헤겔은 "모순은 모든 운동과 활력의 근원이다. 어떤 것이 움직이고 욕구와 활동을 지니는 것은 자기 안에 모순을 가지는 한에서만 그러하다"고 적는다(*SL*, 439/Ⅱ, 75). 헤겔이 의미하는 바는 모순이 사물들의 반사적인 불관용일 뿐만 아니라 사물들에 대해서도 견딜 수 없다는 것이며, 발전의 새로운 수준 혹은 상태는 변증법적 모순의 압력을 통해 실존 속으로 내몰려지게 되리라는 것이다. 그런 발전이 헤겔에게 있어 "변증법적"인 발전인 것이다.

모순의 이러한 측면은 견딜 수 없을 만큼 은유적으로 보일 수도 있을 것이다. 그리고 실제로 제한된 일반-논리학적 관점에서 보면, 그것은 어렴풋하고 불만족스럽지 못한 상태로 존재한다. 그러나 존재론적으로 말하자면, 헤겔의 모순론은 우리 모두가 개념적인 난제들과의 투쟁들 속에서 인식하고, 또한 우리가 유기적 자연의 전개 과정에서 갈등과 위기의 환원 불가한

• •

24. B. Bosanquet, *Implication and Linear Inference* (New York: Macmillan, 1920)를 보라.

현상들 속에서 인식한 사물들의 저 측면을 가리킨다. 그러므로 헤겔적 모순이 적어도 우리에게 이 사물들에 관한 논의 하나의 방식을 제시하는 한, 헤겔의 설명이 갖는 존재론적 적합성은 일반 논리학에 기초한 여하한 존재론의 존재론적 "명료성"에 근거해 있는 비판에 의해서도 손상을 입지는 않는다. 그러한 존재론들은 그러한 사물들에 관해 말하는 것을 개시조차 할 수 없다. "말할 수 없는 것에 대해서는 침묵을 지켜야 한다."[25]

V

일반 논리학에 대한 헤겔 비판의 관점에서 볼 때, 우리는 이제 헤겔 자신의 논리학을 일반 논리학의 위에다 존재론적 논리학을 세우려는 시도로 간주할 수 있다. 이것은 일반 논리학이 협애화했거나 심지어 적극적으로 왜곡해 왔던 존재론적 구조들의 회복을 포함한다. 또한 이것은 일반 논리학이 "존재론적으로 중립적"이지 않고, 오히려 이성의 관점에 대립되는 것으로서 오성의 관점에서 암묵적으로 사물들을 다루는 한에 있어서 존재론적으로 편향되어 있음을 가정한다. 그 비판 과정에서, 헤겔은 판단, 삼단논법, 모순 개념들을 거꾸로 자신의 사변 논리학 속에서 재정위하고, 그에 따라 각각 범주들, 체계 그리고 변증법이라는 본인의 존재론적 교설들을 위한 여지를 마련해왔다.

그렇지만 아마도 일반-논리학적 개념들에 대한 헤겔의 재정위나 본인의 존재론적 교설들에 대한 기대보다 더 중요한 것은, 일반 논리학에 대한

25. L. Wittgenstein, *Tractatus Logico-Philosophicus*, trans. D. F. Pears and B. F. McGuinness (London: Routledge and Kegan Paul, 1961), 151. "논리적 원자론"이 침묵을 지켜야 하는 것들에 대해 헤겔 논리학이 말할 수 있는 것에 대한 설명으로는, E. Harris, *An Interpretation of the Logic of Hegel* (Lanham: University Press of America, 1983), 특히 8, 39, 62, 126, 311-19를 보라.

그의 비판적인 보수주의일 것이다. 이것은 헤겔이 일반 논리학의 존재론적 편향을 폭로하고 그에 따라 존재론으로의 전환에 있어 그것의 적합성을 제거하도록 해준다. 그렇다고 일반 논리학 자체를 교란시키는 것은 아니지만 말이다. 따라서 헤겔적 논리학은 일반 논리학의 경쟁자가 아니며, 거창한 "대안적 논리학"도 아니다. 오히려 그것은 일반 논리학에 대한 보다 적합한 존재론적 반성의 결과인 것이다.[26]

----

26. 나는 이 논문의 초기 판본에 유용한 논평을 해준 데 대해 존 스미스에게 감사의 마음을 전하고 싶다.

6부
그 밖의 잡다한 신화

18. 헤겔과 일곱 행성들

버트런드 버몬트 Bertrand Beaumont

내가 이 이야기를 거론하는 까닭은 이 나라의 어느 누구도 그것을 정당하게 다루고 있지 않아 보이기 때문이다. 내 생각에 그것은 과학사학자들과 과학철학자들에게, 그리고 자연과 인간 본성에 관심을 갖는 모든 이들에게 어느 정도 흥미를 불러일으키는 내용들도 담고 있다. 독자들 역시 전기적인 (biographical) 세부사항들이 그 주제를 전개하는 방식으로 단순히 도입되고 있음을 이해하게 될 것이다.

내가 듣기로, 맥타가트가 발언한 첫 구절 중 하나는 "나는 헤겔주의자다" 였다. 헤겔 논리학에 대한 이후의 책에서, 그는 헤겔이 그 이전 혹은 이후의 어느 철학자보다 실재의 참된 본성에 더 가까이 접근했다는 의견을 피력한 바 있다. 이제 막 사회 초년병이 된 명민한 모든 청년들은 자신들의 연장자들, 특히 어느 정도 명성이 있는 이들을 회고하는 이야기에 빠져들게 된다. 여기에 한 사람이 있었다! "헤겔주의자가, 바로 그다. 왜냐하면 그 사람이 오직 일곱 행성들이 존재하고 또 그럴 수 있다는 선험적 증명을 제시했기 때문이다." 그리고 일부 판본들이 놀랄 만한 소식들을 추가했다. "그리고 바로 그 해에 여덟 번째(혹은 어쩌면 또 하나의 여덟 번째) 행성이 발견되었다." 정확한 날짜는 알지 못하지만, 나는 그 이야기를 받아들였고, 자칭 명민한 이들 중 한 명으로서 그 내용을 전달했다.

나중에, 바로 이 헤겔이 자연철학에 대해 700페이지에 달하는 책을 썼다는 것을 발견하고 또 지금까지 자연주의자에 부합해 보일 만한 어떤 다른 철학자도 알지 못했기 때문에, 나는 이 문제를 조사해 보기로 결심했다. 나는 기이하고 경이로운 사실들을 많이 알아냈고 여기저기서 매우 유용한 경험적 자료들을, 심지어 행성들에 관한 것들도 찾아냈지만, 그 어느 것도 내가 찾고자 했던 것과 같은 선험적 증거에 근접하진 못했다. 그와 같은 것으로 오해되거나 억지로 짜 맞출 만한 그 어떤 것도 있는 것 같지 않았다. 그러나 상당히 초기에 쓴 「행성들의 궤도에 관하여」에 대한 참고문헌이 있었는데, 거기에는 헤겔이 더 이상 자신의 초기 논문에서 피력했던 일부 입장들을 수용하지 않았다고 적혀 있었다. 게다가 그 논문이 라틴어로 되어 있었기 때문에, 나는 일찌감치 손을 뗄 수밖에 없었다.

하지만 다른 사람들은 여전히 쓸데없는 노력을 기울이고 있었다. 빈의 노이라트는 1930년경에 평론지 『인식』에서 선험적 증명과 당대에 있었던 여덟 번째 행성의 발견에 관한 이야기를 되풀이했다. 그리고 사턴은 최근의 책에서 헤겔이 이 의심스러운 증명을 확고히 믿었다는 점에 대해 신랄한 조롱을 퍼부어댔다. 그 사이에 나는 라손이 간행한 그 논문의 독일어 번역본을 우연히 발견하고 읽을 수 있었다. 그 번역은 의역이 심한 편이고, 작품 자체는 1800년대 독일 대학 수준에 대해 그리 좋은 인상을 남기진 못했다.

나는 독자들에게 그 논점을 평가하기 위한 역사적 배경을 제시하고자 한다. 피타고라스학파는 수학과 음계의 연관성을 발견했다. 케플러와 다른 근대인들은 그런 조화들에 대단한 관심을 보였다. 뉴턴은 우리에게 7가지 색을 제시했는데, 그것은 이후 빛의 파장과 연관된 것이었다. 그렇다면 행성들의 궤도 사이에도 간격들이 존재하지 않았을까? 확실히 그것들에는 어떤 계획이 있을 것이고, 거기서 어떤 법칙이나 법칙들을 발견하기 위해서는 "신을 따라서 신의 사고를 생각"해야만 한다. 오랫동안 이 모든 노력들은 좌절되었다. 그런데 1772년에 한 줄기 빛이 비쳐졌는데, 그게 바로 보데의 법칙이었다. 당시 존재했던 그리 정확하지 않았던 자료들을 연구하면서, 보데는 꽤 잘 맞는 규칙을 발견했다. 태양과 수성의 평균 거리를 "a"로 금성의 거리를 "a+b"라고 부른다면, 그리고 a=4로 b=3으로 간주한다면, 1772년에 알려진 행성들에 대해서 우리는 다음의 결과를 얻을 수 있게 된다.

	보데의 법칙		실제 거리 지구 = 10
수성	a	4	3.87
금성	a + b	7	7.23
지구	a + 2b	10	10.00
화성	a + 4b	16	15.24
	[a + 8b]		
목성	a + 16b	52	52.03
토성	a + 32b	100	95.39

여기서 'b'의 계수가 각각 2^0, 2^1, 2^2, $[2^3]$, 2^4, 2^5로 제시된 부분에 주목하자. 또한 "a+8b"에 해당하는 부분이 공란으로 된 부분도 주목할 필요가 있다. 왜냐하면 그것이 모든 곤란함의 원인이기 때문이다. 확실히 신은 이처럼 기쁨을 주는 계획에 공백을 남기지는 않았을 것이다. 이제 사유 속에서 또 다른 단계로 나간다면, 우리는 아래와 같은 결과를 얻게 될 것이다.

	보데의 법칙		실제 거리
천왕성(1781)	a + 64b	196	191.90

따라서 그 규칙 이후에 발견된 천왕성도 거의 맞아 떨어진다. 이처럼 헤겔이 그 문제를 다뤘을 때에는 8개의 항들이 있었지만, 존재하는 행성은 단지 7개였다. 그러나 당시에는 이것에 만족하지 못했던 선험론자들이 존재했다. 그들(헤겔은 아니다)은 말했다. "또 하나의 8번째 행성이 있어야만 한다. 그러나 순서상으로 8번째가 아니라 화성과 목성 사이에 있는(즉 5번째) 것으로 말이다. 확실히 그것은 현존하는 도구들로는 볼 수 없을 것이며, 어떤 중력의 간섭에도 영향 받지 않을 것이다. 그러나 그것은 분명 거기에 있다!"

역사적인 밑그림을 완성해 보면, 헤겔 사후 두 개의 또 다른 행성들이 발견되었다. 그리고 그것들은 섭동에 의해 영향을 받았다(적어도 이것은 1930년에 발견된 명왕성까진 아니라 하더라도, 1846년의 해왕성의 경우에는 참이다). 이것은 우리의 표를 완성시킨다.

	보데의 법칙		실제 거리
해왕성	a + 128b	388	300.70
명왕성	a + 256b	772	394.60

여기서 순서상의 8번째 행성은 헤겔 사후 15년 만에 발견된 것임을 염두에 두면, 그것은 이 이야기에서 언급된 행성일 수는 없다. 그리고 규칙에도 들어맞지 않는다.

하지만 우리는 이제 헤겔로 그리고 1801년으로 돌아가야 하며, 해왕성과 명왕성도 잊어야 한다. 일부 독자들은 헤겔이 선험론자들의 편에 서지 않았다는 사실에 놀라워할 것이다. 그는 천왕성을 경험적 증거를 가지고 수용했으며, 향후에 제시하겠지만, 해왕성을 수용하고 심지어 환영했으리라는 것을 믿을 만한 충분한 근거들이 존재한다. 그러나 그는 선험론자들을 그들 자신들의 방식을 통해서 물리치고자 결심했다. 플라톤의 『티마에오스』에는 피타고라스학파에서 비롯된 멱들(powers)의 매우 단순한 선험적 수열들이 존재한다.

1, 2, 3, 2², 3², 2³, 3³ 등등
1, 2, 3, 4, 9, 8, 27 등등
(이 수열들이 7개 항들로 제한될 필요는 없다)

이제 헤겔은 8을 16으로 대체하고, 현존하는 7개 행성들에 거의 부합하는 (혹은 그렇게 보이려고 노력하는) 7개 항들의 수열을 조작한다. 그런 뒤에 썩 괜찮은 결론을 내린다. "잃어버린 여덟 번째(혹은 다섯 번째) 행성에 대해서는 근심할 필요가 없다."

그렇다면 1801년에는 순서상의 여덟 번째 행성이 발견되지 않았는데, 같은 해에 무언가 발생한 것이 있었는가? 그 해의 첫 날에 화성과 목성 사이, 즉 "a+8b"에 해당하는 거리에서 케레스라 불리는 작은 암석 조각이 발견되었다. 이것과 그 후로 발견된 많은 유사한 파편들은 "별 같은 것들 (asteroids)", "행성 같은 것들(planetoids)", 심지어 "소행성들(minor planets)"로 다양하게 불리게 된다. 그러나 그것들은 행성들의 계열들 속에 포함되지는 않는다. 하지만 헤겔은 그것들을 저 간극을, 그리고 (그에게 있어서) 저 논증을 메우는 것으로 수용했다. "a+8b"는 28이고, 훔볼트는 『코스모스』에서 실제 거리를 27.68로 제시했다.

이제 헤겔이 자연철학 강의에서 그 행성들에 관해 말했던 것을 간단히 언급해 보는 것만 남았다. 그는 (1) 수성, 금성, 지구, 화성으로 된 4개의 내부 계열을 제시한다. 그리고 (2) 자신이 전부라고 알고 있던 케레스, 팔라스, 주노, 베스타 등 4개의 소행성들로 구성된 또 다른 계열을 제시한다. 마지막으로 (3) 목성, 토성, 천왕성(그리고……?)으로 이루어진 외부 계열을 제시한다. 나는 헤겔이 세 번째 계열의 네 개로 구성된 집합을 완성하기 위해 해왕성을 기꺼이 받아들였으리라고 생각한다. 총 12개 원소들로 이루어진 집합들은 『논리학』에서조차 알려지지 않은 숫자다. 7이 아니라 3이 바로 헤겔의 숫자다. 그리고 종종 자연계에선 4가 그러하다. 7을 선호한 인물은 헤겔의 골칫거리였던 뉴턴이었다! 12는 3 곱하기 4 혹은 4 곱하기 3으로 구성되는 반면, 7은 3 더하기 4로 있어야 하며 이것만이 두 개 항들을 부여한다. 헤겔은 분광색들처럼 하나의 열에 7개가 있는 것을 좋아하지 않았다. 심지어 오감조차도 (1) 촉각 (2) 후각과 미각 (3) 시각과 청각으로 삼분화할 정도였다.

요약하자면, 헤겔은 숫자 7에 어떤 특별한 취약성이 있다고 여겼기 때문에, 케레스 등의 별들을 정당하게도 참된 행성들이 아닌 것으로 배제할 수 있었다. 대신에 그는 그 간극에 무언가 있다는 **경험적 증거**를 아무런 이의 없이 수용했고, 후에 4개의 소행성들을 포함해서 11개의 목록을 제시했다. 내가 그 이야기를 정확히 이해했다면, 그는 선험적이거나 그 반대의 것을 입증하려고 시도했던 것이 아니다. 단지 그는 여하한 경험적 증거가 있기 전에 만들어진 것으로서, 8개의 행성들이 존재한다는 선험적 확신에 대해 이의제기를 했을 뿐이다. 내가 그 진상을 잘못 알고 있다면——그럴 수도 있기 때문에——, 누군가 내 주장을 바로잡아 주기를 바란다.

19. 절반의 전설: 국가에 대한 헤겔의 "신성"화

프란츠 그레구아 Franz Grégoire

(존 스튜어트 번역)

국가의 신성에 대한 헤겔의 진술들은 모든 이들의 기억 속에 남아 있다. 그것들은 전체주의 국가의 일부 열혈 지지자들뿐만 아니라 그 적대자들 모두에게서 지나칠 정도로 인용되어 왔다. 나는 『법철학』의 다음 두 구절들을 떠올린다. 즉, "누구나 국가를 지상에 있는 신적인 요소로서 존경해야만 한다(Man muss den Staat wie ein Irdisch──Göttliches verehren)."[1] 같은 책의 다른 곳에서, 헤겔은 "국가를 파괴하는" 교설들에 반대하면서, 국가를 "즉자대자적으로 있는 신성이자 그것의 절대적 권위와 위엄(das an und für sich seinende Göttliche und dessen absolute Autorität und Majestät)"으로 일컫는다.[2] 우리가 헤겔을 통해 알고 있듯이, "즉자대자적으로 있는 신성"이

1. *Philosophie des Rechts*, §272(추가), Glockner, 370. [그레구아는 『법철학』의 헤르만 글로크너 판인 *Grundlinien der Philosophie des Rechts oder Naturrecht und Staatswissenschaft im Grundrisse*, vol. 7 of *Sämtliche Werke,. Jubiläumsausgabe in 20 Bänden*. Stuttgart: Friedrich Frommann Verlag, 1927-1940을 인용한다. 이후로 그는 *GL*로 축약해 부른다. ─ 스튜어트 주]

란 표현은 단순히 잠재적인 것에 반해 완전히 현실적인 것으로서의 신성을 의미한다. 나는 아무런 사심 없이 이 유명한 구절들과 다른 유사한 어조의 구절들을 제시하는 게 필요하다고 보는 엄밀한 해석에 대해 약간의 고찰을 하고자 한다.

우선 헤겔의 작업들이 통상 연대기적으로 세 시기로 나눠진다는 것을 상기하는 것으로 시작해 보자. 처음에 초기 저작들이, 그런 다음 저 유명한 『정신현상학』으로 대표되는 이행기의 작업들이, 마지막으로 성숙기의 작업들이 있다. 나는 주로 후자에 주목할 것인데, 그중에서도 우리의 목적을 위해서 가장 중요한 작품으로 판단되는 『법철학』이 그 대상이 될 것이다. 이 책은 1821년에 출간되었다. 그 당시에 그리고 1818년 이래로 헤겔은 베를린대학에서 교편을 잡았고, 거기서 그는 프로이센 왕 프리드리히 빌헬름 3세의 공인 철학자로 간주되었다.[3] 헤겔은 1831년 사망하기까지 베를린에 남아 있었다. 국가의 문제에 대해 상이한 수준에서 중요한 다른 성숙기 저작들도 베를린 시기에 나왔다. 『역사철학 강의』, 『철학사 강의』, 『종교철학 강의』가 그것들이다. 이 모든 저작들은 체계 전체에 대한 일련의 강의들 속에서 하나의 교재로 발전되었다(또한 거기에는 논리학과 자연철학이 배치되었다). 이 텍스트는 종종 『엔치클로페디』로 불리는데, 그 책의 2판과 3판 역시 베를린 시기에 발행되었다. 마찬가지로 『엔치클로페디』도 해당 주제의 문제를 풀고자 하는 우리의 시도에 유용한 많은 것들을 제공한다. 우리는 베를린 시기 동안 우리가 관심 갖는 주제에 대한 헤겔의 사유에는 어떤 주목할 만한 진전의 흔적도 없다는 사실을 곧장 목격하게 된다.

앞으로 사용하게 될 방법에 관해 한마디 언급하기 전에, 짧게나마 우리가 당면한 문제의 초기 실상들에 대해 설명하는 게 좋겠다. 국가의 "신성"에

----

2. 같은 책, §258, *GL*, 330-31.
3. 여기서 우리는 그레구아 자신이 모든 헤겔 신화로부터 완전히 벗어나진 못했음을 볼 수 있다. ─ 스튜어트 주.

관한 진술들 및 거의 유사한 어조의 진술들에 더해, 우리는 종종 헤겔에게서 국가가 "개인들의 실체[Substanz]"이며 마찬가지로 국가란 그들의 "궁극목적[Endzweck]"이라는 표현을 듣게 된다. "실체"라는 용어는 스피노자가 썼던 말인 "제1실체"의 의미를 쉽게 떠올리게 한다. 헤겔에게 국가란 인류와 인류의 교양을 인간적으로 적절히 발전시키는 데 토대를 이루는 최초이자 영원한 원인이라는 인상이 제기되는 것은 바로 이 때문이다. 유럽철학의 전통에서 볼 때, 신성의 고전적 속성이 제1원인이라는 특징이 되고 그것은 앞서 언급했듯이 궁극목적이라는 또 다른 특징으로 나아가기 때문에, 우리는 국가의 속성으로 부여된 이 두 개의 특징인 실체와 궁극목적 모두가 그 "신성[Göttlichkeit]"에 대한 기본적인 해설을 제공하리라고 생각한다.

무엇이 실제 사실인가? 이 질문과 헤겔 사유 일반에 관해 제기되는 똑같이 곤혹스런 다수의 질문들에 응답하기 위해서는, 두 개의 보완적인 방법들을 언급해 둘 필요가 있다. 첫 번째는 그 철학자가 사용한 기술적 의미와 연관된 용어들 모두의 의미들을 가급적 꼼꼼히 살펴보는 것이다. 어떤 철학자의 경우에도 불가피하게 적용될 이 절차는, 상당한 모호함과 애매함을 야기했던 것으로서 헤겔의 지나치게 사적인 용어로 여겨지는 것에 관심을 갖는 우리 같은 사람들에겐 특히 더 유효하다. 이 절차를 두고 "철학적 방법"이라 부를 수 있을 텐데, 우리에게는 헤겔 사전을 위한 글을 쓸 때 참조해 볼 수 있는 방법이다. 게다가 우리 저자의 사상들을 정확히 이해하기 위해서는, 그의 사유의 일반 구조를 부단히 인식하는 것도 필요하다. 또한 보편적으로 적용할 수 있는 이 규칙은, 여기서처럼 매우 복잡하고 체계적인 동시에 상당히 복잡하게 얽힌 사유의 문제일 경우에 특히 요구된다. 게다가 철학적 방법과 말하자면 이 "이데올로기적 방법"은 각자의 결론들이 수렴함에 따라 서로 보완할 뿐만 아니라, 전자가 후자의 바로 그 실행을 위해 필요하고 사례에 의존적일 경우 후자가 전자의 실행을 위해 필요하다는 의미에서 일종의 원환을 형성한다.

철학적 설명으로 시작해보자.[4] 고유하게 철학적인 언어와 병행해서, 헤겔은 마치 우리에게 고지하듯이 종교적 "표상"의 언어로 스스로를 표현하곤 했는데, 실제로 그것은 당시의 루터교적 설교 풍의 언어였다(물론 헤겔이 젊은 시절 튀빙겐대학에서 사제 공부 과정을 마쳤다는 점을 상기할 필요가 있다). 그렇다면 우리는 이런 스타일로 쓰인 구절들로부터 무엇을 얻을 수 있는가? 국가는 "신성"하다고 불리지만, 그것은 그렇게 명명되는 유일한 실재가 결코 아니다. 예컨대 우주에서 차지하는 위상의 중요성으로 인해[5] 똑같은 것이 인간 본성에,[6] 인간 이성에 그리고 마찬가지로 그 외의 다른 요소들에도 해당된다. 그 표현은 종교적 가르침에 따라서 이해되는 깃으로 여겨지는데, 헤겔이 언급한 바에 따르면, "사물들은 그것들이 신성한……창조적 사유로 인해 자기의 본질이 된다."[7] 헤겔의 입장에서 보면, 베를린 시기 동안의 그는 청년기에 전통적 의미로 취했던 종교적 신념들을 포기한지 오래였다. 그에게 있어 절대자는 제1근거가 되는 것으로서, 자기 자신의 의식을 지닌 것으로 여기는 게 아니라, 우주를 통해 그리고 가장 특별하게는 자기 자신의 의식이 되는 인간 정신을 통해 스스로를 표현함으로써 자신을 인식하는 것이다. 따라서 절대 이성의 표현인 우주는 완전히 이성적이며 인간 이성을 완전히 충족시킨다. 우주의 모든 측면들과 모든 부문들은 그것들이 이성적인 한에서 이성적 전체성 혹은 절대자 즉 신을 적절히 구성하는 명백한 요소들이다. 이런 점에서 그것들은 "신성"하다. (헤겔의 철학이 전통 종교의 의도적인 치환인 것과 마찬가지로) 그가 의도적으로 전통적인 종교적 언어로 치환한 철학적 언어를 사용하는 것, 바로 이것이

- -
4. 나는 현재 이 글의 대상이 보다 상세히 다뤄지게 될 책인 『헤겔 철학 연구』의 조속한 출간을 희망한다. 이것이 우리가 헤겔의 작품들을 언급하면서 여기서 그 각각에 대해 아주 적은 사례들만을 논하고 있는 이유다.

5. *Philosophie der Religion*, Ⅳ, *Absolute Religion*, Lasson, 102. [그레구아는 헤겔 전집의 라손 판인 *Sämtliche Werke*, Leipzig: Meiner, 1928-1938, 21 volumes을 인용하며, *Las*로 축약해서 부른다. ― 스튜어트 주]

6. 같은 책, Ⅰ, *Befriff*, *Las*, 43.

7. *Encyclopädie*, Ⅰ, §213, *GL*, 8, 425.

단지 국가만이 아니라 다수의 실재들이 "신성"하다고 불리는 이유다. 자연은 그 전체성에서 "신성"하다.[8] 인간 개인의 정신적 삶은 "신성"하다.[9] 심지어 이것은 가족의 경우에도 참일 수 있다.[10] 이 모든 것이 의미하는 것은 무엇인가? 그 대답은 헤겔이 교육에 관해 분명하게 말하는 것에서 발견될 수 있다. 교육은 개인들로 하여금 집단적 관심사에 전념하는 것을 익숙하게 만드는 것이다. 다시 말해 교육은 "절대자의 내재적 계기"인 것이다.[11] 재차 말하지만 이런 표현은 분명 국가와 관련하여 "신성한 본질의 계기 즉 그것의 규정"에 전념하는 것이다.[12] 이 모든 것들은 헤겔이 보기에 "신성"하다고 불리는데, 왜냐하면 그도 주목하고 있듯이 사물은 그것이 온전히 신성에 몰두하지 않고서도 신성하게 될 수 있기 때문이다.[13]

하지만 이런 상태에서, 우리는 거의 앞으로 나아갈 수 없는데, 왜냐하면 앞서 지적했던 일반적 의미에서 명백히 이해되듯이 "신성"한 것으로서의 국가가 최고 권력을 지닌 것으로서(sovereignly) 혹은 어떤 경우에도 탁월하게 신성한 것으로 간주되어야 한다면, 국가의 가치와 관련하여 모든 의문들이 해명되어져야 하기 때문이다. 그 대답을 찾기 위해서는, 다른 방향들에서 우리의 탐구를 계속해 나가는 게 필요할 것이다.

앞서 말했듯이, "국가는 개인들의 실체다"와 같은 매우 빈번한 표현이

---

8. *Encyclopädie*, III, §381(추가), *GL*, 10, 21.

9. *Philosophie der Weltgeschichte*, I, Las, 84-85.

10. *Recht*, §163, *GL*, 7, 242.

11. 같은 책, §187, *GL*, 7, 269.

12. *Weltg*, I, Las, 107-8,

13. *Gesch, Philo.*, II, *GL*, 18, 443. 요컨대, "신성"이란 표현은 헤겔에겐 고대 그리스 철학에서 "theion"이란 단어와의 신축적인 유비로 기능한다. 그리스어의 용법은 헤겔이 이 언어에서 편안함을 느끼게 하는 역할을 수행하는 것으로 보인다. 또 다른 곳에서 우리는 성 토마스 아퀴나스가 분명 이런 그리스적 영향 하에서 집단적 선은 개인적 선보다 더 신성("divinius")하다고 쓴 것을 보게 된다. "신의 모상과 더 많이 관계를 맺고 있다[eo quod magis pertinet ad Dei similitudinem]." (*Comment, in I Ethic.*, lect. 2).

즉각적으로 등장한다. 하지만 이것과 관련하여, 많은 문제들이 존재한다. 일반적으로 말해서, 헤겔에게 "실체"라는 용어는 다양하고 일시적인 양상들에 의해 영향을 받는 유일하고 영구적인 요소를 의미한다. 이 경우에 따르면, 실체는 다양한 결과들의 유일한 원인, 다른 부수적 가치들에 대한 유일하고 중요한 가치, 혹은 다양한 수단에 대한 유일하고 변함없는 목적 등등일 수 있다. 국가는 그것이 역사를 거치면서 모든 개인들을 고양시키는 유일하고 변함없는 원인이라는 사실을 표현하기 위해 개인들의 "실체"라고도 불린다. 그러나 이 경우에 우리는 단순히 정치적 국가가 아니라 모든 문명의 현현인 공동체로서 국가에 더 관심을 갖고 있다. 문명과 정치적 국가 사이의 정확한 관계를 어떻게 보았든지 간에, 어쨌거나 헤겔은 그것들을 명확하게 구분하고자 했다(실제로 당시 상황은 그로 하여금 그렇게 하도록 강제했다. 게르만 문명, 즉 게르만 민족들의 공동체는 그 시기 동안 예컨대 독일, 스웨덴, 잉글랜드처럼 때때로 서로 간에 전쟁을 벌이기도 했던 정치적으로 독립된 일련의 국가들로 분열되지 않았던가?). 자기만의 헌법, 독립, 위세 그리고 권력을 지닌 정치적 국가 자체는 헤겔이 볼 때 본래의 가치를 지닌 것이다. 게다가 거의 항상 "국가"라고 불렸던 것이 바로 이것이며, 근엄한 진술들이 국가의 신성에 관해 언급한 것도 바로 이것이다.

이제 정치적 국가가 개인들의 실체로 불리게 될 때, 그것은 인간의 교육의 원인으로서가 아니라 그들의 의지의 **목적**으로서 간주된다. 그것은 "그들의 의지의 실체"이며, "그들의 의지의 실체적 대상"과 동의적 표현이고, 다시 말해 그 자체로 가치 있는 대상이자 그들의 욕망의 유일하고 영구적인 대상이다(stans는 가치와 목적 자체를, sub-stans는 다른 목적들에 종속됨을 의미한다). 이것은 우리가 "실체"로서 국가의 표현과 앞서 "궁극 목적"으로서 논의했던 국가의 세 번째 항의 등가를 입증하는 것으로 이어진다. 동시에 "실체"라는 단어의 사용에 관한 난점은 어느 정도 해명된다. 결국 국가는 어떤 의미에선 "궁극 목적"이라고 간주되는 것이다.

"실체"라는 단어에 대한 최종 언급과 더불어 이 질문이 단순하진 않으리라는 점을 보여주기 위해, 우리는 정치적 국가가 개인들의 "실체"로 불린다면, 정확히 똑같은 것이 가족의 경우에도 참으로 수용되고, 그에 따라 가족 역시 그 자체 가치 있는 대상으로서 개별 의지들의 고유하고 영구적인 대상으로 여겨진다는 것을 처음부터 정당하게 언급하도록 하자. 이 두 개의 실재들, 국가와 가족은—— 이 둘은 각각 그 자체로 가치가 있으며 "신성"하고 "거룩"하며 "실체"적이다—— 어느 하나가 다른 하나에 대해 "궁극 목적들"인가? 그리고 만약 그렇다면, 이것은 무엇을 의미하는가? 우리는 궁극 목적들의 복수성, 절대적 가치들의 다원주의를 향한 도정에 서 있는가? 이 경우에는, 이처럼 다양한 절대적 가치들은 서로에 대하여 스스로를 어떻게 배치하는가?

철학적 방법에 대한 설명 이후에, 이데올로기적 방법으로 되돌아가 다시 한 번 처음부터 시작할 차례가 되었다. 이제 우리는 국가의 가치 문제와 관련하여 어떤 가설들을 야기하는지 보기 위해 헤겔 체계의 일반 구조를 검토할 것이다. 실제로 우리는 작업가설들에 만족하지 않으며 바로 그 긴급한 제안들에 관심을 기울일 것이다. 우리는 정치적 국가의 위치와 역할 및 그 외의 연관된 문제들과 관련한 헤겔의 분명한 진술들을 가지고 우리가 가능한 한 나아갈 수 있는 만큼 그것들을 입증할 필요가 있다. 다행스럽게도, 그런 선언들은 부족하지 않아 보인다.

따라서 테제, 안티테제, 진테제를 거치는 사유의 "변증법적" 과정의—— 그러나 여전히 매우 불충분한—지식을 제시함으로써,[14] 『엔치클로페 디』의 목차가 보여주는 맥락을 간단히 살펴보도록 하자. 우리는 거기에서 실재의 전체성이 생성되는 구조의 개요를 보게 된다. 이 개요는 삼원적 구조의 전개를 통해 사태의 가장 일반적인 측면들의 일부(존재, 무, 생성, 질, 양 등)를 제기한다. 그것은 인간보다 낮은 자연의 측면들 및 요소들(공간,

----

14. 여기서 우리는 그레구아가 또 다른 헤겔 신화의 희생자가 되는 것을 보게 된다. 비록 그는 확신하였지만, 어느 정도로 그가 이것을 헤겔의 변증법 개념을 지시하는 것으로 여겼는지는 분명치 않다. – 스튜어트 역.

시간, 인력, 전기력, 식물적 삶, 동물적 삶 등)을 거치면서 우리가 개별적 삶, 사회적 삶, 문명사 그리고 정신적 삶의 보다 고차적인 형태들로 간주된 인간 자체에 이르기까지 계속된다.

어느 정도 정밀함을 가지고 단계들과 정도들의, 구조들과 리듬들의 이처럼 광대한 연쇄를 해석하기 위해서는, 한 개념이 현상하게 된 단계로부터 시작해서 그것이 모든 후속 단계들에 전력을 투구하고자 기도한다는 점을 기억할 필요가 있다. 따라서 궁극성(finality)의 관념이 그 구성 속에서 발생하는 순간부터, 모든 고차적 층위들은 궁극성의 표지를 지니게 된다. 즉 테제와 안티테제는 내재적 경향에 따라 목적을 향하는 진테제로 나아가게 된다. 똑같은 것이 유기체의 일반 개념에도 적용되는데, 그것은 더 높은 단계에서 궁극성 개념을 분명히 하고 우리가 관심을 갖는 문제의 열쇠를 제공하게 될 것이다. 우선 유기체란 관념을 정의해 보자. 칸트의 유기체 정의를 다시 취해 자세히 설명하면서, 헤겔은 유기체에서 각각의 요소가 자신의 편에선 나름대로 각각의 타자들에 대해 원인이자 동시에 목적이 되는 하나의 집합체를 본다. 거기서는 상술한 집합체가 그 요소들 각각의 결과이자 목적이 되는 결과를 낳는다. 결론적으로, 유기적 전체성이라는 저 일반적인 관념이 체계 속에 등장하는 순간부터, 모든 삼원항들(triads)은 체계적으로 짜여 있기에, 앞서 말했듯이 진테제는 테제와 안티테제의 목적을 이룰 뿐만 아니라 세 항들 각각은 다른 두 항들의 목적을── 그러나 종합의 위치에 있는 것은 처음 두 항들에 비해 우세적이다── 구성하게 된다. 예컨대 헤겔의 경우 생물학적 삶에서 각 기관은 고차적 기관들이 더 우세한 상황 속에서 다른 것들 각각의 원인인 동시에 내재적 목적이 된다.[15] 나는 이것을 상세히 다루지는 않을 것이다.

이렇게 함으로써 우리는 체계의 가장 상위에 놓인 삼원항을 고찰할 수 있게 된다. 그것을 대표하는 것은 각각 종교적 삶, 예술적 삶 그리고

15. *Aesthetik*, I, *GL*, 12, 193-94 참조.

철학적 삶이다. 궁극적 요소는 삼원항(그리고 동시에 사물들의 총체성)의 종합, 성취, 완수, 핵심을 형성한다. 그것은 종교와 관련된 것(무엇보다 전통적인 기독교적 종교)으로 비철학자를 위한 철학을 대신하고 철학자들 본인들은 비철학적 영역들에 자신들의 정신, 상상력, 감수성을 공급해야만 한다. 헤겔은 이 삼원항을 "절대정신"이라 부른다. 편의를 위해서, 우리는 이것을 인간의 "정신적 삶"이라 부를 것이다. 철학, 종교, 예술 세 항들을 통합하는 유기적 관계들을 엄밀하게 기술하기 위해 잠시 우리의 주제에서 벗어나 보자. 더욱이 우리의 관심을 직접적으로 이 항 아래에 있는, 정확히 정치적 국가가 출현하는 삼원항으로 돌리는 것이 바람직해 보인다. 거기서는 가족(테제)과 시민사회(안티테제)를 마주하는 진테제의 형상이 형성된다. 헤겔은 시민사회(부르주아사회[bürgerliche Gesellschaft])를 직업단체, 경찰행정, 사법, 지자체와 같은 제도들의 결합체로 이해한다. 마찬가지로 편의를 위해, 헤겔이 여기서 "객관정신"으로 말하는 것 대신, 우리는 이것을 "사회적 관계들의 영역" 혹은 "사회적 도덕성"(헤겔 자신의 언어로는 인륜성 [Sittlichkeit])으로 부를 것이다.

인간의 정신적 삶의 영역과 사회적 도덕성의 영역이라는 이 두 개의 영역들이 정신적 삶이 진테제가 되는 보다 큰 삼원적 구조의 일부를 구성하기 때문에, 누구나 우리의 일반적 가설로 인해 어떻게 정치적 국가와 인간들의 정신적 삶 사이의 관계들이 자리 잡게 되는지 즉각적으로 알 수 있다. 정신적 삶은 다른 모든 것들로 환원될 수 없는 자신의 즉자적인 가치를 가지게 되고, 그에 따라 대자적으로 궁극 목적이 될 것이다. 국가는 최소한 어느 정도는 그 구성원들의 정신적 삶을 목적으로 가지게 될 것이다. 게다가 내적인 정치적 삶과 자립, 위신과 힘을 지닌 국가는 어떤 다른 것으로도 환원될 수 없는 즉자적인 가치를 가지게 되고, 따라서 확실히 부분적으로는 대자적인 궁극 목적이 될 것이다. 왜냐하면 그것은 이미 자신의 궁극적이고 주요한 목적을 위해 그 구성원들의 정신적 삶을 가졌기 때문이다. 마침내 철학, 종교, 예술은 부분적이고 다소 부차적인 방식으로 보자면 자신들의 궁극 목적을 위해 정치적 국가를 가지게 될 것이다.

그와 같은 것이 국가의 위치와 관련하여 체계의 일반 구조로부터 파생된 첫 번째 시사점이다. 이 시사점은 특수하고 명시적인 텍스트의 사례들과 조응하는가? 이것은 의심의 여지가 없다. 헤겔은 반복해서 사물들의 정점에 도덕적이고 종교적인 삶을 사는 인간의 가치를 놓았다는 이유로 기독교를 칭찬한다. 그리고 그는 『역사철학 강의』에서, 문명들과 제국들의 역사가 펼치는 신성한 전개가 인간 개인을 아주 하찮게 취급하는 것처럼 보인다면, 그것은 단지 인간의 정신적 삶에 관계된 하나의 현상, 즉 모든 우연들 위에서 취해질 수 있는 현상일 뿐이라고 언급한다. 그리고 우리는 저명한 철학자이자 위대한 부르주아지이며 프로이센의 고용인인 헤겔이 다음과 같은 주목할 만한 문장을 적었다는 것을 보게 된다. "자신의 내면성에 그리고 몇몇 상황들과 전적인 단순함의 한계에 집중된 제약적 삶——소상인과 소농민의 삶——의 종교성과 도덕성은, 무한한 가치를 그것도 완전히 도야된 정신의 종교성과 도덕성, 그리고 그 관계들과 작업들의 광대함 속에서의 풍부한 실존과 똑같은 가치를 지닌다."[16] 이것이 정신적 삶의 가치라면, 즉자적인 목적의 형상이 정치적 국가에서 어떻게 보이게 될지 알고 싶어질 것이다. 그리고 실제로 이것은 헤겔이 『종교철학 강의』에서 취임 강연으로 엄숙하게 선포했던 것이기도 하다. "무제약적인 궁극 목적"인 종교는 모든 다른 "정신의 현시들, 즉 학문, 예술 등등 … 그리고 정치적 삶의 관심사들"의 "중심"에 놓여 있다.[17] 그가 그 강의의 마지막 수업에서 설명하게 될 것인데, 확실히 가장 고차적인 의미에서의 종교는 철학적 사유이고, 좀 더 넓게 보자면, 관조와 행위를 통해 총체적인 합리성의 숭배에 전념하는 철학적 삶인 것이다.

종교적 종파들과 교육 기관들, 특히 대학들과 관련한 국가의 의무들은

• •

16. *Weltg*, I, *Las*, 88-94.
17. *Relig*, I, *Begriff*, *Las*, 1-4.

488

이 원리들에서 나온다. 국가는 이 기관들의 자율성을 (사회의 삶에 반하는 교설인 경우를 제외하고) 존중해야 하며, 그것들을 자신의 보호 하에 두어야 한다.[18] 여기서 우리에게 중요한 것은 단지 일반 원리들이기 때문에, 우리는 이것을 상세히 다루지는 않을 것이다.

그러므로 앞서 말했듯이, 절대적 가치들의 다원성에 관한 가설로 인해, 이제 우리는 그 가치의 일부로서 정치적 삶이 상호적인 방식으로 자체의 관점을 지닌 정치적 국가의 부분적 목적으로 규정될 수 있으리라 기대할 수 있게 된다. 그리고 이것은 실제로 우리가 입증했던 것이기도 하다. 헤겔의 언급에 따르면, 철학과 종교는 자신들의 본성에 맞게 국가가 시민들의 의견에 권위를 부여하는 실천적이고 이차적인 서비스를 제공하게끔 만들어야 한다.[19] 그러나 특히 그것들은 국가를 위해 그 가치를 교설적으로 근거지우는 탁월한 서비스를 수행할 수 있어야 한다. 이것은 철학이 국가를 지시하는 고차적인 이성성의 실재 특징을 규명할 때 수행하는 것이며, 종교가——특히 루터교가——자기만의 방식으로 국가를 신의 의지가 개입된 기관으로 제시하면서 수행하는 것이기도 하다.[20]

그렇게 해명된 국가와 정신적 삶의 고차적 형태들과의 관계들과 함께, 국가와 인간의 다른 측면들과의 관계에 대한 문제가 제기된다. 만약 국가가 궁극 목적이라는 자신의 특징을 인간들의 정신적 삶과 공유한다고 여겨진다면, 그것은 그 구성원들 중에 정신의 삶과 완전히 일치하지 않는 이들과 거의 공유하는 게 없는 한 궁극 목적으로 여겨지지 않는 것일까? 혹은 같은 문제를 매우 영향력 있고 앞서 헤겔 본인에게서 발견한 말로 표현하자면 다음과 같다.[21] "인간"이 국가를 벗어난다면, 그 "개인"이 국가에 온전히 바쳐져야 한다고 말할 필요는 없지 않을까? 이 질문에 응답하기 위해서는,

• •
18. *Recht*, §270, *GL*, 7, 353-56; *Vorrede*, 29-30.
19. *Relig*, I, *Begriff*, *Las*, 176-80.
20. *Recht*, §270, *GL*, 7, 349-50.
21. *Weltg*, III, *Las*, 662.

이제 사회적 관계들의 영역의 내적 구조, 즉 국가, 가족, 시민적 제도들로 구성된 구조를 검토할 필요가 있다.

이미 언급했다시피, 국가와 마찬가지로 가족은 가치의 "실체적 대상"으로 불린다. 그 결과, 그것은 다른 부분으로 환원되지 않는 즉자적인 가치를 지니며, 그렇기 때문에 완전히 국가에 복무하는 존재로 있는 것은 아니다. 반면에, 국가는 한 측면에서는 가족 자체의 견지에서 가족에 복무하는 존재다. 우리는 국가와 시민적 제도들의 관계들에 대한 검토로 넘어가기 위해 이 문제를 고집하지는 않을 것이다. 왜냐하면 그 관계들이 국가와 개인——그의 정신적 삶이 아니고 따라서 자신의 개별적인 외적 자산들(그의 삶, 그의 재산, 오고 가는 능력, 명성 등)이라는 점에서 고려된——사이에서 해명되는 것은 이점과 관련되기 때문이다. 헤겔에 따르면, 실제로 국가와 가족이 자체 내에 고유하고 궁극적인 가치를 갖는 반면, 시민적 제도들(경찰 행정, 사법, 직업단체 등)은 순전히 개인들에 복무하는 수단이 된다. 그것들의 가치는 단순한 유용성의 가치다. 이런 사정으로 인해, 우리가 검토해왔던 사회적 관계의 삼원항에서, 겉으로는 시민적 기관들로 구성되지만 실상은 개인들 내에 존재하는 안티테제는 그들의 비정신적인 편익들에 따라 그려지게 되었다. 그리고 이때 하나의 질문이 제기된다. 국가의 관점에서 그리고 국가와 관련하여 개인들의 지위는 무엇인가? 그들은 자체 내에 어떤 가치를 갖는가? 그리고 그 결과, 그들은 어떤 측면에서 보면 국가에 대한 궁극 목적인가? 이제 우리가 해석하려는 취지를 즉각적으로 인식하게 될 것이다. 왜냐하면 하나가 다른 것들의 부분적인 궁극 목적들이 되는 삼원항의 세 요소들의 개념은 다음의 생각, 즉 정치적 국가가 개인들에 대해 그 자체 탁월한 목적이 된다면 동시에 그것은 부분적으로 그 자체의 견지에 선 개인들을 향한 견해로 조직된다는 관념을 야기하기 때문이다. 이것은 국가 속에서 개인들이 권리를 갖는 것이 오로지 그리고 최종적으로 국가의 구성원 이라는, 즉 그 명성과 권력에 있어 국가에 유용한 것으로서가 아니라, 인간, 즉 그 자체의 가치로서의 자신들의 특징에서 나온다는 점을 다시 한 번

확인해 준다. 거듭 말하지만, 개인들은 자신들의 의무를 이행하는 데 있어 필수조건들이 되는 유일한 권리와 함께, 국가에 대하여 의무만을 지지 않는다. 그리고 자신의 편에서 국가는 개인들의 최대 이익 속에서 행해야 하는 유일한 의무와 더불어 그들에 대한 권리만을 갖지 않는다. 개인들은 국가에 대하여 무조건적인 권리들을 가지고, 그에 상응하여 국가는 개인들에 대하여 무조건적인 의무를 지닌다(그리고 국가가 개인들을 향한 이 의무들을 수행하는 것은 시민적 제도들의 매개에 의한 것이다). 그와 같은 것은 헤겔 체계의 구조가 자연스럽게 야기하는 개념이다. 그리고 우리는 그것이 텍스트들 속에 매우 분명하게 표현되어 있음을 발견한다.[22]

헤겔은 도시 속에서 호혜성이 없는 궁극 목적이 존재한다고 보는 고대적 국가관이 완전히 과거의 것이 되어버렸다고 생각한다. 근대 국가에서, 개인은 자신에게 속한 "주관적 자유"(말하자면 시민적이고 정치적인 권리)를 인식한다고 간주된다. 플라톤도, 아리스토텔레스도 심지어 로마법도 감히 법 자체의 토대를 그 자신의 "특수성"에서 예견되는 인간의 "무한한" 가치로 인식하려고 시도하지는 못했다. 이것의 주된 발견은 기독교에 힘입은 바가 크며, 이후 철학은 완전히 이성적인 자격으로 그것을 제공했다.[23]

이 원리로부터 출발해서, 우리는 헤겔이 모든 일련의 "주관적 자유"에 관심을 표명하고, 그것들을 분명히 그리고 많은 경우에 인간 자체의 존엄성과 연결시키고 있음을 보게 된다. 즉 노예제에 대한 경멸과 더불어 자기 자신의 자유로운 처분에 대한 권리, 소유의 권리, 직업 선택의 권리, 개인의 의견 표출과 사적 상상의 추구에 대한 권리 등등이 그것이다.[24] 그는 법

..
22. 가족, 시민사회, 국가라는 삼원항은 명백하고도 상세하게 유기체에 비교된다(Recht §263, 추가, GL, 7, 347-48). 우리는 헤겔이 이런 교설의 논리적 결론들을 도출했는지 검토할 것이다. 그것은 개인들의 행복에 시민사회를 배치하는 것과 연관된다.

23. *Recht, Gl,* 7, 90-91; 182-83; *Gesch. Philo.,* Ⅰ, *Gl,* 17, 79-80.

24. 사적인 만족의 추구에 대한 개인의 권리와 관련하여, 헤겔은 기이하게도 기독교와 낭만주의를 똑같은 찬사 속에서 결합시킨다(*Recht,* §124, *GL,* 7, 182).

앞에 "존재해야 하는 것은 유대교도, 가톨릭교도, 개신교도, 독일인 혹은 이탈리아인이 아니라 인간이며, 인간 자체의 평등에 대한 이 의식은 무한한 중요성을 갖는 것에 속한다"라고 적었다.[25] 그리고 헤겔이 유대인들에게 시민권을 부여해야 한다고 주장한 이유는 다른 무엇보다도 인간으로서 그들의 특징에 기인한다.[26]

실제로 정치적 권리와 관련하여, 헤겔은 매우 자유주의적이었다고 말할 수 있겠다. 어쨌든 그는 자신이 복무했던 프로이센 왕보다는 확연히 더 자유주의적이었다. 예컨대 그가 인식했던 입헌군주제는 상설 국회, 공적 토론, (헤겔이 정치적 자유로 간주한) 언론의 자유와 배심재판을 포함했는데, 이 모든 제도들은 당시 프로이센 국가에선 부재했던 것들이었다. 시민적 권리들과 마찬가지로, 이 정치적 권리들은 그 원리상 인간 자체의 특별한 속성에 속한다. 정치권력의 제일 근원인 주권에 대해서는, 그것이 군주, 구성된 단체들, 시민들 전체에 불균등하게 분배된다고 보는 것은 필연적이다. 이 교설과 함께, 헤겔은 호혜성 없는 목적으로서의 고대적 국가 개념과 18세기 말에 생긴 호혜성 없는 목적으로서의 개인들의 —— 그들은 국가가 전적으로 따라야 하는 목적을 대표한다 —— 개념 사이에서 의도적으로 중간적 방식을 찾으려고 했다.[27]

그것을 분명하게(혹은 거의 그렇게) 만들 정도로, 헤겔은 궁극적인 상호 목적들로서 국가와 개인이라는 생각을 구제해 냈는가? 의심의 여지 없이, 그는 우리와 유사한 견해를 갖고 있다. 덜 언급되어왔던 두 개의 주요 구절들은 개인과 국가 사이에서 작동하고 있는 명확한 관계를 효과적으로 진술하고 있다.[28] 거기서 우리는 "유기체"와 "유기적 관계"에 대한 논의에 관심을 가진다. 하지만 헤겔은 이를 통해서 개인들이 단지 전체의 구성원들

• •
25. 같은 책, §209, 286.
26. 같은 책, §270, 354, n. 1.
27. *Recht*, §124, *GL*, 7, 182-83.
28. *Weltg*, I, *Las* 91; *Gesch. Philos.*, II, *Gl*, 18, 394-400.

이라는 것을 암시하려는 것이 결코 아니다. 국가는 말하자면 전체의 외부에서 자기 자신을 전혀 드러내지 않고 오직 자신의 구성원들 속에서만 가치를 지니게 될 것이다. 헤겔은 그와 같은 생각이 아리스토텔레스의 잘못이라고 지적한다. 여기에는 하나의 유기적 관계, 즉 구성원과 구성원의 관계가 존재하는데, 그것은 전체로서 국가의 내부에 있는 개인과 개인 간이 아니라 국가와 개인 사이에서 생기는 것이다. 총체성은 국가의 발생에서가 아니라 국가–개인 쌍에서 존재한다. 헤겔의 관측에 따르면, 이것은 "고차적인 유기적 관계"인바, 그것은 다시 말하지만 이 쌍에서 두 항들 각각이 상대에 대해 목적이 되는 것이다. 여기서 헤겔이 표명한 생각은 미묘해 보일 수 있다. 그렇지만 그것은 분명하고도 매우 중요한데, 왜냐하면 그것이 유기적 관계의 똑같은 범주를 보다 유연한 방식으로 달리 적용하는 것을 선호하면서 국가 유기체 개념을 명확히 거부하기 때문이다. 따라서 한편에서 —— 우세한 부분 —— 국가는 외적인 편익에서 고찰된 개인들의 궁극 목적이며, 다른 한편에서 —— 덜 우세한 부분 —— 개인들은 국가의 궁극 목적이 된다.

우리는 목적들의 이런 분배를 보다 엄밀하게 다룰 필요가 있다. 국가의 수장과 개인들에 대해서, 우리는 그 문제가 상이한 대상들의 권리들 혹은 다름 아닌 바로 그 가분적 대상의 상이한 몫들에 대한 권리들에 관한 것이라는 점을 즉각적으로 인식한다. 그리고 이것은 실제 헤겔이 사태를 예견하고 있는 것이기도 하다. 그가 보기에, 무엇보다도 국가의 우세함은 국가가 전쟁에 대한 기여의 형태로 개인의 재산 상당부분을 바치라고 요구할 수 있는 것과 똑같은 방식으로, 그에게 전시에 목숨을 걸라고 요구해야 하는 권리(국가 수장인 개인에게는 명백히 일의적인 상호성이 부재한 권리) 속에서 명백해진다.

전쟁의 경우와 관련하여, 헤겔이 그 자체 목적이자 압도적인 목적으로서의 국가관에 기대어 일종의 대인 논증[ad hominem]을 제시한다는 점에 주목해 보자. 그에 따르면, 이 생각의 참된 토대가 국가의 탁월한 이성적 특징 속에 있다는 것은 참이다. 이것은 우리가 여기서 이해하거나 해소되기를 기대하기 어려운 쟁점이긴 하다. 그러나 이런 추론에 둔감해 할 사람들에 대처하기 위해서, 헤겔은 다음과 같이 언급한다. 대개의 경우가 그러하듯이 그들이 국가가 특정 조건들 하에서 개인에게 전시에 자신의 생명을 걸라고 합법적으로 요구할 수 있다는 점을 인정한다면, 그와 같은 요구를 하는 데 있어 그 자체 목적으로서 자립해 있는 국가가 개인들을 압도한다고 간주하는 것과는 다른 그 어떤 가능한 토대를 발견할 수 없을 것이다.

지금으로서는, 앞서 보여준 주된 제약들에도 불구하고 헤겔이 어떤 식으로 국가 속에서 이성적 총체성의 탁월한 요소, 즉 신적 전체의 매우 신성한 요소를 고찰하는지, 그리고 또한 그가 왜 이 "신성성"에 대하여 특별히 강조하면서 논하고 있는지 그 의도들을 보여줄 수는 없다.

정치적 국가는 고유한 정신적 삶에 앞서 이성이 최고로 구현된 존재다. 그것은 가장 높은 단계의 인간적 사회에 해당한다. 이것은 왜 국가가 국가연맹의 우세함에 자신의 권위를 여하한 방식으로든 양도하는 데 반대하는지를 잘 보여준다.[29] 이 주권사회의 탁월함은 한결같기 때문에, 전시에 국가가 자신을 드러내는 것은 형이상학적으로 불가피할 뿐 아니라 도덕적으로도 이익이 된다(앞서 전쟁과 관련된 바로 그 중요성이 여기서 보다 분명하게 드러나고 있음을 보게 된다). 헤겔은 어떤 식으로든 전쟁을 정당화하길 원치 않는다. 하지만 원칙은 다음과 같이 설정된다. 오로지 전쟁만이 그것이 개인에게 요구하는 희생에 의해 국가가 완전히 탁월하다고 보는 시각을 입증하며, 개인이 실천적으로 죽음에 이르게 하는 동안 그것을 인식하게끔 해준다.[30] 누군가는 여기서 그것이 전쟁을 불가피한 악으로 받아들이는 문제일 뿐만 아니라——그것은 대략 하나의 보상으로서 이 간접적인 결과를 가질 수 있다——, 이런 형태로 개인들의 용기를 고취시키는 국가의 가치를 조명하는 것도 썩 바람직하지는 않다고 여긴다. 게다가 국가의 가치는

29. *Recht*, §33, *Gl*, 7, 84-87.
30. 같은 책, §324, *Gl*, 7, 433-36.

그것을 분명히 표현하는 전쟁이 세계의 이성적 완벽함의 요소이자 시민적 도야의 불가결한 인자라는 점에 있다. 이런 이유로, 전쟁은 원리적으로, 그리고 그 구체적인 조건들과 무관하게 그것이 정당하게 스스로를 드러낼 수 있을 때라야 바람직한 것이 된다. 우리가 보기에, 이런 이해는 국가의 신성성에 관한 단호한 진술들을 설명하는 데 도움을 준다. 헤겔이 당대의 독일 청년들에게서 간파한 무정부적 경향들을 꾸짖으면서 능숙하게 대처했다는 점을 덧붙이는 것도 여전히 필요해 보인다.

요약해 보자. 헤겔에게 국가는 그것이 인간의 유일한 궁극 목적으로 존재할 수 있다는 식으로 최고 실재라는 점에서 신성한 것이 아니다. 정신적 삶은 국가보다 고상하며, 다른 무수한 가치들도 국가와 더불어 그 자체의 가치를 지닌다. 여기서 국가는 그 권위가 전체주의적이라는 의미에서 신성한 게 아니라는 결론이 나온다. 국가는 그것이 신적인 전체의 요소 중에서도 탁월한 요소이며, 인간의 궁극적이고 총체적인 목적의 중요한 부분이라는 점에서 신성하다. 그것은 전쟁이 원칙적으로 바람직할 수 있을 정도까지만 신성한 것이다.

결국 우리는 최종적인 제한을 추가하지 않을 수 없다. 국가의 발생에서 신성한 것은 관념, 즉 국가의 관념이며, 현실의 국가는 그것이 이 이상을 구현하는 정도까지만 신성하다. 이 정도는 프로이센 왕의 대학에서 가르쳤던 헤겔이 잘 알고 있었던 것처럼 분명 불완전할 수밖에 없다.[31] 이렇게 이해하면서도 헤겔이 그 어떤 신성모독을 느끼지 않았다는 점은, 그의 시각에서 보았을 때, 국가가 신성해지기 위해서는 오직 절반의 신성성만 가지면 된다는 사실을 나름대로 입증해 준다. 이런 이유로 인해, 우리는 절반의 우상숭배라도 그것은 여전히 우상숭배라는 점을 자유롭게 추측할 수 있는 것이다.

••
31. 같은 책, §3, *GI*, 7, 43; §212, *GI*, 7, 290-91; §258 (추가), *GI*, 7, 336 외.

20. '테제-안티테제-진테제'라는 헤겔의 전설

구스타프 E. 밀러 Gustav E. Mueller

헤겔의 위대함은 그의 모호함만큼이나 논란의 여지가 없다. 그 문제는 그의 기이한 용어사용과 스타일에 기인한다. 의심의 여지 없이 그것들은 복잡하게 연루되어 있고 과도하게 추상화되어 있는 듯 보인다. 결국 이런 언어적 어려움들은 일종의 비뚤어진 요술 안경과도 같아서, 일단 쓰게 되면 그 텍스트는 자취를 감춰버리고 만다.[1] 테오도르 해링의 기념비적이고 정평이 난 저작이 처음으로 그 언어적 문제를 해결했다. 금세기에 와서야 출간되었던 초기 저작들의 모든 문장들을 신중하게 분석함으로써, 그는 헤겔의 용어가 어떻게 진화되었는지를——물론 그가 발행하기 시작했을 때는 완료되었지만——보여주었다. 헤겔의 동시대인들은 당혹감을 감추지 못했는데, 왜냐하면 그에게는 명쾌하게 보였던 것이 그 용어의 기원을 학습받지 못했던 그의 독자들에게는 그렇지 않았기 때문이었다.

••

1. Walter A. Kaufmann, "The Hegel Myth and Its Method", *Philospohical Review* 60 (1951), 459-86의 탁월한 연구를 보라.

어떻게 서투른 독해에서 하나의 전설이 생겨날 수 있는지를 잘 보여주는 하나의 사례는 이것이다. "Begriff"를 "개념(concept)"으로, "Vernunft"를 "이성(reason)"으로, "Wissenschaft"를 "학문/과학(science)"으로 번역함으로써, 당신은 합리주의와 비합리주의의 위대한 비판가를 터무니없는 범논리적 합리주의와 과학주의의 우스꽝스러운 옹호자로 탈바꿈시켰던 것이다.

가장 성가시고 치명적인 헤겔의 신화는 모든 것을 "테제, 안티테제, 진테제" 속에서 사유하는 것이다. W. T. 스테이시는 『헤겔의 철학』에서 이런 식의 해석을 탁월하게 묘사한 바 있다.[2] 우선 그는 헤겔의 철학을 "테제, 안티테제, 진테제의 삼원항"(97)으로 해석해야 한다고 가정한 뒤, 헤겔의 텍스트들이 이런 "이상적인 방법"을 따르진 않는다는 것을 발견한다. 그렇다면 그의 결론은 무엇인가?

> 그러나 이 변칙들은 변증법적 방법에 대한 우리의 기술이 틀렸음을
> 보여주지 않는다. 그것들이 보여주는 것은 헤겔이 자신의 변증법적 방법
> 을 모든 경우에 절대적인 일관성을 가지고 수행할 수는 없었다는 것이다.
> 물론 이것은 그의 체계가 불완전하기 때문이다(같은 책).

그리고 그는 자신의 장들이 "모두 본질적인 원리들을 구현하고 있다"고 주장하지만, 그럼에도 그것들이 "헤겔이 포괄하는 광대한 영역들, 그의 구체적 묘사들의 풍부함, 그가 이런 연구들에 미친 거대한 학식, 그의 시야의 깊이와 폭"(viii)을 보여주기에는 부족함을 인정한다. 이렇듯 "원리들"과 "시야"의 추상적인 결별은 전적으로 비헤겔적이다. 헤겔의 실제 텍스트들은 경우에 따라선 "테제, 안티테제, 진테제"로부터 발생하기도 하지만, 그런 종류의 것을 보여주지 않는 경우도 있다. 헤겔에게 "변증법"은 "테제, 안티테제, 진테제"를 의미하지 않는다. 변증법은 어떤 "주의(ism)"——이것은 극단

----

2. W. T. Stace, *The Philosophy of Hegel* (Dover, 1955).

적인 대립 혹은 "나머지"를 그 자체에 내맡기는 특수한 견해를 가진다——도 그 문제가 실재 자체, 즉 "세계-자체"인 철학적 사유의 논리에 의해 비판받아야 한다는 것을 의미한다.

헤르만 글로크너의 신뢰할 수 있는 『헤겔 어휘사전』[3]은 피히테적 용어인 "테제, 안티테제, 진테제"를 수록하지 않는다. 총 20권으로 된 헤겔 "전집"에서,[4] 헤겔은 이 "삼원항(triad)"을 한 번도 사용하지 않는다. 게다가 그것들은 20세기 들어 처음으로 출간된 8권짜리 헤겔 텍스트에도 나와 있지 않다. 헤겔은 『정신현상학』 서문에서 "테제, 안티테제, 진테제"를 언급하는데, 거기서 그는 이런 "삼원성(triplicity)"의 가능성을 철학의 방법 혹은 논리로 간주한다. 헤겔 전설에 따르면, 우리는 헤겔이 이런 "삼원성"을 추천하고 있다고 기대할 수 있을 것이다. 그러나 헤겔은 그것이 칸트로부터 생겨났다고 말한 후에, 그것을 "생명 없는 도식", "단순한 그림자"로 칭하면서 다음과 같이 결론짓는다.

> 그런 종류의 지혜가 부리는 속임수는 그것이 쉽게 실행되는 것만큼이나 빠르게 획득된다는 것이다. 일단 친숙해지면, 그것의 되풀이는 우리가 그것을 통해 보게 되는 교묘한 속임수를 조금만 반복해보면 알게 되듯이 지겨워지게 된다. 이 단조로운 형식주의를 만드는 도구는 단 두 개의 색깔만 가진 화가의 팔레트만큼이나 다루기가 어렵지 않다.[5]

『철학사 강의』로 편집되어 출간된 학생 노트들을 보면, 헤겔은 칸트를 다룬 장에서 철학적 지식의 리듬과 운동을 인위적으로 미리 정해버리는 [vorgezeichnet] 것으로서 "테제, 안티테제, 진테제라는 삼원항의 영혼 없는

3. Hermann Glockner, *Hegel Lexikon*, 4 vols. (Stuttgart, 1935).
4. 함부르크에서 F. 마이너에 의해 출간된 새로운 교정판은 32권으로 나올 예정이다.
5. Hegel, *Werke*, vol. 2 (Stuttgart, 1928), 서문, 48-49.

계획"을 언급한다.[6]

헤겔의 제자이자 가까운 친구이며 최초의 전기작가인 칼 로젠크란츠가 쓴 헤겔에 대한 첫 번째 중요한 책(『헤겔의 생애』, 1844)에서, "테제, 안티테제, 진테제"는 그것들의 부재로 인해 오히려 더 잘 드러난다. 헤겔은 그의 최고의 제자들 중 한 명으로부터 자신의 이른바 "방법"을 숨기는 데 매우 성공했던 것으로 보인다.

20세기 들어 매우 중요한 새로운 헤겔 문헌은 그 전설을 완전히 포기했다. 테오도르 해링의 『헤겔의 의도와 작품』[7]은 헤겔의 용어와 언어에 대해 신중한 접근을 시도했고 거기서 "테제, 안티테제, 진테제"의 여하한 흔적도 발견하지 못했다. 2권에서는 몇 줄 언급된 부분이 나온다(118, 126). 거기서 그는 헤겔 본인이 위 인용문에서 말했던 것, 즉 이런 "틀에 박힌 슬로건"은 특히 유감스럽다는 말을 반복하는데, 그것이 헤겔 텍스트를 이해하는 데 방해가 되기 때문이다. 독자들이 헤겔에게서 "테제, 안티테제, 진테제"를 찾아야 한다고 생각하는 한, 그들은 그가 모호하다는 것을 발견할 수밖에 없게 된다. 그러나 모호한 것은 헤겔이 아니라 그들의 색안경일 뿐이다. 이완 일진의 『관조적 신학으로서 헤겔 철학』[8]은 서문에서 "테제, 안티테제, 진테제" 신화를 헤겔 철학의 현관에도 도달하지 못한 어린아이의 장난 [Spielerei]으로 치부하며 배격한다.

헤르만 글로크너의 『헤겔』, 테오도르 슈타인뷔헬의 『헤겔 철학의 근본문제』, 테오도르 리트의 『헤겔: 비판적 개선』, 에머리히 코레트의 『헤겔 논리학의 변증법적 존재』 같은 그 밖의 주요 저작들과 다른 수많은 글들은 그 신화를 단순히 묵살해 버렸다.[9] 나 역시 헤겔을 다룬 논문들에서[10] "테제,

‥
6. Hegel, Werke, vol. 19, *Vorlesungen über die Geschichte der Philosophie*, 610.
7. Theodor Haering, *Hegel, Sein Wollen und Sein Werk*, 2 vols. (Teubner, 1929, 1938).
8. Iwan Iljin, *Hegel's Philosophie als kontemplative Gotteslehre* (Bern, 1946).
9. Herman Glockner, *Hegel*, 2 vols. (Stuttgart, 1929); Theodor Steinbüchel, *Das Grundproblem der Hegelschen Philosphie* (Bonn, 1933); Theodor Litt, *Hegel: Eine*

안티테제, 진테제"의 그 어떤 것도 사용하지 않았다.

리하르트 크로너는 헤겔의 『초기 신학 논집』의 선집 영어판 서문에서 그것을 다음과 같이 완곡하게 표현했다.

이 새로운 논리학은 사고 자체의 운동으로서 변증법적으로 필연적이다. …… 그러나 그것은 결코 학습되고 반복될 수 있는 단조로운 속임수를 단순히 적용하는 게 아니다. 그것은 언제나 되풀이되는 패턴을 단순히 부과하는 게 아니다. 그것은 생생한 사유 경향을 목록화하는 일부 역사가들의 마음속에서 그렇게 나타날 수도 있지만, 현실에서 그것은 항상 변하고 성장하는 발전이다. 헤겔은 그 어느 곳에서도 기성의 틀로 개념들을 배치하려는 식의 규범에 얽매이지 않는다. 음악적 구성의 모티브처럼, 테제, 안티테제, 진테제 개념들은 수많은 변조들과 변형들을 갖는다. 그것은 결코 "적용"되지 않는다. 그것은 그 자체로 빈약하며 헤겔의 논리학에서 실제 진행되고 있는 것을 유용하게 추상하는 것도 아니다.[11]

그렇다면, 우리는 "일부 역사가들"이 그것을 자신들의 흔들 목마로 사용했기 때문에, 이 "빈약하고 쓸모없는 추상"을 다락방에 처박아 둬야 할까? 차라리 우리는 요하네스 클루게의 다음과 같은 결론, 즉 "변증법은 헤겔에게 귀속된 테제, 안티테제, 진테제의 도식이 아니다"라는 주장에 동의하는 편이다.[12]

• •

Kritische Erneuerung (Heidelberg, 1953); Emerich Coreth, Das dialektische Sein in Hegels Logik (Wien, 1952).

10. Gustav Mueller, Hegel über Offenbarung, Kirche und Philosophie (Munich, 1939); Hegel über Sittlichkeit und Geschichte (Reinhardt, 1940).

11. G. W. F. Hegel: Early Theological Writings (Chicago, 1948), 32.

12. J. Flugge, Die sittlichen Grundlagen des Denkens in Hegels Logik (Hamburg, 1953), 17.

니콜라이 하르트만의 논문 『아리스토텔레스와 헤겔』에서, 나는 헤겔 변증법을 오역한 다른 모든 증거들에 대한 다음 같은 추가적인 확언을 발견한다. "그것은 테제, 안티테제, 진테제의 삼원항에서 변증법의 본질을 찾는 완전히 거꾸로 된 견해[grunddverhehrte Ansicht]다."[13] 그 전설은 헤겔의 해석을 왜곡한 칼 맑스에 의해 퍼졌다. 그것은 헤겔에 덧붙여진 맑스주의에 불과하다. 맑스의 『철학의 빈곤』에 따르면, 테제, 안티테제, 진테제는 순수 이성의 운동에 대한 헤겔의 순전히 논리적인 정식이며, 전 체계는 모든 범주들의 테제, 안티테제, 진테제라는 이런 변증법적 운동에 의해 야기된다. 그는 계속해서 이런 순수 이성이 헤겔 자신의 이성이며 역사는 그 자신의 철학의 역사가 되지만, 현실에서는 테제, 안티테제, 진테제가 경제적 운동들의 범주들이라고 말한다.[14] 철학을 닮아 있는 맑스의 저작들 중 일부는 본인의 것이 아니다. 그는 무상으로 몰수하는 공산주의적 습관을 실천했을 뿐이다. 이것을 전반적으로 알아가면서, 또한 나는 이 "테제, 안티테제, 진테제"의 원천이 분명히 존재한다는 것을 확신했으며, 결국 그것을 발견했다.

1835년과 1836년의 겨울에, 일군의 칸트주의자들이 드레스덴에서 킬 대학의 철학교수 하인리히 모리츠 샬리베우스를 초청해 칸트 이후의 새로운 철학적 운동에 대한 강연을 요청했다. 그들은 젊은 시절 칸트주의자들이었던 나이든 전문직 종사자들이었고, 이제는 자신들이 한때 불신했었던 발전 방향에 대해 알기를 원했다. 그러면서도 그들은 자신들의 칸트주의가 확증되기를 바라기도 했다. 샬리베우스 교수는 두 가지만을 말했다. 그의 강연들은 1837년에 『칸트에서 헤겔까지 사변철학의 역사적 전개: 학식 있는 청중들에게 최신 학파의 내용을 보다 가까이 전달하기 위하여』라는 제목으로 출간되

••
13. N. Hartmann, Kleinere Schriften, vol. 2 (Berlin, 1957), 225. 하르트만은 다음과 같이 결론짓는다. "이런 허튼소리는 점차 잦아져야 할 것이다."(227)
14. Karl Marx, Das Elend der Philosophie (Berlin: Dietz Verlag, 1957), 2장 1절을 대강 살펴보라.

었다. 그 책은 매우 인기를 얻었고 3판까지 나왔다. 1843년의 세 번째 판에서, 샬리베우스 교수는 말한다. "이것은 첫 3부작으로서 존재, 무, 생성의 통일이다. …… 우리는 이 첫 번째 방법론적 테제, 안티테제, 진테제 속에서…… 뒤따르는 모든 것들의 사례 혹은 도식을 가진다."(354) 샬리베우스에게 이것은 그가 이전에 사용하지 않았고 이후에도 절대 추구하지 않았던 기막힌 예감이었다. 그런데 칼 맑스는 당시 베를린 대학의 학생이었고 저 유명한 책이 토론되던 헤겔 클럽의 구성원이었다. 그는 그 예감을 간취했고 그것을 치명적인 추상적 기계 부품들로 확산시켰다. 다른 좌파 헤겔주의자들, 예컨대 아르놀트 루게, 루트비히 포이어바흐, 막스 슈티르너는 헤겔이 그랬던 것처럼 "테제, 안티테제, 진테제"를 덜 사용했다.

하지만 "테제, 안티테제, 진테제"는 맑스가 조작해 낸 유일한 헤겔 신화가 아니다. 지독한 단순화는 맑스주의의 주특기에 해당한다. "테제, 안티테제, 진테제"는 헤겔의 이른바 "합리주의"의 "절대적 방법"이라고 불려진다. 맑스는 "헤겔에게는 시간의 순서에 따른 역사란 더는 존재하지 않는다. 다만 이성에 따른 관념들의 배열이 있을 뿐이다." 정반대로 헤겔은 다음과 같이 말한다. "시간 순으로 된 역사는 개념들의 질서에 따른 배열과는 구별된다."[15]

세 번째 소소한 전설은 라도슬라프 챠노프의 최근 작업에 의해 악의 없이 당연한 것으로 받아들여졌다. "실제로 『법철학』의 마무리 장들은 개략적으로 인류의 역사적 진화를——그리고 독일 제국에서 '신과 인간의 통일'을 발견한다!——검토한다. 이 모든 경직된 프로이센인의 개념들이 헤겔의 작품들에 수록되어 있다. 그리고 그것들은 무시될 수 없는 것들이다."[16] 우선 말하자면, 헤겔은 프로이센이 아니라 슈바벤 사람이고, 그는 경직되지 않고, 유연한 사람이다. "실제로" 언급된 텍스트는 저 혐의를

15. Hegel, *Werke*, vol. 12, 59.
16. R. Tsanoff, *The Great Thinkers* (New York, 1953), 487.

정당화하는 어떤 단어도 포함하고 있지 않다. "게르만적 세계[Germanische Welt]"는 헤겔이 그렇게 불렀듯이 독일을 의미하는 것이 아니고("게르만적" 인 것은 "독일적"이지 않다), 단지 로마제국의 분열 이후 다양한 게르만 부족들이 유럽을 재건했다는 의심의 여지 없는 역사적 사실, 혹은 지금 우리가 아랍 혹은 슬라브 세계와 구별하여 "서구"라고 부르는 것을 의미한다. 독일은 언급조차 되지 않으며, 프로이센은 말할 것도 없다. 게다가 헤겔의 주제는 어떤 특정 국가에서 정점에 달하는 "인류의 역사적 진화"가 아니라, 절대자의 보편적인 자기 현시 —— 언제나 비합리성의 왜곡 속에서 감추어져 있는 —— 다. 이 해석은 악의적인 맑스주의적 비방에 기원을 두고 있다. 예컨대 그것은 거의 말 그대로 프리드리히 엥겔스의 조야한 비판서 『루트비히 포이어바흐와 독일고전철학의 종말』에 등장한다. 물론 그에게 헤겔의 유기적 국가 개념은 "경제적 계급이익"의 전체주의에 맞서는 방벽으로서 증오의 대상이다.

일단 헤겔의 전설이 형성되고 나면, 철학사 교과서 집필자들은 그것을 자신들의 선대로부터 복사해버린다. 그것은 헤겔을 방부처리한 뒤 유적지의 호기심 많은 방문자들을 위해 전시용 미라로 유지하는 편안한 방법이다. 헤겔의 변증법은 한 세기 동안 편파적인 학파들과 추상적인 "주의들", 예컨대 관념론, 실재론, 객관주의, 주관주의, 합리주의, 회의주의 등에 속하고자 했던 철학자들에겐 불편한 존재였다. 헤겔 변증법 속에서, 철학은 그 같은 일면적인 가능성들을 넘어서 성숙해왔다. 크로체가 저서 『헤겔 철학에서 산 것과 죽은 것』[17]에서 —— 이 책과 더불어 20세기의 헤겔 르네상스가 개시되었다 —— 주장했듯이, 헤겔 변증법은 철학이 자기 자신의 논리를 발견해왔다는 것을 의미한다.

• •
17. Benedetto Croce, *What Is Dead and What Is Alive in Hegel* (English trans., London, 1912).

21. 헤겔과 이성의 신화

존 스튜어트 Jon Stewart

유럽철학에서 포스트 칸트적 전통의 대다수 사상가들의 작품들처럼, 헤겔의 전작들은 전문가와 비전문가를 막론하고 최근까지 영미권에서 헤겔을 수용하면서 상당한 문제들을 야기했던 사람들로부터 엄청난 오독과 오해석에 처해있었다.[1] 학자들에 의해 헤겔의 신화니 전설이니 하는 말로 다양하게 언급되었던 종종 자의적이기도 한 이런 오해석들은,[2] 전적으로는 아닐지라도 주로 영어권 세계에서의 헤겔 철학에 대한 무수한 편견들로부터 생겨난 것들이다.[3] 널리 통용되어 오고 있는 희화화 중에는 다음과 같은

· ·
1. 나는 본 논문의 초고에 귀중한 논평을 해준 데 대해 헨리 E. 앨리슨 교수와 니콜라스 졸리 교수에게 진심 어린 감사의 마음을 전한다.
2. 헤겔 신화들의 목록에 대해서는 다음의 글들을 보라. Wilhelm Seeberger, "Vorurteile gegen Hegel", *Hegel oder die Entwicklung des Geistes zur Freiheit* (Stuttgart: Ernst Klett, 1961), 42ff.; John Findlay, *The Philosophy of Hegel: An Introduction and Re-Examination* (New York: Collier, 1962), 15ff.
3. M. W. Jackson, "Hegel, the Real and the Rational", *International Studies in Philosophy* 19 (1987), 12 참조.

것들이 있다. 헤겔은 모순율을 거부했다.[4] 그의 변증법적 논증 방법은 테제-안티테제-진테제라는 삼원항의 형태를 띤다.[5] 그는 자신의 철학적 체계 속에서 역사의 종말을 보았다.[6] 그는 행성의 숫자를 선험적으로 입증하려 시도했다.[7] 그는 프로이센 국가의 반동적인 변호론자,[8] 혹은 더 심한 것으로

• •

4. Karl R. Popper, "What is Dialectic?" *Mind* 49 (1940), 413ff 참조. 또한 W. T. Stace, *The Philosophy of Hegel* (New York: Dover, 1955), 94, 183; Bertrand Russell, *History of Western Philosophy and Its Connection with Political and Social Circumstances from the Earliest Times to the Present Day* (London: Allen and Unwin, 1961), 703; Stanley Rosen, *G. W. F. Hegel: An Introduction to the Science of Wisdom* (New Haven: Yale University Press, 1974), 64-68 그리고 Findlay, *The Philosophy of Hegel*, 62ff., 73ff 참조.

5. 이런 믿음에 대한 예로는, J. M. E. MacTaggert, A Commentary on Hegel's Logic (Cambridge: Cambridge University Press, 1910), §4를 보라. "변증법의 전 과정은 테제로서 존재, 안티테제로서 본질 그리고 진테제로서 개념의 변증법적 리듬이라는 사례를 형성한다. 이것들 각각은 다시금 테제, 안티테제, 진테제라는 똑같은 계기들을 갖는다." 이런 신화의 정체를 폭로하는 글로는, Gustav E. Mueller, "The Hegel Legend of 'Thesis-Antithesis-Synthesis'", *Journal of the History of Ideas* 19 (1958); Philipp Merlan, "Ist die 'These-Antithese-Synthese'-Formel unhegelisch?" *Archiv für die Geschichte der Philosophie* 53 (1971), 35-40 그리고 Walter Kaufmann, *Hegel: A Reinterpretation* (Garden City: Anchor Books, 1966), 154ff., 198ff를 보라.

6. Alexandre Kojève, *Introduction à la lecture de Hégel: Leçons sur la Phénoménologie de l'esprit professées de 1933 à 1939 à l'École des Hautes Études*, ed. Raymond Queneau (Paris: Gallimard, 1947, 1971).(영어판으로는 *Introduction to the Reading of Hegel*, trans. James H. Nichols, Jr. [New York: Basic Books, 1969]); Alexandre Kojève, "égel à Iéna (à propos de publications récentes)", *Revue philosophique de la France* 59 (1934), 274-83. (재판으로는 *Revue d'histoire et de philosophie religieuse* 15 [1935], 420-58.); L. Esposito, "Hegel, Absolute Knowledge, and the End of History", *Clio* 12 (1983), 355-65; Reinhard Klemens Maurer, *Hegel und das Ende der Geschichte: Interpretationen zur "Phänomenologie des Geistes"* (Stuttgart: Kohlhammer, 1965); Philip T. Grier, "The End of History and the Return of History", *The Owl of Minerva* 21 (1990), 131-44; Wilhelm Seeberger, *Hegel oder die Entwicklung des Geistes zur Freiheit*, 63 참조.

7. Bertrand Beaumont, "Hegel and the Seven Planets", *Mind* 63 (1954), 246-48; Karl Popper, *The Open Society and Its Enemies*, vol. 2 (London: Routledge and Kegan

서 원-파시스트다.[9] 마지막으로 그는 셸링과 일부 낭만주의자들처럼 형이상
학적 세계영혼을 믿었던 선-칸트적 형이상학자[10] 혹은 "우주적 합리론자"
다.[11]

유명한 헤겔 신화들 중 가장 만연한 것들 중 하나는 헤겔이 쇼펜하우어,
키르케고르, 니체, 하이데거, 프로이트, 사르트르, 푸코, 데리다 등등에 의한
합리성에 대한 총체적인 공격에 직면한 대합리론자(archrationalist)이며 이

• •

Paul, 1952), 27; Otto Neurath, "Wege der wissenschaftlichen Weltauffassung",
Erkenntnis 1 (1930-31), 107; Kaufmann, *Hegel: A Reinterpretation*, 52-53 참조.

8. Rudolf Haym, *Hegel und seine Zeit* (Berlin: Gaertner, 1857), 357ff; Bertrand Russell,
History of Western Philosophy, 705, 709; T. M. Knox, "Hegel and Prussianism",
Philosophy 15 (1940), 51-63, 313-14; Hans-Christian Lucas and U. Rameil, "Furcht
vor der Zensur?" *Hegel-Studien* 15 (1980), 63-93; Hans-Christian Lucas, "Philosophie
und Wirklichkeit: Einige Bemerkungen wider die Legende von Hegel als preußischem
Staatsphilosophen", *Zeitschrift für Didaktik der Philosophie* 9 (1987), 154-61; E.
F. Carritt, "Hegel and Prussianism", *Philosophy* 15 (1940), 190-96, 315-17; Henning
Ottmann, "Hegel und die Politik: Zur Kritik der politischen Hegellegenden", *Zeitschrift
für Politik* 26 (1979), 235-53; Sidney Hook, "Hegel Rehabilitated" and "Hegel and
His Apologist", in *Hegel's Political Philosophy*, ed. Walter Kaufmann (New York:
Atherton Press, 1970), 55ff., 87ff.; Shlomo Avineri, *Hegel and the Modern State*
(Cambridge: Cambridge University Press, 1972).

9. 이것의 고전적 사례는 물론 칼 포퍼의 『열린사회와 그 적들』에서의 설명이다. 또한
Gilbert Ryle, "Critical Notice", *Mind* 55 (1947), 170, 172; Jacques Maritain, *La
philosophie morale* (Paris: Gallimard, 1960), 159; Bertrand Russell, *Philosophy and
Politics* (London: Cambridge University Press, 1947); Bertrand Russell, *Unpopular
Essays* (London: Allen and Unwin, 1950), 22; Hubert Kiesewetter, *Von Hegel zu
Hitler: Eine Analyse der Hegelschen Machtstaatsideologie und der politischen
Wirkungsgeschichte des Rechts-Hegelianismus* (Hamburg: Hoffmann and Campe,
1974)를 보라. 이런 신화의 정체를 폭로한 글로는, Walter Kaufmann, "The Hegel
Myth and its Method", *Philosophical Review* 60 (1951), 246-48 그리고 Avineri,
"Hegel and Nationalism", *Hegel's Political Philosophy*, 109-36을 보라.

10. Karl R. Popper, "What is Dialectic?" *Mind* 49 (1940), 414ff. 참조.

11. William Barrett, *Irrational Man: A Study in Existential Philosophy* (New York:
Doubleday, 1958), 155.

성에 대한 최후의 위대한 대변인이었다는 것이다. 이런 신화에 따르면, 최후의 계몽주의자인 헤겔은 모든 것을 굴복시키는 이성의 힘을 믿었고 자신의 철학을 역사에서 이성의 전진으로 묘사했다. 한 평론가의 말에 따르면, "그의 사유의 전체 취지는 절대이성의 확신이었다. 게다가 그와 함께 이성의 믿음은 정점에 달했다."[12] 우리는 또 다른 해설자로부터 다음과 같은 말을 듣는다. "이성이 정당하게 이해된다면, 헤겔에게 그것은 최고의 권능을 진 것이다."[13] 헤겔에 대한 이런 견해에서, 모든 것은 이성 혹은 헤겔이 개념[Begriff]이라 부른 것으로 환원될 수 있다. 한 저자는 이렇게 알려진 헤겔의 견해를 다음과 같이 특징짓는다. "그 '개념'은 헤겔의 체계에서 어떤 반대에도 직면하지 않는바, 그것은 극복할 수 없는 것이다. 그것은 다른 어떤 사상가도 이전에 감히 기술하지 못했던, 어느 누구도 그것이 지녔다고 주장하지 않았던 권력의 자리를 차지한다. 한마디로 개념은 전능한 것이다."[14] 전해지는 바에 따르면, 헤겔은 진심으로 그리고 순진하게도 강력한 이성에 심취해 있었다. 이 신화에 따르면, 헤겔 철학은 이성을 역사 속에서 입증했다고 주장할 뿐만 아니라, 그것을 규범적으로도 단언한 것이었다.[15] 역사 속의 합리성을 간파함으로써, 우리는 존재하는 그대로의 세계와 화해하게 된다.[16] 이성의 전폭적인 수용과 승인에 대한 헤겔의 설명이 갖는

· ·
12. Robert Heiss, *Hegel, Kierkegaard, Marx*. trans. E. B. Garside (New York: Dell, 1963), 190-91.(원본으로는 *Die großen Dialektiker des 19. Jahrhunderts: Hegel, Kierkegaard, Marx* [Berlin: Kiepenheuer und Witsch, 1963], 202). 또한 Marcuse, *Reason and Revolution: Hegel and the Rise of Social Theory* (New York: Humanities Press, 1941), 4ff.에서의 논의를 보라.

13. William Earle, "Hegel and Some Contemporary Philosophies", *Philosophy and Phenomenological Research* 20 (1959-60), 364.

14. Richard Kroner, *Von Kant bis Hegel*, vol. 2 (Tübingen: Mohr, 1924), 268 (스튜어트 역).

15. Russell, *History of Western Philosophy*, 706, 712. "헤겔에 따르면, 시간-과정은 윤리적 의미든 논리적 의미든 덜 완벽한 것에서 더 완벽한 것으로 진행된다."

16. 이런 결론으로 이어지는 구절은 다음 논문에 포함되어 있다. Hegel, *Hegel's Philosophy*

규범적 측면은 이런 점에서 특히 소박할 뿐더러 비판에 취약한 것으로 드러난다. 무자비한 소크라테스적 합리성이 그리스 비극에게 가지성과 자기반성성이라는 이성 자신의 이상에 부응할 것을 요구하면서 그것을 파괴했던 방식에 대한 니체의 분석, 주로 도구적 이성의 치명적인 활용에서 비롯된 동시대 권력관계들의 미묘하고 편재적인 형식에 대한 푸코의 분석은 이성에 대한 헤겔의 경솔하고 과도한 견해를 정확하게 꼬집는 두 개의 설명으로 간주된다. 나는 이처럼 과도하게 단순화된 헤겔 철학의 견해가 헤겔 자신의 이성 비판과 그것의 긍정적 효과들로 여겨지는 것들을 상당히 과소평가하고, 사실상 그것들을 무시한다는 점을 보여주고자 한다. 궁극적으로 나는 헤겔이 이성의 치명적인 측면들을 매우 잘 알고 있었으며, 그렇기 때문에 그는 최후의 계몽주의자[Aufklärer]라기보다는 오히려 이른바 "비합리주의적 전통"의 선구자로 가장 잘 간주될 수 있다는 점을 제시할 수 있기를 바란다.[17] 따라서 헤겔 이후에 개시된 전통은 새로운 시작이거나 과거와의 근본적인 단절이 아니라, 그것에 선행하는 것과 연속선상에 있는 것으로 가장 정확하게 이해될 수 있게 된다.[18]

··
    of Right, trans. T. M. Knox (Oxford: Oxford University Press, 1967) (이하 *PR*), 12. "이성을 현재의 십자가에 핀 장미로 인정하고 그에 따라 현재를 즐기는 것, 이것이야말로 우리가 현실적인 것과 화해하는 이성적 통찰인 것이다." 또한 Hegel, *Hegel's Logic*, trans. William Wallace (Oxford: Oxford University Press, 1975) (이하 *Lesser Logic*) §6 참조. "유사하게, 그것은 이런 조화의 규명을 통해서 자기의식적 이성과 세계 속에 존재하는 이성과의 화해를 야기하는 철학적 학문의 최고이자 궁극 목적으로 수용될 수 있다."

17. William Earle, "Hegel and Some Contemporary Philosophies", *Philosophy and Phenomenological Research* 20 (1959-60), 352-64; Pantschu Russew, "Hegel im Schatten des Irrationalismus", *Hegel-Jahrbuch* (1971), 300-305; Georg Lukács, *Die Zerstörung der Vernunft: Irrationalismus zwischen den Revolutionen*, vol. 1 (Darmstadt: Hermann Luchterhand, 1962, 1973), 특히 2장, "Die Begründung des Irrationalismus in der Periode zwischen zwei Revolutionen (1789-1848)", 84ff.

18. Robert Solomon, *In the Spirit of Hegel* (New York: Oxford University Press, 1987),

I

대체 어떤 역사적 사건들이 헤겔을 실존주의적 전통에서 멀어지게 하는 역할을 수행했는지는 제쳐두고자 한다.[19] 다만 지금 내가 집중하려는 것은 헤겔 철학 자체에서 지금껏 그에게 대합리주의자라는 딱지가 붙게 된 원인에 대한 것이다. 헤겔을 계몽주의의 순진한 지지자로 보려는 경향은 분명 그의 유명한 주장인 "이성적인 것은 현실적인 것이고 현실적인 것은 이성적인 것이다"에 대한 광범위한 오해석에 주로 기인한 것이었다.[20] 헤겔의 격언에 대한 이 통상적인 이해는 루돌프 하임의 해석에 의해 유명해졌는데,[21] 그에 따르면 존재하거나 "현실적"으로 있는 모든 것은 그 자체의 이성과 내적 정당성을 갖는다. 따라서 존재하는 관행들과 제도들은 비난의 여지가 없어 보이게 된다.[22] 이것은 극단적인 보수주의와 냉담하면서도 한없이 낙천적인 신정론을 의미하는 것으로 보일 수도 있는데, 왜냐하면 우리는 이 격언에서 억압적인 제도들과 불필요한 인간적 고통의 정당화를 발견할 수도 있기 때문이다. 이 관점에서 보면, 모든 권한을 남용하는 전체주의 국가들은 자신들이 존재한다는 이유만으로 이성적일 수도 있는 것이다.[23]

··
    582 참조.

19. 카우프만은 이것의 원인으로 상당한 헤겔 신화의 위대한 전파인 키르케고르가 적개심을 품은 셸링의 제자였다는 사실을 지적한다. 셸링은 헤겔 철학의 성공에 질투심을 느꼈고 독일 학계에서 자신의 영향력이 쇠퇴하는 것에 낙담을 했던 인물이다. 카우프만은 말한다. "키르케고르를 통해서 셸링의 이름만을 알고 있는 수많은 20세기의 독자들은 헤겔에 대한 그의 악의적인 묘사가 역사적으로 정확하다고 당연하게 여겨왔다. 대부분의 사람들은 헤겔이 실존주의와 대립하고 있다고 여긴다." (Kaufmann, *Hegel: A Reinterpretation*, 290)

20. Hegel, *PR*, 서문, 10. 또한 *Lesser Logic*, §6, 9 참조.

21. Haym, *Hegel und seine Zeit*, 357ff. 또한 Popper, "What is Dialectic?" 413ff. 참조.

22. Russell, *History of Western Philosophy*, 702 참조. "그럼에도 불구하고 현실적인 것과 이성적인 것의 동일시는 불가피하게 '존재하는 것은 그 무엇이 됐든 옳다'는 믿음과 불가분하게 연결된 현실 안주의 감정으로 이어진다."

그와 같은 주장을 진지하게 제기하는 것은 일종의 순진한 휘그적 태도를 지지하는 것이자 계몽주의의 특징으로 추정되는 천진한 낙관주의의 우를 범하는 것과 같다.[24] 어쩌면 이성에 대한 과도한 믿음에 눈이 멀어, 헤겔은 자기를 둘러싼 세계의 명백한 악들, 특히 동시대 프로이센 국가의 악들을 보지 않기 위해 전적으로 무비판적이거나 무감각해졌는지도 모르겠다. 한 평론가는 다음과 같이 말한다. "계몽주의 이후 낙관주의의 분위기에서 몇몇 근대 철학자들을 제외한 대부분은 악마적인 것에 대해 무시하거나 부인해왔다. 헤겔 철학은──그것은 기독교의 종교적 낙관주의와 근대의 세속적 낙관주의를 통일한다──이 근대적 경향에 가장 근본적이고 그렇기에 가장 진지하게 접근한 이론이다."[25] 따라서 헤겔은 이성의 전능함에 대한 믿음으로 인해 문화, 역사 혹은 사회의 "악마적" 측면에 눈을 감았다고 알려졌다.

헤겔을 순진한 낙관주의자 혹은 19세기의 캉디드로 보는 이 견해는 여전히 매우 상식적이지만, 이것은 최근 해석가들이 명확히 했듯이 헤겔이 앞서 인용된 유명한, 아니 더 정확히 말해 악명 높은 구절을 통해 의미했던 것일 수는 없다.[26] 『엔치클로페디』에서 이 논쟁적인 격언을 다루면서, 헤겔

• •

23. *The Open Society and Its Enemies*, 113-20에서 이 구절과 관련된 포퍼의 분석을 참조하라. 또한 Russell, *History of Western Philosophy*, 711을 보라. "그런 것이 헤겔의 국가론이다. 즉 수용되기만 하면 아마도 상상할 수 있는 모든 내적 압제와 모든 외적 침략이 정당화되는 교설 말이다."

24. Walter Kaufmann, *Nietzsche: Philosopher, Psychologist, Antichrist* (Princeton: Princeton University Press, 1950), 108 참조. "사람들은 그렇게 많은 서구 사상가들의 피상적인 낙관주의를 반대하겠지만, 그렇다고 해서 부정적인 삶을 찬성하진 않을 것이다. 쇼펜하우어의 부정적 염세주의는 **통속적인 헤겔 철학의 피상적 낙관주의와** 더불어 [니체에 의해] 완전히 거부되어 버린다." (강조는 스튜어트)

25. Emil L. Fackenheim, "On the Actuality of the Rational and the Rationality of the Actual", *Review of Metaphysics* 23 (1969), 698.

26. Aveneri, *Hegel's Theory of the Modern State*, 115-31; M. W. Jackson, "Hegel, the Real and the Rational", *International Studies in Philosophy* 19 (1987), 11-19; Adriaan

은 자신이 존재하는 모든 것이 이성적이며 단지 그 존재만으로 비난의 여지가 없다는 것을 믿을 정도로 순진하지는 않다고 밝힌다. "그 누가 자신을 둘러싼 환경에서 마땅히 그러해야 하는 바와는 실제로 거리가 먼 많은 것들을 인식하기에 충분할 정도로 예리하지 않겠는가?"[27] 분명 헤겔은 불의들과 참극들 그리고 범죄들이 존재하며 이성적으로든 그렇지 않은 방식으로든 그것들을 정당화할 수 없음을 인정한다. 게다가 『법철학』의 한 구절에서, 그는 자신이 수용했다고 비난받는 이런 입장을 명확히 반박한다. 법에 대한 철학적 접근과 역사적 접근을 구분하면서, 그는 법과 제도는 그것들의 단순한 현존에 호소하고 세계 속에서 그것들의 역사적 기원들을 발견함으로써 정당화될 수 없다고 주장한다.

역사적 토대 위에서 사태를 정당화하려는 사람들이 외적인 환경에 기인하는 것과 개념에서 발생하는 것을 혼동할 때, 그들은 부지불식간에 자신들이 의도했던 것과는 완전히 반대되는 것을 얻게 된다. 한 제도의 성립이 그것이 처한 시대의 환경에서 전적으로 합목적적이고 필연적이었음을 보여주게 되면, 역사의 요구는 완수될 수 있다. 그러나 이것이 사태 자체의 보편적 정당화로 받아들여지게 되면, 그것은 정반대되는 것으로 판명 나게 된다. 왜냐하면 그런 환경들이 더 이상 존재하지 않게 된 이후로, 이제껏 정당화되었던 제도는 그 환경들의 소멸에 의해 자신의 의미와 권리를 상실하고 말기 때문이다.[28]

따라서 헤겔에게 역사적 정당화는 그 자체로는 실패하고 만다. 단순히

Peperzak, *Philosophy and Politics: A Commentary on the Preface to Hegel's "Philosophy of Right"* (Dordrecht: Nijhoff, 1987), 92-103; Allan W. Wood, *Hegel's Ethical Thought* (Cambridge: Cambridge University Press, 1990), 10ff. 참조.

27. Hegel, *Lesser Logic*, §6, 10.
28. Hegel, *PR*, §3 추가, 17.

한 제도의 역사적 기원을 드러내는 것은 그것을 정당화하기에 충분치 않다. 왜냐하면 우리는 이런 방식으로 모든 존재하는 제도들을 정당화할 수 있기 때문이다. "특수한 법이 환경들에 전적으로 근거지어지고 그것과 일치할 수 있으며 또 법적으로 형성된 현존하는 제도들과 일치한다고 여겨질 수 있지만, 그것은 자신의 본질적 특성에서는 그릇되고 비이성적일 수 있다."[29] 역사가는 단지 주어진 법을 그것의 특수한 사회역사적 맥락에서만 볼 수 있고, 따라서 결코 그것들을 비판적으로 판단할 수 없다. 반면에 헤겔이 보기에 철학자는 그 특수한 법들을 독립적인 기준, 즉 법 자체의 개념을 통해서 검토할 수 있다. 그러므로 그는 그 어떤 법이나 국가든 간에 그것이 존재만으로 정당하다는 주장에 대해서는 단호히 거부한다. 역사 속에 이성이 존재한다는 그의 일반적인 주장은 모든 개별적인 역사적 사건들이 이성적임을 의미하는 것으로 해석되어서는 안 된다. 개념으로서의 국가가 이성적이라는 그의 주장 역시 개별적으로 존재하는 모든 국가들이 이성적임을 의미하지 않는다. 그러나 분명한 건 이 오해석들이 순진하고 시대착오적인 계몽주의자로서의 헤겔에 대한 이미지를 촉진시켜왔다는 점이다.

확실히 "이성[Vernunft]"이란 용어에 대한 헤겔의 사용이 생각처럼 그렇게 항상 명확치는 않다. 그러나 헤겔은 그것이 "이념[Idee]"과 동의어라고 말한다.[30] 그의 철학에서, "이념"은 이중적인 개념이다. 그것은 한편으로 사유의 형식 혹은 추상적 개념이지만, 다른 한편으로 사유에 내재해 있는 이성이 현실에서 구현된 구체적 내용이기도 하다.[31] 그래서 이념은 추상적 개념과 이성에 의해 매개된 구체적 현실성의 결합이다. 이성이 추상적

· ·
29. Hegel, *PR*, §3 추가, 17.
30. Hegel, *PR*, 10 참조. "(이념과 동의어인) 이성성이 그것의 현실화와 더불어 외적 실존으로 접어들게 된 후로, 그것은 형식, 형태, 외양의 무한한 풍부함으로 나타난다."
31. Hegel, *PR*, 12 참조. "왜냐하면 가장 구체적인 의의에서 형식은 사변적 앎으로서의 이성이며, 내용은 윤리적이든 자연적이든 현실성의 실체적 본질로서의 이성이기 때문이다. 이렇게 알려진 두 개의 동일성이 바로 철학적 이념인 것이다."

개념인 동시에 구체적 현실성으로 있는 한, 그것은 이념과 동의어에 해당한다. 헤겔에게 있어 이처럼 다소 추상적인 이성 개념은 다음과 같은 방식으로 우리에게 더욱 친숙한 이성 개념(즉 반성이나 비판적 자기의식으로 이해된 이성)과 결합하게 된다. 즉 그에게 철학의 임무란 유토피아 혹은 우리 자신을 넘어선 어떤 세계를 정립하는 것이 아니라,[32] 현실 혹은 사실인 바의 것을 검토하고 그 속에서 이성을 발견하는 것이다. 구체적 내용의 잡다(manifold) 속에서 이성을 발견하기 위해서, 철학자는 이런 잡다를 개념적으로 이해해야만 한다. 헤겔은 자연 연구와 관련해서 "자연은 본질적으로 이성적이고, 지식이 개념들 속에서 탐구하고 파악해야 하는 것은 그 속에 있는 이처럼 현실적인 이성이라는 점을…… 사람들은 동의한다"고 적고 있다.[33] 그래서 헤겔이 보기에 사변 철학자의 임무는 반성과 비판을 통해 현실을 검토하고 그것에 내포된 합리성을 추론하는 것이다. 또한 이 비판적 반성을 통해 철학자는 그 합리성에 참여하게 되는 것이다. 따라서 헤겔에게 합리성은 반성에 대한 비판적 관찰의 의미 역시 띠게 된다. 이런 점에서, 헤겔의 합리성 개념은 소크라테스의 합리성과 유사한바, 그것은 변증법적 비판을 모든 제도들과 신념들에 적용함으로써 그것들이 이성적 토대에 의존하는지를 검토한다. 내가 분석하고자 하는 것이 바로 이 의미에서 이성에 대한 헤겔의 순전히 적극적인 평가로 알려진 것이다.

이 장에서, 나는 단지 헤겔이 앞서 말한 철학적 반성의 의미로 이해된 이성 자체의 소극적 측면뿐만 아니라 역사와 문화의 치명적 측면들도 인식하고 있음을 제시하고자 한다. 이것은 최소한 대합리주의자로서의 헤겔 신화가

<hr />

32. Hegel, *PR*, 10 참조. "철학이 이성적인 것을 탐구하는 것인 이래로, 바로 그 같은 이유로 인해 그것은 현재 있는 것과 현실적인 것을 파악하는 것이지, 존재한다고 여기거나 신만이 알고 있다거나 혹은 차라리 존재하고 있는 어떤 피안을 확립하는 것이 아니다. 그리고 설혹 그곳이 어딘지 완벽하게 말할 수 있다 하더라도 그것은 일면적이고 공허한 추론의 오류에 기인할 뿐이다."

33. Hegel, *PR*, 4.

완전히 묵살되지 않는 것이라 한다면 적어도 진지한 단서가 요구된다는 것을 우리에게 확신시키는 것으로 충분할 것이다. 물론 그것은 어느 정도로 헤겔이 이성의 덕으로 돌리고 얼마나 정확히 이성 개념을 그가 할당하고 있는지에 관해서는 열린 문제로 남겨둘 수 있다.[34] 이 논문이 바라는 게 있다면 단지 이런 신화를 거부하기 위한 충분한 근거들을 제공하고, 따라서 앞서 제시한 입장에 맞게 헤겔의 이성 옹호에 대한 재평가를 요청하는 것이다. 여기서 헤겔 철학에서의 이성과 합리성의 역할을 논하기 위해 헤겔 철학을 개괄하는 것은 불가능해 보인다. 그 대신 나의 논증 전략은 『정신현상학』에서 계몽주의와 종교 간의 불화를 설명하는 헤겔의 몇몇 구절들을 분석하는 것이 될 것이다.[35] 이처럼 매우 광범위한 개념들에 대한 헤겔의 사용과 이해를 개괄하지는 못해도, 이 분석은 우리에게 이 같은 헤겔 신화를 폭로하기 위한 충분한 반증을 제공하고, 우리가 그의 사유와 앞서 열거한 이른바 "반합리주의" 사상가들의 사유에 존재하는 연관성들을 볼 수 있게 해 줄 것이다.

　나는 헤겔이 어떤 측면으로든 반합리주의나 실존주의 운동의 중요한 선구자로 간주되지 않았다는 것을 암시하고 싶지는 않은데, 왜냐하면 이 연관성은 대부분의 지성사가들에게는 잘 알려진 사실이기 때문이다. 예컨대, 주인-노예 변증법[36]이나 불행한 의식[37]에 대한 헤겔의 설명은 확실히

· ·
34. 특정 종류의 신비주의나 비합리주의가 종종 헤겔에게 전가되기도 했는데, 이는 우리가 이 질문들에 완전히 답을 할 수 있기 전에 해명되어야 할 필요가 있겠다. Kroner, *Von Kant bis Hegel*, vol. 2, 270ff.; Russew, "Hegel im Schatten des Irrationalismus", 300-5; Lukács, *Die Zerstörung der Vernunft*, vol. 1, 84ff. 참조.
35. 『정신현상학』에서 인용된 모든 구절들은 밀러 번역본에서 사용된 것임을 주목하라. *Hegel's Phenomenology of Spirit*, trans. A. V. Miller (Oxford: Oxford University Press, 1977) (이하 *PhS*). 또한 그 문헌들에 표기된 것은 페이지 숫자가 아니라 밀러의 단락 표기 숫자임을 주의하라.
36. 이것은 알렉상드르 코제브가 고등연구원에서 행한 유명한 강의들(1933-39)에 의해 강하게 영향을 받은 것이었다. 그의 강의는 『헤겔 독해 입문』으로 출간된다.
37. Arthur Lessing, "Hegel and Existentialism: On Unhappiness", *The Personalist* 49

실존주의 철학 및 심리학에 심오한 영향을 끼쳐왔다. 그의 변증법적 방법론과 인간 지식의 정황성[situatedness]에 대한 견해 역시 실존주의자들 사이에서 긍정적인 반향을 일으켰다. 그렇지만 이성 문제와 관련하여, 헤겔은 그 어떤 이성에 대해서든 이 전통에 있는 평론가들에 의해 전형적인 증오의 대상으로 제시되어 왔다. 따라서 헤겔의 사유와 실존주의자들의 사유에서 발견될 수 있는 무수한 연속성들에도 불구하고, 중요한 차이는 이성에 대한 헤겔의 무반성적인 견해로 추정된 것에 놓여 있다고 통상 여겨지게 된다. 그것은 이성에 대한 실존주의자들의 교정적이고 냉철하며 비판적인 평가와는 대조적이다. 내가 보기에 이것은 이성에 대한 헤겔 신화의 한 부분인바, 그의 철학적 전집들[corpus] 중에 어느 정도 세심하게 선택된 중심지들[loci]에 있는 그의 이성 묘사를 분석함으로써 정체가 폭로될 수 있다.

II

『정신현상학』에서 「정신」장의 "자기소외된 정신"이란 제목의 내용을 보면, 계몽주의와 프랑스 혁명에 대한 확장된 설명을 발견하게 된다. 이 자료의 압도적인 부분은 계몽주의가 스스로 단순한 종교적 미신으로 여기는 것과 투쟁한 것을 설명하는 데 바쳐진다. 나는 어떻게 계몽주의가 종교의 요점을 잘못 파악하고 자신의 비판을 돋보이게 하려고 준비한 허수아비를 계속해서 세우는지에 대한 헤겔의 설명을 상세히 논하고 싶진 않다.[38] 이

(1968), 61-77 참조.

38. 헤겔의 설명에 따르면, 계몽주의는 신이 대상들 속에 있다는 자신의 자유주의적 믿음에 근거하여 종교를 묘사하지만, 이것은 허수아비 비판에 불과하다. 왜냐하면 종교에서 신은 문자 그대로 종교적 대상들 속에 있는 게 아니라, 오히려 이런 대상들이 단순히 상징적 가치만을 가지고 있기 때문이다. 따라서 계몽주의는 감각적 확실성과

구절들은 계몽주의의 합리성이 자신의 접근을 기독교에만 한정하고 이른바 허위 속에서 종교의 진리를 보는 데 실패한다는 사실만을 우리에게 보여준다. 게다가, 공포 정치기에 계몽주의 이성의 거리낌 없는 광기에 대한 헤겔의 비판에 대해서는, 그것이 이미 잘 기록되어 있기 때문에 더 논의할 의향은 없다.[39] 대신에 나는 이성의 치명적인 본성에 대한 헤겔의 인식을 가장 잘 묘사한다고 생각되는 『정신현상학』의 특정한 구절에 초점을 두고 싶다. 그렇지만 이 구절을 검토하기에 앞서, 헤겔이 전집들 중 또 다른 곳에서 똑같은 생각을 어떻게 표명했는지 살펴보는 것도 유용할 듯싶다.

헤겔은 『엔치클로페디』 논리학의 한 도발적인 주석에서 문화적 제도들에 대한 이성적 사유와 반성성의 파괴적 힘을 인정한다. 그는 다음과 같이 적었다.

경험적인 것에 대한 자기 자신의 강조를 부당하게도 종교에게 전가시킨다(*PhS*, §§552-53 참조). 게다가 계몽주의는 종교적 개종자의 믿음의 근거를 의문시하면서, 그 믿음을 우연한 역사적 사건들의 의심스러운 언어학적 증거들에 기초한 것으로 간주한다. 그러나 키르케고르에게 그랬듯이 헤겔의 경우에도, 실제로 참된 신자는 자신의 믿음을 언어학적이거나 역사적인 증거에 근거하지 않으며, 오히려 그 믿음의 기원이 개별 의식의 자기 성찰 속에 존재한다(*PhS*, §554 참조). Søren Kierkegaard, *Concluding Unscientific Postscript*, trans. Swenson and Lowrie (Princeton: Princeton University Press, 1941), 29ff. 참조.

39. Jean Hyppolite, "La signification de la Révolution française dans la Phénoménologie de Hegel", *Études sur Marx et Hegel* (Paris: Librairie Marcel Riviére et Cie, 1955), 45-81; Danko Grlic, "Revolution und Terror (Zum Kapitel 'Die absolute Freiheit und der Schrecken' aus Hegels Phänomenologie des Geistes)", *Praxis* 8 (1971), 49-61; K.-H. Nusser, "Die französische Revolution und Hegels Phänomenologie des Geistes", *Philosophisches Jahrbuch der Görres-Gesellschaft* 77 (1970), 276-96; Wilfred Ver Eecke, "Hegel's Dialectic Analysis of the French Revolution", *Hegel-Jahrbuch* (1975), 561-67; Joachim Ritter, *Hegel und die Französische Revolution* (Frankfurt: Suhrkamp, 1965); Jürgen Habermas, "Hegels Kritik der Französische Revolution", *Theorie und Praxis* Frankfurt: Suhrkamp, 1971), 126-47.(영어판으로는 *Theory and Practice*, trans. J. Viertel [Boston: Beacon Press, 1973])

보다 이전 시기에 인간은 사유하는 것을 해롭다고 여기지 않았다. 그들은 자유롭고 두려움 없이 사유했다. 그들은 신과 자연 그리고 국가에 대해 사유했다. 그리고 진리의 지식은 사유를 통해서만 획득될 수 있다고 확신했으며 감각이나 어떤 임의적인 관념 혹은 의견으로는 그것이 불가능하다고 여겼다. 하지만 그들이 그렇게 여기는 동안, 삶의 주요한 법령들이 그들의 결론들에 의해 심각하게 영향을 받기 시작했다. 사유는 현존하는 제도들의 힘을 박탈했다. 법들은 사유의 희생양이 되었다. 종교는 사유에 의해 암살당했다. 항상 계시로 여겨져 왔던 확고한 종교적 믿음들은 약화되었고 다수의 심중에서 낡은 신념은 전복되었다. 예컨대 그리스 철학자들은 오랜 종교의 적대자들이 되었고 그 믿음들을 파괴했다.[40]

여기서 헤겔은 철학적 반성을 주로 사회와 문화의 다양한 측면들에 파괴적인 영향을 미치는 것으로 묘사한다. 이성이 사회적 질서 속에서 특수한 제도들을 검토하고 그것들이 실행되기를 요구할 때, 이성은 언제나 그것들 중 다수가 이성적 정당성을 결하고 있음을 발견한다. 이성의 관점에서 보면, 문제의 그 제도들은 자의적으로 보이고 더 이상 정당한 것으로 여겨지지 않는다. 이 점에서 그 제도들은 문화적 의미를 상실하고 점차 폐기되기에 이른다. 따라서 이성과 반성적 사유는 전통사회들에서는 파괴적 힘으로 작용한다. 헤겔은 이처럼 일깨우는 합리성의 동학을 그리스 시대의 전통적 믿음들과 풍습들을 파괴하는 것으로서 간주한다. 이성의 파괴적 본성에 대한 이와 똑같은 생각이 『정신현상학』에서 표현되지만, 거기서는 이성과 반성이 상이한 방식으로 특징지어진다.

『정신현상학』의 「정신」장 "자기소외된 정신"의 부분에서, 헤겔은 의심 많은 학문적 이성이 종교와 윤리적 삶의 전통적 영역을 미묘하게 잠식해 들어가는 것을 묘사하기 위해 도발적이고 약간은 놀라운 은유들을 사용한다.

40. Hegel, *Lesser Logic*, §19, 추가.

그는 다음과 같이 적는다.

> 순수한 통찰의 소통이 조용한 확장 혹은 확산에 비견되는 것은 이런
> 이유 때문이다. 그것은 말하자면 고요한 대기 중에 퍼져 나가는 향기
> 같은 것이다. 그것은 그전까지는 자신이 침투해 들어가는 무차별적인
> 요소들에 대립되는 것으로 주목받지 못하고 그렇기 때문에 막을 수도
> 없는 그런 침투성 좋은 전염병이다. 부주의하게 그 영향력에 굴복한
> 의식이 그것을 자각했을 때는 이미 전염병이 확산되고 난 후이다.[41]

여기서 그는 이성을 지칭하는 두 개의 은유를 사용하는데, 향기와 전염병
이 그것이다. 향기와 마찬가지로, 헤겔이 계몽주의 이성의 동의어로 사용하
는 "순수한 통찰"은 처음에는 손상됨이 없이 우리의 인륜적 삶의 모체를
형성하는 사유와 행위의 방식으로 기능한다. 종교는 이성이 침투해 들어가는
수동적이고 "고요한 대기"의 부분일 뿐인데, 왜냐하면 종교는 자신이 가장
끔찍이 여기는 믿음들과 제도들에 합리성이 가하는 임박한 위험을 눈치채지
못하기 때문이다. 그러나 이성은 향기처럼 점차 문화의 모든 측면에 조용하
고 은밀하게 퍼져나간다.

그런 뒤 헤겔은 대기 중에 퍼지는 향기의 온화한 확산이라는 은유를
전염병이라는 확실히 부정적인 이미지의 은유로 바꾼다. 이 은유에 따르면,
정신은 해로운 힘, 즉 불치병에 의해 내면에서 공격받는 유기적 체계로
인식된다. 하지만 이 질병은 잠복해 있으며 예후에 대한 뛰어난 감각을
지닌 정신적 의사들조차 오랫동안 감지하지 못한 채로 남아 있다. 그 병이
결국 감지될 때는, 이미 그것으로부터 엄청난 재난과 항구적 피해가 발생한
후의 일이 되고 만다.

●●
41. Hegel, *PhS*, §545.

결국 의식이 순수한 통찰을 인식하게 될 때쯤이면, 후자는 이미 퍼져있 게 된다. 그것에 대한 싸움은 전염병이 발생했다는 사실을 드러낼 뿐이다. 투쟁은 너무 늦게 되고 모든 약들은 그 질병을 악화시킬 따름인데, 왜냐하 면 그것이 정신적 삶의 골수, 즉 의식의 개념 혹은 의식의 순수한 본질 자체를 장악해버렸기 때문이다. 그러므로 의식에게는 그 질병을 극복할 수 있는 어떤 힘도 존재하지 않는다.[42]

자기를 인식하는 것이 원죄 이후에나 생겨나는 것과 마찬가지로, 이성의 파괴적 본성에 대한 인식 또한 피해를 입은 후에야 발생하게 된다. 여기서 이성의 가차 없는 공격으로부터 종교를 구제하기 위한 치료약들은 효과가 없는데, 그도 그럴 것이 종교는 스스로를 방어하기 위해 이성의 도구들을 사용할 수밖에 없고, 따라서 시작부터 자신을 내주는 꼴이 되기 때문이다. 종교는 이러한 과학적 합리성의 시험에 자신이 견딜 수 있음을 보여주기 위해 합리적 논증과 학문적 이성을 가지고 자신을 정당화하려고 시도한다. 그렇지만 이것은 방어나 치료의 시도가 완전히 실기했음을 보여줄 뿐인데, 왜냐하면 종교의 옹호자들조차도 부지불식간에 계몽주의 합리성과 그 방법 론의 기초를 자신들의 진리 기준으로 삼고서 수용하기에 이르기 때문이다.[43] 따라서 그 질병은 악화될 수밖에 없다. 종교의 옹호자들은 효과적인 방어를 세우기는커녕 자신도 모르는 새에 적들의 동맹자가 되어 버린다. 종교의 기준으로 이성을 사용함으로써, 종교는 스스로를 파괴한다. 왜냐하면 종교 의 핵심에는 그 본성상 논리적 범주들과 합리적 설명으로 환원될 수 없는 신비와 계시가 자리하기 때문이다. 그때까지 이성이 우리의 사유방식에 침투해 들어왔기 때문에 우리로서는 실행 가능한 선택지로서 그 밖의 다른

• •
42. Hegel, *PhS*, §545.
43. *Concluding Unscientific Postscript*, 39ff.에 있는 이성신학에 대한 키르케고르의 비판 을 참조하라.

것들을 상상할 수조차 없게 된다. 헤겔이 말했듯이, 이성은 "정신적 삶의 골수를 장악해 버렸다." 따라서 종교의 정신적 삶은 사유라는 낯선 원리에 의해 감염되어 스스로 방어조차 할 수 없기 때문에 결코 구제될 수 없게 된다. 여기서 이성은 확실히 미묘하고 은밀하며 파괴적인 것으로 묘사되고 있으며, 이 설명은 위에서 개괄한 이성의 전폭적 지지라는 헤겔 신화와는 명백히 반대된다.

또한 헤겔은 종교의 굴복 이후 이성의 지위를 묘사하기 위해 성경에 나오는 뱀의 이미지를 사용한다. 미혹에서 깨어난 이들에게, 종교는 어떤 실체적 의미도 갖지 않은 속빈 강정으로만 남게 되고 단지 기억과 역사책에서만 살아있을 뿐이다. "그렇기에 오로지 기억만이 정신의 이전 모습의 죽은 형태를 사라진 역사로서 간직할 뿐이다. 그리고 숭배를 위해 높은 곳으로 기어 올라간 지혜의 새로운 뱀은 이런 식으로 고통 없이 자신의 낡은 껍질을 벗어던진다."[44] 여기서 이성은 뱀이 자신의 허물을 벗듯이 종교와 미신으로부터 스스로를 방면한다. 종교는 그것이 더는 사용되지 않을 때 사라지고 마는 정신의 죽은 형태에 불과하다. 이 이미지는 사실상 종교와 이성이 어떤 점에서는 같은 것, 즉 새로운 형태를 띤 똑같은 뱀이란 사실을 암시한다. 그래서 이처럼 새로운 형태의 종교는 낡은 형태를 단순히 대체한다.[45] 도스토옙스키는 자신이 보기에 런던시의 북적임 속에 체현된 기술과 학문적 합리성에 대한 열광적인 믿음을 새로운 형태의 종교적 긍정으로 묘사한다. "당신은 그 인상에 복종하거나 항복하지 않으려면, 그 사실에 굽실거리지 않으려면, 그리고 바알을 숭배하지 않으려면, 엄청난 정신적 용기와 거부가 불가피하다고 느끼는군."[46] 도스토옙스키에게, 과학과 이성은 헤겔에게 그것들이 지혜

· ·
44. Hegel, *PhS*, §545.
45. 니체는 학문을 신이나 기적과 같은 종교의 믿음을 이성이나 인과성과 같은 학문 자체의 일련의 믿음들로 대체하는 것으로 여긴다. *The Gay Science*, trans. Walter Kaufmann (New York; Vintage, 1974), §§344, 372 참조.
46. Fyodor Dostoevsky, *Notes from Underground and The Grand Inquisitor*, trans. Ralph

의 새로운 뱀인 것과 마찬가지로 런던을 타락시킨 새로운 바알인 셈이다. 두 이미지는 기만과 유혹을 암시하며, 양자 모두 이성의 치명적인 측면을 정확히 보여준다.

Ⅲ

이성을 아픔과 질병으로 은유한 것은 합리성의 만연하고 유해한 힘을 단호하게 강조하는 유럽의 철학적 전통에 서 있는 최근의 사상가들과 헤겔을 연결시켜준다. 이런 질병의 은유는 실존주의와 현상학의 철학적이고 문학적인 학파들에겐 지배적인 것이었다. 단지 나는 소수의 사상가들에서 이 이미지를 추적함으로써 그들이 이 은유를 헤겔과 똑같이 이성의 파괴적이고 치명적인 힘을 표현하기 위한 것으로 사용한다는 점을 보여주고자 한다. 내가 헤겔과 "비합리주의자들"이 질병이란 은유를 유사하게 사용한다는 점을 지적한다고 해서, 후자가 의식적으로 헤겔의 은유를 사용했다든지 심지어 그들이 앞서 인용된 구절을 읽었다든지 하는 것을 암시하려는 것은 아니다. 나의 주장은 분명 이 은유 속에 놓일 수 있는 이성과 그 효과의 문제와 관련하여 언어와 의미에서의 유사성이 드러내주는 것을 제시하는 데 있을 뿐이다. 그것은 헤겔이 "비합리주의자들"과 더 많은 공통점을 갖는다는 것이며, 종종 묘사되듯이 헤겔이 이성의 순진한 옹호자는 아니라는 것이다. 따라서 질병의 은유에 대한 이 분석은 이 이성 문제와 관련하여 이제까지 잘 드러나지 않았던 헤겔과 저 전통 사이의 연관성을 규명하는 데 도움이 될 것이다.[47]

∙∙

E. Matlaw (New York: Meridian Books, 1960), 182.

47. 헤겔에 있어 "이성의 신화"는 이런 연관이 질병이란 은유를 통해서는 아니지만 종종 언급되어왔음에도 불구하고 끈질기게 퍼져 지속되었다. Maurice Merleau-Ponty, "Hegel's Existentialism", *Sense and Nonsense*, trans. H. L. Dreyfus and P. A. Dreyfus

근대 과학, 합리성 그리고 자신들의 기치를 내걸고 활동했던 맑스주의, 공리주의, 사회주의적 유토피아주의 등등의 학파에 대한 도스토옙스키의 비판은 잘 알려져 있다. 『지하로부터의 수기』에서 지하생활자를 통한 이런 비판의 묘사는 위에 언급한 헤겔의 구절과 비교를 요구하는 흥미로운 형식을 취하고 있다. 도스토옙스키의 지하생활자는 반성성이라는 질병 혹은 그가 평범한 사람과 구별하기 위해 명명한 "과잉의식(hyperconsciousness)"으로 인해 고통스러워하는 것으로 스스로를 묘사한다. 지하생활자는 말한다. "당신들에게 맹세컨대, 과잉된 의식은 하나의 병이며, 실로 확실한 질병이다. ⋯⋯ 나는 의식의 과잉뿐만 아니라 여하한 의식조차도 일종의 질병임을 확신한다."[48] 여기서 우리는 자기의식의 형태로 있는 비판적 합리성을 보게 되는데, 그것은 지하생활자가 말하듯이 행동을 가로막고 사교를 불가능하게 하는 부정적이고 치명적인 과잉의식으로 이끈다. 일종의 질병처럼, 의식은 악의 없고 별 생각 없이 단순한 반성으로 시작하지만 그런 뒤에는 개인의 삶과 사회적 상호작용들을 포괄적으로 재평가한다. 이 병에 걸리고 나면, 우리는 풍습과 습관의 소박한 전반성적 삶으로 되돌아갈 수 없다. 반성은 개인을 무기력하게 만드는 효과를 지니며, 그는 더 이상 공동체적 삶에 직접적으로 참여하고 그것을 향유할 수 없게 된다. 그것은 인간적 상호작용을 희미하게나마 시도하려는 지하생활자를 무력하게 만든다. 그것은 평범한 사람들과의 모든 접촉에서 소외시킴으로써 그를 애처롭고 무기력한 인텔리로 만든다. 따라서 지하생활자의 동창들이 겪는 무반성적인 삶들조차도 그것들이 과잉의식의 질병에 감염되지 않은 채 자발적으로 사교계에 참여할 수 있고 그것의 피상성이나 이성적 토대의 결핍과 무관하게 일종의 직접적

• •

　　(Evanston: Northwestern University Press, 1964), 63 참조. "비합리적인 것을 해명하고 그것을 오늘날의 과제로 남아 있는 확장된 이성과 통합하려는 노력을 시도한 사람은 바로 그[즉 헤겔]였다." Kroner, *Von Kant bis Hegel*, vol. 2, 270 참조. "그러므로 헤겔 사상의 합리주의는 자기 자신 안에 비합리주의를 포함하고 있는 것이다."

48. Dostoevsky, *Notes from Underground*, 6.

우애를 획득할 수 있는 한, 매력적으로 보이기 시작한다.

　과학성, 객관적 사유 그리고 합리성이란 개념은 알다시피 키르케고르의 비판 대상이었다. 『죽음에 이르는 병』에서, 그는 놀라울 정도로 도스토옙스키의 설명과 유사한 방식으로 이성적 반성을 질병이란 은유로 장황하게 펼쳐낸다.[49] 서문에서 키르케고르는 "마지막으로 한 번 더 내가 이 책 전체를 통해서 지적하고 싶은 점은, 제목이 암시하는 것처럼 절망이 곧 병으로 해석된다는 것이다"고 적었다.[50] 도스토옙스키의 지하생활자가 과잉의식이라는 질병의 증상인 절망으로부터 고통을 겪은 것과 마찬가지로, 절망은 키르케고르에게 이성적 반성과 강하게 결합되어 있다.[51] "의식은 결정적이다."[52] 절망이라는 "변증법적 질병"의 확산은 키르케고르의 절망의 현상학이라 간주될 수 있는 것에서 추적된다. 절망의 수직적 경로를 분석하게 되면, 절망의 정도와 그에 따른 질병의 정도가 의식의 정도와 상관이 있음을 알 수 있다. "끊임없이 증가하는 절망의 강도는 의식의 정도에 의존하거나 혹은 의식의 증가에 비례한다. 의식의 정도가 크면 클수록 절망의 강도 또한 증대된다."[53] 증대된 반성과 합리성은 여기서 다시금 질병의 확산으로 묘사된다.

　『비극의 탄생』에서 니체는 자기반성과 이성이 소크라테스로 하여금

● ●

49. 이런 유사성들에 대한 흥미로운 설명으로는, Geoffrey Clive, "The Sickness unto Death in the Underworld: A Study of Nihilism", *Harvard Theological Review* 51 (1958), 135-67을 보라.

50. Søren Kierkegaard, *The Sickness unto Death: A Christian Psychological Exposition for Upbuilding and Awakening*, ed. and trans. Howard V. Hong and Edna H. Hong (Princeton: Rrinceton University Press, 1980), 6.

51. Clive, "The Sickness unto Death", 141 참조. "궁극적으로 절망의 모든 형식은……비록 키르케고르가 상당할 정도의 자기반성과 인식을 전제하는 징후에 초점을 두긴 했지만 어쨌든 질병과 관련되어 있다. 그렇기에 그가 절망을 검토하는 측면들의 대부분은 열에 들뜬 듯한 의식을 지닌 지하생활자와 특히 밀접한 관련을 맺고 있다."

52. Kierkegaard, *The Sickness unto Death*, 29.

53. 같은 책, 42.

그리스적 삶의 관습과 전통에 자신의 실존에 대한 자기-정당화적인 이성적 설명을 부여하도록 요구하게끔 했다고 주장하고, 이 문화적 운동을 묘사하면서 똑같은 질병의 은유를 사용한다.[54] 이 요구와 더불어, 결국 소크라테스적 합리성은 사티로스 코러스에서 울려 퍼진 그리스 비극의 직접적인 태곳적 본성을 파괴시켰다. 니체가 보기에 코러스는 원초적으로 "비합리적"인 그리스의 제도들 중 하나로서, 추종자들이 도취한 참가자들의 공동체 속에서 "신비적인 일체감"[55]이나 "원초적 통일"[56]을 발견했던 도취적이고 탐닉적인 디오니소스 축제에서 기인한 것이다. 그는 "바로 이 소크라테스주의가 퇴락, 전염병에 따른 무력함, 본능의 무정부적 소멸의 징조가 아니겠는가?"라고 적었다.[57] 소크라테스가 구현한 것으로서 니체가 "세계의 논리와 논리화"[58]로 부른 새로운 학문적 합리성은 그리스 비극에 그리고 비극이 공론장을 제공한 직접적인 비합리적 충동에 돌이킬 수 없는 전염병의 역할을 수행했다. 반성성이 등장하자마자, 전체와의 직접적인 통일은 파괴되었고 개별화라는 아폴론의 원리가 다시 자리 잡았다. 그 질병은 치명적이었다. 따라서 합리성과 학문은 그리스 비극을 파괴했고, 이 개별성을 극복하고 원초적 보편성과 조화에 몰입하는 것을 목표로 하는 모든 직접적인 예술 형태들을 위협했다. 그리스 세계에 하나의 질병이었던 과학적이고 소크라테스적인 합리성은 대체로 서구사회에 전염병을 확산시켰다.

우리는 학문의 비의를 전수한 소크라테스 이후, 어떻게 한 철학 학파가

54. 니체의 이런 은유에 대한 다소 상이한 설명에 대해서는, Kaufmann, *Nietzsche*, 107ff를 보라.
55. Friedrich Nietzsche, *The Birth of Tragedy and The Case of Wagner*, trans. Walter Kaufmann (New York: Vintage, 1967), 38.
56. 같은 책, 45.
57. 같은 책, 18. (강조는 스튜어트)
58. 같은 책, 21.

파도의 물결처럼 다른 학파를 계승하는지, 어떻게 지식의 갈망이 예측할 수 없는 보편성으로 학문 세계의 광범위한 영역에 도달했는지, 그래서 고귀한 재능을 가진 교양인들의 참된 의무가 되었는지, 그리고 학문을 드넓은 바다로 이끌어 거기로부터 완전히 추방할 수 없게 만들었는지 뚜렷이 목도하고 있다. …… 이러한 세계의 경향을 위해 소모된 에너지의 헤아릴 수 없는 총량이 지식에 봉사하는 데 쓰이지 않고 단지 실천적인 용도, 즉 개인들과 민족들의 이기주의적인 목적에 쓰였다고 상상해 본다면, 우리는 그 경우 세계적인 섬멸전들과 끊임없는 민족이동들이 자살을 일반적인 관행으로 만들 정도로 삶의 본능적 욕망을 약화시켰을 수도 있다는 점을 깨닫게 된다. …… 그런 **역병**의 숨결에 대한 치료제이자 예방제로서의 욕망을 말이다.[59]

니체가 보기에 서구의 학문적 합리성은 인류의 운명을 향상시키는 데 쓰인 것이 아니라, 오히려 점증하는 전염병처럼 점점 더 파괴적인 힘으로 작용해왔다.[60]

카뮈도 이성을 비판하기 위해 똑같은 은유를 사용한다. 그는 『시시포스 신화』 서문에서 자신의 탐구 목적을 다음과 같이 적었다. "여기서는 단지 순수한 상태에서 **지적인 병폐**의 묘사만이 발견될 것이다."[61] 이 지적인 병폐는 의식과 반성성에서 유래한다. "왜냐하면 모든 것은 의식에서 비롯되고 그것을 거치지 않은 어떤 것도 무가치하게 되기 때문이다."[62] 우리가

· ·
59. 같은 책, 96-97. (강조는 스튜어트)
60. 헤겔과 『비극의 탄생』의 니체 간의 흥미로운 유사점을 다수 보여주었음에도 불구하고, 블라셰는 다수의 헤겔-니체 연구가 지니는 특징을 답습하면서 이런 유사성을 주목하는 데 실패한다. Siegfried Blasche, "Hegelianismus im Umfeld von Nietzsches Geburt der Tragödie", *Nietzsche-Studien* 15 (1986), 59-71.
61. Albert Camus, *The Mythe of Sisyphus and Other Essays*, trans. Justin O'Brien (New York: Random House, 1975), 2.
62. 같은 책, 13.

일상의 반복과 습관에서 무언가 어긋남을 느끼고 우리의 목적과 계획이 우연적임을 깨닫게 되는 것은, 여기서 카뮈가 "의식"으로 묘사하고 있는 이성이나 반성성을 거침으로써 가능해진다. 초월적 가치들을 약화시키고 우리가 인간 실존의 부조리를 보게끔 해주는 보편적으로 비판적인 도구로서 의식과 이성의 사용을 묘사하기 위해 사용된 지배적 은유가 바로 질병이라는 은유다. 카뮈의 『페스트』에서 등장인물인 타루 역시 자기반성을 질병과 동일시한다. 그는 이성과 반성성이 자신의 발목을 잡기 전까지 자신이 일마나 오랫동안 순수하게 살아왔는지를 설명한다. "그러다가 어느 날 나는 생각하기 시작했습니다."[63] 그는 용맹한 의사 리외에 대해 설명한다. "나는 이 도시에 와서 그 전염병과 맞닥뜨리기 훨씬 전부터 이미 페스트에 시달렸던 셈이었죠."[64] 그가 언급하는 페스트는 오랑 시에 영향을 미친 질병이 아니라 오히려 반성성이라는 질병을 의미한다. 여기서 카뮈는 페스트를 실존주의적 영웅 타루의 삶을 재형성하고 오랑 시민들의 안일함과 반성의 결여에 충격을 가하는 자기반성의 원인 혹은 계기의 적절한 상징으로 사용한다. 도스토옙스키처럼, 카뮈는 인간의 통합에 대한 향수 및 우주에 대한 이해와, 해방으로 이끄는 긍정적 통찰로서의 우리의 요구에 대한 우주의 전적인 무관심 사이의 어긋남이 또렷해짐을 조망한다. 그렇다면 목표는 니체가 명명한 "형이상학적 만족"의 특정 형태로 되돌아가는 것이 아니라, 인간 조건의 역설적이거나 부조리한 본성에 지속적으로 관심을 기울이는 것이다. 카뮈는 "중요한 것은······ 질병이 치유되는 것이 아니라 그것과 함께 살아가는 것이다"라고 적는다.[65] 카뮈가 보기에, 대다수 실존주의 철학자들은 그가 일컬은 "철학적 자살"에 책임이 있는데, 왜냐하면 그들은 부조리에 대한 원초적 인정 대신에 희망의 어떤 형태를 부여함으로써 이런

• •
63. Albert Camus, *The Plague*, trans. Stuart Gilbert (New York: Random House, 1974), 245.
64. 같은 책.
65. 같은 책, 38.

병의 치유법을 제시하기 때문이다. 여기서 그 질병은 비판적 이성에 의해 우리의 희망과 가치에 대한 세계의 무심함을 인식하는 것이며, 실존주의적 임무는 이 인식을 가지고 분연히 살아가는 것이다.

사르트르는 이성의 사용을 거친 의식의 인식을 기술하기 위해 특수한 종류의 질병 ─ 구토 ─ 을 은유로 사용한다.[66] 소설 『구토』에서 사르트르의 1인칭 화자인 로캉탱은 자기가 처한 상태의 기원을 다음과 같이 설명한다. "무언가가 나에게 발생했고, 나는 더 이상 그것을 의심할 수 없다. 그것은 일상의 확실성이나 분명한 어떤 것처럼 생겨난 게 아니라 마치 병에 걸린 듯이 닥쳐왔다."[67] 페스트와 마찬가지로 구토는 비밀스럽고 예기치 않게 다가오는 의식의 질병이다. 구토는 은밀하고 치명적인 방식으로 로캉탱에게서 생긴다. 우리의 실존의 사실성이 진부하다는 것을 고찰할 때, 우리는 구토를 느낀다. 우리가 이성과 반성을 통해 초월적 의미의 결여나 자신을 둘러싼 세계의 무상함을 깨달을 때, 그 질병이 엄습한다. 반성성의 질병은 인간 실존의 우연성을 깨닫게 해주고 여하한 신적 의미 대신에 인간적 가치를 상정하는 실존주의적 요구를 낳는다. 실존의 무상함에 대한 로캉탱의 이성적 반성은 세계 속에서 행위할 수 있는 그의 능력을 가로막는다. 그는 글을 쓰려는 자신의 시도가 실패했음을 다음과 같이 묘사한다. "엄청난 고통이 갑자기 나에게 밀려왔고 펜이 잉크를 칙칙 뿌리며 내 손에서 떨어졌다. 도대체 무슨 일이지? 내가 구토를 느낀 건가?"[68] 구토로 인한 어지러움은 의식의 과도한 반성성에 의해 생겨난다. 도스토옙스키의 지하생활자처럼, 로캉탱은 본인의 말이 입증하듯이 의식의 과잉을 보인다.

존재하는 것의 이런 느낌은 얼마나 구불구불한가! 나는 천천히 그것을

●●
66. Nietzsche, *Birth of Tragedy*, §7 참조.
67. Jean-Paul Sartre, *Nausea*, trans. Lloyd Alexander (New York: New Directions, 1964), 4. (강조는 스튜어트)
68. 같은 책, 96.

풀어 본다. …… 생각한다는 것을 그칠 수만 있다면! 나는 그것을 시도하고, 성공한다. 나의 머리는 연기로 꽉 차있는 느낌이다. …… 그런데 그게 또다시 시작한다. "연기…… 생각하지 않기…… 생각하기 싫다…… 생각하기 싫다고 나는 생각한다. 그러나 나는 생각하기 싫다고 생각해서는 안 된다. 왜냐하면 그것 역시 하나의 생각이니까." 그런데 과연 생각의 끝이란 게 있기는 한 걸까?[69]

정신적 노력에도 불구하고, 로캉탱은 단순한 의지 행위인 반성성 혹은 구토라는 실존주의적 질병을 멈추게 할 수 없다. 대부분의 육체적 질병처럼, 구토는 제 갈 길을 갈 뿐이고 우리의 통제에서 벗어난다.

실존주의 전통에서 이 지배적 은유가 두루 사용된다는 것은 이성 개념과 관련하여 이 전통과 헤겔 사유 간에 접촉 혹은 중첩 지점이 있음을 보여준다. 이성을 질병이자 파괴적 힘으로 묘사한 헤겔은 그것의 어두운 측면을 분명히 인식했으며, 이 인식은 그를 실존주의자들 및 자칭 비합리주의자들과 연결해주고 순진한 계몽주의자라는 희화화와는 멀어지게 만든다. 헤겔과 유럽적 전통에 있는 이 후기 사상가들의 연관성은 이성의 확산을 묘사하기 위해 질병의 이미지를 공통으로 사용한다는 점에서 가장 명확하게 드러난다. 따라서 우리는 다른 것들과 마찬가지로 이 주제에 있어서 헤겔을, 비합리주의적 전통의 최대의 적이자 키르케고르와 쇼펜하우어의 가장 통렬한 반대자로서가 아니라, 사실상 실존주의 전통의 중요한 선구자로 간주할 수 있다. 그래서 이 통찰은 우리로 하여금 잘 알려진 헤겔 신화들 중 하나를 잠재우게 하고 이성 문제에 대한 헤겔의 의의를 재평가하게 해주는 새로운 기회를 제공한다. 헤겔 연구들이 영미철학 계에서 걸어온 까다롭고 논쟁적인 길은 그의 사유를 냉철하게 평가하려는 우리의 노력에 헤겔 텍스트가 갖는 고유한 어려움을 가중시켰을 뿐이다. 우리는 헤겔의 희화화들, 전설들 그리고 신화

69. 같은 책, 99(원본에서 일부 생략).

들을 무시할 수 있고 기꺼이 그러고자 하는 정도까지만, 그리고 우리가 그를 천사나 악마로, 캉디드나 히틀러로 보는 것을 멈추고자 할 정도까지만, 이것을 수행할 수 있다.[70]

..
70. Seeberger, *Hegel oder die Entwicklung des Geistes zur Freiheit*, 43 참조. "우선적으로 탄탄한 문헌연구를 기초로 독립적인 판단을 내리는 대신, 헤겔에 대한 여럿의 입을 거친 판단을 근거로 재판을 하는 식으로 무성의하게 추동된 헤겔 비판이 다반사가 되는 한, 그런 비판은 언제나 의심스러운 가치만을 지닐 뿐이다. 또한 헤겔의 철학에서 왕도가 있다면 그것은 고유한 연구와 고유한 숙고로 나가는 것이다. 헤겔에겐 관례가 되고 있는 것처럼 그의 책을 읽거나 혹은 최소한 사실적인 이해를 전제하지도 않은 채 그에 대한 공공연한 판결을 내리는 한, 그 판단의 기초는 항상 사태에 대한 불확실한 표상만을 드러내며 그런 식으로 대담하게 선언된 판단은 사실상 단순한 선입견에 지나지 않은 것으로 밝혀지게 된다."

참고 문헌

1. 헤겔 신화들의 전파자들

Abusch, Alexander. "Die Authorität der Vernunft." *Hegel-Jahrbuch*(1972), 68-80. 또한 Einheit 27(1972), 1297-1304에 수록.

Barker, Ernest. *Nietzsche AND Treitschke: The Worship of Power in Modern Germany*. Oxford: Oxford University Press, 1914.

──── . *Principles of Social and Political Thought*. Oxford: Oxford University Press, 1915.

Barrett, William. *Irrational Man: A Study in Existential Philosophy*. New York: Doubleday, 1958.

Beyer, Wilhelm Raimond. "Die List der Vernunft." *Deutsche Zeitschrift für Philosophie* 18(1970), 777-90.

Bowle, John. *Politics and Opinion in the 19th Century*. London: Cape, 1954.

Brann, Henry. "Hegel, Nietzsche and the Nazi Lesson." *Humanist* 12(1952), 179-82.

Bullock, Alan, *Hitler*. New York: Harper and Row, 1962.

Carritt, E. F. "Hegel and Prussianism." *Philosophy* 15(1940), 190-96, 315-17.

――. "Hegel's Sittlichkeit." *Proceedings of the Aristotelian Society* 36(1935-36), 223-35.

――. *Morals and Politics*. Oxford: Oxford University Press, 1935.

Coker, R. "Pluralistic Theories and The Attack upon State Sovereignty." in *Principles of Social and Political Theory*. Edited by Charles Edward Merriam. Oxford: Oxford University Press, 1932. 80-119.

Cole, George Douglas Howard. *Some Relations between Political and Economic Theory*. London: Macmillan, 1934.

d'Entréves, Alexander P. *The Notion of the State*. Oxford: Oxford University Press, 1967.

Drydyk, J. J. "Who Is Fooled by the Cunning of Reason?" *History and Theory* 24(1985), 147-69.

Ebenstein, William. *Great Political Thinkers*. New York: Rinehart, 1956.

Gordon, Scott. *Welfare, Justice and Freedom*. New York: Columbia University Press, 1980.

Hacker, Andrew. *Political Theory: Philosophy, Ideology, Science*. New York: Macmillan, 1961.

Haym, Rudolf. *Hegel und seine Zeit*. Berlin: Gaertner, 1857; Hildesheim: Georg OIMS, 1962에서 재판됨.

Heiden, Konrad. *Der Führer: Hitler's Rise to Power*. New York: Lexington Press, 1944.

Heller, Hermann. *Hegel und der nationale Machtstaatsgedanke*. deutschland. Leipzig: B. G. Teubner, 1921.

Hook, Sidney. "Hegel Rehabilitated." *Encounter* 24(1965), 53-58. 또한 *Hegel's Political Philosophy*. Edited by Walter Kaufmann. New York: Atherton Press, 1970. 55-70에 수록됨.

――. "Hegel and His Apologists." *Encounter* 26(1966), 84-91. 또한 *Hegel's Political Philosophy*. Edited by Walter Kauf mann. New York: Atherton Press, 1970. 87-105에 수록됨.

――. *From Hegel to Marx*. New York: Reynal and Hitchcock, 1936.

Huxley, Aldous. *Ends and Means: An Enquiry into the Nature of Ideals and into the Methods Employed for Their Realization*. London: Chatto and Windus, 1937.

Joad, Cyril Edwin Mitchinson. *Guide to the Philosophy of Morals and Politics*. London: Gollancz, 1938.

Joll, James. "Prussia and the German Problem 1830-1866." *New Cambridge Modern History*. Vol. 10. *The Zenith of European Power*. Edited by John Bury. Cambridge: Cambridge University Press, 1960. 493-522.

Kelly, Michael. *Hegel's Charlatanism Exposed*. London: Allen, 1911.

Kiesewetter, Hubert. *Von Hegel zu Hitler: Eine Analyse der Hegelschen Machtstaatsideologie und der politischen Wirkungsgeschichte des Rechts-Hegelianismus*. Hamburg: Hoffmann und Campe, 1974.

Kohn, Hans. *Prelude to Nation-State*. Princeton: Princeton University Press, 1967.

──── . "Political Theoy and the History of Ideas." *Journal of the History of Ideas* 25(1964), 303-7.

Kojève, Alexandre. *Introduction à la lecture de Hegel: Leçons sur la Phénoménologie de l'esprit professées de 1933 à 1939 à l'École des Hautes Études*. Collected and edited by Raymond Queneau. Paris: Gallimard, 1947. 영어판으로는, *Introduction to the Reading of Hegel*. Edited by Alan Bloom, translated by James H. Nichols, Jr. New York: Basic Books, 1969.

Kolakowski, Lesxzek. *Main Currents of Marxism*. Vol. 1. London: Oxford University Press, 1981.

Köstlin, Karl Reinhold von. *Hegel in philosophischer, politischer und nationaler Beziehung*. Tübingen: H. Laupp, 1870.

Koyré, Alexandre. "Hegel à Iéna(à propos de publications récentes)." *Revue philosophique de France* 59(1934), 274-83. 또한 *Revue d'histoire et de philosophie religieuse* 15(1935), 420-58에 수록됨.

Lange, Maximilian. "Hegels philosophische Rechtfertigung des Krieges." *Vergangenheit und Gegenwart* 30(1940), 264-72.

MacTaggert, J. M. E. *A Commentary on Hegel's Logic*. Cambridge: Cambridge University Press, 1911.

Maritain, Jacques. *La Philosophie Morale*. Paris: Gallimard, 1960.

McGovern, William Montgomery. *From Luther to Hitler: The History of Fascist-Nazi Political Philosophy*. Boston: Houghton Mifflin Co., 1941.

Mowrer, Edgar Ansel. *Germany Puts the Clock Back*. London: Penguin, 1938.

Neurath, Otto. "Wege der wissenschaftlichen Weltauffassung." *Erkenntnis* 1(1930-31), 106-25.

Oiserman, T. I. "Die Hegelische Philosophie als Lehre über die Macht der Vernunft." *Hegel-Jahrbuch*(1976), 113-21.

Pateman, C. *The Problem of Political Obligation.* New York: Wiley, 1979.

Popper, Karl. "What is Dialectic?" *Mind* 49(1940), 403-26.

──── . *The Open Society and Its Enemies.* Vol. 2. *The High Tide of Prophecy: Hegel, Marx and the Aftermath.* London: Routledge and Kegan Paul, 1944-45.

Russell, Bertrand. *History of Western Philosophy and Its Connection with Political and Social Circumstances from the Earliest Times to the Present Day.* London: George Allen & Unwin Ltd., 1961.

──── . *Philosophy and Politics.* London: Cambridge University Press, 1947.

──── . *Unpopular Essays.* London: Allen and Unwin, 1950.

──── . "Logic as the Essence of Philosophy." *Readings on Logic.* Edited by I. M. Copi and A. Gould. New York: Macmillan, 1972.

Ryle, Gilbert. "Critical Notice." *Mind* 55(1947): 167-72.

Shirer, William Lawrence. *The Rise and Fall of the Third Reich.* London: Secker and Warburg, 1961.

Stace, W. T. *The Philosophy of Hegel.* New York: Dover, 1955.

Topitsch, Ernst. *Die Sozialphiosophie Hegels als Heilslehre und Herrschaftsideologie.* Neuwied: Luchterhand, 1967.

Viereck, Peter. *Meta-Politics.* New York: Capricorn, 1965.

2. 헤겔 신화들의 비판자들

Ahrweiler, Georg. "Der Stellenwert faschistischer Hegel-Rezeption in der aktuellen Hegel-Kritik." *Hegel-Jahrbuch*(1977-78), 343-48.

Avineri, Shlomo. *Hegel and the Modern State.* Cambridge: Cambridge University Press, 1972.

Besnier, Jean-Michel. "Le droit international chez Kant et Hegel." *Archives de Philosophie du Droit* 32(1987), 85-99.

Black, Edward. "Hegel on War." *Monist* 57(1973), 570-83.

Breton, Stanislas. "Réel et rationnel dans la philosophie hégélienne." *La crise de la raison dans la pensée contemporaine*. Edmond Barbotin, et al. Paris-Bruge: Desclée de Brouwer, 1960. 213-15.

Dohrmann, Ralf, and Christoph Stein. "Der Begriff des Krieges bei Hegel und Clausewitz." *Hegel-Jahrbuch*(1984-85), 341-60.

Esposito, Joseph L. "Hegel, Absolute Knowledge, and the End of History." *Clio* 12(1983), 355-65.

Findlay, John. *The Philosophy of Hegel: An Introduction and Re-Examination*. New York: Collier, 1962.

Glockner, Hermann. "Thesis, Antithesis, Synthesis oder Ein-und-Andere, das Ganze und das Eine." *Beiträge zum Verständnis und zur Kritik Hegels*. *Hegel-Studien*. Vol. 2. Bonn: Bouvier, 1965. 135-41.

Grégoire, Franz. "Hegel et la primauté respective de la raison et du rationnel." *Revue néoscholastique de philosophie* 43(1945), 252-64.

Harris, H. S. "Hegel and the French Revolution." *Clio* 7(1977), 5-18.

Lucas, Hans-Christian. "Philosophie und Wirklichkeit: Einige Bemerkungen wider die Legende von Hegel als preußischen Staatsphilosophen." *Zeitschrift für Didaktik der Philosophe* 9(1987) 154-61.

Lucas, Hans-Christian, and Udo Rameil. "Furcht vor der Zensur?" *Hegel-Studien* 15(1980), 63-93.

Maurer, Reinhard Klemens. *Hegel und das Ende der Geschichte*. Stuttgart, Berlin: Kohlhammer, 1965; 2d ed., Freiburg: Karl Alber, 1980.

Merlan, Philipp. "Ist die 'These-Antithese-Synthese'-Formel unhegelisch?" *Archiv für die Geschichte der Philosophie* 53(1971), 35-40.

Mitias, Howard P. "Hegel on International Law." *Clio* 9(1980), 269-81. 또한 *Perspektiven der Philosophie* 10(1984), 37-51에 수록됨.

Mueller, Gustav E. *Hegel: The Man, His Vision and Work*. New York: Pageant Press, 1968.

Nederman, Cary J. "Sovereignty, War and the Corporation: Hegel on the Medieval Foundation of the Modern State." *Journal of Politics* 49(1987), 500-520.

Paolucci, Henry. "Hegel and the Nation State System of International Relations."

Hegel's Social and Political Thought. Edited by Donald Phillip Verene. Atlantic Highlands: Humanities Press, 1980, 155-66.

Philonenko, Alexis. "Éthique et guerre dans la pensée de Hegel." *Guerres et Paix* 4(1969), 7-18.

Reuvers, Hans-Bert. "Dialetik von Krieg und Frieden." *Annalen der Internationalen Gesellschaft für Dialektische Philosophie* 1(1983), 182-90.

Roth, Michael S. "A Problem of Recognition: Alexandre Kojève and the End of History." *History and Theory* 24(1985), 293-306.

Rothe, Barbara, and Andrée Törpe. "Das Wesen des Krieges bei Hegel und Clausewitz." *Deutsche Zeitschrift für Philosophie* 25(1977), 1331-43.

Schmitz, Kenneth. "Hegel on War and Peace." *Conceptions de la paix dans l'histoire de la philosophie*. Edited by Venant Caucy. Montreal: Éditions Montmorency, 1987. 127-40.

Seeberger, Wilhelm. "Vorurteile gegen Hegel." *Hegel oder die Entwicklung des Geistes zur Freiheit*. Stuttgart: Ernst Klett, 1961.

Smith, Constance I. "Hegel on War." *Journal of the History of Ideas* 26(1965), 282-85.

Smith, S. B. "Hegel's Views on War, the State and International Relations." *American Political Science Review* 77(1982), 624-32.

Solomon, Robert C. "Teaching Hegel." *Teaching Philosophy* 2(1977-78), 213-24.

Sönkel, Wolfgang. "Hegel und der Krieg." *Hegel-Jahrbuch*(1988), 242-50.

ten Bruggencate, H. G. "Hegel's Views on War." *Philosophical Quarterly* 1(1950), 58-60.

Trott zu Solz, Adam von. *Hegels Staatsphilosophie und das internationale Recht*. Göttingen: Vandenhoeck und Ruprecht, 1967.

Wroblewski, Jerzy. "Racionalidad de la realidad en la filosofía del derecho de Hegel y el dualismo de ser y deber." *Diálogos* 5(1968), 35-53.

옮긴이 후기

이제는 대안학교에서 아이들을 가르치고 있지만, 그전까지 대학원 수료 후 동네 도서관으로 매일 출근했던 당시에는 한 가지 사소한 고민이 있었다. 오늘은 어떤 책을 가지고 가야 하나? 꼭 필요하다고 생각해서 챙겨간 몇 권의 책들은 시급히 처리해야 할 작업들에 몰두하느라 집으로 돌아오는 길의 피곤한 어깨를 무겁게 내리누르는 임무만을 완수한 채 가방에 고이 놓여 있는 경우가 다반사였다. 문제는 그 고민과 회한이 내일도 반복된다는 점. 더욱이 그 책이 두툼한 전공서적일 경우 정말이지 굳은 결심을 하지 않는 한 가방 밖 세상의 환한 빛을 볼 확률은 더 낮아지기 마련이다.

서양철학에서 헤겔의 저서들이 차지했던 위상도 어쩌면 이와 비슷하지 않았을까? 방대한 분량의 저서들, 형이상학적 사변에서 자연과학적 분석에 이르기까지 손대지 않은 곳이 없을 정도로 관심을 보였던 다양한 주제들, 그 모든 주제를 관통하면서 현란한 어휘의 씨줄과 사변적 개념의 날줄로 얽히고 짜인 철학체계의 완성은 전공자들조차 쉽게 접근하기 어려운 성벽처럼 느껴왔던 것이 사실이다. 많은 이들은 이렇듯 "회의와 절망의 도정"에서 깊은 좌절을 느낀 채 이탈하거나, 요약본이나 개설서라는 손쉬운 우회적 지름길로 정상에 오르고자 했다. 헤겔 사후 수 백 년이 지난 오늘에 이르기까지 저 철학자의 이미지와 그의 사상에 수많은 신화적이고 전설적인 이미지들이 덧씌워진 것은 어찌 보면 당연한 일인지도 모른다.

신화적이고 전설적인 헤겔 이미지는 그의 유명한 또는 악명 높은 경구들과 다양하게 해석될 수 있는 종종 상반되기까지 한 진술들의 취합과 해석에서 자라났다. 예컨대 "정-반-합"이나 "동일성과 비동일성의 동일성"과 같은 짧은 경구라든지 "이성적인 것은 현실적이며, 현실적인 것은 이성적이다"라든가 "국가는 지상에 현존하는 신적 이념이다" 따위의 진술들이 그것이다. 여기에 헤겔이 명시적으로 그 같은 주장을 한 적이 없었다거나, "진리는 전체다"라는 또 다른 진술을 근거로 부분적이고 단편적인 해석을 경계하거나 혹은 "모든 철학은 시대의 아들이다"라는 상반된 구절을 제시하며 이제까지와는 다른 새로운 이미지를 부여하려는 시도들은 즉자적인 대응이자 동일한 방법론적 오류를 범한다는 점에서 무망한 것으로 보인다.

이 같은 상황에서 존 스튜어트가 편집 책임을 맡아 헤겔 철학의 각 분야별 전문가들의 논문들을 모아 출간한 『헤겔의 신화와 전설』은 실타래같이 얽힌 헤겔 철학의 난맥상을 풀어내는 데 적지 않은 학문적 기여를 하리라고 기대되는 책이다. 총 19명의 분야별 전문가들이 참여한 본 저서는 헤겔 철학과 관련하여 인식론, 형이상학, 정치철학, 역사철학 등 각각의 영역에서 쟁점이 되어 온 주제들을 묶어 헤겔과 관련된 각종 신화와 전설이 어떻게 탄생했고 어떻게 확대되었으며 또 어떻게 견고화되었는지를 설득력 있게 제시해 주고 있다. 따라서 저자들이 기대하고자 하는 이 책의 의도는 또 다른 헤겔, 새로운 헤겔, 진정한 헤겔 등 헤겔 철학의 진면목을 드러냄으로써 논쟁의 종지부를 찍는 데 있지 않다.

오히려 이 책의 장점은 우선 그간의 신화와 전설을 걷어내어 가급적 있는 그대로의 헤겔과 그의 사상을 선보임으로써 제대로 된 논쟁의 토대를 확보하려는 저자들의 노력이라고 할 수 있다. 우리는 종종 헤겔의 형이상학은 이제 낡은 것이 되었지만 그의 정치철학은 아직도 유효하다든가, 헤겔의 철학체계는 다분히 반동적이지만 그의 방법으로서의 변증법은 여전히 적실하다는 식의 이야기를 듣곤 한다. 하지만 부분과 전체, 내용과 형식을 이분법적으로 나누는 것에 대해 가장 경계했던 사상가가 헤겔이지 않았던가! 따라서 저자들의 접근 방식은 철학적, 분석적, 역사적, 비교학적, 문헌학적, 어원학적 방식 등으로 다양하지만 그 기저에는 학적 체계에 따른 맥락적 이해라는 기본적 자세가 전제되어 있음을 알 수 있다.

두 번째로 이 책은 단순히 헤겔을 긍정적으로 옹호하고 그의 사상을 만병통치약쯤으로 이해하는 변호론(apologism)의 입장과는 거리가 있다. 포스트 근대의 도래 이후 그간 근대적 병폐의 사상적 기원으로 헤겔을 주저 없이 지목하는 이들에게는 익숙한 것과의 거리두기가 헤겔에 대한 적극적인 변호론으로 보일 수는 있겠지만 말이다. 하지만 꼼꼼히 들여다보면 저자들의 일관된 신화 벗기기 작업 속에서도 미묘하지만 조금씩 엇갈리는 입장들의 차이가 드러난다. 예컨대 "이성적인 것"과 "현실적인 것"의 관계에 대한 경구의 해석에 있어, 파켄하임은 종교에 내포된 화해에 대한 철학적 해명이라는 선철학적이고 신학적인 맥락을 강조한 반면, 요벨은 헤겔 체계에서 제한적이고 열등한 종교적 측면을 넘어 철학적이고 논리적인 해석이 필요하다고 주장하며 맞서고 있다. 그리고 헤겔의 "전쟁관"과 관련하여, 아비네리와 월트는 헤겔의 사유에서 전쟁이 갖는 개념적 분석을 통해 그것이 국가주의와 전체주의의 이데올로기에 봉사하는 것이 아니라는 점을 주장하는 데는 공통된 입장을 견지하지만 전쟁의 개념적 정당화 여부에 대해서는 상이한 결론들로 갈라진다.

또한 이 논문집은 헤겔의 제자리 찾기라는 본래의 기획에 더해, 이처럼 새롭게 확보한 건설적인 논쟁의 지반을 발판으로 삼아 다른 철학사조들과의 대화를 모색하려는 시도를 제한적이나마 감행하고 있다. 특히 이 책의 편집 책임자인 존 스튜어트는 놀랍게도 헤겔과 실존주의의 깊은 연관성을 추적하고 있다. 키르케고르와 관련된 총서들의 발행을 책임질 정도로 덴마크의 반헤겔주의자(!)에 심취한 그는 두 철학자들의 관계에 대한 표준적인 해석과는 달리 키르케고르가 정작 비판한 것은 헤겔이 아닌 자국의 일부 헤겔주의자들이었다고 주장하면서 적극적인 관계 모색을 시도한 바 있다. 이 책에서도 그는 헤겔에 덧입혀진 "이성 신화"를 걷어내고 나면 이제껏 알고 있던 "대합리론자(archrationalist)"의 이미지는 실존주의를 필두로 이성 비판의 흐름을 계승하는 "비합리주의(irrationalism)" 전통의 선구자로 바뀌게 될 것이라고 말한다. 헤겔과 현대사상의 대화는 이제 막 개시했을 뿐이다. 그 풍부한 결실을 맺는데 이 책의 소개가 도움이 됐으면 하는 바람이다.

마지막으로 번역과 관련되어 부끄러운 자기고백을 하지 않을 수 없다. 개인적인 관심과 의욕만으로 원서를 들고 겁 없이 도서출판 b의 문을 두드린 지 벌써 몇 해가 지나갔다. 다행히도 출판사의 <헤겔 총서> 기획 덕분에 시리즈의 일부에 참여할 수 있는 기회를 얻었지만, 책이 나오기까지 긴 시간이 걸린 건 전적으로 역자의 역량 부족 탓이다. 많은 분들의 따끔한 충고와 따뜻한 격려 그리고 세심한 지원이 없었다면 이 책이 세상의 빛을 보지 못했을 거라는 말은 결코 허언이 아니다.

오랜 시간 동안 인내하며 부족한 역자에게 소중한 기회를 마련해 준 조기조 사장님께 먼저 감사의 말을 전하고자 한다. 거칠고 엉클어진 글들을 꼼꼼하게 가다듬고 가독성을 높이기 위해 많은 시간 애쓰신 백은주 선생님과 김장미 선생님께도 고마움을 느낀다. 마지막으로 냉정하고 날카로운 지적으로 번역의 정직함을 일깨워준 이신철 선생님과, 바쁜 와중에도 일부 글들에 대한 전체적인 교정 작업으로 번역의 수고로움을 가르쳐준 이성민 선생님께 진심으로 감사드린다.

한국어판 ⓒ 도서출판 b, 2018

헤겔 총서 ⑦

헤겔의 신화와 전설

초판 1쇄 발행 • 2018년 10월 23일

엮은이 • 존 스튜어트
옮긴이 • 신재성
펴낸이 • 조기조

펴낸곳 • 도서출판 b
등록 • 2006년 7월 3일 제2006-000054호
주소 • 08772 서울특별시 관악구 난곡로 288 남진빌딩 302호
전화 • 02-6293-7070(대)
팩시밀리 • 02-6293-8080
홈페이지 • b-book.co.kr
전자우편 • bbooks@naver.com

값 • 26,000원

ISBN 979-11-87036-65-4   93160